新世纪全国高等医药院校规划教材

U0728252

组织学与胚胎学

（供中医、中西医结合、针灸、推拿、护理等专业用）

主　编　刘黎青（山东中医药大学）

副主编　郭顺根（北京中医药大学）

　　　　王燕蓉（宁夏医学院）

　　　　徐维蓉（上海中医药大学）

　　　　张　雷（河北医科大学）

中国中医药出版社
·北　京·

图书在版编目（CIP）数据

组织学与胚胎学/刘黎青主编．—北京：中国中医药出版社，2008.6（2013.1重印）
新世纪全国高等医药院校规划教材
ISBN 978－7－80231－418－4

Ⅰ．组… Ⅱ．刘… Ⅲ.①人体组织学—医学院校—教材②人体胚胎学—医学院校—教材
Ⅳ．R32

中国版本图书馆 CIP 数据核字（2008）第 056612 号

中国中医药出版社出版
北京市朝阳区北三环东路 28 号易亨大厦 16 层
邮政编码 100013
传真 64405750
北京市荣海印刷厂印刷
各地新华书店经销
*
开本 850×1168　1/16　印张 21.25　字数 484 千字
2008 年 6 月第 1 版　　2013 年 1 月第 5 次印刷
书　号　ISBN 978 - 7 - 80231 - 418 - 4
*
定价　39.00 元
网址　www.cptcm.com

新世纪全国高等医药院校规划教材

《组织学与胚胎学》 编委会

前　言

中西医结合是我国医药卫生事业的重要组成部分，是我国特有的一门医学学科。通过中西医的优势互补，许多疾病，尤其是一些疑难疾病的诊治取得了突破性进展，已成为我国乃至世界临床医学中不可取代的重要力量。人们越来越认识到中西医结合治疗的优势，越来越倾向于中西医结合诊疗疾病，由此中西医结合的队伍越来越壮大，不少高等医药院校（包括高等中医药院校和高等医学院校）适应社会需求，及时开设了中西医结合临床医学专业（或称中西医结合专业），甚至成立了中西医结合系、中西医结合学院，使中西医结合高等教育迅速在全国展开，有些院校的中西医结合专业还被省、市、地区评为当地"热门专业"、"特色专业"。但中西医结合专业教材却明显滞后于中西医结合专业教育的发展，各院校使用的多是自编或几个院校协编的教材，缺乏公认性、权威性。教材的问题已成为中西医结合专业亟待解决的大问题。为此，国家中医药管理局委托中国中西医结合学会、全国中医药高等教育学会规划、组织编写了高等医药院校中西医结合专业第一版本科教材，即"新世纪全国高等医药院校中西医结合专业规划教材"。

本套教材在国家中医药管理局的指导下，中国中西医结合学会、全国中医药高等教育学会及全国高等中医药教材建设研究会通过大量调研工作，根据目前中西医结合专业"两个基础、一个临床"的教学模式（两个基础：中医基础、西医基础；一个临床：中西医结合临床）以及中西医结合学科发展的现状，实行先临床后基础的分步实施方案，首先重点系统规划了急需的中西医结合临床教材和部分专业引导性教材共16部（分别为：《中外医学史》《中西医结合医学导论》《中西医结合内科学》《中西医结合外科学》《中西医结合妇产科学》《中西医结合儿科学》《中西医结合眼科学》《中西医结合耳鼻咽喉科学》《中西医结合骨伤科学》《中西医结合危重病学》《中西医结合皮肤性病学》《中西医结合精神病学》《中西医结合肿瘤病学》《中西医结合传染病学》《中西医结合口腔科学》《中西医结合肛肠病学》），组织全国开设中西医结合专业或中西医结合培养方向的78所高等中医药院校、高等医学院校的专家编写，于2005年正式出版发行并投入教学使用。

上述教材在教学使用过程中，得到师生的普遍好评，也被列为国家中西医结合执业医师考试的蓝本教材。为确保中西医结合专业教材的系统性，满足教学的需要，进一步编纂该专业的基础课程教材，成为许多学者关注的问题。为此，中国中西医结合学会、全国中医药高等教育学会先后在北京、长沙、广州等地组织了多次专家论证会，统一了思想，决定启动中西医结合基础课程的教材建设工作，认为基础课程教材的建设应遵守以下原则：①保持中西医基础课程的系统性与完整性，充分体现专业基础教材的科学性，突出"三基"，构筑中西医结合临床课程的专业基础，能支撑中西医结合临床课程的专业学习；②体现中西医结合学科学术发展的现状，保持教材的先进性、实用性和启发性；③突出中西医结合临床医学专业的专业基础特点，立足于本科教学层次的需要，把握适当的深度与广度。

根据上述原则与思路，中西医结合专业基础课程教材分为三个模块：

①西医基础课程《系统解剖学》《局部解剖学》《组织学与胚胎学》《生理学》《生物化学》《免疫学与病原生物学》《病理学》《病理生理学》《医学生物学》《药理学》《诊断学》。

②中医基础课程：《中医基础理论》《中药学》《方剂学》《中医诊断学》《针灸推拿学》《中医经典选读》。

③中西医结合基础改革教材：《中西医结合生理学》《中西医结合病理学》《中西医结合免疫学》《中西医结合诊断学》《中西医结合药理学》《中西医结合思路与方法》。

为确保教材的科学性、先进性、权威性、教学适应性，确保教材质量，本套教材的编写仍然采用了"政府指导，学会主办，院校联办，出版社协办"的运作机制，这个"运作机制"有机地结合了各方面的力量，有效地调动了各方面的积极性，畅通了教材编写出版的各个环节，保证了本套教材按时、按要求、按计划出版。

全国78所高等中医药院校、医药院校专家学者参加了本套教材的编写工作，本套教材的出版，解决了中西医结合专业教育中迫切需要解决的教材问题，对我国中西医结合学科建设、中西医结合人才培养也将会起到应有的积极作用。

由于是首次编写中西医结合基础课程的高等教育规划教材，在组织、编写、出版等方面，都可能会有不尽如人意的地方，敬请各院校教学人员在使用本套教材过程中多提宝贵意见，以便重印或再版时予以修改和提高，使教材质量不断提高，逐步完善，更好地适应新世纪中西医结合人才培养的需要。

中国中西医结合学会

全国高等中医药教材建设研究会

2008 年 1 月

编写说明

为适应 21 世纪教学发展和中西医结合学科发展的需要，全国高等中医药教材建设研究会组织各学科专家编写"新世纪全国高等医药院校中西医结合专业规划教材"，这是我国中西医结合专业的第一套全国统编教材。

本教材由来自全国 21 所高等中医药院校、高等医药院校的专家、教授编写，他们长期工作在教学第一线，具有丰富的教学经验，专业基本功扎实，知识面广。本教材可贵之处是由中医院校与西医院校的同仁们首次联手编著，它汇聚并展示了中、西医院校的精粹。

《组织学与胚胎学》是基础医学的主干学科之一，与现代医学及生命学科相互交叉和渗透，相互促进和发展。根据中西医结合专业的培养目标和教学特点，本教材在保持教材的科学性、先进性、系统性、实用性、启发性的基础上，注重吐故纳新，并进行了如下尝试：

1. 尊重学科发展现状，内容精练、新颖，论述严谨，注意知识的深度与广度，结合专业特色，适当增添中西医结合方面的新进展、新成果。

2. 突出本学科特色，充分体现形态学教学的需要。本教材采用彩色印刷，精选 400 余幅彩图（除电镜像外），包括镜下图像、模式图、示意图等。其中有很多是第一次选用的自制彩图。

3. 图随文附，图文并茂，图像清新，将抽象的微细结构生动地展示出来，便于教学，便于学生学习和理解。凡书中未注明染色方法的光镜像均为 H-E 染色。镜下图像为实验课的切片观察提供方便。模式图经绘制、加工处理后，色彩明快、柔和，图像清晰逼真，形成本教材特有的风格。

4. 全书分为上篇组织学、下篇胚胎学，教材内容由基本内容和参考内容（小字号表示）两部分组成，方便教学和学生自学。在诸章节后以"视窗"的形式（刘黎青提供）简要介绍了与本学科相关的医学知识、祖国医学的贡献及学科进展等，以开拓视野，增加学习兴趣。

5. 教材中的专业名词用黑体字标出，并附有相应英文。书后附有英汉索引及汉英索引，方便教师教学和学生学习查阅，为双语教学奠定基础。

本教材的插图，个别部分引自国内外公开发行的教材、图谱，受版面所限未能逐一标明出处，谨在此向原图作者深表敬意和谢意！向本教材编写中给予热情支持和帮助的单位、领导及同仁们共致谢忱。本教研室的青年教师及研究生们协助本教材的图片编辑及校稿工作，亦在此一并致谢。

配套教材《组织学与胚胎学实验教程》、《组织学与胚胎学应试指南》将随之出版。教材建设是一项长期任务，编写中由于水平所限，不足之处在所难免，真诚欢迎专家及广大师生批评指正，便于今后修订完善。

刘黎青
暨全体编委
2008 年 4 月于山东济南

目　录

上篇　组织学

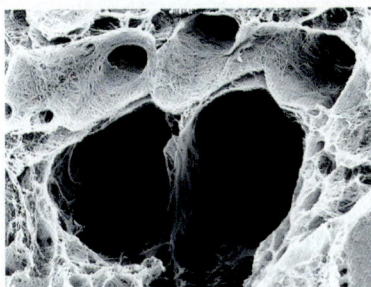

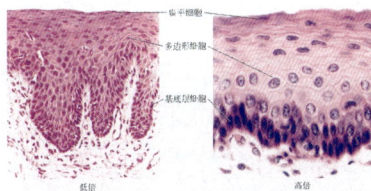

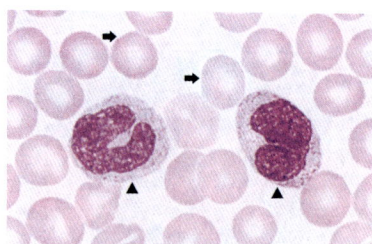

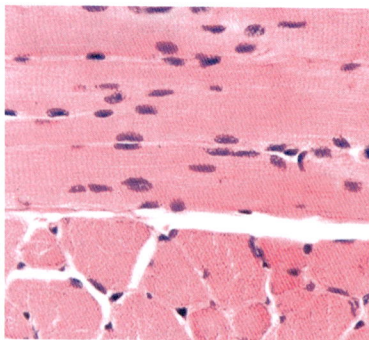

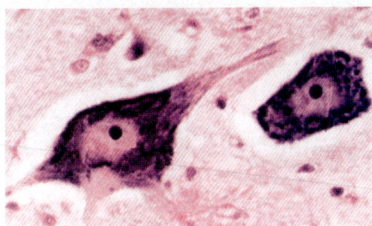

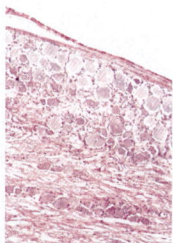

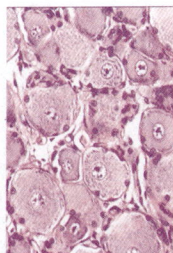

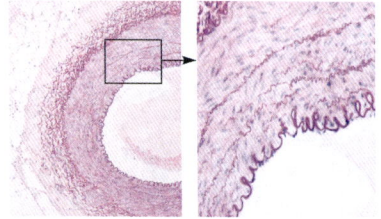

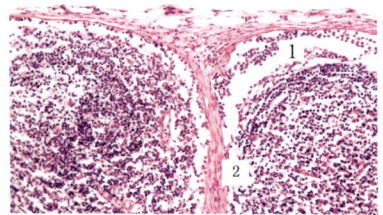

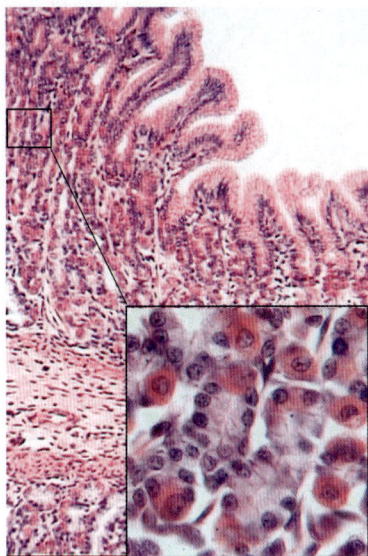

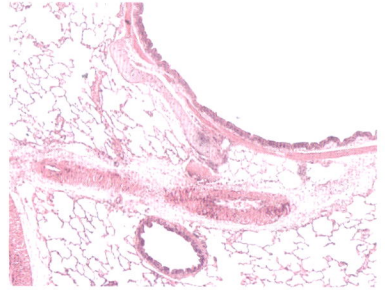

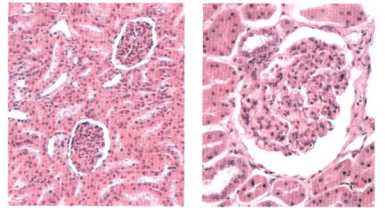

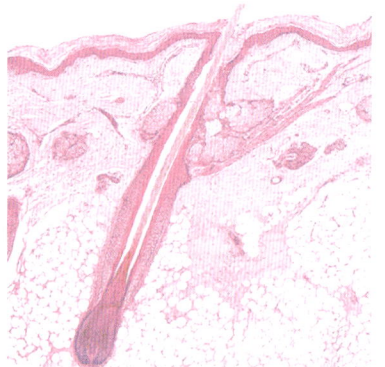

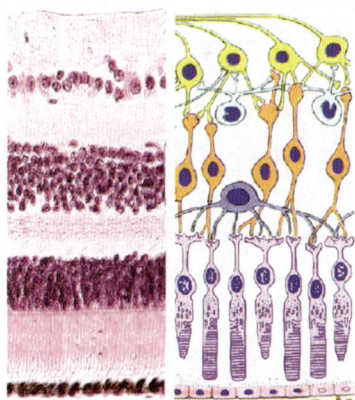

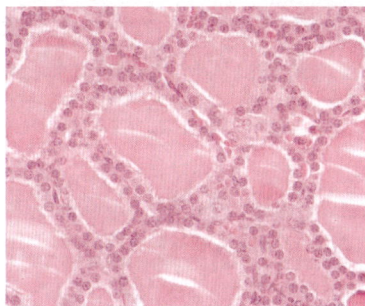

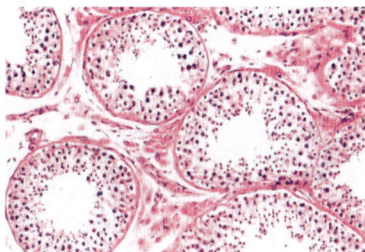

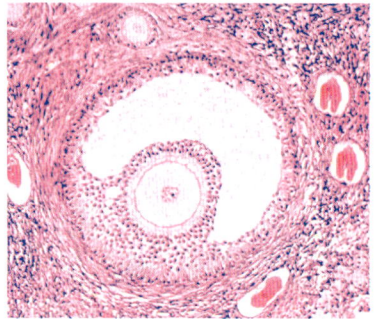

下篇　胚胎学

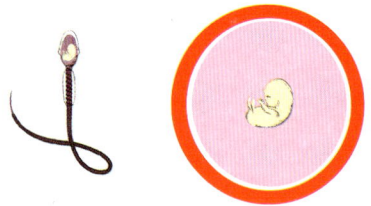

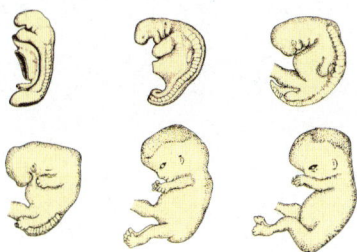

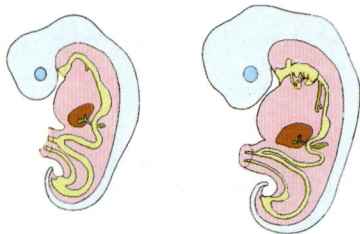

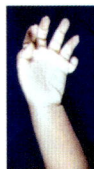

上 篇

组 织 学

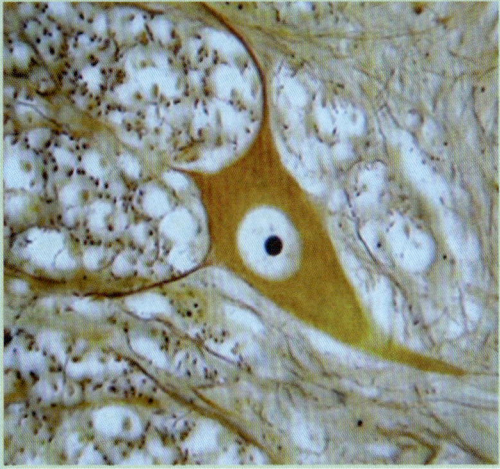

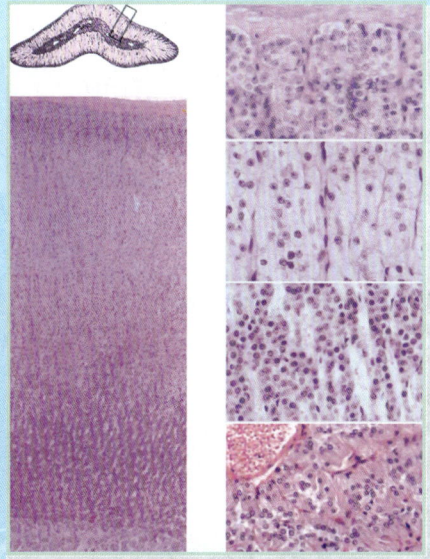

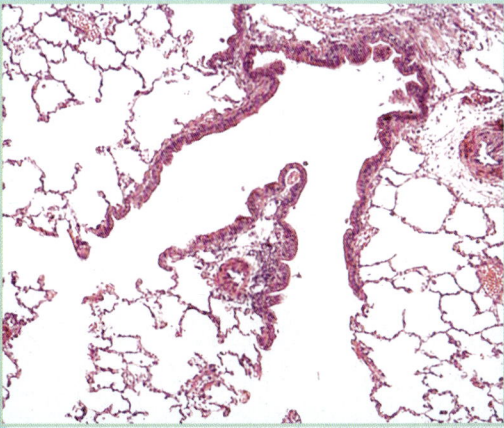

第一章

绪 论

一、组织学研究内容及其意义

组织学（histology）是研究正常人体微细结构与其功能关系的学科。微细结构是指在显微镜下观察到的结构，包括光镜结构和电镜结构（超微结构）。组织学的研究内容包括细胞、组织、器官与系统。

细胞（cell）是机体形态结构与功能的基本单位。人体约有 230 余种形态结构不同、功能各异的细胞，它们在机体内通过有序组合、相互协同，行使着新陈代谢、分裂分化、衰老死亡等生理功能，是维持机体生命活动的本质所在。

组织（tissue）是由一些形态结构相似、生理功能相近的细胞和**细胞间质**（intracellular substance）有机组合而成。细胞间质由细胞分泌产生，对细胞起支持、营养、保护等作用，同时也构筑了细胞生存的微环境。通常人体的组织可按其来源和功能差异归纳分为 4 种**基本组织**（primary tissue），即上皮组织、结缔组织、肌组织和神经组织。它们具有各不相同的形态结构和功能特点，是构建人体的基本材料。

器官（organ）是由不同类型的基本组织有机组合而成，具有一定的形态结构和特定生理功能，如心、肝、脾、肺、肾。任何器官均由 4 种不同类型的基本组织有机构建成，具有各自特定的形态结构和功能。

系统（system）是由数个形态结构不同而生理功能相似的器官有机组合而成，并能完成某一连续性生理功能，如循环系统是由心脏、动脉、毛细血管、静脉、淋巴管等器官共同组成，相互协作共同完成机体血液（淋巴）循环功能。机体按功能特点通常分为神经、循环、免疫、消化、呼吸、泌尿、内分泌、生殖和运动系统。

组织学的研究内容和研究水平随着现代科学技术的迅猛发展，不断更新和深入，已从传统的普通光学显微镜水平深入到当今**扫描探针显微镜**（scanning probe microscope，SPM）的分子乃至原子水平。在一些重大的医学研究前沿领域如干细胞与再生医学、细胞识别与信号转导、衰老与凋亡、增殖与分化、突变与逆转、基因与调控等，组织学正发挥着其独特的优势，并与其他相关学科交叉渗透，在奠定现代病理学基础的同时，极大地推动了生理学、胚胎学、优生学和老年学的发展。机体的形态结构决定生理功能，形态结构是功能的基础。因此组织学作为一门重要的医学基础课程，是引导学生洞察人体微观世界奥秘、探索人体结构属性的有效途径，并为其他基础、临床课程奠定基础。

二、组织学研究发展简史

组织学的研究发展自英国学者 Hooke（1634～1703 年）于 1665 年采用简易的光学显微

镜观察软木（植物的栓皮层）薄片标本，并将由细胞壁围成的小区域称"cell"开始，至今已有 300 余年的历史，并经历了不同的发展时期，主要包括：1665 年 Hooke 发现"细胞"；1801 年德国学者 Bichat 首次提出"tissue"一词；1819 年德国学者 Meyer 提出人体组织可分为 8 种，并首次提出"histology"一词；1838 年和 1839 年德国学者 Schleiden 和 Schwann 提出细胞是动、植物机体结构与功能的基本单位，并创立了"细胞学说"；1932 年德国学者 Ruska 和 Knoll 研制的透射电子显微镜问世，使组织学观察工具的**分辨率**（resolving power）极限从普通光学显微镜的 $0.2\mu m$ 提高到 $0.2nm$，之后组织学的研究水平从细胞（显微结构）飞跃到亚细胞（亚显微结构）水平。尤其是 20 世纪 60 年代后，随着电子、激光、图像等技术的快速发展，一批新兴的分子生物学技术被广泛运用到组织学研究领域，极大地丰富了组织学研究内涵。我国老一辈组织学家马文昭、鲍鉴清、王有琪、张作干、李肇特教授等均在本专业研究领域作出了历史性贡献。

三、组织学研究常用技术方法

随着生命科学整体研究水平的提高，许多新技术、新方法被广泛应用到组织学研究领域，为拓展和提高组织学与胚胎学研究内容及水平提供了精湛的技术支持。这里仅就组织学与胚胎学研究常用技术方法简介如下：

（一）普通光学显微镜技术

普通光学显微镜（light microscope，LM）简称光镜，是组织学与胚胎学最常用的技术，可最大限度地将观察物体放大 1000 ~ 1500 倍，分辨率极限达 $0.2\mu m$。观察前须将研究的细胞、组织或器官经一系列的人工特殊处理及标本制作，后者可分为切片法和非切片法两种。

1. 切片法　切片法的标本制作过程包括取材、固定、脱水、包埋、切片、脱蜡、染色和封片等几个主要步骤。

（1）取材：从机体取下所需新鲜组织器官的过程称取材，厚度不超过 0.5cm 为宜。

（2）固定：为防止取材后的组织器官蛋白质分解、自溶，并保持细胞生活时的形态结构，需经固定剂固定。常用的固定剂有甲醛、乙醇、丙酮等。

（3）脱水：将固定后的组织器官经各级不同浓度乙醇逐渐脱除水分的过程称脱水。

（4）包埋：为便于将组织器官切制成薄片，常用石蜡、火棉胶、树脂等包埋剂对其进行包埋。

（5）切片：采用组织切片机切制厚度为 5 ~ 7μm 的组织薄片，并裱贴在载玻片上称为组织切片标本。

（6）脱蜡：组织切片标本经二甲苯脱去其中的石蜡成分，便于染色。

（7）染色：染色的目的是让组织细胞的不同成分结构形成色差（反差），便于光镜下观察。组织切片染色是基于化学结合或物理吸附的原理。常用的酸性染色剂有伊红、坚牢绿、橙黄 G 等，碱性染色剂有苏木精、亚甲蓝、碱性品红等。凡组织细胞内某一成分或结构对酸性染色剂产生较强亲和力的现象称**嗜酸性**（acidophilia），对碱性染色剂产生较强亲和力的现象称**嗜碱性**（basophilia），而对酸性染色剂和碱性染色剂均能产生较弱亲和力的现象称**中性**（neutrophilia）。组织学与胚胎学最常用的染色方法是**苏木精**（hematoxylin）和**伊红**（eosin）染色剂组合的染色方法，简称 **H-E 染色**（H&E staining）或普通染色。通常组织切片经 H-E 染色后，细胞核被苏木精着色呈紫蓝色，细胞质被伊红着色呈粉红色。

（8）封片：染色后的组织切片滴加树胶用盖玻片封固称封片，利于保存和观察。

某些特殊染色时，一些重金属盐可附着在组织细胞结构表面，在银染色方法中直接使硝酸银还原而显色的现象称**亲银性**（argentaffin）；若需添加还原剂才能显色的现象称**嗜银性**（argyrophilia）。组织细胞中的糖胺多糖类物质用**甲苯胺蓝**（toluidine blue）等碱性染色剂染色后呈紫红色的现象称**异染性**（metachromasin）。

利用机体内吞噬细胞吞噬异物颗粒的特性，将一些无毒无菌的染色剂配制成染色液可直接注入活体内，并被摄入胞质内，便于在光镜下观察，此方法称为**活体细胞染色**（vital staining）。常用的活体细胞染色剂有台盼蓝、印度墨汁、锂卡红等。

若组织器官取材后直接快速冷冻然后在恒冷箱**切片机**（cryostat）中切片的方法称冰冻切片法。该法能有效保存组织器官内脂类成分和酶活性，常用于细胞组织化学研究。

2. 非切片法　非切片法是指不经包埋、切片等步骤制作标本的方法。如将血液、分离细胞、脱落细胞等直接涂在载玻片上称涂片法；将肠系膜、皮下组织撕成薄片后直接铺贴在载玻片上称铺片法；将牙、骨等较坚硬的组织器官经机械性打磨制成薄片后贴附在载玻片上称磨片法。上述各方法制成的标本再经固定、脱水、染色、封片后便可在光镜下观察。

（二）特殊光学显微镜技术

1. 荧光显微镜技术　**荧光显微镜**（fluorescence microscope）是一种用来观察被荧光素染色或标记的细胞及标本中自发荧光物质的特殊显微镜。荧光显微镜技术包括自发性荧光、荧光染色法和荧光免疫细胞化学染色法三大类。利用荧光素标记的抗体直接或间接与组织细胞内相应抗原结合的原理，可检测相关抗原的定性、定位或定量。其主要特点是特异性强、敏感性高和简便高效（图1-1）。

2. 倒置显微镜技术　**倒置显微镜**（inverted microscope）是把光源和聚光器安装在显微镜载物台的上方，而物镜安装在载物台下方的特殊显微镜。其特点是增大了载物台与物镜间的距离和空间，便于观察体积较大的标本物体，如放置培养皿、培养瓶或保温装置等，便于直接观察体外培养的细胞及对活细胞进行各种实验的连续观察和图像拍摄（图1-2）。倒置

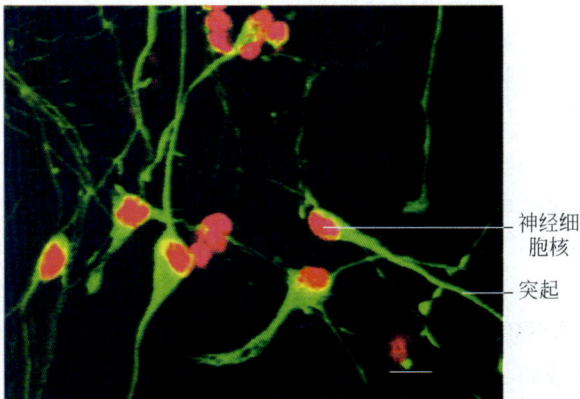

神经细胞核

突起

图1-1　培养的神经细胞免疫荧光染色（Bar =50μm）

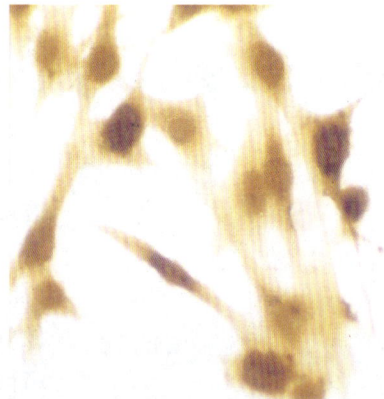

图1-2　培养的肝星形细胞免疫组化染色
（突触素，高倍）

显微镜和显微操作器结合还可进行显微注射等精度极高的研究工作。

3. 相差显微镜技术　**相差显微镜**（phase contrast microscope）是通过改变光的相位，使相位差变为振幅差，借增强或减弱光的明暗度观察生活状态下活细胞微细结构的特殊显微镜。而倒置相差显微镜用于观察活细胞分裂、增殖及运动等变化。

4. 暗视野显微镜技术　**暗视野显微镜**（dark field microscope）是以胶体粒子干涉和散射效应为基础研制的特殊光镜，其基本原理是通过暗视野照明法，观察被检物体表面散射的光层，以确定被检物体是否存在及其运动状况，但不能分辨物体的微细结构。主要适用于观察液体介质内未染色的细菌、酵母、霉菌及血液内白细胞等的运动状态。

5. 偏光显微镜技术　**偏光显微镜**（polarization microscope）具有产生偏光和检查偏光的装置，主要适用于晶体物质和纤维结构的研究，如纺锤体、肌纤维、胶原纤维等。

6. 激光共聚焦扫描显微镜技术　**激光共聚焦扫描显微镜**（confocal laser scanning microscope，CLSM）是20世纪80年代初研制成功的一种具有高光敏度、高分辨率的新型显微镜，主要原理是以激光为光源，共聚焦成像扫描系统将光束经聚焦后落在样品不同深度的微小部位，并作移动扫描，通过电子信号彩色显像，图像被探测器吸收并除传至彩色显示器荧屏外，还可同时传至图像分析系统进行二维或三维分析处理。CLSM可精确地对细胞内Ca^{2+}、pH值等进行动态分析测定；对细胞的受体移动、膜电位变化、酶活性、信号转导和物质转运等进行观察测定；还可利用激光对细胞及染色体进行切割和分选等多项研究功能。

（三）电子显微镜技术

电子显微镜（electron microscope，EM，简称电镜）与光镜的成像原理不同，电镜是以电子束（电子枪）代替光源，电磁透镜代替聚光镜、物镜和目镜，用荧光屏成像。由于电子束在不同电压下产生不同的短波长，所以电镜的分辨率极限达0.1～0.2nm，可将观察物体放大近百万倍。电镜的种类和用途很多，常用技术包括：

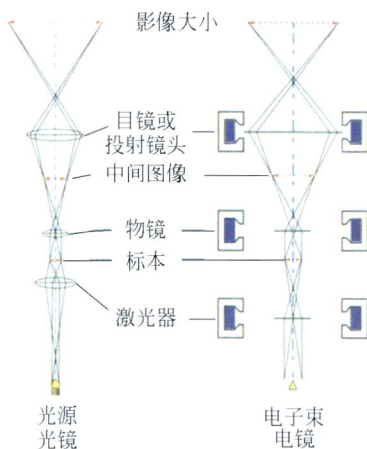

图1-3　光、电镜成像示意图

1. 透射电镜技术　**透射电镜**（transmission electron microscope，TEM）工作原理是由电子枪发射的电子束穿透观察样品后，经电磁场的聚合放大并在荧屏上显像（图1-3）。该技术的核心是样品制备，主要过程包括：将$1mm^3$大小的组织块经戊二醛和锇酸进行双重固定、树脂包埋后，制成厚度为50～100nm的超薄切片，并裱贴在铜网上，用铅和铀等重金属盐进行电子染色后，即可在电镜下观察。通常将电镜下所见结构称超微结构。凡被重金属盐电子染色结合的部位图像较暗，称**电子密度高**（electron dense），反之图像较明亮则称**电子密度低**（electron lucent）。上述被检结构与重金属盐结合后，图像呈电子密度高的染色称正染色，当重金属盐不与被检结构结合而与被检结构周围区域发生结合时，称负染色。

2. 扫描电镜技术　**扫描电镜**（scanning electron microscope，SEM）工作原理是由电子枪发射的电子束经聚焦形成一束光斑称电子探针，打在被观察样品表面后，可击出样品表面外层电子即二次电子。二次电子信号被探测器收集，并经光电倍增放大送至荧屏显像。主要用于观察样品表面形态，富有强烈的立体感（图1-4），其分辨率为6～10nm。该技术的样品制备不必经超薄切片，只是要求样品表面充分暴露且干燥不变形，故样品须经固定、脱水、干燥后在其表面喷镀一层金属膜，以提高其导电性和图像反差。该技术常用于观察某些特殊结构或细胞群体的表面形态，如纤毛、微绒毛、T细胞等。

3. 冷冻蚀刻复型技术　**冷冻蚀刻复型技术**（freeze etch replica）需将观察的组织样品用液氮超低温（-196℃）冷冻，并在真空条件下使样品断裂，升温至-100℃时断裂面含游离水较多之处的冰晶出现升华，断裂面即可呈现凹凸不平的浮雕效果称蚀刻。蚀刻后的样品在其断裂面上再先后喷镀一层铂和碳称复型。复型后的样品用次氯酸等腐蚀剂将组织溶解，剩下的仅是一层金属复型膜，置于透射电镜下观察，所显示的凹凸面与样品实物恰恰相反。该技术尤其适用于生物膜内部结构的研究（图1-5）。

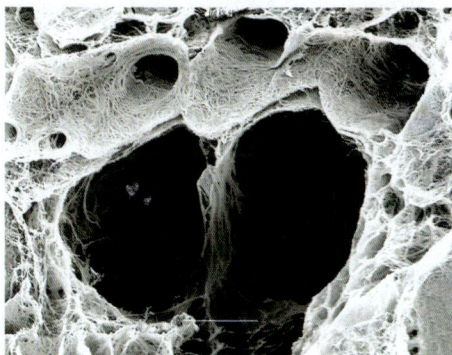

图1-4　肝纤维化门管区扫描电镜像（Bar＝50μm）

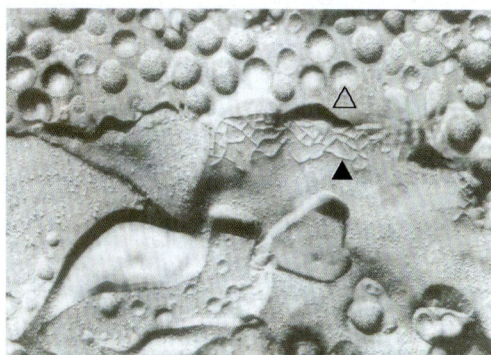

图1-5　冷冻蚀刻复型电镜像
△示微绒毛顶部质膜　▲示紧密连接网格状嵴

4. 冷冻割断技术　**冷冻割断技术**（freeze cracking）是将已固定、包埋的观察样品在低温（-196℃）下割断。样品的断面喷镀金属膜，在扫描电镜下观察断面的三维结构。该技术尤其适用于组织内部微细结构相互关系的研究，如肝脏窦周隙及毗邻关系等。

5. 扫描电镜铸型技术　**扫描电镜铸型技术**（scanning electron microscope casting）特别适用于观察空腔性结构的微细立体构筑。

6. X-衍射显微分析技术　**X-衍射显微分析技术**（X-ray diffraction microanalysis）是当前研究生物大分子元素空间结构最有效的技术方法之一。

7. 超高压电镜技术　**超高压电镜技术**（ultravoltage electron microscope，UEM）是指电子束的加速电压超出500kV以上的电镜（普通电镜在200kV以下）。目前世界上已知的电镜加速电压最高可达3000kV。UEM适于观察较厚的样品，如培养的细胞无须超薄切片即可直接观察细胞内微丝、微管等结构。

8. 扫描探针电镜技术　**扫描探针电镜技术**（scanning probe microscope，SPM）是新一代研究测量物体表面性状的生物技术，主要有扫描隧道电镜技术（STM）、原子力电镜技术（AFM）、磁力电镜技术（MFM）等。SPM技术在DNA、蛋白质及生物膜等研究领域的应用尤为突出。

（四）组织化学和细胞化学技术

组织化学（histochemistry）和**细胞化学**（cytochemistry）技术是基于物理和化学反应的原理，使组织细胞内某化学成分形成有色沉淀物，便于在光镜或电镜下对其进行定性、定位和定量研究。常用的研究内容包括：

1. **糖类** 显示多糖和蛋白多糖常用**过碘酸－希夫反应**（periodic acid－Schiff reaction，**PAS反应**）。其原理是过碘酸氧化反应可使糖分子的乙二醇基氧化形成乙二醛基，后者与Schiff试剂中无色碱性品红结合，即可在原糖分子存在的部位形成紫红色反应产物并形成沉淀，间接显示细胞内糖物质的状态。

2. **脂类** 为防止有机溶剂对脂肪和类脂的溶解，用冰冻切片为宜。可采用苏丹黑、油红O、尼罗蓝等易溶于脂类的染料进行染色。也可采用锇酸（OsO_4）固定兼染色，脂肪酸或胆碱均可使锇酸还原为OsO_2，使脂类呈黑色。

3. **酶** 已知细胞内有氧化还原酶系、水解酶系等各种酶类，现已有100多种酶的显示法。其基本原理均是利用酶对其相应底物水解、氧化产生的反应物与捕获剂发生反应时可形成有色最终产物。常以最终产物显色的深浅表示该酶活性的强弱。

4. **核酸** 常用**孚尔根反应**（Feulgen reaction）显示DNA，其原理是DNA分子中的脱氧核糖与嘌呤之间的连接键经稀盐酸处理后被打开，在形成醛基后再与Schiff试剂中的碱性品红作用，使DNA呈紫红色。也可用甲基绿－派若宁反应，DNA呈蓝绿色，RNA呈红色。

（五）免疫组织化学和免疫细胞化学技术

免疫组织化学（immunohistochemistry）和**免疫细胞化学**（immunocytochemistry）均基于抗原－抗体特异性结合的免疫学原理，将已知细胞内某种多肽、蛋白质作为抗原注入机体内，使机体产生与之相应的抗体，并分离提取，提取后的抗体用荧光染料或铁蛋白予以标记。最终用标记的抗体来寻找观察样品中能与其发生特异性结合的抗原。光、电镜下样品中凡有标记物的部位即可表明相应抗原的存在。

通常标记抗体与抗原发生直接结合称为直接法，又称一步法，该方法简单方便，特异性强，但敏感性较低；若将分离提取的抗体（Ⅰ抗）再作为抗原去免疫另一机体，并制备原抗体（Ⅰ抗）的抗体，后者称Ⅱ抗，用标记物如荧光素或酶等再标记Ⅱ抗，最后用Ⅰ抗和标记Ⅱ抗先后处理观察样品，即形成抗原－Ⅰ抗－标记Ⅱ抗的复合物，此方法称间接法，又称二步法。间接法中的一个抗原分子可通过一个Ⅰ抗与多个标记Ⅱ抗结合，因而具有较高的敏感性。其不足是易出现非特异性反应（图1-6）。

（六）原位杂交技术

原位杂交技术（in situ hybridization）又称核酸分子杂交组织化学技术，用来检测样品中特定的基因片段、转录水平的基因活性及表达（mRNA）。其原理是依据DNA双链的核苷酸互补特点，将带有标记物的已知碱基序列的核酸片段（探针），

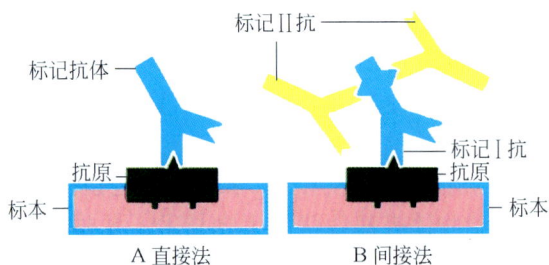

图1-6 免疫组织化学示意图

与组织细胞内待测的核酸进行特定的杂交，并通过标记物的显示，可在光、电镜下检测被杂交核酸的存在与否或定位、定量。目前该技术使用的核酸探针标记物通常有放射性类和非放射性类两种，放射性类常用的核素为^{35}S、^{32}P和^3H等，经放射自显影技术处理后即可用光、电镜观察。非放射性类的标记物为地高辛、生物素、荧光素、铁蛋白等，可经免疫组织化学技术处理后观察。

（七）细胞化学计量技术

细胞化学计量技术（quantitation in cytochemistry）是一种应用数字来反映组织细胞内某类化学物质或反应产物的量化方法。常用的技术方法包括：

1. 显微分光光度测量技术　**显微分光光度测量技术**（microspectrophotometry）是采用显微分光光度计基于细胞内某物质的消光度与其厚度和该物质的浓度成正比例的原理，通过光电自控系统将所测的消光度转换为电信号而获得光密度（OD）值，对样品进行定量分析。

2. 流式细胞技术　**流式细胞技术**（flow cytometry，FCM）可对单个细胞的生理、生化和生物物理特性进行快速高效分析测定。常用于细胞动力学、免疫学和肿瘤学中的 DNA、RNA、蛋白质、染色体、抗原、抗体、细胞亚群和杂交细胞的分选研究。

3. 显微图像分析系统　**显微图像分析系统**（microscope image analysis system）主要由显微镜、计算机、图像采集装置和数据处理分析软件四大构件组成，可快速准确地进行组织切片或电镜照片中微细结构和成分的数量、体积、面积、周长、直径等相对和绝对值的测定并打印，同时可进行二维或三维的转换，其中三维立体结构的测定研究也称体视学。同样也可经外置的图像采集装置对较大的被检测物如整体动物（小鼠）、器官及 X 光片等实物进行图像采集并进行测定分析。

（八）放射自显影技术

放射自显影技术（autoradiography，ARG）是基于**放射性同位素**（radioisotope，RI）核裂变时放出的核射线可使感光材料中的溴化银颗粒感光还原成银粒的原理，将标记的示踪剂注入机体或掺入培养基中，经细胞摄取后，取被检组织或细胞制成切片或涂片标本，并与感光材料紧贴，经适当时间的曝光、显影和定影后，可呈现出与标本中示踪剂分布部位、数量、强度（浓度）完全一致的影像，可得知示踪剂的精确分布和含量（图 1-7）。20 世纪80 年代初郭顺根教授成功将该技术用于中药药性归经理论的实验研究。

（九）体外培养技术

体外培养技术（in vitro culture）是**组织培养**（tissue culture）和**细胞培养**（cell culture）的总称。该技术取活体组织细胞后，置体外适宜的条件下，在使其继续生长、繁殖的同时进行实验观察研究，故体外培养技术又称体外实验（图 1-8）。首次分离后培养的细胞称**原代培养**（primary culture）；细胞增殖后再传代继续培养的细胞称**继代培养**（subculture）；经长期反复传代培养而成的细胞称**细胞系**（cell line）；采用细胞克隆而建成的某种纯细胞群体称**细胞株**（cell strain）。

标记银颗粒

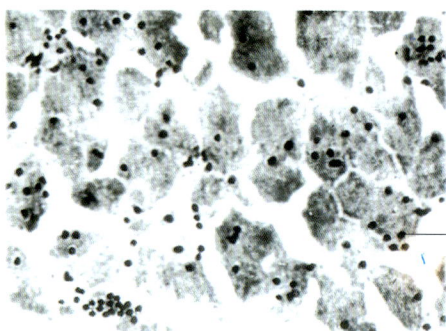

图1-7 光镜放射自显影像（示肝脏 H^3 - 川芎嗪）　　图1-8 培养的肝星形细胞免疫组化染色

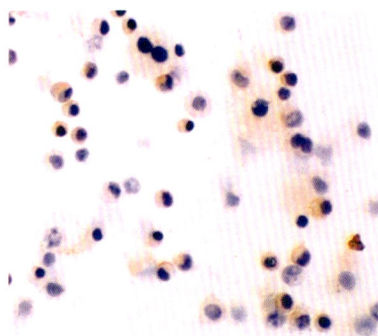

（十）细胞融合技术

细胞融合技术（cell fusion）是指用人工方法在体外使两个或两个以上细胞成为一个双核或多核细胞的过程。通常采用灭活的病毒或化学物质（如仙台病毒或聚乙二醇）作为诱导物，以提高其融合率。细胞融合可在基因型相同或不同的细胞中进行。前者形成的融合细胞称同核体，后者形成的融合细胞称异核体。采用细胞融合技术，使离体培养的两个不同个体的细胞发生融合，形成一个新型的**杂交细胞**（hybrid cell）是当前生物医学中建立新品系细胞的重要手段，也是制备单克隆细胞系的关键技术。

（十一）组织工程技术

组织工程（tissue engineering）是一门新兴学科，是应用生命科学和工程学的原理与技术，在掌握机体正常及病理两种状态下的结构与功能关系基础上，采用以生物材料为替代物，更新、修复机体损伤或衰老的组织器官。组织工程的核心是建立细胞与生物材料的三维空间复合体，即具有生命力的活体组织，用以对病损组织进行形态、结构和功能的重建，并达到永久性替代。其基本原理和方法是将体外培养扩增的正常组织细胞，吸附于一种生物相容性良好，并可被机体吸收的生物材料上形成复合物，并将复合物植入机体病损组织器官相应部位，复合物中的细胞在生物材料逐渐被机体降解吸收过程中即可形成与该病损组织器官相一致的组织，从而达到修复创伤和重建功能的目的。

组织工程技术的实施须有四个前提条件：①种子细胞：即分裂、增生旺盛的细胞，如人胚干细胞；②细胞间质：可以是生物性材料，如牛胶原，或是无毒、可被机体吸收的人工合成的高分子材料，如聚乙醇酸；③构建复合物：在体外让种子细胞在细胞间质上进行三维培养，并形成所需形状的复合物；④将复合物移植到机体所需的部位。

四、组织学学习方法

组织学属医学形态学科，学习中学生应特别注意以下几个方面，可起到事半功倍的作用。

1. 形态与功能的关系　因形态结构决定生理功能，所以特定的形态结构总是与特定的生理功能有着密切的关系，在学习时要主动联系、反复思考、融会贯通。如神经细胞具有长短不一、粗细不等、形态各异的突起这一结构特点，往往与其具有接受刺激、传导冲动的功能相关联；内分泌细胞（腺）产生的分泌物（激素）无须导管的运输，直接进入血液循环，是内分泌腺与外分泌腺的重要区别标志。

2. 动态与静态的关系　组织学所观察的切片标本是有机体生命活动过程中某一瞬间的静态图像，而实际生活状态下组织细胞则处于动态变化之中。如血液中血细胞的形态，以及表皮各层上皮细胞分化演变，均处于连续动态变化的过程。注意静态图像与实际动态变化相结合，有利于正确理解并掌握组织结构中时间、空间与功能的关系。

3. 平面与立体的关系　通常显微镜下所见组织切片标本中的图像，都是组织细胞二维平面结构。某一物体从不同的视角观察，可得到不同的图形（球形除外），故切片标本中的组织细胞可因切面部位、方向、角度的不同而呈现不同的图像。肝小叶的立体结构为六角棱柱状，以其长轴纵切则呈长柱状，若以其长轴横切则成六角形；某一组织因切面部位不同，造成镜下有的细胞有细胞核，有的则没有细胞核。因此，观察切片标本时，要将所见二维平面结构与三维立体结构相联系，建立立体思维方式。

4. 理论与实践的关系　组织学是以描述为主的形态学科，在学习理论课内容的基础上，学生通过实习课自己动手观察、分析、比较切片标本，可有效加强理论内容的理解和记忆。故实验课是提高学生动手能力和培养发现问题、分析问题、解决问题能力的重要环节。

（郭顺根）

视窗

儿童早衰症

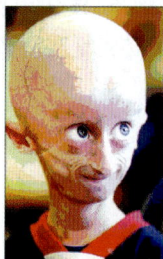

　　12岁的美国男孩塞斯·库克只有1米高，25磅重，虽然他具有一颗童心，但他头发掉光、满脸皱纹，且血管已硬化，并饱受关节炎的折磨，身体已经进入了垂暮之年，外观像80岁的老翁。因为库克患有一种十分罕见的儿童身体机能严重失调的疾病——儿童早衰症，库克目前最大的梦想是能活到"青少年时代"。

　　目前全世界的儿童早衰症患者约有40余人，每800万新生儿中就有1个。他们出生时看起来相当正常，但在18个月内开始表现出早衰的特征。包括生长减缓并过早停止，个子比正常孩子矮，体重轻；虽然智力正常，但脸与下巴偏小且与头颅大小极不相称、鼻子扁缩、眼睛凹陷、牙齿脱落、脱发、皮肤松而皱，面颊和手臂的皮肤上出现若隐若现的老年斑，似一位80岁的老人。同时可患有如关节炎、髋部脱臼、骨质疏松和严重的心脑血管疾病等老年病，其衰老速度是正常儿童的10倍，导致儿童戏剧性的早衰和老化。不少患儿在4岁就开始谢顶，或在4、5岁时患上中风，患儿通常在13岁就会因心脏病发作而死亡。

　　儿童早衰症这个问题长期困扰着医学界，目前还没有有效的治疗方法。但科学家已经分离出了导致早衰的致病基因（LMNA），为尽早找到治疗儿童早衰症的方法、了解人体衰老的过程及解决心脑血管病方面的诸多问题带来了曙光。

第二章
上皮组织

上皮组织（epithelial tissue）简称上皮（epithelial），由大量的细胞和少量细胞间质共同组成。上皮组织在机体中分布广泛，可覆盖于体表或衬贴在体腔或腔、囊器官的内表面，以及部分器官的外表面。上皮细胞朝向体表、体腔和器官腔囊的一面称游离面；与游离面相对应的另一面称基底面。上皮组织具有明显的**极性**（polarity），其细胞的游离面与基底面在形态结构及功能上存在明显的差异。通常游离面可分化出一些特殊结构并与其功能相适应，而基底面常借助基膜结构与其下方的结缔组织相连。

上皮组织通常无血管，来源于结缔组织血管中的营养物质，经基膜的渗透为上皮组织提供营养。上皮组织神经末梢丰富，故感觉敏锐。

上皮组织具有保护、吸收、分泌和感觉等功能。不同部位的上皮细胞其功能差异较明显，如分布于体表的上皮细胞以保护功能为主，消化管腔面的上皮细胞以吸收、分泌功能为主，眼球视网膜的上皮细胞以视觉功能为主。依据上皮组织来源分布和功能特点，可将其分为被覆上皮、腺上皮和感觉上皮等不同类型。

一、被覆上皮

被覆上皮（covering epithelium）具有典型的上皮组织形态结构和功能特征，其覆盖于除关节腔软骨面以外的所有腔囊器官内表面，及体腔面和体表。被覆上皮可依据其上皮细胞排列层次分为**单层上皮**（simple epithelium）和**复层上皮**（stratified epithelium）。进一步依据单层上皮和复层上皮表层细胞垂直切面上的形态差异进行分类如下：

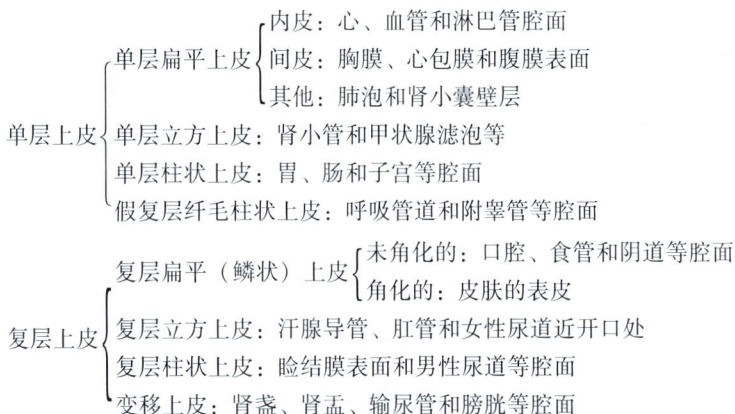

```
            ┌ 单层扁平上皮 ┌ 内皮：心、血管和淋巴管腔面
            │             │ 间皮：胸膜、心包膜和腹膜表面
            │             └ 其他：肺泡和肾小囊壁层
  单层上皮  ┤ 单层立方上皮：肾小管和甲状腺滤泡等
            │ 单层柱状上皮：胃、肠和子宫等腔面
            └ 假复层纤毛柱状上皮：呼吸管道和附睾管等腔面

            ┌ 复层扁平（鳞状）上皮 ┌ 未角化的：口腔、食管和阴道等腔面
            │                      └ 角化的：皮肤的表皮
  复层上皮  ┤ 复层立方上皮：汗腺导管、肛管和女性尿道近开口处
            │ 复层柱状上皮：睑结膜表面和男性尿道等腔面
            └ 变移上皮：肾盏、肾盂、输尿管和膀胱等腔面
```

（一）单层扁平上皮

单层扁平上皮（simple squamous epithelium）由一层扁平细胞组成。细胞表面观，可见

细胞呈不规则或多边形，表面光滑，面积较大，细胞周边呈锯齿状，相邻细胞彼此嵌合；细胞核单个，圆形或椭圆形，位于细胞中央（图2-1、2）。细胞侧面观，可见细胞呈细长扁平形，胞质很薄，约为0.2μm，仅含核部分略厚（图2-1、3）。

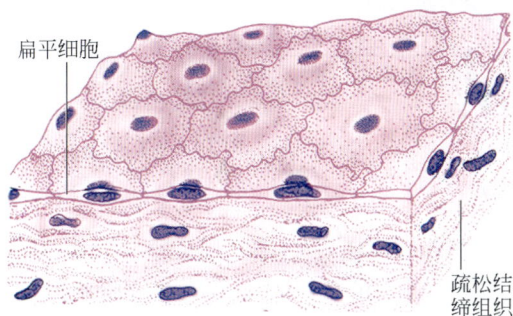

图2-1 单层扁平上皮模式图

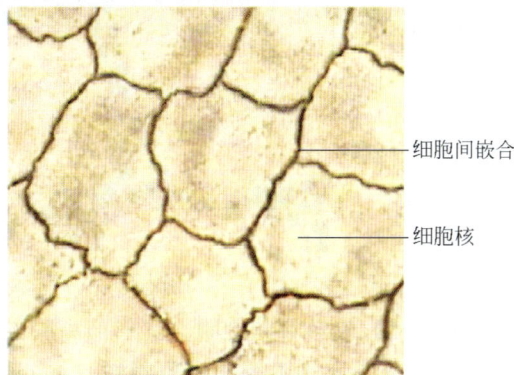

图2-2 单层扁平上皮表面观（镀银染色，高倍）

分布在心脏、血管和淋巴管腔面的单层扁平上皮称**内皮**（endothelium），有利于血液和淋巴在管腔内流动及物质交换的进行。分布在胸膜、腹膜和心包膜表面的单层扁平上皮称**间皮**（mesothelium），有利于减少内脏器官活动带来的摩擦。

（二）单层立方上皮

单层立方上皮（simple cuboidal epithelium）由一层近似立方形细胞组成。表面观细胞呈多边形；垂直切面观细胞呈立方形，核圆，位于细胞中央（图2-4）。单层立方上皮可分布于肾小管、甲状腺滤泡及部分外分泌腺导管等处，具有分泌和吸收功能（图2-5）。

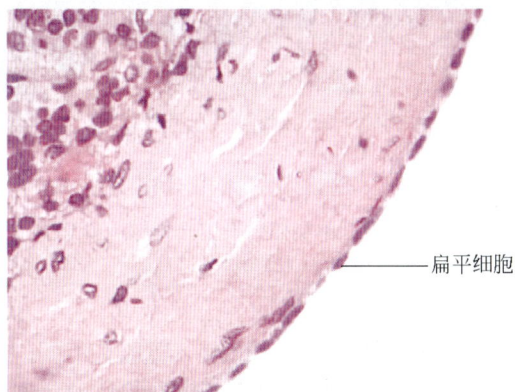

图2-3 单层扁平上皮光镜像（侧面观，低倍）

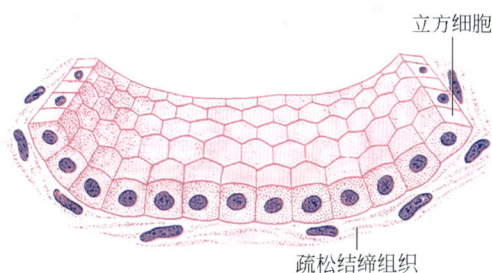

图2-4 单层立方上皮模式图

（三）单层柱状上皮

单层柱状上皮（simple columnar epithelium）由一层棱柱状细胞组成。细胞核单个，呈椭圆形，与细胞长轴平行分布，多靠近细胞基底部（图2-6、7）。电镜下单层柱状上皮的游离面有特化的微绒毛。单层柱状上皮分布于胃、肠、胆囊、输卵管和子宫等器官的腔面，主要有吸收、分泌功能。分布在肠道的单层柱状上皮间常夹有单个的杯形细胞。**杯形细胞**

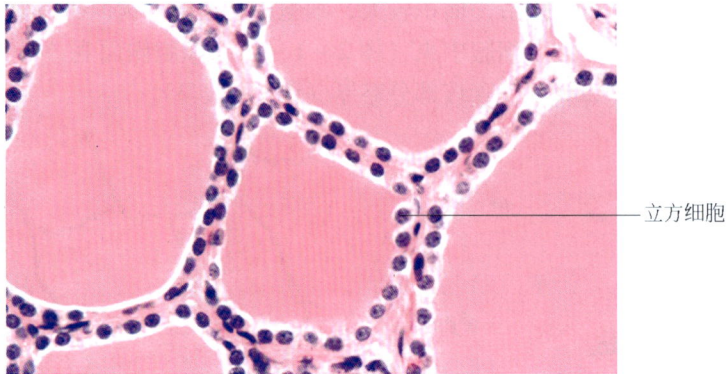

图2-5　单层立方上皮光镜像（高倍）

（goblet cell）又称杯状细胞，其形似高脚酒杯，细胞核呈三角形，深染，位于细胞基底部。胞质内常充满大小不等的**黏原颗粒**（mucinogen granule），系多糖类物质，分泌到肠腔起保护上皮、润滑食物的作用。

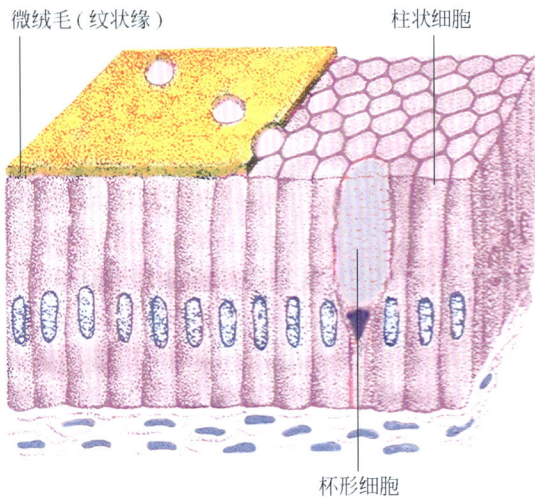

图2-6　单层柱状上皮模式图

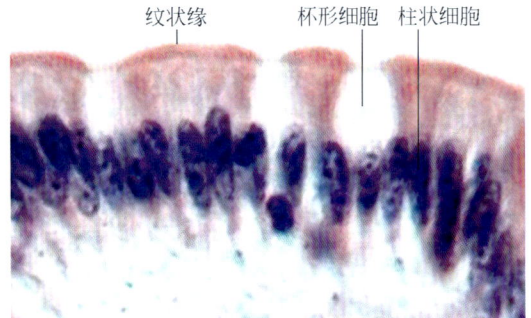

图2-7　单层柱状上皮光镜像（高倍）

（四）假复层纤毛柱状上皮

假复层纤毛柱状上皮（pseudostratified ciliated columnar epithelium）由一层形态不同、高矮不等、大小各异的柱状细胞、杯形细胞、梭形细胞、锥体细胞等组成，故细胞核的位置不在同一平面上，很像复层上皮（图2-8）。其中柱状细胞最多，属典型的高柱状细胞，占据整个上皮层厚度，因游离面有特化的纤毛结构又称**纤毛细胞**（ciliated cell）（图2-9）。杯形细胞常夹在柱状细胞之间。梭形细胞两端尖、中间宽，细胞游离面常不能到达上皮表面。锥体细胞矮小，呈三角形，细胞基底面宽大，夹在其他细胞之间。这些细胞的基底面均附于基膜上。锥体细胞是一种具有分化潜能的"储备细胞"，在一定条件下可分化为柱状细胞、杯形细胞和梭形细胞等。

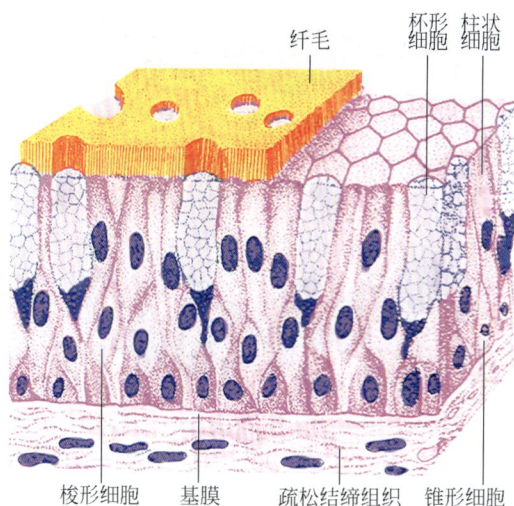

纤毛

杯形细胞 柱状细胞

梭形细胞 基膜 疏松结缔组织 锥形细胞

图 2-8 假复层纤毛柱状上皮模式图

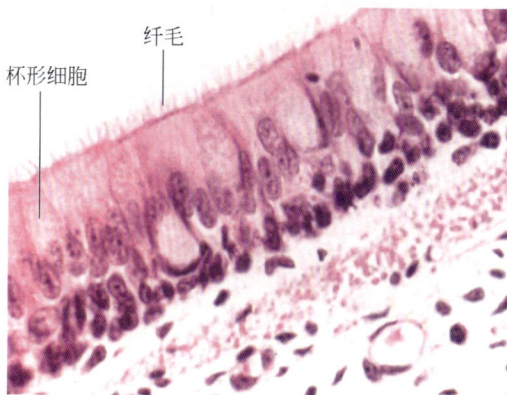

杯形细胞 纤毛

图 2-9 假复层纤毛柱状上皮光镜像（高倍）

假复层纤毛柱状上皮分布于喉、气管、支气管、咽鼓管、鼓室、输精管和泪囊等处，主要起保护作用。

（五）复层扁平上皮

复层扁平上皮（stratified squamous epithelium）由多层形态各异的细胞组成，细胞由浅入深大致可分为三类。表层数层细胞呈扁平状，常见核固缩现象。表层细胞已趋向死亡，随时可发生生理性脱落。通常复层扁平上皮因分布部位的不同，其表层细胞可分为角化和未角化两种，当表层细胞出现细胞核消失、胞质中充满角蛋白而形成角质层时，即称其为角化上皮；否则为未角化上皮。中间层由数层梭形细胞和多边形细胞组成，细胞体积较大，核圆形，位于中央。基底层是一层与其下方基膜相连的立方形或矮柱状细胞，在光镜下可见胞质深染，细胞核常呈现分裂象，又称**基底细胞**（basal cell），基底细胞的分裂增殖能力较强，新生的细胞可不断向上增殖迁移，补充表层已衰老、脱落的细胞（图 2-10、11）。

复层扁平上皮具有较强抗机械性摩擦的保护作用及损伤后修复能力。角化的复层扁平上皮在人类仅分布于体表，未角化的复层扁平上皮主要分布于口腔、食管、咽、鼻前庭、阴道等腔面。

（六）复层立方上皮

复层立方上皮（stratified cuboidal epithelium）由表层的立方形细胞和下方数层梭形或多边形细胞共同组成。此类上皮少见，仅分布于汗腺导管、肛管、女性尿道近开口处等。

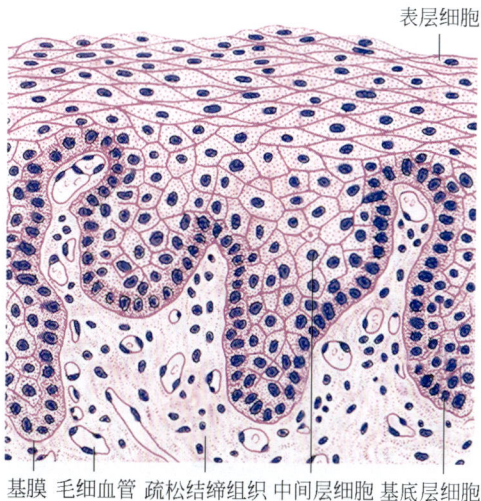

表层细胞

基膜 毛细血管 疏松结缔组织 中间层细胞 基底层细胞

图 2-10 复层扁平上皮模式图

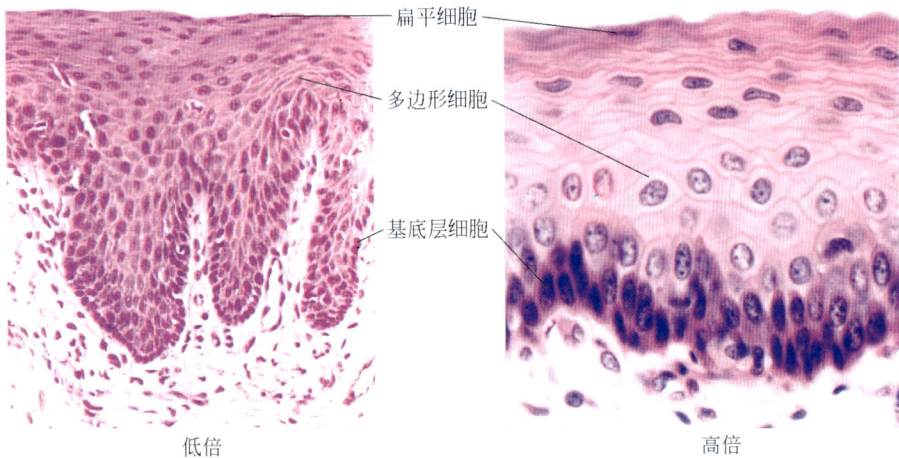

低倍   高倍

图 2 - 11   复层扁平上皮光镜像

（七）复层柱状上皮

复层柱状上皮（stratified columnar epithelium）由表层的柱状细胞和其下方数层梭形细胞共同组成。此类上皮可分布于眼结膜穹隆部、尿道海绵体部等。

（八）变移上皮

变移上皮（transitional epithelium）的细胞层数可随上皮所在器官功能状态的不同而改变。例如分布在膀胱腔面的变移上皮，当膀胱充盈扩张时，变移上皮细胞层数约为 2～3 层；而当膀胱收缩空虚时，变移上皮的细胞层数约为 5～6 层（图 2 - 12、13）。

通常变移上皮可分为表层细胞、中间层细胞和基底层细胞三类。膀胱空虚时，表层细胞体积大，呈伞形或倒置梨形，可覆盖其下方数个中间层细胞，因而又称**盖细胞**（tectorial cell）。光镜下盖细胞胞质丰富，游离面胞质嗜酸性强呈深染而称壳层（shell lamella），常见双核。中间层细胞层数不定，呈多边形，胞质浅染，细胞核单个，呈圆形，位于中央。基底层细胞近似立方形，附着于基膜上方。膀胱扩张时上皮变薄，细胞形状变扁。变移上皮对水、无机离子等物质的通透性极低，具有较强的保护功能。变移上皮分布于肾盏、肾盂、输尿管和膀胱等器官的腔面（图 2 - 12、13）。

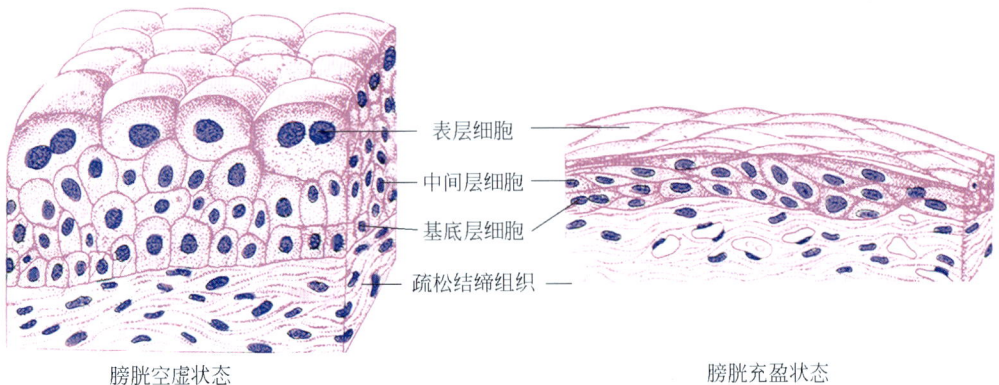

膀胱空虚状态   膀胱充盈状态

图 2 - 12   变移上皮模式图（膀胱）

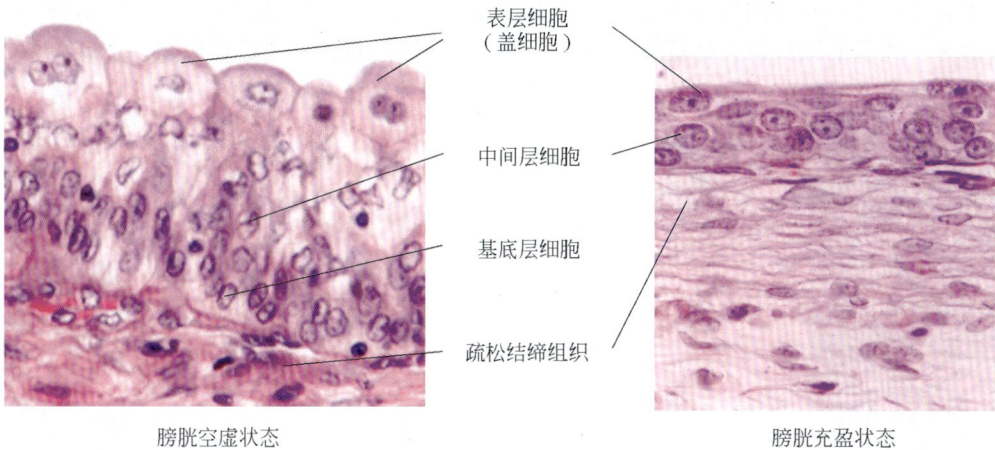

表层细胞
（盖细胞）

中间层细胞

基底层细胞

疏松结缔组织

膀胱空虚状态　　　　　　　　　　　　膀胱充盈状态

图 2 - 13　变移上皮光镜像

二、上皮组织特化结构

上皮组织的特化结构是指上皮组织为适应其内、外环境和功能的需要，而分化形成的特殊结构。这些特殊结构常形成于细胞的各个面上，由细胞膜、细胞质和细胞间质共同构成。这些特殊结构同样可出现在机体其他基本组织中，只是在上皮组织中表现尤为典型。

（一）上皮细胞游离面

1. 细胞衣　**细胞衣**（cell coat）是细胞膜结构中的糖蛋白和糖脂向细胞膜外伸出的糖链，是呈绒毛状的溶胶物质，被覆在细胞膜外表面，但在细胞游离面最显著，故细胞衣是细胞膜结构的一部分。细胞衣对细胞的黏着、支持、物质交换、表面抗原性、接触抑制、识别分化、信号转导等功能均发挥着重要的作用。

2. 微绒毛　**微绒毛**（microvillus）是细胞游离面的细胞膜与细胞质共同向细胞外形成的指状突起。电镜下微绒毛长约 $1.4\mu m$，直径约 $0.1\mu m$。微绒毛内含许多与微绒毛长轴平行排列的**微丝**（microfilament）。微丝一端附着在微绒毛顶端的胞膜内面，另一端与微绒毛起始部下方胞质中的**终末网**（terminal web）相连（图 2 - 14、17）。微丝即肌动蛋白丝，可与终末网内的肌球蛋白相互作用，使微绒毛发生伸、缩运动。微绒毛的主要功能是增加细胞游离面表面积。

3. 纤毛　纤毛的形成与微绒毛相似，长约 $5\sim10\mu m$，直径约 $0.3\sim0.5\mu m$。电镜下纤毛轴心内含有与纤毛长轴平行排列的**微管**（microtubule），微管可贯穿纤毛全长。纤毛常以两条独

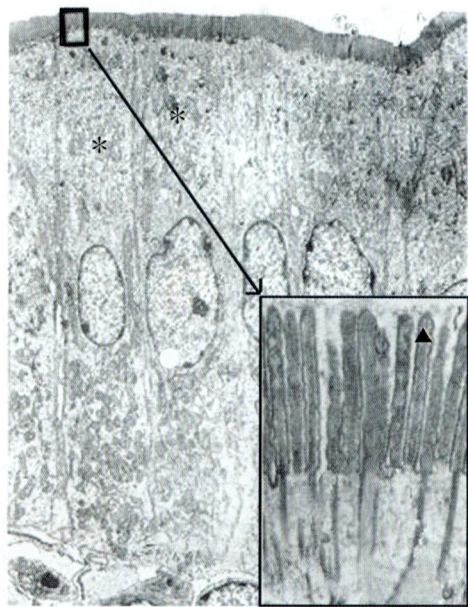

图 2 - 14　微绒毛电镜像（右下角示高倍）

*示柱状细胞　▲示微绒毛

立的单管为中心，其周围环绕九条二联微管，此类微管排列方式称为"9＋2"结构。纤毛的根部有一致密的颗粒结构称**基体**（basal body），基体的结构与中心粒相同，主要由微管构成。纤毛具有节律性定向摆动的能力，完成清除异物和运输物质的功能（图2－15）。

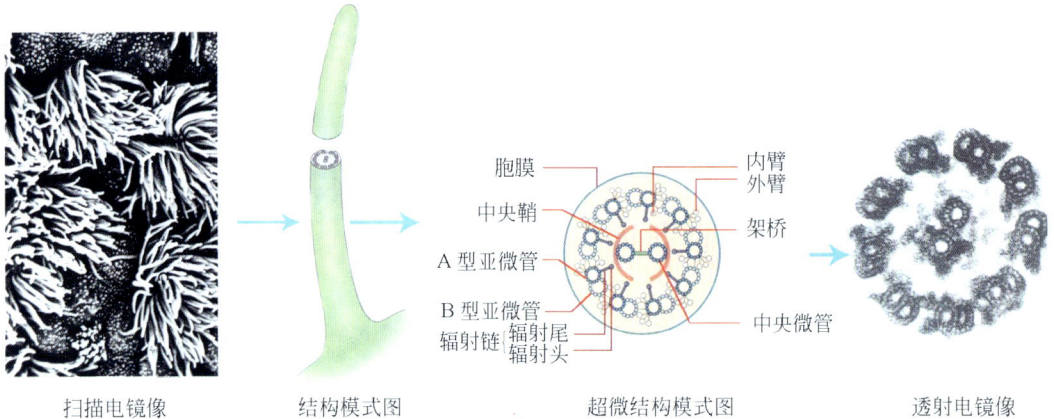

| 扫描电镜像 | 结构模式图 | 超微结构模式图 | 透射电镜像 |

图2－15   纤毛连续放大示意图

机体某些上皮细胞纤毛并不发生摆动，称**静纤毛**（stereocilium），仅见于附睾上皮、内耳毛细胞和视网膜视细胞等处。

（二）上皮细胞侧面

上皮细胞侧面的特殊结构常称**细胞连接**（cell junction），尤以柱状上皮细胞侧面的结构最为典型。自细胞游离面至基底面依次可有以下四种类型。

1. 紧密连接　**紧密连接**（tight junction）又称**闭锁小带**（zonula occludens）。电镜下侧面观可见两个相邻细胞的细胞膜外层呈间断融合现象；表面观可见紧密连接呈点状、斑状或带状，近细胞游离面可呈箍状环绕细胞一周。冷冻蚀刻等技术证明，相邻细胞的细胞膜融合处可见由各自胞膜形成网格状的嵴，并相互对应形成封闭索（图2－16、17）。

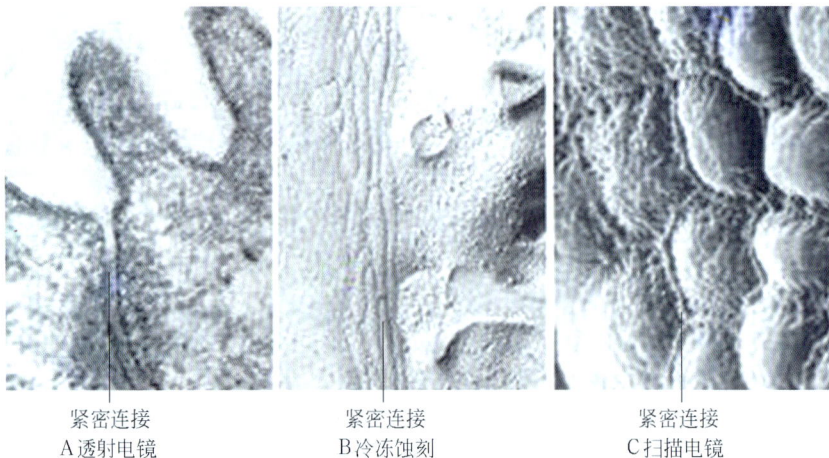

| 紧密连接
A透射电镜 | 紧密连接
B冷冻蚀刻 | 紧密连接
C扫描电镜 |

图2－16   紧密连接电镜像

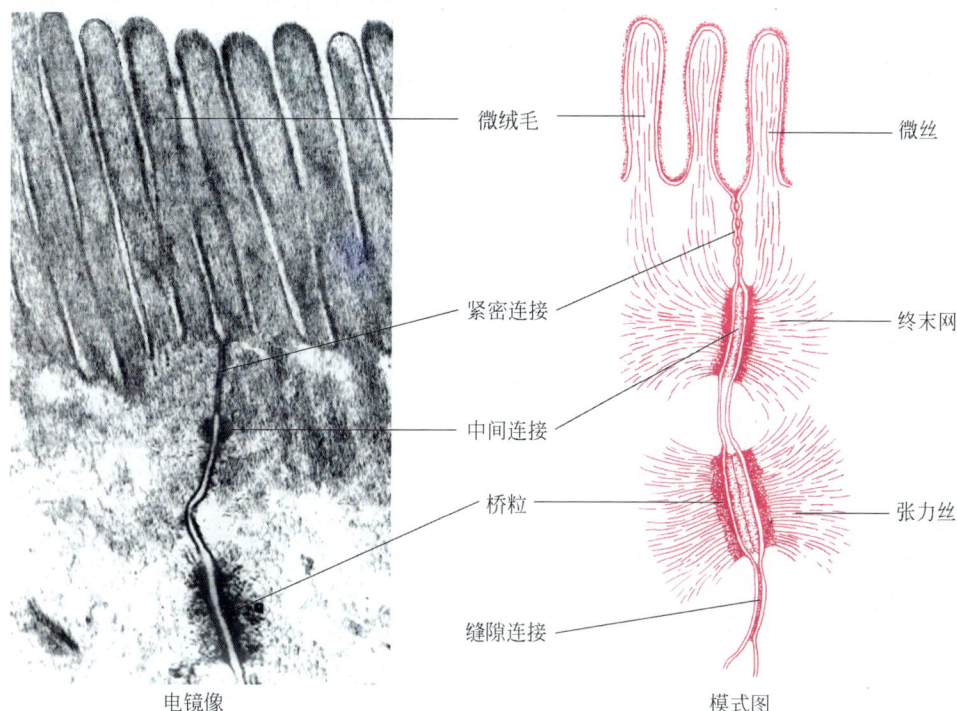

图 2-17 单层柱状上皮细胞连接

紧密连接可防止细胞外大分子物质经细胞间隙进入深部组织，也可防止组织液外溢，是构筑机体内、外屏障的主要结构，也是相邻细胞间机械性连接的重要方式。

2. 中间连接　**中间连接**（intermediate junction）又称**黏着小带**（zonula adherens），常位于紧密连接的下方。电镜下可见相邻细胞间有 15～20nm 的间隙，间隙内含电子密度较低的丝状结构。在中间连接处的胞质面附有较高电子密度的物质，主要由糖蛋白和微丝组成。大量的微丝聚集成束，与中间连接长轴呈垂直排列，并形成胞质内的终末网结构（图2-17）。中间连接具有细胞间黏着、信息传递、维持细胞形状等功能。

3. 桥粒　**桥粒**（desmosome）又称**黏着斑**（macula adherens），位于中间连接的下方，常呈直径约 $0.2～0.5\mu m$ 大小的斑块状。电镜下可见相邻细胞间有 20～30nm 的间隙，间隙内含糖蛋白成分的丝状结构称中央层，并在正中央形成一条与细胞膜平行的致密线称间线。桥粒处的相邻细胞膜各自胞质面可见电子密度较高的盘状结构称**附着板**（attachment plaque），长约 $0.2～0.3\mu m$，宽约 30nm。胞质中有许多直径约 10nm 的张力丝附于板上，并折成祥状返回胞质中，起固定和支持作用，是一种很牢固的连接方式（图2-17）。

桥粒的上述结构能较好地发挥细胞间机械性连接和信息传递功能。机体某些上皮细胞与基膜之间亦可出现**半桥粒**（hemidesmosome）结构。半桥粒是指上皮细胞基底面形成半个桥粒结构，将上皮细胞固着在基膜上（图2-18）。

4. 缝隙连接　**缝隙连接**（gap junction）又称**通讯连接**（communication junction），常位

于桥粒下方，呈斑块状（图2-17）。电镜下相邻两个细胞间仅有2～3nm的间隙，间隙两侧细胞膜上每隔约4.5nm可见一突起于各自膜外表的颗粒，若干个颗粒可发生彼此靠拢并融合形成一个较大颗粒称**连接小体**（connexon）。每个连接小体由6个质膜镶嵌蛋白组成，称亚单位或结合素（图2-19）。连接小体中央有直径约2nm的亲水通道称亲水管或称中央小管。包括水分子在内的小分子物质或信息分子即可经亲水管由一个细胞直接进入另一细胞。缝隙连接的重要功能是实现了细胞间的直接通讯。

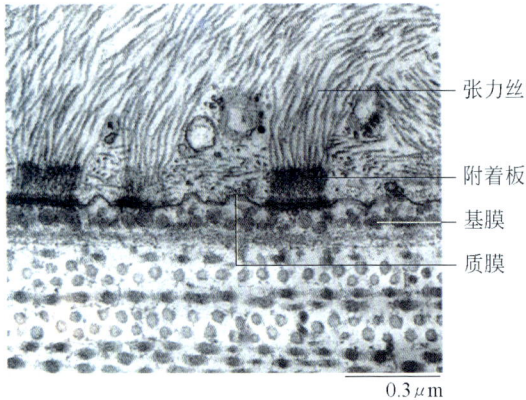

张力丝
附着板
基膜
质膜

0.3μm

图2-18 半桥粒电镜像

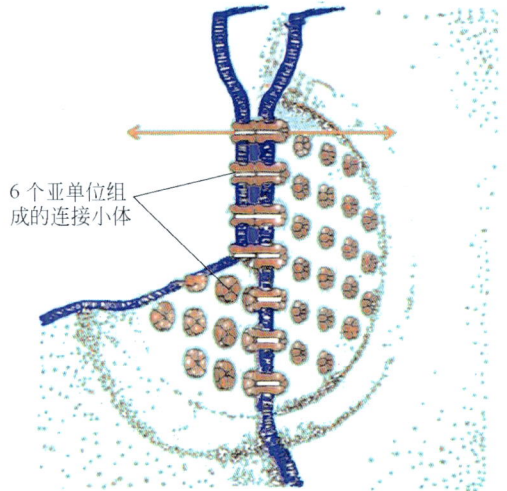

6个亚单位组成的连接小体

图2-19 缝隙连接模式图

（三）上皮细胞基底面

1. 基膜   **基膜**（basement membrane，BM）又称基底膜，是上皮细胞基底面与深部结缔组织间的一层薄膜样结构（图2-18、20）。基膜的化学成分主要是糖蛋白，包括**层粘连蛋白**（laminin，LN）、**Ⅳ型胶原蛋白**（type Ⅳ collagen）、**纤维粘连蛋白**（fibronectin，FN）等。基膜厚度约0.1～0.2μm，经特殊染色可在光镜下显示，普通染色常不易分辨。电镜下可将基膜分为三层结构：靠近上皮细胞基底面的称**透明板**（lamina lucida），其深部是基板（basal lamina）或致密板，此两层是由上皮细胞分泌的；与结缔组织相邻部分称**网板**（reticular lamina）或**网织板**（lamina fibroreticularis），由成纤维细胞产生。

基膜是半透膜，能选择性进行物质通透，在上皮细胞与结缔组织间的物质交换中发挥重要作用，同时基膜对上皮细胞起到支持、保护、固着等作用，并影响细胞的增殖、分化。

2. 质膜内褶   **质膜内褶**（plasma membrane infolding）是指上皮细胞基底面的胞膜向胞质内陷入，形成许多长短不等并与细胞基底面呈垂直分布的胞膜褶，构成了光镜下所见的基底纵纹结构。电镜下相邻质膜内褶间常有许多线粒体和小泡分布。质膜内褶可有效扩大上皮细胞基底面表面积，常见于物质交换频繁的细胞，如远端小管曲部上皮细胞（图2-20）。

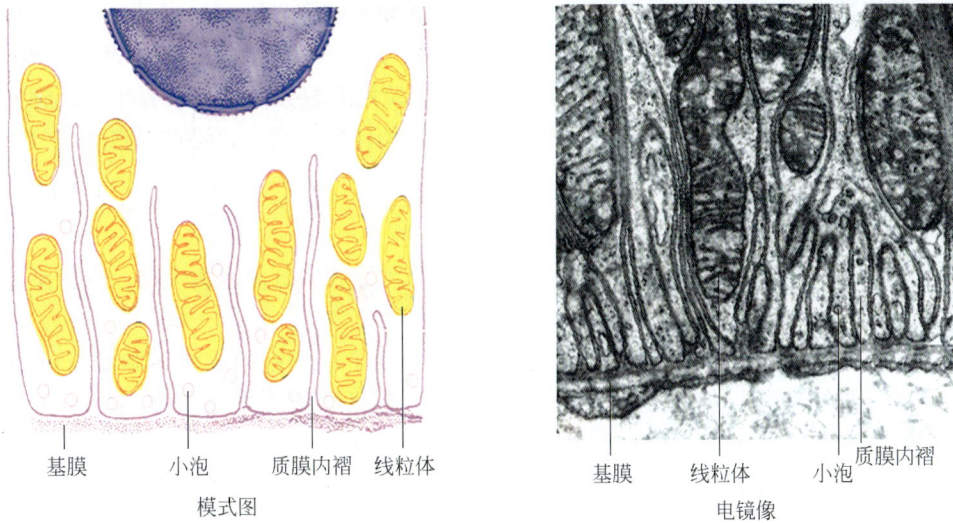

基膜　　小泡　　质膜内褶　线粒体

模式图

基膜　　线粒体　　小泡　　质膜内褶

电镜像

图 2 – 20　质膜内褶

三、腺上皮与腺

以分泌功能为主的细胞称**腺细胞**（glandular cell），同样以分泌功能为主的上皮称**腺上皮**（glandular epithelium），而以腺上皮为主要成分构成的器官称**腺**（gland）或腺体。

（一）腺细胞

腺细胞产生排出分泌物的过程称分泌。通常可依据腺细胞产生分泌物的化学成分不同，将腺细胞归纳分为以下几种：

1. 蛋白质分泌细胞　**蛋白质分泌细胞**（protein – secretory cell）大多呈锥体形或柱状，核圆位于中央或靠近基底部。胞质基底部呈强嗜碱性，胞质顶部聚集许多圆形嗜酸性分泌颗粒，称**酶原颗粒**（zymogen granule），具有这样结构特点的蛋白质分泌细胞称**浆液细胞**（serous cell）。电镜下浆液细胞基底部有密集平行排列的粗面内质网，并有许多线粒体位于内质网扁平囊之间，核上方有发达的高尔基复合体。该类细胞的分泌物较稀薄，含酶丰富。

2. 糖蛋白分泌细胞　**糖蛋白分泌细胞**（glycoprotein – secretory cell）可分泌糖蛋白，也称**黏蛋白**（mucoprotein，mucin）。细胞多呈锥体形或柱状，胞质中含大量黏原颗粒，在 H-E 染色切片中，因颗粒被溶解而呈泡沫状或空泡状，核周胞质弱嗜碱性。胞核常被黏原颗粒挤到细胞基底部，常呈扁圆形。具有上述结构特点的细胞称**黏液细胞**（mucous cell）。电镜下黏液细胞基底部有较多粗面内质网和游离核糖体，高尔基复合体发达，位于核上方。顶部胞质中含有很多膜被分泌颗粒。该类细胞的分泌物较黏稠，一般不含酶类。

3. 类固醇分泌细胞　**类固醇分泌细胞**（steroid – secretory cell）的分泌物为类固醇激素。细胞呈圆形或多边形，核圆，位于细胞中央，胞质内含有大量脂滴，在 H-E 染色切片中，因脂滴被溶解使胞质呈泡沫状。电镜下胞质内滑面内质网丰富，核旁的高尔基复合体发达，并可见许多管状嵴线粒体和含脂类小泡，但没有分泌颗粒。

4. 肽分泌细胞　**肽分泌细胞**（peptide – secretory cell）多为圆形、多边形或锥形，胞质着色浅，基底部含大小不等的分泌颗粒，故又称**基底颗粒细胞**（basal granular cell），H-E 染色标本中颗粒不易辨认，但可被银盐或铬盐着色。肽分泌细胞能产生胺，合成肽，属 APUD 细胞（详见第十四章内分泌系统）。电镜下基底部颗粒依细胞类型不同而有差异，胞质含少量粗面内质网及高尔基复合体，滑面内质网及游离核糖体较丰富。分泌物以胞吐或分子渗出方式释放到细胞外。

（二）腺

腺按其形态结构、分泌方式等不同，可分为外分泌腺和内分泌腺两大类。内分泌腺详见第十四章。

1. 外分泌腺的结构　机体内除少数外分泌腺由单个腺细胞构成**单细胞腺**（unicellular gland），除杯形细胞外，绝大多数外分泌腺均由多个腺细胞构成**多细胞腺**（multicellular gland）。多细胞腺一般由分泌部和导管两部分组成。

（1）分泌部：**分泌部**（secretory portion）又称腺末房或**腺泡**（acinus），是外分泌腺分泌物产生的场所。腺泡通常由单层腺细胞围成，大小形态各异，其周围有基膜包裹，中央的腔称腺泡腔。有些腺泡与基膜间还有**肌样上皮**（myoepithelium）分布，此类上皮具有收缩功能，有利于腺泡分泌物进入导管。

（2）导管：导管是由单层或复层腺细胞围成的中空性管状结构。导管的一端与腺泡相连，另一端开口于体表或器官的腔面。导管除有输送分泌物作用外，通常还兼有吸收、分泌或排泄水、电解质、代谢废物等功能。

2. 外分泌腺的分类

（1）依据腺泡分泌物性质：分为**浆液腺**（serous gland）、**黏液腺**（mucous gland）和**混合腺**（mixed gland）三类。①浆液腺：由浆液腺细胞构成腺泡，如腮腺、胰腺等。②黏液腺：是指由黏液性腺细胞构成的黏液性腺泡，如子宫腺、十二指肠腺等。③混合腺：是由浆液性腺泡、黏液性腺泡和由浆液性腺细胞、黏液性腺细胞两者组成的混合腺泡共同构成，其分泌物兼有浆液腺和黏液腺的特点。混合腺常以黏液腺细胞为主，少量浆液性腺细胞可分布于腺泡末端呈半月状包绕黏液性腺细胞，称此现象为半月或**新月**（demilune）（图 2-21），常见于舌下腺、下颌下腺等处。

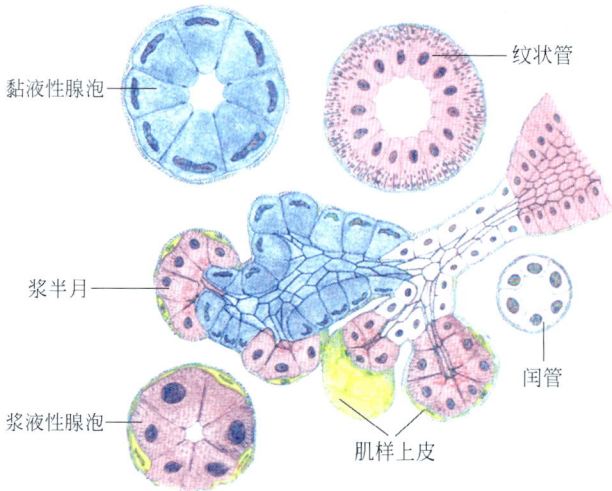

图 2-21　外分泌腺模式图

（2）依据分泌部及导管的形态：依据分泌部的形态可分为管状、泡状和管泡状等类型；依据导管的形态可分为单管、复管等类型。通常依据分泌部和导管的综合形态可有以下主要类型：①单直管状腺：如肠腺。②单曲管状腺：如汗腺和耵聍腺。③单分支管状腺：如胃腺与子宫腺、食管腺和十二指肠腺。④单泡状腺：哺乳动物和人类无此类腺。⑤单分支泡状腺：如皮脂腺和眼睑的睑板腺。⑥复管状腺：如消化管的贲门腺、尿道球腺。⑦复泡状腺或复管泡状腺：如唾液腺与胰腺等。⑧复囊状腺：如泪腺、乳腺与前列腺等（图2-22）。

（3）依据分泌物分泌形式：①**全质分泌腺**（holocrine gland）：成熟的腺细胞内充满分泌物，分泌时整个细胞崩溃解体与分泌物一起排出，如皮脂腺。②**顶质分泌腺**（apocrine gland）：分泌时细胞顶部连同分泌物一起排出，引起细胞的局部破坏，如乳腺。③**局质分泌腺**（merocrine gland）：又称**漏出分泌腺**（eccrine gland），是指腺细胞的分泌物以胞吐方式排出后，腺细胞仍保持结构的完整性，如胰腺、肠腺等（图2-23）。

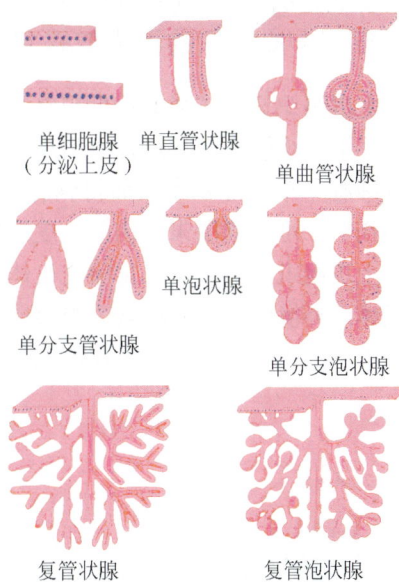

单细胞腺 单直管状腺
（分泌上皮）
单曲管状腺
单泡状腺
单分支管状腺
单分支泡状腺
复管状腺
复管泡状腺

图2-22 外分泌腺分类模式图

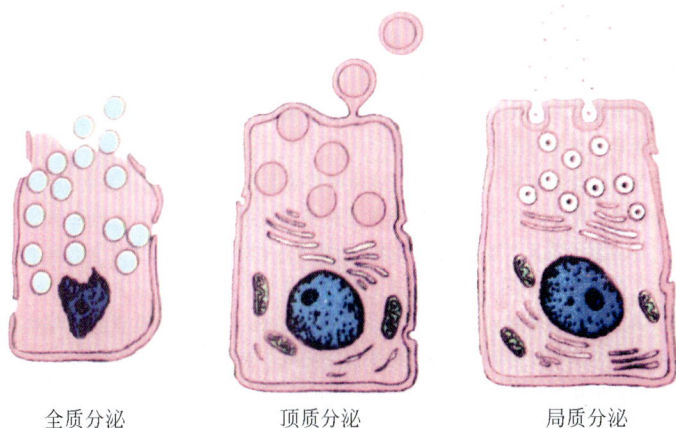

全质分泌 顶质分泌 局质分泌

图2-23 腺细胞分泌方式示意图

四、感觉上皮

感觉上皮（sensory epithelium）是指某些上皮细胞在分化过程中，形成了具有接受特殊刺激功能的上皮细胞，如鼻黏膜中的嗅觉上皮能接受气体中不同化学分子的刺激而产生嗅觉；舌黏膜中的味蕾上皮能接受食物中不同物质刺激产生味觉；视网膜中的视觉上皮（又称神经上皮）能接受光信号刺激引起视觉；内耳中的听觉上皮能接受声波信号刺激引起听觉等。各类感觉上皮详见相关各章。

体内另有生殖上皮和肌上皮等不同类型的上皮。

五、上皮组织的再生与修复

上皮组织具有较强的再生与修复能力。上皮组织的再生可分为生理性再生和病理性再生两类。上皮组织在生长过程中出现衰老、死亡、脱落的同时，又有新生的上皮细胞经少量的幼稚细胞（干细胞）增殖而得到补充，称此为生理性再生。当上皮组织因各种致病因素导致损伤后，可经周围未损伤的上皮细胞通过增殖分化予以补充，称此为病理性再生或修复。

上皮组织的再生与修复除受机体年龄因素影响外，机体外环境如生存气候、自然条件以及机体内环境中内分泌激素、神经递质、神经调质，尤其是对上皮细胞产生调节作用的一些相关细胞因子等，均能对上皮组织的再生与修复产生重要的影响。

（郭顺根）

视窗

撩开"精子库"的面纱

笼罩着神秘面纱的精子库又称精子银行。早在1778年，有学者研究发现，将精子置于冰雪中降温后再复温，部分精子仍具有运动能力。在过去的几十年中研究发现，低温可影响细胞的生化进程，利于细胞保存。精子是人体中最耐冷冻的细胞之一，将其置于液氮（-196℃）中保存，细胞进程则处于停滞状态，10~20年复苏后精子仍能保持活力。实践证明冷冻复苏后的精子通过人工授精，能够使人正常受孕，这一研究成果为精子库的建立奠定了基础。而最早的人类精子库是为参战士兵而建的。

曾获得诺贝尔奖的美国遗传学家 H. J. Muller，几十年前提出了一个大胆且颇有争议的建议——建立"天才"精子库，专门贮存卓越人士的精子。只有少数诺贝尔奖金获得者支持并捐献了自己的精子，贮存于美国加利福尼亚的某精子库中，人们称其为"诺贝尔精子库"。Muller的愿望是美好的，他想把具有卓越才能和优良素质的人的生殖细胞贮存起来，供人们选择，以提高人类的基因质量，使优良性状延续，孕育出更多的天才。遗憾的是并没有"人造诺贝尔才子"降世。因为卓越人士的产生不仅与遗传有关，更重要的是环境因素对遗传的影响，况且这些成功人士一般年龄偏高，甚至年过花甲。而精子的基因突变率与年龄成正比，这使子代出现先天性遗传病的几率也随之增高。同时还涉及伦理方面的诸多问题。

国内外的相关研究表明，发达国家的男性，精子数量和质量都呈现下降趋势。这与环境污染、地球变暖、生育年龄推迟有着密切的关系。另外，生活环境与工作压力以及疾病、意外伤害等诸多不可预测的因素，都可能使人们的生育能力发生变化。而人生的最佳生育时间仅为十几年，精子库的建立就是为男士们未雨绸缪，提供"生殖保险"和"优生保险"，以解除后顾之忧。现在精液冷冻技术在医学、生物学和畜牧业等许多领域得到广泛应用。我国几个大城市已分别建立了精子库。

第三章

结缔组织

结缔组织（connective tissue）是四大基本组织中形式最多样的组织，由细胞和大量细胞间质构成。其形态多样、分布广泛，具有连接、支持、防御、保护、运输和营养等功能。但它们之间都有着共同的特点：细胞间质多，由基质和纤维构成，成分复杂、功能多样；细胞数量少，种类多，形态多样，无极性地分散于细胞间质之中。

结缔组织均由胚胎时期的**间充质**（mesenchyme）演变而来。间充质由间充质细胞和大量稀薄的无定形基质组成。间充质细胞呈星状，细胞间以突起相互连接成网状，核大，核仁明显，胞质弱嗜碱性（图 3 - 1）。间充质细胞分化程度较低，有很强的分裂分化能力。在胚胎发育过程中能分化成多种结缔组织细胞、内皮细胞和平滑肌细胞等。成体的结缔组织内仍保留少量未分化的间充质细胞。

图 3 - 1 间充质模式图

根据基质的物理性状，广义的结缔组织包括基质呈胶体状的固有结缔组织，基质呈液体状的血液和淋巴，以及基质呈固体状的软骨组织和骨组织。狭义的结缔组织仅指固有结缔组织。结缔组织的分类如下：

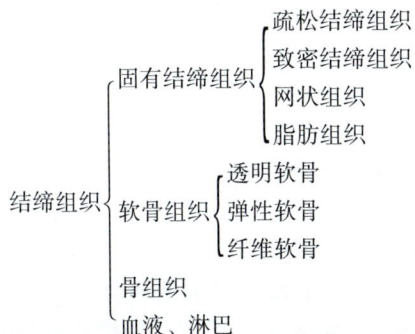

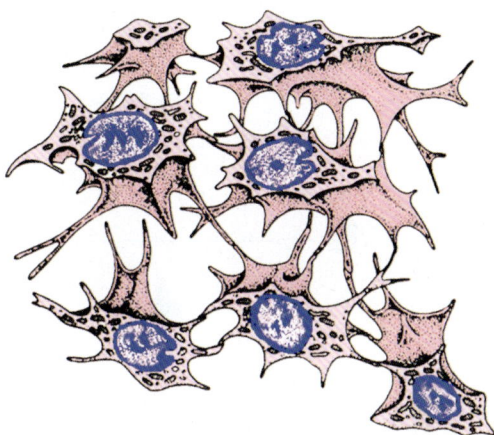

```
             ┌ 疏松结缔组织
   ┌ 固有结缔组织 ┤ 致密结缔组织
   │          │ 网状组织
   │          └ 脂肪组织
结缔组织 ┤          ┌ 透明软骨
   │ 软骨组织  ┤ 弹性软骨
   │          └ 纤维软骨
   │ 骨组织
   └ 血液、淋巴
```

一、固有结缔组织

固有结缔组织（connective tissue proper）分布广泛，按其结构和功能的不同可分为疏松结缔组织、致密结缔组织、网状组织和脂肪组织。

（一）疏松结缔组织

疏松结缔组织（loose connective tissue）又称**蜂窝组织**（areolar tissue），其特点是细胞数量少，种类较多而散在分布；细胞间质含大量的基质，纤维数量较少，排列稀疏。疏松结缔组织广泛分布于器官之间、组织之间及细胞之间，具有连接、营养、支持、防御和修复等功能（图 3 - 2、3）。

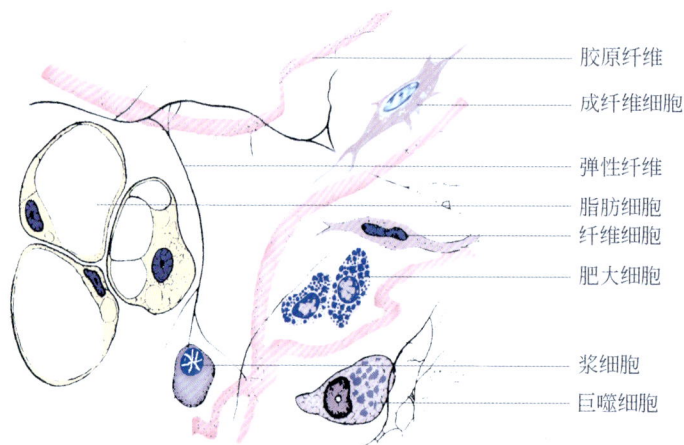

图 3 - 2　疏松结缔组织铺片模式图

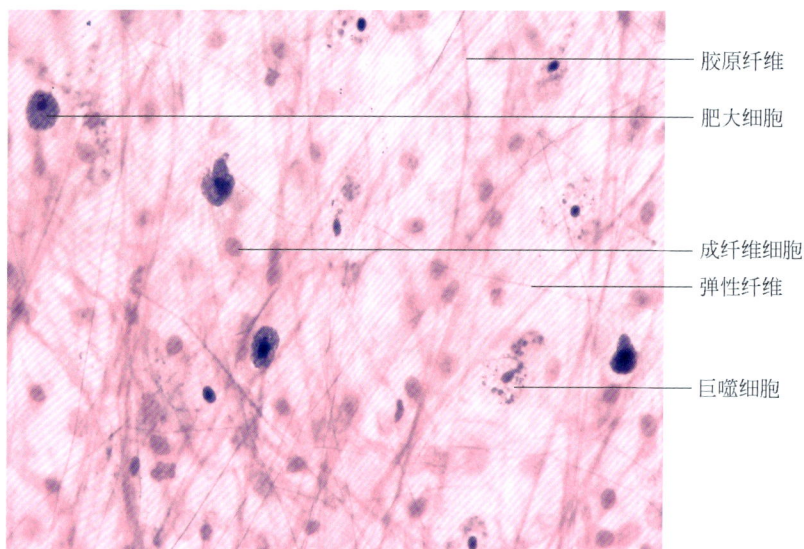

图 3 - 3　疏松结缔组织铺片光镜像（混合染色，高倍）

1. 细胞　疏松结缔组织内有成纤维细胞、巨噬细胞、浆细胞、肥大细胞、脂肪细胞、未分化间充质细胞以及从血液中游走出的各种血细胞等（图 3 - 2 ~ 4）。各种细胞的数量和分布随疏松结缔组织存在的部位和功能状态而不同。

（1）成纤维细胞：**成纤维细胞（fibroblast）**是疏松结缔组织中最主要的细胞，常位于胶原纤维周围。光镜下，细胞呈扁平不规则状，有突起，胞质较丰富，呈弱嗜碱性，胞核较大，长卵圆形，着色浅，核仁明显。电镜下，胞质内含有丰富的粗面内质网、游离核糖体和发达的高尔基复合体，表明该细胞合成蛋白质功能旺盛。成纤维细胞可合成和分泌胶原蛋白和弹性蛋白，构成疏松结缔组织中的三种纤维，同时也可合成分泌基质（图 3 - 2、4、5）。

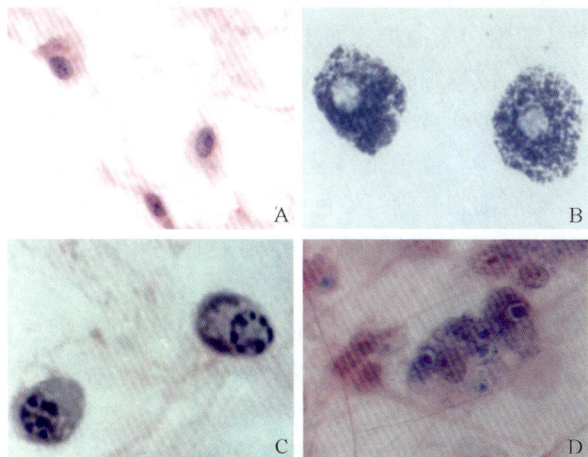

图 3-4 疏松结缔组织内的细胞（高倍）

A 成纤维细胞 B 巨噬细胞 C 浆细胞 D 肥大细胞

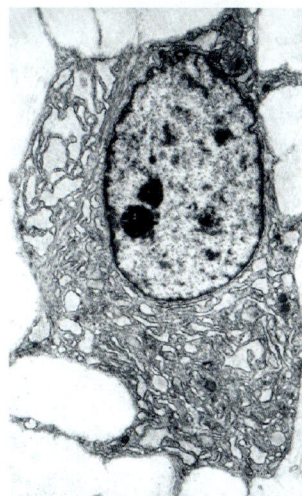

图 3-5 成纤维细胞电镜像

成纤维细胞功能处于静止状态时，称**纤维细胞**（fibrocyte）。细胞较小，呈长梭形，胞核小，着色深，胞质少，常呈嗜酸性（图 3-2）。电镜下，胞质内的粗面内质网少、高尔基复合体不发达。在一定的条件下，如创伤修复时，纤维细胞可转变为成纤维细胞，并向受损部位迁移，合成和分泌细胞间质成分。

（2）巨噬细胞：**巨噬细胞**（macrophage）是体内广泛存在的一种具有强大吞噬功能的免疫细胞（图 3-2、3、4、6）。光镜下，细胞形态随功能状态而改变。功能活跃者，常伸出较长的伪足而细胞形态不规则；核小，呈卵圆形或肾形，着色深，核仁不明显；胞浆丰富，多呈嗜酸性。当向机体内注入染料或墨汁时，巨噬细胞表现出活跃的吞噬功能，胞浆中可出现许多吞噬染料或墨汁的颗粒。电镜下，细胞表面有许多皱褶、微绒毛等（图 3-6）。胞质内含大量初级和次级溶酶体、吞噬体、吞饮泡和残余体，也有线粒体、粗面内质网等。

巨噬细胞来源于血液中的单核细胞，在疏松结缔组织内固定的巨噬细胞又称为组织细胞，常沿胶原纤维散在分布。巨噬细胞能行使多种功能参与免疫应答，具有重要的防御功能：①趋化运动：当巨噬细胞周围出现细菌的产物、炎症变性蛋白等物质时，巨噬细胞受刺激伸出伪足，沿浓度梯度朝浓度高的部位定向移动，聚集到产生和释放这些化学物质的部位，变为游走的活化细胞。巨噬细胞的这种特性称**趋化性**（chemotaxis），而这类化学物质称趋化因子。②吞噬作用：巨噬细胞具有强大的吞噬能力，包括特异性和

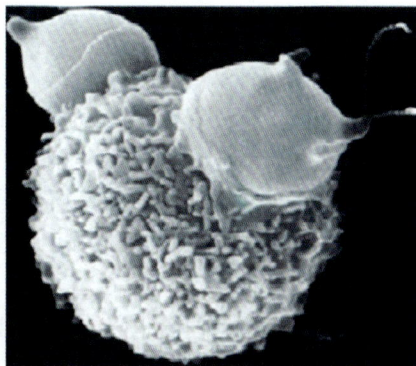

图 3-6 巨噬细胞扫描电镜像

非特异性吞噬作用。进行特异性吞噬作用时，巨噬细胞需要通过识别因子（如抗体、补体和纤维粘连蛋白等）来识别、黏附被吞噬物才能完成吞噬作用，如细菌、病毒、异体细胞和受伤细胞等的吞噬过程（图 3-6）。而在非特异性吞噬作用时，巨噬细胞不需要识别因子

就能直接完成吞噬作用，如炭粉、粉尘、衰老死亡的细胞和某些细菌的吞噬过程。③参与和调节免疫应答：巨噬细胞作为一种抗原提呈细胞，能捕捉、加工处理和呈递抗原给淋巴细胞，启动淋巴细胞发生免疫应答。④分泌作用：巨噬细胞具有活跃的分泌功能，能合成和分泌上百种生物活性物质，如溶菌酶、补体、白细胞介素 – 1 等。

(3) 浆细胞：**浆细胞**（plasma cell）数量较少。光镜下，呈卵圆形或圆形，胞浆丰富，呈嗜碱性，核旁有一浅染区。细胞核圆，多偏居细胞一侧，染色质粗，多分布于核膜处，呈车轮状（图 3 – 2、4）。电镜下，浆细胞胞质内含大量平行排列的粗面内质网和游离核糖体，浅染区内有高尔基复合体和中心体（图 3 – 7）。

浆细胞来源于 B 淋巴细胞，能合成和分泌**免疫球蛋白**（immunoglobulin，Ig）即**抗体**（antibody）及多种细胞因子，参与体液免疫。浆细胞在一般的结缔组织内较少，但在病原微生物易于入侵的部位，如消化道、呼吸道固有层的结缔组织及慢性炎症部位，其数量增多。

(4) 肥大细胞：**肥大细胞**（mast cell）光镜下细胞较大，圆形或卵圆形，胞质丰富，充满易溶于水的异染性嗜碱性颗粒，胞核小而圆，染色深，位于中央。电镜下，胞浆中的颗粒大小不一，电子密度不等，呈圆形或卵圆形，表面有膜包被，高尔基复合体发达（图 3 – 2 ~ 4、8）。

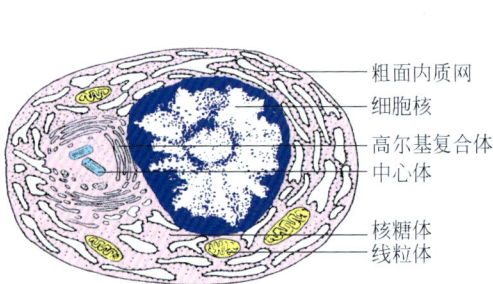

图 3 – 7　浆细胞超微结构模式图　　　　　图 3 – 8　肥大细胞超微结构模式图

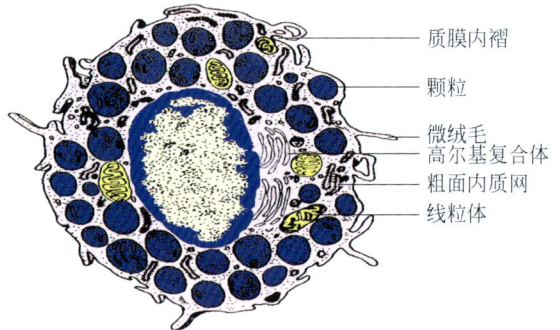

肥大细胞分布广，常沿小血管分布，特殊颗粒中含有肝素、组织胺、白三烯和嗜酸性粒细胞趋化因子等。肝素具有抗凝血作用。组织胺和白三烯可使微静脉和毛细血管扩张，通透性增加，血浆蛋白和液体溢出，导致组织水肿，形成荨麻疹；可使气管平滑肌痉挛，引起哮喘。嗜酸性粒细胞趋化因子能吸引嗜酸性粒细胞聚集到过敏反应部位。所以，肥大细胞与过敏反应关系密切。

(5) 未分化间充质细胞：**未分化间充质细胞**（undifferentiated mesenchymal cell）是保留在成体结缔组织内的一些较原始细胞，形态上很难与成纤维细胞区别。它保留着间充质细胞多向分化的潜能，在炎症或创伤修复时可增殖分化为成纤维细胞、脂肪细胞以及新生血管壁上的内皮细胞和平滑肌细胞等。

除以上细胞外，疏松结缔组织内还可见到脂肪细胞和各种游走到组织中的白细胞。其中，游走到结缔组织中的单核细胞将分化为巨噬细胞。

2. 纤维 在疏松结缔组织中有三种纤维，即胶原纤维、弹性纤维和网状纤维。

（1）胶原纤维：**胶原纤维**（collagenous fiber）是三种纤维中数量最多的一种，新鲜时呈白色，有光泽，故又称白纤维。在 H-E 染色标本上，呈嗜酸性。纤维粗细不等，直径 $1 \sim 20\mu m$，分支交织成网（图 3 - 2、3）。其化学成分主要是 I 型和 III 型胶原蛋白。电镜下，胶原纤维由许多平行排列的细丝组成，此细丝为**胶原原纤维**（collagen fibril），直径为 $20 \sim 200nm$，呈明暗交替的周期性横纹，横纹周期为 64nm（图 3 - 9）。胶原纤维的韧性大，抗拉力强。

（2）弹性纤维：**弹性纤维**（elastic fiber）含量较胶原纤维少，但分布广。新鲜状态下呈黄色，又名黄纤维。在 H-E 染色标本中折光性较强，着色淡红，不易与胶原纤维区分，醛复红可染成蓝紫色。纤维较细，直径

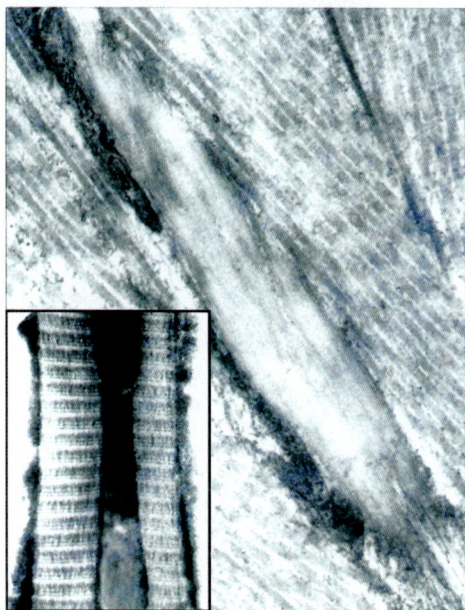

图 3 - 9　胶原纤维电镜像（左下角示胶原原纤维）

$0.2 \sim 1.0\mu m$，表面光滑，断端常卷曲，可有分支交织成网（图 3 - 2、3）。电镜下，弹性纤维核心部分由电子密度较低的均质状弹性蛋白组成；外周包裹电子密度较高的**微原纤维**（microfibril），其直径为 12nm，主要是原纤维蛋白。弹性纤维弹性很强，牵拉时可伸展拉长，除去外力后，又回复原状。

弹性纤维和胶原纤维交织在一起，使疏松结缔组织既有弹性又有韧性，有利于所在器官和组织保持形态和位置的相对恒定，又具有一定的可变性。

（3）网状纤维：**网状纤维**（reticular fiber）是一种较细的纤维，直径 $0.2 \sim 1.0\mu m$，分支交织成网。普通 H-E 染色标本不易着色，用银盐可染成黑色，故又称嗜银纤维。其主要由 III 型胶原蛋白构成，因其表面包裹有蛋白多糖和糖蛋白，故具嗜银性。电镜下，网状纤维也有 64nm 的周期性横纹，与胶原纤维电镜下结构基本相同。网状纤维主要存在于网状组织，也分布在结缔组织与其他组织交界处，如基膜的网板等。

3. **基质**（ground substance）是由生物大分子构成的有黏性的无定形胶状物，包括蛋白多糖、糖蛋白及组织液等。

（1）蛋白多糖：**蛋白多糖**（proteoglycan）又称黏多糖，为基质的主要成分，是多糖分子与蛋白质结合成的复合物。多糖部分为糖胺多糖，又称氨基己糖多糖，为不分支的线状多糖，由成纤维细胞产生，主要分非硫酸化和硫酸化两类：非硫酸化类为透明质酸，自然状态的透明质酸是曲折盘绕的长链大分子，可长达 $2.5\mu m$，是构成蛋白多糖复合物的主干；硫酸化类主要有硫酸软骨素、硫酸角质素、硫酸肝素等，它们以蛋白质轴为核心结合，形成像试管刷一样的蛋白多糖亚单位。

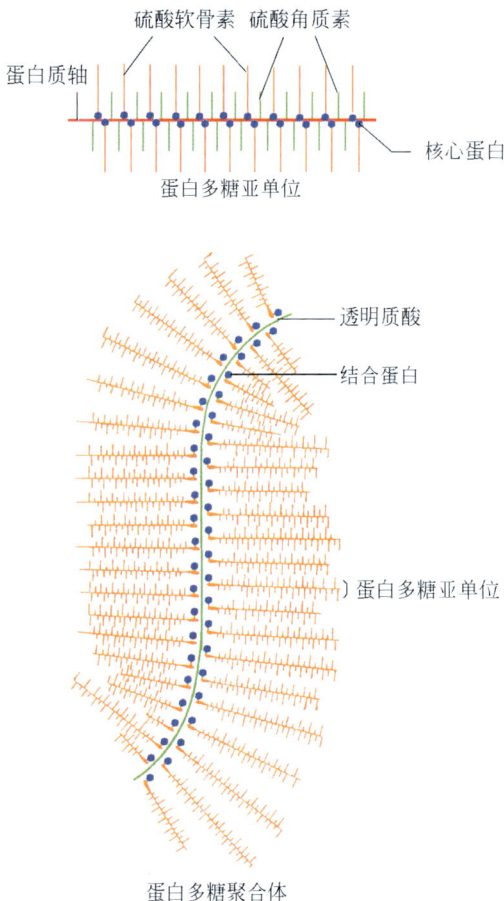

硫酸软骨素　硫酸角质素

蛋白质轴

核心蛋白

蛋白多糖亚单位

透明质酸

结合蛋白

蛋白多糖亚单位

蛋白多糖聚合体

图 3-10　蛋白多糖分子结构模式图

蛋白多糖亚单位通过结合蛋白连于透明质酸长链分子形成蛋白多糖聚合体（图 3-10）。大量蛋白多糖聚合体形成有许多微小孔隙的分子筛，小于孔隙的水、营养物、代谢产物、激素和气体分子等可以通过，大于孔隙的大分子物质、细菌等不能通过，使基质成为限制细菌、肿瘤细胞和寄生虫等有害物质扩散的防御屏障。某些能产生透明质酸酶的细菌如溶血性链球菌、癌细胞等，可通过分解蛋白多糖聚合体的主干，破坏基质的防御屏障，从而得到扩散。

（2）糖蛋白：**糖蛋白**（glycoprotein）是指除纤维性糖蛋白之外，以蛋白为主并附有多糖（含分支多糖）的生物大分子，具有与多种细胞、胶原及蛋白多糖相结合的化学基团，又称结构性黏附糖蛋白，种类多达数十种，在细胞识别、黏附、迁移和增殖中发挥重要作用。

（3）组织液：**组织液**（tissue fluid）是从毛细血管动脉端渗出的部分血浆成分，其中含有血液中的多种营养成分。组织液经毛细血管静脉端和毛细淋巴管回流入血液或淋巴。组织液不断更新，有利于血液和组织中的细胞进行物质交换，成为细胞赖以生存的体液内环境。当组织液的渗出和回流失去平衡时，基质中的组织液含量可增多或减少，导致组织水肿或脱水。

（二）致密结缔组织

致密结缔组织（dense connective tissue）是一种以纤维为主要成分的固有结缔组织，纤维粗大，排列紧密，以支持和连接为其主要功能。根据纤维的性质和排列方式，分为以下几种类型：

1. 规则致密结缔组织　主要构成肌腱、韧带和腱膜，由大量粗大而平行排列的纤维束组成。细胞成分很少，位于纤维束之间，主要是腱细胞，这是一种形态特殊的成纤维细胞，胞体伸出多个薄翼状突起伸入纤维束之间，胞核扁圆，着色深（图 3-11）。

2. 不规则致密结缔组织　见于真皮、硬脑膜、巩膜及许多器官的被膜等，其特点是粗大的胶原纤维彼此交织成致密的板层结构，纤维之间含少量基质和成纤维细胞（图 3-12）。

3. 弹性组织　是以弹性纤维为主的致密结缔组织。粗大的弹性纤维或平行排列成束或编织成膜状，如项韧带、黄韧带、弹性动脉的中膜等。

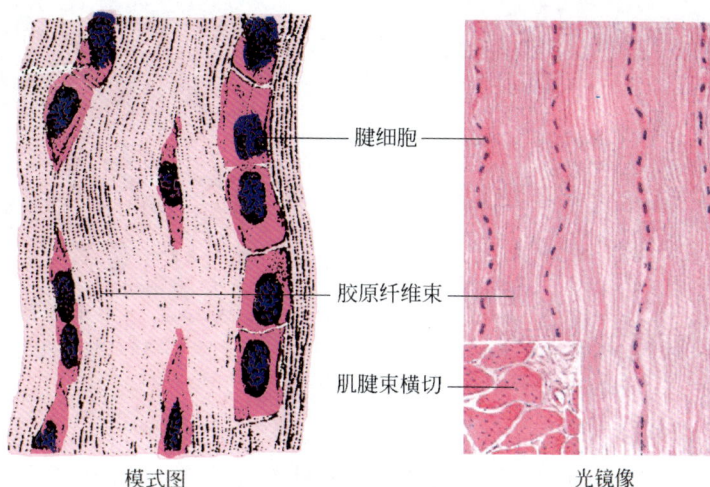

腱细胞

胶原纤维束

肌腱束横切

模式图　　　　　　　　　　　光镜像

图 3 - 11　肌腱

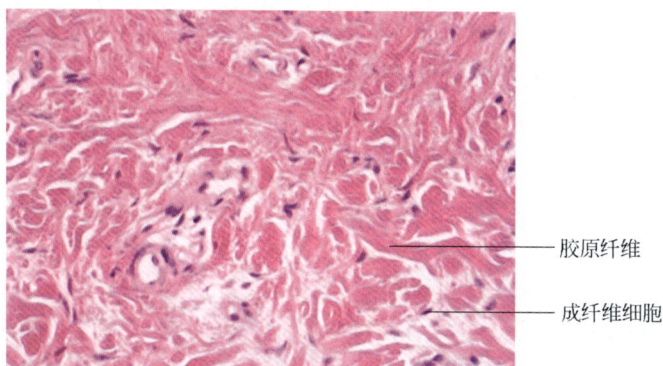

胶原纤维

成纤维细胞

图 3 - 12　不规则致密结缔组织光镜像（高倍）

（三）脂肪组织

脂肪组织（adipose tissue）主要是由大量密集的脂肪细胞构成，由疏松结缔组织将脂肪细胞分隔成小叶。根据脂肪细胞的结构和功能的不同，脂肪组织可分为黄色脂肪组织和棕色脂肪组织两大类。

黄色脂肪即通常所说的脂肪组织，人类的脂肪组织呈黄色，脂肪细胞外形呈圆形，胞浆中央含有一个大脂滴，使细胞核和细胞质被挤到细胞的边缘，呈月牙状，常规染色时因脂滴被溶解而呈空泡状（图 3 - 13），这种脂肪细胞称为单泡脂肪细胞。主要分布于皮下、网膜和系膜等处，是体内最大的贮能库，具有供能、保温、缓冲、保护、支持和软垫等作用。

棕色脂肪呈棕色，毛细血管丰富。脂肪细胞内散在许多小脂滴，线粒体大而丰富，核圆形，位于细胞中央，这种脂肪细胞称为多泡脂肪细胞（图 3 - 14）。棕色脂肪组织在成人极少，主要分布在新生儿的肩胛间区、腋窝和颈后部等处。在寒冷的刺激下，棕色脂肪细胞内的脂肪可迅速分解、氧化，产生大量热能。

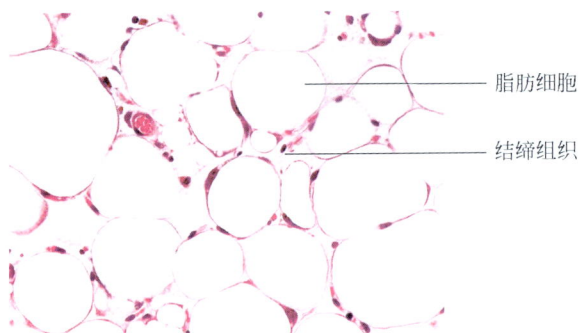

图 3 - 13　脂肪组织光镜像（高倍）

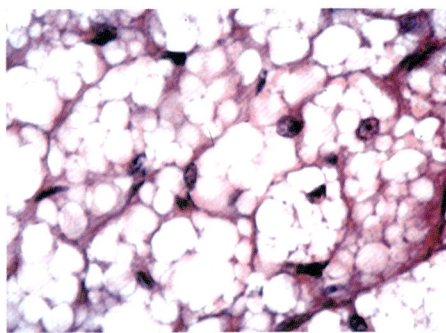

图 3 - 14　棕色脂肪光镜像（高倍）

（四）网状组织

网状组织（reticular tissue）由网状细胞、网状纤维和基质组成。**网状细胞**（reticular cell）是有突起的星形细胞，相邻细胞的突起相互连接成网，胞质丰富，粗面内质网发达，胞核较大，圆形或卵圆形，着色浅，常见 1 ~ 2 个核仁。网状细胞产生网状纤维，网状纤维交织成网，是网状细胞依附的支架（图 3 - 15）。网状组织主要分布于骨髓、脾、淋巴结等处，为血细胞发生和淋巴细胞发育提供适宜的微环境。

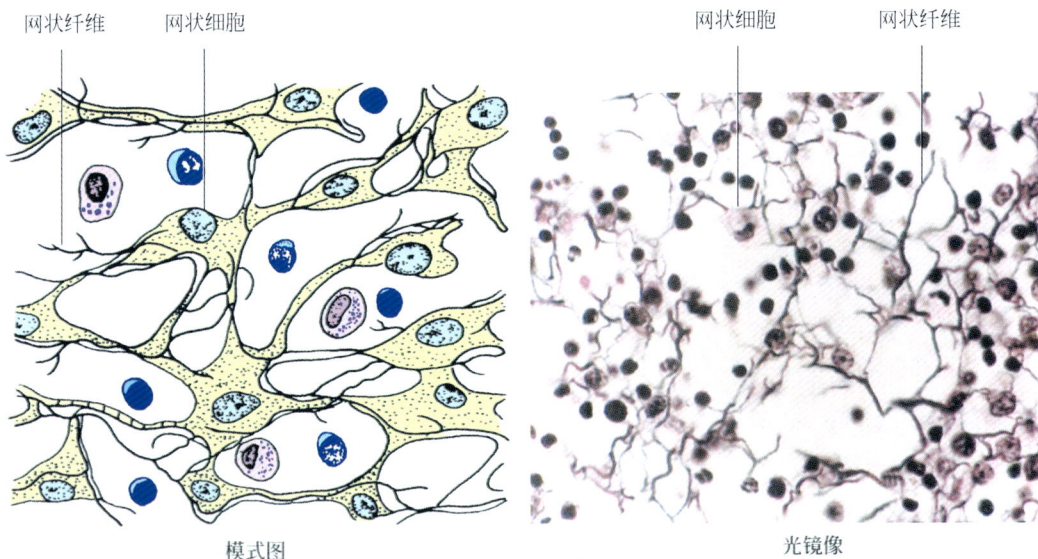

模式图

光镜像

图 3 - 15　网状组织

（杨恩彬）

二、软骨和骨

（一）软骨

软骨是由软骨组织及其周围的软骨膜构成。软骨是固态结缔组织，有一定的支持和保护作用。

1. 软骨组织的结构　软骨组织由软骨细胞、软骨基质共同构成。

（1）软骨细胞：**软骨细胞**（chondrocyte）位于软骨基质内所占据的小腔称**软骨陷窝**（cartilage lacuna）。陷窝周围有一层含硫酸软骨素较多的基质，称**软骨囊**（cartilage capsule），染色呈强嗜碱性。靠近软骨膜的软骨细胞较幼稚，体积小，呈扁圆形，单个分布；越接近软骨中央部的软骨细胞越成熟，体积大，数量多，接近圆形，多成群分布。每群有2~8个细胞，它们是由一个细胞分裂增生而成，故称**同源细胞群**（isogenous group）。同源细胞群中的细胞分别围以软骨囊。软骨细胞核呈椭圆形，可见核仁，细胞质弱嗜碱性（图3-16、18）。但在H-E染色切片中，因细胞收缩，软骨囊和细胞之间出现较大的空隙。电镜下，软骨细胞具有典型的蛋白质分泌细胞的结构特点，具有分泌软骨基质的能力（图3-17）。软骨细胞主要以糖酵解方式获得能量。

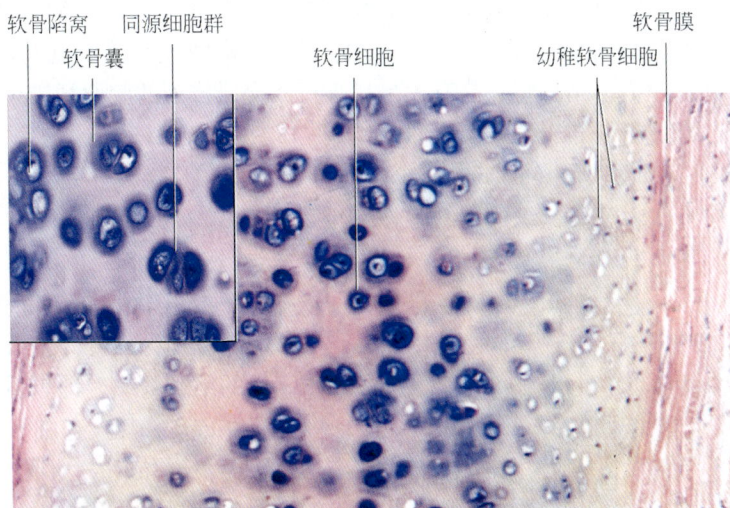

图3-16　透明软骨光镜像（低倍，左上角示高倍）

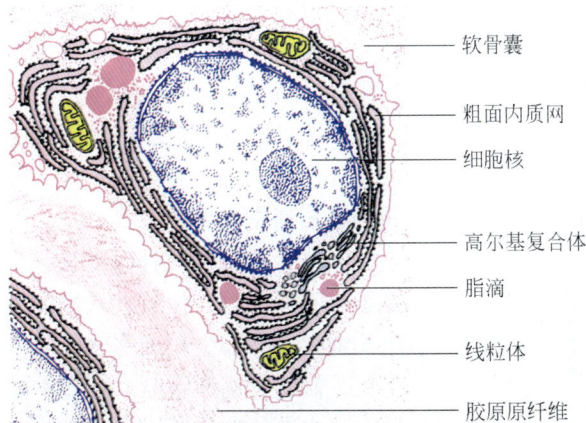

图3-17　软骨细胞超微结构模式图

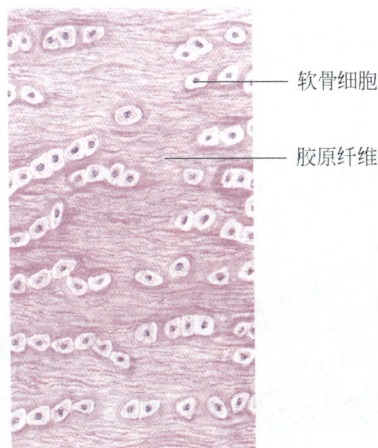

图3-18　纤维软骨模式图

（2）软骨基质：**软骨基质**（cartilage matrix）由无定形基质和纤维组成，呈凝胶状。其化学成分主要是蛋白多糖和水，具有较好的渗透性。软骨内无血管，但由于软骨基质内富含水分（约占软骨基质的75%），通透性强，故软骨深层的软骨细胞仍能获得必需的营养。

在不同的软骨组织中因纤维种类和含量不同，使软骨组织结构存在差异。各类纤维成分均埋于基质中，使软骨具有韧性和弹性，其折光率与基质总体相似，故在光镜下难以分辨纤维的种类。

2. 软骨分类　根据软骨组织所含纤维种类与含量的不同，可将软骨分为透明软骨、纤维软骨和弹性软骨三种。

（1）透明软骨：**透明软骨**（hyaline cartilage）分布较广，关节软骨、肋软骨及呼吸道软骨均属透明软骨。新鲜时，呈半透明状，较脆。透明软骨的纤维为胶原原纤维，直径为10~20nm，无明显横纹，其折光率与基质相近，故在光镜下不易分辨。软骨囊呈强嗜碱性，但软骨囊之间含胶原原纤维较多，故呈弱嗜酸性，基质较丰富（图3-16）。

（2）纤维软骨：**纤维软骨**（fibrous cartilage）分布于椎间盘、关节盘及耻骨联合等处，具有很强的韧性和抗拉力。结构特点是有大量呈平行或交错排列的胶原纤维束，软骨细胞体积较小，数量少，常成行分布于纤维束之间（图3-18）。

（3）弹性软骨：**弹性软骨**（elastic cartilage）分布于耳廓及会厌等处。结构特点是胶原原纤维少，基质中有大量密集交织成网的弹性纤维（图3-19），故使弹性软骨具有较强的弹性。

3. 软骨膜　除关节面的关节软骨外，软骨的表面均覆有较致密的结缔组织，即**软骨膜**（perichondrium）。其含有血管、淋巴管及神经，具有营养和保护作用。软骨膜分内、外两层，外层胶原纤维多，细胞少，主要起保护作用，内层纤维少，细胞较多，其中有些梭形的骨祖细胞可增殖分化为软骨细胞（图3-16）。

4. 软骨的生长方式　软骨来源于胚胎时期的中胚层间充质。软骨的生长通常有两种方式。

间质生长或称软骨内生长，常见于年幼的软骨，使软骨从内向外生长增大。外加生长或称软骨膜下生长，使软骨逐渐增厚。发育中的软骨和成熟的软骨常以此种方式生长。

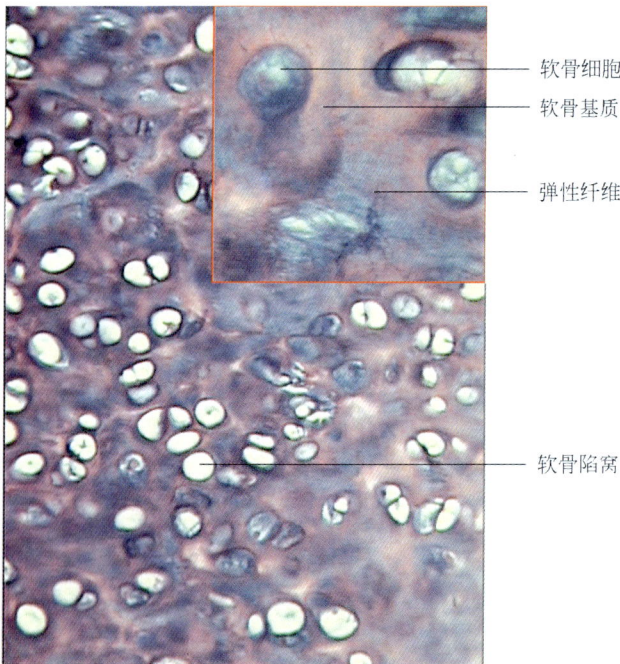

软骨细胞
软骨基质
弹性纤维
软骨陷窝

图3-19　弹性软骨光镜像（低倍，右上角示高倍）

（二）骨

骨由骨组织、骨膜及骨髓等构成。骨组织坚硬并具有一定韧性，是机体钙、磷的贮存库。

1. 骨组织的结构　**骨组织**（osseous tissue）由大量钙化的细胞间质及细胞组成。钙化的细胞间质称为**骨基质**（bone matrix）。骨组织的细胞有四种，骨细胞最多，位于骨基质内，骨祖细胞、成骨细胞、破骨细胞均位于骨组织的边缘（图3－20）。

（1）骨基质：即骨的细胞间质，由有机成分和无机成分构成，含水极少。有机成分由成骨细胞分泌形成，包括大量胶原纤维及少量无定形基质。其中胶原纤维占90%，主要由Ⅰ型胶原蛋白构成。基质呈凝胶状，内含糖胺多糖及多种糖蛋白、骨钙蛋白、骨磷蛋白等，前者有黏着胶原原纤维的作用，后者参与调节骨的钙化与吸收及钙的运输。无机成分又称**骨盐**（bone mineral），主要为羟基磷灰石结晶〔$Ca_{10}(PO_4)_6(OH)_2$〕，呈细针状，长10～20nm，沿胶原原纤维长轴规则排列并与之结合。有机成分与无机成分的紧密结合，使骨十分坚硬又有韧性。

骨基质各种成分共同构成薄的板层状结构，称为**骨板**（bone lamella）（图3－20）。同一骨板内的纤维相互平行，相邻骨板的纤维则相互垂直，成层排列的骨板犹如多层木质胶合板。这种骨板排列方式有效地增强了骨的强度。

（2）骨组织的细胞：①骨祖细胞：**骨祖细胞**（osteoprogenitor cell）又称骨原细胞，是骨组织中的干细胞，位于骨组织的表面。细胞较小，呈梭形，细胞核椭圆形，细胞质少呈弱嗜碱性，仅含少量核糖体和线粒体。当骨组织生长、改建或骨折愈合时，骨祖细胞分裂活跃，并分化为成骨细胞（图3－20）。②成骨细胞：**成骨细胞**（osteoblast）分布在骨祖细胞内侧面，细胞较大，呈矮柱状或椭圆形，细胞表面有细小突起，核圆形，胞质嗜碱性，电镜下，可见内含大量粗面内质网和高尔基复合体。成骨时，成骨细胞分泌骨基质的有机成分，形成**类骨质**（osteoid）。同时细胞向类骨质中释放基质小泡，其内容物释放到类骨质后即可形成羟基磷灰石结晶，故基质小泡是使类骨质钙化的重要结构。成骨细胞还分泌一些细胞因子调节骨组织的生成、吸收和代谢，当成骨细胞被类骨质包埋后，则转变为骨细胞（图3－20、21）。③骨细胞：**骨细胞**（osteocyte）数量最多，

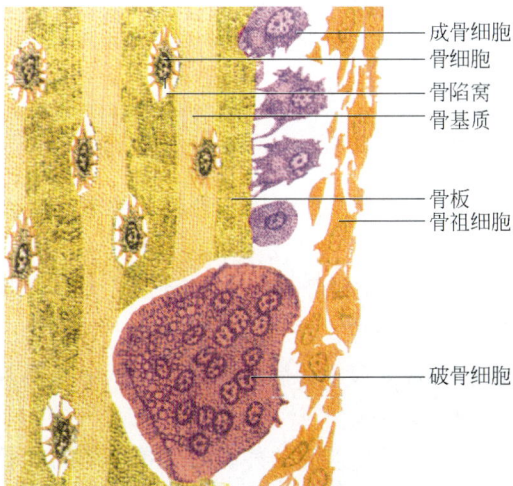

图3－20　骨组织模式图

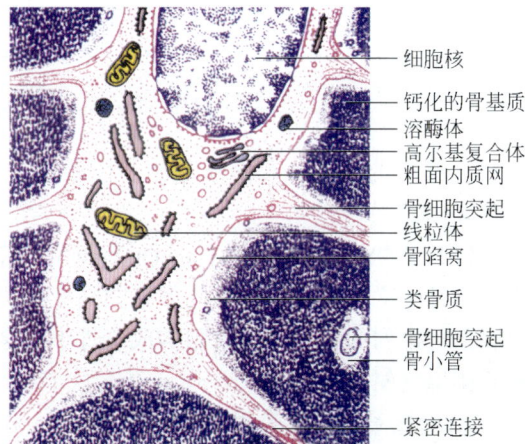

图3－21　骨细胞超微结构模式图

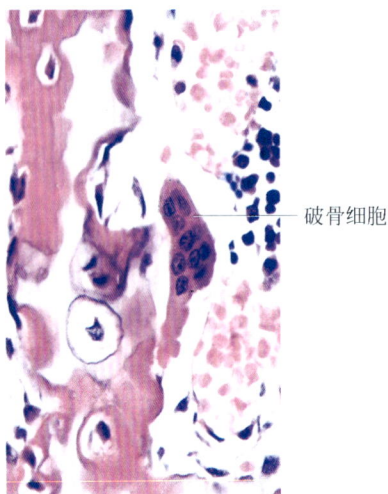

图 3-22　破骨细胞光镜像（高倍）

单个分散于骨板内或骨板之间。骨细胞是有许多细长突起的细胞，胞体较小，呈扁椭圆形，位于**骨陷窝**（bone lacuna）内，突起位于**骨小管**（bone canaliculi）内。相邻骨细胞的突起以缝隙连接相连，骨小管则彼此连通。骨陷窝和骨小管内含组织液，可营养骨细胞、输送代谢物。在机体需要时，Ca^{2+}可释放入骨陷窝的组织液中，对维持正常血钙浓度起一定的调节作用（图 3-21）。④破骨细胞：**破骨细胞**（osteoclast）主要分布在近骨组织表面，数目较少，无分裂能力。直径约$100\mu m$，是由多个单核细胞融合而成，属多核巨细胞，含有 2~50 个核，胞质呈嗜酸性。电镜下，可见丰富线粒体和溶酶体，细胞近骨基质一侧有许多不规则的微绒毛，称为**皱褶缘**（ruffled border）。破骨细胞功能活跃时，皱褶缘可向外释放多种水解酶及有机酸，使骨基质溶解，被溶解的骨基质可被皱褶缘以吞饮泡和吞噬体方式吸收，故破骨细胞在溶解骨基质的同时还可吸收骨基质（图3-20、22、23）。

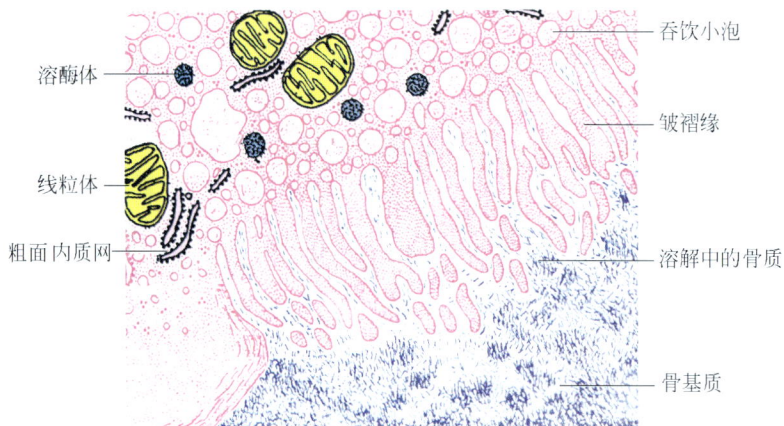

图 3-23　破骨细胞超微结构模式图

2. 长骨的结构　长骨分为骨干和骨骺两部分，由骨松质、骨密质、骨膜、关节软骨及骨髓等构成。

（1）骨松质：**骨松质**（spongy bone）分布于长骨的骨骺和骨干的内侧面，是大量针状或片状骨小梁相互连接而成的多孔隙网架结构，网孔即骨髓腔，其中充满红骨髓。骨小梁由数层平行排列的骨板和骨细胞构成。骨小管穿行表层骨板开口于骨髓腔，骨细胞从中获得营养并排出代谢产物。

（2）骨密质：**骨密质**（compact bone）分布于长骨骨干和骨骺的外侧面。骨密质内的骨板排列很有规律，按骨板排列方式可分为环骨板、骨单位和间骨板：①环骨板：**环骨板**

(circumferential lamella) 分布于长骨干的外侧面及近骨髓腔的内侧面，分别称为外环骨板及内环骨板。外环骨板较厚，约有 10~40 层，较整齐地环绕骨干外侧面排列。内环骨板较薄，仅由数层骨板组成，排列不甚规则。骨干中有横向穿越的小管，称**穿通管**（perforating canal），又称 Volkmann 管，是小血管、神经及骨膜成分进入骨密质内的通道（图 3-24）。②**骨单位**：**骨单位**（osteon）又称**哈弗斯系统**（Haversian system），是长骨干起支持作用的主要结构单位。骨单位位于内、外环骨板之间，数量较多，呈筒状，由 10~20 层同心圆排列的骨板（哈弗斯骨板）围成。各层骨板之间有骨细胞。各层骨细胞的突起经骨小管穿越骨板相互连接。骨单位的中轴有一**中央管**（central canal），或称**哈弗斯管**（Haversian canal），与穿通管相通连，其管壁含有骨膜组织，管腔内含毛细血管和神经。各个骨单位表面都有一层含骨盐多而胶原纤维少的骨基质，在骨单位的横断面标本中呈折光较强的轮廓线，称**黏合线**（cement line）（图 3-24~26）。每一骨单位中的骨小管周边部的骨小管均在黏合线以内返回，最内层的骨小管均开口于中央管，有利于营养物的获得。内、外环骨板与骨单位交界处的黏合线不甚明显。③**间骨板**：**间骨板**（interstitial lamella）是填充在骨单位之间或骨单位与环骨板之间不规则的平行骨板，是原有的骨单位或内、外环骨板在骨生长和改建过程中未被吸收的残留部分（图 3-24、25）。

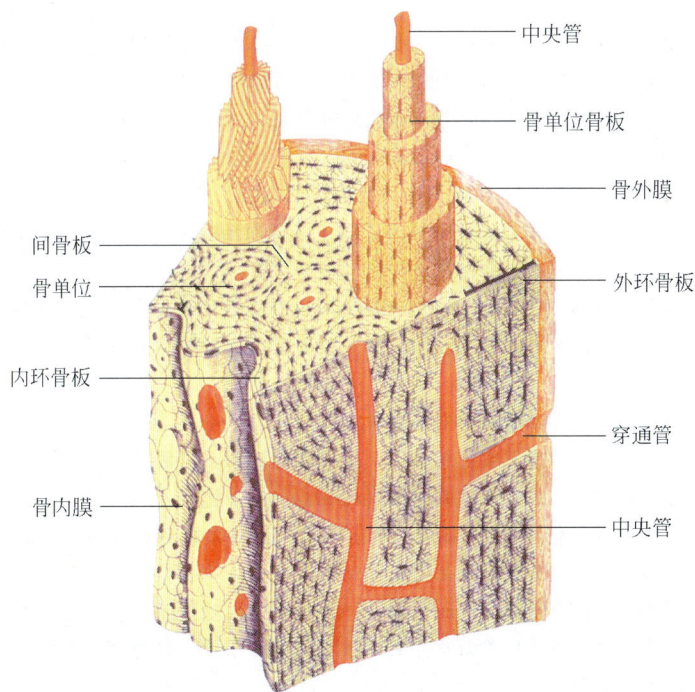

图 3-24 长骨骨干立体模式图

（3）骨膜：除关节面以外，在骨的内、外表面分别覆以骨内膜和骨外膜。**骨外膜**（periosteum）分为两层：外层较厚，为致密结缔组织，纤维粗大而密集，有的纤维束横向穿入外环骨板，称**穿通纤维**（perforating fiber）或 Sharpey 纤维，起固定骨膜和韧带的作用；内层较薄，结缔组织疏松，含骨原细胞和成骨细胞及小血管和神经。在骨髓腔面、骨小梁的表面、中央管及穿通管的内表面均衬有薄层结缔组织，即**骨内膜**（endosteum）（图3 - 24）。骨膜具有营养骨组织、提供成骨细胞的作用。

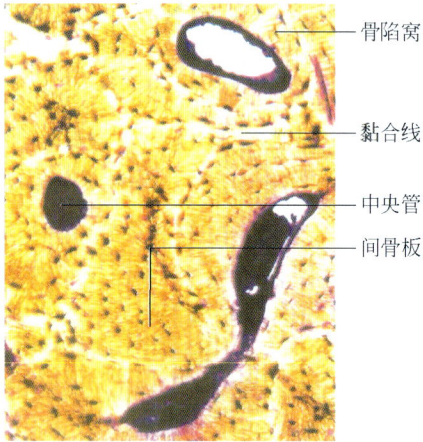

图 3 - 25　骨磨片光镜像（大力紫染色，低倍）

标注：骨陷窝、黏合线、中央管、间骨板

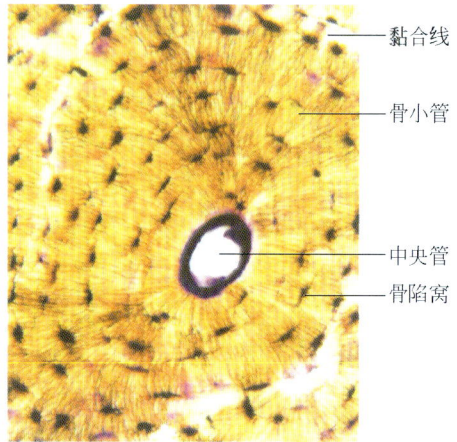

图 3 - 26　骨单位光镜像（大力紫染色，高倍）

标注：黏合线、骨小管、中央管、骨陷窝

（三）骨发生

骨发生于胚胎时期的间充质，并不断进行生长与改建，具体表现为骨组织形成与骨组织分解吸收，两者相辅相成。成年后，改建速度随年龄增长而逐渐缓慢，并持续终生。

骨发生（osteogenesis）有膜内成骨与软骨内成骨两种方式。

1. 膜内成骨　**膜内成骨**（intramembranous ossification）是由间充质先分化成为胚性结缔组织膜，然后在此膜内成骨。顶骨、额骨、扁骨和不规则骨等以此种方式发生。最早形成骨组织的部位称为**骨化中心**（ossification center）。新形成的骨组织表面始终有成骨细胞或骨祖细胞附着，逐渐形成初级骨松质。后者周围的间充质分化为骨膜，此后即进入生长与改建阶段（图 3 - 27）。

2. 软骨内成骨　**软骨内成骨**（endochondral ossification）指在骨发生的部位先出现透明软骨的雏形，在骨形成过程中软骨组织再不断被骨组织取代。体内大多数骨主要以软骨内成骨的方式发生。现以长骨的发生为例，叙述如下（图 3 - 28）。

（1）软骨雏形的形成：在将要成骨的部位，间充质细胞密集并分化为骨原细胞，后者继而分化为软骨细胞。软骨细胞分泌软骨基质，细胞也被包埋其中，成为软骨组织。周围的间充质分化为软骨膜，此时的软骨外形与将要形成的长骨相似，被称为**软骨雏形**（cartilage model）。

（2）软骨周骨化：**软骨周骨化**（perichondral ossification）指软骨雏形中段周围部的骨形成。当软骨膜内出现血管，软骨膜深层的骨祖细胞分裂分化为成骨细胞。成骨细胞在软骨表面逐渐形成一圈薄层初级骨松质，包绕在软骨雏形中段，称为**骨领**（bone collar）。骨领表面的软骨膜从此改称骨外膜。骨外膜深层的骨祖细胞不断分化为成骨细胞，向骨领表面及其两端添加新的骨小梁，使骨领逐渐增厚并向两端延伸。骨领逐渐改建成为骨干的骨密质。

（3）软骨内骨化：①软骨退化与初级骨化中心形成：在骨领形成的同时，软骨雏形中段内的软骨细胞增大并分泌碱性磷酸酶，使其周围的软骨基质钙化，同时软骨细胞退化死亡，临时留下较大的软骨陷窝，形成软骨退化区。随后血管连同破骨细胞及间充质等经骨外膜穿越骨领，进入退化软骨区，破骨细胞分解吸收钙化的软骨基质，形成许多与原始骨干长轴平行的隧道，即初级骨髓腔，腔内充以初级骨髓。继而成骨细胞贴附于初级骨髓腔壁上生成骨组织，形成以钙化软骨基质为中轴、表面附以骨组织的过渡型骨小梁。最开始出现过渡型骨小梁的部位即**初级骨化中心**（primary ossification center）。②骨髓腔形成与骨的增长：

初级骨化中心的过渡型骨小梁不久便被破骨细胞分解吸收，使许多初级骨髓腔融合成一个较大的次级骨髓腔。骨领的内表面也逐渐被破骨细胞分解吸收，使骨干在增粗的同时保持骨组织的适当厚度，并使骨髓腔得以横向扩大。因初级骨化中心两端的软骨组织不断生长，而紧邻骨髓腔的软骨又不断退化，使初级骨化中心的成骨过程从骨干中段持续向两端进行，长骨不断增长，骨髓腔也随之纵向扩展。

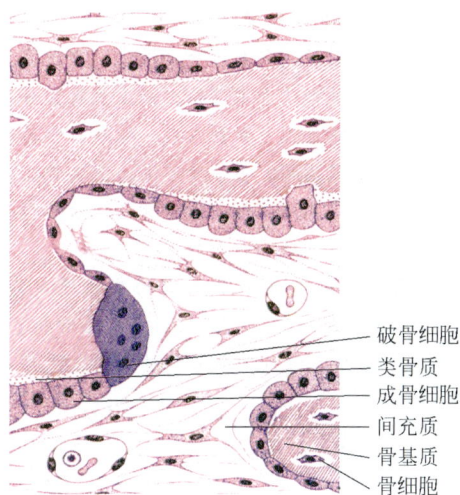

图 3-27　膜内成骨模式图

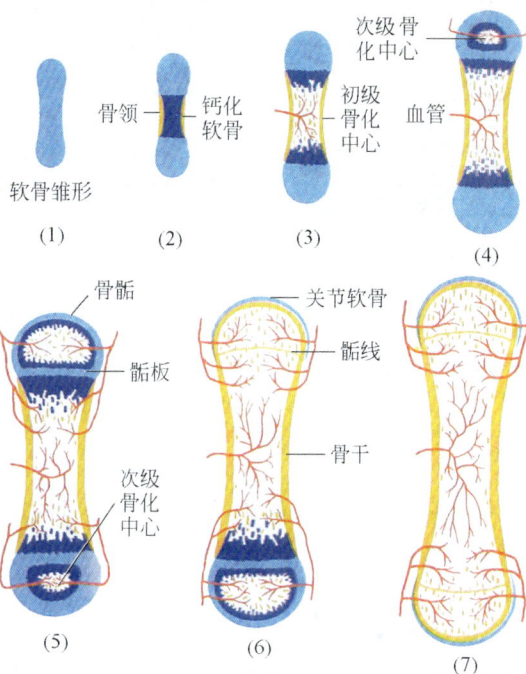

图 3-28　软骨内成骨示意图

（4）次级骨化中心出现及骨骺形成：**次级骨化中心**（secondary ossification center）出现在骨干两端的软骨中央，时间大多在出生后数月或数年。次级骨化中心的发生过程与初级骨化中心相似，但骨化是从中央呈辐射状向四周进行的，最后以初级骨松质取代绝大部分软骨组织，使骨干两端转变成为早期骨骺。骺端表面始终保留薄层软骨不骨化，即关节软骨。早期骨骺与骨干之间亦保留一定厚度的软骨层，称骺板。骺板是长骨继续生长的基础。至17～20岁时，骺板停止生长而被骨组织替代，骨即停止增长。在长骨的干、骺之间留下的线性痕迹称骺线。早期骨骺通过生长及改建，最终形成内部为骨松质、表面为薄层骨密质的骨骺。

（5）骨干骨密质形成及改建：构成原始骨干的初级骨松质，通过骨小梁增厚，逐渐成为初级骨密质。至1岁左右，骨单位开始形成。随着骨单位的出现与改建使初级骨密质成为次级骨密质。骨外膜内的成骨细胞不断在骨干表面生成骨组织，使骨增粗；而破骨细胞在骨干的内表面不断吸收骨小梁，使骨髓腔明显扩大。成年后骨干不再增长，骨外膜和骨内膜的成骨细胞形成环骨板，并不断改建。30岁左右，发育完善的骨干停止增粗，但其内部的骨单位改建仍在进行，并持续终生。

3. 骨的再生和骨折愈合　骨组织的再生能力较强，骨折后若能正确及时地处理，一般可完全愈合（图3-29）。

骨折愈合分为三个阶段：①炎后期：骨折致血肿形成，断端骨细胞死亡，炎细胞浸润。②修复期：在某些生物因子的刺激下，肉芽组织形成，并渐变形成软骨，并以软骨内成骨方式形成骨小梁，连接于断端之间形成骨痂，此过程约需2～3个月。③重建期：骨痂发生多次改建，逐渐恢复骨的原形及结构，此过程

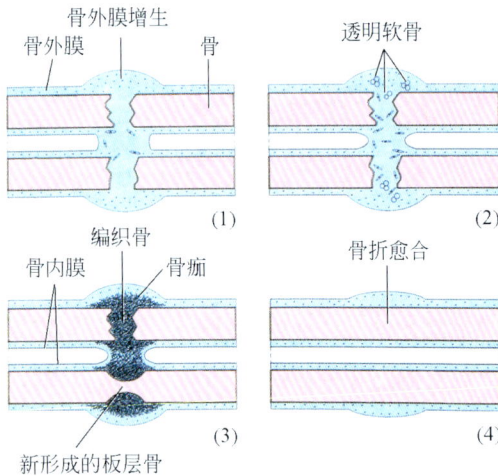

图 3-29　骨折愈合过程示意图

约需数年。

临床上以中医治疗骨折的基本理论为依据，采用"动静结合"、"内治与外治结合"、"分段辨证施治"等原则，及时正骨复位，采用夹板固定及进行适当功能锻炼，配合中药调理，疗效明显。

4. 影响骨生长的因素　影响骨生长的因素除遗传因素外，还涉及很多方面。

（1）激素：生长激素和甲状腺素可明显促进骺板软骨生长，若成年前这两种激素分泌过少，可致骺板软骨生长缓慢，肢体短小而成侏儒；若生长激素分泌过多，则骺板生长加速，可致巨人症。雌激素和雄激素可增强成骨细胞的活动，雌激素不足，使破骨细胞的活动相对增强，这与绝经期妇女的骨质疏松症有关。糖皮质激素对骨的形成有抑制作用。

（2）维生素：维生素 A 可影响骨的生长速度，严重缺乏时骺板生长缓慢，骨生长迟缓甚至停止；维生素 A 过多，则使破骨细胞过度活跃而易发生骨折。维生素 C 严重缺乏，骨的胶原纤维合成减少，易骨折或延缓骨折愈合。维生素 D 能影响骨钙的沉积，D_3 可促进骨的钙化，儿童缺乏导致佝偻病，成人缺乏可致骨软化症。

（3）生物活性物质：成骨细胞通过旁分泌和自分泌方式产生，包括生长因子和细胞因子，与骨的发生、生长和改建密切相关。

（四）关节

关节是骨与骨之间的一种连接方式，可分为动关节和不动关节两大类。

1. 动关节　由关节软骨、关节囊及滑液等构成。

（1）关节软骨：**关节软骨**（articular cartilage）为关节表面的薄层透明软骨，表面光滑，附有滑液，可减小关节运动时的摩擦力。

（2）关节囊：其外层纤维排列紧密，与肌腱和韧带相连处明显增厚；内层较疏松，称为滑膜。

（3）滑液：是关节囊内的少量透明黏性液体，滑液内除含大量水、透明质酸和黏液蛋白外，还含有少量细胞，主要为淋巴细胞和巨噬细胞。

2. 不动关节　不动关节是指无活动性或活动性极小的关节，常通过纤维性连接、软骨性连接和骨性连接三种不同的骨与骨之间的连接方式连接。

（五）骨组织工程

组织工程是近年来正在兴起的一门学科，为外伤、肿瘤和骨的异常等所致骨缺损的修复工作开辟了新的途径，可达到修复创伤和重建功能的目的。

骨组织工程主要关键技术包括：

1. 种子细胞　种子细胞的获取途径是该工程的核心问题。成骨细胞是骨组织工程的种子细胞，主要来源有骨外膜、骨髓、骨、骨外组织和胚胎干细胞等。

（1）骨外膜：骨外膜中含有骨原细胞、成纤维细胞、成骨细胞和破骨细胞。骨原细胞保持着分化潜能，可被激活，分化成骨细胞。其优点是具有很强的繁殖和分化为成骨细胞的能力，易存活；缺点是供区组织损伤。

（2）骨：胚胎与新生动物骨及人胚胎骨经培养得到成纤维细胞样细胞，适当条件下可进一步分化为成骨细胞。骨来源的种子细胞优点是易定向分化为成骨细胞；缺点是供区损伤及来源的局限性。

（3）骨外组织：源于胚胎时期间充质的骨外部位的骨原细胞，在诱导因子的持续作用下可维持其成骨的功能。体外培养证明皮肤成纤维细胞在体外有成骨的潜能。它的优点是取材容易，创伤小，传代繁殖快，但其适应受区环境的能力较差。

（4）骨髓：骨髓基质细胞中的纤维细胞集落形成单位，具有多向分化潜能，骨髓来源的种子细胞优点是取材容易，损伤较小，传代能力强；缺点是基质细胞具有多种分化潜能，应选择适当培养条件，保证其向成骨细胞分化。

（5）胚胎干细胞：胚胎干细胞是从早期胚胎细胞分离的、能在体外长期培养的、高度未分化的细胞。通过对胚胎干细胞的定向分化诱导，使其向成骨细胞转化，这一研究有望成为今后骨组织工程中种子细胞来源的首选。

2. 骨的构建与细胞因子　组织和器官的构建尽管应用的方法、部位和形式不同，但其本质都是将种子细胞与支架材料设法有机结合，最后获得所需的人工再造组织或器官。细胞因子在骨组织工程中有广泛的应用前景。

3. 骨的构建形式　骨组织工程技术修复骨缺损的研究，已在取材、体外培养、细胞-支架材料复合体形成等方面取得了成功。采用体外培养的骨膜细胞，种植于蛋白多糖的无纺网支架，移入体内可修复颅骨缺损。用骨细胞和成骨细胞/蛋白多糖聚合物移植，形成成熟骨组织已获得成功。此外可采用羟基磷灰石、磷酸钙、生物活性玻璃、胶原蛋白等基质，改变骨基质的孔径、机械性能、骨传递性能等，或采用成骨细胞、骨髓细胞、骨膜细胞和成肌细胞等组织复合物的移植，在体内获得再生骨组织。

4. 组织工程展望　组织工程研究的科学意义在于，人类能够从整体上优化生命的质量，是未来医学由"替代"向"重建"转变的重要手段之一。今后组织工程的发展必然走向多学科结合，特别是与细胞生物学、分子生物学、材料科学、实验胚胎学、临床实践等紧密结合，相互渗透，其发展前景令人鼓舞。

（崔洪英　杨恩彬）

三、血液

血液（blood）循环流动于心血管腔内，是机体维持新陈代谢，进行物质交换的运输载体或工具。成人血液总量约为 5L，约占体重 7%。血液由血浆、血细胞和血小板三部分组成。通常采用涂片和**瑞特**（Wright）或**姬姆萨**（Giemsa）染色制成血液标本，便于镜下观察。对血液中各类血细胞和血小板的形态、结构、分类、数量、比例，以及血红蛋白含量的观察测量称血象。血象是临床诊断疾病的重要依据之一，人体血象正常值及血液的组成如下：

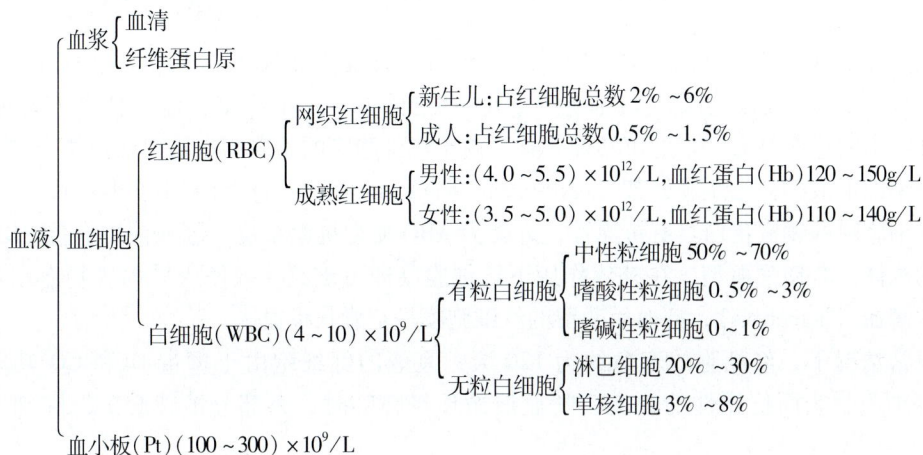

血液
- 血浆
  - 血清
  - 纤维蛋白原
- 血细胞
  - 红细胞（RBC）
    - 网织红细胞
      - 新生儿：占红细胞总数 2%～6%
      - 成人：占红细胞总数 0.5%～1.5%
    - 成熟红细胞
      - 男性：$(4.0～5.5)×10^{12}/L$，血红蛋白（Hb）120～150g/L
      - 女性：$(3.5～5.0)×10^{12}/L$，血红蛋白（Hb）110～140g/L
  - 白细胞（WBC）$(4～10)×10^9/L$
    - 有粒白细胞
      - 中性粒细胞 50%～70%
      - 嗜酸性粒细胞 0.5%～3%
      - 嗜碱性粒细胞 0～1%
    - 无粒白细胞
      - 淋巴细胞 20%～30%
      - 单核细胞 3%～8%
- 血小板（Pt）$(100～300)×10^9/L$

(一) 血浆

血浆 (plasma) 约占血液总量的55%，pH 为7.3~7.4，渗透压313mOsm，主要成分为水（约占90%）、有机物和无机物。有机物包括各种血浆蛋白，如白蛋白、球蛋白和纤维蛋白原等，以及脂类、糖、激素、酶、维生素和多种代谢产物；无机物包括 K^+、Na^+、Ca^{2+}、Mg^{2+} 等各种无机离子。血浆相当于其他结缔组织类型中的细胞间质，为血细胞和血小板提供了适宜生存的内环境。

血液中加抗凝剂静置或离心后，可呈现三部分：上层淡黄色为血浆；中间灰白色薄层为白细胞和血小板；下层红色为红细胞。若血液发生凝固形成血块后，可析出淡黄色的透明液体，称**血清** (serum)。血浆与血清的区别在于血浆中含有纤维蛋白原，而血清中不含纤维蛋白原。

(二) 血细胞

1. 红细胞　红细胞 (erythrocyte，red blood cell，RBC) 光镜下呈圆形，直径约 7~8μm，中央呈浅红色，周边呈深红色。扫描电镜下红细胞呈两面凹陷的扁盘状，中央较薄约1μm，周边略厚约2μm。该形态使红细胞的表面积增加20%~30%，达140μm² （图3-30、31）。

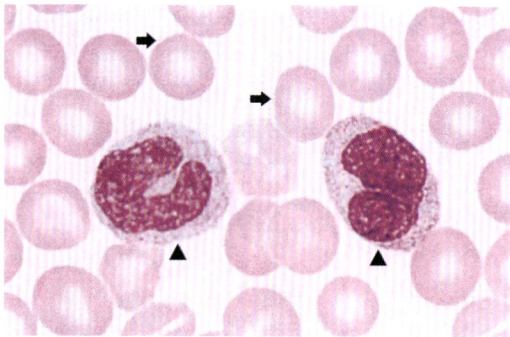

图 3-30　红细胞光镜像

↑示红细胞　▲示单核细胞　Wright 染色×1000

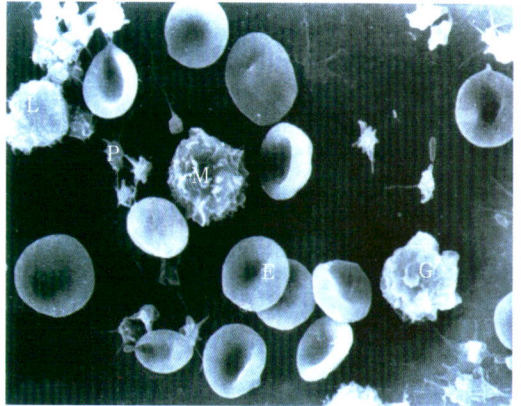

图 3-31　红细胞扫描电镜像

L：淋巴细胞　E：红细胞　G：有粒白细胞
M：单核细胞　P：血小板

成熟红细胞无核，也无任何细胞器，胞质内充满**血红蛋白** (hemoglobin，Hb)，约占红细胞重量的33%。血红蛋白是红细胞中重要的功能蛋白，具有携带、运输 O_2 和 CO_2 的功能。

红细胞的形态具有一定的可塑性，这是由于红细胞膜的胞质面有许多血影蛋白和肌动蛋白共同编织形成的**红细胞膜骨架** (erythrocyte membrane skeleton) 可发生变形所致。

红细胞膜的镶嵌蛋白具有抗原性，人类为 ABO 血型抗原系统。因血液中有抗 ABO 血型抗原的抗体，若错配血型，在补体作用下红细胞膜即可破裂，致使胞质内容物血红蛋白溢出，称**溶血** (hemolysis)，溶血后残留的红细胞膜呈空囊状称血影。

正常情况下，红细胞的寿命约为 120 天，衰老的红细胞由于携带 O_2 和 CO_2 功能的下降和红细胞膜表面抗原性的改变，随血液循环经脾脏时，大部分被脾脏的巨噬细胞吞噬清除。

若用煌焦油蓝法染色后，少量红细胞质内可呈现蓝色细小颗粒状或细丝状结构，此种红细胞称**网织红细胞**（reticulocyte）。网织红细胞胞质内的上述结构系核糖体退化、消失过程中的残留物，进入外周血约 1~3 天后即可完全消失，此时网织红细胞成为成熟红细胞。网织红细胞在成人血液中数量较少，新生儿和缺铁性贫血时其数量可增加（图 3-32）。

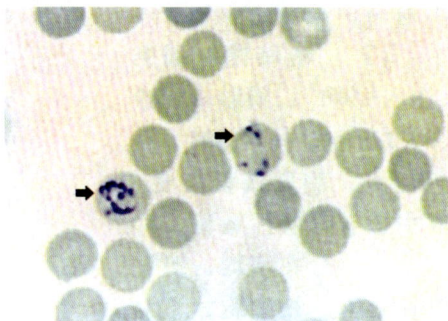

图 3-32 网织红细胞光镜像
煌焦油蓝染色 ×400

2. 白细胞 白细胞（leukocyte，white blood cell，WBC）依据胞质内是否含有特殊颗粒，可将其分为两类：**有粒白细胞**（granular leukocyte）和**无粒白细胞**（agranular leukocyte）。

依据有粒白细胞胞质内特殊颗粒的嗜色性，又可将其分为三种，即中性粒细胞、嗜碱性粒细胞和嗜酸性粒细胞。

（1）中性粒细胞：**中性粒细胞**（neutrophilic granulocyte，neutrophil）约占白细胞总数的 50%~70%，细胞呈圆形，直径 10~12μm；核呈深染的分叶状，常见为 2~5 叶，叶间有纤细的染色质丝相连。通常核分叶越多表明细胞越接近衰老。杆状核与 2 个分叶核的细胞增多，临床上称核左移，表明机体已有重症感染；若 4~5 叶核细胞增多，称核右移，一般表明骨髓造血功能出现障碍（图 3-33、34）。

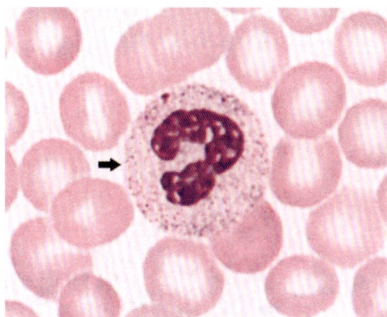

图 3-33 中性粒细胞（杆状核）光镜像
Wright 染色 ×1000

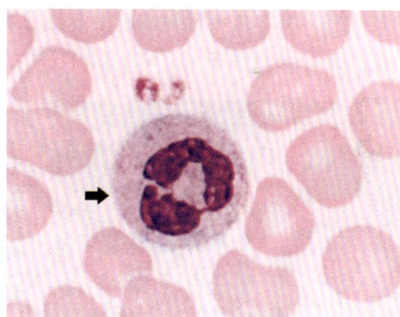

图 3-34 中性粒细胞（分叶核）光镜像
Wright 染色 ×1000

中性粒细胞的胞质呈浅粉红色，含有大量的细小颗粒，其中数量较少的浅紫色颗粒为嗜天青颗粒，数量较多的浅红色颗粒为**特殊颗粒**（specific granule）。嗜天青颗粒约占颗粒总数的 20%，光镜下着色略深，体积较大；电镜下颗粒直径约 0.6μm，呈圆形或椭圆形，电子密度较高。嗜天青颗粒是一种溶酶体，含有酸性磷酸酶、髓过氧化物酶和多种酸性水解酶类等，能消化吞噬细菌和异物。特殊颗粒约占颗粒总数的 80%，电镜下颗粒较小，直径约 0.3μm，呈椭圆形或哑铃形。特殊颗粒是一种分泌颗粒，内含溶菌酶、吞噬素等。溶菌酶能溶解细菌表面的糖蛋白；吞噬素又称防御素，为一组富含精氨酸的阳离子蛋白，具有免疫抗菌作用（图 3-35）。

中性粒细胞具有活跃的变形运动和吞噬功能，吞噬对象以细菌为主，也能吞噬异物。中性粒细胞在吞噬、分解大量细菌后，自身也解体而死亡，称脓细胞。中性粒细胞从骨髓进入血液约停留 8 小时后进入疏松结缔组织中，在组织中可存活 2~3 天。

（2）嗜碱性粒细胞：**嗜碱性粒细胞**（basophilic granulocyte，basophil）是血液中数量最少的白细胞，占白细胞总数的 $0 \sim 1\%$。细胞呈球形，直径 $10 \sim 12\mu m$，胞核分叶状。胞质内含有嗜碱性特殊颗粒，呈蓝紫色，大小不等，分布不均，可覆盖于核表面，故嗜碱性粒细胞的分叶状核常不明显（图 3-36）。嗜碱性颗粒属于分泌颗粒，电镜下分泌颗粒中充满细小微粒呈均匀状分布（图 3-37）。分泌颗粒内含肝素、组胺、嗜酸性粒细胞趋化因子等活性物质，胞质内有白三烯，与肥大细胞相似，也参与过敏反应。嗜碱性粒细胞从骨髓入血后很快进入疏松结缔组织中，在组织中可存活 $12 \sim 15$ 天。

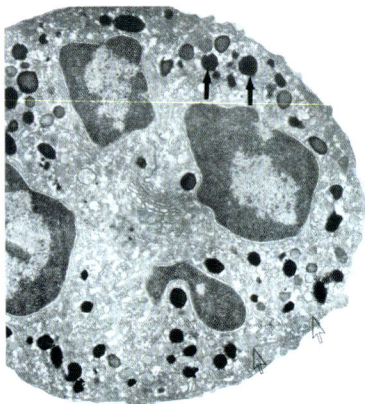

图 3-35　人中性粒细胞电镜像
↑示嗜天青颗粒　⇧示特殊颗粒

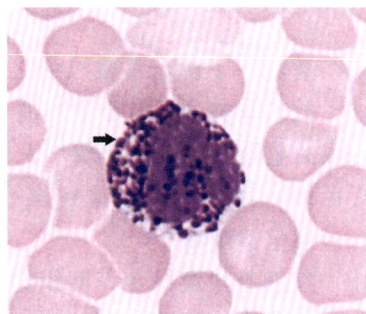

图 3-36　嗜碱性粒细胞光镜像
Wright 染色 ×1000

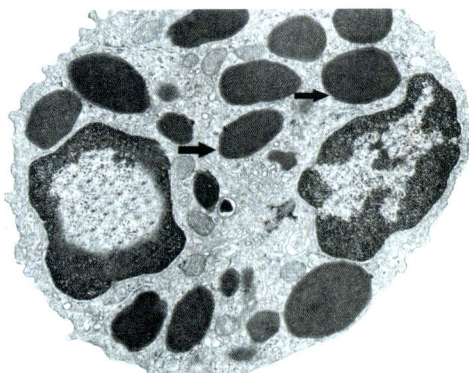

图 3-37　嗜碱性粒细胞电镜像
↑示嗜碱性颗粒　×16,000

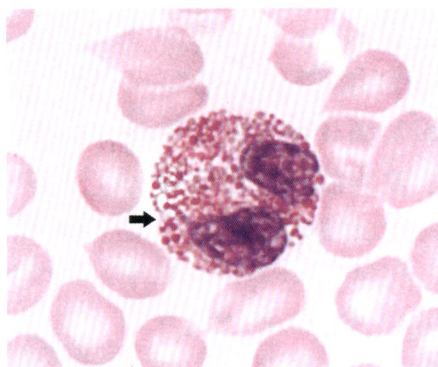

图 3-38　嗜酸性粒细胞光镜像
Wright 染色 ×1000

（3）嗜酸性粒细胞：**嗜酸性粒细胞**（eosinophilic granulocyte，eosinophil）占白细胞总数的 $0.5\% \sim 3\%$，细胞呈圆形，直径为 $10 \sim 15\mu m$，核多为两个分叶状，细胞胞质内充满粗大的橘红色颗粒，直径 $0.5 \sim 1\mu m$，分布均匀（图 3-38）。电镜下颗粒多呈椭圆形，有膜包被，内含结晶体（图3-39）。

嗜酸性颗粒为一种特殊的溶酶体，除含酸性磷酸酶、过氧化物酶等一般溶酶体酶外，还含有组胺酶、芳基硫酸酯酶以及其他细胞溶酶体没有的四种阳离子蛋白。嗜酸性粒细胞也能做变形运动，并具有趋化性。它能吞噬抗原抗体复合物，释放组胺酶灭活组胺，从而减弱过敏反应；嗜酸性粒细胞还能借助抗体与某些寄生虫结合，释放颗粒内物质，杀灭寄生虫，故嗜酸性粒细胞具有抗过敏和抗寄生虫作用。近年来发现，还可分泌多种细胞因子。嗜酸性粒细胞从骨髓进入血液后大约停留 6～10 小时，此后离开血管进入疏松结缔组织，在组织可存活约 8～12 天。

无粒白细胞依据细胞形态结构和功能特点，可将其分为单核细胞和淋巴细胞两种。

（1）单核细胞：**单核细胞**（monocyte）约占白细胞总数的 3%～8%，是体积最大的血细胞，直径为 14～25μm，呈圆形或椭圆形。细胞核形态多样（图 3-30），多呈卵圆形、肾形、马蹄铁形或不规则扭曲折叠状，核内染色质颗粒细而松散，呈细网状，故多着色较浅。胞质呈弱嗜碱性，不含特殊颗粒，而有许多细小的淡紫色嗜天青颗粒。电镜下嗜天青颗粒与溶菌体结构相似，颗粒内含过氧化物酶、酸性磷酸酶、非特异性酯酶和溶菌酶（图 3-40）。

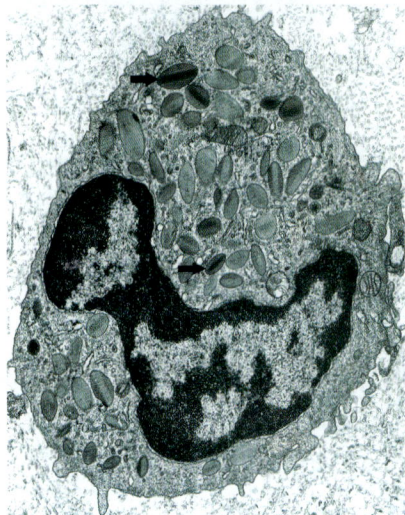

图 3-39　嗜酸性粒细胞电镜像
↑示嗜酸性颗粒

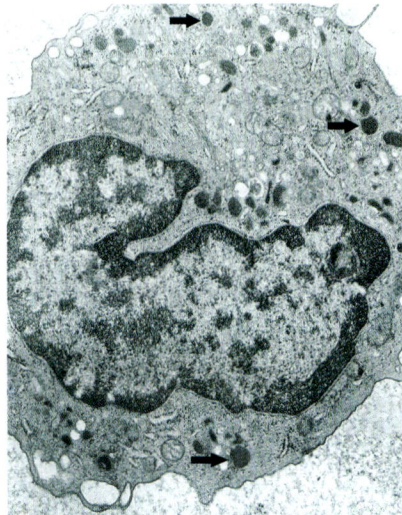

图 3-40　单核细胞电镜像
↑示嗜天青颗粒

单核细胞具有活跃的趋化性和很强的吞噬功能。单核细胞从骨髓进入血液约 1～2 天后即可穿越血管壁进入周围组织中，并进一步分化形成巨噬细胞。

（2）淋巴细胞：**淋巴细胞**（lymphocyte）占白细胞总数的 20%～30%，圆形或椭圆形，大小不等。依据淋巴细胞体积大小，可分为大淋巴细胞、中淋巴细胞、小淋巴细胞三种。血液中的淋巴细胞大部分为直径 5～8μm 的小淋巴细胞，少部分为直径 9～12μm 的中淋巴细胞，直径为 13～20μm 的大淋巴细胞在血液中极少，多存在于淋巴结、脾等淋巴器官和组织中。小淋巴细胞的核为圆形或椭圆形，一侧有浅凹，染色质致密呈粗块

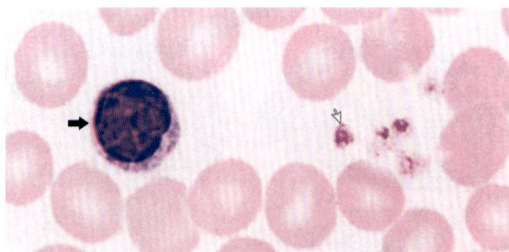

图 3-41　淋巴细胞及血小板光镜像
↑示淋巴细胞　　⇧示血小板　Wright 染色 ×1000

状，着色深（图3-41）。细胞核较大，胞质很少，核质比约为9∶1，胞质嗜碱性，呈蔚蓝色，含少量嗜天青颗粒。电镜下淋巴细胞胞质内主要含大量游离核糖体，其他细胞器均不发达（图3-42）。

淋巴细胞依据细胞发生来源和细胞表面标志及功能的不同，可分为三类：**胸腺依赖淋巴细胞**（thymus dependent lymphocyte，T cell）简称 T 细胞，来源于胸腺，占血液淋巴细胞总数的70%，具有细胞免疫功能；**骨髓依赖淋巴细胞**（bone marrow dependent lymphocyte，B cell）简称 B 细胞，来源于骨髓，占血液淋巴细胞总数的10%~15%，B 细胞受抗原刺激后增殖分化为浆细胞，分泌抗体，具有体液免疫功能；**自然杀伤细胞**（nature killer cell）简称 NK 细胞，来源于骨髓，占血液淋巴细胞总数的10%，能独立灭活抗原。各类淋巴细胞是机体主要的免疫细胞，在机体防御、稳定、监护等免疫功能中发挥重要作用。

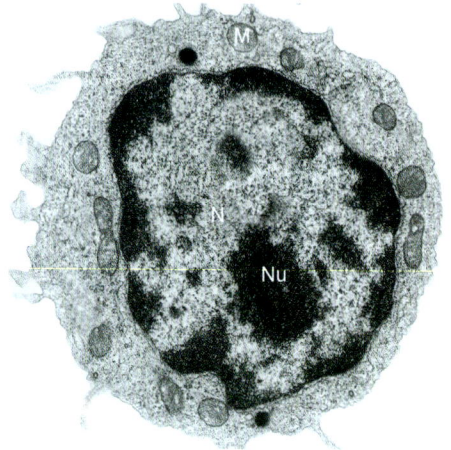

图3-42　淋巴细胞电镜像
N：细胞核　Nu：核仁　M：线粒体

（三）血小板

血小板（blood platelet）由骨髓巨核细胞局部胞质脱落而成，无核，有完整的质膜包裹，进入血液后称血小板。血小板可有两种功能状态：一种是未激活的单个血小板，呈双凸圆盘状，直径2~4μm；另一种是当血管受到机械或化学刺激时，被激活的血小板可伸出突起，呈不规则形（图3-43）。

电镜下血小板中央分布有蓝紫色颗粒，称**颗粒区**（granulomere）；周边呈均质浅蓝色，称**透明区**（hyalomere）。颗粒区含有特殊颗粒、致密颗粒和少量溶酶体，其中特殊颗粒又称 α 颗粒，体积较大，内含多种细胞因子；致密颗粒较小，电子密度大，内含5-羟色胺、ADP、ATP、钙离子、肾上腺素等。透明区含有微管和微丝，主要参与血小板形状的维持。血小板内还有大量的膜性小管结构，可分为开放小管系和致密小管系两种。开放小管系的管道与血小板表面胞膜连续，有利于颗粒内容物的释放。致密小管系能收集钙离子和合成前列腺素等（图3-44）。

血小板在止血和凝血过程中起重要作用。当血管受损时，血小板表面黏度增大，成团聚集在受损处，形成栓子堵塞受损处，即发挥止血作用；同时在血小板释放的凝血因子作用下，血浆与血细胞共同形成凝血块，即起到凝血作用。血小板释放的生长因子还可刺激血管内皮增生，有利于血管的修复。血小板寿命通常为7~14天。

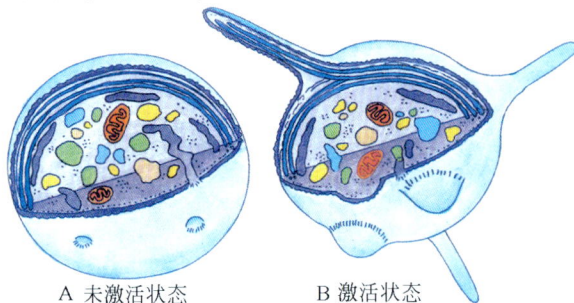

A 未激活状态　　B 激活状态

图3-43　血小板模式图

（四）骨髓和血细胞发生

人的血细胞早在胚胎第3周的卵黄囊壁胚外中胚层（血岛）生成，至胚胎第6周，从卵黄囊迁入肝的造血干细胞开始造血；胚胎第4个月脾内造血干细胞增殖分化，从而产生各种血细胞；从胚胎后期到出生后，骨髓成为主要造血器官，能产生红细胞系、粒细胞系、单核细胞系和巨核细胞-血小板系等。

1. 骨髓　骨髓（bone marrow）位于骨髓腔内，分为红骨髓和黄骨髓两种。红骨髓是造血组织，黄骨髓为脂肪组织，通常所说的骨髓是指红骨髓。胎儿及婴幼儿时期的骨髓全部为红骨髓，大约5岁左右，在长骨干的骨髓腔内开始出现脂肪组织，并随着年龄增长而增多，成为黄骨髓。成人的红骨髓和黄骨髓约各占一半。红骨髓

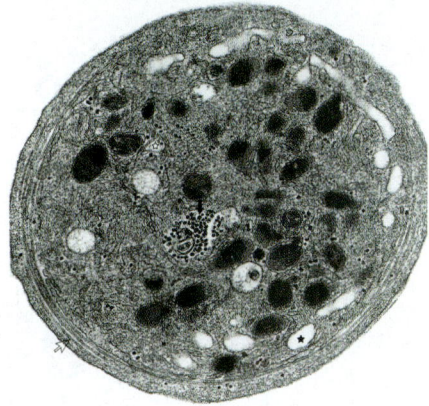

图3-44　人血小板电镜像
★示开放小管系　☆示致密小管系　⬆示糖原颗粒　⬆示微管

分布在扁骨、不规则骨和长骨骺端的骨松质中。黄骨髓内还保留少量的幼稚血细胞，因此其具有造血潜能，只有当机体需要时黄骨髓才可转变为红骨髓。红骨髓主要由造血组织和血窦构成（图3-45）。

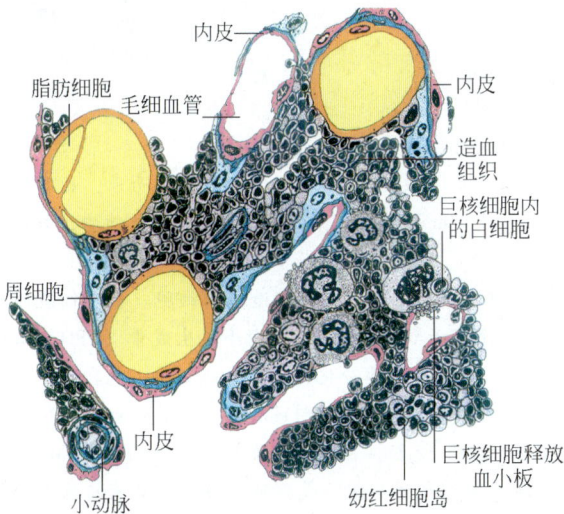

图3-45　红骨髓模式图

（1）造血组织：主要由造血细胞和基质细胞组成。①造血细胞包括造血干细胞和不同发育阶段的多种血细胞。②基质细胞包括网状细胞、成纤维细胞、血窦内皮细胞、巨噬细胞、脂肪细胞等。通常认为，基质细胞不但对造血细胞起支持作用，而且还能分泌多种细胞因子，并对造血细胞增殖与分化起调节诱导作用。

（2）血窦：是一种管壁通透性较大的毛细血管，管腔大、形状不规则。血窦内皮细胞有胞质小孔，细胞间隙较大，内皮外基膜不完整，呈断续状，基膜外有扁平多突的周细胞覆盖，有利于成熟血细胞进入血液。

2. 造血干细胞和造血祖细胞　造血干细胞是最原始的造血细胞，具有自我复制能力，使体内的造血干细胞数量始终保持恒定，直至生命终结。血细胞的发生过程起始于造血干细胞增殖、分化为各类血细胞的祖细胞，称造血祖细胞。造血祖细胞在特定的微环境和特定条件下，再定向增殖、分化成各种血细胞并最终成熟进入血液（图3-46）。

（1）造血干细胞：**造血干细胞**（hemopoietic stem cell，HSC）也称多能造血干细胞，起源于胚胎第3周的卵黄囊血岛，胚体血循环建立后，随血流迁入胎肝。出生后，造血干细胞主要存在于红骨髓内，其次存在于脾和淋巴结内，外周血也有极少量。

造血干细胞的基本特性是：①有很强的增殖能力，在一定条件下能反复分裂增殖；但通常多数细胞处于静止状态，即 G_0 期。②有多向分化潜能，在特定条件下，能分化形成造血祖细胞。③有自我更新能力，从而终身保持造血干细胞的特性和数量恒定。④细胞表型特点为 CD_{34} 和 CDw_{90} 抗原呈高表达；缺乏 CD_{33} 和 CD_{71} 等相关抗原。

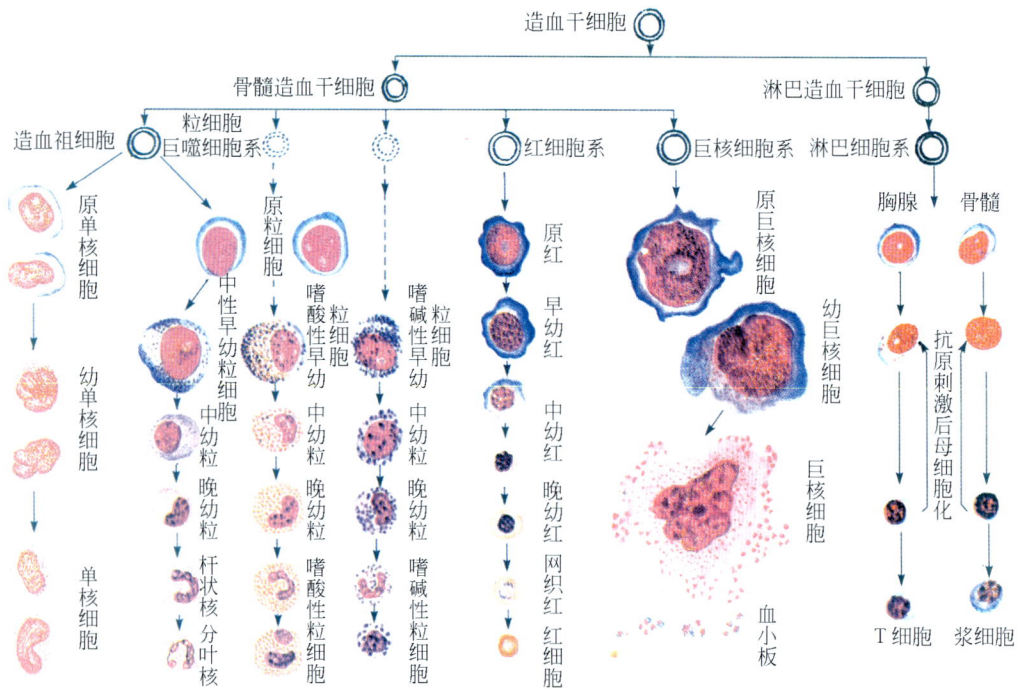

图 3 - 46　血细胞发生示意图

（2）造血祖细胞：**造血祖细胞**（hemopoietic progenitor cell，HPC）由造血干细胞分化而来，具有进一步分化各类血细胞的功能，又称为**定向干细胞**（committed stem cell）。可保持高度的定向分化能力，并增殖形成髓系多向造血祖细胞和淋巴系造血祖细胞。

髓系多向造血祖细胞（CFU - GEMM）是造血干细胞增殖分化而来的早期造血祖细胞。在干细胞因子（SCF）、白细胞介素 - 3（IL - 3）、粒 - 巨噬细胞集落刺激因子（GM - CSF）、血小板生成素（TPO）与**红细胞生成素**（erythropoietin，EPO）等造血生长因子诱导下，可进一步分化为各单系祖细胞，包括：①红系造血祖细胞（BFU - E，CFU - E）：早期在 IL - 3、SCF 和 EPO 诱导下，可形成数量庞大的红细胞集落，进一步形成晚期红系造血祖细胞（CFU - E），最终形成红细胞。②粒 - 巨噬细胞造血祖细胞（CFU - GM）：在 GM - CSF、IL - 3 等诱导下，形成由粒细胞与巨噬细胞共同组成的集落，或单独的粒细胞集落与巨噬细胞集落，最终形成粒细胞和巨噬细胞（单核细胞）。③巨核系造血祖细胞（CFU - MK）：主要受**血小板生成素**（thrombopoietin，TPO）诱导，在体外可形成巨核细胞集落生成单位，最终形成巨核细胞及血小板。

淋巴系造血祖细胞（CFU - TL，CFU - BL）：由造血干细胞增殖分化而来。在胸腺基质细胞与 IL - 2、IL - 7 等存在的条件下，形成前 T 细胞组成的 T 细胞集落生成单位（CFU - TL），最终形成 T 细胞；在骨髓基质细胞与 IL - 6、IL - 1 等因素的诱导下，可形成由前 B 细胞形成的 B 细胞集落生成单位（CFU - BL），最终形成 B 细胞与浆细胞。

3. 血细胞发生的调控　**血细胞发生**（hematopoiesis）的调控主要包括以下途径：

（1）直接调控：通过造血细胞与造血基质细胞直接接触和细胞间通讯形式传递细胞增殖分化的信息，达到调控血细胞发生。如在以巨噬细胞为中心的幼红细胞岛中，可见巨噬细胞与幼稚红细胞间有细胞连接，甚至出现质膜融合现象。

（2）远程调控：在造血干细胞及祖细胞增殖分化和成熟血细胞生成的全过程中，此种调控尤为重要。相关的细胞因子主要来源于造血基质细胞，也可由其他组织与细胞产生，主要包括 GM - CSF、SCF、IL -

6、IFN、TNF、LIF等。上述细胞因子与靶细胞相应受体结合，通过特异性的信号传导途径调节基因的转录和表达，而达到调控细胞的目的。

（3）旁分泌调控：如基质细胞产生的血管细胞黏附分子-1，引导造血干细胞与基质相互作用，影响造血干细胞的分化与增殖。基质细胞表面的糖蛋白或糖脂对造血干细胞的归巢、信号转导等均起重要作用。

4. **血细胞发生过程的形态演变规律** 发生过程大致可分为三个阶段：原始阶段、幼稚阶段和成熟阶段，其中幼稚阶段又分早、中、晚三个期，其形态演变均有一定的规律。

（1）红细胞发生：**红细胞发生**（erythropoiesis）起始于红系造血祖细胞，经原红细胞、早幼红细胞、中幼红细胞、晚幼红细胞阶段后，脱去胞核成为网织红细胞进入血液。从原红细胞发育至成熟红细胞大约需7天。各阶段红细胞的一般形态特点见表3-1。

表3-1 红细胞发生过程的形态演变

名称	胞体		胞核				胞质			分裂能力
	大小（μm）	形状	形状	染色质	核仁	核质比	嗜碱性	着色	血红蛋白	
原红细胞	14~22	圆	圆	细粒状	2~3	>3/4	强	墨水蓝	无	有
早幼红细胞	11~19	圆	圆	粗粒状	偶见	>1/2	很强	墨水蓝	开始出现	有
中幼红细胞	10~14	圆	圆	粗块状	消失	约1/2	减弱	红蓝间染	增多	弱
晚幼红细胞	9~12	圆	圆	致密块	消失	更小	弱	红	大量	无
网织红细胞	7~9	圆盘状	无				微	红	大量	无
成熟红细胞	7.5	圆盘状	无				无	红	大量	无

（2）粒细胞发生：**粒细胞发生**（granulocytopoiesis）起始于粒-巨噬细胞造血祖细胞，经原粒细胞、早幼粒细胞、中幼粒细胞、晚幼粒细胞，进而分化为成熟的杆状核、分叶核粒细胞。从原粒细胞增殖分化为晚幼粒细胞大约需4~5天。各阶段粒细胞一般形态特点见表3-2。

表3-2 粒细胞发生过程的形态演变

名称	胞体		胞核				胞质				分裂能力
	大小（μm）	形状	形状	染色质	核仁	核质比	嗜碱性	着色	嗜天青颗粒	特殊颗粒	
原粒细胞	11~18	圆	圆	细网状	2~6	>3/4	强	天蓝	无	无	有
早幼粒细胞	13~20	圆	卵圆	粗网状	偶见	>1/2	减弱	淡蓝	大量	较少	有
中幼粒细胞	11~16	圆	半圆	网块状	消失	约1/2	弱	浅蓝	少	增多	有
晚幼粒细胞	10~15	圆	肾形	网块状	消失	<1/2	极弱	浅红	少	明显	无
杆状核粒细胞	10~15	圆	杆状	粗块状	消失	<1/3	消失	淡红	少	大量	无
分叶核粒细胞	10~15	圆	分叶	粗块状	消失	更小	消失	淡红	少	大量	无

（3）单核细胞发生：**单核细胞发生**（monocytopoiesis）起始于粒-巨噬系造血祖细胞，经原单核细胞、幼单核细胞，进而形成单核细胞进入血液。原单核细胞直径15~20μm，呈圆形；核椭圆形，略有凹陷，有核仁；胞质丰富，染色呈灰蓝色，无颗粒。幼单核细胞直径15~25μm，呈椭圆形或不规则形；核椭圆形或不规则形，有凹陷，核仁可有可无；胞质嗜碱性，无特殊颗粒。

（4）血小板发生：**血小板发生**（thrombocytopoiesis）起始于巨核系造血祖细胞，经原巨核细胞、幼巨核细胞，最后发育为巨核细胞后，部分胞质脱落成为血小板。当原巨核细胞分化为幼巨核细胞时，体积变大，胞核常呈肾形，胞质内开始出现血小板颗粒。幼巨核细胞的染色质经过数次DNA复制，成为8~32倍体，但胞体不分裂，最后形成巨核细胞。巨核细胞呈不规则形，直径 $50 \sim 100 \mu m$，核巨大呈折叠、扭曲或分叶状，胞质内含有大量颗粒，胞质内的内膜系统可将胞质分隔成许多小区，每个小区即可形成一个血小板（图 3 – 47）。

（5）淋巴细胞发生：**淋巴细胞发生**（lymphocytopoiesis）起始于淋巴系造血祖细胞，又称淋巴干细胞。淋巴干细胞分化增殖形成的 T 淋巴造血祖细胞迁入胸腺后，先发育成早期胸腺细胞，继而增殖成为普通型胸腺细胞，开始出现 T 抗原受体，且渐表达 CD_4、CD_8 抗原，少数普通型胸腺细胞继续分化为处女型 T 细胞，经血流运输至周围淋巴器官。而淋巴干细胞分化增殖形成的 B 淋巴造血祖细胞迁入骨髓后，在骨髓微环境中先形成前 B 细胞，经几次分裂后，胞质内形成膜抗体分子，进一步分裂成为处女型 B 细胞，最后经血液循环迁至周围淋巴器官。各类淋巴细胞在上述发生过程的形态演变不明显，主要表现为细胞膜蛋白和免疫功能的健全和完善。

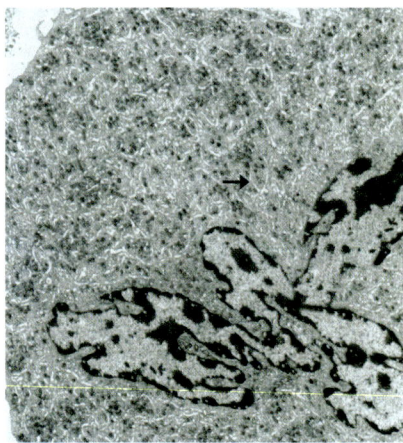

图 3 – 47　巨核细胞电镜像
↑示小区

（张力华　郭顺根）

视窗

瞬息万变的过敏反应

　　已免疫的机体在再次接受相同物质的刺激时所发生的反应称为过敏反应。过敏反应瞬息万变，具有发作迅速、反应强烈、消退较快的特点；一般不破坏组织细胞，并具有明显的遗传倾向和较大的个体差异。现已查明的过敏原约有 2 万种，常见的有 2000 ~ 3000 种，可通过吸入、食入、注射或接触等方式侵入机体。过敏原可诱导人体 B 细胞转变为浆细胞分泌抗体（IgE），肥大细胞和嗜碱性粒细胞表面的 Fc 受体与 IgE 结合后，变为致敏细胞，使机体处于致敏状态（可维持数月或更长时间）。当再次接触该过敏原时，过敏原即与致敏细胞上的 IgE 特异性结合损伤细胞膜，使细胞释放组胺、白三烯、血小板活化因子等生物活性物质，作用于效应组织和器官，引起全身或局部过敏反应。

　　治疗顽固性过敏的最佳措施是寻找出过敏原，世界卫生组织有关免疫脱敏治疗的指导性文件中明确指出："免疫脱敏治疗是唯一可以彻底治疗过敏性疾病的根本性治疗方法"。

镰刀型红细胞贫血症

　　镰刀型红细胞贫血症是由血红蛋白分子结构异常而导致的先天性缺陷，患者的红细胞呈弯曲的镰刀状，细胞极脆弱且数量少，细胞膜破损后，易引起溶血性贫血，严重时会导致死亡。许多病人早亡的主要原因是，当某些重要器官的毛细血管被这些外形异常的细胞堵塞，血流受阻使组织得不到充足的氧供应。分子生物学研究表明，该病是由基因突变引起的一种遗传病，属于"分子病"，是分子结构、特别是蛋白质分子结构发生遗传性变化而引起的。若致病基因只来自双亲中的一方，患者有 1% 的红细胞外形呈镰刀状，出现轻微的镰刀型红细胞贫血症症状，如避免强烈运动及其他使循环系统紧张的状态发生，则可像正常人一样生活。若从双亲处均得到此致病基因，患者为纯合体，则容易导致幼年死亡。

第四章

肌　组　织

　　肌组织（muscle tissue）主要由肌细胞组成，肌细胞间有少量结缔组织、血管、淋巴管和神经。肌细胞呈细长的纤维状，又称**肌纤维**（muscle fiber）。肌纤维的细胞膜称**肌膜**（sacrolemma），细胞质称**肌浆**（sacroplasm）。肌浆中含有密集排列的**肌丝**（myofilament），它是肌纤维收缩、舒张活动的物质基础。

　　根据结构和功能特点，可将肌组织分为骨骼肌、心肌和平滑肌三种（图4-1）。骨骼肌和心肌都有明显的横纹，均属横纹肌。骨骼肌受躯体神经支配，属随意肌；心肌和平滑肌受自主神经支配，为不随意肌。

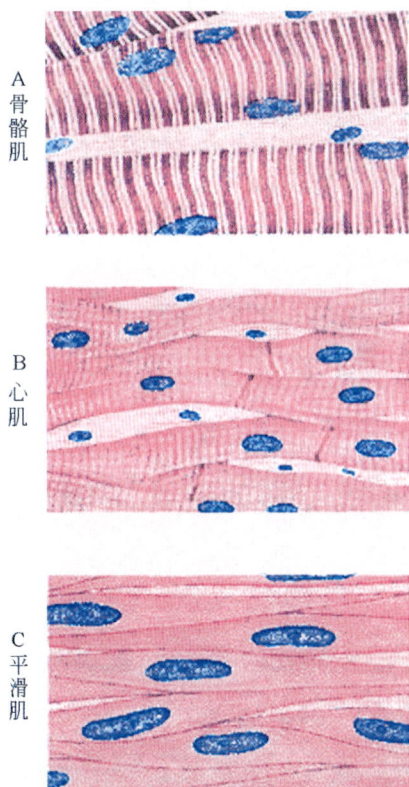

A 骨骼肌

B 心肌

C 平滑肌

图4-1　三种肌纤维结构模式图

一、骨骼肌

　　骨骼肌（skeletal muscle）分布于头、颈、躯干和四肢，绝大多数借肌腱附着于骨骼上。每条骨骼肌纤维外周包有少量结缔组织称**肌内膜**（endomysium）；若干肌纤维平行排列形成肌束，外包结缔组织称**肌束膜**（perimysium）；若干肌束组成一块肌肉，外包结缔组织称**肌外膜**（epimysium）（图4-2）。在这些结缔组织膜内含有神经和血管，起着支持、连接、营养和协调肌纤维群体活动的作用。

（一）骨骼肌纤维的光镜结构

　　骨骼肌纤维呈细长的圆柱形，直径10~100μm，长1~40mm，肌膜外附有基膜。肌膜与基膜之间有扁平状带突起的肌卫星细胞，当肌纤维受损时它可分化形成肌纤维。骨骼肌纤维为多核细胞，一条肌纤维含几十个到几百个细胞核，核呈椭圆形，染色较浅，位于肌膜下方（图4-1A~3）。肌浆内含有大量与细胞长轴平行排列的**肌原纤维**（myofibril），在横切面上呈点状并聚成小区分布。肌原纤维之间含有大量线粒体、糖原及少量脂滴。肌浆内还含有丰富的肌红蛋白，为特殊的色蛋白。

　　肌原纤维呈细丝状，直径1~2μm。每条肌原纤维上都有明暗相间的条带，由于肌原纤维紧密聚集，相邻肌原纤维的明、暗带排列在同一平面上，肌纤维上呈现明暗交替的**横纹**（cross striation）（图4-1~3）。**明带**（light band）又称I带，**暗带**（dark band）又称A带。

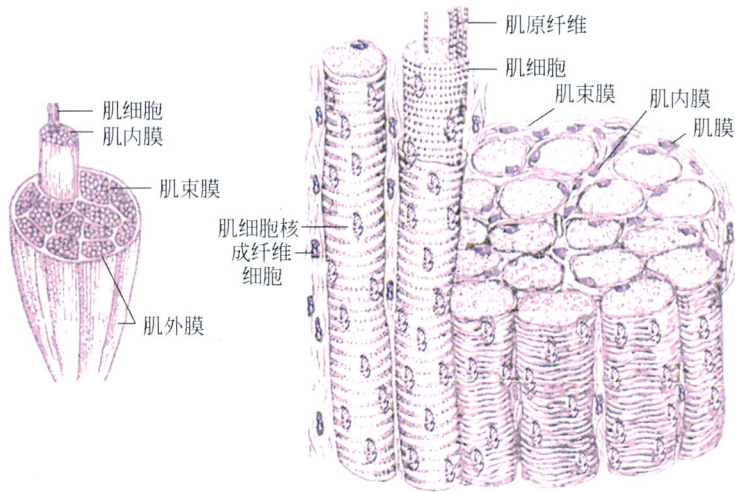

图 4 - 2   骨骼肌结构模式图

明带中央有一条深色的 Z 线，暗带中部有浅色窄带称 H 带，H 带中央还有一条深色的 M 线。相邻两条 Z 线之间的一段肌原纤维称**肌节**（sacromere）。每个肌节由 1/2I 带 + A 带 + 1/2I 带组成，非收缩状态下，长约 2 ~ 2.5μm，是骨骼肌收缩和舒张功能的基本结构单位。

（二）骨骼肌纤维的超微结构

1. 肌原纤维   肌原纤维由大量平行且规律排列的粗、细肌丝组成。**粗肌丝**（thick myofilament）长约 1.5μm，宽 15nm，位于肌节 A 带，中央固定于 M 线上，两端游离。**细肌丝**（thin myofilament）长约 1μm，宽 5nm，一端固定于 Z 线上，另一端游离，插入粗肌丝之间，止于 H 带外缘。因此，I 带由细肌丝组成，H 带由粗肌丝组成，而 A 带其余部分则由粗、细两种肌丝组成。在横切面上，每根粗肌丝周围排列 6 根细肌丝，每根细肌丝周围有 3 根粗肌丝排布（图 4 -4）。

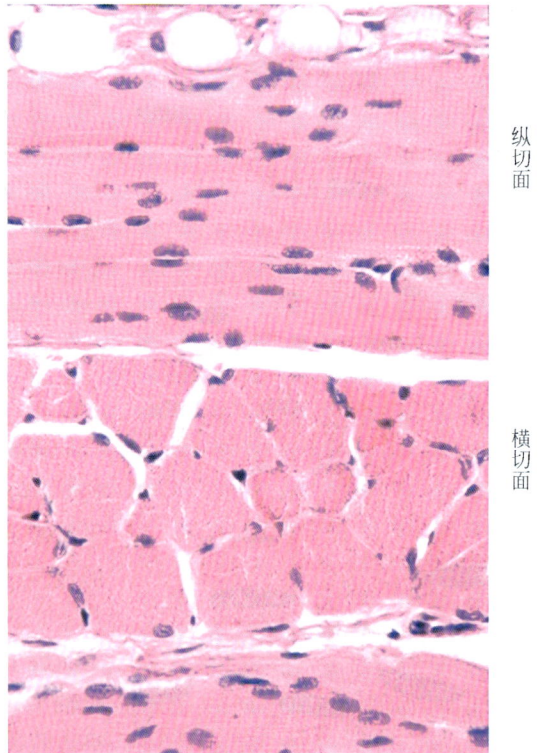

纵切面

横切面

图 4 - 3   骨骼肌纤维光镜像（高倍）

粗肌丝的分子结构：粗肌丝由**肌球蛋白**（myosin）分子组成（图 4 -5），肌球蛋白分子平行排列，集合成束，组成一条粗肌丝。肌球蛋白形如豆芽状，分为头部和杆部，在头、杆的连接点及杆上有两处类似关节的结构，可以屈动。M 线两侧的肌球蛋白分子对称排列，尾端朝向

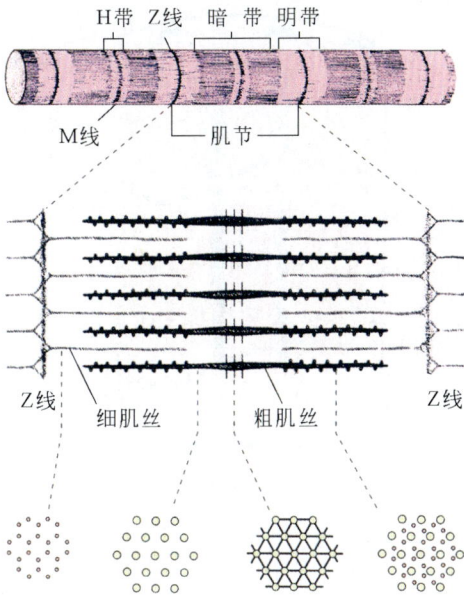

图4-4 骨骼肌肌原纤维超微结构模式图

2. 横小管 横小管（transverse tubule）又称T小管，是由肌膜向肌浆内凹陷形成的小管，它垂直于肌膜表面（图4-6）。人和哺乳动物骨骼肌横小管位于I带与A带交界处，同一水平的横小管相互吻合环绕在每条肌原纤维周围（图4-6）。横小管的功能是将肌膜的电兴奋快速同步地传至肌纤维内部。

3. 肌浆网 肌浆网（sacroplasmic reticulum）是肌纤维内特化的滑面内质网，位于相邻横小管之间。其中，环绕在每条肌原纤维周围的纵行管状结构又称纵小管（longitudinal tubule）（图4-6）。位于横小管两侧的肌浆网扩大成环行扁囊称终池（terminal cisterna），终池之间是相互吻合的纵小管。每条横小管与其两侧的终池组成三联体（triad）（图4-6）。横小管的肌膜与终池的肌浆网膜间形成三联体连接，肌浆网的膜上有钙泵蛋白（一种ATP酶）。因而，横小管膜的电兴奋可引起肌浆网膜的钙通道开启，使肌浆网内Ca^{2+}向肌浆内迅速释放，

M线，头端则朝向Z线。肌球蛋白分子的头均突出于粗肌丝表面形成电镜下可见的横桥（cross bridge），其头部具有ATP酶活性。

细肌丝的分子结构：细肌丝由肌动蛋白（actin）、原肌球蛋白（tropomyosin）和肌钙蛋白（troponin）三种分子组成（图4-5）。肌动蛋白分子的单体呈球形，单体相连成串珠状，有极性，每个单体上都有与肌球蛋白结合的位点。肌动蛋白由两列球形肌动蛋白单体组成，相互缠绕形成双股螺旋链。原肌球蛋白是由较短的双股螺旋多肽链组成，首尾相连，嵌于肌动蛋白双螺旋两侧的浅沟内。肌钙蛋白由3个球形亚单位组成：TnT亚单位将肌钙蛋白固定于原肌球蛋白上，TnI是抑制肌动蛋白和肌球蛋白相互作用的亚单位，TnC亚单位可与Ca^{2+}结合而引起肌钙蛋白构象改变。

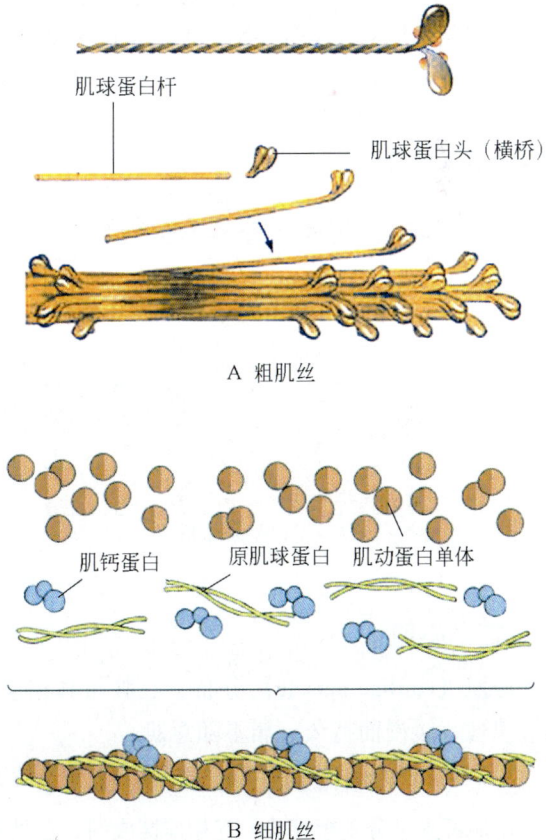

A 粗肌丝

B 细肌丝

图4-5 肌丝分子结构模式图

肌浆内 Ca^{2+} 浓度升高。肌舒张时，肌浆网膜上的钙泵可将肌浆内 Ca^{2+} 再泵回肌浆网内，并与钙螯合蛋白结合，从而降低肌浆内 Ca^{2+} 浓度。肌浆网的功能是调节肌浆内 Ca^{2+} 浓度。

(三) 骨骼肌的收缩原理

目前认为，骨骼肌收缩是依据肌丝滑动原理进行的。其过程大致如下：①神经冲动经运动终板传递给肌膜；②肌膜兴奋经横小管传向终池；③肌浆网膜上钙通道开启，Ca^{2+} 迅速释放入肌浆；④肌钙蛋白 TnC 与 Ca^{2+} 结合引发构象改变，进而使原肌球蛋白位置改变；⑤肌动蛋白上与肌球蛋白头部结合的位点暴露，迅即与肌球蛋白头部接触；⑥肌球蛋白 ATP 酶被激活，水解 ATP 并释放能量；⑦肌球蛋白头部发生屈曲转动，将肌动蛋白拉向 M 线（图4-7）；

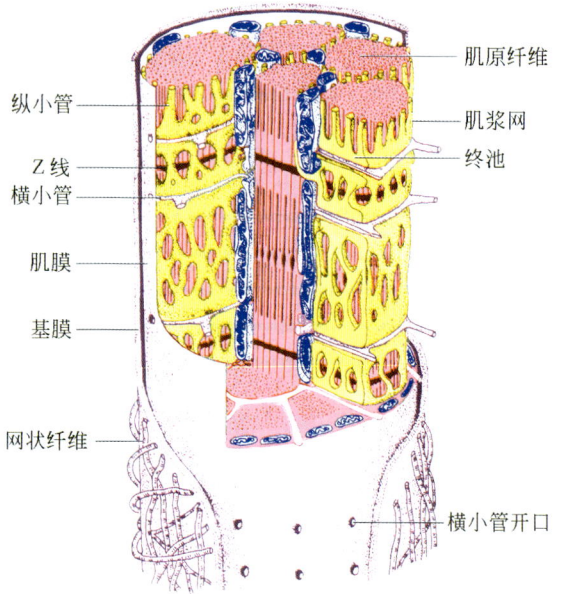

图4-6　骨骼肌纤维超微结构立体模式图

⑧细肌丝滑入粗肌丝之间，I 带和 H 带缩窄，A 带长度不变，肌节缩短，肌纤维收缩（图4-8）；⑨收缩完毕，肌浆网膜钙泵将肌浆内 Ca^{2+} 又泵回肌浆网内，肌浆内 Ca^{2+} 浓度降低，肌钙蛋白构象复原，原肌球蛋白重回原位并掩盖肌动蛋白上位点，肌球蛋白头与肌动蛋白脱离接触，肌节复原，肌纤维舒张。

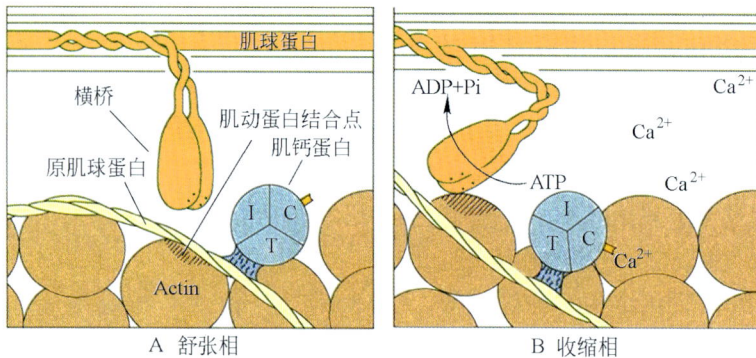

图4-7 骨骼肌纤维分子结构示意图

二、心肌

心肌（cardiac muscle）分布于心脏与其相连的大血管近段血管壁上。心肌收缩具有自动节律性，缓慢而持久，属不随意肌。

(一) 心肌纤维的光镜结构

心肌纤维呈分支短柱状，互相连接成网。心肌细胞间的连接处称**闰盘**（intercalated disk），在 H-E 染色标本中呈横行或阶梯状粗线（图4-9）。心肌纤维的核呈卵圆形，1~2 个，位于细胞的

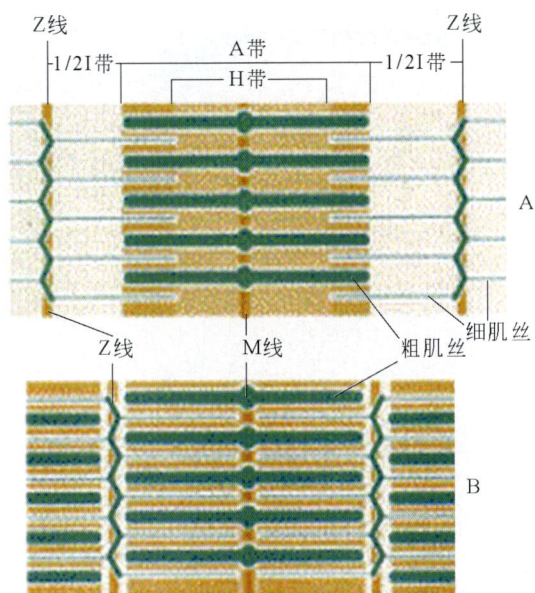

Z线　　　　　　　　　　　Z线
1/2I带　　A带　　1/2I带
H带
A
Z线　　M线　　粗肌丝　细肌丝
B

图4-8 骨骼肌肌丝滑行示意图
A 舒张相　B 收缩相

中央。肌浆较丰富，内含线粒体、糖原及少量脂滴和脂褐素；脂褐素为溶酶体的残余体，随年龄增长而增多。心肌纤维也有明暗相间的周期性横纹，但肌原纤维和横纹都不如骨骼肌明显。在心肌横切面上，核周围肌原纤维分布量少，染色浅，肌原纤维多分布于外周部，故染色深（图4-9）。

（二）心肌纤维的超微结构

心肌纤维超微结构与骨骼肌相似，有如下特点（图4-10、11）：①大量纵行排列的肌丝组成粗细不等的肌丝束，肌丝束间含有大量纵行排列的线粒体，不形成明显的肌原纤维。②横小管较粗，位于Z线水平。③肌浆网较稀疏，纵小管不甚发达，终池少而小，横小管多与一侧终池相贴组成**二联体**（diad）（图4-10），故心肌肌浆网储存Ca^{2+}能力较差。④闰盘位于Z线平面，由相邻心肌纤维的突起嵌合而成（图4-10~12），在横向连接的部分有中间连接和桥粒；在纵向连接部分有缝隙连接，便于细胞间信息传导，保证心肌纤维同步收缩；扫描电镜下见闰盘呈梯田状（图4-12）。⑤心房肌纤维胞质内含有分泌颗粒，可分泌心钠素，具有排钠、利尿功能。

三、平滑肌

平滑肌（smooth muscle）广泛分布于内脏器官和血管壁，收缩较缓慢而持久，属不随意肌。

（一）平滑肌纤维的光镜结构

平滑肌纤维呈长梭形，收缩时可扭曲呈螺旋状。平滑肌纤维一般长200μm，直径8μm，不同器官平滑肌纤维大小不一，短的只有20μm，长的可达500μm。一条平滑肌纤维有一个

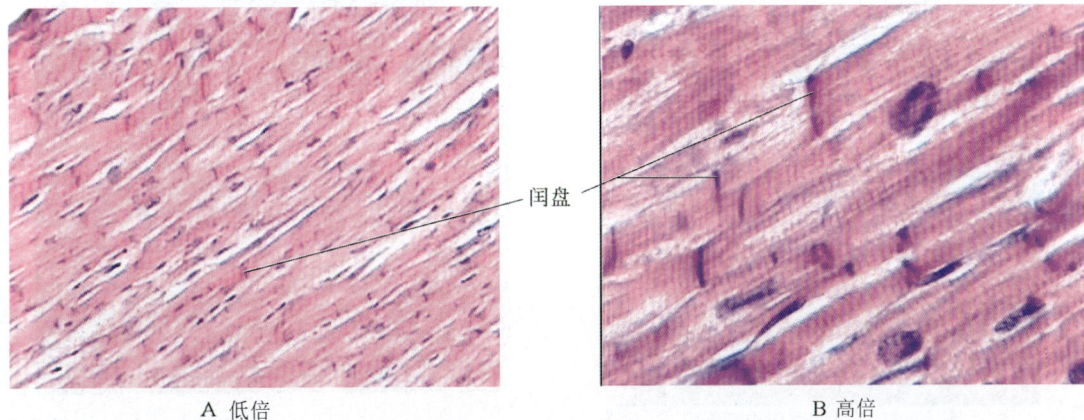

闰盘

A 低倍　　　　　　　　B 高倍

图4-9 心肌纤维光镜像

细胞核，呈杆状或椭圆形，位于细胞中央，核两端肌浆较丰富（图4-13）。平滑肌纤维横切面呈大小不等的圆形断面，大的断面中央可见核的横切面。平滑肌纤维可单独存在，多数是成束、成层分布的。

（二）平滑肌纤维的超微结构

平滑肌纤维的肌膜向肌浆内凹陷形成数量众多的**小凹**（caveola），相当于横纹肌的横小管（图4-14）。肌浆网不发达，呈稀疏的小管状，位于肌膜下邻近小凹。细胞核两端肌浆较多，含有线粒体、高尔基复合体、粗面内质网、游离核糖体、糖原及脂滴（图4-14）。平滑肌细胞内没有肌原纤维，不形成明显的肌节。平滑肌的骨架系统比较发达，由**密斑**（dense patch）、**密体**（dense body）和**中间丝**

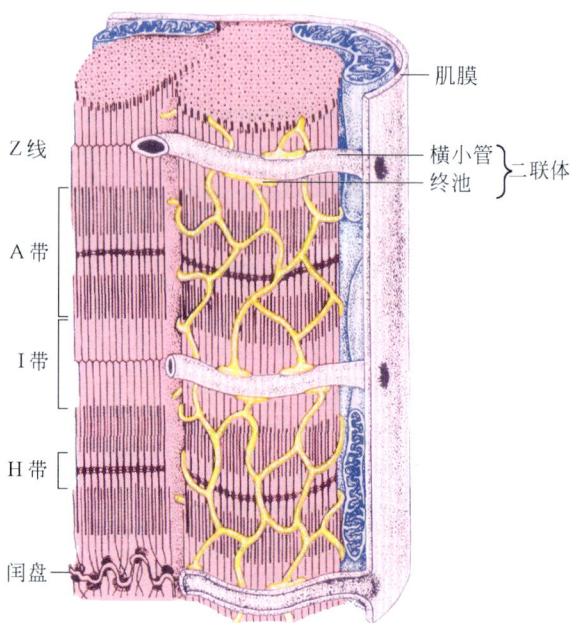

图4-10　心肌纤维超微结构立体模式图

（intermediated filament）组成。密斑和密体都是电子致密小体，前者位于肌膜内面，后者位于胞质内，二者之间有中间丝相连。平滑肌纤维肌浆内含有粗、细两种肌丝，细肌丝一端固定于密斑或密体上，另一端游离。粗肌丝均匀地分布在细肌丝之间。若干条粗肌丝和细肌丝

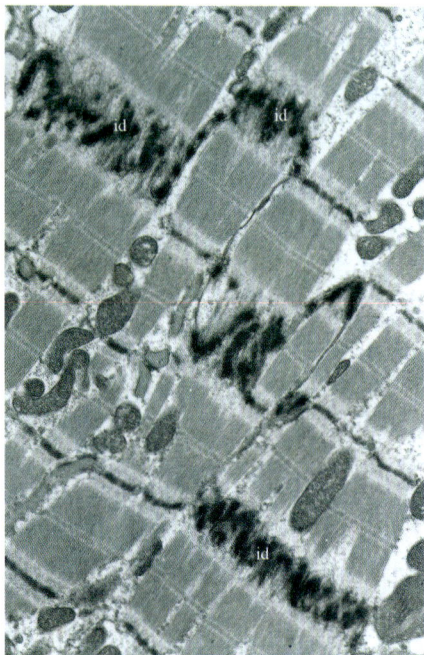

图4-11　闰盘透射电镜像
id 示闰盘

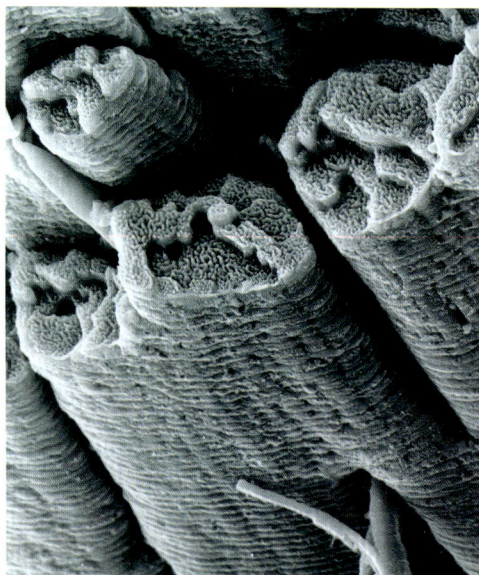

图4-12　闰盘扫描电镜像

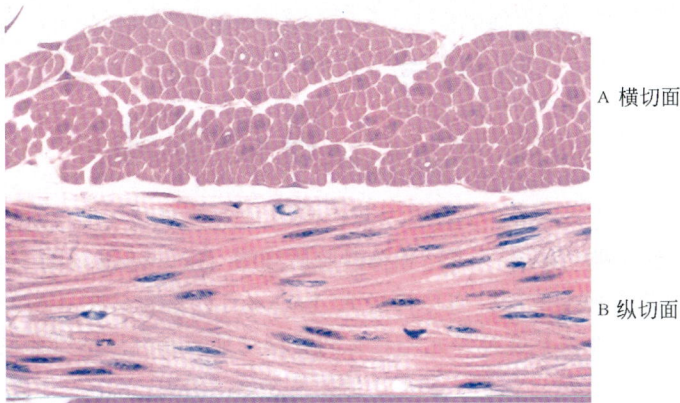

图 4 - 13　平滑肌光镜像（高倍）

聚集形成肌丝单位或**收缩单位**（con-
tractile unit）（图 4 - 15）。相邻平滑肌
纤维之间有缝隙连接，便于细胞间信
息传递，使众多平滑肌纤维收缩时成
为功能整体。平滑肌的收缩是通过肌
丝单位的粗、细肌丝之间的滑动完成
的。由于肌丝单位的两端在肌膜内侧
呈螺旋形排布；粗、细肌丝不形成肌
节，故粗、细肌丝可以进行全长滑动；

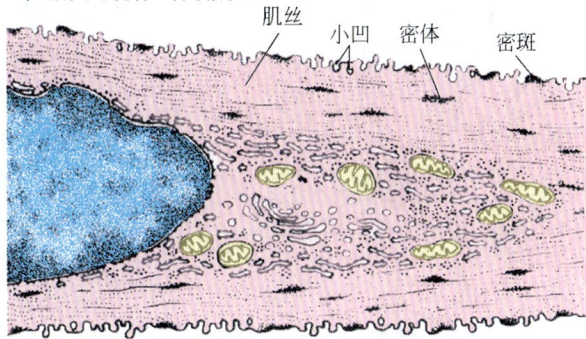

图 4 - 14　平滑肌超微结构模式图

加上菱形网架状的细胞骨架的存在，造成平滑肌纤维收缩时变短增粗或呈螺旋形扭曲。

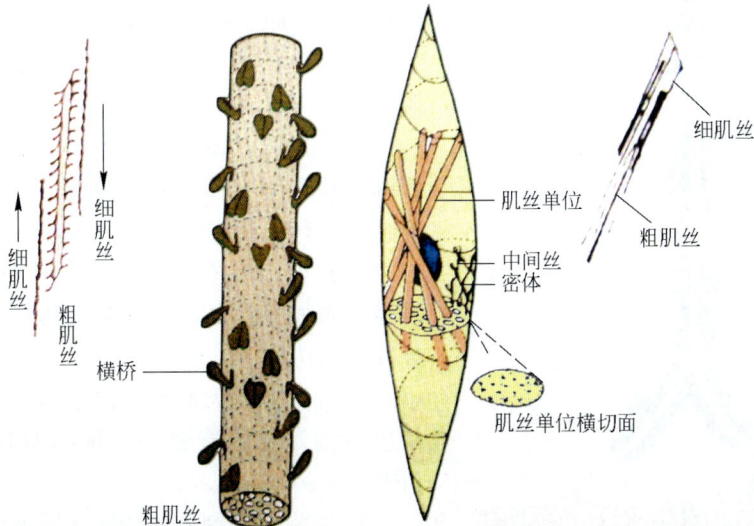

图 4 - 15　平滑肌粗、细肌丝结构示意图

（张　雷）

第五章

神经组织

神经组织由**神经细胞**（nerve cell）和**神经胶质细胞**（neuroglial cell）组成。神经细胞是神经系统结构和功能的基本单位，亦称**神经元**（neuron），具有接受体内外刺激、整合信息和传导冲动的功能。另外，某些神经元还具有内分泌功能。神经胶质细胞的数量是神经元的10～50倍，对神经元起支持、保护、营养、修复和绝缘等作用。

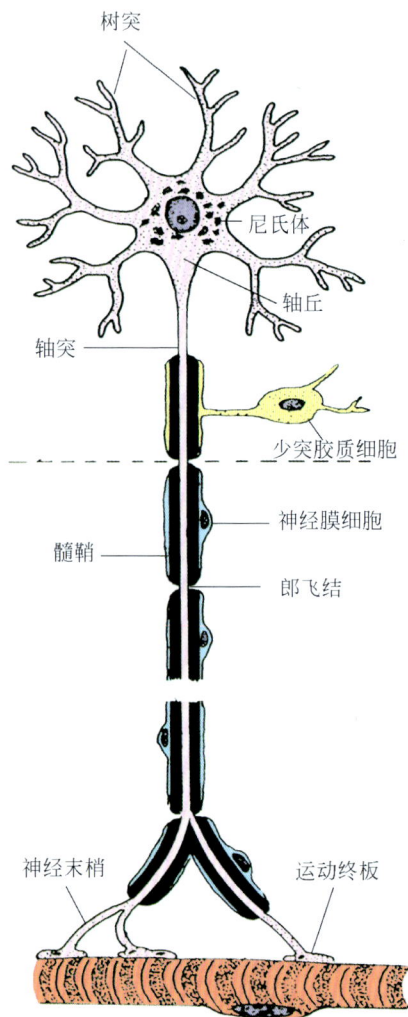

图 5-1 神经元结构模式图

一、神经元

神经元是高度分化的细胞，形态、大小差异甚大，小者直径仅 5～6μm，大者可达 100μm 以上。每个神经元均可分为胞体和突起两部分（图5-1），神经元的胞体主要分布在中枢神经系统的灰质和周围神经系统的神经节。神经元的突起则组成中枢神经系统的神经通路、神经网络和遍布全身的神经。

（一）胞体

神经元的胞体是神经元营养代谢和功能活动的中心。不同部位的神经元，胞体的形态各异，多呈锥形、星形和圆形等，外被细胞膜，内含细胞核和细胞质（图5-1～4）。

1. 细胞膜　很薄，约为6nm厚。神经元细胞膜的性质取决于膜蛋白的种类、数量、结构和功能，其中有些膜蛋白是离子通道；有的为受体，与相应的神经递质相结合，影响离子通道开放。神经元的细胞膜属可兴奋膜，具有接受刺激、传导冲动的功能。

2. 细胞核　大而圆，位于胞体中央。核内异染色质少，故核着色浅，核膜明显，核仁清晰（图5-3～6）。

3. 细胞质　细胞质内除含滑面内质网、线粒体、高尔基复合体、溶酶体等细胞器外，还含有丰富的**尼氏体**（Nissl body）、**神经原纤维**（neurofibril）和少量的**脂褐素**（lipofuscin）等。

（1）尼氏体：不同部位神经元的尼氏体形态、大小、数量均不等，光镜下呈强嗜碱性，形似斑块状（图5-3）或细颗粒状（图5-4），分布均匀。电镜下，尼氏体由大量粗面内质网和游离核糖体组成（图5-2）。尼氏体具有旺盛的蛋白质合成功能，主要合成更新细胞器所需的结构蛋白、合成神经递质所需的酶类以及肽类的神经调质。**神经递质**（neurotransmitter）是神经元向其他神经元或效应细胞传递化学信息的载体，**神经调质**（neuromodulator）能增强或减弱神经元对神经递质的反应。尼氏体是神经元机能状态的一种标志。

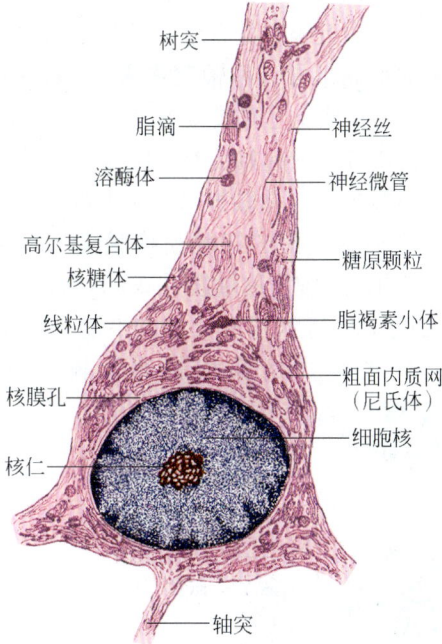

图5-2 神经元胞体超微结构模式图

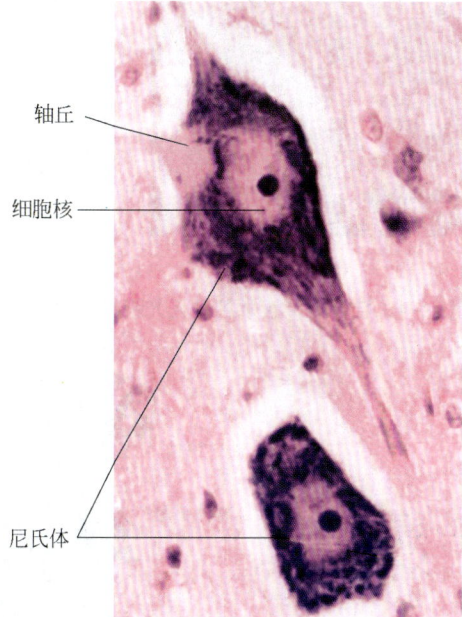

图5-3 脊髓前角运动神经元光镜像（高倍）

（2）神经原纤维：光镜下观察镀银标本时，可见神经元胞质内有许多棕黑色细丝交错排列成网状，并伸入突起内，直至突起末端（图5-6）。电镜下，神经原纤维是由**神经丝**（neurofilament）和**神经微管**（neurotubule）组成。神经丝是一种中间丝，由神经丝蛋白构成。神经原纤维构成了神经元的细胞骨架，并参与神经元内物质运输。

（3）脂褐素：属细胞的包含物，呈棕黄色颗粒状，是脂类物质的代谢产物（图5-5）。人类自6周岁后脂褐素随年龄增加而增多。有研究证明，老年人神经元胞质内的脂褐素含量升高至一定水平时，其RNA的含量则可明显下降。

（二）突起

依据神经元**突起**（process）的形态、结构和功能上的差异，突起可分为**树突**（dendrite）和**轴突**（axon）两种。

1. 树突 一个神经元有一个或多个树突，树突起始部较粗，反复分支而逐渐变细，形如树枝状（图5-1）。树突内的胞质结构与胞体相似。分支后的树突表面有许多长约$2\mu m$的棘状小突起称**树突棘**（dendritic spine），是神经元之间发生联络的主要部位。人类小脑浦

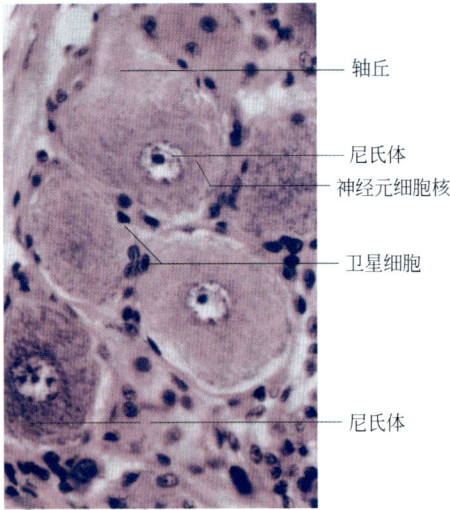

图5-4   脊神经节感觉神经元光镜像（高倍）

肯野细胞的树突上约有 10 万个以上的树突棘。电镜下观察，树突棘内有数层滑面内质网形成的板层结构称棘层，树突棘表面的细胞膜上含有较多的受体蛋白。树突的主要功能是接受刺激，并将刺激引起的神经冲动传入胞体。

2. 轴突   一个神经元只有一个轴突，轴突细而长，短者几微米，长者可达 1m 以上。轴突表面光滑，仅在近末端处有呈直角发出的细小分支，其末端形同爪样，称**轴突终末**（axon terminal），是与其他神经元或效应细胞形成联络的部位。胞体发出轴突的起始部有一圆锥状区域，内无尼氏体而染色浅，称**轴丘**（axon hillock）（图 5-3、4）。轴突表面的细胞膜称**轴膜**（axolemma），轴突内的细胞质称**轴质**（axoplasm）。轴质内因无尼氏体和高尔基复合体，不能合成蛋白质。轴质内的物质运输称**轴突运输**（axonal

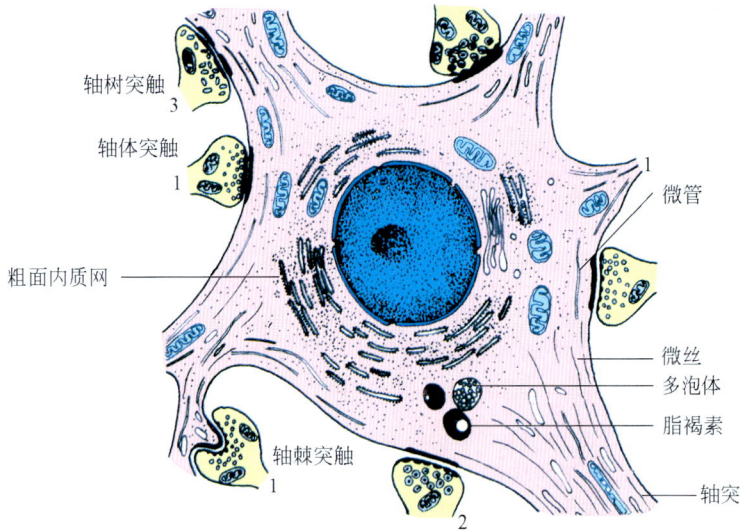

图5-5   多极神经元超微结构模式图
1. 突触小体内有圆形清亮小泡，内含乙酰胆碱   2. 突触小体内有颗粒型小泡，
内含单胺类   3. 突触小体内有扁平清亮小泡，内含甘氨酸

transport），是轴突与胞体间进行物质交换的一种运输方式。轴膜更新所需的蛋白质、合成神经递质所需的酶、小泡内的神经调质以及线粒体等，均由胞体合成后向轴突末端呈顺向运输；同时，轴突末端内的代谢产物或由轴突末端从周围摄取的小分子物质如营养因子等，也可向胞体逆向运输，此种双向运输（图 5-7）的方式以 100～400mm/d 的速度进行，称此为快速轴突运输。某些病毒或毒素如狂犬病毒可经轴突末端逆向运输迅速侵犯神经元胞体。

轴突的主要功能是传导神经冲动，可将胞体发出的神经冲动经轴膜传递给其他神经元或效应器。

二、神经元分类

依据神经元形态、功能以及释放神经递质种类的不同，常有以下几种分类方法。

（一）按突起数量分类

1. **多极神经元**（multipolar neuron） 有一个轴突和多个树突（图5-1~3、6）。

2. **双极神经元**（bipolar neuron） 有一个轴突和一个树突。

3. **假单极神经元**（pseudounipolar neuron）从胞体发出一个突起，离胞体不远处呈"T"形分为两支，其中一支进入中枢神经系统，称**中枢突**（central process），另一支分布在周围的组织器官中，称**周围突**（peripheral process）。

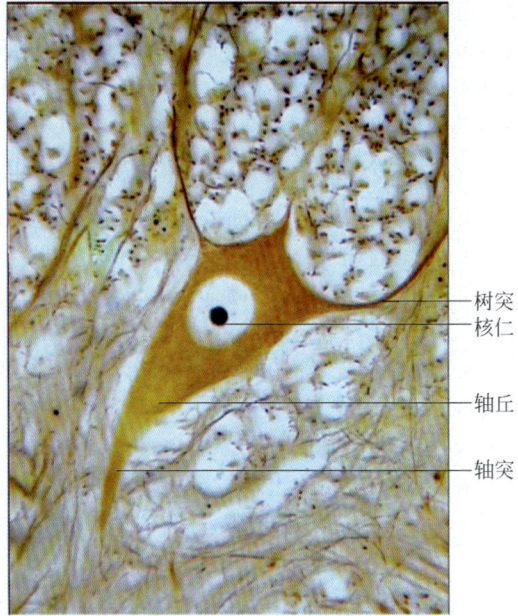

图5-6 脊髓前角运动神经元光镜像
（镀银染色，高倍）

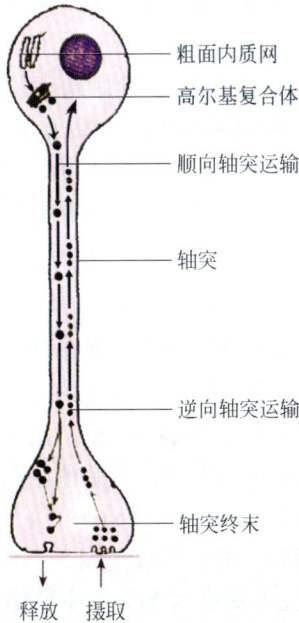

（标注：树突、核仁、轴丘、轴突）

按神经元接受刺激、传导冲动的方向，中枢突传出冲动，属轴突；周围突接受刺激，属树突，但因其在形态上细而长，故有人也称其为轴突（图5-8）。

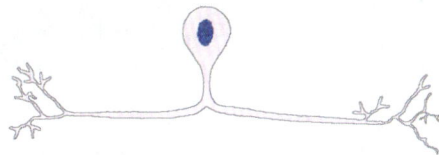

图5-8 脊神经节假单极神经元模式图

图5-7 双向轴突运输示意图

（标注：粗面内质网、高尔基复合体、顺向轴突运输、轴突、逆向轴突运输、轴突终末、释放、摄取）

（二）按轴突长度分类

1. **长轴突大神经元** 又称**高尔基Ⅰ型神经元**（Golgi type Ⅰ neuron），最长的轴突可达1m以上的大神经元。

2. **短轴突小神经元** 又称**高尔基Ⅱ型神经元**（Golgi type Ⅱ neuron），最短的轴突仅有数微米的小神经元。

（三）按功能分类

1. **感觉神经元**（sensory neuron） 又称**传入神经元**（afferent neuron），多属假单极神经元。胞体主要位于脑脊神经节内，其周围突的末梢分布在皮肤和肌肉等处，能接受体内、外物理或化学性刺激，并将刺激传向中枢。

2. **运动神经元**（motor neuron） 又称**传出神经元**（efferent neuron），多为多极神经元。胞体主要位于脑、脊髓和植物神经节内，能将神经冲动传向肌肉、腺体，产生效应。

3. **中间神经元**（interneuron）　又称**联合神经元**（association neuron），主要为多极神经元，介于前两种神经元之间，起到信息联络传递作用。动物进化程度越高，中间神经元越多，人类的中间神经元约占神经元总数的99%，由此构成中枢神经系统内复杂的神经网络结构，是学习、记忆和思维的基础。

（四）按释放的神经递质和神经调质分类

1. **胆碱能神经元**（cholinergic neuron）　释放乙酰胆碱。

2. **胺能神经元**（amiergic neuron）　释放多巴胺、5 - 羟色胺、组胺、肾上腺素、去甲肾上腺素。

3. **氨基酸能神经元**（amion acidergic neuron）　释放谷氨酸、天冬氨酸、甘氨酸、γ - 氨基丁酸、牛磺酸。

4. **肽能神经元**（peptidergic neuron）　释放脑啡肽、β - 内啡肽、缓激肽、胰多肽、P物质、血管紧张素等30余种肽类物质。

此外一氧化氮（NO）已被认定是一种神经递质。通常一个神经元只释放一种神经递质，同时还可释放一种神经调质。

三、突触

突触（synapse）是指神经元与神经元之间或神经元与非神经元（肌细胞或腺细胞）之间特化的细胞连接。一个神经元通过突触实现与其他细胞之间的信息传递，并在神经元之间形成复杂的神经网络和通路。按两个神经元间发生的连接部位不同，可形成轴 - 树突触、轴 - 棘突触、轴 - 体突触、轴 - 轴突触、树 - 树突触、体 - 体突触等连接方式，其中前三种方式最为常见（图5 - 5、9）。一个神经元所形成突触数量的多少视不同类型神经元有很大差异，如小脑的颗粒细胞只有几个突触，而浦肯野细胞多达10万个以上。按突触传递信息方式的不同，可将突触分为化学突触、电突触和混合型突触三类。

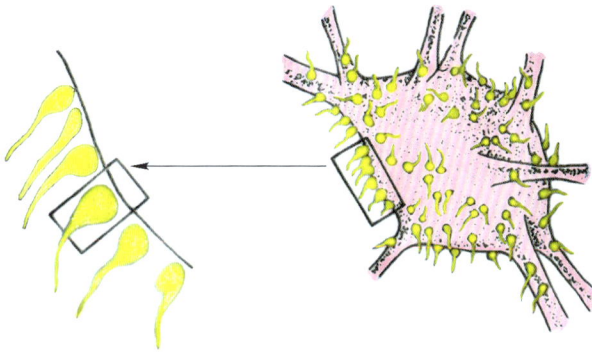

图5 - 9　运动神经元突触结示意图

（一）化学突触

以释放神经递质实现信息传递的突触称**化学突触**（chemical synapse），通常所说的突触亦指此类。光镜观察的镀银染色标本中，可见神经元轴突末端膨大呈环扣状紧贴于另一神经元胞体或树突表面，称**突触结**（synaptic bouton）（图5 - 9）。电镜观察，化学突触由突触前成分、突触后成分、突触间隙三部分组成（图5 - 10）。

1. **突触前成分**　**突触前成分**（presynaptic element）为轴突末端膨大部分，主要结构包括突触小泡和突触前膜。①突触小泡：**突触小泡**（synapse vesicle）其轴质内含有较多的线粒体、微管、微丝等。突触小泡形态多样、大小不一，直径约为20～160nm，外有质膜包裹，表面附有突触素Ⅰ（synapsin Ⅰ），能使突触小泡相互聚集并附着在细胞质骨架上。小泡内含神经递质如肽类递质或非肽类递质以及神经调质。②突触前膜：**突触前膜**（presynapitc membrane）为轴突末端的轴膜，并出现特化性增厚，主要为胞质面附有一些致密物质

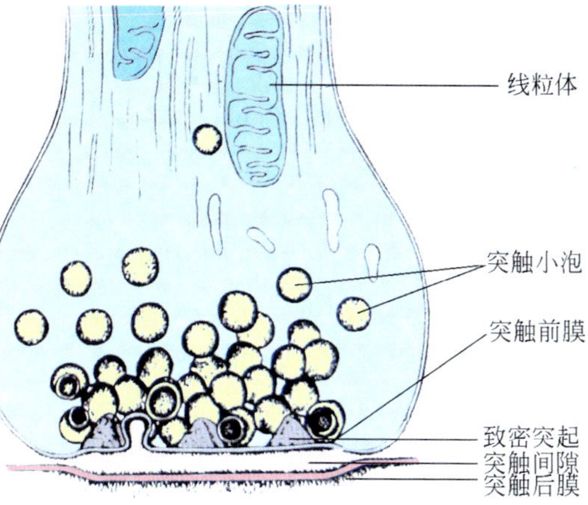

所致。电镜下，突触前膜胞质面有电子密度较高、排列规则的锥形**致密突起**（dense projection）（属膜蛋白），致密突起间可容纳突触小泡的嵌入。突触前膜还富含电位门控通道。

2. 突触后成分 **突触后成分**（postsynaptic）是指与突触前膜相对应的另一神经元的胞膜部分，又称**突触后膜**（postsynaptic membrane），此处的细胞膜也出现特化性增厚，并含有能与突触小泡内神经递质、神经调质特异性结合的受体蛋白，发挥**化学门控通道**（chemically channel）作用，使突触后膜产生兴奋或抑制性变化。

线粒体
突触小泡
突触前膜
致密突起
突触间隙
突触后膜

图 5-10 突触超微结构模式图

3. 突触间隙 **突触间隙**（synaptic space）是位于突触前膜与突触后膜之间的狭小间隙，宽约 15~30nm，内含能消化、水解小泡内各种神经递质的酶。

神经元的兴奋或抑制主要取决于神经递质和受体的种类。一个神经元可与许多其他神经元或效应细胞形成突触，如一个运动神经元可同时支配上千条骨骼肌纤维。而一个神经元也可接受来自众多其他神经元的突触信息，如小脑的一个浦肯野细胞（图6-5、6）的树突上有数十万个突触。这正是神经元信息传递功能复杂性的形态学基础。

（二）电突触

电突触（electrical synapse）是指两神经元间存在的缝隙连接。突触前神经元的信息可经电信号直接通过缝隙连接到达突触后神经元。电突触电阻低、不依赖神经递质，因而具有双向传导和传导速度快等特点。电突触在哺乳动物中较少，多见于无脊椎动物。

（三）混合型突触

混合型突触（mixed synapse）是指两神经元之间同时存在化学突触和电突触。在人类极少见，多见于动物的周围和中枢神经系统。

四、神经胶质细胞

神经胶质细胞又称胶质细胞或**神经胶质**（neuroglia），体积较小，形态各异，有突起，但无轴突和树突之分，广泛分布于神经元周围。神经胶质细胞对神经元除具有支持、营养、保护功能外，还对神经元的正常生理活动、发育、代谢、修复等起重要的维持和调节作用。同时，还能参与血-脑屏障的形成。

（一）中枢神经系统胶质细胞

依据中枢神经系统胶质细胞形态特征和分布部位的不同，可将其分为以下4种：

1. 星形胶质细胞 **星形胶质细胞**（astrocyte）又称**星形胶质**（asfroglia）。细胞较大，呈星状，核较大而圆，着色浅。胞体发出的突起反复分支，突起末端膨大形成**脚板**（end

feet）。脚板常附着在毛细血管壁上，参与构成血－脑屏障，或在脑和脊髓的表面形成**胶质界膜**（glial limitans）或髓鞘，起绝缘保护作用（图5－11、12）。胞质内的胶质丝是由胶原纤维酸性蛋白（GFAP）构成的一种中间丝，故用免疫组化技术能特异性显示此类细胞。星形胶质细胞能合成分泌神经营养因子，并具有传递脑内抗原、参与神经递质的代谢和储存钾离子等多种功能，在维持神经元生存、功能活动及损伤后修复过程中均起到重要作用。

纤维性星形胶质细胞（fibrous astrocyte）具有突起细长，分支少，表面光滑，胞质内含较多的胶质丝等特点（图5－13），分布于脑和脊髓白质中。

原浆性星形胶质细胞（protolasmic astrocyte）突起短而粗，分支多，表面

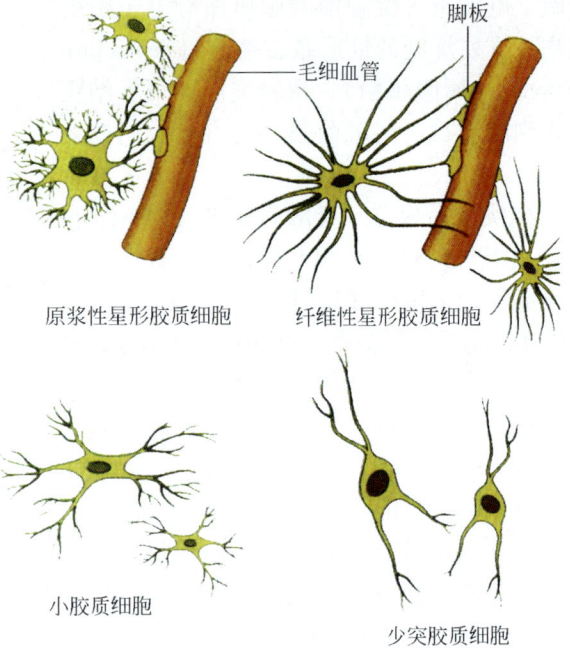

图5－11 中枢神经系统几种神经胶质细胞模式图

粗糙，胞质内含胶质丝少（图5－13），分布于脑和脊髓灰质。

2. **少突胶质细胞** 少突胶质细胞（oligodendrocyte）又称**少突胶质**（oligodendroglia）。细胞较小，胞体呈梨形，核圆着色深，因胞体发出的突起较少而得名（图5－14A）。胞质内胶质丝较少，但含有较多的微管和其他细胞器。突起末端可呈叶片样膨大，包绕神经元的轴突形成中枢有髓神经纤维的髓鞘。少突胶质细胞主要分布于脑、脊髓的灰、白质中，具有参与神经递质的代谢，抑制再生神经元突起生长等作用。

3. **小胶质细胞** 小胶质细胞（microglia cell）又称**小胶质**（microglia），是神经胶质细胞中体积最小、数量最少的一种，胞体呈细长

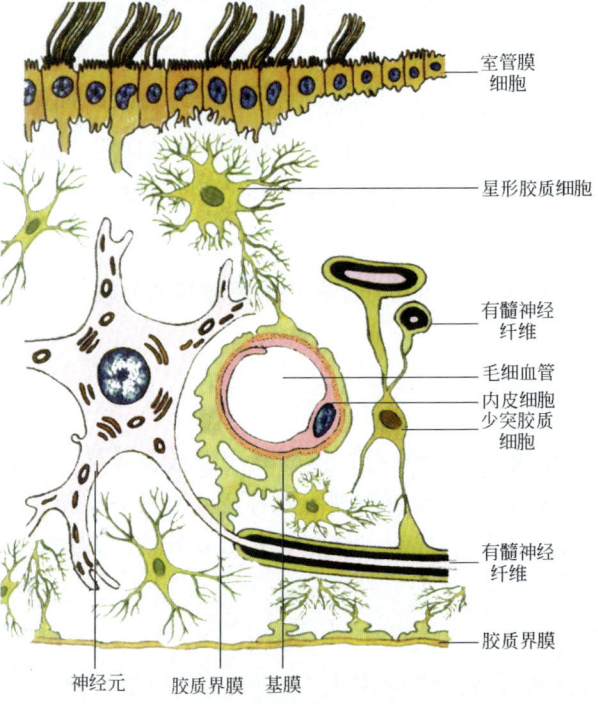

图5－12 中枢神经胶质细胞与神经元及
毛细血管的关系模式图

或椭圆形，核小着色深，胞质中含有大量溶酶体。胞体发出的突起细长有分支，表面可形成许多小棘，主要分布于大、小脑和脊髓灰质中（图5-14B）。小胶质细胞是机体单核吞噬细胞系统分布在中枢神经系统的成员，具有吞噬功能。当中枢神经系统损伤时，小胶质细胞可在损伤区吞噬细胞碎片及变性的髓鞘。

4. 室管膜细胞 **室管膜细胞**（ependymal cell）呈立方或柱状，细胞游离面可特化形成微绒毛或纤毛，基底部伸出细长的突起，进入脑和脊髓的深部。室管膜细胞呈单层被覆于脑室和脊髓中央管腔面，形成室管膜，可防止脑脊液直接进入脑、脊髓组织中，对脑、脊髓起

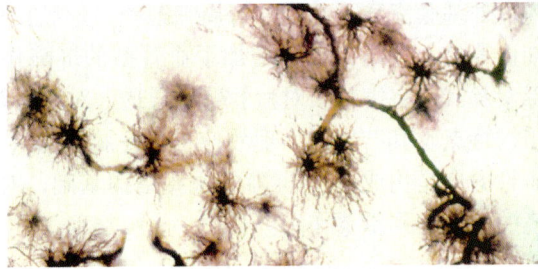

A 纤维性星形胶质细胞

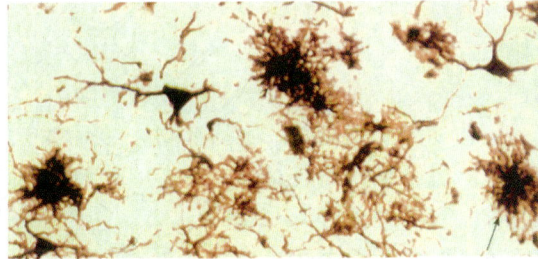

B 原浆性星形胶质细胞

图5-13 大脑皮质内星形胶质细胞光镜像（镀银染色，低倍）

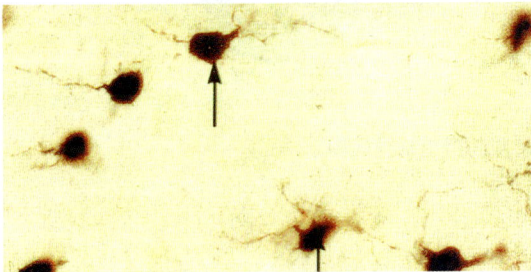

A 少突胶质细胞

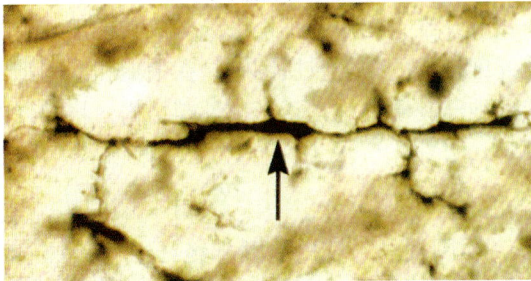

B 小胶质细胞

图5-14 大脑皮质内的少突胶质细胞和小胶质细胞

到支持或保护作用（图5-12）和主动运输作用。研究表明，此处含有神经干细胞。

（二）周围神经系统胶质细胞

1. 神经膜细胞 **神经膜细胞**（neurolemmal cell）又称**施万细胞**（Schwann cell），细胞呈椭圆形，成串排列，包裹在神经纤维的外表，是周围神经系统有髓神经纤维髓鞘的形成细胞（图5-16~19）。神经膜细胞外常有基膜附着，对神经的再生起重要作用。该细胞可分泌神经营养因子。

2. 卫星细胞 **卫星细胞**（satellite cell）又称**被囊细胞**（capsule cell），是神经节内包裹节细胞外表面的一层扁平或立方形细胞，核卵圆形，着色较深（图5-4）。卫星细胞外侧有基膜附着。卫星细胞对神经元具有支持、保护作用。

（三）血-脑屏障

脑内毛细血管与机体其他部位毛细血管相比，具有明显结构特点即：属连续性毛细血

管，内皮外基膜完整，基膜外有周细胞和星形胶质细胞脚板样的突起围绕（图 5 – 15）。脑内毛细血管的上述结构特点增加了血管壁的屏障作用，可有效地限制血液中某些物质如细菌、毒素及其他有害物质对血管壁的通透，对脑组织起到有效的保护作用。将脑内毛细血管上述结构特点及其产生的生理效应称**血 – 脑屏障**（blood – brain barrier）（图 5 – 15）。一般认为血管内皮是构成血-脑屏障的主要结构基础，对物质通透具有高度的选择性，对维持脑内环境的稳定起到重要作用。

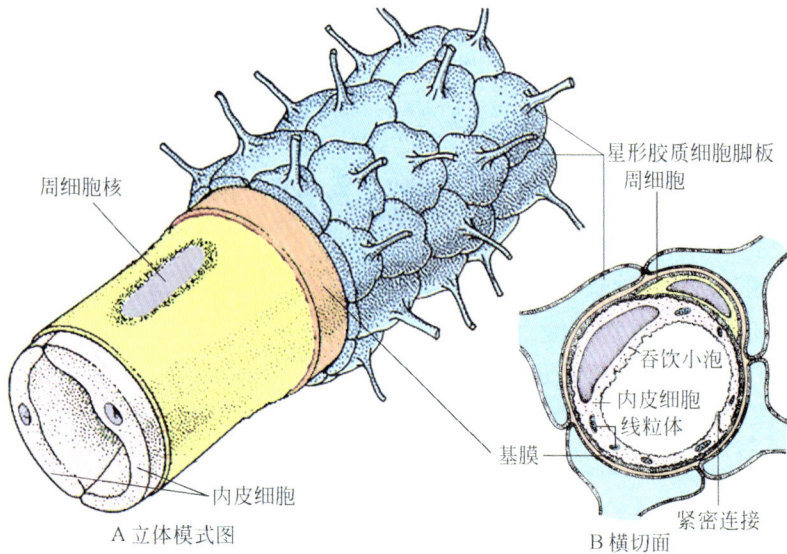

图 5 – 15   血 – 脑屏障超微结构模式图

五、神经纤维

神经纤维（nerve fiber）是由神经元的长突起和包在其外面的神经胶质细胞组成。神经纤维在中枢神经系统构成脑和脊髓的传导束和联合纤维，在周围神经系统构成脑神经、脊神经和植物神经，其功能是传导冲动。参与神经纤维构成的神经胶质细胞，在中枢和周围神经系统中分别为少突胶质细胞和神经膜细胞。依据神经胶质细胞是否形成髓鞘结构，将神经纤维分为有髓神经纤维和无髓神经纤维两种类型。

（一）有髓神经纤维

1. 周围神经系统的有髓神经纤维   光镜下，周围神经系统的**有髓神经纤维**（myelinated nerve fiber），纵切面上可见中央有轴突穿行又称轴索，轴突外有节段样包裹的髓鞘（myelin sheath）。各节段间无髓鞘处呈弧形缩窄区称**郎飞结**（Ranvier node）（图 5 – 16）。相邻两个郎飞结之间的一段神经纤维称**结间体**（internode），长度 $0.8 \sim 1.4 \mu m$。髓鞘是由神经膜细胞的细胞膜呈同心圆包卷轴突而成，其主要化学成分是 60% 的髓磷脂（类脂约占 80%）和 40% 的蛋白质。新鲜髓鞘呈闪亮的白色，光镜下，H – E 染色标本的髓鞘因磷脂成分被标本制作时所用的有机溶剂溶解，故呈粉红色絮状结构（图 5 – 17）。若标本用锇酸固定和染色，髓鞘呈黑色，在其纵切面上常见一些漏斗样斜裂，称**施－兰切迹**（Schmitd－Lantermann incisure）（图5－16）。神经膜细胞的核呈椭圆形，其长轴与轴突平行，位于髓鞘的外缘，核周围胞质较少，最外层细胞膜与其外方的基膜合称为**神经膜**（neurilemma）（图5－16）。神经膜对神经纤维具有营养、保护作用，尤其在神经纤维的再生、修复过程中发挥重要作用。

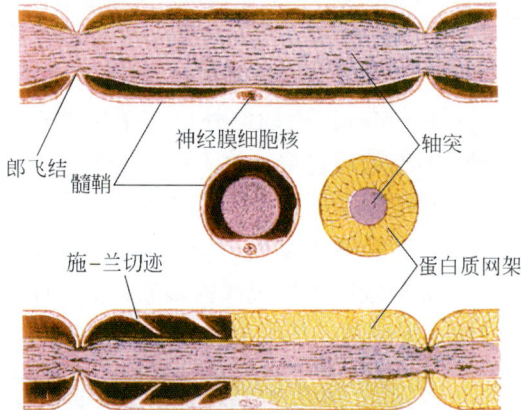

图5－16 周围神经有髓神经纤维模式图

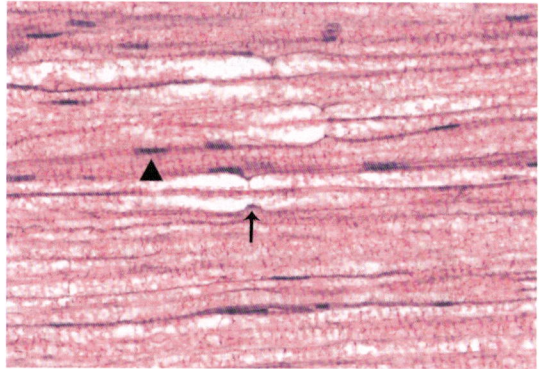

图5－17 有髓神经纤维光镜像（坐骨神经，高倍）
↑示郎飞结 ▲示神经膜细胞

髓鞘形成过程：当有髓神经纤维发生时，伴随轴突一起生长的神经膜细胞表面首先凹陷成一纵沟，轴突陷入沟内，沟缘两侧的胞膜向上合拢形成**轴突系膜**（mesaxon），继而轴突系膜生长时呈同心圆反复包卷轴突，大部分胞质被挤至结间体两端，髓鞘形成（图5－16、18）。电镜下观察，髓鞘呈明暗相间的板层状（图5－19），两结间体相连的狭窄区域无髓鞘到达，轴突膜裸露，有利于神经冲动呈跳跃式传导。

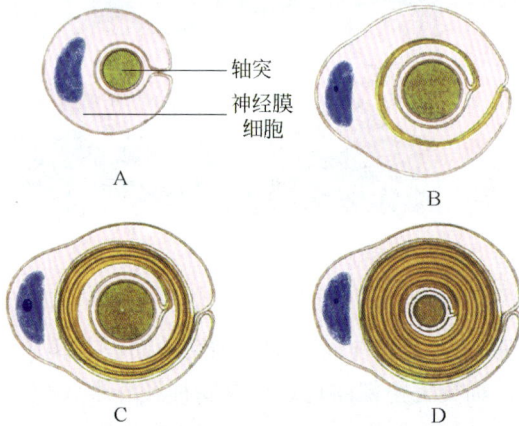

图5－18 周围神经纤维髓鞘形成示意图

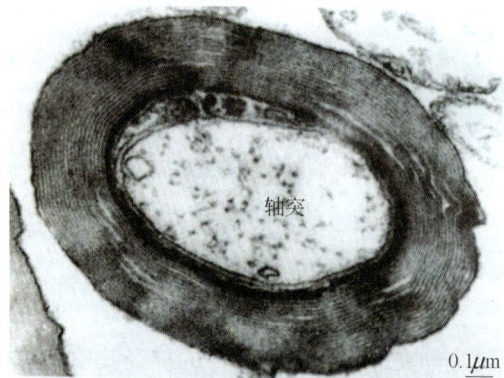

图5－19 有髓神经纤维电镜像（视神经）

2. 中枢神经系统的有髓神经纤维 中枢神经系统中有髓神经纤维的髓鞘，是由少突胶质细胞的突起末端呈叶片状包绕轴突而成。一个少突胶质细胞多个突起末端的叶片状突起可分别包绕多个轴突，形成多条有髓神经纤维，而少突胶质细胞胞体位于有髓神经纤维之间

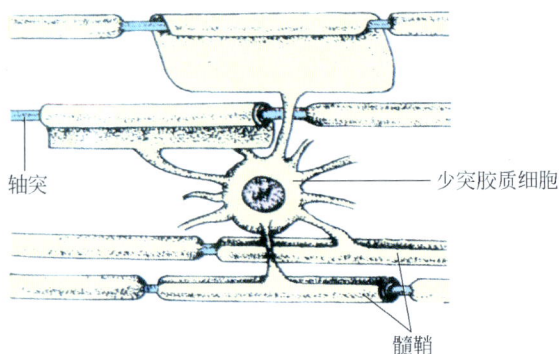

图5-20　少突胶质细胞与髓鞘形成示意图

（图5-20）。少突胶质细胞外常无基膜，髓鞘内也无施-兰切迹，因而中枢神经系统的神经纤维受损后不易再生。

（二）无髓神经纤维

1. 周围神经系统的无髓神经纤维　周围神经系统的**无髓神经纤维**（nonmyelinated nerve fiber）因轴突外仅有单层神经膜细胞的细胞膜包绕，故不形成髓鞘。一个神经膜细胞常可包绕多个轴突，形成多条无髓神经纤维（图5-21）。电镜下可见轴突被不完全包埋在神经膜细胞的凹陷中（图5-22），部分轴膜可出现裸露现象，由于相邻的神经膜细胞衔接紧密，故无郎飞结存在（图5-21）。无髓神经纤维主要分布于内脏器官。

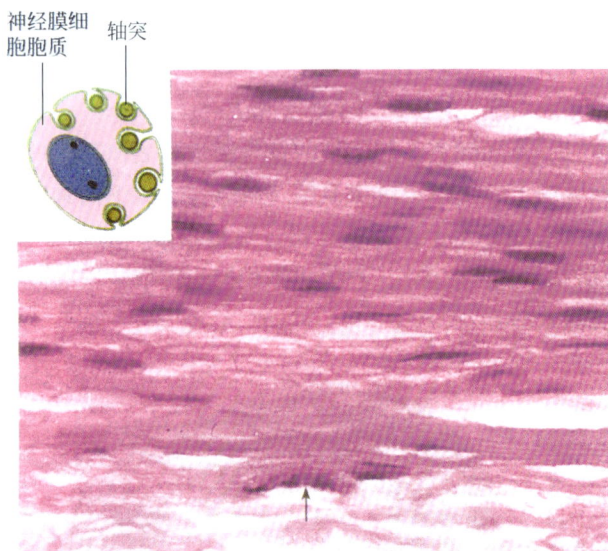

图5-21　无髓神经纤维纵切光镜像
（高倍，左上角示横切面模式图）

图5-22　无髓神经纤维电镜像
S：神经膜细胞　↑示突触系膜

2. 中枢神经系统的无髓神经纤维　中枢神经系统中无髓神经纤维的轴突外面没有鞘膜，主要是轴突外面缺少特异性的神经胶质细胞包裹，轴突完全裸露行走于有髓神经纤维或神经胶质细胞之间。

神经纤维的功能是传导神经冲动，这种电流的传导是在轴膜上进行的。有髓神经纤维的神经冲动呈跳跃式传导，传导速度快。这是由于有髓神经纤维的髓鞘含大量的类脂而具有疏水性，在组织液与轴膜间起绝缘作用。另外，髓鞘的电阻比轴膜高得多，而电容却很低，电流只能使郎飞结处的轴膜产生兴奋。所以神经冲动必须从一个郎飞结跳到下一个郎飞结。有髓神经纤维的轴突越粗，其髓鞘也越厚，结间体越长，神经冲动跳跃的距离便越大，传导速度越快，反之就越慢。无髓神经纤维因无髓鞘和郎飞结，神经冲动只能沿轴膜连续传导，故传导速度慢。

六、神经

神经（nerve）由大量神经纤维集合而成，可分为中枢神经和周围神经两类，其中的周

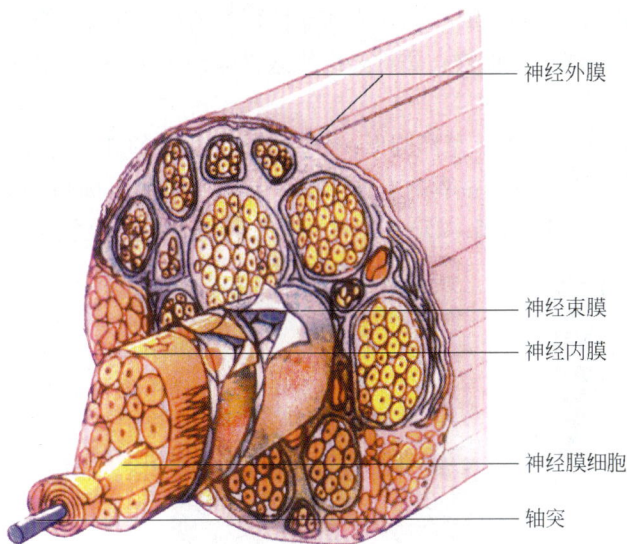

图 5-23　神经结构模式图

围神经又有脑神经、脊神经和植物神经之分。神经在形态结构上可同时含有有髓神经纤维和无髓神经纤维，在功能上因多数神经同时含感觉、运动和植物性神经纤维而表现出多种生理效应。神经广泛分布于体内各组织器官。

神经的外表面有致密结缔组织包裹称**神经外膜**（epineurium）。神经外膜伸入神经内，将神经分隔成粗细不等的神经束。神经束外表面的结缔组织称**神经束膜**（perineurium）。神经束膜向神经束内再伸入，包绕在每条神经纤维外表面，称**神经内膜**

（endoneurium）。神经外膜中的血管、淋巴管分支可延伸至神经内膜，并形成毛细血管网及毛细淋巴管网（图5-23）。

七、神经末梢

神经纤维末端分布在组织、器官内，形成具有特殊结构和功能的**神经末梢**(nerve ending)，又称神经末梢装置。按其功能不同可将神经末梢分为感觉神经末梢和运动神经末梢两类。

（一）感觉神经末梢

感觉神经末梢（sensory nerve ending）又称感受器，是指感觉神经元的树突终末与其分布区的组织共同构成**感受器**（receptor），能接受机体内、外各种刺激，并将刺激转为神经冲动传至中枢神经系统，

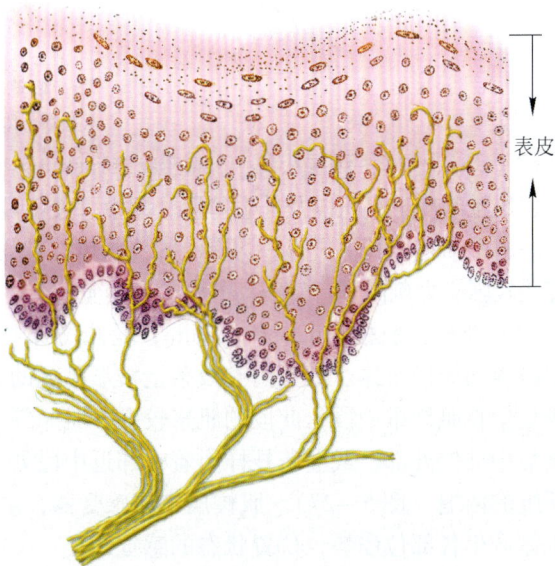

图 5-24　表皮内的游离神经末梢模式图

产生相应的感觉。依据感觉神经末梢形态结构的差异，可将其分为以下两种类型。

1. 游离神经末梢　**游离神经末梢**（free nerve ending）是指感觉神经纤维接近末端处，其外表的神经膜细胞及其髓鞘消失，裸露的树突反复分支后分布在表皮、毛囊、角膜、黏膜上皮、浆膜及结缔组织中（图5-24），能感受温度、物理、化学物质刺激，产生冷热、疼痛和轻触等感觉。

2. 被囊神经末梢　**被囊神经末梢**（encapsulated nerve ending）形态多样，大小不等，但结构上均具有以下共同特点：①外包结缔组织被囊；②神经纤维入被囊前失去髓鞘，以裸露状态进入被囊。常见有以下几种：

（1）触觉小体：**触觉小体**（tactile corpuscle）呈卵圆形，分布于皮肤真皮的乳头内，以手指、足趾的掌侧为多，其长轴与皮肤表面垂直。被囊内有许多扁平样**触觉细胞**（tactle cell），裸露的神经纤维围绕在扁平样触觉细胞之间（图5-25），能感受应力刺激，产生触觉。

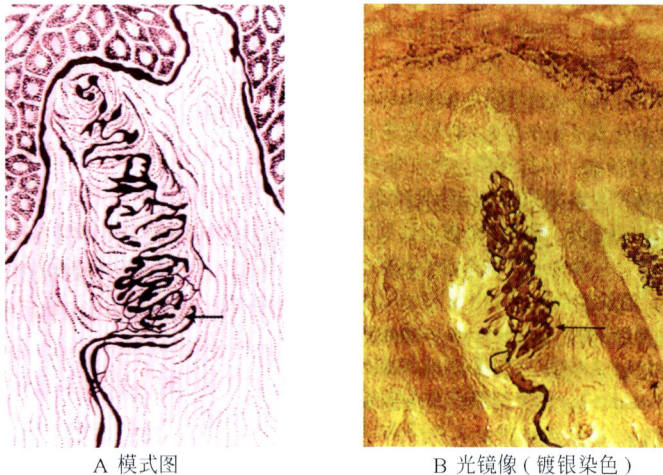

A 模式图　　　　　　　　　　　B 光镜像（镀银染色）

图 5-25　触觉小体
↑示触觉小体

（2）环层小体：**环层小体**（lamellar corpuscle）体积较大，呈卵圆形或圆形，广泛分布于手掌、足趾的皮下组织以及外生殖器、韧带、关节囊和肠系膜等处。被囊内有数十层呈同心圆排列的扁平细胞，其中央有一均质样的柱状体，裸露的神经纤维穿行于柱状体内（图5-26），能感受较强应力刺激，产生震动、张力和压觉感。

（3）肌梭：**肌梭**（muscle spindle）是指分布在骨骼肌内的感觉神经末梢，为外包结缔组织被囊的梭形小体。被囊内有数条呈梭形排列的骨骼肌纤维称梭内肌纤维，细胞核成串排列或集中在肌纤维中段，此段的肌浆较多，肌原纤维较少。裸露的神经纤维缠绕在梭内肌纤维核集中部位外部，或呈花枝样附着在邻近中段处。肌梭内还有运动神经末梢，分布在梭内肌纤维的两端（图5-27）。肌梭属本体感受器，主要是感受骨骼肌纤维的伸缩、牵拉刺激，使机体产生各部位姿势、位置状态的感觉。

（二）运动神经末梢

运动神经末梢（motor nerve ending）是指运动神经元的轴突终末与其分布区的肌组织或

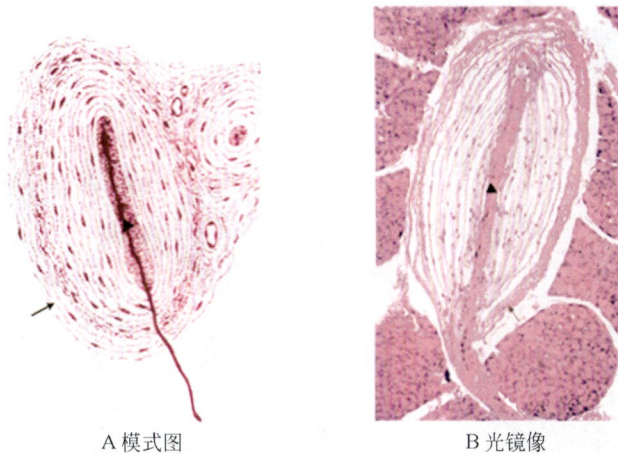

A 模式图	B 光镜像

图 5 – 26　环层小体

▲ 示柱状体　↑示被囊

腺细胞共同构成**效应器**（effector），以支配肌纤维的收缩或腺体的分泌活动。依据运动神经末梢分布区域的不同，可将其分为躯体运动神经末梢和内脏运动神经末梢两种类型。

1. 躯体运动神经末梢　**躯体运动神经末梢**（somatic motor nerve ending）是指分布在骨骼肌纤维处的运动神经末梢，又称**运动终板**（motor end plate）。脊髓前角或脑干的运动神经元长轴突接近骨骼肌纤维时失去髓鞘，裸露的轴突先形成爪样分支，各分支末端再形成环扣样膨大，然后与骨骼肌纤维形成突触连接，称**神经肌连接**（neuromuscular junction）（图5 – 28、29）。电镜下，与运动终板处相连接的肌纤维富含肌浆、较多的细胞核和线粒体，此处的肌膜凹陷形成**突触槽**（synaptic gutter），突触槽内的肌膜再向肌质内凹陷形成皱褶称**连接裂**（junctional folds），富含突触小泡的轴突末端嵌入突触槽内，轴膜与肌膜间约有 30 ~ 50nm 的间隙。此处的轴膜为突触前膜，槽底的肌膜为突触后膜（图 5 – 29、30），其上有乙酰胆碱 N 型受体，轴突终末内有大量含乙酰胆碱的圆形突触小泡以及线粒体、微管、微丝等。当神经冲动到达运动终板时，突触小泡移附于突触前膜，释放其内的乙酰胆碱到突触间隙，大部分乙酰胆碱与突触后膜上的乙酰胆碱 N 型受体结合，使肌膜两侧离子分布发生变化而产生兴奋，从而引起肌纤维的收缩（图 5 – 31）。

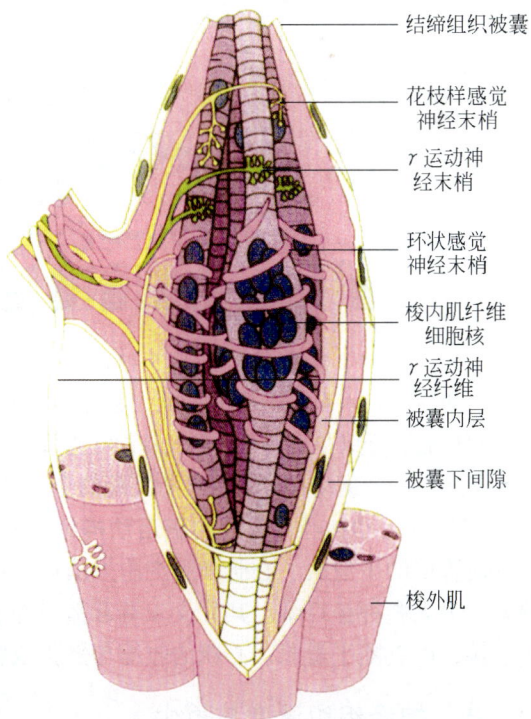

结缔组织被囊

花枝样感觉神经末梢

γ运动神经末梢

环状感觉神经末梢

梭内肌纤维细胞核

γ运动神经纤维

被囊内层

被囊下间隙

梭外肌

图 5 – 27　肌梭结构模式图

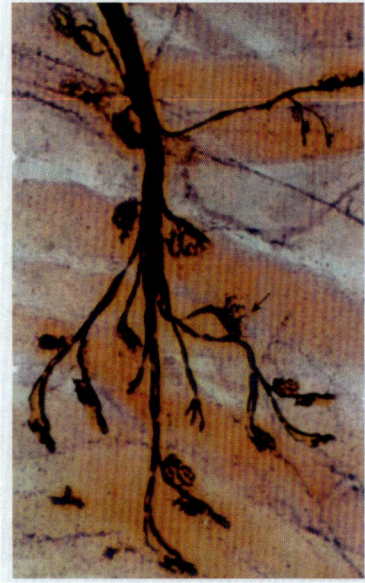

图 5 – 28   运动终板光镜像（整装片）

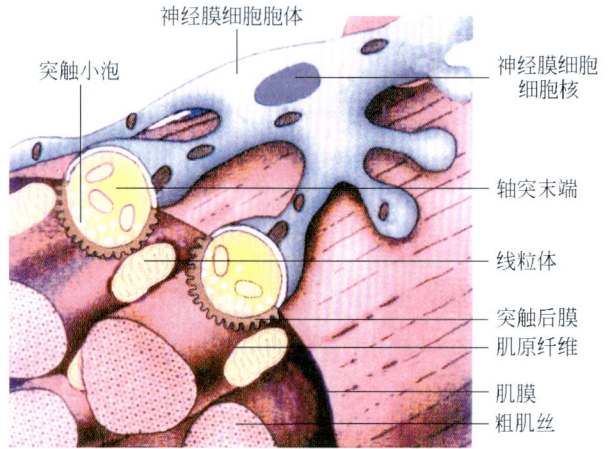

图 5 – 29   运动终板超微结构立体模式图

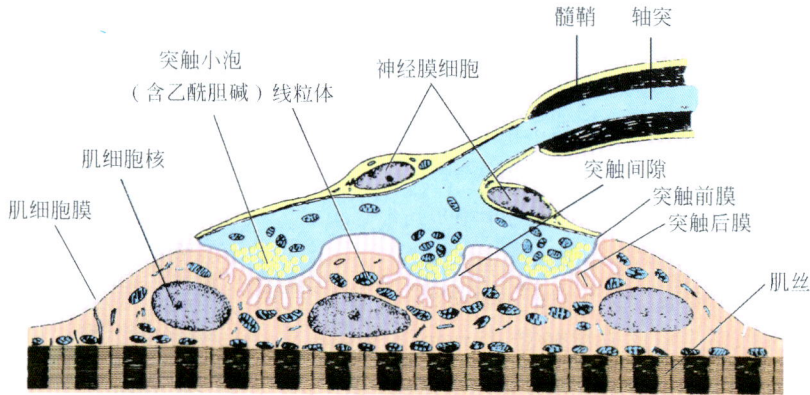

图 5 – 30   运动终板超微结构模式图

运动神经元兴奋时产生的冲动，经运动终板引起骨骼肌纤维收缩或舒张。一个运动神经元支配的骨骼肌纤维少者 1 ~ 2 条，多者可达数千条，而一条骨骼肌纤维通常只接受一个轴突分支的支配。一个运动神经元及其所支配的全部骨骼肌纤维合称一个**运动单位**（motor unit）。

2. 内脏运动神经末梢   **内脏运动神经末梢**（visceral motor nerve ending）是指分布在内脏及血管壁的平滑肌、心肌和腺细胞处的运动神经末梢。植物神经系统的节后神经元发出的轴突，为无髓神经纤维。其分支末端常呈串珠或膨大的小结样，称膨体，与效应细胞形成突触连接，以支配平滑肌、心肌的收缩与舒张或腺细胞的分泌（图 5 – 31）。

八、神经组织溃变与再生

机体的神经元系高度分化的细胞，当神经元受到损伤时，其胞体及突起均会发生变性或称**溃变**（degeneration）反应。其中若胞体直接受损，可导致整个神经元迅速死亡；近胞体处的突起受损，也可引起神

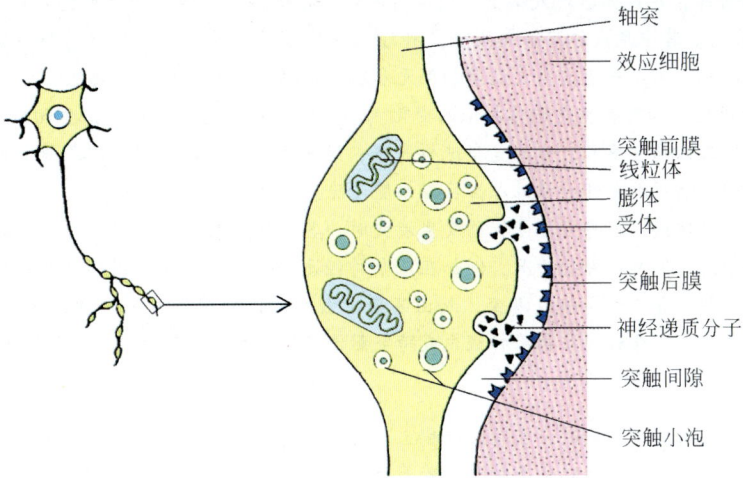

图 5-31 内脏运动神经末梢超微结构模式图

经元死亡。若远离胞体处的突起受损如被切断，在胞体仍保留代谢功能前提下，溃变后的突起断端可逐步**再生**（regeneration）。

（一）溃变

神经纤维如被切断后，神经元的胞体和突起可同时出现不同程度的溃变反应（见图 5-32），主要表现为：

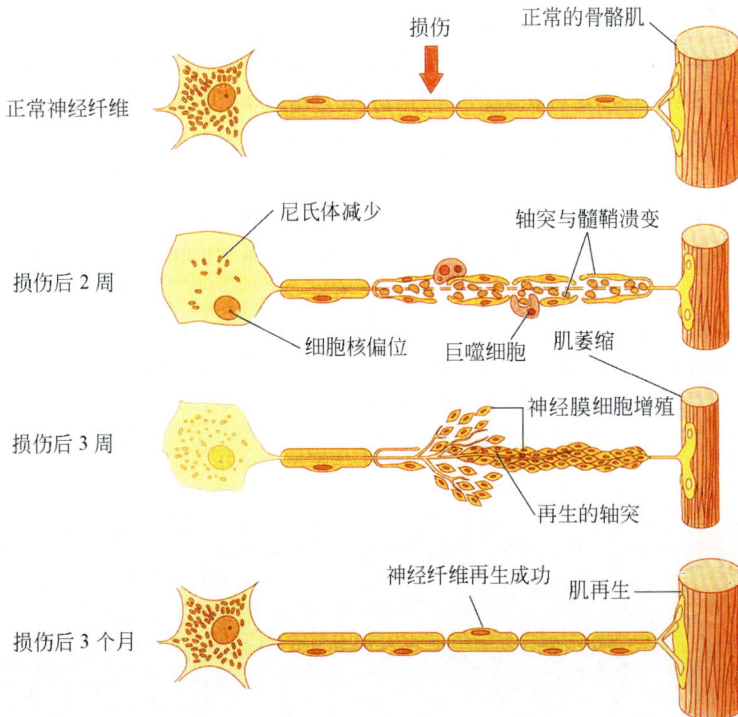

图 5-32 周围神经的溃变与再生图解

1. 胞体 胞体肿胀，尼氏体溶解或减少，胞质着色浅，胞核移至周边，神经元胞体的这种变化称**轴突反应**（axonal reaction）。其中尼氏体溶解或减少是神经元胞体最显著的变化。典型的胞体反应一般见于较大的运动和感觉神经元，尤以脊髓前角大运动神经元和脑干运动神经元反应最为典型。

2. 突起 胞体近段突起可发生与胞体相似的变化。而胞体远段突起因与胞体完全切断而失去联络，远段突起全程可出现线粒体局部堆积，突起呈串珠样肿胀，继而线粒体、神经丝、微管等细胞器以及髓鞘的板层结构均发生溶解，溶解物大部分被外源性巨噬细胞清除。

根据经典的神经元学说，当神经元受损伤发生溃变时，其溃变过程通常只限于受累的神经元而不会越过突触影响其他神经元。但有例外的情况，例如在几个神经元的反射通路中，当切断某群神经元所接受的传入纤维时，此群神经元会发生萎缩或溃变，或由某群神经元发出纤维到另一群神经元，而后者死亡时，前者也会发生萎缩或溃变。这种现象称跨神经元或跨突触溃变，也称跨神经元或跨突触萎缩。

（二）再生

溃变与再生的过程是不可分割的，在时间进程上两者又是彼此重叠的，再生是细胞生命活动基本现象之一，神经组织也不例外。神经元胞体是神经元营养代谢的中心，只有在胞体没有死亡，受损后得到修复的前提下，神经元的突起才能发生再生。

1. 胞体修复 如神经元没有死亡，受损后第 3 周开始，胞质内核周部重新出现尼氏体，并逐渐恢复其正常形态和分布，胞体肿胀减轻，胞核移位至胞体中央。胞体结构的完全恢复约需 3～6 个月。在此期间，恢复中胞体的尼氏体不断合成蛋白质及其他物质并不断输向受损突起近侧段，使近侧段轴突末段的回缩球表面长出许多新生的轴突枝芽。因这种再生出现在近侧段轴突的末端，故称**终端再生**（terminal regeneration）。

2. 突起再生 神经元突起的再生主要指轴突的再生，因周围神经纤维和中枢神经纤维胶质细胞种类的不同，神经纤维在再生中的表现并不完全等同。①周围神经纤维再生：周围神经纤维受损后，一般都有再生能力。若受损处两端相距太远，新生的轴突枝芽无法穿越过厚的瘢痕组织，而不能到达神经膜细胞索内，则造成再生障碍，丧失功能。我国在临床显微外科的神经纤维缝合、再生方面，其技术水平已达到国际领先水平。②中枢神经纤维再生：中枢神经纤维再生远比周围神经纤维再生困难，这是由于中枢神经纤维外表既无基膜包绕，又无神经膜细胞索的诱导。受损时，神经纤维断端处的星形胶质细胞增生肥大，形成致密的胶质瘢痕，绝大多数新生的轴突枝芽不能穿越胶质瘢痕。即使穿越，因无诱导物的诱导，也不能到达既往分布的目的地而无法恢复功能。故中枢神经纤维受损造成的脑、脊髓功能丧失时间较长，有的甚至伴随终生。

近年来人们已发现神经营养因子在神经再生中的作用，以及开展中枢神经内的移植实验研究，以改善和促进中枢神经纤维的再生。这些研究成果对中枢神经的创伤修复及再生都将具有重要的价值。

（李中华）

第六章

神经系统

神经系统主要由神经组织构成，是人体结构和功能最复杂的系统，调节和控制其他各系统的功能活动，使机体成为一个完整的统一体。神经系统包括中枢神经系统和周围神经系统。前者包括脑和脊髓，后者包括脑神经、脊神经、自主神经和脑神经节、脊神经节、自主神经节。在中枢神经系统内，神经元胞体和树突集中的区域，色泽灰暗，称为**灰质**（gray matter），大、小脑的灰质，又称皮质；神经纤维集中的区域，色泽苍白，称为**白质**（white matter）。白质内有散在分布的灰质团块结构，称神经核。周围神经系统内神经元胞体集中的区域，称神经节。

一、周围神经系统

周围神经系统包括周围神经和相应的神经节。周围神经是由大量的神经纤维集合在一起，外面包裹结缔组织构成。神经节分为脑神经节、脊神经节和自主神经节，神经节一般为卵圆形，外面包裹结缔组织被膜。神经节中的神经元称节细胞，其胞体被一层卫星细胞包裹。

（一）脊神经和脊神经节

脊神经共 31 对，每对脊神经借前根连于脊髓前外侧沟，借后根连于脊髓后外侧沟。前、后根均由许多根丝构成，一般前根属运动性而后根属感觉性，两者在椎间孔处合成一条脊神经，它既含感觉纤维又含运动纤维，为混合性神经。

脊神经后根在椎间孔附近有椭圆形的膨大，称脊神经节，属感觉神经节（图 6-1）。神经节内的神经元为假单极神经元，胞体呈圆形或卵圆形，大小不等，核呈圆形，位于胞体中央，核仁明显。胞质内的尼氏体细小分散。从胞体发出一个突起，其根部在胞体附近盘曲，然后呈“T”形分支，一支为中枢突，走向中枢；另一支为周围突，经脊神经分布到机体其他器官，终末形成感受器。神经元胞体及其附近盘曲的胞突外面有卫星细胞包裹（图 6-1）。脊神经节内的神经纤维大部分是有髓神经纤维，成束状穿行于节细胞之间。

（二）脑神经和脑神经节

脑神经共 12 对，它将脑与各部感受器和效应器联系起来，脑神经纤维成分较脊神经复杂。脑神经节分布于某些脑神经干上，其形状不定，属感觉神经节，除Ⅷ脑神经节（螺旋节和前庭节）含双极的感觉神经元外，其余由假单极神经元组成，结构似脊神经节。

（三）自主神经和自主神经节

自主神经系统可分为中枢部和周围部。中枢部在脑和脊髓，周围部包括内脏运动神经和内脏感觉神经，内脏运动神经包括交感和副交感神经两种纤维。内脏运动神经主要分布于平滑肌、心肌和腺体，一般不直接受意识的支配，多数器官同时接受交感和副交感神经的双重支配；自主神经分节前神经元和节后神经元。

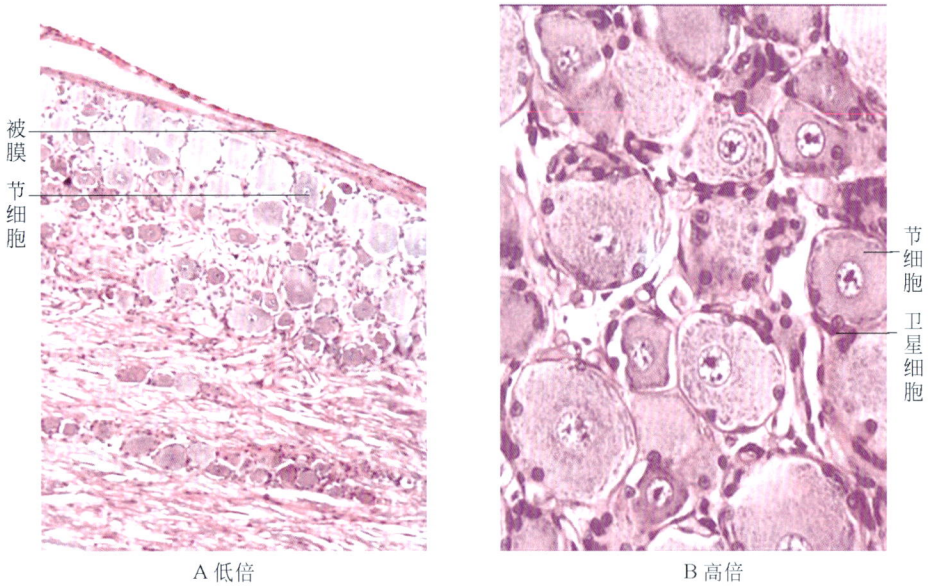

被膜
节细胞

节细胞
卫星细胞

A 低倍　　　　　　　　　　　　　B 高倍

图 6-1　脊神经节光镜像

　　自主神经节按形态功能和药理特点，可分为交感神经节和副交感神经节。交感神经节位于脊柱两旁及前方，节细胞大部分为肾上腺素能神经元。副交感神经节位于器官旁或器官内，节细胞一般属胆碱能神经元。自主神经节中的节细胞主要是自主神经系统的节后神经元，属多极运动神经元，细胞核常偏位，胞质内有分布均匀的细颗粒状尼氏体，胞体外有卫星细胞附着，分散在神经纤维之间（图 6-2）。节内神经纤维有节前纤维和节后纤维之分，主要为无髓神经纤维。节前纤维与节细胞的胞体或树突形成突触；节后纤维则离开神经节，其末梢即内脏运动神经末梢，支配平滑肌、心肌和腺体的活动。

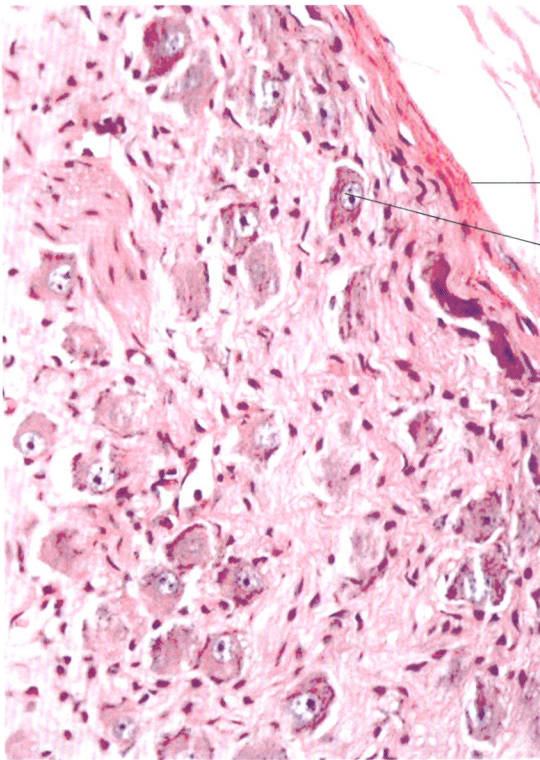

被膜
节细胞

图 6-2　交感神经节光镜像（高倍）

二、中枢神经系统

　　中枢神经系统由脑和脊髓组成，它们的实质可分为灰质和白质两部分。

（一）脊髓

脊髓（spinal cord）位于椎管内，呈扁圆柱形，周边为白质，中央为灰质。其功能主要是传导上、下行神经冲动和进行反射活动。

1. 脊髓灰质　灰质位于脊髓中央，是脊髓功能活动的重要场所。观察脊髓横断面可见，灰质呈"H"形，腹侧粗短的为前角，背侧细窄的为后角（图6-3），胸1～腰3节段的脊髓前角和后角之间还可见侧角。

（1）前角：主要为躯体运动神经元，属于多极神经元。体积大小不一，核大而圆，位于中央，核仁明显，胞质内的尼氏体呈粗块状。大的称α运动神经元，轴突较粗，分布到骨骼肌的梭外肌，支配骨骼肌运动；小的称γ运动神经元，轴突较细，支配肌梭内的肌纤维，调节肌张力。另有一种短轴突的抑制性中间神经元，体积较小，称**闰绍细胞**（Renshaw cell），其轴突与α运动神经元的胞体形成突触，可通过释放甘氨酸，反馈抑制α运动神经元的活动，构成一个环路。

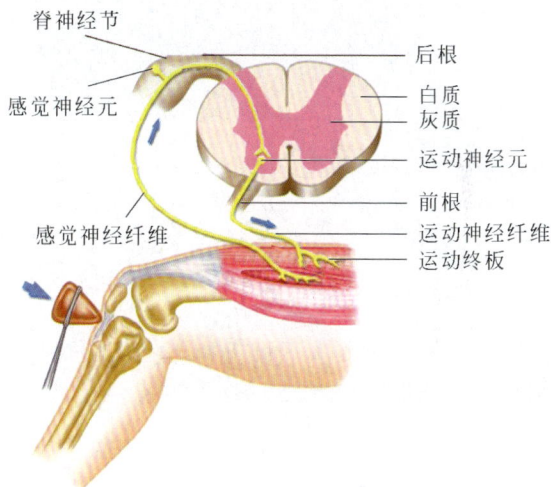

图6-3　脊髓和脊神经模式图

（2）后角：后角内的神经元类型较复杂，细胞一般较小，主要接受后根感觉神经元的中枢突传入的神经冲动。有些神经元发出长轴突进入白质，形成投射纤维束，上行到丘脑、脑干和小脑，这些神经元称**束细胞**（tract cell）或投射神经元。

（3）侧角：主要见于胸腰段脊髓，内有内脏运动神经元，其轴突组成交感神经的节前纤维，终止于交感神经节，与节内神经元形成突触。

此外，脊髓灰质内还有许多中间神经元，其轴突长短不一，与前角和后角内的神经元建立广泛的联系，形成复杂的神经微环路。

2. 脊髓白质　白质位于灰质的外围，借脊髓表面的纵沟，由前向后分为前索、后索和侧索。各索内均由上、下行神经纤维束构成。神经纤维粗细不等，大多是有髓神经纤维，纤维束是由胞体位于白质以外的多种神经元发出的突起共同构成，主要联络高级中枢与身体各部的神经信息。

3. 中央管与室管膜　**中央管**（central canal）位于灰质中央，管腔内表面有室管膜覆盖。

（二）小脑皮质

小脑表面有许多平行的浅沟，将小脑分隔为许多横行的小叶片，每个叶片的结构基本相似。叶片的表层为灰质，称小脑皮质，皮质之下为白质称小脑髓质。小脑的主要功能是调节肌张力，调整肌群的协调动作和维持身体平衡。

1. 小脑皮质的结构　小脑皮质从表及里呈现明显的3层，即分子层、浦肯野细胞层和颗粒层

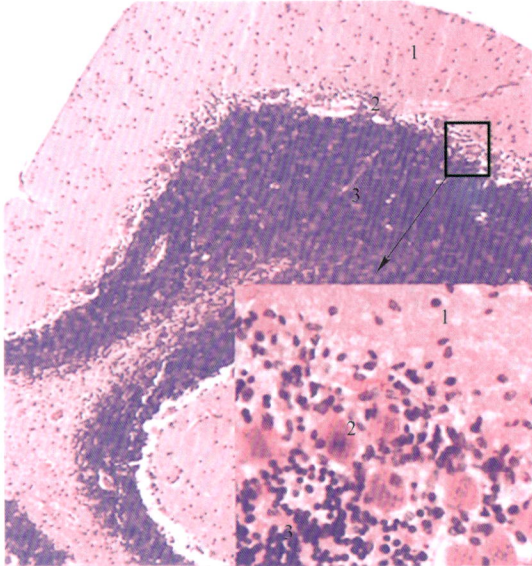

图6-4　小脑光镜像（低倍，右下角示高倍）
1. 分子层　2. 浦肯野细胞层　3. 颗粒层

（图6-4）。皮质内的神经元有5种：**浦肯野细胞**（Purkinje cell）、**颗粒细胞**（granule cell）、**星形细胞**（stellate cell）、**篮状细胞**（basket cell）和**高尔基细胞**（Golgi cell）（图6-5、6）。

（1）分子层：此层较厚，有大量浦肯野细胞的树突和颗粒细胞轴突的分支，神经元较少，主要为星形细胞和篮状细胞。星形细胞体积小，突起多，胞体分布于浅层，轴突较短，与浦肯野细胞形成突触。篮状细胞体积较大，分布于深层，轴突较长，其末端呈网状篮筐样结构包裹浦肯野细胞的胞体并与之形成突触。

（2）浦肯野细胞层：又称梨状神经元层，由一层排列规则的浦肯野细胞胞体组成。人小脑皮质约有1500万个浦肯野细胞，细胞体积很大，胞体呈梨形，发出

2~3条较粗的主树突伸向分子层，并反复分支形成扁薄的扇形结构铺展在与小脑叶片长轴垂直的平面上，细长的轴突自胞体底部发出，进入小脑髓质，大多终止于小脑内的神经核群，少数出小脑止于前庭核团。浦肯野细胞是小脑皮质的核心，是小脑皮质中唯一的传出神经元（图6-5）。

（3）颗粒层：由密集的颗粒细胞和苔藓纤维的终末以及高尔基细胞组成。颗粒细胞体积小，核大而明显，细胞质少，有4~5个短树突，末端分支如爪状，与苔藓纤维的终末形成突触，接受传入小脑的各类信息。轴突上行进入分子层后呈"T"形分支，与小脑叶片长轴平行，称平行纤维。大量平行纤维垂直穿过一排排浦肯野细胞的扇形树突，与其树突棘形成突触（图6-7）。高尔基细胞体积较大，树突分支较多，大部分伸入分子层与平行纤维接触。轴突与颗粒细胞的树突形成突触。

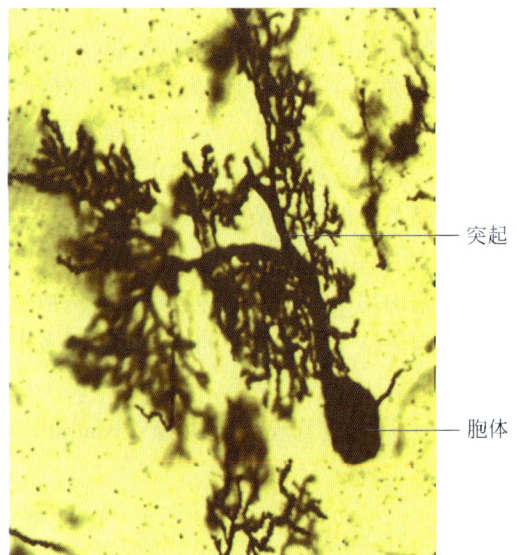

突起

胞体

图6-5　浦肯野细胞光镜像（镀银染色，高倍）

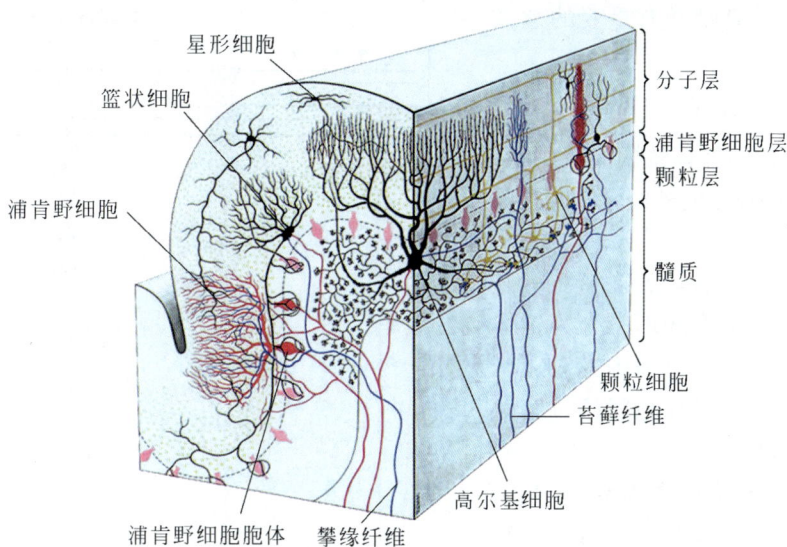

图6-6　小脑皮质结构示意图

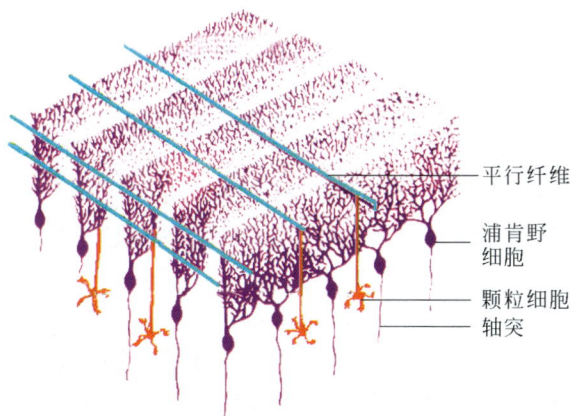

图6-7　小脑平行纤维与浦肯野细胞排列关系示意图

2. 小脑皮质的传入纤维　可分攀缘纤维、苔藓纤维和单胺能纤维三种，前两种纤维为兴奋性纤维，后者为抑制性纤维（图6-8）。

（1）攀缘纤维：**攀缘纤维**（climbing fiber）主要起源于延髓的下橄榄核，纤维较细，是浦肯野细胞特有的传入纤维，进入小脑皮质后攀附在浦肯野细胞的树突上形成突触，能直接引起浦肯野细胞兴奋。

（2）苔藓纤维：**苔藓纤维**（mossy fiber）主要起源于脊髓和脑干的神经核，纤维较粗，进入小脑皮质后末端分支呈苔藓状，与许多颗粒细胞的树突、高尔基细胞的轴突或近端树突形成复杂的突触群，形似小球，称**小脑小球**（cerebellar glomerulus）。一条苔藓纤维可兴奋许多个颗粒细胞，通过颗粒细胞的平行纤维又可间接兴奋更多的浦肯野细胞。

（3）单胺能纤维：**单胺能纤维**（monoaminergic fiber）起源于脑干的蓝斑核和中缝核。单胺能纤维自髓质进入皮质，散布于皮质各层，途中与浦肯野细胞胞体及树突形成突触，对浦肯野细胞有抑制作用。

3. 小脑皮质神经元之间的联系　小脑皮质的五种神经元中，浦肯野细胞是唯一的传出神经元，其他四种神经元均为中间神经元。它们在皮质内构成复杂的联系，最终对浦肯野细胞起兴奋或抑制作用，从而调节浦肯野细胞的活动。这对小脑精确调节不同部位肌肉的肌紧张或协调随意运动都具有重要的意义（图 6 - 8）。

（三）大脑皮质

大脑皮质是神经系统的高级中枢，主要由大量排列成层的神经元以及神经胶质细胞构成。

1. 大脑皮质的神经元类型　大脑皮质的神经元按细胞的形态分为锥体细胞、颗粒细胞、梭形细胞三种，均属多极神经元，各层细胞间通过突触而形成复杂的联系。

（1）锥体细胞：**锥体细胞**（pyramidal cell）是大脑皮质内的主要投射神经元，数量较多，可分大、中、小三型（图 6 - 9）。胞体呈锥形，树突有两种，一种较粗，从胞体尖端发出伸向皮质表面，沿途发出许多小分支。另一种是从胞体向四周发出的一些水平走向的树突。胞体底部发出一条轴突，短者局限于皮质，长者可进

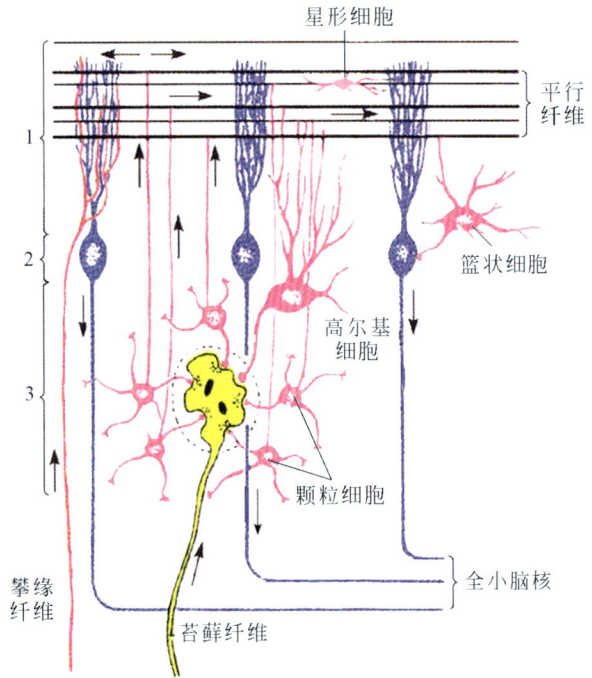

图 6 - 8　小脑皮质神经元与传入纤维关系示意图
1. 分子层　2. 浦肯野细胞层　3. 颗粒层
（虚线范围代表一个小脑小球）

入髓质并组成下行至脊髓或脑干的投射纤维或到达另一皮质区的联合纤维。

（2）颗粒细胞：**颗粒细胞**（granule cell）数量最多，散在分布于皮质。细胞体较小，呈颗粒状，树突多，树突棘丰富，轴突较短，与邻近的神经元形成突触，构成皮质内信息上下传递的通路，是大脑皮质主要的中间神经元。依据形态的不同可分为星形细胞、**水平细胞**（horizontal cell）和篮状细胞等几种类型（图 6 - 9）。星形细胞最多，其轴突一般很短，与邻近的锥体细胞或梭形细胞形成突触，少数较长的轴突上行到皮质表面，与锥体细胞或水平细胞联系，构成皮质内信息传递的复杂局部微环路。水平细胞仅见于皮质浅层，其轴突较长，与锥体细胞形成突触。篮状细胞轴突较短，其末梢呈篮状，与邻近锥体细胞形成突触。

（3）梭形细胞：**梭形细胞**（fusiform cell）数量少，分布在皮质深层（图 6 - 9），胞体呈梭形，从胞体上下两端发出树突，上端树突可达到皮质表面。轴突向下延伸进入髓质，组成投射纤维或联合纤维。

2. 大脑皮质的分层　大脑皮质中的神经细胞是以分层方式排列。新皮质一般分为 6 层，各层之间无明显分界，皮质各区稍有差别，从表层到深层依次分为以下 6 层结构（图 6 - 9、10）。

（1）分子层：**分子层**（molecular layer）较薄，神经细胞小而少，主要是水平细胞和星形细胞，还有许多与皮质表面平行的神经纤维。

（2）外颗粒层：**外颗粒层**（external granular layer）主要由颗粒细胞的胞体排列紧密而

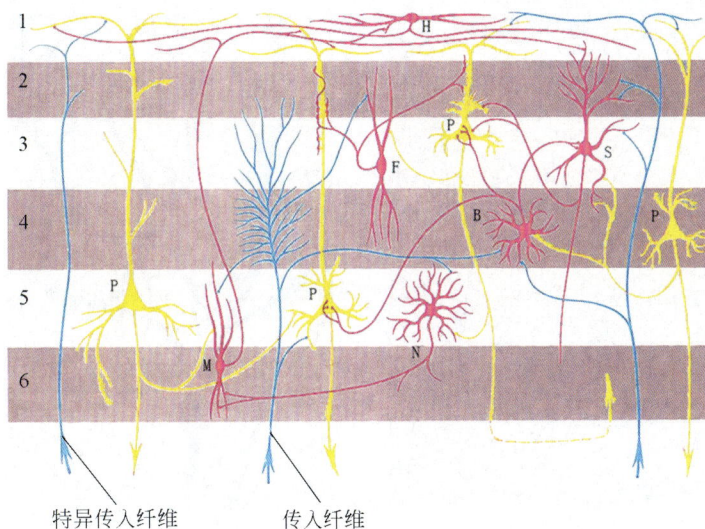

图 6-9　大脑皮质神经元种类及分布示意图

1. 分子层　2. 外颗粒层　3. 外锥体细胞层　4. 内颗粒层　5. 内锥体细胞层　6. 多形细胞层
蓝色示传入纤维　黄色示传出神经元　红色示皮质固有神经元
P：锥体细胞　M：上行轴突细胞　H：水平细胞　N：神经胶质样细胞
B：篮状细胞　S：星形细胞　F：梭形细胞

得名，也有少量小锥体细胞。此层内的神经纤维较少。

（3）外锥体细胞层：**外锥体细胞层**（external pyramidal layer）较厚，主要由中、小型锥体细胞和星形细胞组成，以中型锥体细胞占多数。它们的树突伸至分子层，轴突组成联合传出纤维。

（4）内颗粒层：**内颗粒层**（internal granular layer）主要由密集排列的颗粒细胞组成，其胞体和突起限于本层或皮质以内，也有少量小锥体细胞。此层在各区的厚度变化最大，如运动皮质缺乏此层，而感觉皮质和视区皮质则较发达。

（5）内锥体细胞层：**内锥体细胞层**（inter pyramidal layer）主要由大、中型锥体细胞组成（图 6-11）。在中央前回运动区，此层有巨大锥体细胞，称 Betz 细胞。此层锥体细胞的树突伸至分子层，轴突下行到脑干和脊髓组成投射纤维，所有轴突均可发出侧支或返回支到达皮质浅层。

（6）多形细胞层：**多形细胞层**（polymorphic layer）细胞大小不一，以梭形细胞为主，还有锥体细胞和颗粒细胞。梭形细胞的排列与表面相垂直。

3. 大脑皮质神经元之间的联系　大脑皮质内

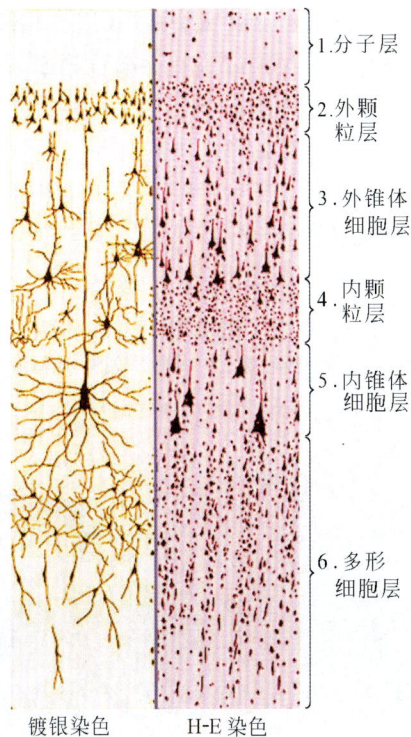

镀银染色　　H-E 染色

图 6-10　大脑皮质结构示意图

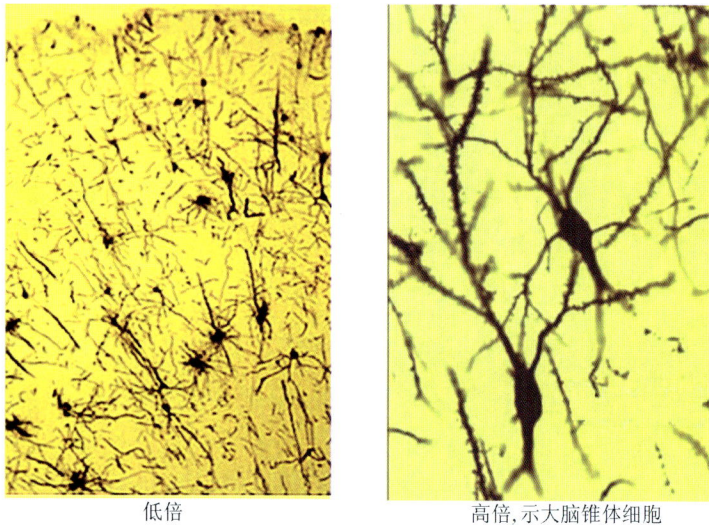

低倍   高倍,示大脑锥体细胞

图6-11 大脑皮质光镜像（镀银染色）

的神经元分为传出神经元和中间神经元两类。传出神经元主要是锥体细胞和梭形细胞。中间神经元包括篮状细胞、水平细胞、星形细胞等。大脑皮质的1～4层主要接受传入信息。来自丘脑的各种感觉传入纤维主要进入第4层与星形细胞形成突触。其突触又与其他的细胞形成广泛的联系，从而对传入皮质的各种信息加以分析并作出反应。起自大脑半球同侧或对侧的联合传出纤维则进入第2、3层，与锥体细胞形成突触。大脑皮质的传出纤维有投射纤维和联合纤维。投射纤维主要起自第5层的锥体细胞和第6层的大梭形细胞，下行至脑干及脊髓。联合纤维起自第3、5、6层的锥体细胞和梭形细胞，分布于皮质同侧及对侧脑区。皮质第2、3、4层的颗粒细胞与各层细胞相互联系，构成极其复杂的局部神经微环路，对各种信息进行分析、整合和贮存。在此过程中大脑产生高级神经活动，经锥体细胞传出，产生相应的反应（图6-9）。

（四）脑脊膜和脉络丛

1. 脑脊膜 **脑脊膜**（meninges）是包裹在脑和脊髓表面的结缔组织膜。由外向内分为硬膜、蛛网膜和软膜三层（图6-12），具有营养、保护和支持脑与脊髓的作用。

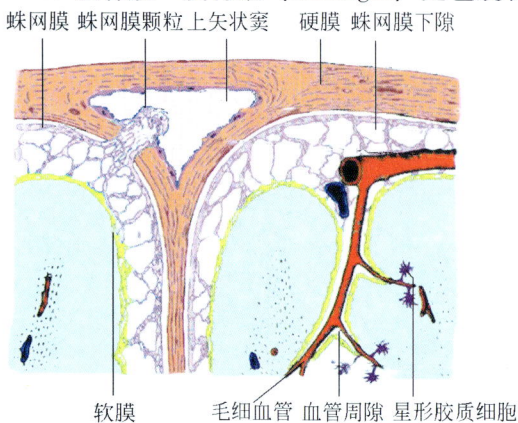

蛛网膜 蛛网膜颗粒 上矢状窦   硬膜 蛛网膜下隙

软膜   毛细血管 血管周隙 星形胶质细胞

图6-12 大脑冠状切面结构模式图

（1）硬膜：**硬膜**（dura mater）为一层厚而致密的结缔组织膜，缺乏弹性。其内表面覆有间皮。覆盖大脑表面的硬膜为硬脑膜，围绕脊髓的为硬脊膜，两者在枕骨大孔处相续。硬脑膜由两层组成，外层富于血管和神经，内层较薄，朝向蛛网膜的面衬有扁平上皮。某些部位硬脑膜的两层之间留有腔隙，形成硬脑膜窦，如矢状窦、横窦、乙状窦、海绵窦等，脑的静脉血汇入窦内。硬脊膜主

要由致密的胶原纤维构成，厚而坚韧。

（2）蛛网膜：**蛛网膜**（arachnoid）由薄层透明的疏松结缔组织构成，结缔组织形成许多小梁与软膜相连，小梁在蛛网膜下腔内分支形成蛛网状结构。蛛网膜内、外表面及小梁表面均被覆有单层扁平上皮。它与软膜之间有一宽阔的腔隙，称蛛网膜下腔，内含脑脊液。上矢状窦两侧的蛛网膜形成许多绒毛状的突起突入窦内，称蛛网膜粒。脑脊液由此进入窦内，回流入静脉。

（3）软膜：**软膜**（pia mater）为薄而柔软富含血管的疏松结缔组织，紧贴于脑和脊髓表面，可供应脑和脊髓的营养。

2. 脉络丛与脑脊液 **脉络丛**（choroid plexus）是由第三、四脑室顶和部分侧脑室壁的软膜与室管膜直接相贴并突入脑室而形成的皱襞状结构。室管膜细胞分化成为有分泌功能的脉络丛上皮（图6-13）。脉络丛上皮由一层立方形或矮柱状细胞组成。脉络丛主要功能是分**泌脑脊液**（cerebrospinal fluid）。成人脑脊液约100~150ml，充满脑室、脊髓中央管、蛛网膜下腔和血管周隙，通过蛛网膜粒进入血液，形成脑脊液循环。脑脊液具有营养和保护脑与脊髓的作用，还是脑和血液之间进行物质交换的中介。

脉络丛上皮和脉络丛毛细血管内皮共同构成**血-脑脊液屏障**（blood-CSF barrier，BCB），可以选择性地阻止某些物质由血液进入脑脊液，使脑脊液保持稳定的成分。脑脊液的检查对中枢神经系统疾病诊断和预后都有很重要的意义，尤其是脑脊液活性物质的测定，对老年痴呆和舞蹈病等都有重要的应用价值。

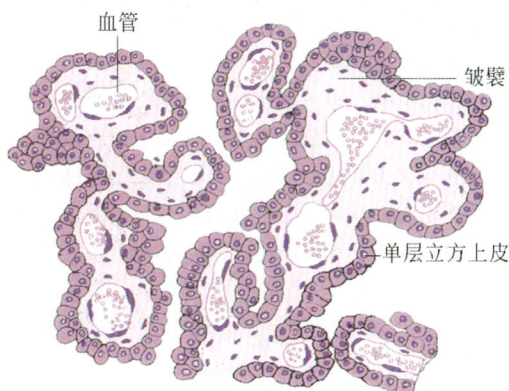

图6-13 脉络丛结构模式图

三、神经干细胞的概念与研究现状

人们一直认为，成熟的神经元是高度分化的细胞，出生后的神经元数量不再增加，成体脑内没有神经干细胞。1980年Aguayo等提出中枢神经的轴突能再生并能伸入连接脑和脊髓的移植物中以来，许多科学家不断地探索，进行了大量的研究，发现神经干细胞不仅存在于发育中的哺乳动物脑中，在成年人脑组织中也存在着具有多种潜能的神经干细胞，它们具有类似于皮肤和造血干细胞的功能。

（一）神经干细胞的概念

神经干细胞（neural stem cells，NSCs）是指一种能发育成神经组织的、未分化的、具有自我更新能力及多向分化潜能特性的细胞。神经干细胞有以下特点：具有增殖能力；在整个生命过程中能自我维持或自我更新；能通过扩增祖细胞而产生大量的子代细胞；具有向多细胞系分化的能力；损伤或疾病能刺激干细胞的分化。

（二）神经干细胞研究现状

神经干细胞的来源有多种途径，主要从以下途径获得：①来源于神经组织，目前从哺乳动物胚胎期的大部分脑区、成年期的脑室下区、海马齿状回的颗粒下层、脊髓等部位均成功分离出神经干细胞。②来源于胚胎干细胞（embryonic stem cells，ESCs）、胚胎生殖细胞（embryonic germ cells，EGCs）等细胞的定向诱导分化，但因伦理道德、潜在的致瘤性、组织相容性等问题使其应用受到一定的限制。③来源于血液系统的骨髓间充质干细胞（bone marrow mesenchymal stem cells，MSCs），其不但可以分化成中胚层的各种细胞，而且可以分化成神经干细胞。此外，由于其容易获取，并可在体外大量扩增，又避免了胚胎干细胞引发的伦理道德问题，因此成为当前的研究热点。

尽管成年脑内存在神经干细胞，但在神经系统病损后难以通过自身修复来恢复结构和功能，长期以来人们一直在探索通过细胞移植来修复病损的神经组织。神经干细胞在细胞移植、基因治疗以及作为组织工程的种子细胞在治疗神经系统退行性疾病和中枢神经系统损伤中表现出极大的优势。其可以定向分化成神经元、神经胶质细胞，并分泌神经营养因子，不但改善了病变周围的微环境，而且在一定程度上起到了细胞替代作用。同时，移植的神经干细胞具有迁移能力，能远距离弥散到病变部位，并且能够转染外源基因而不影响其生物学性质，并能整合于宿主组织，排斥反应一般较小。国内外研究人员利用神经干细胞对很多疾病治疗进行了研究，在鼠类和灵长类动物模型已积累了治疗中枢神经系统疾病的大量经验。主要有：①神经系统退行性疾病，如帕金森病、阿尔茨海默病；②遗传性神经疾病，包括舞蹈病、尼曼匹克病；③脑血管疾病；④神经系统损伤性疾病；⑤神经系统肿瘤；⑥其他疾病，如多发性硬化症等。国外已经有人利用骨髓间充质干细胞和嗅鞘细胞进行神经系统疾病治疗的临床试验。将组织工程和神经干细胞相结合也是很有前景的研究方向，神经干细胞可以作为种子细胞在生物支架上分化、增殖、生长，在恢复视神经功能的研究方面已经取得了良好效果。脊髓损伤也可以通过这种方法去解决胶质瘢痕的抑制作用并促进神经轴突的再生。相信随着研究的不断深入，神经干细胞在未来的生物科学领域将发挥巨大的作用。

（刘建春）

视窗

神经系统变性疾病——AD与PD

阿尔茨海默病（AD）、帕金森病（PD）等均为常见的神经系统变性疾病。起病隐袭，临床症状持续、缓慢进展，出现特定部位的神经细胞萎缩或消失、星形胶质细胞增生肥大。

睿智的前美国总统里根晚年患有AD。AD是原因不明的老年病，是痴呆最常见的病因，其发病率随年龄而增高。老年斑、神经原纤维缠结、海马锥体细胞空泡变性和广泛的神经元缺失为AD的三大特征。患者脑回变窄，呈弥漫性脑萎缩，尤以海马明显；智能进行性衰退而无缓解，多伴有人格改变。显微镜下可见广泛的神经元缺失，轴索和突触异常等。

PD又称震颤麻痹，为中老年人常见的运动障碍疾病，感觉及小脑功能不受影响。以黑质多巴胺能神经元变性缺失及路易小体形成为病理特征。临床表现为静止性震颤，运动迟缓，肌强直和姿势步态异常等。60岁以上发病明显增多，提示PD发病与年龄老化有关。多巴胺（DA）和乙酰胆碱（Ach）是功能相互拮抗的两种重要的神经递质。随着年龄的增长，黑质DA能神经元数目逐渐减少，纹状体内DA递质逐渐下降，当其含量显著下降（＞80%）时，可造成Ach系统功能相对亢进，导致肌张力增高，运动减少等临床表现。晚期出现智能减退，行为情感异常，语言错乱等高级神经活动障碍的现象。希特勒即患有此病。

第七章
循环系统

　　循环系统是一个连续而封闭的管道系统，包括心血管系统和淋巴管系统两部分。心血管系统由心脏、动脉、毛细血管和静脉组成。心脏是输送血液的动力器官"泵"，它推动着血液在心血管系统中周而复始地流动。淋巴管系统由毛细淋巴管、淋巴管和淋巴导管组成，管道内流动着的淋巴，经淋巴导管注入血液循环，为单向循环。

一、血管

（一）血管壁的基本结构

　　除毛细血管外，血管的管壁从管腔腔面向外依次分为三层，即内膜、中膜和外膜。

　　1. 内膜　最薄，**内膜**（tunica intima）包括内皮、内皮下层和内弹性膜。

　　（1）内皮：为衬贴于心血管腔面的单层扁平上皮。光镜下，内皮细胞的长轴多与血液流动的方向一致，除有核的部位略凸向腔面外，其余部分很薄，其基底面附着于基膜上。电镜下，内皮细胞腔面有稀疏不等的胞质突起，相邻细胞间有紧密连接和缝隙连接。细胞质中含有丰富的吞饮小泡又称质膜小泡，起运输作用。还有一种外包单位膜的杆状小体，称**W－P小体**（Weibel－Palade body）（图7－1）。W－P小体是内皮细胞特有的结构，通常离心脏愈近的血管，其内皮细胞内W－P小体愈多，肺循环血管内皮细胞W－P小体多于体循环。一般认为它可合成和贮存**第Ⅷ因子相关抗原**（FⅧRAg），与凝血有关。内皮细胞和基膜构成了通透性屏障，可选择性地使液体、气体和大分子物质透过。

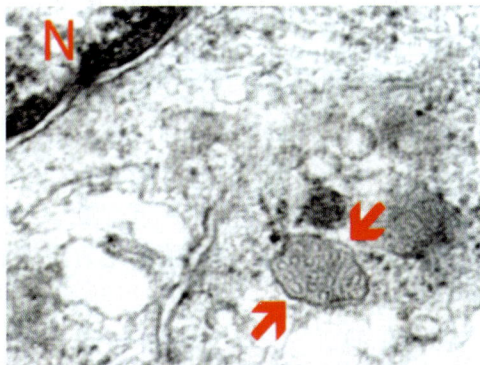

图7－1　W－P小体电镜像

　　血管内皮细胞能合成和分泌多种生物活性物质，除上述FⅧ外，还有内皮素，又称内皮细胞收缩因子，有强烈的缩血管作用，而内皮舒张因子与内皮素作用相反。

　　（2）内皮下层：**内皮下层**（subendothelial layer）主要由薄层结缔组织构成，内含少量胶原纤维、弹性纤维。

　　（3）内弹性膜：由弹性蛋白组成的**内弹性膜**（internal elastic membrane），膜上有许多小孔。血管的横断面上，内弹性膜呈波浪状，是由于收缩所致，它常作为动脉内膜和中膜的分界。

　　2. 中膜　**中膜**（tunica media）位于内膜和外膜之间，其构成成分和厚度在不同部位有明显差异。如小动脉与中动脉以平滑肌为主，中间有少量弹性纤维和胶原纤维；大动脉以弹性纤维为主。血管平滑肌可与内皮细胞形成肌内皮连接，从而接受血液或内皮细胞的化学信息。胶原纤维起维持张力的作用，弹性纤维可使扩张的血管回缩。

3. 外膜　**外膜**（tunica adventitia）主要由疏松结缔组织构成。其中含有血管、淋巴管、神经等。营养血管壁的血管叫做滋养血管。有些动脉的中膜和外膜的交界处还有弹性纤维组成的外弹性膜（图7-2）。

（二）毛细血管

毛细血管（capillary）是 Malpighi 于 1661 年发现的，它是微动脉的终末分支，是管径最细、管壁最薄、分布最广的血管，它们分支并互相吻合成网。各器官和组织中的毛细血管密度，往往反映该器官或组织的代谢率及氧的需要量。心、肺、肾等代谢旺盛的器官，毛细血管网分布较密集；骨、肌腱和韧带等代谢较低的组织或器官，毛细血管网稀疏。此外，同一器官在不同生理状态下，其毛细血管血流量也不尽相同。例如，肌肉在剧烈收缩时，血流量比静息时要大 35 倍。这是由于在静息状态下，肌肉毛细血管绝大部分处于闭锁状态，其管腔狭小，仅有少量血液通过。而在活跃收缩时，其毛细血管全部呈扩张状态，致使血流量大大增加。

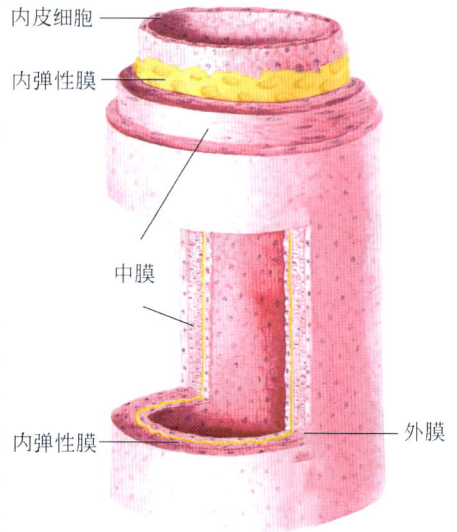

图 7-2　血管壁组织结构模式图

1. 毛细血管的结构　毛细血管管径一般为 6~8μm，血窦较大，直径可达 40μm。毛细血管管壁主要由一层内皮细胞和基膜组成。细的毛细血管横切面由一个内皮细胞围成，较粗的毛细血管由 2~3 个内皮细胞围成。内皮细胞的基膜只有基板。在内皮细胞与基膜之间散在有一种扁而有突起的细胞，细胞突起紧贴在内皮细胞基底面，称**周细胞**（pericyte）。在毛细血管受到损伤时，周细胞可增殖分化为内皮细胞和成纤维细胞，参与组织再生（图7-3、4）。

2. 毛细血管的分类　光镜下观察，各种组织和器官中的毛细血管结构都很相似。但在电镜下，根据内皮细胞等结构的不同，通常将毛细血管分为三类：连续毛细血管、有孔毛细

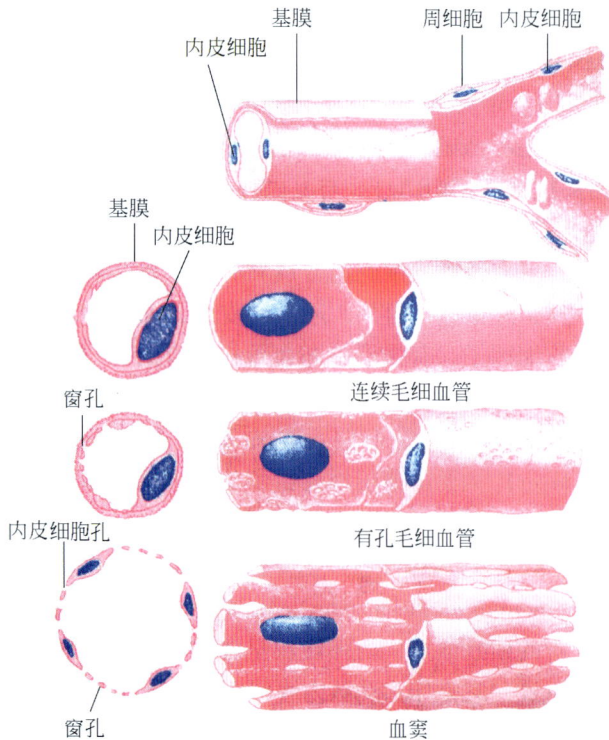

图 7-3　毛细血管结构模式图

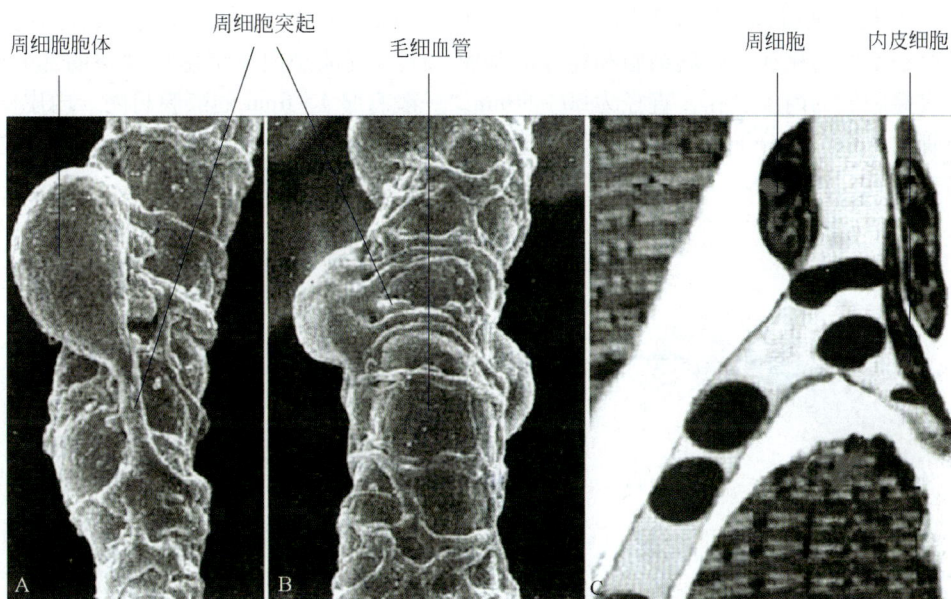

图 7-4 毛细血管电镜像 （A、B 扫描电镜像示周细胞 C 透射电镜像）

血管和血窦。

（1）连续毛细血管：**连续毛细血管**（continuous capillary）特点为内皮细胞相互连续，细胞间有紧密连接封闭了细胞间隙。基膜完整，胞质中有大量吞饮小泡。吞饮小泡直径 60～70nm，其在细胞游离面或基底面形成，然后转运到对侧细胞膜，以胞吐方式释放内容物。所以，连续毛细血管主要以吞饮小泡方式在血液和组织液之间进行物质交换。连续毛细血管分布于结缔组织、肌组织、中枢神经系统、胸腺和肺等处，参与了血-脑屏障等屏障性结构的组成（图 7-5）。

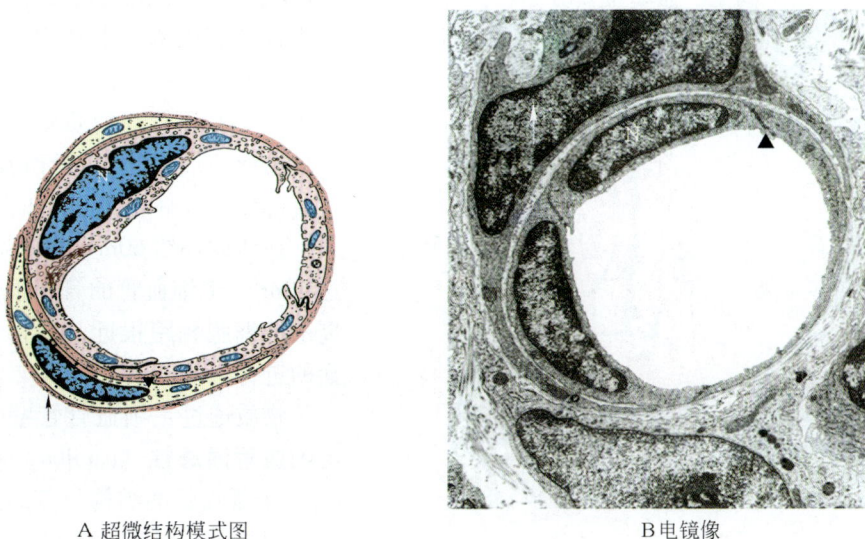

A 超微结构模式图   B 电镜像

图 7-5 连续毛细血管

N：内皮细胞核 ▲示紧密连接 ↑示周细胞

（2）有孔毛细血管：**有孔毛细血管**（fenestrated capillary）结构与连续毛细血管基本相同，具有一层紧密相连的内皮细胞和连续的基膜。主要特征是内皮细胞不含核的部分极薄，有许多贯穿胞质的内皮窗孔，直径为 $60 \sim 80nm$，一般有厚 $4 \sim 6nm$ 的隔膜封闭。内皮窗孔易化了血管内外中、小分子物质的交换。此型毛细血管主要存在于胃肠黏膜、某些内分泌腺和肾血管球等处（图 7 - 6）。

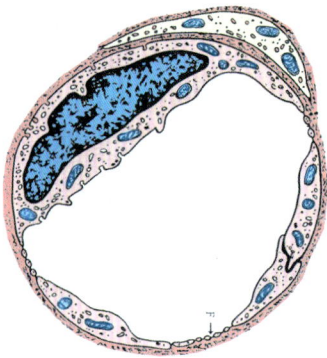

A　超微结构模式图

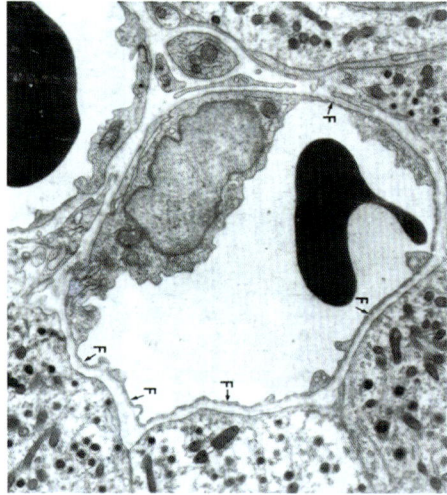

B　透射电镜像

图 7 - 6　有孔毛细血管

F：内皮窗孔

（3）血窦：**血窦**（sinusoid）也称窦状毛细血管，这种毛细血管与上述毛细血管不同，管径较宽，大小形状不规则，内皮细胞间有较大的间隙，直径可达数百纳米，基膜不连续或完全缺如，周细胞偶见。血窦主要分布在大分子物质交换旺盛的器官如肝脏，以及血细胞不断穿过（进出）血管壁的器官如肝、脾及骨髓等，并且不同器官内的血窦结构有较大差别（图7 - 7、8）。

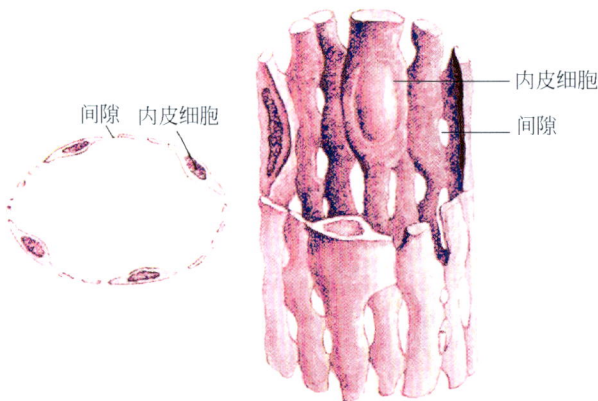

间隙　内皮细胞

内皮细胞

间隙

图 7 - 7　血窦超微结构模式图

3. 毛细血管与物质交换　毛细血管是血液与周围组织进行物质交换的主要部位。人体毛细血管的总面积很大，在体循环约 $60m^2$，而在肺循环可达 $40m^2$。毛细血管的管壁很薄，并与周围的细胞相距很近，有利于物质交换的进行。

物质透过毛细血管管壁的能力称**毛细血管通透性**（capillary permeability）。毛细血管的结构与其通透性的大小密切相关，如连续毛细血管主要以吞饮小泡方式在血液与组织间进行物质交换；有孔毛细血管的内皮窗孔有利于血管内外中、小分子物质的交换；而血窦内皮细胞之间较大的间隙，则有利于大分子物质或血细胞出入血液。

（三）动脉

动脉分为大动脉、中动脉、小动脉和微动脉四级，管径的大小和管壁的结构是渐变的，其间并无明显的分界。其管壁结构从腔面向外依次分为内膜、中膜和外膜。大动脉管壁中含有丰富的

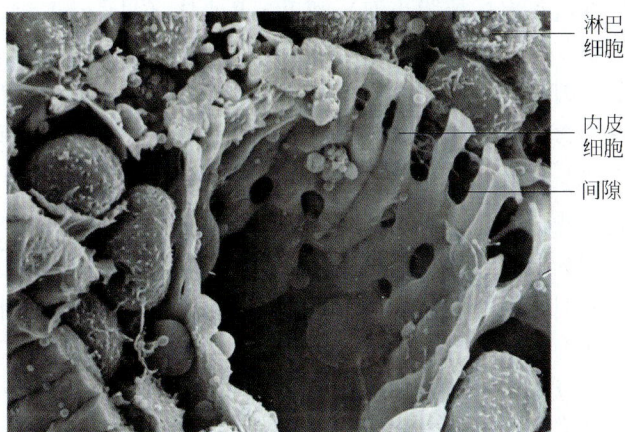

淋巴细胞
内皮细胞
间隙

图7-8 血窦电镜像

弹性纤维，具有较大的弹性，心脏收缩时，其管壁扩张，而心脏舒张时，其管壁回缩，维持血液匀速、持续地流动。中动脉管壁平滑肌发达，平滑肌的收缩和舒张使血管管径缩小或扩大，调节分配到身体各部和各器官的血流量。小动脉和微动脉的收缩或舒张，能显著地调节器官和组织内的血流量，同时对维持正常血压有重要作用。其中，以中动脉管壁的三层结构最为典型。

1. 中动脉　除大动脉以外，凡在解剖学上命名的、管径大于1mm的动脉大都属于中动脉，又称**肌性动脉**（muscular artery）。结构如下（图7-9）：

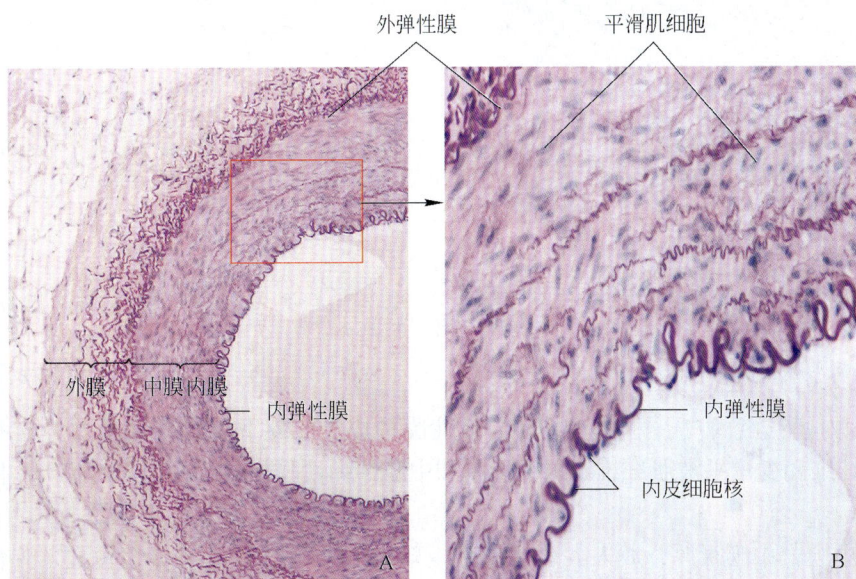

外弹性膜　平滑肌细胞

外膜　中膜内膜
内弹性膜
内弹性膜
内皮细胞核

图7-9 中动脉光镜像（A低倍 B高倍）

（1）内膜：位于管壁的最内层，是三层膜中最薄的一层，由内皮、内皮下层和内弹性膜构成。①内皮：内皮细胞衬于血管的腔面，表面光滑，利于血液的流动。细胞质中含有丰

富的吞饮小泡（质膜小泡）和 W - P 小体（见前述）。②内皮下层：是位于内皮外的薄层结缔组织，内含少量胶原纤维、弹性纤维，有时有少量纵行平滑肌。在较小的中动脉中，此层很薄，因而与内皮相贴。③内弹性膜：位于内皮下层深面的由弹性蛋白形成的膜状结构，膜上有许多窗孔。H-E 染色示内弹性膜红染，横切面观呈明显的波纹状。

（2）中膜：中膜位于内膜和外膜之间，较厚，由 10 ~ 40 层环行平滑肌组成。平滑肌之间有一些弹性纤维和胶原纤维，一般无成纤维细胞。

（3）外膜：厚度与中膜相仿，由疏松结缔组织构成，除滋养血管外，还有较多神经纤维，它们伸入中膜平滑肌，调节血管的舒缩。中动脉的中膜和外膜交界处有外弹性膜，但一般不如内弹性膜明显。

2. 大动脉　大动脉结构特点是富有弹性膜和弹性纤维，故又称弹性动脉。弹性动脉的管径较大，将心脏搏出的血液输送到肌性动脉。其管壁结构特点如下（图 7 - 10）：

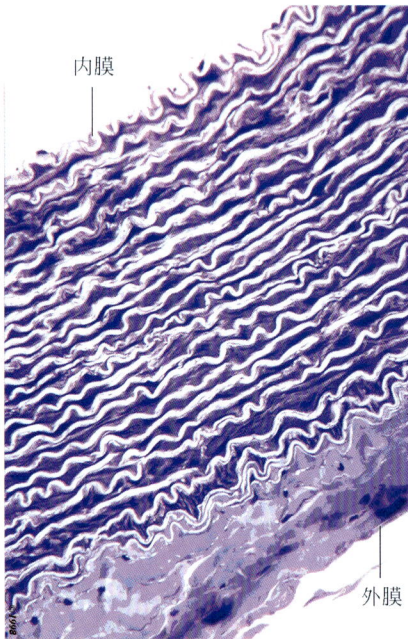

图 7 - 10　大动脉光镜像（特殊染色，示弹性纤维）

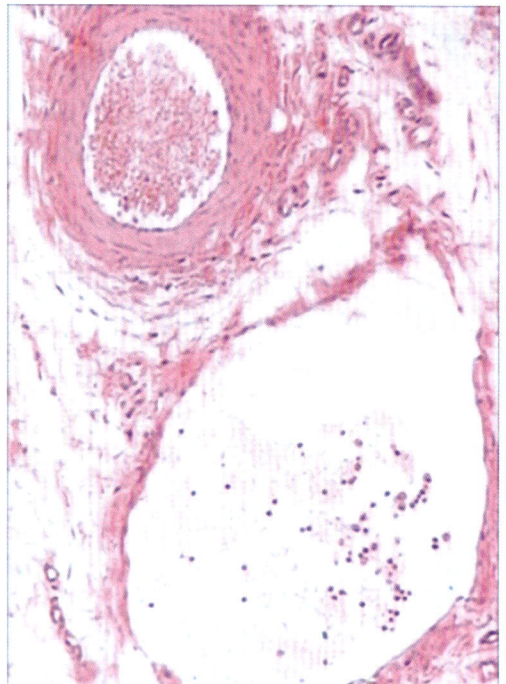

图 7 - 11　小动脉与小静脉光镜像（高倍）

（1）内膜：由内皮、内皮下层和内弹性膜构成。内皮下层较中动脉厚，含有胶原纤维、弹性纤维和少量平滑肌纤维。内弹性膜和中膜的弹性膜相连续，因而内膜与中膜分界不清。

（2）中膜：中膜很厚，成人大动脉有 40 ~ 70 层弹性膜，膜上有许多窗孔，弹性膜之间有环行平滑肌、少量胶原纤维和弹性纤维相连。基质的主要化学成分为硫酸软骨素。

（3）外膜：相对较薄，由疏松结缔组织构成，大部分为胶原纤维，少部分为弹性纤维，无明显的外弹性膜，内含滋养血管、淋巴管和神经及少量平滑肌纤维。

3. 小动脉　管径在 0.3 ~ 1mm 之间的动脉称小动脉，也属肌性动脉。较大的小动脉，内膜有明显的内弹性膜，中膜有几层平滑肌纤维，外膜厚度与中膜相近，结构与中动脉相似，但一般缺乏外弹性膜（图7－11）。

4. 微动脉　微动脉（arterole）管径在 $300\mu m$ 以下，是小动脉的分支。内膜中无内弹性膜，中膜仅有 1~2 层平滑肌纤维，外膜很薄（图7－12）。

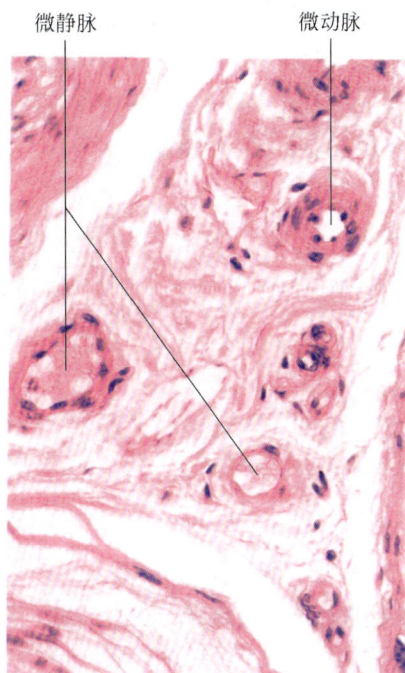

图7－12　微动脉、微静脉光镜像（高倍）

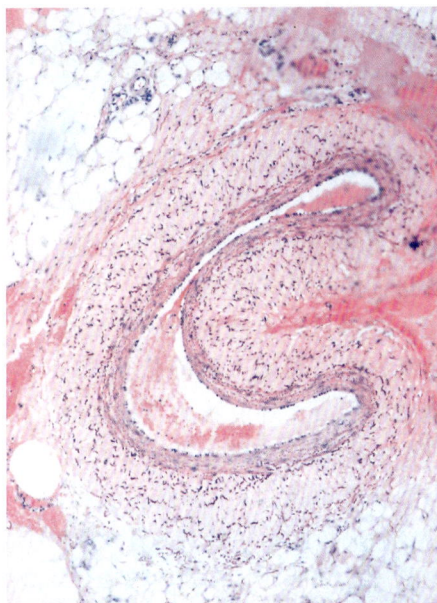

图7－13　中静脉光镜像（高倍）

（四）静脉

静脉由细至粗逐级汇合，管壁也逐渐增厚。依据管径大小，静脉可分为大静脉、中静脉、小静脉和微静脉。与同等大小的动脉相比，静脉数量多，管壁薄，管腔大而不规则（图7－11，12）。静脉管壁结构的变异比动脉大，甚至一条静脉的各段也常有较大的差别。静脉管壁也可分内膜、中膜和外膜三层，但三层界限不如动脉明显。静脉壁的平滑肌和弹性组织不及动脉丰富，结缔组织成分较多，故切片标本中的静脉管壁常呈塌陷状，管腔变扁或呈不规则形（图7－13）。

1. 微静脉　管腔不规则，管径 50~$200\mu m$，内皮外的平滑肌或有或无，外膜薄（图7－12）。紧接毛细血管的微静脉称毛细血管后微静脉，其管壁结构与毛细血管相似，但管径略粗；某些部位的内皮细胞间隙较大，故通透性也较大，有物质交换功能。

2. 小静脉　管径在 $200\mu m$~2mm，内皮外渐有一层较完整的平滑肌纤维。较大的小静脉的中膜有一至数层平滑肌纤维，外膜也逐渐变厚。

3. 中静脉　除大静脉以外，凡有解剖学名称的静脉都属中静脉。中静脉管径 2~10mm，内膜薄，内弹性膜不明显。中膜薄，环行平滑肌纤维分布稀疏。外膜比中膜厚，由结缔组织组成，没有外弹性膜，有的中静脉外膜可有纵行平滑肌束（图7－13）。

4. 大静脉   管径在 10mm 以上，内膜较薄，中膜不发达，为几层排列疏松的环行平滑肌纤维，有时甚至没有平滑肌。外膜则较厚，结缔组织内常有较多的纵行平滑肌束。

5. 静脉瓣   管径2mm 以上的静脉常有瓣膜。静脉瓣由内膜凸入管腔折叠形成，表面覆以内皮，中央为含弹性纤维的结缔组织。静脉瓣可防止血液倒流（图 7－14）。

（五）微循环

微循环（microcirculation）是微动脉和微静脉之间的血液循环通路，是心血管系统的终末部分。

组成微循环的血管是直径在 500μm 以下的细微血管，通称微血管系统。小动脉分支成为细小的微动脉，微动脉进而分支为真毛细血管，由此血液汇入微静脉。血液也能从微动脉经动静脉吻合直接流入微静脉，除短的动静脉吻合外，还有称为直捷通路的血管。它能比真毛细血管更为快捷地使血液从微动脉注入微静脉。因此，

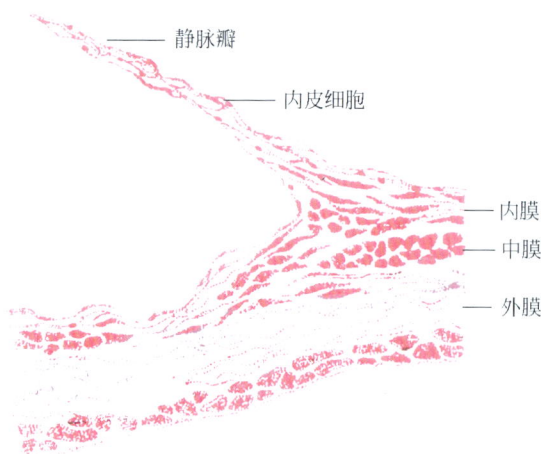

图 7－14   静脉瓣结构模式图

血液流经微循环的途径基本上有三条：①微动脉－真毛细血管－微静脉。②微动脉－直捷通路－微静脉。③微动脉－动静脉吻合－微静脉（图 7－15）。

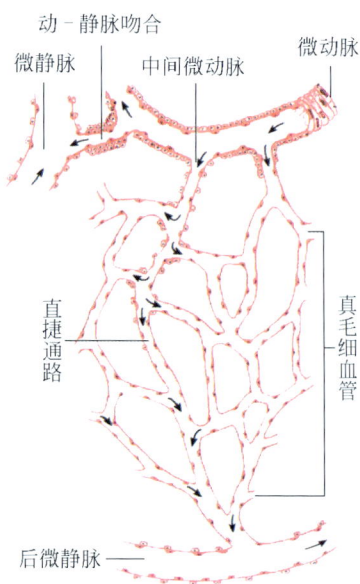

图 7－15   微循环示意图

1. 中间微动脉   **中间微动脉**（metarteriole）是微动脉的分支，为动脉系统的终末部分，其血流较真毛细血管快。由于其口径较细，红细胞流经此处常呈枪弹状变形。中间微动脉中膜平滑肌较稀疏且不连续，由中间微动脉分出许多毛细血管。

微动脉和中间微动脉是微循环的阻力血管，因为其平滑肌的收缩或舒张决定着外周阻力的大小和舒张压。因此，可把微动脉和中间微动脉看做是微循环的"总闸门"。

2. 真毛细血管   **真毛细血管**（true capillary）为中间微动脉分支，即通常所称的毛细血管，是血液与细胞间物质交换的主要场所。在多数组织内，从多条微动脉或中间微动脉分出真毛细血管，相互连通成毛细血管网，最后汇入多条或一条微静脉。由于真毛细血管是血液和细胞进行物质交换的主要场所，又由于真毛细血管的容量大，在真毛细血管的起始部，有平滑肌细胞围绕形成毛细血管前括约肌，对调节静脉回流具有一定作用，故有"分闸门"之称。

3. 直捷通路　**直捷通路**（thoroughfare channel）是中间微动脉的延伸部分，直接连通到微静脉。其管壁构造与毛细血管相同，只是管径较大。血液可由微动脉经中间微动脉和直捷通路直接进入微静脉，形成一条微动脉和微静脉直接贯通的"直路"，故经常处于开放状态。因路程较短，流速较快，很少与组织和细胞进行物质交换，它的主要功能是使一部分血液能迅速通过微循环，由静脉回流入心。静息状态时，大部分血流通过此通路回流入心，使血流不至于过多滞留于真毛细血管网内。直捷通路在骨骼肌等组织内较多见，而在某些区域如甲皱襞、皮肤等处则少见。

4. 动静脉吻合　在血流可发生很大变动的许多组织和器官内，微动脉可通过管径较大的**动静脉吻合**（arteriovenous anastomosis），直接与微静脉连通。人体各器官内基本上都有动静脉吻合，而以皮肤（尤其是指、趾尖皮肤）、肝（肝动脉和相伴行的门静脉间）、肺、脾、唇、鼻、小肠、甲状腺和勃起组织更为多见。

5. 微静脉　从真毛细血管到**微静脉**（venule）的过渡是逐渐的。与相伴行的微动脉相比，微静脉管壁较薄，管腔不规则或塌陷。

二、心脏

心脏主要由心壁、心腔及心脏传导系统组成。心壁很厚，主要由心肌构成；心壁内有特殊心肌纤维构成传导系统；心腔分为左右心房和左右心室四部分。心脏自主节律性收缩，赋予血液在血管中流动的能量。

（一）心壁的结构

心壁由心内膜、心肌膜和心外膜三层构成（图7-16）。

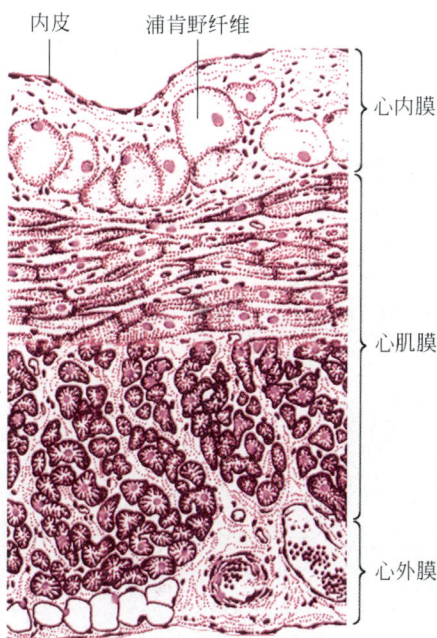

内皮　浦肯野纤维

心内膜

心肌膜

心外膜

图7-16　心壁结构模式图

1. 心内膜　**心内膜**（endocardium）由内皮、内皮下层和心内膜下层组成。内皮为单层扁平上皮，表面光滑，利于血液流动。内皮细胞除核所在部位略隆起，其余部分很薄。内皮下层由结缔组织构成，为细密的结缔组织，内有少量平滑肌纤维；外层称心内膜下层，为疏松结缔组织，含小血管和神经。在心室的心内膜下层中有心脏传导系统的分支——浦肯野纤维（图7-17）。

2. 心肌膜　**心肌膜**（myocardium）主要由心肌构成，在心房处较薄，左心室处最厚。心肌纤维呈螺旋状排列，大致可分为内纵、中环和外斜三层。心肌纤维多集合成束，其间有数量不等的结缔组织和极为丰富的毛细血管。在心房肌和心室肌之间，有由致密结缔组织组成的支架结构，称**心骨骼**（cardiac skeleton）。心房肌和心室肌分别附着于心骨骼，两部分心肌不连续。心房肌纤维比心室肌纤维短而细。电镜下，可见部分心房肌纤维含电子致

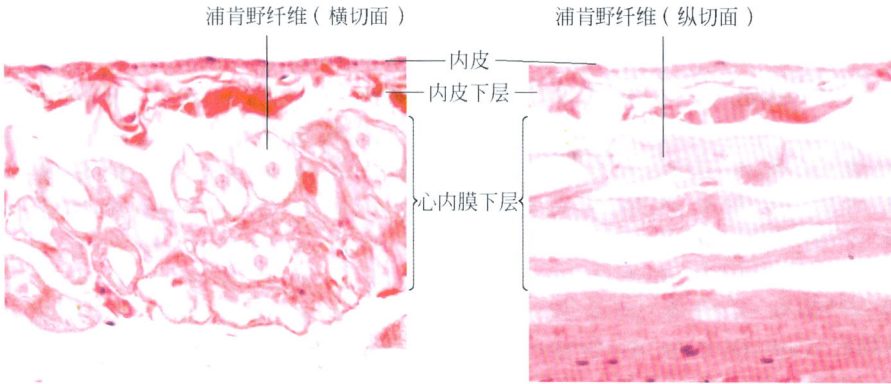

图 7 – 17   心内膜光镜像（高倍）

密的分泌颗粒，称心房特殊颗粒，内含心房钠尿肽（ANP），简称心钠素，具有很强的利尿、排钠、扩张血管和降低血压的作用。

3. 心外膜   心外膜（epicardium）即心包的脏层。其表面被覆一层间皮，深面为薄层疏松结缔组织，这样的结构称浆膜。心外膜中含有血管、神经，并常有脂肪组织。

4. 心瓣膜   心瓣膜（cardiac valve）位于房室孔和动脉口处，是心内膜向腔内凸起形成的薄片状结构。瓣膜表面为内皮，内部为致密结缔组织，并与心骨骼相连。心瓣膜的功能是在心房或心室收缩时防止血液逆流。

（二）心脏传导系统

心壁内有特殊心肌纤维组成的传导系统，包括窦房结、房室结、房室束、左右束支及其分支（图 7 – 18）。其功能是发生冲动并传导到心脏各部，使心房肌和心室肌按一定的节律收缩，保持心脏的自动节律性。窦房结是心脏的正常起搏点，位于上腔静脉与右心耳交界处的心外膜深部，其余的部分均分布在心内膜下层。传导系统的心肌纤维聚集成结或束，受交感、副交感和肽能神经纤维支配。组成心脏传导系统的细胞主要有三种。

1. 起搏细胞   起搏细胞（pacemaker cell）位于窦房结和房室结的中心部位，细胞较小，呈梭形或多边形，包埋在一团较致密的结缔组织中。胞质内细胞器较少，有少量肌原纤维，糖原较多。生理学研究证明，起搏细胞是心肌兴奋的起搏点。

2. 移行细胞   移行细胞（transitional cell）主要位于窦房结和房室结周边及房

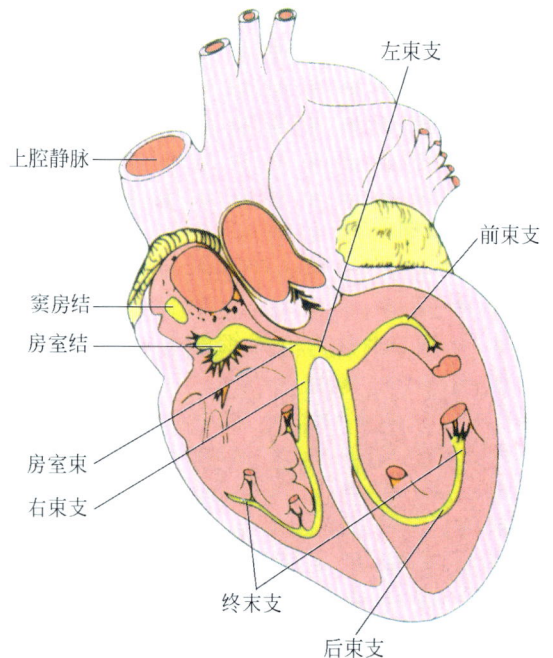

图 7 – 18   心脏传导系统结构模式图

室束，细胞结构介于起搏细胞和心肌纤维之间，比心肌纤维细而短，胞质内含肌原纤维较起搏细胞略多，起传导冲动的作用。

3. 浦肯野纤维 **浦肯野纤维**（Purkinje fiber）组成房室束及其分支，位于心室的心内膜下层。浦肯野纤维短而粗，形状常不规则，胞质中有丰富的线粒体和糖原，肌原纤维较少，细胞彼此间有较发达的缝隙连接。浦肯野纤维与心室肌纤维相连，能将冲动快速传递到心室各处，引发心室肌的同步收缩。

（三）淋巴管系统

人体内除神经组织、胸腺、软骨、骨髓、胎盘等处外，其他组织和器官大多都有淋巴管分布。淋巴管系统是输送淋巴的管道。从毛细血管渗出的组织液，一部分进入毛细血管从静脉回流，另一部分进入毛细淋巴管形成淋巴。由毛细淋巴管汇合成淋巴管，最后经胸导管和右淋巴导管导入静脉。

1. 毛细淋巴管 **毛细淋巴管**（lymphatic capillary）以盲端起始于组织内，与毛细血管相比，毛细淋巴管的结构特点是管腔大而不规则，管壁薄，仅由内皮和极薄的结缔组织构成，无周细胞。电镜下，毛细淋巴管内皮细胞间隙较宽，基膜不连续，故通透性大，大分子物质易进入。

2. 淋巴管 **淋巴管**（lymphatic vessel）包括粗细不等的各级分支，结构与静脉相似。但较小的淋巴管管壁缺乏神经支配。管壁由内皮、少量平滑肌和结缔组织构成，瓣膜较多。

3. 淋巴导管 **淋巴导管**（lymphatic duct）指胸导管和右淋巴导管。与大静脉相比，其结构特点是管壁薄，三层膜分界不明显，中膜平滑肌较发达，在内膜与中膜交界处，有类似内弹性膜的结构。外膜中含有纵行平滑肌束和胶原纤维及营养血管。

（张 雷）

视窗

最细小的"人造器官"

组织工程是新兴的热门学科，它将生命科学与工程学的原理和技术有机地融合在一起，模拟再造人体器官，以永久性替代病损的组织器官，达到功能重建。美国耶鲁大学的生物医学工程师创造出目前最细小的人造器官，一种可用于机体移植的最细小的血管。为毛细血管和其两侧极小的动、静脉的移植带来了希望，为治疗微循环障碍所导致的疾病带来了曙光。

研究人员首先创造出一种大孔水凝胶聚合物作为"微支架"，然后在凝胶支架上播种血管内皮细胞和神经干细胞，使它们一起生长融合为三维空间复合体（人造小血管）。最后，小血管沿着此支架生长，构成了小血管网，形成功能稳定的小血管循环系统。在动物实验测试中，研究者将此凝胶支架埋植在老鼠的皮下，6周后发现，新建血管存活了，而且与更大的血管连接在一起，凝胶支架也被机体降解并吸收，只留下新的血管网络。

第八章

免疫系统

免疫系统是人体内重要的防御系统，由淋巴器官、淋巴组织、免疫细胞和免疫活性分子构成。淋巴器官包括中枢淋巴器官（胸腺和骨髓）和外周淋巴器官（淋巴结、脾和扁桃体等）；淋巴组织是构成淋巴器官的主要组织成分，同时也广泛分布于消化、呼吸和生殖管道的黏膜等处；免疫细胞由淋巴细胞、抗原呈递细胞组成，广义上还包括血液中的有粒白细胞及结缔组织中的浆细胞和肥大细胞；免疫活性分子包括免疫球蛋白、补体和多种细胞因子等，主要由免疫细胞产生。以上成分虽分散于全身各处，但可通过血液循环和淋巴循环相互联系，形成一个功能整体。在免疫应答中起中心作用的是淋巴细胞。

免疫系统主要有三方面的功能：①免疫防御：识别和清除侵入机体的抗原，包括病原微生物、异体细胞和异体大分子；②免疫监视：识别和清除体内表面抗原发生变异的细胞，包括肿瘤细胞和病毒感染的细胞等；③免疫稳定：识别和清除体内衰老和死亡的细胞，维持机体内环境的稳定。

免疫系统在行使识别和清除抗原的过程中，免疫细胞的细胞膜表面有两类特殊成分起了重要的作用：①特异性抗原受体：位于 T 细胞和 B 细胞的表面，其种类可超过百万种，但每个细胞表面只有一种抗原受体。这样，作为个体，每个淋巴细胞只参与针对一种抗原的免疫应答；作为群体，淋巴细胞可以针对许多种类的抗原发生免疫反应。②**主要组织相容性复合分子**（major histocompatibility complex molecules），简称 MHC 分子。MHC 分子具有种属特异性和个体特异性，在不同个体的 MHC 分子具有一定的差异，但单卵孪生或同一个体所有细胞的 MHC 分子则是相同的，因此，MHC 分子已成为自身细胞的标记。MHC 分子可分为两类：即 MHC-Ⅰ类分子和 MHC-Ⅱ类分子，前者广泛分布于个体的所有细胞表面，而后者只分布于免疫系统的某些细胞表面，有利于细胞之间功能的相互协作。

一、免疫细胞

（一）淋巴细胞

淋巴细胞是构成免疫系统的主要细胞群体，是执行免疫功能的主要成员。淋巴细胞种类繁多，分工极细，具有不同分化阶段和功能表现。但各种淋巴细胞在光镜下形态相似，不易区分，只有用免疫细胞化学等方法才能予以鉴别。通常根据细胞的来源、免疫功能或细胞表面标志等的不同，将淋巴细胞分为三类。

1. T 细胞　由胸腺产生，又称**胸腺依赖淋巴细胞**（thymus dependent lymphocyte）。由 T 细胞参与的免疫称**细胞免疫**（cellular immunity）。T 细胞可分为三个亚群：①**细胞毒性 T 细胞**（cytotoxic T cell），简称 Tc 细胞，能直接杀伤肿瘤细胞、病毒感染细胞和异体细胞。当 Tc 细胞与靶细胞的抗原结合后，可释放穿孔素，使靶细胞膨胀破裂死亡。Tc 细胞还分泌颗粒酶，诱发靶细胞凋亡。②**辅助性 T 细胞**（helper T cell），简称 Th 细胞，能识别抗原，分泌多种淋巴因子。Th 细胞既能辅助 B 细胞增强体液免疫应答，又能辅助 Tc 细胞进行细胞免疫应答。艾滋病病毒可破坏 Th 细胞，导致患者的免疫系统瘫痪。③**调节性 T 细胞**（regulatory T cell），简称 Tr 细胞，通过减弱或抑制免疫应答，来阻止自身免疫性疾病的发生、维持自身免疫耐受功能。

2. B 细胞 由骨髓产生，又称**骨髓依赖淋巴细胞**（bone marrow dependent lymphocyte，B cell）。新形成的初始 B 细胞离开骨髓，无须抗原呈递细胞的介导，便可受抗原刺激增殖和分化，大部分形成效应 B 细胞，即浆细胞，分泌抗体，清除相应的抗原。由于 B 细胞分泌抗体进入体液，以抗体形式执行免疫功能，故 B 细胞介导的免疫称**体液免疫**（humoral immunity）。

3. 大颗粒淋巴细胞 由骨髓中淋巴干细胞分化而来，形似大淋巴细胞，胞质较多，在胞质内有许多大小不等的嗜天青颗粒，故而得名。大颗粒淋巴细胞包括 K 细胞和 NK 细胞。K 细胞即杀伤细胞，通常需借助其 Fc 受体与抗体的 Fc 端结合，进而杀伤靶细胞。NK 细胞即自然杀伤细胞，它不需抗原呈递细胞的介导，也不借助抗体的存在，就能直接杀伤某些病毒感染细胞和肿瘤细胞。现认为 K 细胞与 NK 细胞可能是同一种细胞的不同功能表现。

免疫系统的淋巴细胞具有下列重要特性：①特异性：淋巴细胞的表面具有抗原受体，可识别并结合抗原，但不同淋巴细胞的抗原受体是不同的，一种受体只能与相应的特定抗原相结合，这就是特异性。②转化性：正常情况下，体内绝大多数淋巴细胞均处于静息状态，当淋巴细胞受某种相应抗原激发而被活化时，其形态发生明显变化，这一过程称为转化。淋巴细胞转化后迅速进行连续的分裂增殖，其中大部分形成积极参与免疫应答的**效应细胞**（effector cell）。③记忆性：淋巴细胞经抗原激活后，分裂增殖的细胞有一部分再度转变为静息状态的细胞，称**记忆细胞**（memory cell）。当它再次遇到相同抗原刺激，即可形成大量效应细胞，启动强度更大的免疫应答，及时清除抗原，并使机体长期保持对该抗原的免疫力。

（二）抗原呈递细胞

抗原呈递细胞（antigen presenting cell）是指能捕获、加工和处理抗原，并将抗原呈递给 T 细胞，使 T 细胞活化、增殖的一类免疫细胞，也是免疫应答起始阶段的重要辅佐细胞，分布在机体的许多部位，并有多种类型，主要有巨噬细胞和树突状细胞等。

巨噬细胞在机体内分布最广，参与摄取、加工处理、呈递抗原并激发免疫应答，是机体处理抗原的主要细胞。**树突状细胞**（dendritic cell，DC）数量很少，但分布很广，包括血液DC、表皮和消化管上皮的朗格汉斯细胞、淋巴内的面纱细胞（图 8 - 1）、淋巴器官和淋巴组织的**交错突细胞**（interdigitating cell）以及心、肺、肾、肝及消化管内的间质 DC 等。不同的 DC 可能是同一种细胞在不同阶段的表现形式，血液DC 形似单核细胞，进入表皮等处后，演变为朗格汉斯细胞或间质 DC，捕获和处理抗原，经过一段时间后，又迁移入淋巴，突起变为菲薄的片状，成为面纱细胞，以后转移到淋巴器官或淋巴

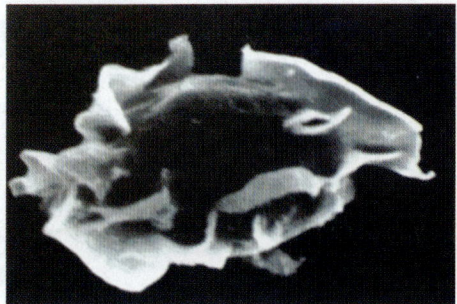

图 8 - 1 面纱细胞扫描电镜像

组织的 T 细胞区，进一步成熟为交错突细胞。交错突细胞的寿命只有数天，然后凋亡。DC 表面都有大量的 MHC - Ⅱ 类分子，多数具有树枝状的突起。DC 主要以吞饮方式捕获可溶性蛋白抗原，其抗原呈递能力强于巨噬细胞。此外，**滤泡树突状细胞**（follicular dendritic cell）和**微皱褶细胞**（microfold cell，M 细胞）也是机体重要的抗原呈递细胞，也具有捕获和呈递抗原的作用。

（三）单核吞噬细胞系统

早在 1924 年，Ashoff 在实验中发现，机体内有许多细胞能吞噬染料，就将这些具有吞噬功能的细胞，如单核细胞、巨噬细胞、网状细胞和血窦内皮细胞等命名为网状内皮系统。以后发现，网状细胞和血窦内皮细胞的吞噬能力很低，其来源也不同于巨噬细胞，因此，在 1972 年，由 van Furth 建议将网状细胞和内皮细胞从该系统中去除，并把单核细胞和由其分化而来的具有吞噬功能的细胞统称为**单核吞噬细胞系统**（mononuclear phagocytic system）。该系统包括血液的单核细胞、结缔组织和淋巴组织的巨噬细胞、骨组织的破骨细胞、神经组织的小胶质细胞、皮肤的朗格汉斯细胞、肝和肺中的巨噬细胞等，它们除了能捕获和呈递抗原、参与免疫应答（抗原呈递作用）外，还能以吞噬和清除抗原、合成和分泌多种免疫活性分子的形式参与免疫反应。

二、淋巴组织

淋巴组织（lymphoid tissue）以网状组织为支架，网眼中充满大量淋巴细胞及一些浆细胞、巨噬细胞和肥大细胞。一般将淋巴组织分为弥散淋巴组织和淋巴小结两种。

（一）弥散淋巴组织

弥散淋巴组织（diffuse lymphoid tissue）是呈弥散状态分布的淋巴组织，与周围其他组织无明显的界限，主要由 T 细胞组成，也含少量 B 细胞。弥散淋巴组织中除含有一般的毛细血管和毛细淋巴管外，还常有毛细血管后微静脉（图 8 - 2），因其内皮细胞呈立方形或柱状，又称**高内皮微静脉**（high endothelial venule），是淋巴细胞从血液进入淋巴组织的重要通道。抗原刺激可使弥散淋巴组织扩大，并出现淋巴小结。

（二）淋巴小结

淋巴小结（lymphoid nodule）又称淋巴滤泡，呈椭圆形小体，与周围的界限清楚，主要由 B 细胞密集而成，也含一定量的 Th 细胞。未受抗原刺激的淋巴小结较小，称为初级淋巴小结。淋巴小结受抗原刺激后增大，并在中央出现一个浅染的区域，称**生发中心**（ger-

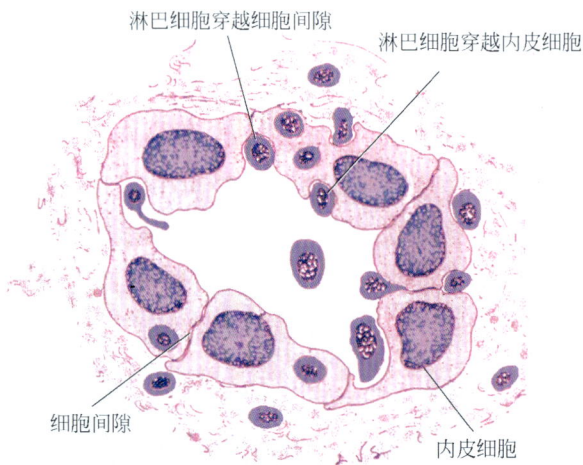

淋巴细胞穿越细胞间隙　淋巴细胞穿越内皮细胞

细胞间隙　　　内皮细胞

图 8 - 2　毛细血管后微静脉结构模式图

minal center）（图 8 - 3）。有生发中心的淋巴小结称次级淋巴小结，一般可分为暗区、明区和小结帽三部分。暗区主要由许多刚转化的体积较大的 B 细胞和部分 Th 细胞组成，由于细胞的嗜碱性很强而使暗区着色较深；明区主要是中等大小的 B 细胞，还有一些滤泡树突状细胞和巨噬细胞；小结帽处主要为一层密集的小淋巴细胞，含幼浆细胞、初始 B 细胞和记忆性 B 细胞。滤泡树突状细胞的表面能聚集抗原，并呈递给 B 细胞。在抗原刺激下，淋巴小结增大增多，是体液免疫应答的重要标志，抗原被清除后淋巴小结的数目减少，体积变小。次级淋巴小结的形成必须有 Th 细胞的参与，故新生去胸腺动物或艾滋病患者均不能形成次级淋巴小结。

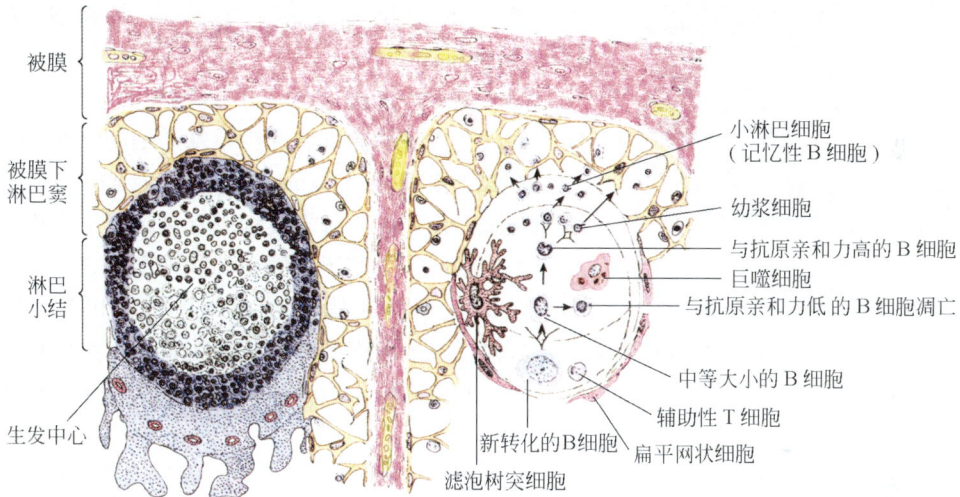

图 8 - 3 淋巴小结结构示意图

三、淋巴器官

淋巴器官分为中枢淋巴器官和外周淋巴器官。

中枢淋巴器官（central lymphoid organ）包括胸腺和骨髓，是培育淋巴细胞的场所。淋巴干细胞在中枢淋巴器官特殊的微环境及激素的影响下，经历不同的分化发育途径，在胸腺形成初始 T 细胞，在骨髓形成初始 B 细胞，并在出生前数周，源源不断地向外周淋巴器官和淋巴组织输送淋巴细胞。中枢淋巴器官内淋巴细胞的增殖不受抗原刺激的直接影响。

外周淋巴器官（peripheral lymphoid organ）包括淋巴结、脾和扁桃体，一般在机体出生后数月才逐渐发育完善，是进行免疫应答的主要场所。由中枢淋巴器官输送而来的初始淋巴细胞在此可受抗原刺激或接受抗原呈递，然后增殖分化为效应细胞。无抗原刺激时这些淋巴器官较小，受抗原刺激后则迅速增大，结构也发生变化，免疫应答结束后可恢复原状。

（一）胸腺

胸腺（thymus）为薄片状粉红色柔软组织，刚出生的新生儿，胸腺的相对重量较大，幼儿期达到高峰（图 8 - 4），进入青春期后，随年龄增长，胸腺逐渐缩小和退化，到达老年时期，大部分胸腺被脂肪组织代替。

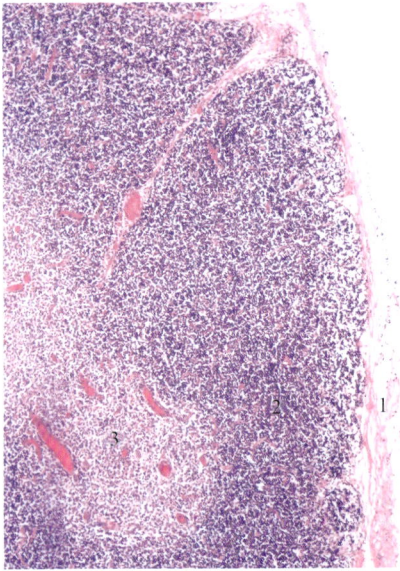

图 8-4   小儿胸腺光镜像（高倍）
1. 被膜   2. 皮质   3. 髓质

1. 胸腺的结构   表面有一薄层结缔组织，称被膜。被膜结缔组织成片状伸入胸腺实质形成小叶间隔，将胸腺实质分隔成许多不完整的**胸腺小叶**（thymic lobule）。每个小叶又分为皮质和髓质两部分，由于小叶间隔分隔不完全，使各小叶内皮质是隔开的，而髓质则在小叶中央相连。皮质内胸腺细胞密集，故着色较深；髓质含较多的胸腺上皮细胞，胸腺细胞较少，故着色较浅（图8-4）。胸腺内还有少量巨噬细胞、嗜酸性粒细胞、肥大细胞、成纤维细胞等，统称为**胸腺基质细胞**（thymic stromal cell）。

（1）皮质：**皮质**（cortex）以胸腺上皮细胞为支架，间隙内含有大量胸腺细胞和少量基质细胞（图8-5）。

胸腺上皮细胞（thymic epithelial cell）又称上皮性网状细胞。皮质的胸腺上皮细胞常见被膜下上皮细胞和皮质上皮细胞，分布于被膜下和胸腺细胞之间，多呈星形，有突起，相邻细胞的突起间以桥粒相互连接成网状。某些被膜下胸腺上皮细胞胞质丰富，可包绕多个胸腺细胞，此种胸腺上皮细胞称**哺育细胞**（nurse cell）（图8-5）。胸腺上皮细胞能分泌**胸腺素**（thymosin）和**胸腺生成素**（thymopoietin），为胸腺发育所必需。

胸腺细胞（thymocyte）即胸腺内分化发育的各期T细胞，皮质中主要是早期胸腺细胞，且数量多，占胸腺皮质细胞总数的85%~90%，一般尚未成熟，因此对抗原还尚无应答能力。在发育中的胸腺细胞，正处于被选择期，凡能与机体自身抗原相结合或与自身MHC抗原不相容的胸腺细胞（约占95%）将被淘汰或凋亡；只有5%的早期胸腺细胞能分化形成初始T细胞，具有正常的免疫应答潜能。

（2）髓质：**髓质**（medulla）内含大量胸腺上皮细胞、少量初始T细胞和巨噬细胞等。髓质的胸腺上皮细胞呈多边形，胞体较大，细胞间以桥粒相连，也是分泌胸腺激素的主要细胞。部分胸腺上皮细胞构成胸腺小体。**胸腺小体**（thymic corpuscle）是胸腺髓质

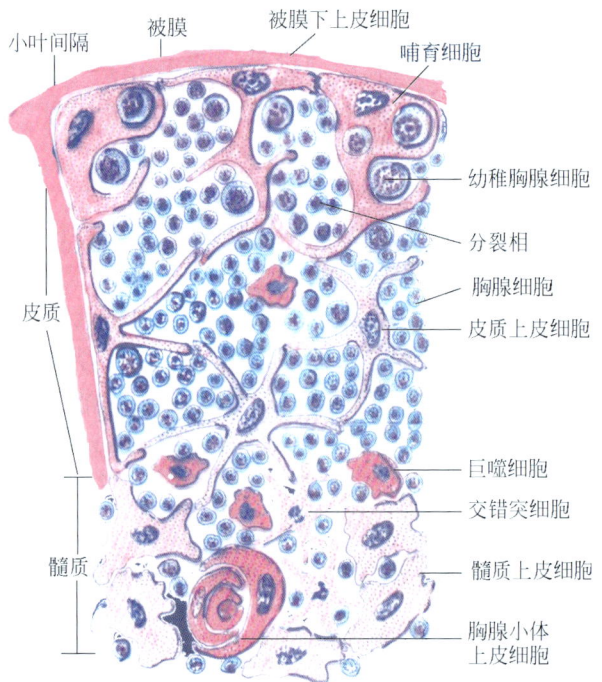

图 8-5   胸腺内细胞分布模式图

的特征性结构，直径30～150μm，由扁平的胸腺上皮细胞呈同心圆状排列而形成的小体状结构（图8-6）。胸腺小体外周的胸腺上皮细胞较幼稚，细胞核明显，细胞可分裂，近胸腺小体中心的胸腺上皮细胞较成熟，核渐退化，胞质中含有较多的角蛋白，胸腺小体中心的胸腺上皮细胞则已完全角质化，细胞染色呈嗜酸性，有的已破碎呈均质透明状。胸腺小体内还常见巨噬细胞、嗜酸性粒细胞和淋巴细胞。胸腺小体的上皮细胞不分泌激素，功能未明，但缺乏胸腺小体的胸腺不能培育出 T 细胞。

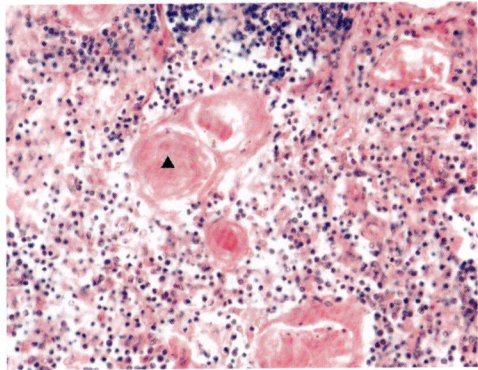

图8-6 胸腺光镜像（高倍）
▲示胸腺小体

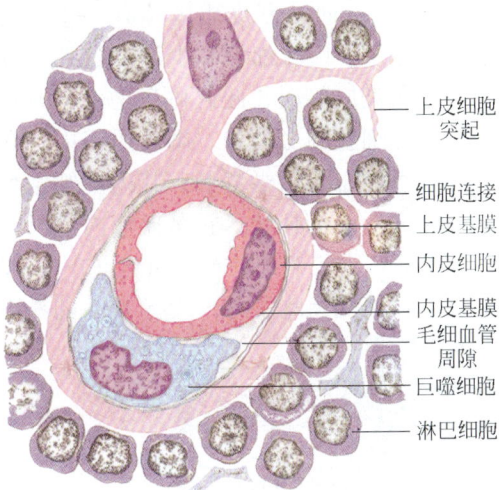

图8-7 血-胸腺屏障结构模式图

上皮细胞突起
细胞连接
上皮基膜
内皮细胞
内皮基膜
毛细血管周隙
巨噬细胞
淋巴细胞

（3）血-胸腺屏障：血液内的大分子物质不能进入胸腺皮质，因为皮质的毛细血管及其周围结构具有屏障作用，称血-胸腺屏障（blood-thymus barrier），由下列数层结构组成：①连续型毛细血管内皮；②内皮基膜；③血管周隙，内有巨噬细胞；④胸腺上皮的基膜；⑤一层连续的胸腺上皮细胞突起包绕（图8-7）。血液内一般抗原物质和某些药物不易透过此屏障，这对维持胸腺内环境的稳定，保证胸腺细胞的正常发育起着极其重要的作用。

2. 胸腺的功能 胸腺是培育 T 细胞的重要器官。胸腺能分泌胸腺趋化素，吸引干细胞并诱导其分裂和分化；胸腺上皮细胞能分泌多种激素，包括胸腺素和胸腺生成素，参与形成微环境，促进初始 T 细胞的形成。

（二）淋巴结

淋巴结呈豆形（图8-8），成群分布于肠系膜、肺门、腹股沟及腋下等处，均位于淋巴回流的通路上，是机体滤过淋巴和产生免疫应答的重要器官。

1. 淋巴结的结构 淋巴结表面有薄层致密结缔组织构成的被膜，其内常见**输入淋巴管**（afferent lymphatic vessel）穿过被膜与被膜下淋巴窦相通。淋巴结的一侧凹陷称为门部，此处有较疏松的结缔组织、血管、神经和**输出淋巴管**（efferent lymphatic vessel）。被膜和门部的结缔组织伸入淋巴结实质形成相互连接的**小梁**（trabecula），构成淋巴结的粗支架，其间填充着网状组织，构成淋巴结的微细支架。淋巴结的实质分为皮质和髓质（图8-8、9）。

（1）皮质：位于被膜下方，由浅层皮质、副皮质区及皮质淋巴窦构成（图8-10），与深部的髓质无明显界限。

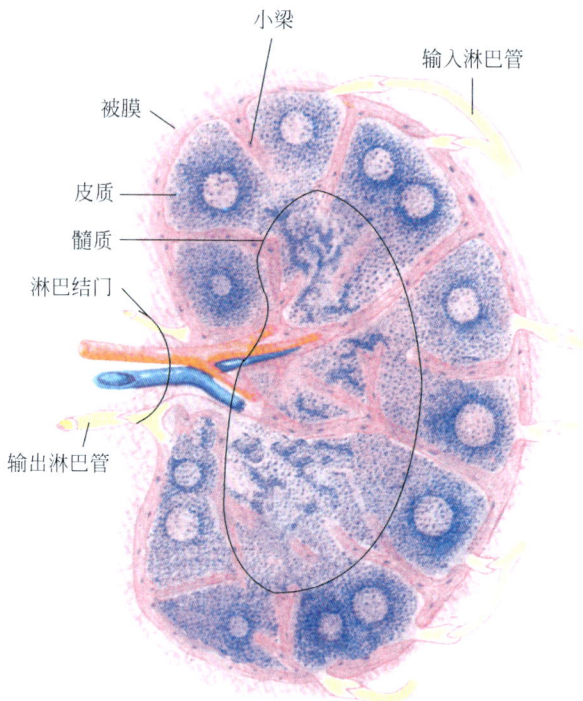

图 8-8　淋巴结结构模式图

浅层皮质（superfacial cortex）由淋巴小结及小结之间的薄层弥散淋巴组织组成，为皮质的 B 细胞区。淋巴小结可分为初级淋巴小结和次级淋巴小结两种。发育良好的次级淋巴小结，有明显的生发中心。

副皮质区（paracortical zone）位于皮质的深层，为较大片的弥散淋巴组织，主要由 T 细胞聚集而成。新生动物切除胸腺后，此区即不发育，故此区又称胸腺依赖区（thymus dependent area）。副皮质区还有一些交错突细胞、巨噬细胞和少量 B 细胞。细胞免疫应答时，此区体积增大，并且多见细胞的分裂象。副皮质区内存在有毛细血管后微静脉，其内皮细胞呈立方形或低柱状，它是血液内淋巴细胞进入淋巴组织的重要通道（图 8-2），血液流经此段时，约有 10% 的淋巴细胞穿越内皮细胞进入副皮质区，再迁移到淋巴结的其他部位。

皮质淋巴窦（cortical sinus）是被膜下方和与其连通的小梁周围的淋巴窦，分别称被膜下窦和小梁周窦。**被膜下窦**（subcapsular sinus）是包围整个淋巴结实质的大扁囊，其被膜侧有数条输入淋巴管通入。**小梁周窦**（peritrabecular sinus）的末端常为盲端，仅部分与髓质淋巴窦直接相通。被膜下窦和小梁周窦两者位置不同，但结构相似。淋巴窦壁由扁平的内皮细胞衬里，内皮外有薄层基膜、少量网状纤维及一层扁平的网状细胞。淋巴窦内有呈星状的内皮细胞支撑窦腔，腔内含有淋巴细胞，并有许多巨噬细胞附着于内皮细胞表面。淋巴在窦内缓慢流动，巨噬细胞可清除进入

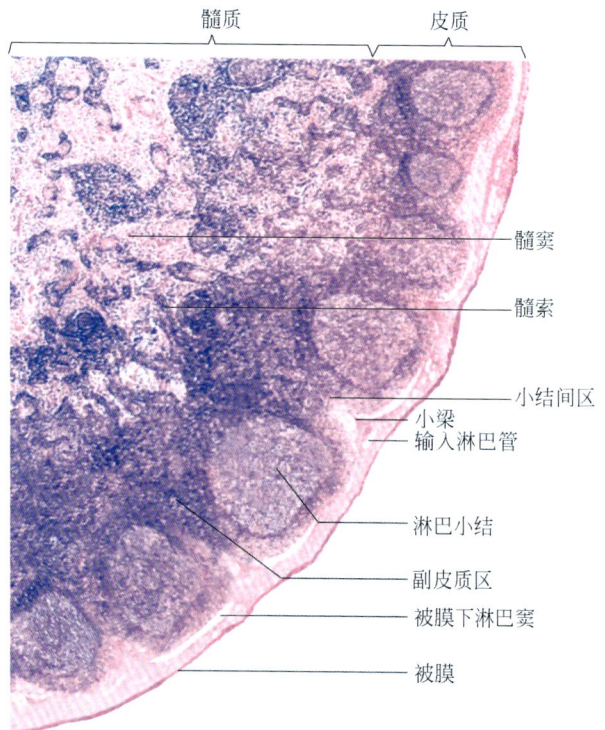

图 8-9　淋巴结光镜像（低倍）

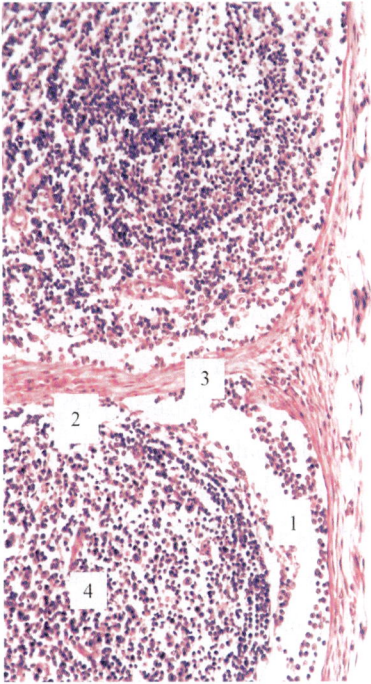

图 8 - 10　淋巴结皮质光镜像（高倍）

1. 被膜下窦　2. 小梁周窦　3. 小梁　4. 淋巴小结

腔内的细菌、异物及捕获抗原物质。若有大量抗原进入淋巴窦，窦内巨噬细胞可急剧增多。

（2）髓质：由髓索及其间的髓窦组成（图 8 - 11）。①**髓索**（medullary cord）是相互连接呈条索状的淋巴组织，索内主要含 B 细胞、浆细胞和巨噬细胞。当淋巴回流区有慢性炎症时，髓索内的浆细胞明显增多并在抗原刺激下分泌抗体。②**髓窦**（medullary sinus）为髓质淋巴窦，与皮质淋巴窦的结构相同，但腔更大，腔内的巨噬细胞较多，故有较强的过滤作用。

2. 淋巴结内的淋巴通路　淋巴从输入淋巴管进入被膜下窦和小梁周窦，部分渗入皮质淋巴组织，然后进入髓窦，部分经小梁周窦直接流入髓窦，继而汇入输出淋巴管。淋巴流经一个淋巴结一般约需数小时，含抗原越多则流速越慢。淋巴经淋巴结滤过后，其中的细菌等抗原即被清除，而输出的淋巴中则含有较多的淋巴细胞和抗体。

3. 淋巴细胞再循环　外周淋巴器官和淋巴组织内的淋巴细胞可经淋巴管进入血流，循环于全身，它们又可通过弥散淋巴组织内的毛细血管后微静脉再返回淋巴器官或淋巴组织，如此周而复始，使淋巴细胞从一个淋巴器官到另一个淋巴器官，从一处淋巴组织至另一处淋巴组织。这种现象称为**淋巴细胞再循环**（recirculation of lymphocyte）。淋巴细胞再循环有利于识别抗原，促进细胞间的协作，使分散于全身的免疫细胞成为一个相互关联的有机统一体（图 8 - 12）。

4. 淋巴结的功能　①滤过淋巴：当带有细菌、病毒等抗原物质的淋巴缓慢地流过淋巴结时，可被淋巴窦内的巨噬细胞清除，正常淋巴结对细菌的清除率可达 99%，但对病毒及癌细胞的清除率却很低。②免疫应答：抗原进入淋巴结后，巨噬细胞、交错突细胞及滤泡树突状细胞可捕获与处理抗原，位于副皮质区的交错突细胞将抗原呈递给 Th 细胞，Th 细胞在副皮质区增殖，同时效应 T 细胞增多，引发细胞免疫；而位于生发中心的滤泡树突状细胞将抗原呈递给 B 细胞，B 细胞接触抗原刺激后，在 Th 细胞的辅助下于浅层皮质处增殖分化，淋巴小结增多增大，髓索中浆细胞增多，输出淋巴管内所含抗体量明显上升，引起体液免

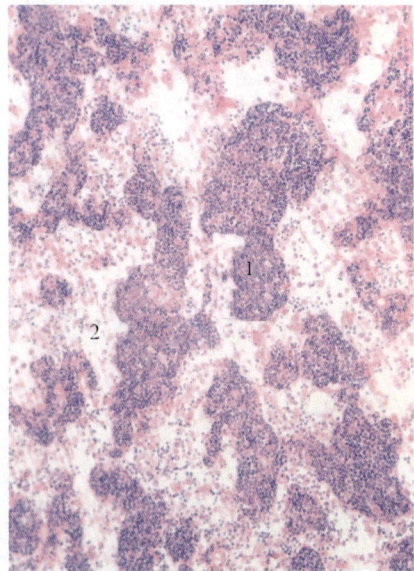

图 8 - 11　淋巴结髓质光镜像（高倍）

1. 髓索　2. 髓窦

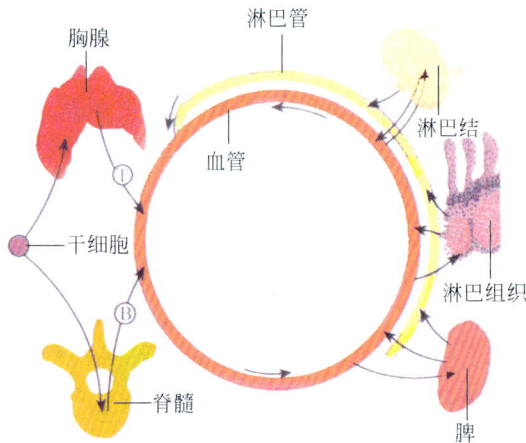

图 8-12　淋巴细胞再循环示意图

疫。淋巴结内细胞免疫应答和体液免疫应答常同时发生。

（三）脾

脾是体内最大的淋巴器官，位于血液循环的通路上，是机体滤过血液和产生免疫应答的重要器官。

1. **脾的结构**　脾表面包有结缔组织的被膜，脾实质由大量淋巴组织构成。在新鲜状态下，脾实质切面大部分呈红色，称**红髓**（red pulp）；其间有散在分布的灰白色点状区域，称**白髓**（white pulp）；红髓与白髓交界处是**边缘区**（marginal zone）（图 8-13）。

（1）被膜与小梁：脾的被膜较厚，由富含弹性纤维及平滑肌的致密结缔组织构成，表面覆有间皮。被膜可伸入脾实质内形成小梁，构成脾的粗支架，小梁之间的网状组织构成脾的微细支架。被膜和小梁内的平滑肌细胞收缩可调节脾的血量。脾动脉和脾静脉从脾门进入实质后，随小梁分支形成小梁动脉和小梁静脉。

（2）白髓：由动脉周围淋巴鞘和淋巴小结组成（图 8-14）。**动脉周围淋巴鞘**（periarterial lymphatic sheath）是围绕中央动脉（即小梁动脉的分支）分布的弥散淋巴组织，由大量T细胞、少量巨噬细胞与交错突细胞构成，相当于淋巴结的副皮质区，但无毛细管后微静

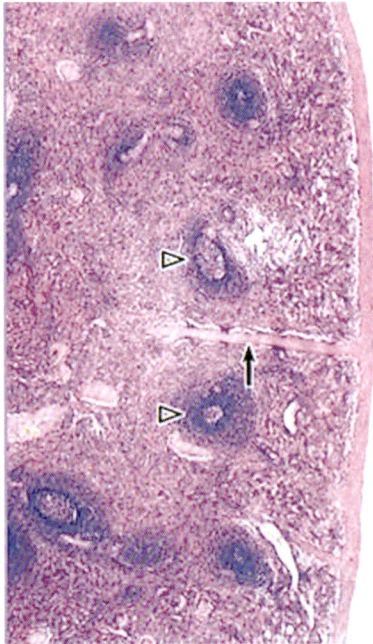

图 8-13　脾光镜像（低倍）

↑示小梁，△示脾小体

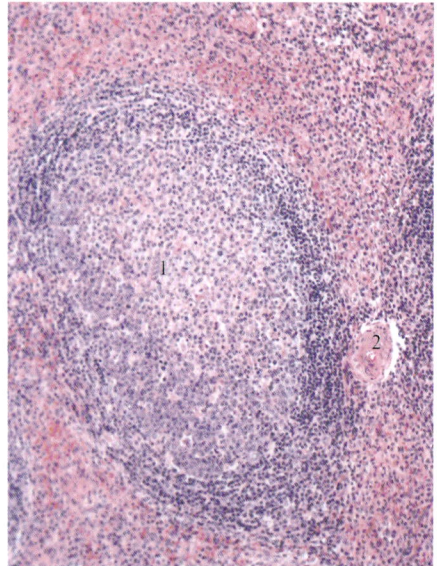

图 8-14　脾白髓光镜像（高倍）

1. 脾小体　2. 中央动脉

脉。当发生细胞免疫应答时，动脉周围淋巴鞘内的 T 细胞分裂增殖，鞘也增厚。中央动脉旁有一条伴行的小淋巴管，它是鞘内 T 细胞经淋巴迁出脾的重要通道。淋巴小结又称**脾小体**（splenic corpuscle），位于动脉周围淋巴鞘的一侧，主要由大量 B 细胞构成。初级淋巴小结在抗原刺激后可形成具有生发中心的次级淋巴小结，呈现明区、暗区和小结帽，小结帽朝向红髓。健康人脾内淋巴小结很少，当抗原侵入时，淋巴小结数量剧增。

（3）边缘区：位于白髓和红髓交界处，宽约 100μm。该区含有 T 细胞及 B 细胞，但淋巴细胞较白髓稀疏，较脾索密集，并混有少量红细胞。中央动脉侧支末端在白髓和边缘区之间膨大形成的小血窦，称**边缘窦**（marginal sinus），它是血液内抗原以及淋巴细胞进入白髓的重要通道，白髓内的淋巴细胞也可经此区进入血窦，参与再循环。边缘区含较多的巨噬细胞，是脾内首先接触抗原、捕获抗原和诱发免疫应答的重要部位，具有较强的滤血作用。

（4）红髓：分布于被膜下、小梁周围及边缘区外侧的广大区域，由脾索和脾血窦组成（图8-15）。**脾索**（splenic cord）由富含血细胞的淋巴组织构成，呈不规则的条索状并相连成网。脾索内含较多 B 细胞、浆细胞、巨噬细胞和树突状细胞。当中央动脉主干穿出白髓进入脾索后，分支形成**笔毛微动脉**（penicillar arteriole），大部分开口于脾索（图8-16），侵入血中的抗原可被脾索内的巨噬细胞和树突状细胞捕获和处理，激发免疫应答，因此，脾索是脾内进行滤血的主要场所。**脾血窦**（splenic sinus）是一种静脉性血窦，宽约 12~40μm，形态不规则，也互连成网。纵切面上，血窦壁如同一种多孔隙的栅栏状，由一层平行排列的长杆状内皮细胞围成，内皮外有不完整的基膜和环行网状纤维；横切面上，可见内皮细胞沿血窦壁排列，核突入管腔，细胞之间有 0.2~0.5μm 宽的间隙，脾索内的血细胞可经此穿越间隙进入血窦（图8-15）。血窦外侧有较多的巨噬细胞，其突起可通过内皮间隙伸向窦腔。

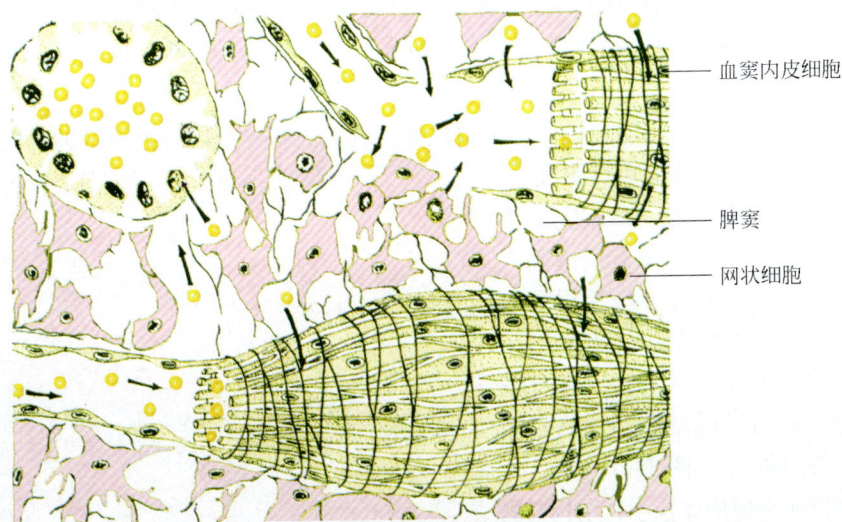

图8-15　脾索与脾血窦结构模式图

2. **脾的血液通路**　脾动脉从脾门入脾后分支形成小梁动脉，进入动脉周围淋巴鞘再分支形成中央动脉，其侧支沿途分支末端膨大形成边缘窦，主干在进入脾索时分支形成微动脉，由于形似笔毛，故称笔毛微动脉。笔毛微动脉在脾索内可分为三段：即髓微动脉、鞘毛

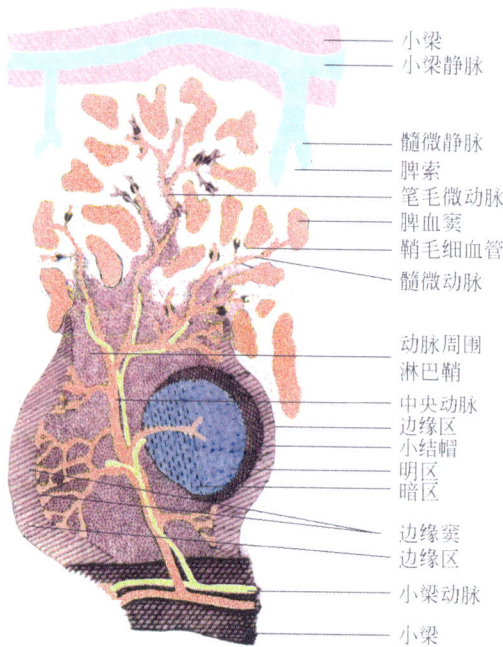

小梁
小梁静脉

髓微静脉
脾索
笔毛微动脉
脾血窦
鞘毛细血管
髓微动脉

动脉周围
淋巴鞘
中央动脉
边缘区
小结帽
明区
暗区
边缘窦
边缘区

小梁动脉

小梁

图 8-16　脾血液通路模式图

细血管和动脉毛细血管，其中大部分开放于脾索后汇入血窦，少数直接连通于血窦，血窦汇入髓微静脉后，再汇入小梁静脉，最后在门部汇成脾静脉出脾（图 8-16）。

3. 脾的功能

（1）滤过血液：脾内的脾索和边缘区含有大量的巨噬细胞和树突状细胞，可对血液中的病原体和衰老的血细胞进行吞噬清除，因此，从脾静脉出来的血液与脾动脉不同，其血液内抗原等物质已被清除过滤。

（2）免疫应答：脾是各类免疫细胞居住的场所，也是对血源性抗原物质产生免疫应答的部位。侵入血液的病原体，如细菌、疟原虫和血吸虫等，可引起脾内发生免疫应答，脾的体积和内部结构也发生变化。体液免疫应答时，淋巴小结增多增大，脾索内浆细胞增多；细胞免疫应答时，动脉周围淋巴鞘显著增厚。

（3）造血：胚胎早期的脾有造血功能，成年后，脾内仍含有少量造血干细胞，当机体严重缺血或某些病理状态下，脾可以恢复造血功能。

（4）储血：人脾可储血 40ml，主要储于脾血窦内。脾肿大时其储血量也增大，当机体需血时，脾被膜和小梁的平滑肌的收缩可将所储的血排入血循环，脾随即缩小。

（四）扁桃体

扁桃体包括腭扁桃体、咽扁桃体和舌扁桃体，它们与咽黏膜内多处分散的淋巴组织共同组成咽淋巴环，构成机体的重要防线。

腭扁桃体呈扁卵圆形，黏膜表面覆盖复层扁平上皮。上皮向固有层内陷入形成数十个**隐窝**（crypt）。隐窝周围的固有层含大量弥散淋巴组织及淋巴小结。隐窝深部的上皮内含有许多淋巴细胞、浆细胞、少量巨噬细胞与朗格汉斯细胞，称上皮浸润部（图 8-17）。

咽扁桃体和舌扁桃体较小，结构与腭扁桃体相似。咽扁桃体无隐窝，舌扁桃体也仅有一个浅隐窝，故较少引起炎症。成人的咽扁桃体和舌扁桃体多萎缩退化。

（雷亚宁）

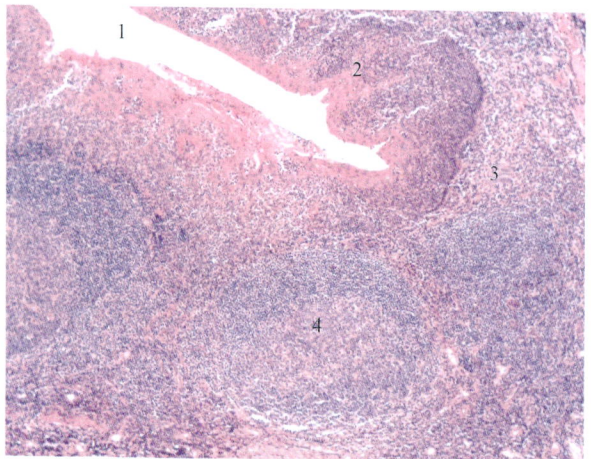

图 8-17　腭扁桃体光镜像（低倍）

1. 隐窝　2. 上皮　3. 固有层　4. 淋巴小结

<h1>第九章 消化系统</h1>

　　消化系统是由消化管和消化腺所构成。消化管从口腔至肛门，为一条衬有上皮的迂曲管道，其主要功能是消化食物、吸收营养和排泄食物残渣。此外，消化管壁中富含淋巴组织，对随饮食进入消化管的病原微生物具有重要的防御作用；胃肠上皮中还有大量的内分泌细胞，它们分泌的多种生物活性物质对消化功能具有重要调节作用。

　　消化腺包括小消化腺和大消化腺两种。小消化腺位于消化管壁内，如胃腺和肠腺等。大消化腺位于消化管之外，独立形成器官，借导管开口于消化管腔，如大唾液腺、胰腺和肝脏。大消化腺由腺上皮（实质）和结缔组织（间质）组成。结缔组织在腺的表面形成被膜，并伸入腺体实质将腺分成若干小叶，血管、淋巴管和神经也随之进入腺内。消化腺分泌消化液，消化各种食物，有的尚兼有内分泌或其他重要功能。

<h2>一、消化管的一般组织结构</h2>

　　消化管各段因发挥的功能不同，在结构上各有其特点，但大体结构相似，除口腔外一般均可分为四层，从内向外依次为黏膜、黏膜下层、肌层和外膜（图9-1）。

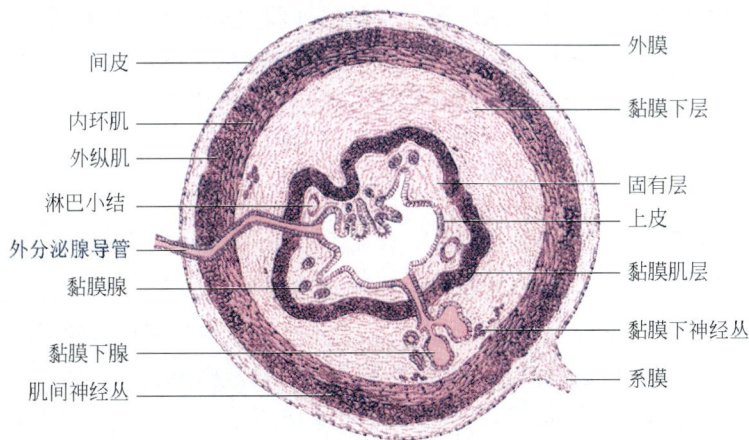

图9-1　消化管一般结构模式图

<h3>（一）黏膜</h3>

　　黏膜（mucosa）被覆于消化管的内表面，与食物直接接触，是执行消化、吸收等功能最重要的结构。黏膜由上皮、固有层和黏膜肌层三部分组成。

　　1. 上皮　位于消化管的最内层，上皮的类型依部位而异。消化管两端（口腔、咽、食管及齿状线以下的肛管）为复层扁平上皮，适应摩擦，具有保护作用。其余部分均为单层柱状上皮，以分泌吸收功能为主。上皮与消化管壁内的各种小消化腺及肝和胰的导管上皮直接相连。

2. 固有层　固有层（lamina propria）由细密的结缔组织组成，含有丰富的淋巴组织和免疫细胞，并含有大量的小消化腺及小血管、淋巴管、神经和散在的平滑肌纤维。平滑肌纤维的收缩有助于小消化腺的分泌物排出。

3. 黏膜肌层　黏膜肌层（muscularis mucosa）由薄层平滑肌构成。黏膜肌收缩时，可使黏膜产生局部运动，借以帮助营养物质的吸收、血液的流动和腺体的分泌。

（二）黏膜下层

黏膜下层（submucosa）为连接黏膜与肌层的疏松结缔组织，内含丰富的血管、淋巴管和数量不等的淋巴组织，固有层中的淋巴组织常穿过黏膜肌层抵达黏膜下层。黏膜下层中还有黏膜下神经丛，由多极神经元和无髓神经纤维构成，可调节黏膜肌的收缩和腺体的分泌。在食管与十二指肠，此层分别含食管腺与十二指肠腺。

（三）肌层

肌层（muscularis）除消化管两端（口腔、咽、部分食管及肛门）为骨骼肌外，其余各部均为平滑肌，一般分为内环行肌和外纵行肌两层（胃壁为三层），两层之间有少量结缔组织和肌间神经丛，结构似黏膜下神经丛，后者可调节肌层的运动。在消化管的各括约肌处，环行肌明显增厚，肌纤维排列成密集的螺旋状，而纵行肌则呈稀疏的螺旋形排列。

（四）外膜

位于腹膜内位的胃、大部分小肠及部分大肠的**外膜**（adventitia）称**浆膜**（serosa），由薄层结缔组织及表面的间皮构成，表面润滑，利于脏器的活动。咽、食管和大肠末端的外膜仅由疏松结缔组织组成，称为**纤维膜**（fibrosa），直接与邻近器官相连。

二、口腔

（一）口腔黏膜

1. 口腔黏膜的一般结构　口腔黏膜由上皮和固有层构成，无黏膜肌层。上皮为复层扁平上皮，固有层结缔组织突向上皮形成乳头，内含丰富的血管和神经末梢。固有层中尚有黏液性和浆液性小唾液腺。该层组织与深层骨骼肌或骨膜紧密相连。

2. 口腔黏膜的分类及其结构特点　根据分布及功能差异，一般将口腔黏膜分为三类。①咀嚼黏膜：主要分布在硬腭和大部分牙龈表面，上皮有角化层，咀嚼黏膜与骨组织结合牢固，所以这类黏膜基本上不能移动。②被覆黏膜：分布在除牙龈、硬腭及舌背以外的口腔黏膜，主要起覆盖作用，其表面大多没有角化层。③特殊黏膜：又称味觉黏膜，分布在舌背，其表面粗糙，有许多乳头，其中有的乳头具有参与感受味觉的功能。

（二）舌

舌由表面的黏膜和深部的舌肌构成。舌肌由纵行、横行和垂直走行的骨骼肌纤维构成，肌纤维互相交织，使舌能自如地活动。黏膜由复层扁平上皮及固有层组成。舌根部黏膜内有许多淋巴小结，构成舌扁桃体。舌底黏膜平滑，舌背黏膜形成许多乳头状突起，称**舌乳头**（lingual papillae）。根据舌乳头的形态结构主要分为三种（图9-2）。

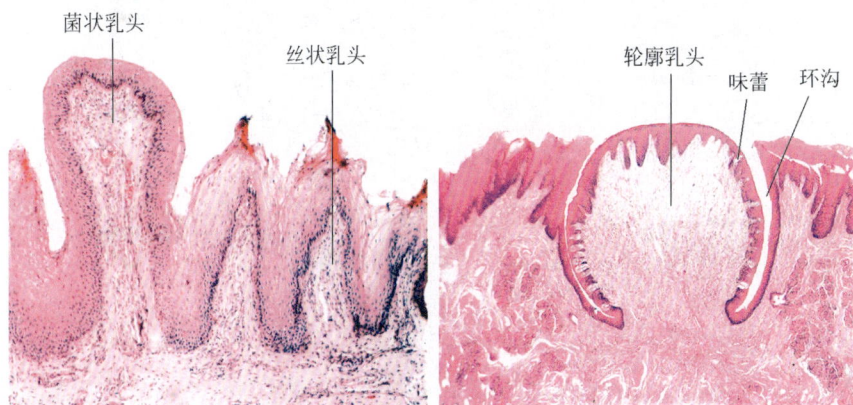

菌状乳头　　丝状乳头　　　　　　轮廓乳头　味蕾　环沟

图9-2　舌乳头光镜像（低倍）

1. 丝状乳头　**丝状乳头**（filiform papillae）数目最多，遍布舌背各处，高2~3mm。乳头呈圆锥形，乳头轴心固有层结缔组织富有血管和神经。乳头尖端的上皮有轻度角化现象，呈烛火形，肉眼观察呈白色小点。角化上皮不断脱落，并与唾液、食物残渣、细菌等混合成舌苔，黏附于舌表面。健康人的舌苔薄，呈白色。

2. 菌状乳头　**菌状乳头**（fungiform papillae）数目较少，在舌尖及舌缘部略多，散在于丝状乳头之间。乳头呈蘑菇状，上皮不角化，在乳头顶部上皮内可见少量味蕾，固有层中血管丰富，故肉眼观察乳头呈红色点状。

3. 轮廓乳头　**轮廓乳头**（circumvallate papillae）位于舌界沟前方，约有十余个，形体较大，乳头呈莲蓬状，陷于黏膜内，乳头周围的黏膜凹陷形成环沟，沟壁两侧上皮内有较多味蕾。固有层内有较多的浆液性味腺，导管开口于沟底，味腺分泌稀薄液体，能冲洗和清除食物残渣和微生物，有助于味蕾感受刺激（图9-2）。

味蕾（taste bud）是感受味觉的卵圆形小体，主要分布于菌状乳头与轮廓乳头，少数散在于软腭、会厌及咽部等上皮内，有感受甜、酸、苦、咸等功能。味蕾的顶部有味孔通于口腔，基部连于基膜上。构成味蕾的细胞主要有三种：味觉细胞是感觉上皮细胞，呈梭形，核椭圆，因染色较浅而称亮细胞，细胞顶部有味毛伸入味孔，细胞基部与味觉神经末梢形成突触；支持细胞呈梭形，位于味蕾周围及味觉细胞之间，细胞因深染而称暗细胞；基细胞位于味蕾的基部，呈矮锥体形，为其他细胞的干细胞（图9-3）。

舌与疾病：舌诊是中医学四诊中望诊内容之一，在中医理论中，舌与脏腑经络有密切的关系，"辨舌质可知五脏之虚实，验舌苔可断病邪之深浅"。因此常以舌质和舌苔的变化作为辨证施治的重要依据之一。舌有丰富的血管和神经支配，在疾病过程中变化迅速而明显，能较早地反映疾病的性质、轻重及变化趋势。

舌质与舌苔：舌质是指舌体的色泽、形态和水分的分布情况。正常舌质淡红而润泽。这是由于舌黏膜和舌肌的血管丰富，血色透过半透明的舌黏膜，构成淡红的舌质。当患病时，血管的改变，血液成分或浓度的变化，以及舌黏膜上皮增生肥厚及萎缩变薄，均可引起舌质的改变。例如红绛舌：由于舌固有层的毛细血管扩张和增生，吞噬细胞和红细胞渗出，同时有丝状乳头萎缩，致使舌色易于透露。临床多见于热证

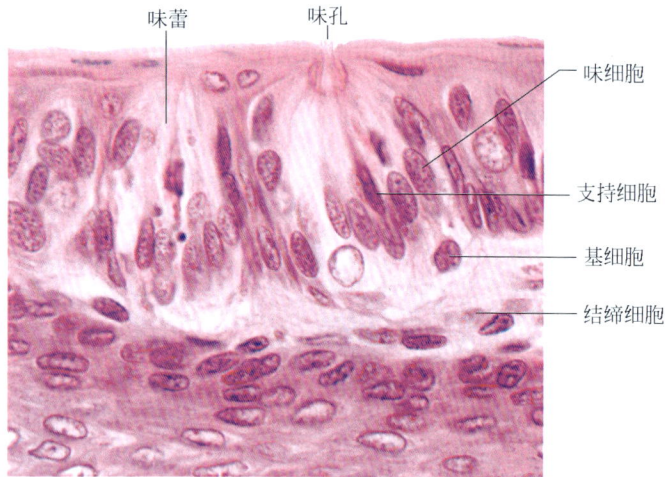

图 9－3　味蕾光镜像（高倍）

和虚证，如阴虚火旺证。西医常见于炎症发热及一切使机体基础代谢增高的疾病，其次还见于肿瘤患者。

舌苔是指舌面上的苔垢。中医理论认为舌苔的形成乃胃气所生，在正常情况下为薄白苔，且干湿适中不滑不燥。组织学观察舌苔主要由丝状乳头表面鳞状角化上皮、脱落上皮和食物残渣、唾液、细菌及渗出的白细胞等成分混合而成。舌苔的变化，主要为丝状乳头的改变。例如黄苔：主要由于丝状乳头的角化突起增高且有分支形成的，色黄，含有白细胞、细菌和霉菌等。临床上多见于实证和热证。西医常见于呼吸道感染和较严重的消化不良患者。黑苔：由于丝状乳头增生变高，并出现棕黑色细胞的形成。临床上多见于里证中的大寒和大热症。西医常见于急性化脓性感染和癌症等危重患者。

许多学者对慢性胃疾病患者舌象改变和纤维胃镜下胃黏膜变化之间的关系，与中医辨证关系进行分析，以探讨胃病中各型脾虚证的组织学基础，并寻找反映脾虚疾病的舌象改变。如脾气虚型慢性萎缩性胃炎的舌象为白苔，舌质显淡紫或暗紫色等瘀血的表现。经辨证治疗后，在病情改善的同时舌象也发生相应变化，舌质由淡紫色渐变为淡红色，提示血瘀减轻；在舌苔方面，其脱落上皮细胞角化程度降低，异常的小角化细胞明显减少，舌象趋于正常。

（三）牙

牙体由牙冠、牙根及牙颈三部分组成，暴露在外面的为牙冠，埋在牙槽骨内部的为牙根，两者交界部为牙颈。牙中央有牙髓腔，开口于牙根底部的牙根孔，腔内充满由结缔组织、血管和神经等组成的牙髓。牙由坚硬的钙化组织牙本质、牙釉质、牙骨质及松软组织牙髓共同构成。牙根周围的组织称牙周组织，包括牙周膜、牙槽骨骨膜及牙龈等（图 9－4）。

1. 牙本质　**牙本质**（dentin）构成牙的主体，在牙冠部位于釉质与髓腔之间，牙根部位于牙骨质与根管之间。牙本质富有弹性，其硬度仅次于釉质。牙本质主要由牙本质小管与间质构成。牙本质小管从牙髓腔面向周围呈放射状走行，有分支相互吻合。牙本质内表面有一层**成牙本质细胞**（odontoblast），其突起伸入牙本质小管，称牙本质纤维。牙本质小管之间为间质，由胶原原纤维与钙化的基质构成，其化学成分与骨质相似，但无机成分（主要为羟基磷灰石）约占 80％，较骨质坚硬。有机成分（主要为胶原蛋白）由牙本质细胞产生。牙本质对冷、热、酸和机械刺激极其敏感，可引起酸、痛的感觉。这种情况见于釉质受到破坏、牙本质暴露（如龋齿）的病理状态。

2. 釉质　**釉质**（enamel）包在牙冠部的牙本质表面，是体内最坚硬的结构。其中无机物约占 96％，有机物仅占 1％～1.5％，其余为水。釉质由釉柱和极少量的间质构成。釉柱呈棱柱状，釉柱从与牙本质交界

处向牙冠表面呈放射状紧密排列。在牙磨片标本上可见
以牙尖为中心呈褐色的弧线，称釉质生长线，是釉柱在
生长过程中间歇性钙盐沉积而形成的。

3. 牙骨质 **牙骨质**（cementum）包在牙根部的牙本
质外面，其组成及结构与骨组织相似。近牙颈部的牙骨
质较薄，无骨细胞。

4. 牙髓 **牙髓**（dental pulp）为疏松结缔组织，内含
自牙根孔进入的血管、淋巴管和神经纤维，其对牙本质
和釉质具有营养作用。牙髓与牙本质间有一层排列整齐
的成牙本质细胞，感觉神经末梢包绕成牙本质细胞并有
极少量进入牙本质小管。

5. 牙周膜 **牙周膜**（peridental membrane）是位于牙
根与牙槽骨间的致密结缔组织，内含较粗的胶原纤维束，
其一端埋入牙骨质，另一端伸入牙槽骨，将二者牢固连
接。老年人常因牙周膜萎缩而致牙松动或脱落。

6. 牙龈 **牙龈**（gingva）仅由黏膜构成，黏膜由复层
扁平上皮及固有层组成。牙龈包绕着牙颈。老年人的牙
龈常萎缩，牙颈外露。

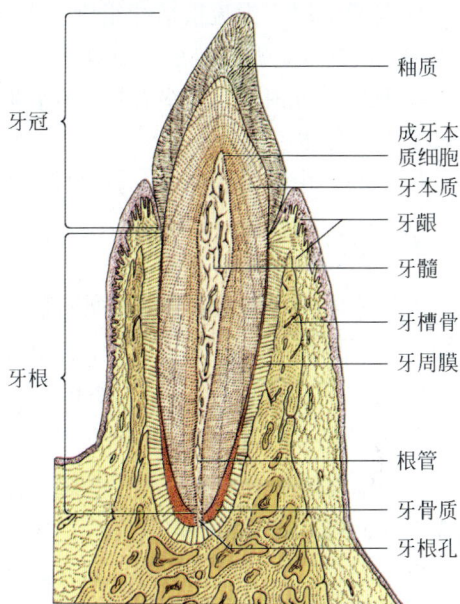

图 9-4　牙结构模式图

三、咽

咽位于消化管与呼吸管道的交叉处，分口咽、鼻咽和喉咽三部分。其结构如下：

1. 黏膜　由上皮及固有层组成，无黏膜肌层。口咽及喉咽表面覆以未角化的复层扁平
上皮，鼻咽主要是假复层纤毛柱状上皮。固有层的结缔组织内有淋巴组织及混合腺或黏液
腺，固有层深部的弹性纤维较多，形成弹性纤维层。

2. 肌层　由内纵行及外斜行的骨骼肌组成，其间可见黏液腺。

3. 外膜　为纤维膜，是富于血管及神经的结缔组织。

四、食管

食管的功能是将咽下的食物
经机械性蠕动较快地转运到胃。
其黏膜突向管腔形成纵行皱襞，
食物通过时皱襞暂时消失。食管
壁结构如下（图 9-5）：

1. 黏膜　表层为复层扁平上
皮。固有层为细密结缔组织，含
有血管和淋巴管及丰富的淋巴细
胞。在食管下端的固有层内可见
黏液性的食管贲门腺。黏膜肌层
由一层纵行的平滑肌构成。

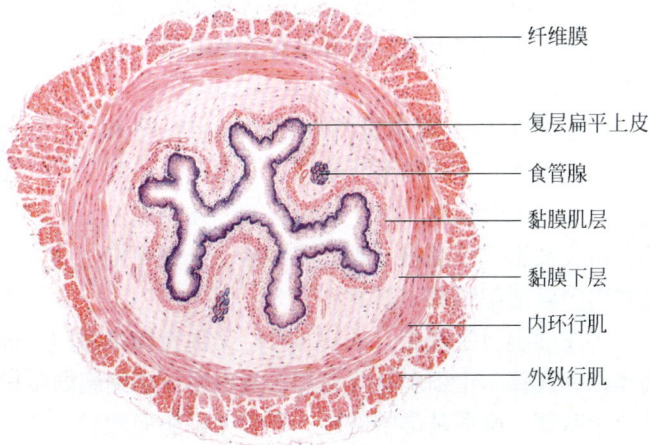

图 9-5　食管结构模式图

2. 黏膜下层 为疏松结缔组织，含有许多血管、淋巴管和**食管腺**（oesophagus gland）。食管腺分泌黏液，润滑黏膜，有利于食物的通过。

3. 肌层 分内环、外纵两层。在食管上段由骨骼肌构成，中段由骨骼肌和平滑肌组成，下段全为平滑肌。

4. 外膜 由纤维膜构成，含有较大的血管、淋巴管及神经。

五、胃

胃是消化管的膨大部分，有暂时贮存食物并对其进行初步消化，继而推动食糜进入十二指肠，且有吸收部分无机盐、水、醇和某些药物的功能。胃壁组织结构由内向外分为四层（图9-6）。胃空虚时，腔面形成许多不规则的皱襞。充盈时，皱襞几乎消失。

（一）黏膜

胃黏膜在新鲜时呈淡红色。黏膜表面有许多纵横沟纹，将黏膜分成许多胃小区，每区有许多由上皮向固有层凹陷形成的**胃小凹**（gastric pit），每一小凹底有3~5条胃腺开口（图9-6~8）。

1. 上皮 黏膜表面覆以单层柱状上皮，主要由**表面黏液细胞**（surface mucous cell）组成。该细胞核椭圆形，位于细胞基部。细胞顶部充满黏原颗粒，在 H-E 染色标本上着色浅呈透明状，上皮细胞分泌含高浓度的 HCO_3^- 的不可溶性黏液，覆盖于上皮表面，有重要保护作用。胃上皮细胞不断脱落，由胃小凹深部未分化细胞补充，约3~5天更新一次。

2. 固有层 在结缔组织中含有大量呈管状的胃腺，是由上皮凹陷入固有层后转化而成。根据所在部位及结构不同，胃腺可分为胃底腺、贲门腺和幽门腺。

（1）胃底腺：**胃底腺**（gastric gland）分布于胃底和胃体，是胃的主要腺体，开口于胃小凹底部，为分支管状腺，每个腺可分颈、体和底三部，由主细胞、壁细胞、颈黏液细胞、未分化细胞和内分泌细胞组成（图9-7、8）。

①主细胞：**主细胞**（chief cell）又称**胃酶细胞**（zymogenic cell），数量最多，分布于腺的体部和底部。主细胞具有典型的蛋白质分泌细胞的结构特点，细胞呈柱形或锥体形，核圆形位于基部，胞质基部嗜碱性，顶部充满酶原颗粒，在 H-E 染色标本上，此颗粒不易保存，故多呈泡沫状。电镜观察，细胞表面有短而不规则的微绒毛，核周胞质内含有大量的粗面内质网和发达的高尔基复合体，酶原颗粒为圆形或卵圆形，外包单位膜。主细胞分泌**胃蛋白酶**

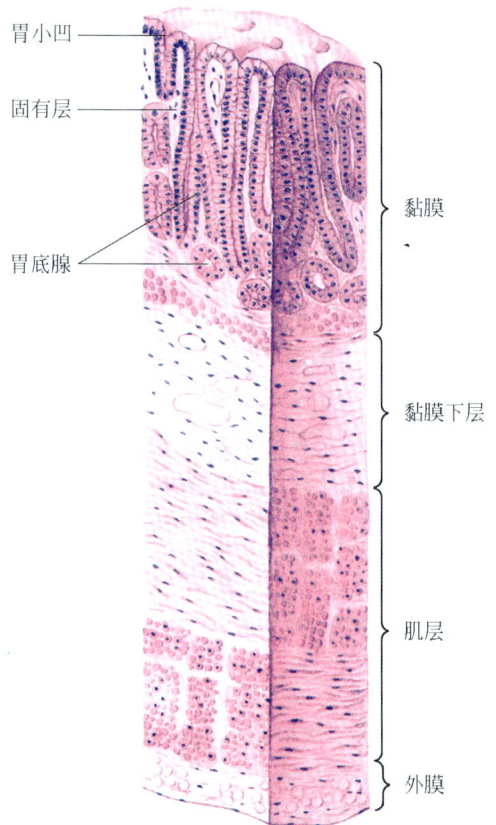

胃小凹
固有层
胃底腺

黏膜
黏膜下层
肌层
外膜

图9-6 胃壁立体结构模式图

原（pepsinogen）。婴儿的主细胞还分泌凝乳酶，以利于乳汁的分解（图9-7~9）。

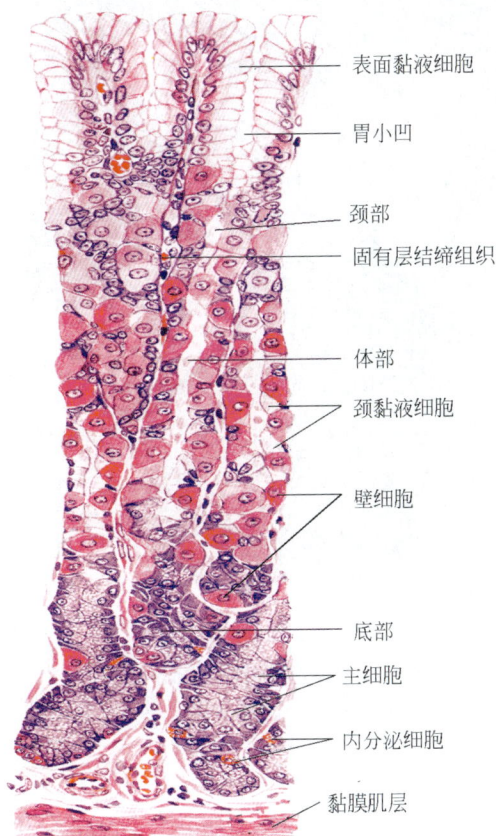

图9-7 胃底腺结构模式图

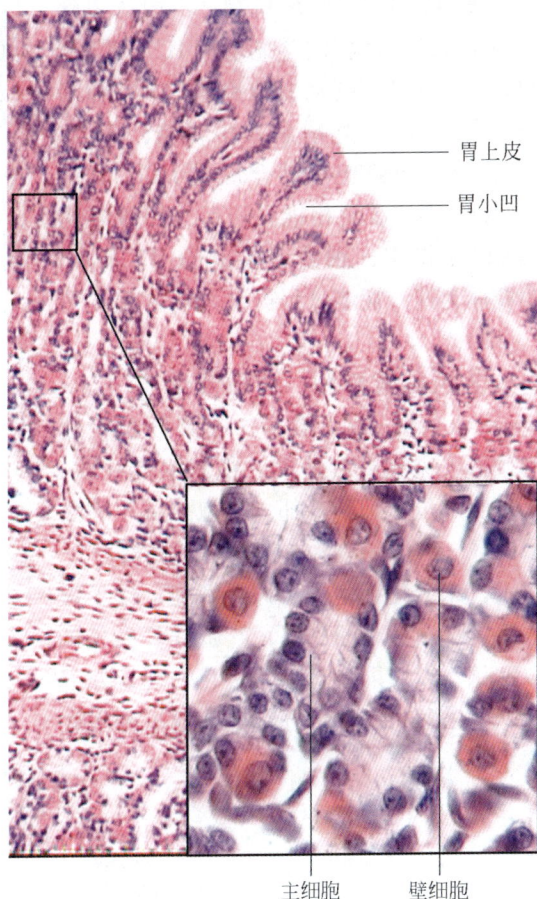

图9-8 胃黏膜光镜像（低倍，右下角高倍示胃底腺）

②壁细胞：**壁细胞**（parietal cell）又称**泌酸细胞**（oxyntic cell），数量较少，多分布在胃底腺上段，细胞较大，呈卵圆形或三角形，核圆形，位于细胞中央，常见双核，胞质呈强嗜酸性（图9-7、8）。电镜观察，细胞膜向胞质内凹陷形成大量迂曲分支的小管系统，称**细胞内分泌小管**（intracellular secretory canaliculus），从小管腔面伸出许多细长的微绒毛，扩大了壁细胞的表面积。胞质内尚有许多管泡状滑面内质网，称**微管泡系统**（tubulovesicular system）。当分泌旺盛时，分泌小管的微绒毛增多，微管泡系统的管泡数则剧减；在分泌静止时，分泌小管微绒毛减少，微管泡系统却极发达，故这两种结构可互相转化，微管泡系统是分泌小管膜的储备形式。胞质还有较多的线粒体（图9-10、11）。

壁细胞的功能主要是合成和分泌盐酸。盐酸是胃液的重要组成成分，它能激活胃蛋白酶原成为胃蛋白酶，并有杀菌作用，还能刺激胃肠胰内分泌细胞的分泌和促进胰液的分泌。人的壁细胞尚可分泌一种糖蛋白，称**内因子**（intrinsic factor），它与维生素 B_{12}（抗恶性贫血因子或称外因子）结合成复合物，使维生素 B_{12} 在肠道内不被水解酶消化，促使回肠吸收维生素 B_{12} 入血，供红细胞生成所需。若内因子缺乏，维生素 B_{12} 吸收障碍，可影响骨髓红细胞的成熟过程，导致恶性贫血。

壁细胞分泌盐酸的机制：一般认为分泌小管游离面质膜内含氯泵和 H^+、K^+ - ATP 酶，能分别把从血液摄取的 Cl^- 和细胞产生的 H^+ 从胞质泵入小管腔，H^+ 与 Cl^- 在分泌小管腔内结合形成 HCl。H^+、K^+-ATP 酶与氯泵相耦联转运，如氯泵的泵 Cl^- 量增多，则前者泵出的 H^+ 亦多。线粒体为这一耗能过程提供大量 ATP（图 9 - 12）。

③ 颈黏液细胞：**颈黏液细胞**（mucousneck cell）数量较少，主要分布于腺的颈部，夹在壁细胞间。细胞呈低柱状，核扁圆形位于细胞基部。细胞顶部充满黏原颗粒，其分泌物为可溶性酸性黏液。

④ 未分化细胞：又称干细胞，位于胃底腺颈部至胃小凹底部，普通 H-E 染色难以辨认。以放射自显影术研究发现其处于活跃的增殖状态，可分化成其他三种胃底腺细胞。

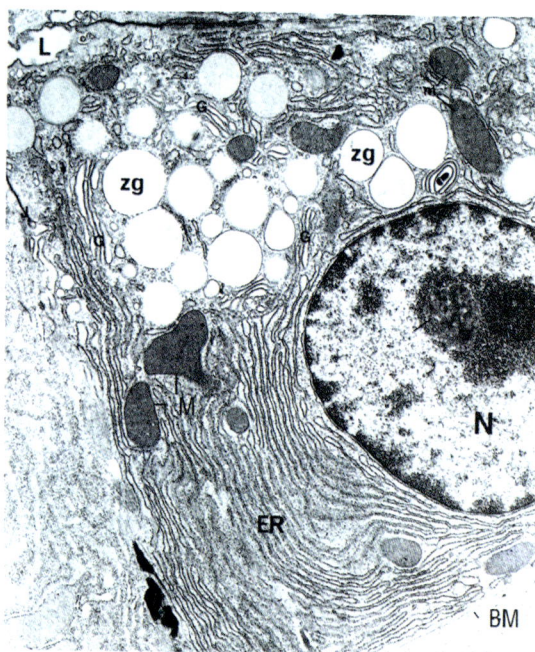

图 9 - 9　主细胞电镜像
L：腺腔　zg：酶原颗粒　ER：粗面内质网
N：细胞核　BM：基膜

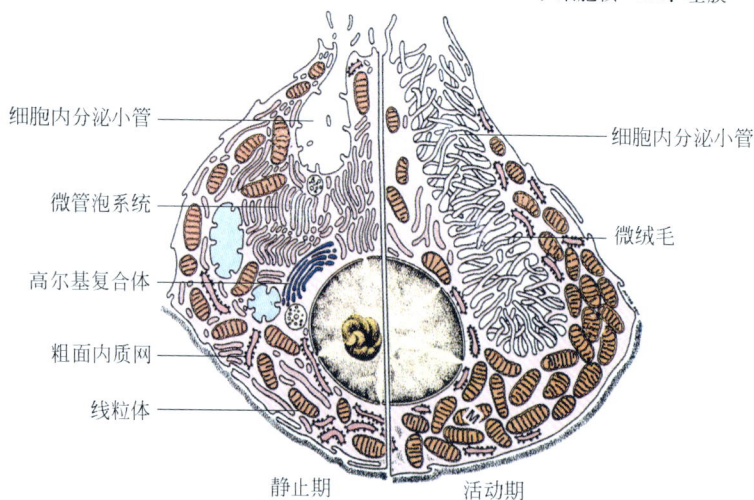

图 9 - 10　壁细胞超微结构模式图

⑤ 胃内分泌细胞：见本章九。

（2）贲门腺与幽门腺：**贲门腺**（cardiac gland）位于胃贲门部固有层内，为黏液腺。**幽门腺**（pyloric gland）位于胃幽门部固有层内，为分支管状的黏液腺，分泌物较黏稠。

3. 黏膜肌层　较厚，一般为内环行和外纵行两层平滑肌。

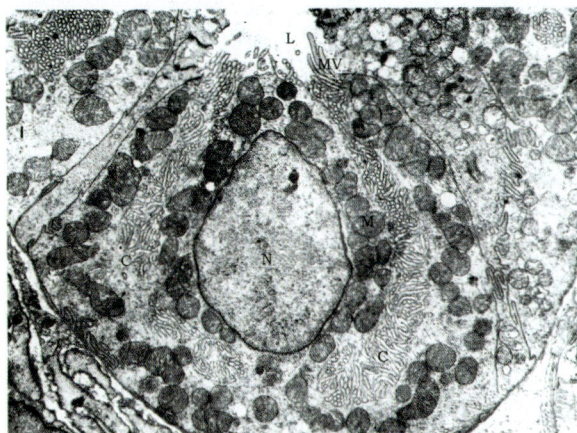

图 9 - 11　壁细胞电镜像

C：细胞内分泌小管　MV：微绒毛　M：线粒体
L：胃底腺腔　N：细胞核

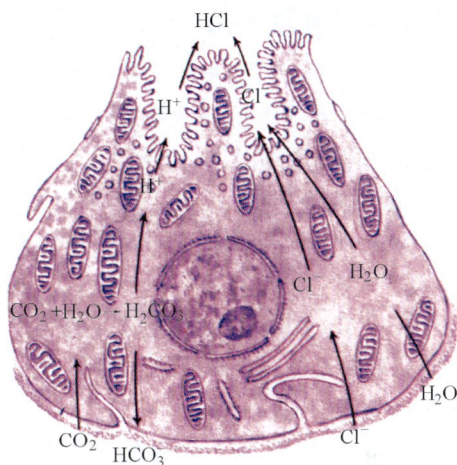

图 9 - 12　壁细胞合成盐酸示意图

　　胃黏膜的自我保护机制：胃液中 H^+ 浓度高出血液 300 万 ~ 400 万倍，腐蚀力极强；胃蛋白酶则能分解细胞自身的蛋白质。而正常情况下胃黏膜不会受到破坏，这主要是由于胃黏膜表面存在着**黏液 - 碳酸氢盐屏障**（mucous - bicarbonate barrier）。该屏障主要由胃黏膜表面黏液细胞产生的一层含大量 HCO_3^- 的不可溶性黏液凝胶构成，其厚度为 0.25 ~ 0.5mm，黏液凝胶可减慢 H^+ 和胃蛋白酶的逆向弥散，将它们与上皮隔离，黏液凝胶内含的 HCO_3^- 可与 H^+ 发生中和反应，因此凝胶层内的 pH 值近腔面约为 2，近上皮侧约为 7，呈梯度递增，从而保护胃上皮。此外，胃上皮细胞的快速更新，也使胃黏膜表面因酒精、药物及一些有害物质的侵蚀引起的损伤，能及时得到修复。黏液 - 碳酸氢盐屏障的破坏，是消化性溃疡发病的病理生理学基础。

（二）黏膜下层

　　黏膜下层由疏松结缔组织构成，含有较大的血管、淋巴管和神经丛。

（三）肌层

　　胃壁肌层很发达，由内斜、中环和外纵行三层平滑肌组成，环行平滑肌在幽门部特别增厚，形成幽门括约肌。

（四）外膜

　　外膜由浆膜组成。

六、小肠

　　小肠是消化和吸收的主要场所，在胰液、胆汁及肠腺分泌的消化酶的作用下，食物中的大分子物质转变成小分子，被小肠上皮吸收细胞吸收入血液、淋巴。小肠可分为十二指肠、空肠、回肠三段，各段没有明显的分界，但组织结构各具特点。

（一）黏膜

黏膜表面有许多由黏膜和黏膜下层向肠腔突出形成的环行皱襞。上皮和固有层向肠腔突出形成的细小突起称**肠绒毛**（intestinal villus）（图 9 - 13 ~ 16），是小肠特有的结构。肠绒毛的表面为单层柱状上皮（肠上皮），中轴为疏松结缔组织。绒毛于十二指肠较宽大呈叶状，于空肠较细长呈指状，于回肠则呈短锥形。环行皱襞和绒毛使小肠表面积扩大 20 ~ 30 倍。

1. 上皮　为单层柱状上皮，覆盖于绒毛表面，由**吸收细胞**（absorptive cell）、杯形细胞和少量内分泌细胞组成（图 9 - 15、17、19）。

（1）吸收细胞：数量最多，呈高柱状，核卵圆形位于细胞基部。细胞游离面有明显的纹状缘（图 9 - 17），电镜观察，纹状缘是由细胞表面密集而规则的微绒毛构成（图 9 - 18）。每个吸收细胞有微绒毛 2000 ~ 3000 根，使细胞游离面面积扩大约 30 倍。在微绒毛表

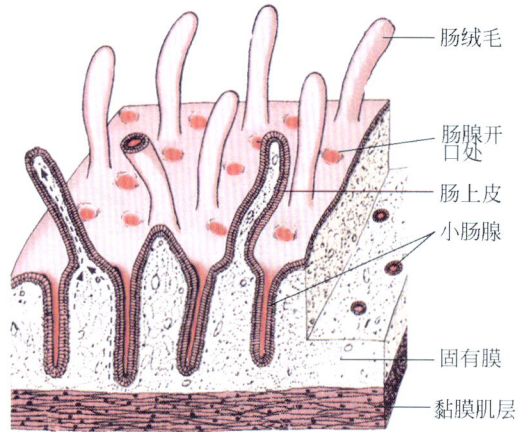

图 9 - 13　小肠黏膜立体模式图

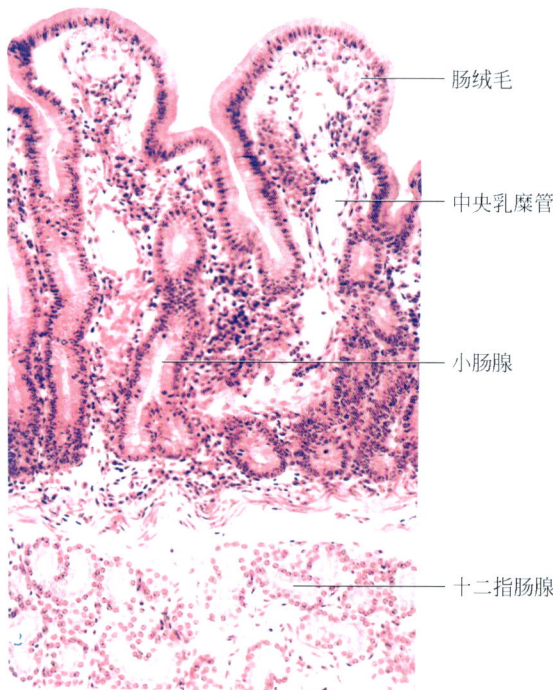

图 9 - 14　十二指肠光镜像（低倍）

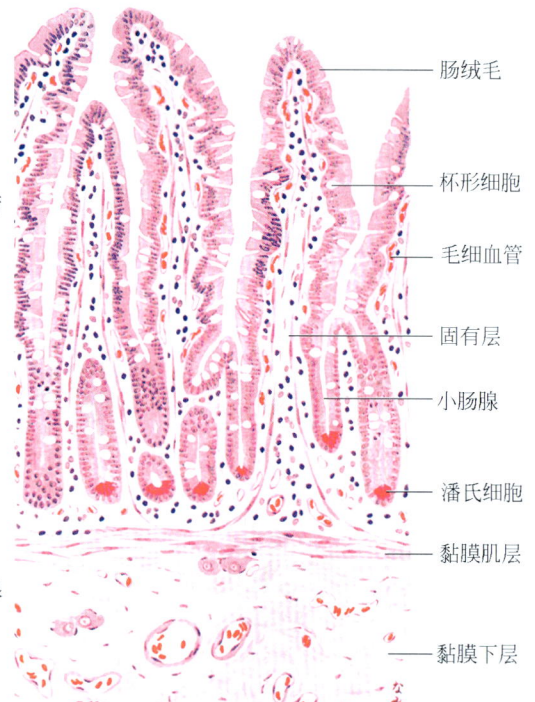

图 9 - 15　空肠结构模式图

面尚有一层细胞衣，它是吸收细胞产生的糖蛋白，其中含有水解酶，包括磷酸酶、双糖酶和肽酶等，促进食物的进一步分解和吸收。胞质中尚有丰富的线粒体和大量滑面内质网，一些

粗面内质网和高尔基复合体，可将细胞吸收的脂类物质结合形成乳糜微粒，然后从细胞的侧面释出。此外，微绒毛的细胞膜尚有某些特殊受体，有利于相应物质的吸收。相邻细胞顶部之间由紧密连接等构成连接复合体，可阻止肠腔内物质从细胞间隙进入组织，保证选择性吸收的进行。吸收细胞的主要功能是吸收已消化的营养物质。其寿命一般为 2～4 天，上皮细胞脱落后，由小肠腺的 未分化细胞增殖补充。

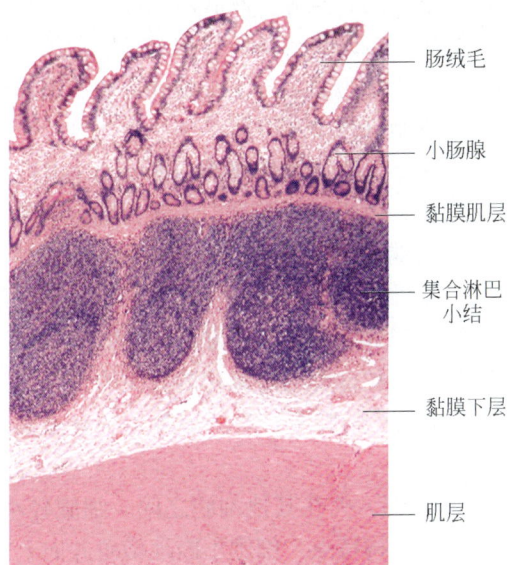

图 9 - 16　回肠光镜像（低倍）

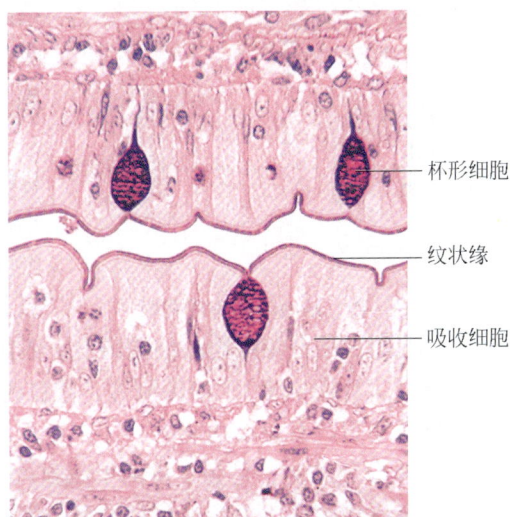

图 9 - 17　小肠吸收细胞纹状缘模式图

（2）杯形细胞：散在分布于吸收细胞之间，分泌黏液，起润滑和保护肠黏膜的作用。

（3）内分泌细胞：见本章九。

2. 固有层　由富含血管、淋巴管的细密结缔组织构成。除含大量小肠腺外，还有较多的淋巴细胞、浆细胞、巨噬细胞和肥大细胞等。

肠绒毛中轴的固有层内含有 1～2 条纵行的毛细淋巴管称**中央乳糜管**（central lacteal），肠上皮吸收细胞释出的乳糜微粒主要经中央乳糜管运送。在乳糜管周围有丰富的有孔毛细血管网，肠上皮吸收的氨基酸与单糖主要进入血流。肠绒毛还有来自黏膜肌层的少数平滑肌

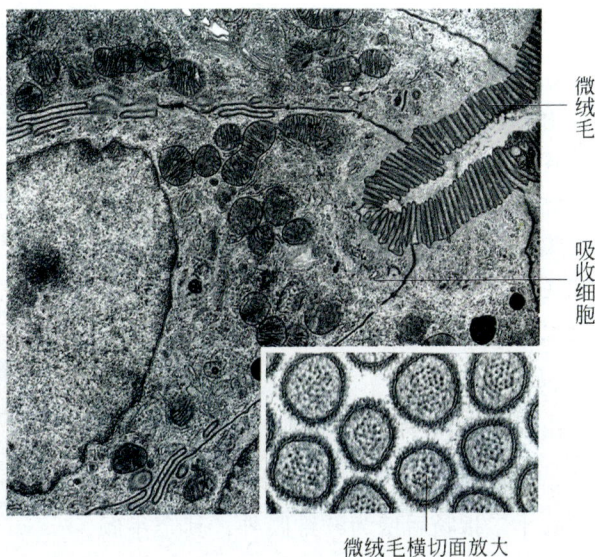

图 9 - 18　小肠上皮吸收细胞电镜像

纤维，它可使肠绒毛产生收缩运动，以利于营养物质的吸收和淋巴、血液的运行（图9-14、19）。

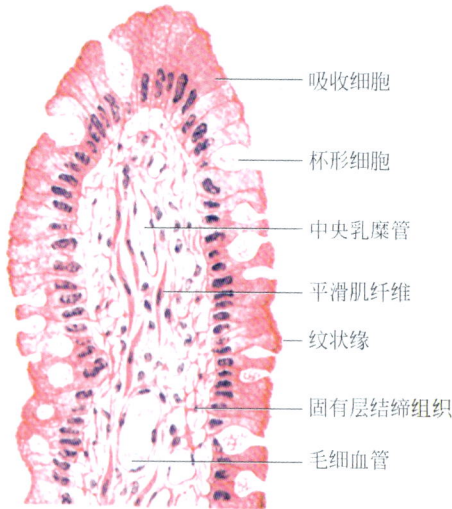

图9-19　肠绒毛结构模式图

- 吸收细胞
- 杯形细胞
- 中央乳糜管
- 平滑肌纤维
- 纹状缘
- 固有层结缔组织
- 毛细血管

固有层内除有大量分散的淋巴细胞外，尚有淋巴小结。十二指肠和空肠内多为孤立淋巴小结，回肠则多为若干淋巴小结聚集成集合淋巴小结，可穿过黏膜肌层至黏膜下层（图9-16）。

小肠腺（intestinal gland）是小肠上皮向固有层内凹陷所形成的管状腺。肠腺与肠绒毛上皮是连续的，故肠腺直接开口于肠腔。构成肠腺的细胞除吸收细胞、杯形细胞及内分泌细胞外，还有潘氏细胞、未分化细胞（图9-20）。

（1）潘氏细胞：**潘氏细胞**（Paneth cell）又称帕内特细胞，位于肠腺基部，人潘氏细胞数量从小肠近端到远端有增多趋势。该细胞常三五成群，细胞较大，呈锥体形，核卵圆形位于细胞基部，最显著的特征是顶部胞质含粗大的嗜酸性分泌颗粒，电镜下具有蛋白质分泌细胞的结构特点。潘氏细胞分泌颗粒含有与防御功能有关的蛋白，包括防御素（又称隐窝素）、溶菌酶等，颗粒内容物释放入小肠腺腔，对肠道微生物有杀灭作用，故潘氏细胞具有免疫功能的。

（2）未分化细胞：是肠上皮的干细胞，位于肠腺基部，夹在其他细胞之间。细胞较小，呈柱状，胞质嗜碱性，电镜观察具有蛋白质分泌细胞的结构特点。细胞不断地增殖并向上方迁移，分化成吸收细胞和其他肠腺细胞，并补充绒毛顶部经常脱落的上皮细胞。

3. 黏膜肌层　由内环行和外纵行两层平滑肌组成。

（二）黏膜下层

由疏松结缔组织构成，内含较大的血管、淋巴管和神经丛。十二指肠含有的十二指肠腺为黏液腺，分泌碱性黏液，可保护十二指肠黏膜免受酸性胃液和胰液的消化及侵蚀；此腺还分泌表皮生长因子，释入肠腔，促进小肠上皮细胞增殖（图9-14~16）。

（三）肌层

由内环行和外纵行两层平滑肌构成。

（四）外膜

除十二指肠后壁为纤维膜外，其余小肠均为浆膜。

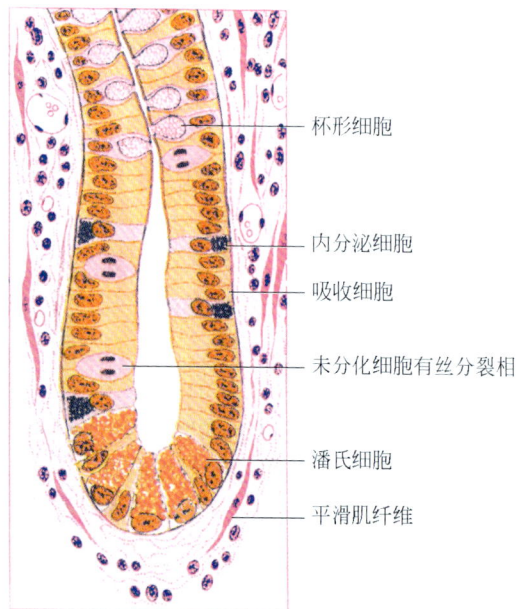

- 杯形细胞
- 内分泌细胞
- 吸收细胞
- 未分化细胞有丝分裂相
- 潘氏细胞
- 平滑肌纤维

图9-20　小肠腺结构模式图

七、大肠

大肠分为盲肠、阑尾、结肠、直肠和肛管，主要功能是吸收水分和电解质，将食物残渣形成粪便。

（一）盲肠、结肠与直肠

这三部分肠管的结构基本相同。

1. 黏膜　表面光滑，没有肠绒毛。上皮是单层柱状上皮，杯形细胞很多，分泌黏液以润滑黏膜。直肠下段上皮变为复层扁平上皮。固有层中含有大量直管状肠腺，肠上皮除吸收细胞和杯形细胞外，在腺体底部有少量未分化细胞及内分泌细胞，但无潘氏细胞。固有层内尚有散在的孤立淋巴小结，并常常可伸入至黏膜下层（图9-21）。

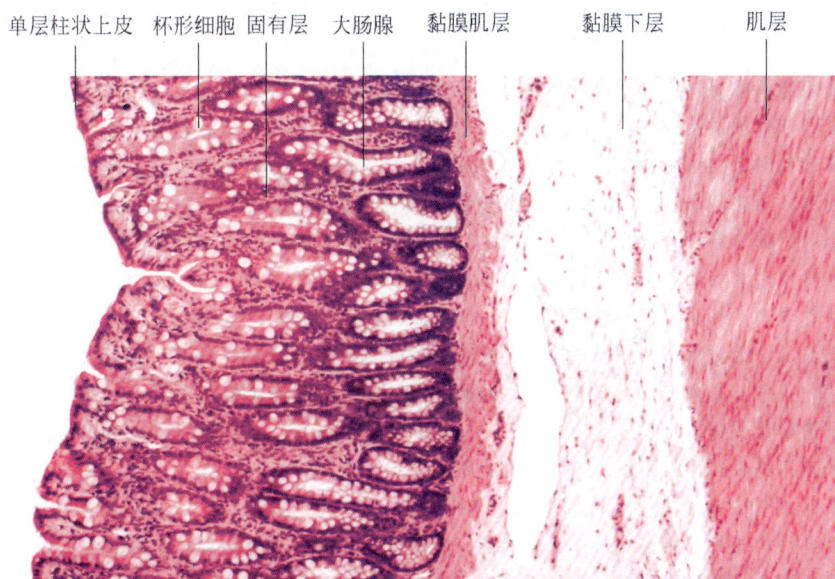

图9-21　结肠光镜像（低倍）

2. 黏膜下层　为疏松结缔组织，内有血管、淋巴管及较多的脂肪细胞。

3. 肌层　由内环行和外纵行平滑肌构成。外纵肌沿大肠长轴集中形成三条增厚的平滑肌束，称结肠带，带间的纵行肌很薄；内环行平滑肌呈节段性增厚而形成结肠袋。

4. 外膜　大部分是浆膜，常含有大量脂肪组织，形成肠脂垂。

（二）阑尾

阑尾管腔狭窄而不规则，管壁结构与大肠结构相似。固有层中肠腺短而稀少，有丰富的淋巴组织并形成许多淋巴小结，是阑尾最显著的组织学特征，淋巴组织常穿入黏膜下层，使黏膜肌层不完整。肌层很薄，外覆浆膜（图9-22）。

（三）肛管

在齿状线以上的肛管黏膜结构和直肠相似，但在齿状线处，黏膜上皮渐由单层柱状上皮变为轻度角化的复层扁平上皮，大肠腺及黏膜肌层消失。白线以下为角化的复层扁平上皮，含有许多色素。近肛门处的固有层中有环肛腺，属于顶质分泌的大汗腺。黏膜下层由富于弹性纤维的结缔组织组成。其中富含血管网，尤其是静脉丛，无静脉瓣，易发生淤血、曲张而形成痔。肌层由两层平滑肌构成，内环肌在肛管处增厚形成肛门括约肌，不形成结肠带。在肛门缘处外纵肌外侧的骨骼肌形成肛门外括约肌。

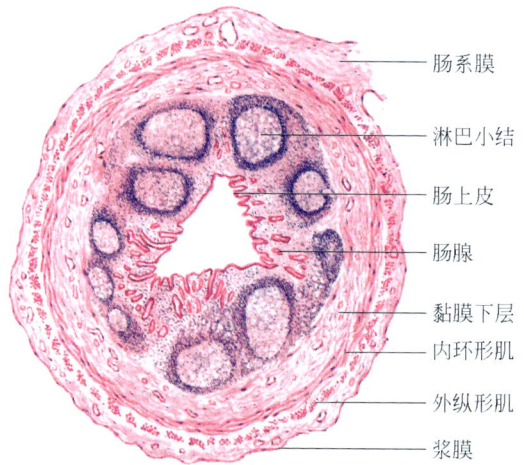

图 9 – 22　阑尾结构模式图

八、消化管的淋巴组织及其免疫功能

消化管的黏膜经常受外来的抗原物质如细菌、病毒及其他大分子有害物质的侵袭。消化管黏膜内，尤其是咽、回肠和阑尾黏膜内含有丰富的淋巴组织，正常成人的消化管的淋巴组织约占其黏膜组织的 1/4，它们与其表面上皮共同形成机体第一道防线，可防御有害物质的侵害。消化道的淋巴组织又称为**肠道相关淋巴组织**（gut associated lymphoid tissue，GALT），包括黏膜淋巴小结，固有层中弥散分布的淋巴细胞、浆细胞、巨噬细胞，上皮内的淋巴细胞等成分。它们具有细胞免疫和体液免疫功能。黏膜免疫应答的诱发可能与集合淋巴小结上方的黏膜上皮有关。该处上皮内散在有一种特殊类型的细胞，称**微皱褶细胞**（microfold cell，M 细胞），因其细胞的游离面常有微皱褶而得名。M 细胞是抗原从管腔进入集合淋巴小结的通道，它呈圆顶状，形似一种罩；细胞基底面质膜内陷，形成一个凹形的中央腔，其内有淋巴细胞与巨噬细胞。M 细胞具有摄取和传递抗原的作用，它以囊泡的形式将肠腔内的抗原转运并传递给下方的 B 细胞，后者转化为幼浆细胞，然后经淋巴细胞再循环途径，大部分返回消化管黏膜，并转化为浆细胞。此处浆细胞产生的抗体主要是 IgA，IgA 通过黏膜上皮时与上皮细胞产生的糖蛋白载体-分泌片相结合，形成分泌性免疫球蛋白（sIgA），释放至上皮游离面的糖衣内，sIgA 可特异地与抗原结合，从而抑制细菌增殖，中和病毒，降低抗原物质与上皮细胞的黏着和进入，以免疫排除方式保护肠黏膜（图 9 – 23）。

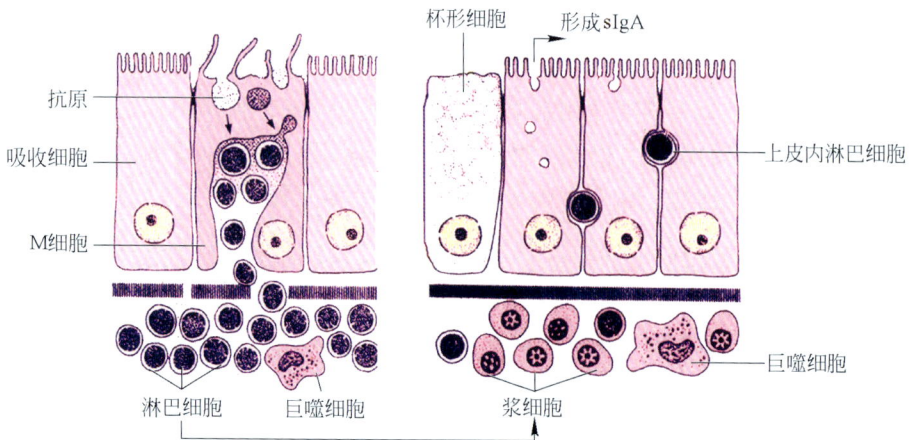

图 9 – 23　消化管淋巴组织免疫功能示意图

九、胃肠的内分泌细胞

胃肠的上皮和腺体内弥散分布着种类繁多的内分泌细胞，尤以胃幽门部和十二指肠上段为多（表9-1）。胃肠胰内分泌细胞的总量很大，估计为 3×10^9 个，超过体内其他内分泌腺细胞的总和。由于这些细胞内的分泌颗粒多聚集于细胞的基底部，故又称**基底颗粒细胞**（basal granular cell）。此类细胞在 H-E 染色的切片标本上不易辨认，可用铬盐或银盐浸染而显示，目前主要应用免疫组织化学和原位杂交技术研究这些细胞。此类细胞分泌的多种激素统称胃肠激素，该类激素一方面具有协调胃肠道自身的运动和分泌功能，同时对机体其他系统和器官的功能活动也有重要调节作用。

已知胃肠道激素有30余种，但已明确作组织学定位的有10余种（表9-1）。胃肠的内分泌细胞一般可分为两种类型：一种是"开放型"，此类细胞数量多，呈锥体形、卵圆形或柱状，细胞顶部狭窄，可伸达管腔，细胞游离面的微绒毛伸向管腔，能感受肠管内食物、消化液及酸碱度变化的刺激，从而引起其内分泌活动的变化。另一种是"封闭型"，这类细胞的顶端不暴露于肠腔，而被相邻细胞所遮盖，细胞基部常沿基底膜伸出突起与相邻细胞接触，此型细胞主要是感受局部组织内环境的变化和肠腔内容物压力的刺激（图9-24、25）。其分泌的含肽或胺类激素，大部分经血循环。少部分通过旁分泌等方式调节靶细胞的功能。

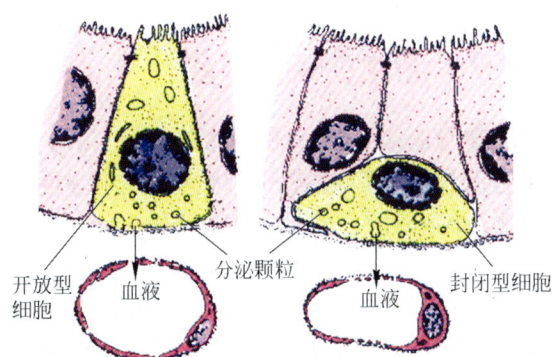

图9-24 胃肠内分泌细胞示意图

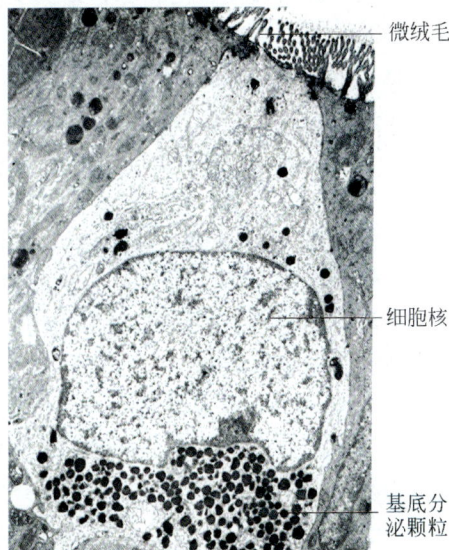

图9-25 十二指肠内分泌细胞电镜像

表9-1　　　　　　　　　　　消化管主要的内分泌细胞

细胞名称	分布部位	产物	主要作用
G 细胞	幽门、十二指肠	胃泌素、脑啡肽	促进胃腺分泌盐酸
D 细胞	幽门、胃底和胃体	生长抑素	抑制胃酸、抑制胰岛甲细胞和乙细胞的分泌活动
EC 细胞	小肠、结肠	5-羟色胺、P物质	增加胃肠运动、扩张血管，促进胃液分泌和肠蠕动
I 细胞	十二指肠、空肠	胆囊收缩素-促胰酶素	促使胆汁与胰液分泌
S 细胞	十二指肠、空肠	胰泌素	促进胰导管和胆囊分泌水和 HCO_3^-、中和胃酸
K 细胞	空肠、回肠	抑胃肽	抑制胃酸分泌
L 细胞	小肠、大肠	肠高血糖素	促进肝糖原分解
PP 细胞	胃、小肠、结肠	胰多肽	抑制胃肠运动和胰酶分泌、松弛胆囊
M 细胞	十二指肠、空肠、	胃肠动素	增强胃管运动
N 细胞	空肠、回肠、大肠	神经降压素	延缓胃肠排空

随着现代科学技术的发展，免疫组织化学、核酸原位杂交、重组 DNA 等技术的研究和应用，证实胃肠激素的异常与多种胃肠疾患有关，例如胃溃疡病人的 G、D 细胞减少，而 L 细胞增多；十二指肠溃疡则是 D 细胞减少，G/D 细胞比值增高。发生胃肠分泌肽类激素的细胞肿瘤时，例如胃泌素细胞瘤、血管活性肠肽瘤、生长抑素瘤、胰多肽瘤等，血浆中该类激素水平明显升高，并出现相应的症状。

（徐维蓉）

十、唾液腺

唾液腺（salivary gland）可分为小唾液腺和大唾液腺两类，经导管开口于口腔。小唾液腺包括唇腺、颊腺和腭腺等，腺体小，分布于口腔黏膜固有层、黏膜下层和肌层之中。大唾液腺包括腮腺、下颌下腺及舌下腺三对，分布于口腔周围。

（一）大唾液腺的一般结构

大唾液腺均为复管泡状腺，腺实质由腺泡和导管构成。腺泡为腺的分泌部，有浆液性腺泡、黏液性腺泡和混合性腺泡三种类型（见第二章三，腺上皮与腺）。腺细胞和部分导管上皮细胞与基膜之间有肌上皮细胞，其收缩有助于分泌物的排出。导管是反复分支的上皮性管道，包括：

1. 闰管　**闰管**（intercalated duct）直接与腺泡相连，管径最细，管壁为单层扁平或单层立方上皮。

2. 分泌管　**分泌管**（secretory duct）又称**纹状管**（striated duct），由闰管汇集而成，管径粗，管壁为单层高柱状上皮，核圆形常位于细胞顶部，胞质嗜酸性，细胞基部有明显的纵纹。分泌管细胞能主动吸收分泌物中的 Na^+，将 K^+ 排入管腔，并可重吸收或排出水，故可调节唾液中的电解质含量和唾液量。

3. 小叶间导管和总导管　分泌管汇合成小叶间导管并逐级汇合增粗，最后形成一条或几条总导管，开口于口腔。管壁由单层柱状上皮移行为假复层柱状上皮，近口腔处管壁上皮渐变为复层扁平上皮与口腔上皮相延续。

（二）三对大唾液腺的结构特点

1. 腮腺　**腮腺**（parotid gland）为纯浆液腺，由浆液性腺泡构成。闰管长，分泌管较短，腺间质内有较多的脂肪细胞。分泌物含唾液淀粉酶（图 9 - 26）。

2. 舌下腺　**舌下腺**（sublingual gland）为混合腺，以黏液性腺泡和混合性腺泡为主，浆半月多见。无闰管，纹状管也较短。分泌物以黏液为主（图 9 - 26）。

3. 下颌下腺　**下颌下腺**（submandibular gland）为混合腺，以浆液性腺泡为主，黏液性腺泡与混合性腺泡较少，闰管短，分泌管较长。分泌物含淀粉酶较少，黏液较多（图 9 - 27）。

唾液腺分泌的唾液，含有水分、盐类、黏液、酶和免疫球蛋白，其主要功能是润滑口腔、湿润食物、初步分解淀粉，并参与免疫应答等。

研究证明，人和其他哺乳类的下颌下腺中存在多种生物活性多肽，具有重要的生理作用。有的与细胞和组织的生长和分化有关，如神经生长因子、表皮生长因子、内皮生长因子

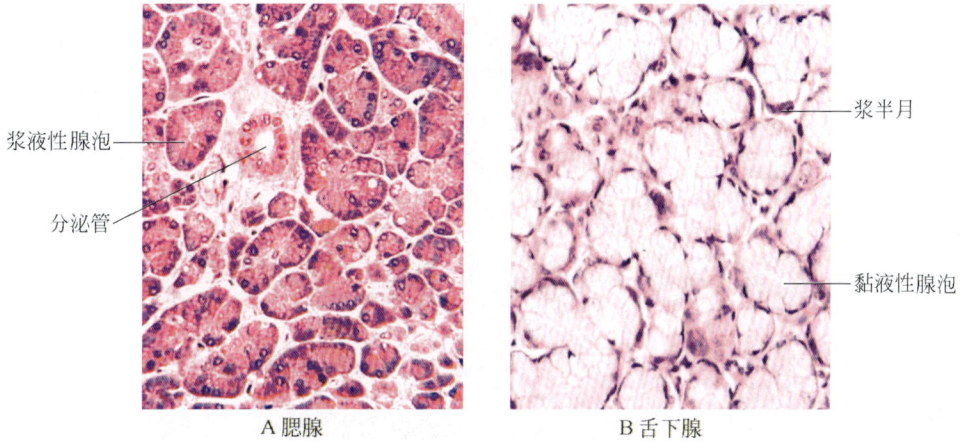

浆液性腺泡

分泌管

浆半月

黏液性腺泡

A 腮腺   B 舌下腺

图 9 - 26   腮腺及舌下腺光镜像（高倍）

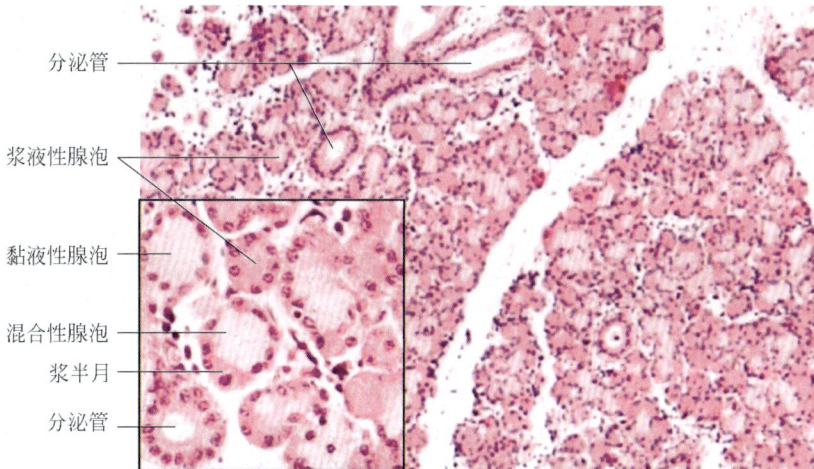

分泌管

浆液性腺泡

黏液性腺泡

混合性腺泡

浆半月

分泌管

图 9 - 27   下颌下腺光镜像（低倍，左下角示高倍）

和促红细胞生成素等；有的则参与细胞代谢和功能的调节，如肾素、高血糖素、生长抑素和胃泌素等。这些多肽物质可直接分泌入血或随唾液进入消化道，由胃肠吸收，通过血液循环对多种组织和细胞起作用。

十一、胰腺

胰腺表面覆有薄层结缔组织被膜，被膜伸入腺实质将其分隔成许多分界不明显的小叶。胰腺实质由外分泌部和内分泌部构成（图 9 - 28）。外分泌部是重要的消化腺，分泌胰液，在食物消化中起重要作用。内分泌部分泌激素，主要参与体内糖代谢的调节。

（一）外分泌部

外分泌部（exocrine portion）为浆液性复管泡状腺，由腺泡和导管构成。

1. 腺泡   由一层锥体形的腺泡细胞构成，外有基膜，但无肌上皮细胞（图 9 - 28、29）。

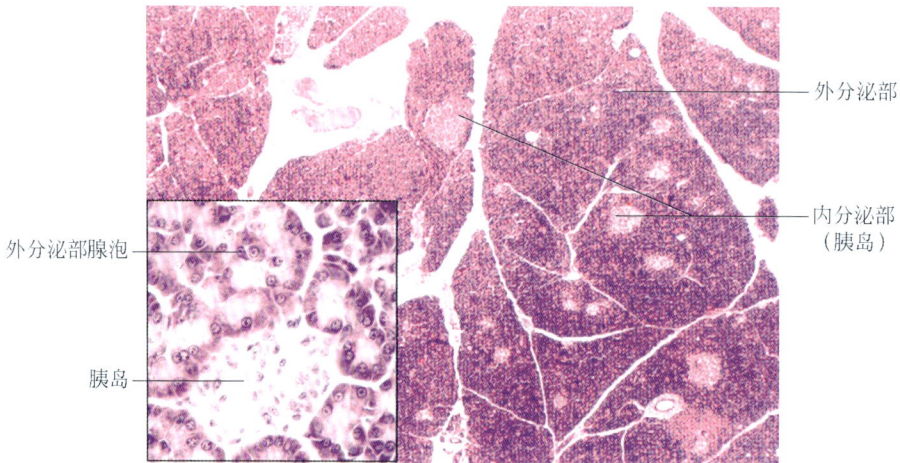

图 9 - 28　胰腺光镜像（低倍，左下角示高倍）

腺泡细胞核圆形，位于细胞基部。基部胞质嗜碱性，顶部胞质中有酶原颗粒，H-E 染色呈嗜酸性。电镜下腺泡细胞具有典型的蛋白质合成细胞的超微结构特点，可见丰富的粗面内质网、游离核糖体和发达的高尔基复合体，线粒体丰富。酶原颗粒聚集在细胞顶部，内含多种消化酶。酶原颗粒含量因细胞的机能状态而异，消化活动旺盛时，酶原释放，颗粒减少。腺泡腔内可见数个扁平或立方形细胞，胞质着色较淡，核扁圆形，称泡心细胞，它们是伸入腺泡腔内的闰管上皮细胞。

　　腺泡细胞分泌多种消化酶，如胰蛋白酶原、糜蛋白酶原、胰淀粉酶、胰脂肪酶、DNA酶和 RNA 酶等，分别消化食物中的各种营养成分。腺泡细胞尚分泌一种胰蛋白酶抑制因子，防止胰蛋白酶原和糜蛋白酶原在胰腺内被激活，若这种自我制约机制失调，或某些致病因素使蛋白酶原在胰腺内激活，可致胰腺组织的自我消化，引发急性胰腺炎。

　　2. 导管　闰管较长，与腺泡相连，管腔小，无纹状管，闰管直接汇合成小叶内导管。小叶内导管在小叶间汇合成小叶间导管，最后汇集成一条主导管，贯穿胰腺全长，在胰头部与胆总管汇合，开口于十二指肠乳头。从小叶内导管至主导管，管腔逐渐增大，上皮由单层立方渐变为单层柱状，主导管为单层高柱状上皮，上皮内可见杯形细胞。导管上皮细胞（包括泡心细胞）可分泌大量的水和碳酸氢盐等多种电解质。导管上皮间有散在的内分泌细胞，如 PP 细胞、B 细胞和 A 细胞。

　　成人每天分泌 1500～2000ml 胰液，胰液内含有多种消化酶和丰富的电解质，pH7.8～8.4，能中和进入十二指肠的胃酸，是最重要的消化液。胰液的分泌受神经和体液的双重调节，以体液调节为主。①体液调节：多种胃肠激素参与调节胰腺腺泡细胞的分泌，如胆囊收缩素、胃泌素、P 物质及血管活性肽等均可促进腺泡细胞分泌胰酶的作用，而高血糖素和生长抑素对胰腺的外分泌则有抑制作

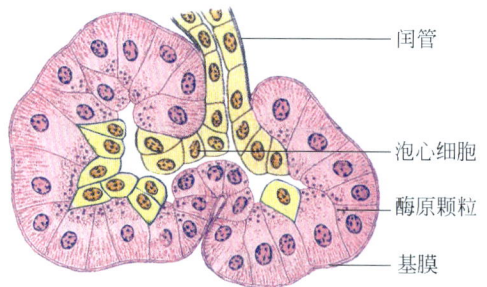

图 9 - 29　胰腺腺泡结构模式图

用。②神经调节：胰腺受交感和副交感神经支配，它们分别来自内脏神经和迷走神经。其中迷走神经可通过其末梢释放乙酰胆碱直接作用于腺泡细胞，促进其分泌功能，故迷走神经的兴奋使胰液中的酶含量增多，而水和碳酸氢盐的含量减少。

（二）内分泌部

内分泌部（endocrine portion）也称**胰岛**（pancreas islet），散在分布于外分泌部腺泡之间，为大小不等的细胞团。在 H-E 染色标本上，细胞着色浅淡，易与外分泌部区分。成人胰腺约有 17 万~200 万个胰岛，约占胰腺总体积的 1%，胰尾分布较多。胰岛大小不等，由数个至数百个细胞组成。胰岛细胞呈团、索状排列，细胞间有丰富的有孔毛细血管。人胰岛主要有 A、B、D、PP 四种细胞，在 H-E 染色标本中不易区分各种细胞（图 9-28），用特殊方法染色如 Mallory - Azan 可显示胰岛主要有 A、B、D 三种细胞（图 9-30）。近年多用电镜和免疫细胞化学法显示和研究胰岛各类细胞。

1. A 细胞 约占胰岛细胞总数的 20%，多分布于胰岛的周边。细胞体积较大，呈多边形，胞质内含有很多粗大的鲜红色分泌颗粒，核圆形。电镜观察，分泌颗粒呈圆形或卵圆形，外包有质膜，内含一偏位的致密芯，芯和膜之间有电子密度较低的晕。A 细胞分泌**高血糖素**（glucagon），能促进细胞内的糖原分解为葡萄糖，并抑制糖原合成，使血糖升高。

2. B 细胞 约占胰岛细胞总数的 75%，多分布于胰岛中央。细胞体积较小，分界不清，胞质内有细小的橘黄色颗粒，核小，圆形。电镜观察，分泌颗粒有质膜包被，大小不一，分布不匀，其内有一个至多个杆状或不规则的致密芯。B 细胞分泌**胰岛素**（insulin），胰岛素参与糖代谢，能促进组织、细胞对葡萄糖摄取和利用，促进葡萄糖合成糖原或转变为脂肪贮存，从而使血糖降低。在 B 细胞与 A 细胞的协同作用下，机体的血糖水平保持相对稳定。若胰岛发生病变，B 细胞退化，胰岛素分泌不足，可致血糖增高，引起糖尿病。胰岛 B 细胞肿瘤或功能亢进时，胰岛素分泌过多，则可引发低血糖症。

3. D 细胞 约占胰岛细胞总数的 5%。D 细胞为卵圆或梭形，分散于胰岛周边部的 A、B 细胞之间，核卵圆形，胞质内含大量蓝色颗粒。电镜观察，D 细胞与 A、B 细胞间有缝隙连接，分泌颗粒较大，内含物呈均质状。D 细胞分泌**生长抑素**（somatostatin），可经旁分泌的方式或经缝隙连接直接作用于邻近的 A、B、PP 细胞，抑制它们的分泌，以维持胰岛素及高血糖素的分泌与血糖浓度相适应。生长抑素也可进入血液循环对其他靶细胞起调节作用。

4. PP 细胞 细胞能分泌**胰多肽**（pancreatic polypeptide，PP），故称为 PP 细胞。数量很少，主要分布于胰岛，也见于外分泌部的导管上皮内或腺泡细胞间，细胞内含分泌颗粒。胰多肽可抑制胰液分泌、胃肠运动及胆囊收缩。在糖尿病、炎症、肿瘤等胰腺实质性疾病时，PP 细胞不同程度地增多，血中胰多肽含量也升高。

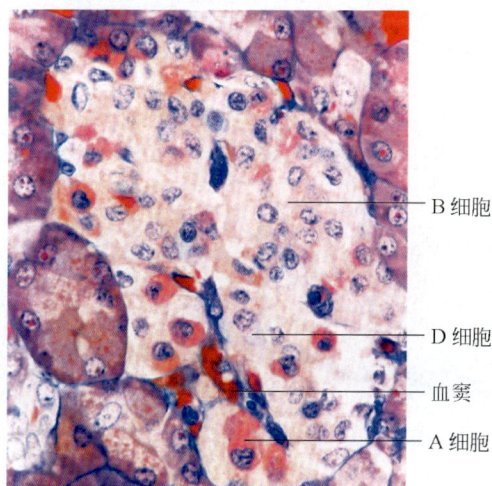

图 9-30 胰岛 Mallory - Azan 染色（高倍）

除上述细胞外，人胰岛的周边还可见少量 D_1 细胞，分泌血管活性多肽，能促进胰腺腺泡和 A、B 细胞的分泌活动。有些动物如豚鼠，尚可见一些无颗粒的细胞，称 C 细胞，它可能是一种未分化的细胞，可分化为 A、B、D 等细胞。除 B 细胞外，胰岛中的其他几种细胞也可见于胃肠黏膜内。

十二、肝

肝是人体最大的腺体，成人肝约占体重2%。肝细胞分泌胆汁经胆管输入十二指肠，参与脂类和脂溶性物质的消化，故通常将肝列为消化腺，但肝具有不同于其他消化腺的独特的结构特点和极其复杂多样的生物化学功能。肝内进行的生物化学反应超过500种，肝除合成分泌胆汁外，还合成多种蛋白质及其他物质直接分泌入血，参与糖、脂类、药物、激素等的代谢，并有防御、造血的功能。

肝表面覆以致密结缔组织被膜，大部分为浆膜，内含丰富的弹性纤维。肝门处的结缔组织随门静脉、肝动脉和肝管的分支伸入肝实质，将整个肝脏分隔成许多肝小叶（图9-31）。肝小叶间各种管道聚集的部位为门管区。

（一）肝小叶

肝小叶（hepatic lobule）是肝脏的基本结构和功能单位，外形呈多角形棱柱体，横切面为多边形，长约2mm，宽约1mm，成人肝有50万~100万个肝小叶。小叶之间有结缔组织，人肝小叶周围的结缔组织少，仅占肝体积的4%左右，所以肝小叶界限不明显。每个肝小叶中央有一条贯通其长轴的**中央静脉**（central vein），肝细胞以中央静脉为中心，呈放射状排列，形成**肝板**（hepatic plate），其断面呈索状称**肝索**（hepatic cord），肝板凹凸不平有分支且相互吻合成网。肝小叶的周围有一层环行肝板，称为**界板**（limitingplate）。肝板之间的不规则空隙内有**肝血窦**（hepatic sinusoid），血窦经肝板上的孔互相连通。相邻肝细胞局部胞膜各自向胞质内凹陷形成微细的**胆小管**（bile canaliculi），穿行于肝板内并互相连接成网。肝板、肝血窦和胆小管围绕中央静脉共同组成肝小叶的复杂的立体网络结构（图9-32、33）。

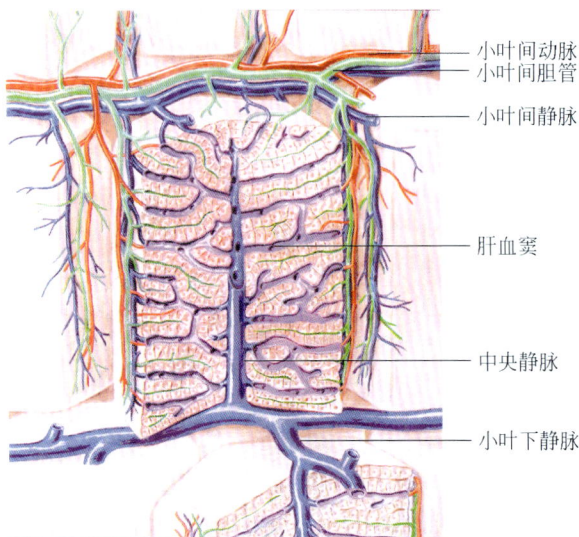

小叶间动脉
小叶间胆管
小叶间静脉
肝血窦
中央静脉
小叶下静脉

图9-31 肝小叶立体模式图

1. 中央静脉　位于肝小叶中央，管壁由内皮细胞围成，内皮外有少量结缔组织，管壁上有肝血窦的开口。中央静脉接受肝血窦的血液，然后汇入小叶下静脉。

2. 肝细胞　**肝细胞**（hepatocyte）是肝的实质性细胞，占肝内所有细胞的90%，肝小叶体积的80%。肝细胞呈多面体形，直径15~30μm。肝细胞有三种不同的功能面：相邻肝细胞的连接

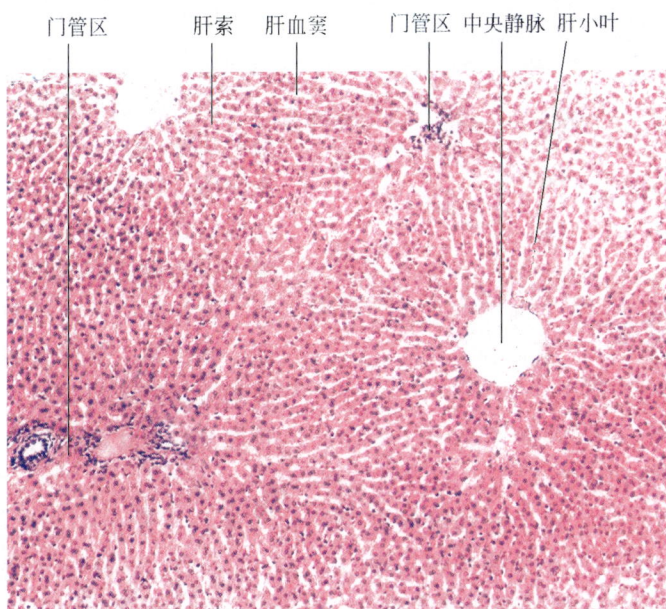

门管区　肝索　肝血窦　门管区　中央静脉　肝小叶

图 9 – 32　肝光镜像（低倍）

面、胆小管面和肝血窦面（图 9 – 33、34）。每个肝细胞可有多个血窦面。胆小管面和肝血
窦面有发达的微绒毛，使细胞表面积增大。肝细胞通过这三种不同的邻接面实现多种生理功
能。

　　肝细胞核大而圆，可有双核细胞（约 25%），常染色质丰富，故着色较浅，核膜、核仁
清楚，说明合成蛋白质的功能活跃（图 9 – 34、35）。多倍体细胞多是肝的特点之一，肝细
胞核 DNA 含量分析，正常成人肝的四倍体细胞占 60% 以上，还有八倍体或十六倍体肝细
胞，其生理和病理意义尚不完全清楚，一般认为与肝细胞长期保持活跃的功能活动及旺盛的
物质更新有关，而且可能与肝潜在的强大
再生能力密切相关。

　　肝细胞质呈嗜酸性，蛋白质合成旺盛
时，胞质内可有散在的嗜碱性物质，电镜
观察（图 9 – 36、37）各种细胞器均很丰
富，并含有糖原与脂滴等内含物。细胞器
和内含物的含量及分布常因细胞的功能状
况或饮食变化而异。

　　（1）线粒体：数量多，每个肝细胞
约有 1000 ~ 2000 个，约占细胞体积的
20%，遍布于胞质内，为细胞的功能活动
提供能量。

　　（2）粗面内质网：是肝细胞合成蛋
白质的场所。合成白蛋白、纤维蛋白原、

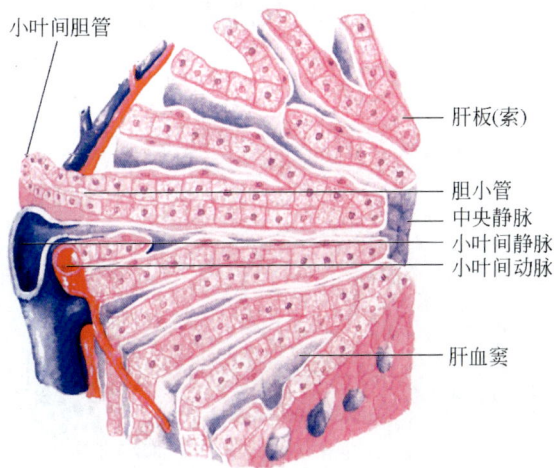

小叶间胆管
肝板(索)
胆小管
中央静脉
小叶间静脉
小叶间动脉
肝血窦

图 9 – 33　肝板、肝血窦与胆小管关系模式图

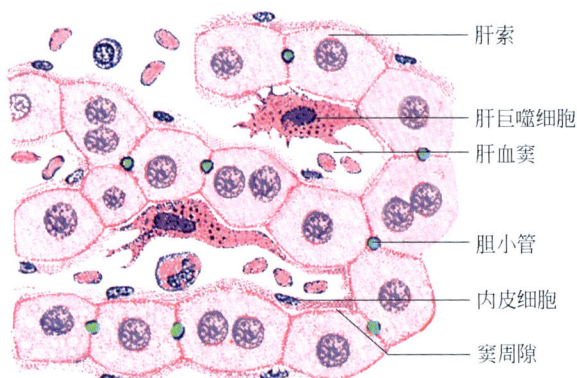

图 9-34　肝索与肝血窦模式图

等都与滑面内质网密切相关。

（4）高尔基复合体：每个肝细胞约有 50 个左右，主要分布在胆小管周围和核附近。高尔基复合体参与肝细胞的胆汁合成，蛋白质加工、贮存及溶酶体的形成。

（5）溶酶体：分布在近胆小管及高尔基复合体处，内含以酸性磷酸酶为主的多种水解酶。溶酶体功能活跃，可消化水解细胞内的代谢物质和退化的细胞器，以维持肝细胞结构的自我更新；还参与肝细胞的物质转运和贮存，如转运胆红素和贮存

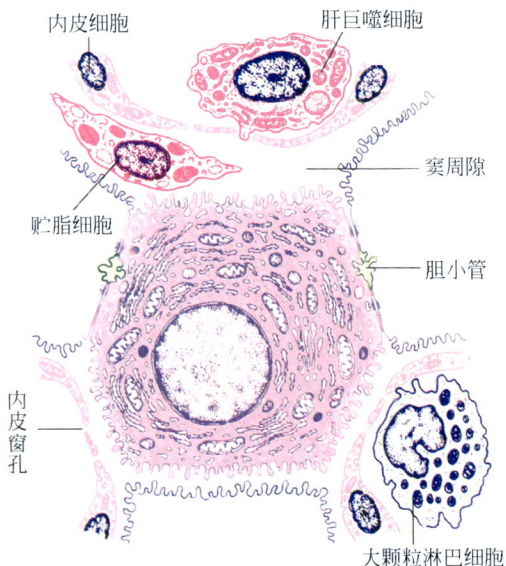

图 9-36　肝细胞、肝血窦、窦周隙及胆小管关系模式图

凝血酶原、脂蛋白等血浆蛋白，经肝细胞的血窦面释放入血。

（3）滑面内质网：肝细胞的滑面内质网功能甚多，因其膜上有氧化还原酶、水解酶、转移酶、合成酶等多种酶系规律地分布。肝细胞摄取的各种有机物在滑面内质网进行连续的合成、分解、结合、转化反应，包括胆汁合成、脂类代谢、糖代谢、激素代谢，以及从肠道吸收的大量的有机异物（如药物、腐败产物等至少 200 多种化合物）的生物转化

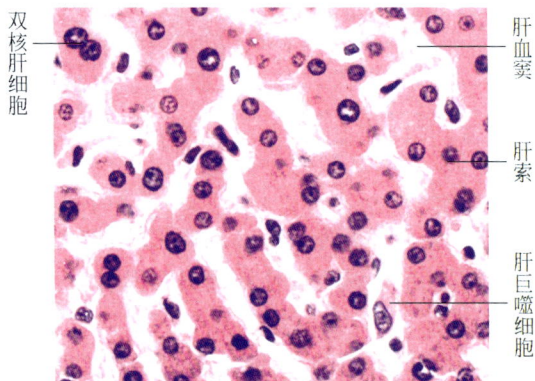

图 9-35　肝光镜像（高倍）

铁。

（6）过氧化物酶体（微体）：主要含过氧化氢酶和过氧化物酶，能将细胞代谢中产生的过氧化氢还原为水，以消除它对细胞的毒性作用，故微体有保护肝细胞的作用。

（7）包含物：肝细胞内有丰富的糖原、脂滴和色素等包含物，它们的含量因机体的生理状况不同而异。如进食后糖原增多，饥饿时糖原减少；正常肝细胞内脂滴少，肝病变时脂滴增多。肝细胞的色素有胆色素、含铁血黄素和脂褐素，后者可随年龄的增长而增多。

3. 肝血窦　位于肝板之间，腔大

而不规则，相互吻合成网。小叶间动脉和小叶间静脉的终末支穿过界板将血液汇入肝血窦，故肝血窦内为混合血，窦内血液由小叶周边向中央单向性流动，汇入中央静脉（图9-33）。肝血窦壁由内皮细胞围成，窦腔内有肝巨噬细胞和大颗粒淋巴细胞（图9-34~36）。

（1）内皮细胞：细胞扁而薄，含核的部分略厚凸向窦腔。电镜观察，内皮细胞间常有间隙，不含核的部分有许多窗孔，窗孔无隔膜，胞质内细胞器少，有丰富的吞饮小泡。内皮外无基膜，仅有少量网状纤维附着，故肝血窦通透性很大，除血细胞外，肝细胞分泌的蛋白质和血液中的血浆成分等均可通过内皮细胞窗孔和细胞间隙，有利于肝细胞与血液间的物质交换。

（2）肝巨噬细胞：又称**库普弗细胞**（kupffer cell），形态不规则，从胞体伸出许多板状或丝状伪足附于内皮细胞表面，或穿过内皮细胞窗孔、细胞间隙伸入窦周隙。细胞表面有许多皱褶和微绒毛，胞质内含大量的溶酶体，

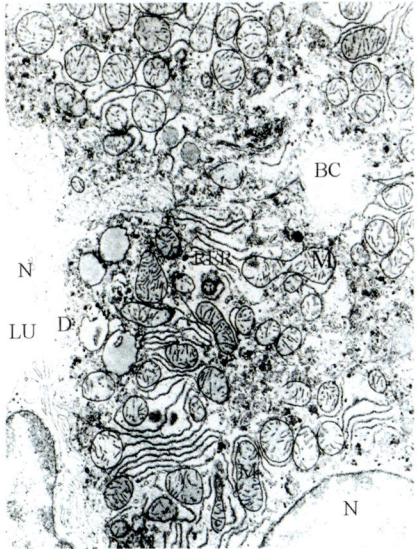

图9-37 肝细胞电镜像

LU：血管腔　D：窦周隙　RER：粗面内质网
M：线粒体　BC：胆小管　N：细胞核

并常见吞噬体和残余体，细胞核较大。肝巨噬细胞由血液单核细胞分化而来，是体内最大的巨噬细胞群体。肝巨噬细胞具有变形运动和活跃的吞饮、吞噬能力，在清除从门静脉进入肝的病原微生物、异物，清除衰老血细胞及监视肿瘤等方面发挥重要作用。

（3）大颗粒淋巴细胞：**大颗粒淋巴细胞**（large granular lymphocyte，LGL）是肝特有的NK细胞，附着在内皮细胞或库普弗细胞上。细胞近圆形，表面有伪足样突起，突起可穿过内皮孔或间隙进入窦周隙，与肝细胞表面的微绒毛相接触。核偏位，有齿状凹陷。胞质内有较多的致密颗粒，偶见LGL从血窦进入窦周隙内。肝LGL具有NK细胞活性，能溶解和杀伤多种肿瘤细胞，还具有抗病毒作用，人外周血LGL可杀伤感染肝炎病毒的肝细胞。

4. 窦周隙与贮脂细胞　**窦周隙**（perisinusoidal space）是位于内皮细胞与肝细胞之间的狭小间隙，又称Disse间隙，宽约$0.4\mu m$。由于肝血窦壁通透性大，血浆成分透入窦周隙，肝细胞血窦面大量微绒毛伸入窦周隙，浸浴于血浆中，窦周隙是肝细胞与血液之间进行物质交换的场所。窦周隙内有**贮脂细胞**（fat-storing cell）或称**肝星形细胞**（hepatic stellate cell，HSC）（图9-36），其形态不规则，有许多突起附于内皮细胞基底面及肝细胞表面，或伸入肝细胞之间，核形态不规则。H-E染色切片中不易辨认，用氯化金浸染或免疫细胞化学法可显示。电镜观察，贮脂细胞的结构特征是胞质内有许多大小不一的脂滴，内含维生素A。贮脂细胞有摄取、贮存和释放维生素A的功能，还有产生胶原和基质的功能。当慢性肝病或肝硬化时，贮脂细胞增多，其结构与功能类似于成纤维细胞，与肝纤维化等病理变化密切相关。

5. 胆小管　是穿行于肝板内的微细胆道，相互连接成网，其管径粗细较均匀，直径为$0.5~1\mu m$，在H-E染色标本中不易看到，用银染法或ATP酶组化染色法可清楚显示（图

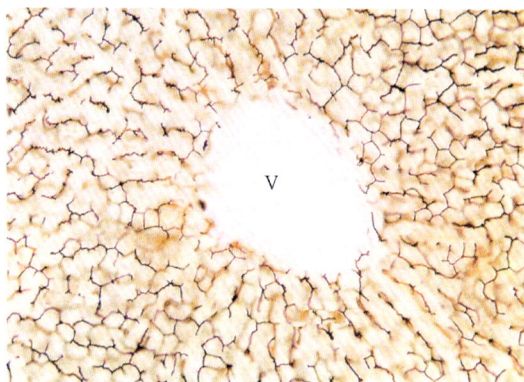

图9-38　胆小管光镜像（镀银染色，低倍）
V：中央静脉

9-38）。电镜观察（图9-37、39）胆小管由相邻肝细胞的质膜局部凹陷形成，有微绒毛突入管腔，接合处肝细胞膜彼此贴近，并形成紧密连接、桥粒等连接复合体封闭胆小管，防止胆汁进入细胞间隙或窦周隙。当肝细胞发生病变或胆道阻塞时，胆小管正常结构被破坏，胆汁溢入窦周隙并进入血窦形成黄疸。

胆小管近中央静脉处是盲端，肝细胞分泌的胆汁进入胆小管，由小叶中央流向小叶边缘，连接于肝闰管，肝闰管在门管区汇入小叶间胆管。肝闰管由单层立方上皮组成，有人认为其上皮细胞分化程度较低，具有干细胞性质，在肝再生时能增殖并分化为肝细胞。

（二）门管区

门管区（portal canal area）是相邻肝小叶之间呈三角形或不规则形的结缔组织小区，又称汇管区，其中有三种伴行的管道，即**小叶间动脉**（interlobular artery）、**小叶间静脉**（interlobular vein）和**小叶间胆管**（interlobular bile duct）（图9-32、33、40）。每个肝小叶的周围一般有3~4个门管区。小叶间静脉是门静脉的分支，管腔大而不规则，管壁薄，内皮外仅有少量散在平滑肌。小叶间动脉是肝动脉的分支，管径较细，腔较小，管壁相对较厚，内皮外有几层环行平滑肌。小叶间胆管是肝管的分支，管壁由单层立方或低柱状上皮构成，管腔狭小。

（三）肝内血液循环

肝脏由门静脉和肝动脉双重供血。门静脉是肝的功能血管，其血流量占肝内总血流量的70%~75%，将胃肠吸收的营养物质等输入肝内进行代谢及加工处理。门静脉入肝后反复分支，在肝小叶之间形成小叶间静脉，其终末支终末门微静脉汇入肝血窦。肝动脉是肝的营养血管，其血流量占肝内血流总量的25%~30%，血液内富含氧。肝动脉入肝后反复分支，在肝小叶之间形成小叶间动脉，与小叶间静脉伴行，其终末支终末肝微动脉也汇入肝血窦，因此，肝血窦内含有门静脉和肝动脉的混合血液。肝血窦的血液从小叶周边流向中央，汇入中央静脉。若干中央静脉汇合成小叶下静脉。小叶下静脉单独行走于小叶间结缔组织内（图9-31、33），进而汇合成肝静脉汇入下腔静脉。肝内血流的这种特点是形成肝小叶边缘与中央细

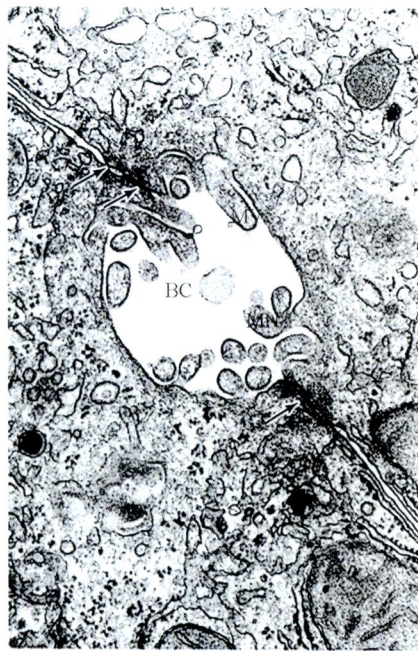

图9-39　胆小管电镜像
↑示连接复合体　BC：胆小管　MN：微绒毛

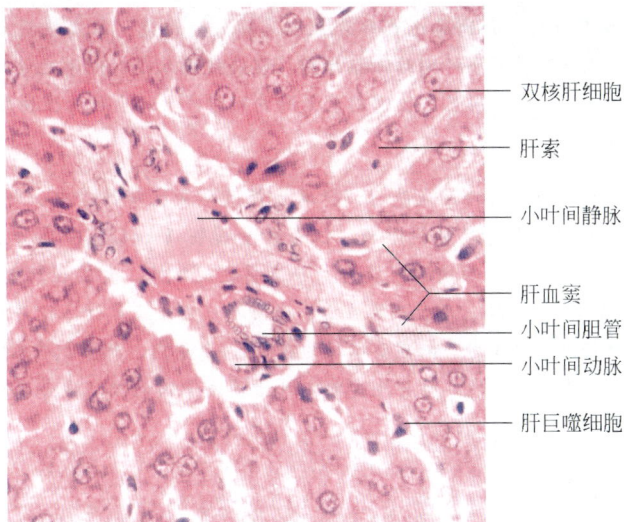

图 9-40 肝门管区光镜像 (高倍)

胞出现形态与功能差异的部分原因, 在病理情况下, 肝细胞的这种差异表现更为明显。

肝内血液循环、胆汁排出通路示意图 (图 9-41):

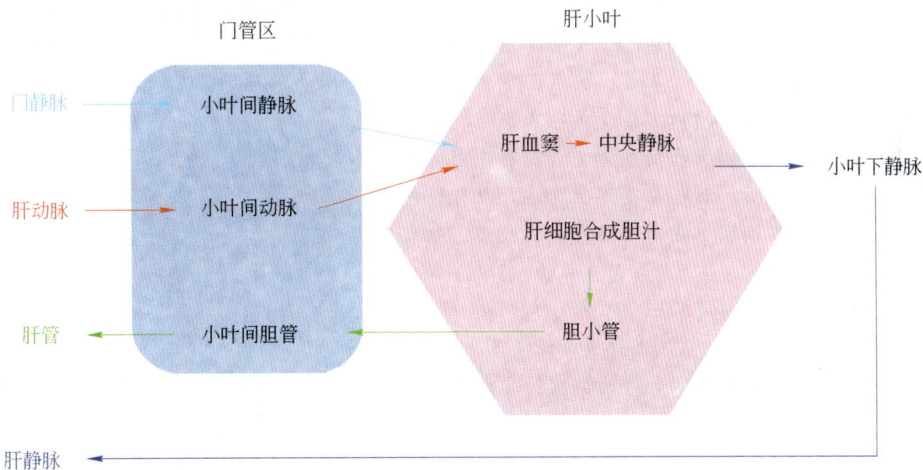

图 9-41 肝内血液循环、胆汁排出通路示意图

(四) 肝内胆汁排出通路

肝细胞分泌胆汁排入胆小管, 胆汁沿胆小管从肝小叶中央向周边运送, 进入肝闰管出小叶, 注入小叶间胆管 (图 9-31、33), 小叶间胆管向肝门方向汇集, 至肝门汇成左、右肝管出肝。肝闰管又称 Hering 管, 较细而短, 管壁为单层立方上皮, 至肝管渐变为单层柱状上皮。肝内胆管上皮细胞可重吸收胆汁中的水和电解质, 使胆汁浓缩, 还能分泌重碳酸盐等电解质, 此过程受肠促胰液素调节。

(五) 肝的淋巴

肝淋巴管分布于被膜内和小叶间管道周围, 形成淋巴丛, 肝小叶内无淋巴管。肝产生大量淋巴, 胸导管内的淋巴有25%～50%来自肝。肝的淋巴大部分来自窦周隙的血浆，窦周隙的血浆从小叶中央流向周边，在小叶边缘沿血管周围间隙流至小叶间结缔组织内，继而被吸入小叶间淋巴管内形成淋巴。小叶间淋巴管汇合形成肝门淋巴管出肝。肝内淋巴排出通路也是肝内细胞产生的生物活性物质出肝的途径之一。

（六）肝的再生

肝的重要特征之一是它具有很强的再生能力，肝再生是医学和生命科学中一个十分引人关注的问题。成年哺乳动物的肝正常状态下极少有肝细胞增殖，但在肝受损伤（如CCl_4中毒等），尤其是在肝大部分（2/3）切除后，肝细胞表现出惊人的快速增殖能力，并呈明显规律性。大鼠在肝大部分切除术后15小时左右，约30%的肝细胞启动增殖周期，术后一周左右，残余肝可恢复正常肝体积并重建其正常结构。肝病患者实施肝部分切除后肝仍有再生能力，依病变情况约在0.5～1年内，肝体积基本恢复；肝硬化患者的肝也有一定的再生能力，但再生相对缓慢。肝再生受肝内外诸多因子的调控，后者启动、促进并调节肝细胞的增殖。

十三、胆囊与胆管

（一）胆囊

胆囊（gall bladder）壁由黏膜、肌层与外膜组成。黏膜有许多高而分支的皱襞突入腔内，胆囊收缩排空时，皱襞高大而呈分支状，充盈时皱襞减少或消失（图9-42）。

1. 黏膜　由上皮和固有层构成。上皮为单层柱状，细胞游离面有大量微绒毛，细胞核位于基部，核上区胞质内线粒体和粗面内质网较发达，顶部胞质内可见少量粘原颗粒。上皮细胞可分泌一定量的黏液，但以吸收功能为主。固有膜为薄层结缔组织，含有丰富的小血管、淋巴管及弹性纤维。固有膜内无腺体，皱襞之间的上皮常向固有膜内凹陷形成黏膜窦。胆囊充盈时，黏膜窦消失。黏膜窦内易存留细菌或异物，引起炎症。

2. 肌层　为平滑肌，厚薄不一，胆囊底部较厚，体部较薄，平滑肌呈纵形或螺旋形排列，肌束间弹性纤维较多。

3. 外膜　较厚，胆囊的游离部分为浆膜，其余部分为纤维膜。

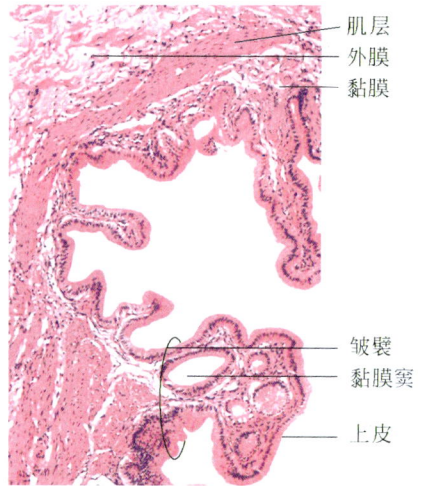

图9-42　胆囊光镜像（低倍）

胆囊有贮存和浓缩胆汁的功能。容量约为40～60ml。胆囊上皮能主动吸收胆汁中的水和无机盐，使胆汁浓缩。胆囊每小时吸收水3ml，使胆汁浓缩4～10倍。胆囊分泌黏液，每日约20ml，慢性胆囊炎时，上皮出现杯形细胞，黏液分泌增多。胆囊的分泌、吸收和收缩排空受神经与体液调节，特别是进食高脂肪食物后，小肠分泌胆囊收缩素，刺激胆囊强烈收缩，将胆汁排入肠腔。

（二）胆管

胆管由肝内胆管和肝外胆管组成。肝内胆管为单层立方上皮，管壁无平滑肌。肝外胆管由黏膜、肌层和外膜组成，管壁较厚。黏膜有纵行皱襞，上皮为单层柱状，内有杯形细胞，固有层中有黏液腺。肌层平滑肌呈内斜和外纵行排列，较分散。外膜为疏松结缔组织。

（张立群）

第十章

呼吸系统

呼吸系统包括鼻、咽、喉、气管、支气管和肺。根据结构和功能特点，可分为导气部和呼吸部。导气部从鼻腔至肺内的终末细支气管，是气体进出的通道，并有净化吸入空气等重要作用。呼吸部是从肺内的呼吸性细支气管至终末的肺泡，是气体交换的部位。此外，肺还参与机体多种物质的合成和代谢。

一、鼻腔

鼻表面被覆以皮肤，鼻腔内面衬以黏膜，黏膜深面为软骨、骨或骨骼肌。鼻黏膜分前庭部、呼吸部和嗅部三部分。

（一）前庭部

前庭部（vestibular region）是邻近外鼻孔的部分。上皮与皮肤表皮相延续，被覆角化的复层扁平上皮，含鼻毛和皮脂腺，具有阻挡吸入空气中尘粒的作用。黏膜固有层为细密结缔组织，近呼吸部的黏膜固有层内有少量混合腺及弥散淋巴组织。

（二）呼吸部

呼吸部（respiratory region）占鼻黏膜的大部，包括下鼻甲、中鼻甲、鼻道及鼻中隔中下份等黏膜。生活状态的黏膜因血液供应丰富而呈淡红色，表面覆盖假复层纤毛柱状上皮，有较多的杯形细胞（图 10 - 1）。上皮纤毛的快速摆动，将黏液及黏着的尘粒推向咽部而被咳

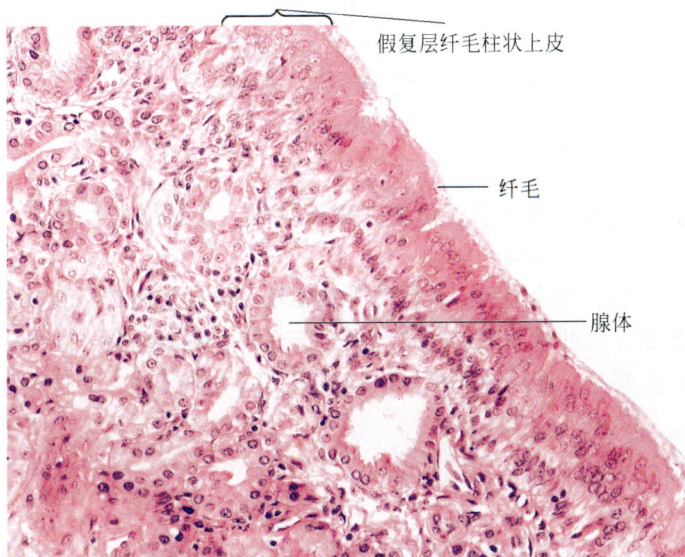

假复层纤毛柱状上皮

纤毛

腺体

图 10 - 1　鼻呼吸部黏膜光镜像（高倍）

出。固有层为疏松结缔组织，含有较多混合腺、丰富的静脉丛及淋巴组织，还可见嗜酸性粒细胞、嗜碱性粒细胞和肥大细胞等。混合腺的分泌物经导管排入鼻腔，与上皮内杯形细胞分泌物共同形成一层黏液覆于纤毛上。中、下鼻甲处固有层内静脉丛尤其丰富，并随动静脉吻合的开放和关闭而有周期性充血变化，对吸入的空气起加温和湿润作用。患鼻炎时，静脉丛异常充血，黏膜肿胀，分泌物增多，导致鼻塞。

（三）嗅部

嗅部（olfactory region）位于上鼻甲、鼻中隔上部两侧及鼻腔顶部。人嗅黏膜的总面积约 $2cm^2$，某些动物的嗅黏膜面积大，如狗为 $100cm^2$。生活状态的嗅黏膜呈棕黄色，与淡红色的呼吸部分界明显。嗅黏膜由嗅上皮和固有层组成。嗅上皮为假复层柱状上皮，无纤毛细胞和杯形细胞，由嗅细胞、支持细胞和基细胞组成（图10-2）。

1. 嗅细胞　嗅细胞（olfactory cell）是一种双极神经元，散在于支持细胞之间。嗅细胞分胞体、树突和轴突三部分，含核的胞体部位于上皮的中部。顶部的树突呈细棒状，伸向上皮表面，末端膨大呈球状，称**嗅泡**（olfactory vesicle）。从嗅泡伸出 10～30 根不动的纤毛，称**嗅毛**（olfactory cilia）。嗅毛呈放射状发出，其远端常倒向一侧，平铺于上皮表面并浸泡在上皮表面的嗅腺分泌物中。嗅细胞基部伸出细长轴突，穿过基膜，形成无髓神经纤维，组成嗅神经（图10-2）。嗅毛为嗅觉感受器，可通过不同的受体，分别接受不同化学物质的刺激，使嗅细胞产生冲动，传入中枢，产生嗅觉。

2. 支持细胞　细胞呈高柱状，核卵圆形，位于细胞上部。支持细胞分布于嗅细胞之间，分隔嗅细胞，使每个嗅细胞为一个功能单位。支持细胞对相邻嗅细胞有支持、营养和保护作用；还能引导新生的嗅细胞突起的生长。

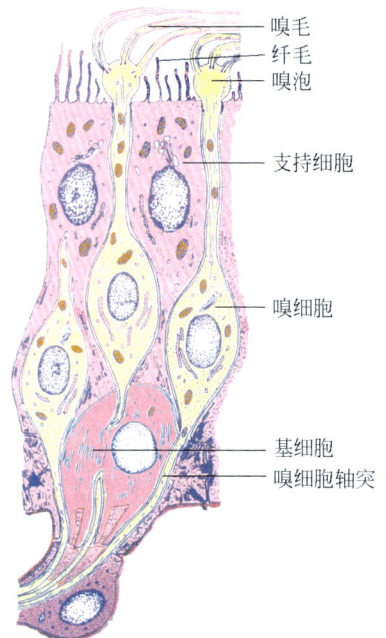

图 10-2　嗅黏膜上皮细胞
超微结构模式图

3. 基细胞　细胞呈圆形或锥形，位于上皮基底部。基细胞为干细胞，有分裂和分化能力，能分化为支持细胞和嗅细胞。

嗅黏膜固有层为薄层结缔组织，与深部骨膜相连。固有层内的血管较丰富，并有许多浆液性嗅腺。嗅腺腺泡分泌的浆液经导管排出到上皮表面，可溶解吸入空气中有气味的化学物质，刺激嗅毛，产生嗅觉。浆液的不断分泌，又可清洗上皮表面，保持嗅细胞感受刺激的敏感性。

二、喉

喉以软骨为支架，软骨之间借韧带、肌肉和关节相连。会厌表面覆以黏膜，内部为会厌软骨（弹性软骨）。会厌舌面及喉面上份的黏膜上皮为复层扁平上皮，其舌面的上皮内有味蕾。喉面基部的黏膜被覆假复层纤毛柱状上皮。黏膜固有层为疏松结缔组织，弹性纤维较丰富，并有混合腺和淋巴组织，深部与会厌软骨的软骨膜相连。

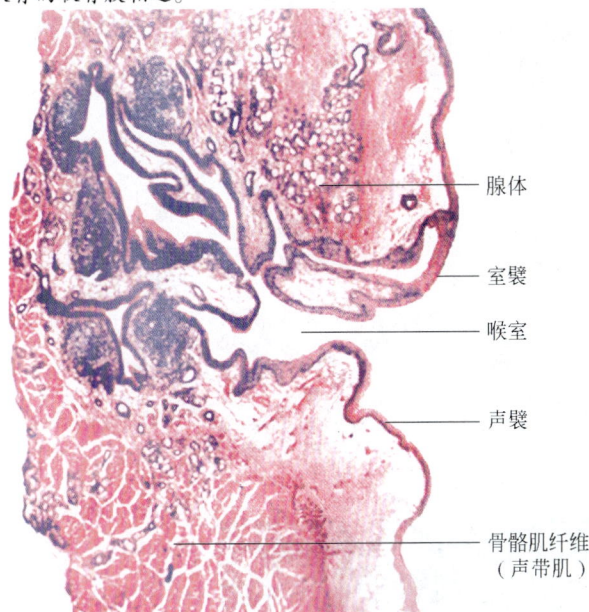

图 10 - 3　喉光镜像（低倍，纵切面）

喉的侧壁黏膜形成上、下两对皱襞，分别为室襞和声襞。上、下皱襞之间为喉室（图 10 - 3）。室襞黏膜表面为假复层纤毛柱状上皮，夹有杯形细胞，固有层和黏膜下层为疏松结缔组织，内有丰富的混合腺和淋巴组织。喉室的黏膜与黏膜下层的结构与室襞相似。声襞又称声带，由膜部与软骨部组成。膜部为声带的游离缘，较薄，是声带振动的主要部位。软骨部为声襞的基部。黏膜表面为复层扁平上皮，固有层较厚，浅部为疏松结缔组织，炎症时易发生水肿，深部为致密结缔组织，富含与表面平行排列的弹性纤维，构成声韧带。固有层内无腺体，血管也较少。固有层下方是骨骼肌纤维构成的声带肌。软骨部黏膜表面为假复层纤毛柱状上皮，黏膜下层内有混合腺，外膜有软骨和骨骼肌。

三、气管和支气管

气管和支气管管壁结构相似，由黏膜、黏膜下层和外膜构成（图 10 - 4）。

(一) 黏膜

黏膜由上皮和固有层构成。上皮与固有层之间有明显的基膜（图 10 - 5A）。上皮为假复层纤毛柱状上皮，由纤毛细胞、杯形细胞、基细胞、刷细胞和小颗粒细胞等组成。

1. 纤毛细胞　数量最多，呈柱状，游离面有纤毛（图 10 - 6）。纤毛向咽部的快速定向摆动，有助于清除异物。

2. 杯形细胞　数量约为纤毛细胞的 1/5，其顶部胞质内含大量黏原颗粒，细胞分泌的黏蛋白与管壁内腺体的分泌物在上皮表面共同构成黏液屏障。

3. 基细胞　呈锥形，位于上皮深部，是一种未分化的细胞，有增殖和分化能力，可分化形成纤毛细胞和杯形细胞。

4. 刷细胞　刷细胞（brush cell）呈柱状，

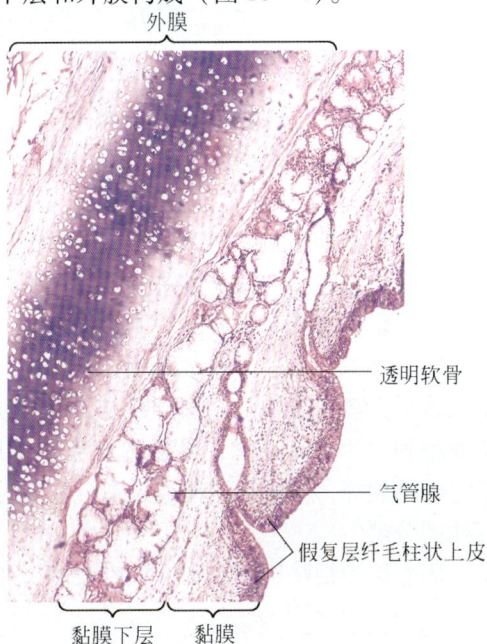

图 10 - 4　气管光镜像（低倍）

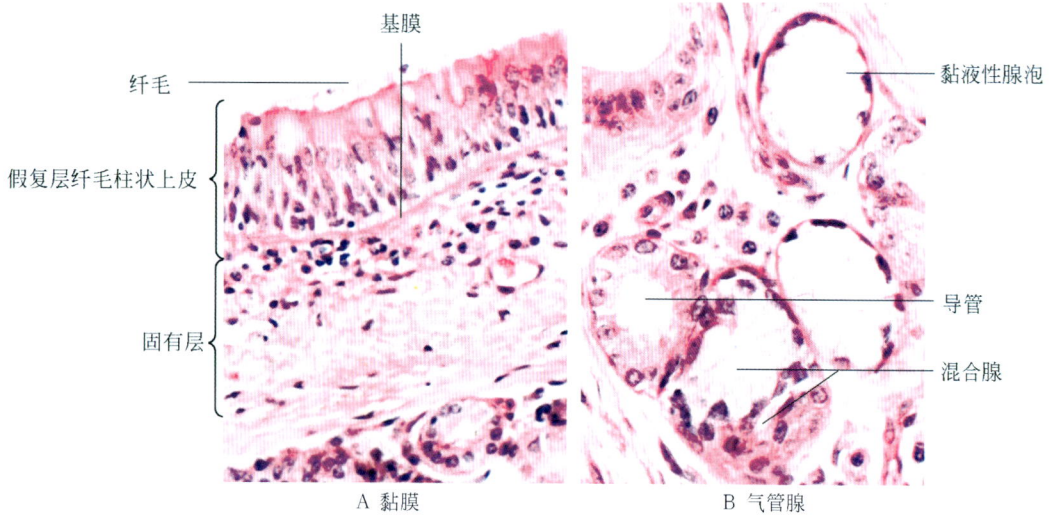

图 10-5　气管光镜像（高倍）

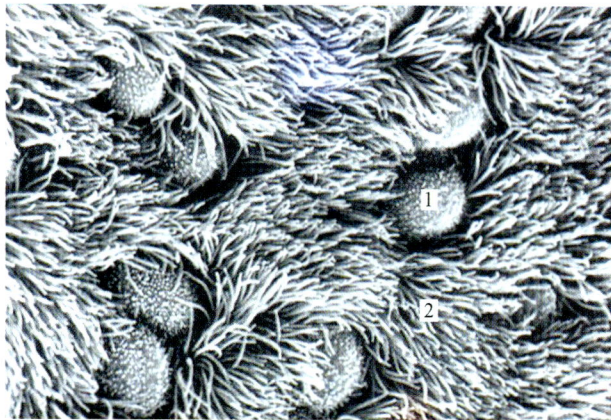

图 10-6　气管上皮扫描电镜像

1. 杯形细胞　2. 纤毛细胞

游离面有许多排列整齐的微绒毛，形如刷状。刷细胞的功能尚不清楚。细胞顶部可见基粒，因此认为它可能是一种未成熟的纤毛细胞。有的刷细胞基部可见与传入纤维构成的突触，故认为刷细胞具有感受刺激的功能。

5. 小颗粒细胞　**小颗粒细胞**（small granule cell）属于弥散神经内分泌细胞，数量少，呈锥体形，散在分布于气管及其分支的导气部管壁上皮深面，胞质内有许多致密核芯颗粒。免疫细胞化学研究证明，颗粒内含有多种胺类或肽类物质，如 5-羟色胺、蛙皮素、降钙素、脑啡肽等，分泌物可能通过旁分泌或经血液循环，参与调节呼吸道血管平滑肌的收缩和腺体的分泌。

固有层为结缔组织，弹性纤维较多，还含有丰富的血管、淋巴管及大量的淋巴组织。

（二）黏膜下层

属疏松结缔组织，与固有层和外膜无明显分界。黏膜下层含有血管、淋巴管、神经及较多的混合性气管腺（图 10 - 4、5B）。气管腺中的浆液性腺泡较少，其分泌的稀薄液体分布于黏液层下方，纤毛在其中可自由摆动。黏液性腺泡分泌的黏液与杯形细胞分泌的黏液共同形成较厚的黏液层，覆盖于黏膜表面。

（三）外膜

属疏松结缔组织，较厚，主要有 16~20 个 "C" 形透明软骨环构成管壁支架（图 10 - 4），软骨环之间以弹性纤维组成的环状韧带连接。软骨环的缺口由弹性纤维组成的韧带和平滑肌束封闭。咳嗽反射时平滑肌收缩，使气管腔缩小，呼出气流速度加快，有助于清除痰液。

气管和支气管管壁中的软骨组织具有支撑作用，可保持气道畅通。管壁淋巴组织中的浆细胞可分泌 IgA，IgA 与上皮细胞产生的分泌片结合形成分泌型 IgA（sIgA），释放入管腔内，发挥免疫防御作用。当慢性炎症病变时，纤毛运动减弱，纤毛细胞减少，杯形细胞及腺体增生，分泌增多；严重者，假复层纤毛柱状上皮转变为复层扁平上皮，称为上皮化生。

四、肺

肺表面覆以浆膜，即胸膜脏层。肺内侧面的肺门有支气管、血管、淋巴管和神经进出。支气管入肺后反复分支呈树枝状，称**支气管树**（bronchial tree）。肺组织分实质和间质两部分，实质为肺内支气管树及其终末的大量肺泡，间质是肺泡之间的结缔组织及其内的血管、淋巴管和神经等。人的支气管分支至肺泡通常有 24 级。支气管依次分支为叶支气管、段支气管、小支气管、细支气管、终末细支气管（图 10 - 7）。从叶支气管至终末细支气管为肺的导气部。终末细支气管以下的分支为肺的呼吸部。

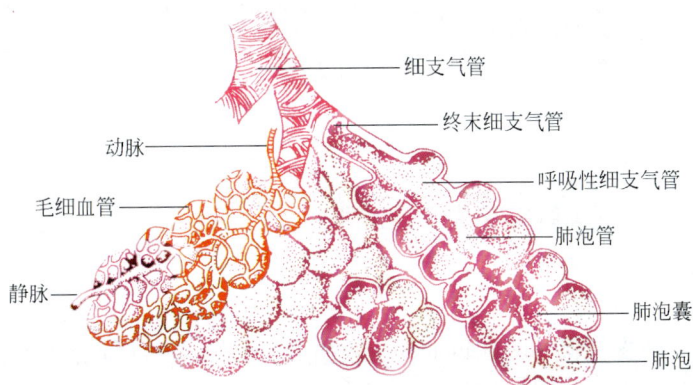

图 10 - 7　肺小叶模式图

每条细支气管连同它的分支至肺泡，组成一个**肺小叶**（pulmonary lobule）（图 10 - 7）。肺小叶呈锥体形，尖朝向肺门，底朝向肺表面，在肺表面可见肺小叶底部轮廓，直径约 1.0cm，每叶肺约有 50~80 个肺小叶。肺小叶是肺的结构单位，也是肺病理变化的基础。临床上小叶性肺炎指仅累及若干肺小叶范围的炎症病变。

（一）肺导气部

肺导气部包括肺内的支气管、小支气管、细支气管和终末细支气管。随着各段管道的不断分支，其管径逐渐变小，管壁逐渐变薄，管壁结构也逐渐发生变化。

1. 叶支气管至小支气管　管壁结构与肺外的支气管基本相似，但随着管径逐渐变小，管壁三层分界已不清楚。假复层纤毛柱状上皮中杯形细胞逐渐减少；固有层中平滑肌相对增多，从分散排列逐渐形成环形平滑肌束；腺体逐渐减少；软骨由完整的"C"形软骨环变为不规则片状，并逐渐减少（图 10 - 8、9）。

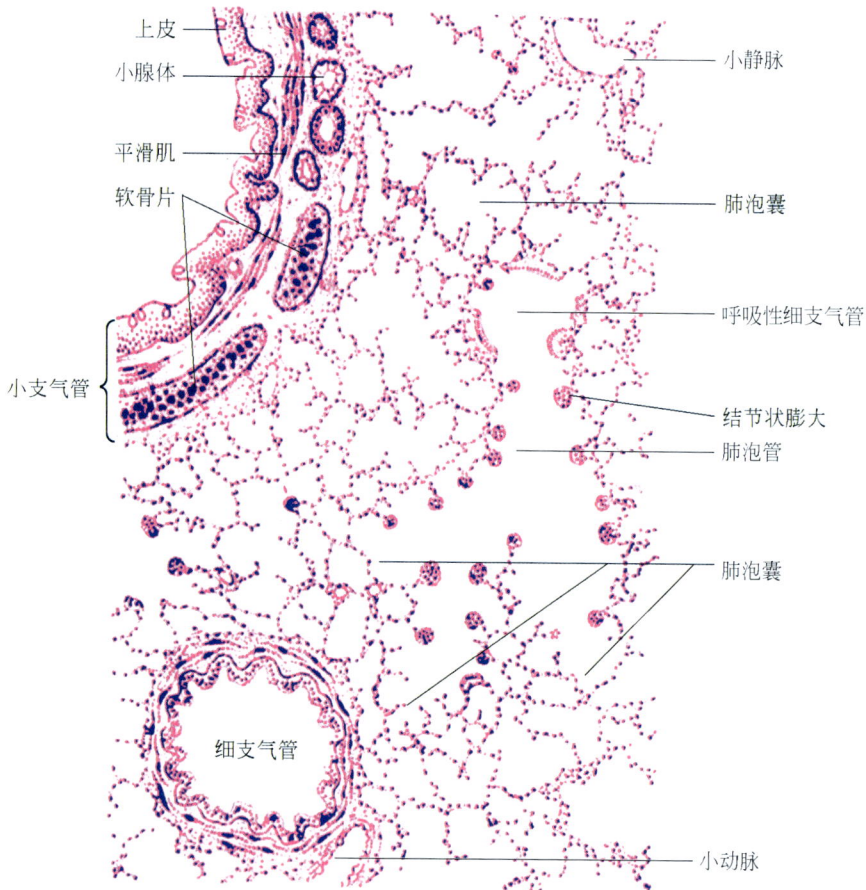

图 10 - 8　肺切片模式图

2. 细支气管　细支气管（bronchiole）上皮由假复层纤毛柱状渐变为单层纤毛柱状上皮，杯形细胞、腺体和软骨片均减少或消失。环行平滑肌逐渐增厚，肌的收缩常使黏膜形成皱襞（图 10 - 8、10）。

3. 终末细支气管　终末细支气管（terminal bronchiole）是细支气管的分支，上皮为单层柱状，无杯形细胞；腺体和软骨均消失；平滑肌明显增多并形成完整的环行层，黏膜皱襞也更明显（图10 - 11）。细支气管和终末细支气管的环行平滑肌的收缩或舒张，可以改变管径的大小，以此调节进出的气流量。在支气管哮喘等病理情况下，平滑肌发生痉挛性收缩，管径变窄，进出肺泡的气流量减少，导致呼吸困难。

随着上皮内杯形细胞的减少或消失，无纤毛的柱状分泌细胞（Clara 细胞，克拉拉细胞）数量增多。电镜下，Clara 细胞顶部呈圆顶状凸向管腔，顶部胞质内含低电子密度的分泌颗

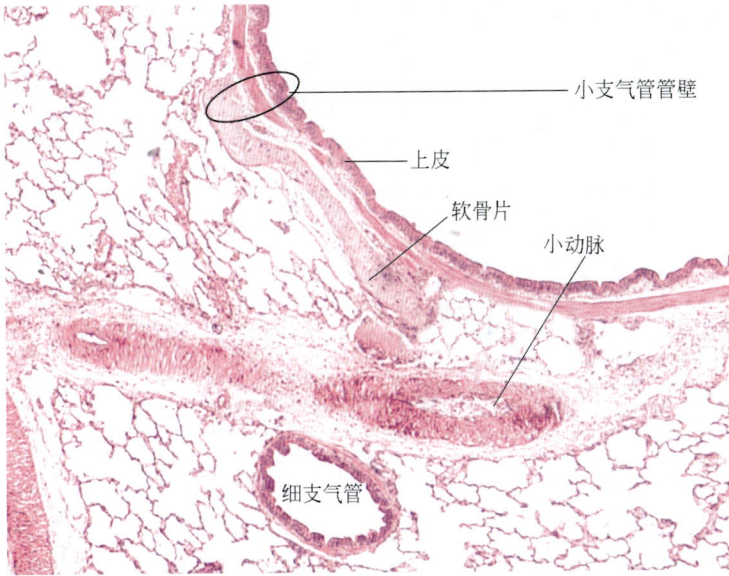

图 10-9　小支气管光镜像（低倍）

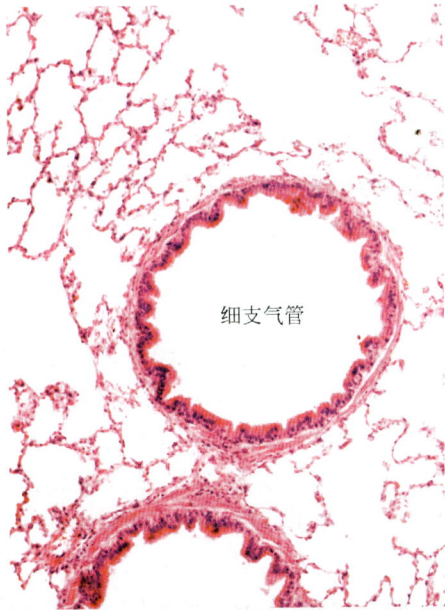

图 10-10　细支气管光镜像（高倍）

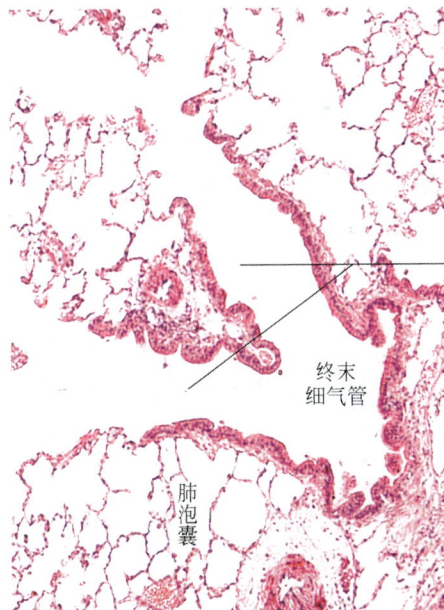

图 10-11　终末细支气管和呼吸性细支气管
光镜像（高倍）

粒。该细胞的稀薄分泌物覆盖在管腔面，能降低表面张力，使呼气末气道变小时仍能保持开放状态，并有利于吸气时的扩张，防止其堆积于管腔，影响气体的流通。Clara 细胞内还含有较多的氧化酶系，可对吸入的毒物或某些药物进行生物转化。上皮损伤时，Clara 细胞又可增殖分裂，分化为纤毛细胞（图 10-12）。

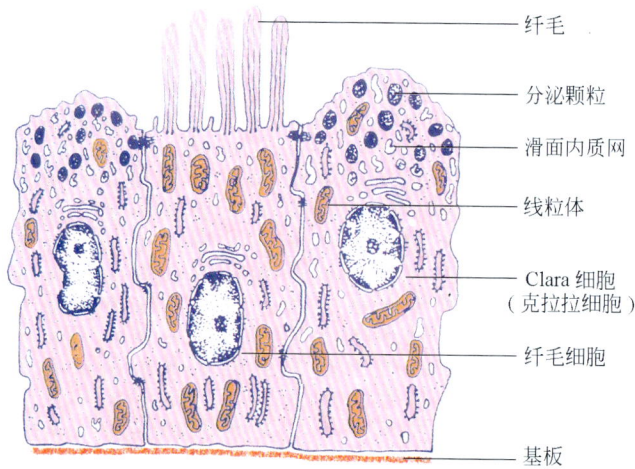

图 10-12   终末细支气管上皮细胞超微结构模式图

右侧标注：纤毛、分泌颗粒、滑面内质网、线粒体、Clara 细胞（克拉拉细胞）、纤毛细胞、基板

（二）肺呼吸部

肺呼吸部包括呼吸性细支气管、肺泡管、肺泡囊和肺泡。肺呼吸部各结构的共同特点是都有肺泡，它是肺行使气体交换功能的部位。

1. 呼吸性细支气管   呼吸性细支气管（respiratory bronchiole）每条终末细支气管可分支形成 2~3 条呼吸性细支气管，其管壁不完整，有少量肺泡开口。呼吸性细支气管的上皮为单层立方上皮，由纤毛细胞和 Clara 细胞组成。在肺泡开口处，单层立方上皮移行为肺泡的单层扁平上皮。上皮下结缔组织内有少量环行平滑肌和较多的弹性纤维（图 10-8、11）。

2. 肺泡管   肺泡管（alveolar duct）因壁上有大量的肺泡开口，故其管壁结构很少，仅存在于相邻肺泡开口之间。此处表面为单层立方或扁平上皮，上皮深面为薄层结缔组织和少量平滑肌，肌纤维环绕于肺泡开口处，故在切片中可见相邻肺泡开口之间有结节状膨大（图 10-8、13）。

3. 肺泡囊   肺泡囊（alveolar sac）是若干肺泡共同开口处。每个肺泡管分支形成 2~3 个肺泡囊，在肺泡开口处无环行平滑肌环绕，故在切片中的相邻肺泡开口之间无结节状膨大（图 10-8、13）。

4. 肺泡   肺泡（pulmonary alveoli）是支气管树的终末部分。肺泡为半球形有开口的小囊，开口于呼吸性细支气管、肺泡管或肺泡囊，是肺进行气体交换的场所。成人肺约有 3 亿~4 亿个肺泡，总表面积可达 140m^2。肺泡壁很薄，表面覆以单层肺泡上皮，上皮深面为基膜。相邻肺泡之间仅隔以薄层结缔组织，

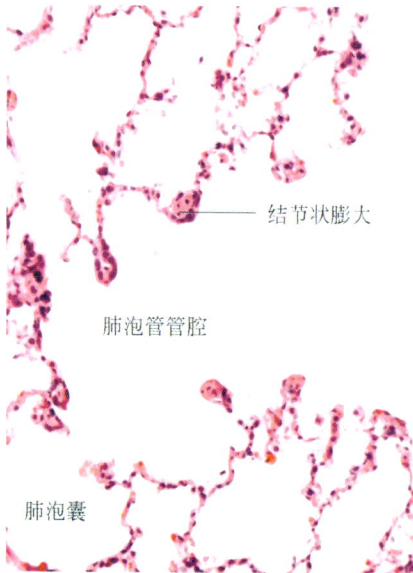

图 10-13   肺泡管光镜像（高倍）

称肺泡隔（图 10-14）。

（1）肺泡上皮：由Ⅰ型肺泡细胞和Ⅱ型肺泡细胞组成（图 10-14）。

I型肺泡细胞（type I alveolar cell）细胞扁平，表面较光滑，除含核部分略厚外，其他部分均很薄（约0.2μm），光镜下难以辨认。I型肺泡细胞数量少，但细胞宽而薄，覆盖95%的肺泡表面积，为气体交换提供了大而薄的表面，是构成气血屏障的结构之一。电镜下，相邻I型肺泡细胞之间或I型与II型肺泡细胞之间有紧密连接（图10-14）。I型肺泡细胞胞质内细胞器少，但吞饮小泡较多，细胞吞噬吸入的微小尘粒和上皮表面的表面活性物质，

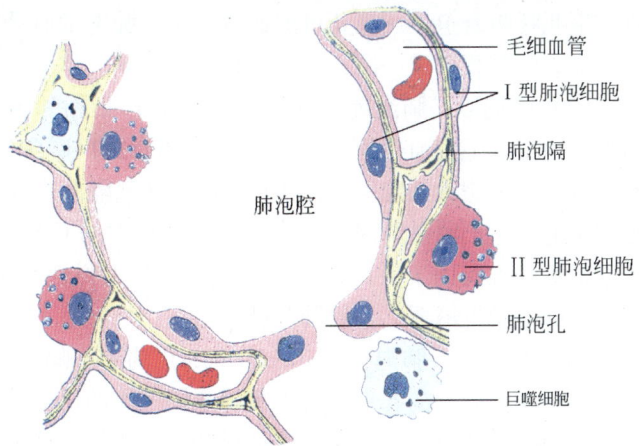

图10-14　肺泡与肺泡隔结构模式图

并将它们转运至肺泡外的间质内以便清除。I型肺泡细胞无增殖能力，损伤后通常由II型肺泡细胞增殖分化补充。

II型肺泡细胞（type II alveolar cell）细胞较小，圆形或立方形，位于I型肺泡细胞之间。细胞数量较I型肺泡细胞多，但仅覆盖5%肺泡表面积。II型肺泡细胞是一种分泌细胞，核圆形，胞质着色浅，呈泡沫状（图10-15）。电镜下，细胞表面有短小微绒毛，胞质内除富含线粒体、粗面内质网、高尔基复合体和溶酶体外，还有许多分泌颗粒。颗粒大小不等，直径0.1~1μm，电子密度高，内含平行排列的板层结构，**称嗜锇性板层小体**（osmiophilic multilamellar body）（图10-15），主要成分是磷脂（二棕榈酰卵磷脂为主）。颗粒内容物被释放到肺泡上皮表面形成一层薄膜，称表面活性物质，有降低肺泡表面张力的作用。呼气时肺泡缩小，表面活性物质相对浓厚，表面张力减小，肺泡回缩力减小，避免肺泡萎缩塌陷；反之，吸气时肺泡扩大，可防止肺泡过度膨大。故表面活性物质对稳定肺泡直径起重要作用。II型肺泡细胞还有分裂增殖并转化为I型肺泡细胞的潜能。

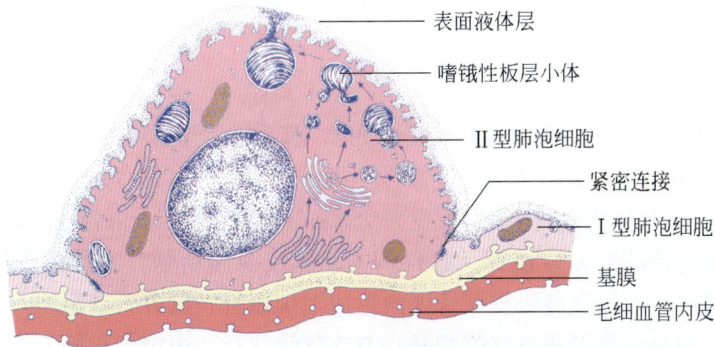

图10-15　II型肺泡细胞超微结构模式图
↑示板层小体形成过程

II型肺泡细胞受损或病变可致表面活性物质分泌不足，引起肺不张。若早产儿或新生儿因先天缺陷而致肺表面活性物质产生不足或缺如，可使肺泡表面张力增大，扩张困难，导

致新生儿呼吸窘迫症。患儿可因血氧不足，肺毛细血管通透性增大，血浆蛋白质漏出，在肺泡上皮表面沉积形成一层透明膜样物质，影响气体交换，称新生儿透明膜病。

（2）肺泡隔：**肺泡隔**（alveolar septum）指相邻肺泡之间的薄层结缔组织，属肺间质。肺泡隔内富含毛细血管网和弹性纤维，还有肺巨噬细胞、胶原纤维、网状纤维、成纤维细胞、浆细胞和肥大细胞等（图 10 - 14）。肺泡隔内连续毛细血管的内皮甚薄，胞质内含较多吞饮小泡。它们紧贴肺泡上皮，有利于血管中的 CO_2 与肺泡腔中 O_2 进行交换。肺泡隔内丰富的弹性纤维有助于保持肺泡的弹性。老年人弹性纤维退化，炎症等病变也可破坏弹性纤维，使肺泡弹性减弱，导致肺气肿。

（3）肺泡孔：**肺泡孔**（alveolar pore）为肺泡隔上直径 $10 \sim 15\mu m$ 的小孔（图 10 - 14），它是沟通相邻肺泡的孔道，可平衡肺泡间气体的压力。当某管道阻塞时，肺泡孔起侧支通气作用。但在肺感染时，病菌也可通过肺泡孔扩散，使炎症蔓延。

（4）气 - 血屏障：**气 - 血屏障**（blood - air barrier）指肺泡内气体与肺泡隔毛细血管血液内气体进行交换所通过的结构，又称呼吸膜。它由肺泡表面液体层、Ⅰ型肺泡细胞与基膜、薄层结缔组织、毛细血管基膜与内皮共同构成。有的部位肺泡上皮与血管内皮之间无结缔组织，两层基膜相贴融合为一层（图 10 - 14）。气 - 血屏障很薄，总厚度约 $0.2 \sim 0.5\mu m$，有利于气体交换。当肺纤维化或肺水肿时，气 - 血屏障增厚，导致肺气体交换功能障碍。

（三）肺间质和肺巨噬细胞

肺间质（pulmonary mesenchyme）主要分布于支气管树的周围，由肺内疏松结缔组织（弹性纤维和巨噬细胞较多）及血管、淋巴管和神经构成。肺血管内皮及其所含的酶系统，可合成和代谢多种物质，参与调节机体的生理功能。

肺巨噬细胞（pulmonary macrophage）由单核细胞分化而来，广泛分布在肺间质内，在细支气管以下的管道周围和肺泡隔内较多。有的巨噬细胞游走入肺泡腔内，称**肺泡巨噬细胞**（alveolar macrophage）。肺巨噬细胞的吞噬、免疫和分泌作用都十分活跃，有重要防御功能。肺巨噬细胞吞噬了大量吸入肺内的尘粒后，则称为**尘细胞**（dust cell）。在心力衰竭出现肺淤血时，大量红细胞从毛细血管溢出，被巨噬细胞吞噬，并将血红蛋白分解为含铁血黄素颗粒，此时的肺巨噬细胞称为心力衰竭细胞。

（四）肺的血液供应

肺内血管有两个来源，即肺动脉和支气管动脉。肺动脉是肺的功能性血管，携带静脉血自右心室发出后，从肺门入肺，其分支与支气管的各级分支伴行，最后在肺泡隔处形成密集的毛细血管网。在肺泡处进行气体交换后，静脉血变为动脉血，最后在肺门处汇合成两条肺静脉出肺。

支气管动脉是肺的营养性血管，起自胸主动脉或肋间动脉，为数条管径较细的肌性动脉。经肺门入肺后，沿途在各级支气管壁内形成毛细血管，营养管壁组织。毛细血管小部分汇入肺静脉，大部分汇集形成支气管静脉，与支气管伴行，由肺门出肺。

（郭　勇）

第十一章

泌尿系统

泌尿系统（urinary system）包括肾、输尿管、膀胱和尿道。肾是人体主要的排泄器官，以形成尿的方式来排除体内的代谢产物、多余的水分、无机盐、药物及有害物质等，对人体的水和电解质平衡起调节作用。此外，肾还能产生多种激素和生物活性物质，对机体的生理功能有重要的调节作用。

一、肾

肾似蚕豆形，表面有致密结缔组织构成的被膜，又称纤维膜。肾实质分为皮质和髓质（图 11 - 1）。皮质位于肾的外围，由**髓放线**（medullary ray）和**皮质迷路**（cortical laby-rinth）组成。髓质位于肾的深部，由 10～18 个**肾锥体**（renal pyramid）组成，呈条纹状。肾锥体尖端钝圆，突入肾小盏内，称肾乳头，每个肾乳头上有 10～25 个乳头孔。肾皮质伸入肾锥体之间的部分称为**肾柱**（renal column）。肾锥体的底与皮质相接，其辐射状的条纹伸到皮质称髓放线。髓放线之间的肾皮质称皮质迷路。每一个髓放线及其周围相邻接的皮质迷路组成一个**肾小叶**（renal lobule）。每个肾锥体与相连的皮质组成一个**肾叶**（renal lobe）。

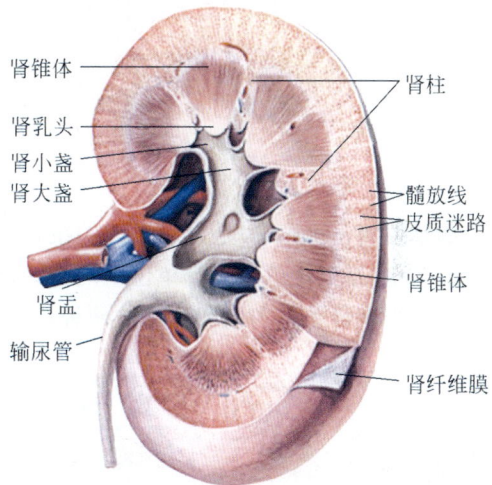

图 11 - 1　肾冠状剖面立体模式图

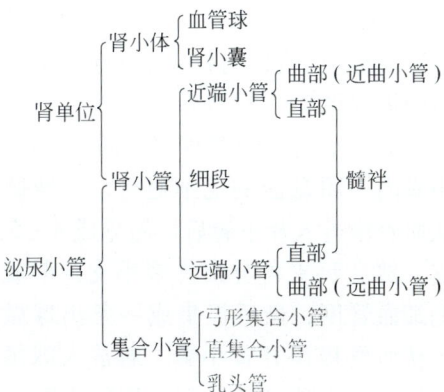

肾实质主要由**泌尿小管**（uriniferous tubule）组成，其间有少量结缔组织、血管和神经等，称肾间质。泌尿小管是由单层上皮构成的管道，包括肾小管和集合小管两部分。肾小管起始部膨大凹陷而成的双层盲囊称肾小囊，其与血管球共同构成肾小体。肾小管的末端与集合小管相接。每个肾小体和一条与它相连的肾小管构成肾单位图 11 - 2）。肾单位及泌尿小管的组成如左所示：

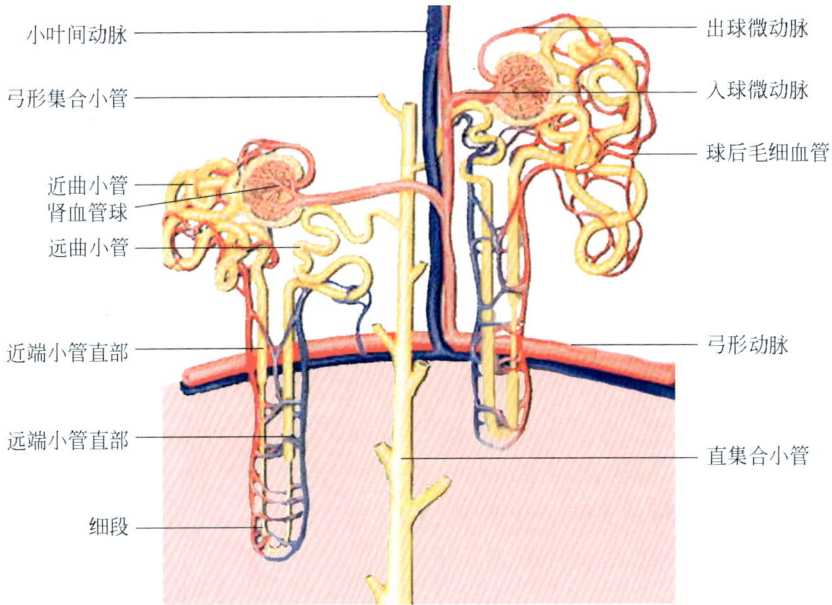

图 11 - 2　泌尿小管模式图

（一）肾单位

肾单位（nephron）是尿液形成的结构和功能单位，由肾小体和肾小管构成。每个肾约有 100~200 万个肾单位，肾单位平均长约 50~70mm。根据肾小体在皮质的位置不同，肾单位可分为浅表肾单位与髓旁肾单位两种：肾小体分布在皮质浅层的称浅表肾单位，占总数的 85%，肾小体分布在皮质深层的称髓旁肾单位，约占总数的 15%（图 11 - 2）。

1. 肾小体　肾小体（renal corpuscle）是肾单位的起始部，近似球形，故又称肾小球，由血管球和肾小囊组成，直径约 150~250μm。肾小体有两个极，微动脉出入的一端称血管极，另一端与近端小管相连为尿极（图 11 - 3、4）。

（1）血管球：血管球（glomerulus）为肾小囊内一团盘曲的毛细血管，入球微动脉从血管极进入肾小囊后，先分成 4~5 个分支，然后每支再分出许多小支，形成袢状毛细血管网，最后汇集成一条出球微动脉，从血管极离开肾小囊。通常入球微动脉的管径比出球微动脉粗，使得血管球内毛细血管的血压较高（图 11 - 5~7）。电镜

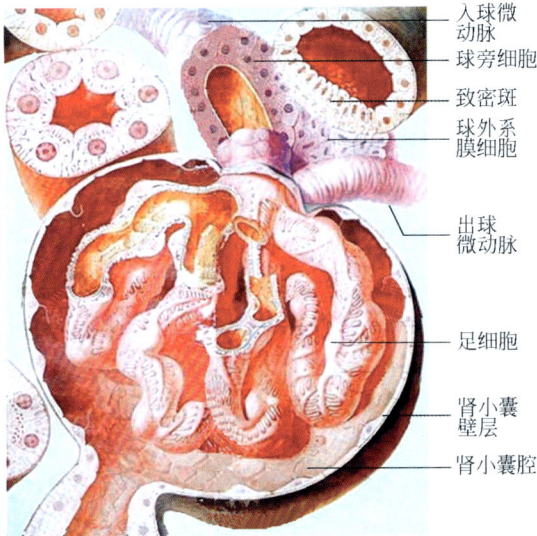

图 11 - 3　肾小体及球旁复合体立体模式图

下，血管球的毛细血管为有孔型，孔径约为 50 ~ 100nm，内皮小孔无隔膜封闭。内皮孔可阻挡大分子物质通过。在内皮的表面覆有一层带负电荷的细胞衣，富含唾液酸，对血液中的物质有选择性通透作用。

血管球基膜（glomerulas basement membrane）是位于血管球毛细血管内皮与足细胞突起及裂孔膜之间的均质状膜，仅在血管系膜侧基膜缺如，内皮直接与系膜相邻接（图 11 - 4）。电镜下血管球基膜分为内疏层、致密层和外疏层三层（图 11 - 8）。血管球基膜主要由 IV 型胶原蛋白、蛋白多糖和层粘连蛋白等组成（图 11 - 4）。成人基膜较厚约

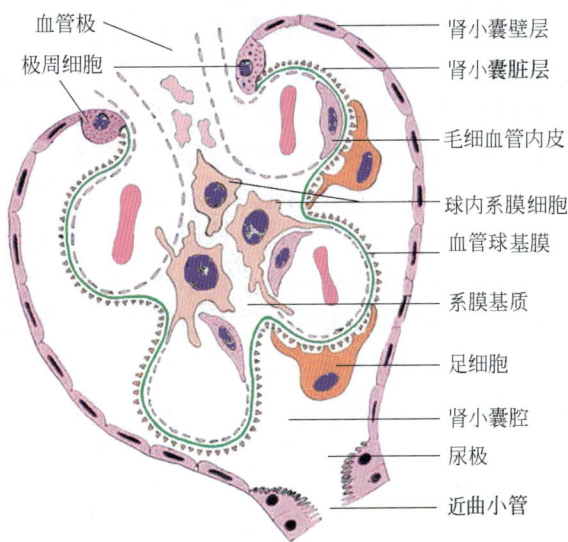

图 11 - 4　肾小体剖面模式图

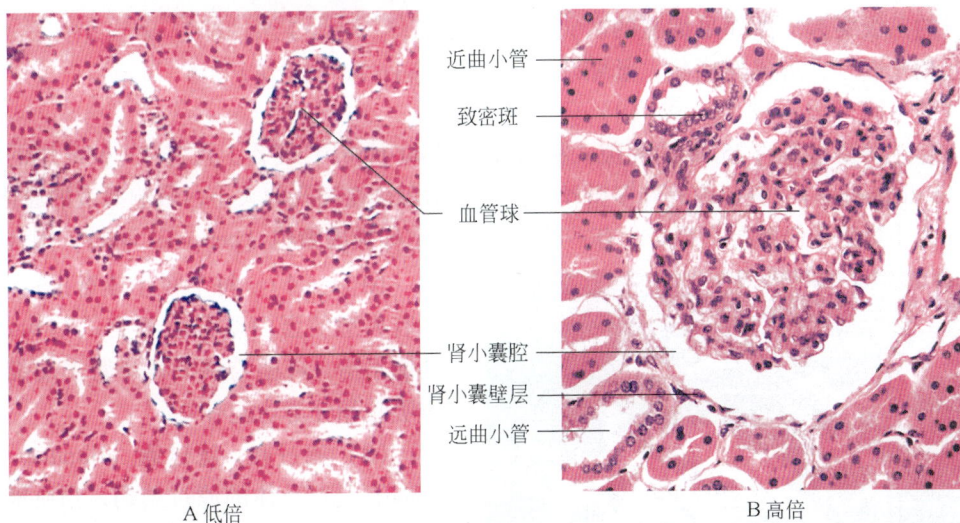

A 低倍　　　　　　　　　　B 高倍

图 11 - 5　肾皮质光镜像

330nm，婴幼儿较薄约 110nm。

血管系膜（mesangium）又称**球内系膜**（intraglomerular mesangium），位于血管球毛细血管之间，主要由球内系膜细胞和系膜基质组成（图 11 - 4）。球内系膜细胞是一种形状不规则的多突起细胞，核小，染色较深。球内系膜细胞具有一定的收缩功能，可调节毛细血管的管径；还可分泌肾素和多种酶等，参与血管球内血流量的调节；球内系膜细胞还参与基膜的更新和清除沉淀在基膜上的沉积物，维持基膜的通透性。系膜基质主要由球内系膜细胞产生，富含 IV 型胶原蛋白等，IV 型胶原蛋白在基质内形成疏松的网状结构，对血管球毛细血管提供支持作用，并有利于液体及大分子物质的通透。

（2）肾小囊：**肾小囊**（renal capsule）又称 Bowman 囊，是肾小管起始部膨大凹陷而成的双层盲囊，内有血管球。肾小囊两层间的腔隙称肾小囊腔，与肾小管管腔相通。肾小囊壁由内、外两层组成，外层是单层扁平上皮，又称肾小囊壁层，在肾小体尿极处与肾小管上皮相连续，在血管极处向内转折为肾小囊内层，又称肾小囊脏层。脏层细胞形态特殊，有许多大小不等的突起，称**足细胞**（podocyte）（图 11－3、4）。扫描电镜下可见足细胞从细胞体伸出几个粗大的初级突起，每个初级突起又发出许多指状的次级突起，有的次级突起还可发出少量的三级突起。相邻足细胞的次级突起相互嵌合，形成栅栏状，紧贴在血管球基膜外表（图 11－9、10）。

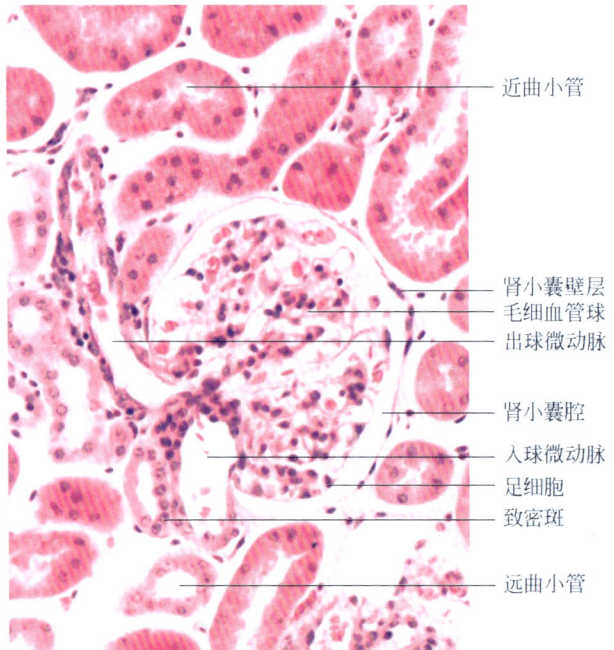

图 11－6　肾小体光镜像（高倍）

近曲小管
肾小囊壁层
毛细血管球
出球微动脉
肾小囊腔
入球微动脉
足细胞
致密斑
远曲小管

相邻突起之间留有宽约 25nm 的间隙，称为**裂孔**（slit pore），裂孔上覆有 4～6nm 厚的**裂孔膜**（slit diaphragm）。突起内有许多微丝，微丝收缩可改变裂孔的大小，影响滤液的通透性。

在肾小囊脏层与壁层交界处，有一种特殊的细胞称**极周细胞**（peripolar cell），围绕血管极（图 11－4）。每个肾小体有 1～10 个，具有典型的蛋白质分泌细胞的结构特征。功能不清，可能与调节肾小管上皮细胞的重吸收和分泌功能有关。

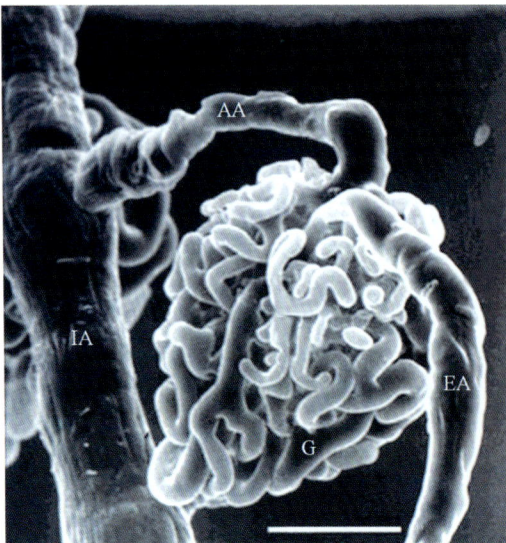

图 11－7　肾皮质血管球铸型扫描电镜像　Bar＝50μm
AA：入球微动脉　EA：出球微动脉　IA：小叶间动脉
G：血管球

（3）滤过膜：**滤过膜**（filtration membrane）是肾小体的滤过结构，当血液流经血管球毛细血管时，由于血管球毛细血管内血压较高，血浆中的部分成分经有孔内皮、毛细血管基膜、足细胞裂孔膜而滤入肾小囊腔内，血浆所经过的这三层结构称为滤过膜，或**滤过屏障**（filtration barrier）（图 11－4、8、9）。进入肾小囊腔内的滤过液称原尿，原尿内除不含大分子蛋白质外，其余成分与血浆基本相似。滤过膜对水和电解质及小分子物质有高度通透性，而对血浆蛋白质及一些大分子物质通透性极低。一般情况下，相对分子质量在70KD$_a$以下的物质可以通过滤过膜。通常滤过膜对大分子物质的通透性与物质的分子半径、电荷及形状因素有关。血管球基膜中的糖胺多糖以带负电荷的硫酸肝素为主，毛细血管内皮腔面及足细胞表面也都带有负电荷。由于同性电荷相斥，带负电荷的物质比带正电荷的难以通过，这对防止蛋白质滤过具有重要意义。在滤过膜的三层结构中，血管球基膜是最主要的屏障结构。成人一昼夜可形成原尿约180L。若滤过膜受损害，可出现蛋白尿或血尿。

2. 肾小管 **肾小管**（renal tubule）由单层上皮细胞及其基膜共同组成。肾小管全长约31mm，根据其结构和功能及分布的差异，可分为近端小管、细段和远端小管三部分，近端小管和远端小管又可分别分为曲部和直部两部分。近端小管直部、细段和远端小管直部形成一个"U"形袢，称髓袢，髓袢的下行支和上行支分别称降支和升支。近端小管曲部和肾小囊相续，远端小管曲部连接集

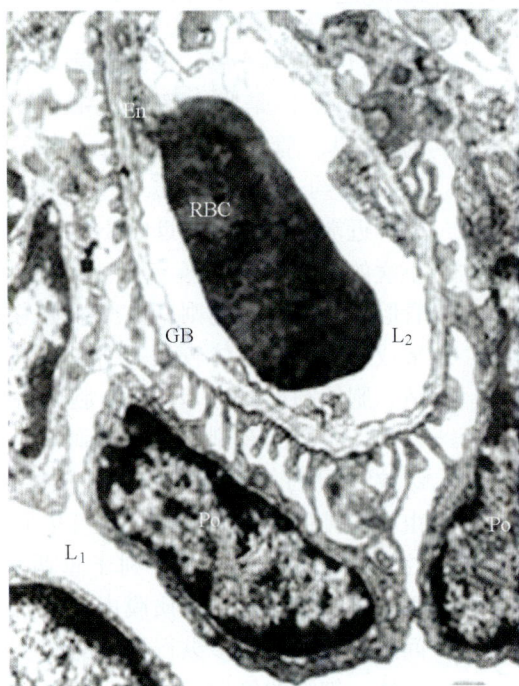

图11-8 肾小体电镜像

En：内皮细胞 GB：基膜 L$_1$：肾小腔囊
L$_2$：毛细血管管腔 Po：足细胞 RBC：红细胞

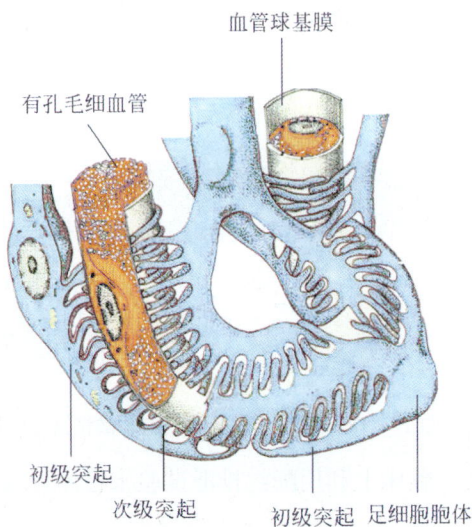

图11-9 足细胞与毛细血管关系立体模式图

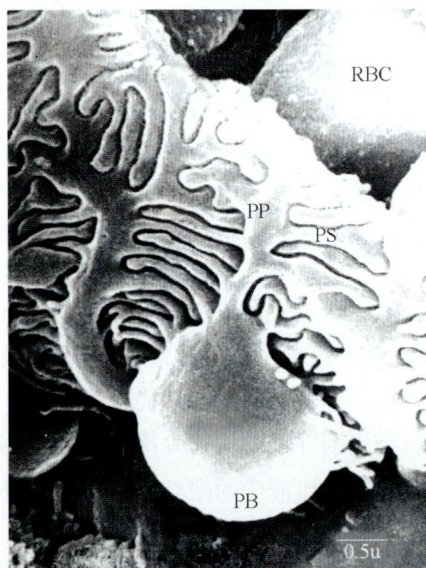

图11-10 足细胞冷冻割断扫描电镜像

PB：足细胞胞体 PP：初级突起
PS：次级突起 RBC：红细胞 ↑示基膜

合小管（图 11－11）。肾小管具有重吸收、分泌或排泄等作用。

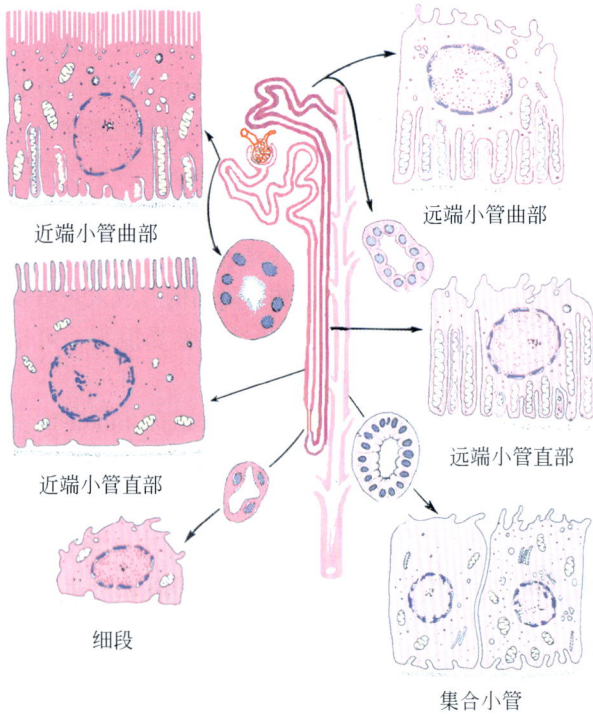

近端小管曲部

近端小管直部

细段

远端小管曲部

远端小管直部

集合小管

图 11－11　泌尿小管各段结构模式图

（1）近端小管：近端小管（prox-imal tubule）是肾小管中最粗、最长的一段，管径 50～60μm，长约 14mm，约占肾小管总长的一半。

近端小管曲部（近曲小管）在肾小囊的尿极与肾小囊壁层上皮相续，管腔相对小而不规则，上皮细胞为锥形或立方形，胞体较大，细胞界限不清，胞核圆形靠近基底部，胞质嗜酸性强，游离面有刷状缘，细胞基部有纵纹（图 11－5、6）。电镜下刷状缘由密集排列的微绒毛组成，可扩大管腔表面积约 36 倍，有利于重吸收。细胞基底面有发达的质膜内褶，内褶间的胞质内有许多纵行排列的杆状线粒体。细胞的侧面有许多侧突，相邻细胞的侧突相互嵌合（图 11－11、12）。细胞基部质膜上还有丰富的 Na^+、K^+－ATP 酶（钠泵），可将细胞内 Na^+ 泵至小管外肾间质中，完成

Na^+、K^+ 的主动运输。

近端小管直部的结构与曲部相类似，但细胞略矮，微绒毛稍短，侧突和质膜内褶都不如曲部发达。

近端小管的结构特点使其具有极强的重吸收功能，原尿中几乎全部氨基酸、葡萄糖、多肽和小分子蛋白质、维生素和 85% 的水分及无机盐离子等，均在此段内进行重吸收。此外，近端小管曲部细胞还能将氢离子、氨、肌酐、马尿酸等代谢产物分泌排入管腔内；还能

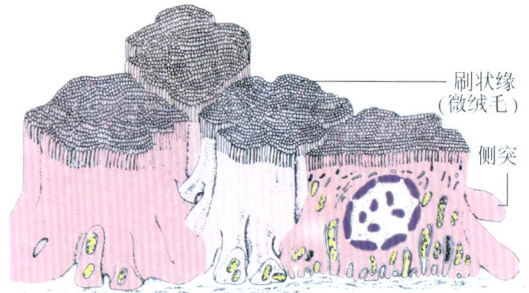

刷状缘（微绒毛）

侧突

图 11－12　近曲小管上皮细胞超微结构立体模式图

转运和排出血液中的酚红、青霉素等外来物质。临床上利用酚红排泄试验来检测近端小管的功能状态。

（2）细段：细段（thin segment）管径最细，约为 12μm，位于髓放线及肾锥体内。浅表肾单位的细段较短，参与组成髓袢降支；髓旁肾单位的细段较长，由降支再反折上行，参与构成升支。细段管壁为单层扁平上皮，细胞含核部分突向管腔，胞质染色浅，细胞游离面仅有少量短小的微绒毛。由于细段的管壁薄，有利于水和离子通透（图 11－13）。

（3）远端小管：**远端小管**（distal tubule）的管径比近端小管细，管径约 $30\sim45\mu m$，管腔相对大而规则。管壁上皮细胞呈立方形，细胞界限清楚，胞质呈弱酸性，着色较浅，核圆，居中或近管腔面，细胞基部纵纹明显，无刷状缘（图 11 – 5、6）。

电镜下，远端小管直部上皮细胞基部的质膜内褶很发达，褶深可达细胞顶部，褶间胞质内有纵行排列的大而长的线粒体（图 11 – 11）。基部质膜上有丰富的 Na^+、K^+ – ATP 酶，能主动将 Na^+ 泵入小管外间质内，使间质呈高渗，在浓缩尿液的过程中起重要作用。

远端小管曲部（远曲小管）的超微结构与直部相似，微绒毛数量增加，但质膜内褶和线粒体不如直部发达。远曲小管细胞能重吸收 H_2O、Na^+，排出 K^+、H^+、NH_3 等，对维持体液的电解质及酸碱平衡起重要作用。它的功能活动受醛固酮和抗利尿激素的调节。醛固酮能促进此段吸 Na^+ 排 K^+；抗利尿激素能促进此段对水的重吸收，使尿量减少。

（二）集合小管

集合小管（collecting tubule）全长 $20\sim38mm$，可分为弓形集合小管、直集合小管和乳头管三段。弓形集合小管呈弓形，一端与远曲小管相连，另一端连接直集合小管。直集合小管在髓放线和肾锥体内下行，至肾乳头改称乳头管，开口于肾小盏。集合小管下行时沿途有许多远曲小管汇入，集合小管管径由细（约 $40\mu m$）逐渐变粗（$200\sim300\mu m$），管壁由单层立方上皮逐渐移行为单层柱状上皮，至乳头管为高柱状上皮。集合小管管壁细胞界限清楚，胞质色淡，核圆，居中。集合小管可重吸收 H_2O、Na^+，排 K^+、NH_3，使原尿进一步浓缩，其功能受醛固酮和抗利尿激素的调节；还可受心钠素的调节，以减少对水的重吸收而增多尿量（图 11 – 13）。

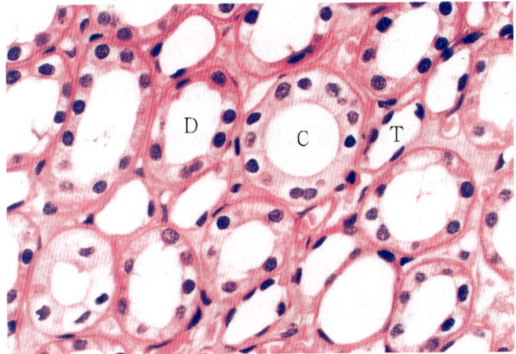

图 11 – 13　集合小管光镜像（低倍）
C：集合小管　D：远端小管直部　T：细段

肾小体形成的原尿，经肾小管各段及集合小管后，原尿中约 99% 的水、绝大部分营养物质和无机盐被管壁上皮重吸收，经球后毛细血管网进入血液，部分离子也在此进行交换；肾小管上皮细胞还主动分泌和排出机体的部分代谢产物。最后形成的浓缩液体称终尿，经乳头孔排入肾小盏。成人终尿每天的量为 $1\sim2L$，仅占原尿的 1% 左右。肾在泌尿过程中不仅排出机体的代谢产物、重吸收机体所需的营养物质，而且对维持机体水盐平衡和内环境的稳定起重要作用。

（三）球旁复合体

球旁复合体（juxtaglomerular complex）又称**肾小球旁器**（juxtaglomerular apparatus），位于肾小体血管极所形成的三角区，由球旁细胞、致密斑和球外系膜细胞组成。致密斑为三角区的底，入球微动脉和出球微动脉为三角区两边，球外系膜细胞位于三角区中心。球旁复合体是机体调节血压、水及电解质平衡的装置（图 11 – 3、14）。

1. 球旁细胞　**球旁细胞**（juxtaglomerular cell）由入球微动脉行至血管极处，其管壁中的平滑肌细胞转变为上皮样细胞而成。细胞体积大，呈立方形或多边形，核大，胞质弱嗜碱性。电镜下，胞质内粗面内质网和核糖体丰富，高尔基复合体发达，肌丝少，有大量均质状分泌颗粒，内含肾素，可以通过胞吐方式释放到周围间质中。**肾素**（renin）是一种蛋白水解酶，能使血浆中的血管紧张素原变成血管紧张素 I，后者在血管内皮细胞分泌的转换酶作用下转变为血管紧张素 II，两者均可使血管平滑肌收缩而升高血压，增强滤过作用。血管紧张素还可促使肾上腺皮质分泌醛固酮，促进肾远曲小管和集合管吸收 H_2O、Na^+ 同时排出 K^+，致使血容量增加，血压升高。

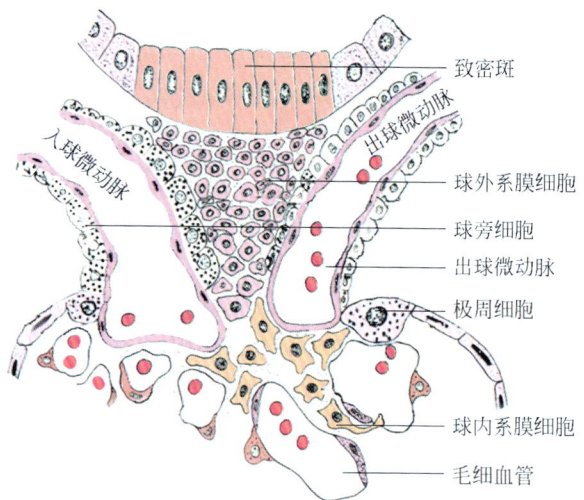

图 11-14　球旁复合体模式图

2. 致密斑　**致密斑**（macula densa）是指远端小管曲部在近血管极一侧的细胞呈高柱状紧密排列，形成一直径 $40\sim70\mu m$ 的椭圆形隆起，约有 $20\sim30$ 个细胞组成（图 11-3、5B、6、14）。致密斑处的基膜常不完整，细胞基部有细小的突起，与邻近细胞关系密切。致密斑是一种离子感受器，可感受远端小管滤液中 Na^+ 浓度的变化。当滤液内 Na^+ 浓度下降时，致密斑将信息传递给球旁细胞，后者可分泌肾素，继而增强远端小管和集合小管对 Na^+ 的重吸收作用。

3. 球外系膜细胞　**球外系膜细胞**（extraglomerular mesangial cell）又称**极垫细胞**（polar cushion cell），是充填于肾小体血管极三角区内的一些细胞，与球内系膜细胞的形态相类似，并与球内系膜细胞相延续。球外系膜细胞既与致密斑紧密相贴，又与球旁细胞、球内系膜细胞之间有缝隙连接，可能在球旁复合体的活动中起着信息传递的作用。

（四）肾间质

肾间质为泌尿小管间的少量结缔组织、血管、神经等。间质细胞主要有成纤维细胞、巨噬细胞和载脂间质细胞等。载脂间质细胞呈星形，有许多长突起，细胞内有特征性的嗜锇性脂滴及多种细胞器。载脂间质细胞具有分泌前列腺素和参与形成间质内纤维和基质等功能。细胞突起的收缩可促进间质血管内的血液流动，带走重吸收的水分，从而促进尿液的浓缩。

（五）肾的血液循环

肾血液循环与肾功能密切相关。肾动脉入肾门后分成几支叶间动脉，行走于肾锥体之间。叶间动脉在肾锥体底处分支为弓形动脉，位于皮质和髓质之间（图 11-2）。弓形动脉发出若干小叶间动脉，呈放射状行走于皮质迷路内。小叶间动脉分支发出入球微动脉进入肾小体，形成血管球。浅表肾单位的出球微动脉离开肾小体后又分支形成球后毛细血管网，分布在肾近端小管曲部和远端小管曲部周围。毛细血管网依次汇合成小叶间静脉、弓形静脉和叶间静脉，与相应动脉伴行，最后形成肾静脉经肾门出肾。髓旁肾单位的出球微动脉不仅形成球后毛细血管网，还发出分支形成直小动脉直行于髓质，又返折为直小静脉，形成"U"形血管襻与髓襻伴行，直小静脉汇入弓形静脉。

　　肾血液循环有如下特点：①肾动脉直接来自腹主动脉，血管粗短，血压较高，血流量大，肾脏每分钟血流量约1200ml，相当于心输出量的1/4～1/3左右，每4～5分钟人体内血液全部流经肾内被滤过一遍，其中90%进入肾皮质；②肾小体入球微动脉的管径大于出球微动脉，血管球的血压较高，有利于滤过；③形成两次毛细血管网，血管球为动脉毛细血管网，起滤过作用，球后毛细血管网缠绕在泌尿小管周围，起营养及回收重吸收物质的作用；④直小血管在髓质内形成许多"U"形血管襻，并与髓襻伴行，有利于肾小管和集合小管的重吸收和尿液的进一步浓缩。

　　肾的血液循环如下所示：

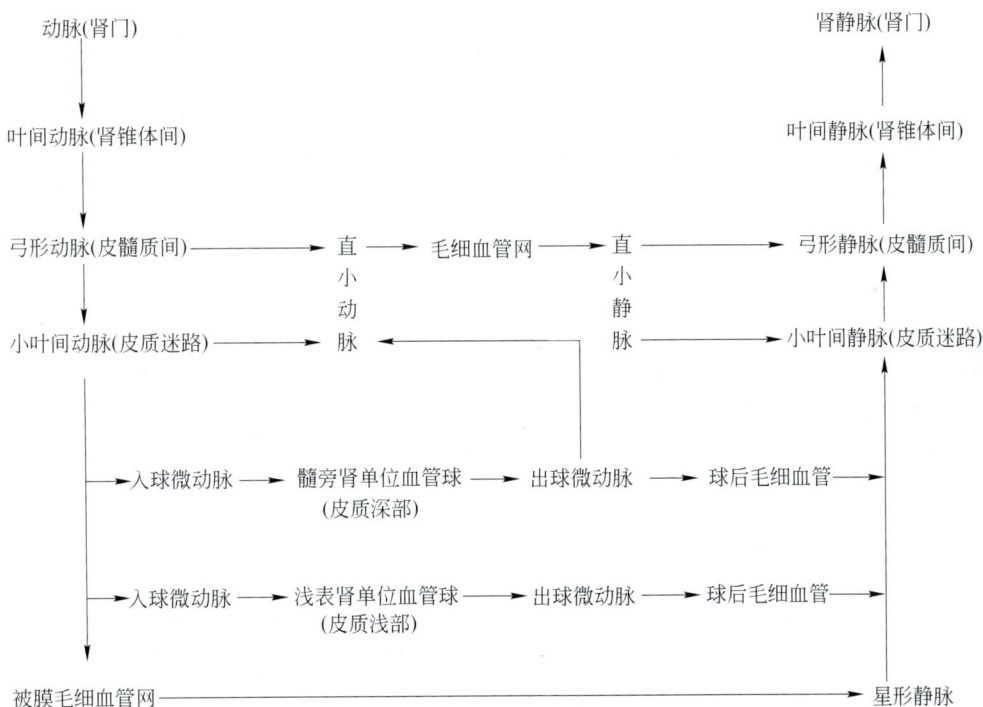

动脉(肾门) → 叶间动脉(肾锥体间) → 弓形动脉(皮髓质间) → 直小动脉 → 毛细血管网 → 直小静脉 → 弓形静脉(皮髓质间) → 叶间静脉(肾锥体间) → 肾静脉(肾门)

弓形动脉(皮髓质间) → 小叶间动脉(皮质迷路) → 直小动脉

直小静脉 → 小叶间静脉(皮质迷路)

小叶间动脉(皮质迷路) → 入球微动脉 → 髓旁肾单位血管球(皮质深部) → 出球微动脉 → 球后毛细血管 →

入球微动脉 → 浅表肾单位血管球(皮质浅部) → 出球微动脉 → 球后毛细血管 →

被膜毛细血管网 → 星形静脉

（六）肾的淋巴管和神经

　　肾有肾实质内淋巴丛和被膜淋巴丛。肾实质内的毛细淋巴管分布于肾单位周围，沿血管逐级汇成小叶间淋巴管、弓形淋巴管和叶间淋巴管，经肾门淋巴管出肾。被膜内的毛细淋巴管汇合成被膜下淋巴管，还可与肾内淋巴丛吻合，或汇入邻近器官的淋巴管。

　　肾的神经来自于肾丛，包括交感神经和副交感神经，主要为交感神经，神经纤维从肾门入肾，分布于肾血管、肾间质、皮质迷路和球旁复合体。

（七）肾的非泌尿功能

　　肾能产生多种激素或生物活性物质，主要有前列腺素、肾素-血管紧张素系统、激肽释放酶-激肽系统、红细胞生成素、肾髓质血管降压脂等，这些激素在调节肾脏功能活动及机体的许多生理功能中有重要意义。肾小管上皮还具有维生素D_3的第二次羟化功能，进而促进小肠对钙的重吸收和磷的转运，同时促进肾小管对钙、磷的重吸收和促进骨组织的重建。

二、排尿管道

进入肾小盏的终尿经肾大盏、肾盂、输尿管输送到膀胱，再经尿道排出体外。排尿管道各段的结构大致相同，均由黏膜、肌层和外膜构成。从肾盏到膀胱，管壁的三层结构逐渐变厚。

1. 黏膜　表面为变移上皮细胞，从肾盏到膀胱，变移上皮由2~3层增厚为8~10层；固有层为细密的结缔组织。

2. 肌层　肾盏部位为少量环行平滑肌，输尿管上段分内纵、外环两层平滑肌，至输尿管下段及膀胱分内纵、中环和外纵三层平滑肌。

3. 外膜　为结缔组织，仅膀胱顶部为浆膜。

（葛刚锋）

视窗

"世纪杀手"——艾滋病

艾滋病全称为"获得性免疫缺陷综合征"（Acquired Immune Deficiency Syndrome，AIDS），指人体感染了艾滋病病毒（HIV）所导致的致死性传染病，被视为"20世纪的杀手"。

艾滋病起源于非洲，后由移民带入美国。自1981年在美国首次发现和确认艾滋病后，迅速蔓延到世界各地。我国第一次发现艾滋病是在1985年，一位到中国旅游的外籍青年，入住北京协和医院，很快死于艾滋病。据统计，目前全球有近4000万人感染了艾滋病病毒，1000多万人因此丧命。同时，每天有万余人新感染上艾滋病病毒。

HIV是一种杀细胞性病毒，主要攻击"辅助性T淋巴细胞"，导致机体免疫功能逐渐衰竭。从艾滋病病毒感染者发展到艾滋病病人，需要数年到10年，甚至更长时间，这期间病毒感染者可以没有任何症状地生活和工作，但有传染性。只有在机体免疫防御体系土崩瓦解之后，才会发生多种难以治愈的感染和肿瘤。这时即便是微不足道的小伤口或普通感冒，也可以致艾滋人于死地。

HIV通过血液、性和母婴三种接触方式传播，不通过空气、食物、水等日常生活接触传播，握手、共餐、接吻、共用电话、接触汗液或泪液等都不会感染艾滋病。HIV只能生存在血液和体液中的活细胞内。当加热到56℃，10分钟即可灭活HIV；煮沸可以迅速灭活HIV。医学界至今尚无防治艾滋病的特效药物和治疗方法，因此艾滋病也被称为"超级癌症"。为了健康和幸福，大家都应该了解艾滋病、关注艾滋病、预防艾滋病。

第十二章

皮　肤

皮肤（skin）是人体最大的器官之一，其面积为 1.2～2.0m²，约占体重的 16%。皮肤由表皮和真皮组成，借皮下组织与深部组织相连（图 12-1、2）。皮肤中还有由表皮衍生而来的附属器，如毛、皮脂腺、汗腺和指（趾）甲等。皮肤与外界直接接触，能阻挡细菌等异物侵入，防止体液丢失，具有重要的屏障和保护作用。皮肤内含有丰富的感觉神经末梢，能感受外界的多种刺激。此外，还具有调节体温、排出代谢产物等功能。

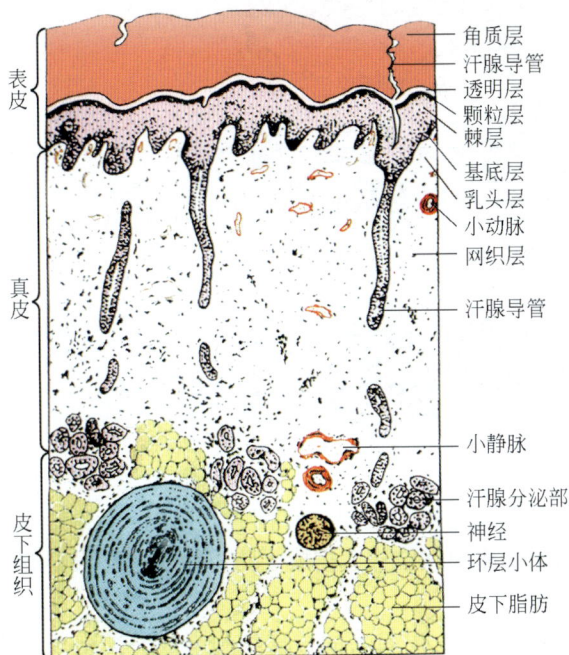

图 12-1　手掌皮肤模式图

一、表皮

表皮（epidermis）是皮肤的浅层，由角化的复层扁平上皮构成（图 12-1～3）。身体各部位厚薄不一，一般厚 0.07～0.12mm，手掌和足底最厚，为 0.8～1.5mm。表皮细胞分为两大类，一类是**角质形成细胞**（keratinocyte），为表皮的主要成分，主要功能是形成角蛋白，参与表皮角化；另一类是非角质形成细胞，散在于角质形成细胞之间，包括黑素细胞、朗格汉斯细胞和梅克尔细胞。

（一）表皮的分层和角化

厚表皮的结构从基底面到表面可分为五层（图 12-1、3、4）

1. 基底层　**基底层**（stratum basale）由一层矮柱状或立方形**基底细胞**（basal cell）组成。细胞核圆形或椭圆形，相对较大，染色较浅，核仁明显。胞质内有较丰富的游离核糖体，散在或成束分布的**角蛋白丝**（keratin filament）又称**张力丝**（tonofilament）。在有色皮肤内还可见黄褐色的黑素颗粒。相邻细胞之间以桥粒相连，细胞基底面以半桥粒与基膜相连。基底细胞是表皮的干细胞，可不断分裂增殖并向浅层推移，分化为表皮的其余几层细胞，在皮肤的创伤愈合中发挥重要的再生修复作用。

2. 棘层　**棘层**（stratum spinosum）由 4～10 层多边形棘细胞组成，细胞较大，深部细胞呈多边形，向浅层逐渐变扁，胞核圆形，胞质丰富，呈嗜碱性。细胞表面伸出许多棘状突起，相邻棘细胞突起镶嵌，电镜下，相邻棘细胞的突起以桥粒相连。胞质内含有丰富的、成束分布的角蛋白丝，并附着于桥粒上。电镜下，胞质中还可见许多卵圆形的**板层颗粒**（lam-

图例标注（图 12-1）：
表皮：角质层、汗腺导管、透明层、颗粒层、棘层、基底层
真皮：乳头层、小动脉、网织层、汗腺导管
皮下组织：小静脉、汗腺分泌部、神经、环层小体、皮下脂肪

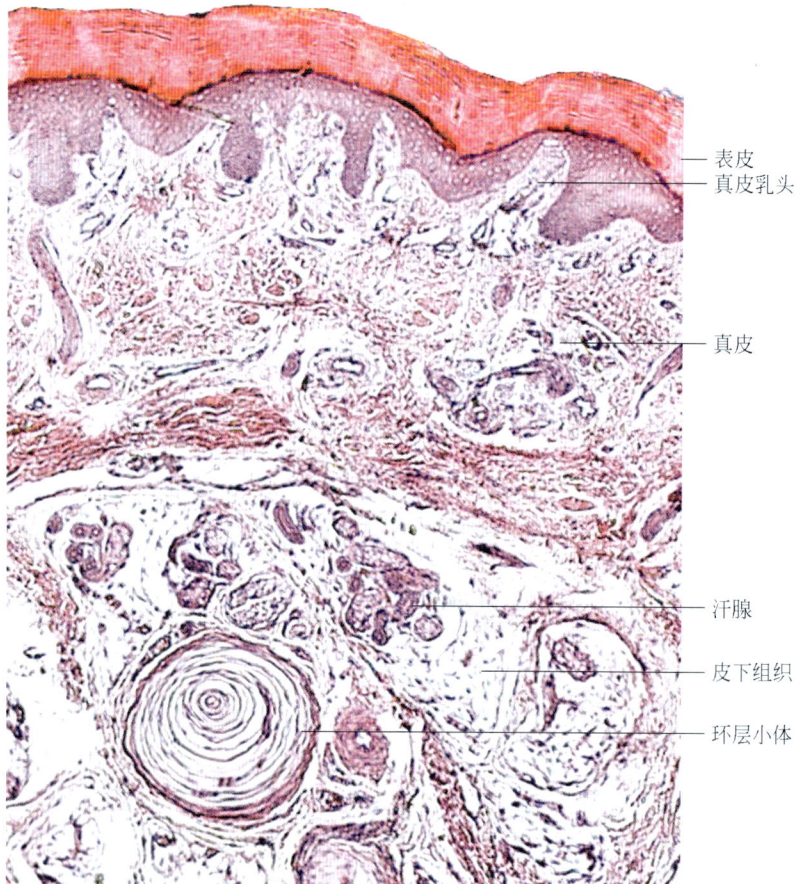

表皮
真皮乳头

真皮

汗腺
皮下组织
环层小体

图 12 - 2　皮肤

ellated granule)，直径约 100～300nm，颗粒有界膜包被，主要含有糖脂、固醇及溶酶体酶。颗粒中的脂类物以胞吐方式排放到细胞间隙，形成膜状结构，构成了防止物质透过表皮的重要屏障。棘层的深层细胞中可见少量黑素颗粒。

3. 颗粒层　颗粒层（stratum granulosum）由 3～5 层扁平的梭形细胞组成，细胞核与细胞器逐渐退化，胞质内板层颗粒增多。此层细胞主要特点是胞质出现许多形状不规则、强嗜碱性的**透明角质颗粒**（keratohyalin granule），电镜下，颗粒无膜包裹，呈致密均质状，角蛋白丝可包绕在透明角质颗粒周围或穿入其中。

4. 透明层　**透明层**（stratum lucidum）由 2～3 层扁平的细胞组成。细胞界限不清，细胞核和细胞器均已消失。此层细胞为均质透明状，呈嗜酸性，折光性强。胞质内充满角蛋白丝，细胞的超微结构与角质层相似。

5. 角质层　角质层（stratum corneum）由多层扁平无核的**角质细胞**（horny cell）组成。细胞已完全角化死亡，光镜下呈嗜酸性的均质状，轮廓不清。电镜下，细胞内充满角蛋白丝和均质状基质。胞膜内面附有不溶性蛋白质，使细胞膜增厚而坚固。细胞间隙充满由板层颗粒所释放的脂类物质。表层细胞间的桥粒消失，细胞连接松散，脱落后即成为皮屑。角质层

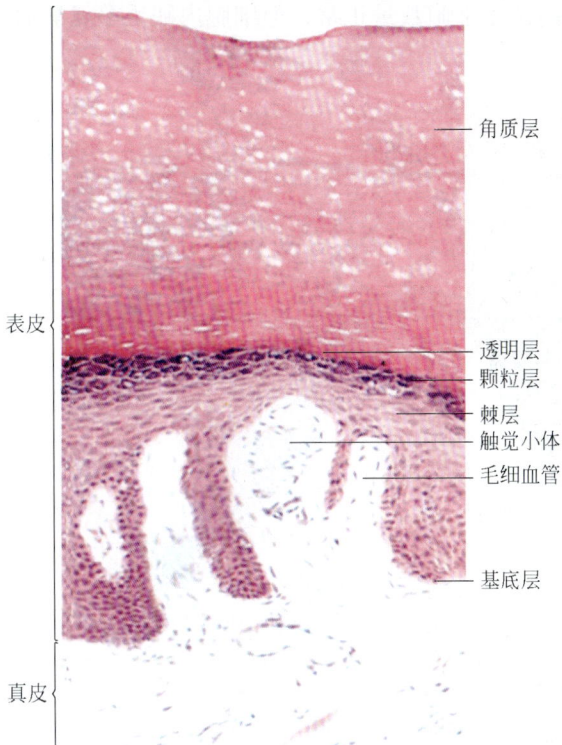

图 12-3 表皮光镜像 (低倍)

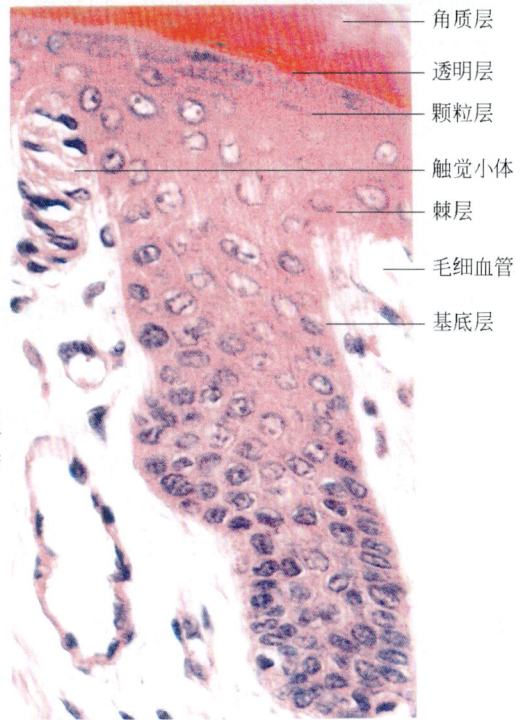

图 12-4 表皮及真皮乳头光镜像 (高倍)

具有阻止外界物质侵害和防止体内水分丢失等作用。

从表皮的基底层到角质层是角质形成细胞的增殖、分化、移动、角化和脱落的动态变化过程。最初为表皮细胞内角蛋白丝、板层颗粒及透明角质颗粒的形成，继而角蛋白丝与透明角质颗粒结合形成角蛋白，沉积于细胞内，板层颗粒向细胞间隙释放内容物，形成多层膜状结构，细胞器及细胞核逐渐退化消失，最后形成角质层。如某种因素破坏了表皮的动态平衡，就会出现角化异常等病理变化。人表皮的更新周期为 3~4 周。

(二) 非角质形成细胞

1. 黑素细胞　**黑素细胞**（melanocyte）数目较少，具有细长突起。胞体散在于基底细胞之间，突起伸入基底细胞和棘细胞之间（图 12-5、6）。在 H-E 染色标本上，不易辨认。电镜下，黑素细胞与角质形成细胞之间无桥粒连接，细胞质内含有丰富的游离核糖体、粗面内质网和发达的高尔基复合体。胞质内含有**黑素体**（melanosome），它是黑色素在细胞内存在的形态，内含酪氨酸酶，参与黑色素的合成，也是黑素细胞向角质形成细胞输送黑素的供体，当黑素体充满黑色素后则称**黑素颗粒**（melanin granule）。黑素颗粒迁移到细胞突起内，并转移到基底细胞及棘细胞内，故基底细胞含有黑素颗粒。黑色素能吸收紫外线，可防止深部组织遭受辐射损伤。黑白人种间的黑素细胞数量无明显差别，肤色的深浅主要取决于黑素细胞合成黑色素的能力与黑素颗粒的分布。黑种人皮肤的黑素颗粒大而多，且分布于表皮全层内，白种人皮肤的黑素颗粒小而少，仅分布于表皮的基底层内，黄种人介于两者间。皮肤白斑时黑素细胞数量减少或缺失，白化患者的黑素细胞数量正常，但细胞内缺乏酪氨酸酶，不能合成黑色素。

2. 朗格汉斯细胞　朗格汉斯细胞（Langerhans cell）来源于单核细胞，为具有树枝状突起的细胞，主要散在于棘细胞之间（图 12-5、7）。在 H-E 染色标本上，其胞核着色深，胞质很浅，用氯化金或 ATP 酶法可显示细胞全貌。电镜下，胞核弯曲呈分叶状，胞质电子密度低，含有较多的溶酶体，无黑素颗粒、角蛋白丝和桥粒等。细胞的主要特征是具有网球拍状的**伯贝克颗粒**（Birbeck granule）（图 12-7、8）。该细胞能捕获皮肤中的抗原物质，伯贝克颗粒参与抗原的处理，处理后形成抗原肽-MHC 分子复合物分布于细

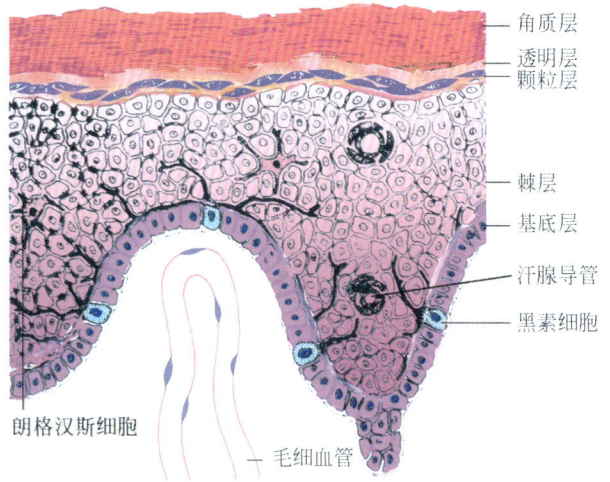

图 12-5　表皮细胞组成模式图

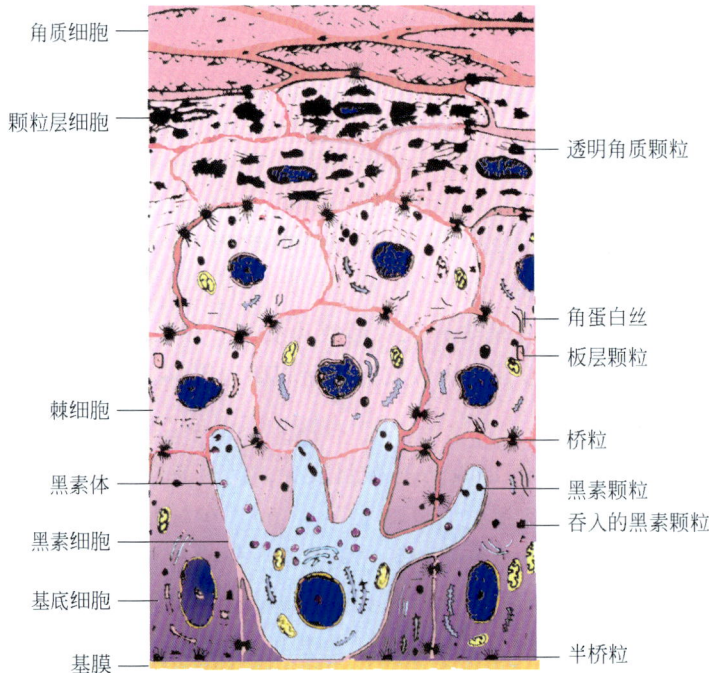

图 12-6　角质形成细胞和黑素细胞超微结构模式图

胞表面，并将其呈递给淋巴细胞，引发免疫应答。因此，朗格汉斯细胞是一种抗原提呈细胞，在对抗侵入皮肤的病原微生物、监视癌变细胞和排斥移植的异体组织中起重要作用。

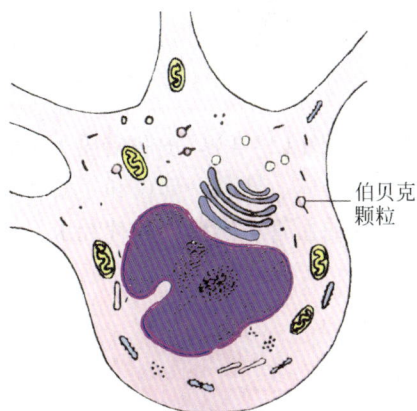

图 12 – 7 朗格汉斯细胞超微结构模式图

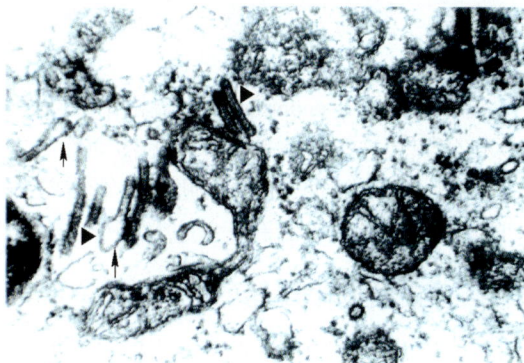

图 12 – 8 朗格汉斯细胞电镜像
▲ ↑ 示两种不同形态的伯贝克颗粒

3. 梅克尔细胞 **梅克尔细胞**（Merkel cell）位于基底细胞之间，呈扁平形，有短指状突起，在 H-E 染色标本上不易辨别。电镜下，它与角质形成细胞之间有桥粒相连（图 12 – 9），胞核呈不规则形，胞质内有许多膜被含致密核芯的小泡，细胞基底面可与盘状的感觉神经末梢紧密接触，而且胞质中的小泡也多聚集在细胞的基底部，形成类似于突触的结构，故认为该细胞是感觉细胞，能感受触觉或其他机械性刺激。

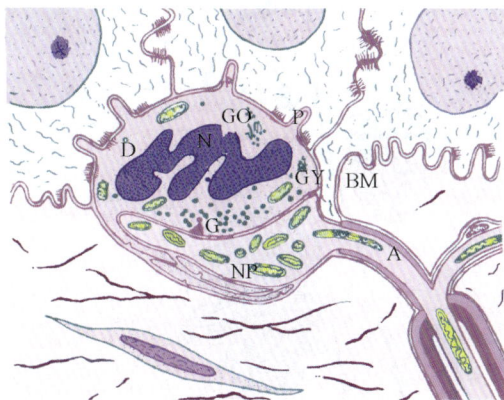

图 12 – 9 梅克尔细胞与神经末梢超微结构模式图
N：梅克尔细胞核 P：胞质突起 D：桥粒 GY：糖原
GO：高尔基复合体 G：分泌颗粒 BM：基膜
NP：神经板 A：轴突

二、真皮

真皮（dermis）位于表皮下面，由致密结缔组织组成，真皮深部与皮下组织相连，但两者之间没有明显的界限（图 12 – 1、2）。身体各部位真皮的厚度不等，一般约为 1 ~ 2mm，真皮可分为乳头层和网织层。

1. 乳头层 **乳头层**（papillary layer）是紧靠表皮的薄层结缔组织，并向表皮基底部突出形成**真皮乳头**（dermal papilla），使表皮与真皮的连接面扩大，有利于两者牢固连接，并有利于从真皮组织液中获得营养。乳头内含有丰富的毛细血管，有些乳头内含有触觉小体等神经末梢（图 12 – 3、4）。

2. 网织层 **网织层**（reticular layer）位于乳头层下方，较厚，是真皮的主要部分，与乳头层无明显的分界，内有粗大的胶原纤维束交织成网，弹性纤维丰富，使皮肤具有较大的韧性和弹性。此层内还有较多的血管、淋巴管和神经束。毛囊、皮脂腺和汗腺也多分布于网织层内，深部常见环层小体（图 12 – 1、2）。

在有些情况下，真皮可发生断裂，形成比周围皮肤色浅的条纹，此种条痕可出现在某些妊娠妇女的腹前壁上，称妊娠纹；有时也可见于举重运动员的肌肥大、肥胖症及肿瘤快速生长而导致的皮肤过度牵拉之处。

三、皮下组织

皮下组织（hypodermis）由疏松结缔组织和脂肪组织组成（图12-1）。皮肤借皮下组织与深部组织相连，使皮肤有一定的活动性。皮下脂肪的多少因个体、性别、部位和年龄等有较大差别，具有缓冲、保温、贮存、营养等作用。分布到皮肤的血管、淋巴管和神经束经由皮下组织中通过，毛囊和汗腺也常延伸到该层组织中。

四、皮肤的附属器

（一）毛

人体皮肤除手掌、足底等处外，均有毛分布（图12-10、11）。毛的粗细、长短依部位而异，头发、胡须和睫毛等粗而长，其他部位的毛则细而短，但其基本结构相同。

1. 毛的结构　毛（hair）分为毛干、毛根和毛球三部分。露在皮肤外的为**毛干**（hair shaft），埋在皮肤内的为**毛根**（hair root），包在毛根外面的上皮和结缔组织形成管状的鞘为**毛囊**（hair follicle）。毛根和毛囊末端膨大为**毛球**（hair bulb）。毛球底面内陷，毛细血管和神经的结缔组织突入其中形成**毛乳头**（hair papilla）（图12-11）。毛球是毛和毛囊的生长点。毛乳头对毛的生长起诱导和维持作用。毛与皮肤表面呈一定角度斜向生长，在毛根与表皮表面呈钝角的一侧有皮脂腺，其下方有一束斜行的平滑肌，称**竖毛肌**（arrector pilli muscle），它起于真皮乳头层，止于结缔组织性毛囊（图12-10~12）。竖毛肌受交感神经支配。

毛干和毛根由排列规则的角化上皮细胞组成，细胞内充满角蛋白并有数量不等的黑素颗粒。毛囊分为两层，内层为上皮根鞘，包裹毛根，与表皮相连续，其结构也与表皮相似；外层为结缔组

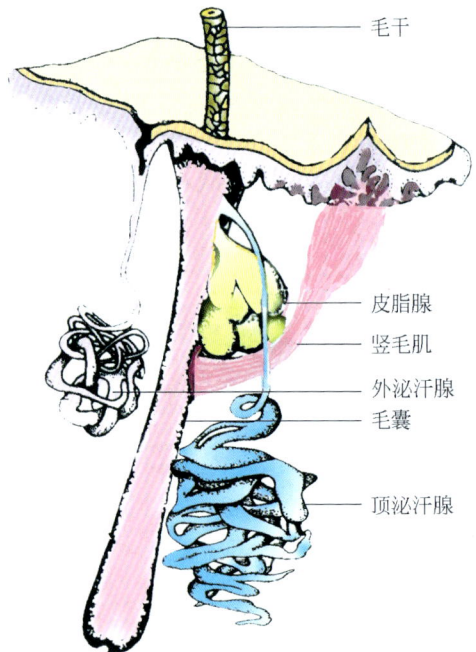

图12-10　皮肤附属器示意图

织根鞘，由致密结缔组织构成。毛根和上皮根鞘与毛球部细胞相连。毛球的上皮细胞为干细胞，称**毛母质**（hair matrix），这些细胞不断分裂增殖，逐渐形成毛根和上皮根鞘的细胞。毛母质内有散在的黑素细胞，可将形成的黑素颗粒沿突起转送到毛根的上皮细胞中。

2. 毛生长和更新　身体各部位毛的生长周期长短不等，头发的生长周期通常为3~5年，其他部位的毛生长周期只有数月。毛的生长周期分为生长期和静止期。生长期的毛每日约生长0.2mm，其毛球膨大，毛乳头血供丰富，毛母质细胞分裂增殖。当由生长期转入静止期时，毛球和毛乳头变小萎缩，毛母质细胞停止增殖，毛根角化萎缩，并向表皮推移，随

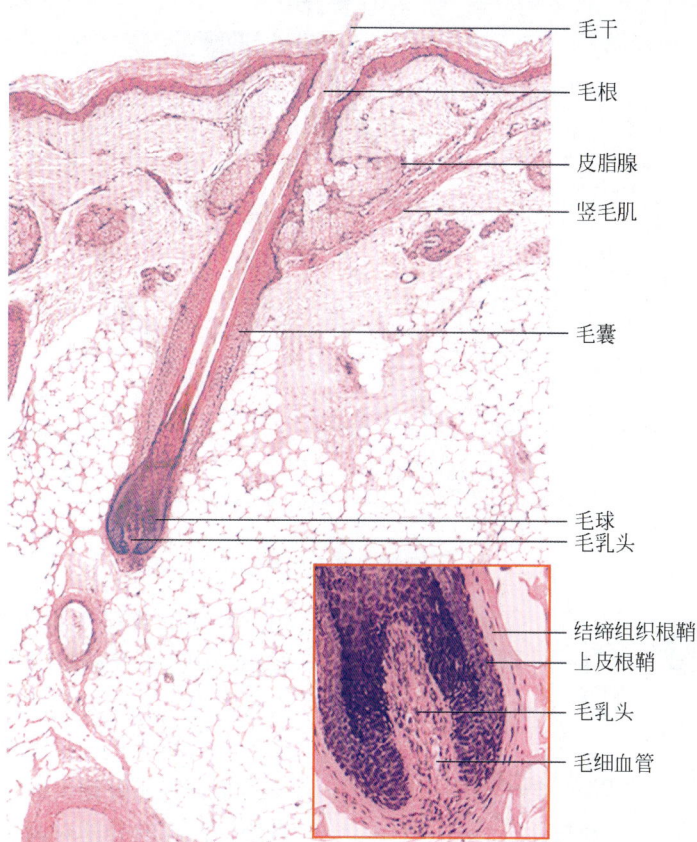

毛干
毛根
皮脂腺
竖毛肌
毛囊
毛球
毛乳头
结缔组织根鞘
上皮根鞘
毛乳头
毛细血管

图 12-11　人头皮光镜像（低倍，右下角高倍示毛球）

后与毛乳头分离，在旧毛脱落之前，于毛囊基部形成新的毛母质细胞和毛球，继而形成新毛。

（二）皮脂腺

皮脂腺（sebaceous gland）为泡状腺，多位于毛囊与竖毛肌之间，皮脂腺的分泌部由多层细胞组成，其周围是一层较小的干细胞，它们不断分裂增殖，逐渐变大，并向腺泡中心移动，腺泡中心的细胞较大，呈多边形，细胞内充满脂滴，核固缩溶解。在近导管处，整个腺细胞解体，成为皮脂。导管为较短复层扁平上皮，多开口于毛囊，也有的直接开口于皮肤表面（图 12-10~12）。性激素能促进皮脂腺的生长和分泌。

（三）汗腺

汗腺（sweat gland）可分为外泌汗腺和顶泌汗腺两种。

1. 外泌汗腺　**外泌汗腺**（exocrine sweat gland）又称局泌汗腺，即通常所称的汗腺。遍布于全身的大部分皮肤内，手掌和足底较多。汗腺为单曲管状腺，分泌部盘曲成团，位于真皮深层和皮下组织中，周围有较厚的基膜。腺细胞为一层，细胞大小不一，呈锥体形。在腺细胞与基膜之间有长梭形有突起的**肌上皮细胞**（myoepithelial cell），其收缩有助于排出分泌

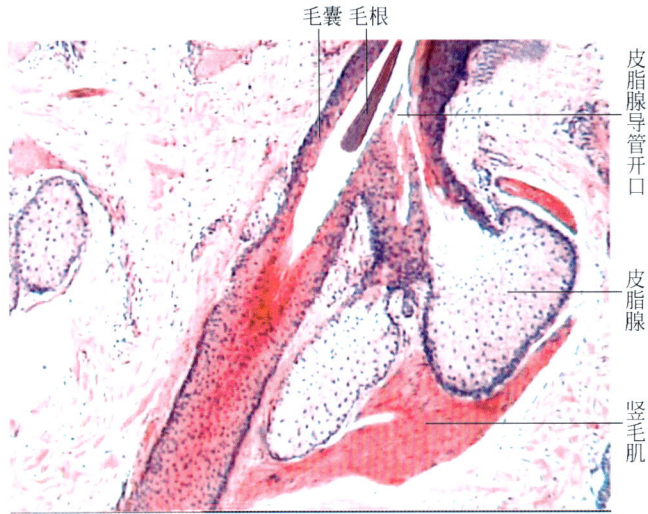

毛囊 毛根

皮脂腺导管开口

皮脂腺

竖毛肌

图 12 - 12　皮脂腺和竖毛肌光镜像（高倍）

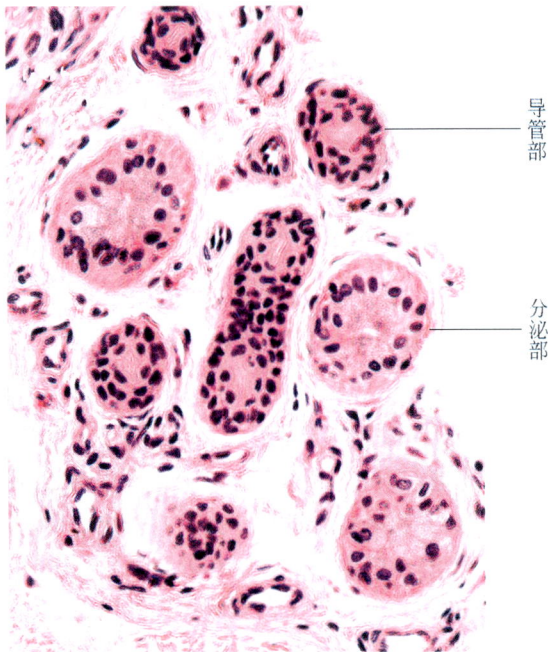

导管部

分泌部

图 12 - 13　指皮外泌汗腺光镜像（高倍）

物。导管由两层立方形细胞围成，细胞较小，胞质弱嗜碱性（图 12 - 13）。导管由真皮进入表皮后呈螺旋状走行，开口于皮肤表面的汗孔。腺细胞分泌的汗液，主要为水分，还有钠、钾、氯、乳酸盐和尿素等。汗腺的分泌对调节体温、湿润皮肤和排泄含氮废物等均具有重要作用。汗腺的分泌主要受胆碱能神经支配。

2. 顶泌汗腺　顶泌汗腺（apocrine sweat gland）又称大汗腺，主要分布于腋窝、乳晕、外阴部和肛门周围等处的皮肤内。分泌部较粗，管腔大，盘曲成团。腺细胞为立方形或矮柱状，核圆形，胞质嗜酸性。导管较细而直，由两层上皮细胞围成，开口于毛囊上段（图 12 - 10），其分泌物较浓稠，被细菌分解后则产生特殊气味。分泌过盛而致气味过浓时，则产生狐臭。大汗腺的分泌受性激素影响，于青春期分泌较旺盛。

（四）指（趾）甲

指（趾）甲（nail）由多层排列紧密的角化细胞构成，露在外面的为甲体，埋于皮肤内的为甲根，甲体下面的为甲床，甲体周缘的皮肤为甲襞，甲体与甲襞之间的沟为甲沟，甲根附着处的甲床上皮为**甲母质**（nail matrix），是甲体的生长区（图 12–14）。甲母质细胞分裂增殖，不断向指（趾）端方向移动，角化后构成甲体的细胞。

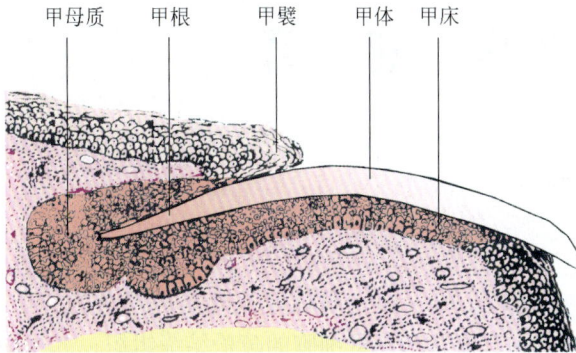

甲母质　甲根　甲襞　甲体　甲床

图 12–14　指甲纵切面模式图

五、皮肤的血管、淋巴管和神经分布

皮肤的血管来自皮下组织的小动脉，在真皮的网织层发出分支，互相吻合成网，形成真皮下血管丛，营养真皮及附属器，继而在乳头层内形成毛细血管袢为表皮提供营养。乳头层毛细血管汇成小静脉丛，下行与网织层的静脉丛汇合，再进入皮下组织中的静脉。在指（趾）端等处的皮肤内有较多的动静脉吻合，神经支配其关闭或开放，以调节局部的血流量。淋巴管起始于真皮乳头内的毛细淋巴管网，继而向下形成较大的淋巴管，与皮下组织的静脉伴行。

皮肤内有丰富的感觉神经末梢，如游离神经末梢、触觉小体和环层小体。皮肤内植物神经末梢分布于血管、腺体和竖毛肌，调节腺体的分泌和平滑肌的伸缩。动静脉吻合处的运动神经末梢较多。

六、皮肤的衰老和再生

皮肤的衰老表现为皮肤的皱缩、干燥和弹性丧失等，皮肤内环层小体等感受器减少，长时间紫外线照射还可使弹性纤维弹性下降，胶原纤维破坏加速，黑素细胞增多，郎格汉斯细胞减少。在正常情况下，表皮角质层细胞不断脱落，由基底细胞增殖补充，称生理性再生。如皮肤受到损伤后修复愈合，则称补偿性再生，其再生过程和修复时间，因受伤的面积和深度而有不同，小面积的损伤，数天即能愈合，且不留瘢痕。

（任君旭）

视窗

五脏之镜——皮肤

祖国医学的整体观念认为：人体是一个有机整体，是以五脏为中心，配以六腑，通过经络系统而达到"内属于脏腑，外络于肢节"，把六腑、五体、五官、九窍、四肢百合等全身组织器官联系为一体。机体的血液运行、神经–体液调节、脏器的功能状况，均可影响皮肤及其附属器的功能状态。因而脏腑功能的盛衰与其外候皮肤、毛发及爪甲的荣枯坚脆密切相关。皮肤为一身之表，脏腑气血的病变通过经络可反映于肌表，故祖国医学常把皮肤作为五脏之镜。脏腑功能正常，则皮肤红润，毛发光泽，爪甲坚韧；反之，则皮肤失润，毛发枯槁，爪甲易脆。现今诸多的中医美容养生方法——芦荟、珍珠、人参等中药美容，按摩美容、针灸美容、穴位美容、食疗美容等，均体现了祖国医学的特色和优势。

第十三章

眼　和　耳

眼是视觉器官，由眼球及其附属器官构成。

一、眼

眼球近似球形，由眼球壁和眼内容物组成（图 13-1）。眼球壁从外至内可分为三层：①纤维膜：主要为致密结缔组织；②血管膜：为含血管和色素细胞的疏松结缔组织；③视网膜：为神经组织。眼内容物包括房水、晶状体和玻璃体，均无色透明，与角膜一起组成眼球的屈光装置。

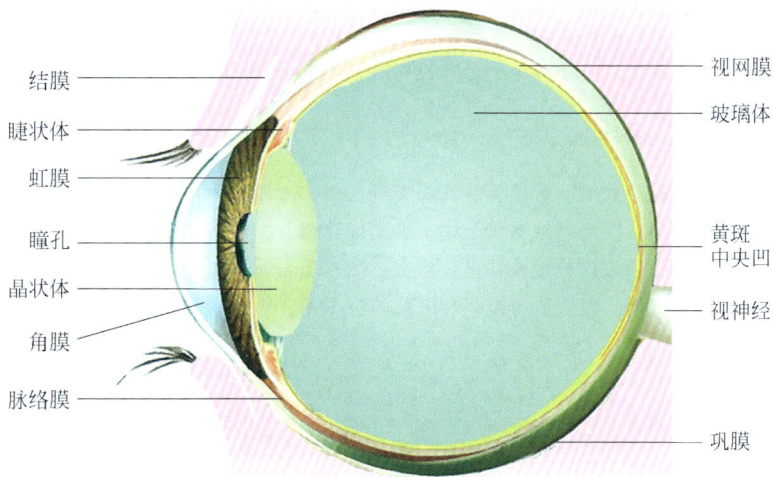

图 13-1　眼球结构模式图

（一）眼球壁

眼球壁从外向内依次为纤维膜、血管膜和视网膜三层。

1. 纤维膜　纤维膜（fibrous tunic）是眼球壁的最外层，主要由致密结缔组织构成，前1/6 部为角膜，后 5/6 部为巩膜，两者之间于角膜缘处过渡。

（1）角膜：角膜（cornea）位于眼球的前方，为透明的圆盘状结构，略突向前。角膜中央较薄，周边部较厚。角膜中不含血管，其营养由角膜缘血管和房水供应。角膜组织结构由前至后可分为 5 层（图 13-2）。

①角膜上皮：角膜上皮（corneal epithelium）为未角化的复层扁平上皮，由 5~6 层排列整齐的细胞构成。角膜表层为 1~2 层扁平细胞，故表面光滑。基底层细胞平坦，为一层矮

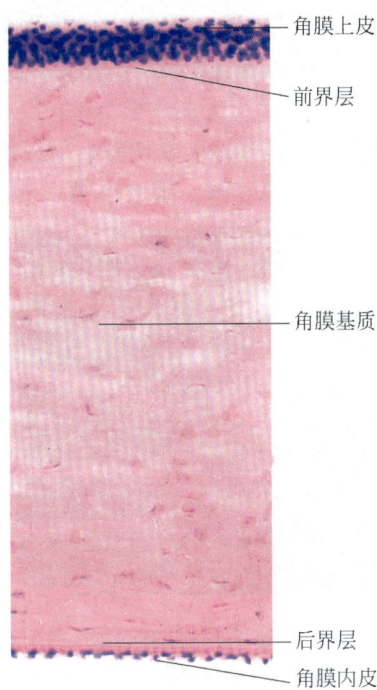

图 13-2　角膜光镜像（高倍）

柱状细胞，其再生能力很强，损伤后容易修复。上皮内有丰富的游离感觉神经末梢，因此角膜感觉敏锐。

②前界层：**前界层**（anterior limiting lamina）为不含细胞的均质状薄膜，由基质和胶原原纤维构成，此层损伤后不能再生。

③角膜基质：**角膜基质**（corneal stroma）为角膜中最厚的一层，约占角膜的 90%。主要由大量的胶原原纤维平行排列，形成与表面平行的胶原板层结构，邻层之间的纤维排列方向相互垂直。每层之间有合成纤维、基质的成纤维细胞，基质中含较多的水分。角膜基质结构特点是角膜透明的重要原因。

④后界层：**后界层**（posterior limiting lamina）结构与前界层类似，但更薄。损伤后可由角膜内皮再生。

⑤角膜内皮：**角膜内皮**（corneal endothelium）为单层扁平上皮，细胞间有紧密连接，参与后界层的形成与更新。角膜内皮细胞不能再生，细胞密度随年龄增长而降低。

（2）巩膜：**巩膜**（sclera）呈瓷白色不透明，由致密结缔组织构成，粗大的胶原纤维相互交织成网。巩膜质地坚硬，是眼球壁的重要保护层，可维持眼球的形状。与角膜相交处向前内侧伸出环嵴状突起，称巩膜距，是小梁网和睫状肌的附着部位（图 13-3）。巩膜距的前外侧，有一环行的管道，称巩膜静脉窦，管壁由内皮、不完整的基膜和薄层结缔组织构成。巩膜静脉窦内侧为小梁网，由角膜基质纤维、后界层和角膜内皮扩展形成。小梁网之间的孔隙为小梁间隙，小梁间隙与巩膜静脉窦相通，是房水循环的重要结构。巩膜前部的表面有球结膜覆盖，球结膜的复层扁平上皮与角膜上皮连续。

角膜与巩膜交界处，称角膜缘。近年发现，角膜缘基底层细胞具有干细胞特征，它们不断增殖，向角膜中央方向迁移，补充角膜基底层细胞。

2. 血管膜　血管膜位于纤维膜的内侧，由疏松结缔组织构成，富含血管和色素细胞，薄而柔软。由前至后依次为虹膜、睫状体和脉络膜。

（1）虹膜：**虹膜**（iris）位于角膜后方，为环状薄膜（图 13-1），周边与睫状体相连，中央为**瞳孔**（pupil）。虹膜由前向后分三层：①前缘层：由一层不连续的成纤维细胞和色素细胞构成；②虹膜基质：此层较厚，为富含血管和色素细胞的疏松结缔组织，其中色素细胞的多少和所产生色素的量决定虹膜的颜色；③虹膜上皮：由前后两层细胞组成，前层为

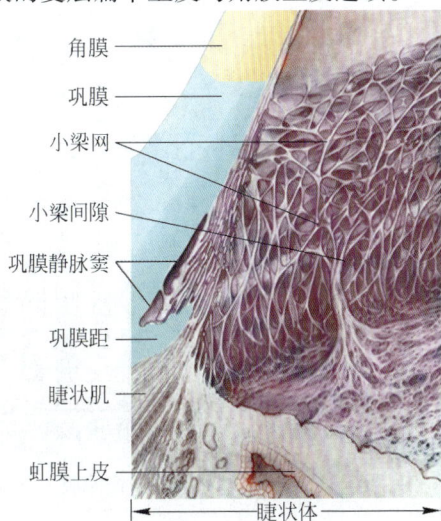

图 13-3　巩膜静脉窦与小梁网模式图

肌上皮细胞，位于瞳孔边缘，细胞呈环行排列，称瞳孔括约肌，收缩时使瞳孔缩小；括约肌外侧细胞呈放射状排列构成瞳孔开大肌，收缩时使瞳孔开大。后层细胞体积较大，胞质内充满色素颗粒。

（2）睫状体：**睫状体**（ciliary body）位于虹膜与脉络膜之间，在眼球矢状切面上呈三角形。睫状体后部平坦，前部有数十个睫状突，并借睫状小带与晶状体相连。**睫状小带**（ciliary zonule）呈纤维状，由微原纤维借蛋白多糖黏合而成（图13-4）。睫状体自外向内可分为睫状肌、基质和上皮。①睫状肌：为平滑肌，是睫状体的主要组成成分。肌纤维走行方向为纵向、放射状和环行，当收缩或舒张时，可使睫状体前、后移动，使睫状小带松弛或收缩，从而改变晶状体的位置和曲度以调节焦距。②基质：为疏松结缔组织，含丰富的血管和色素细胞。③上皮：由两层细胞组成，外层细胞呈立方形，胞质内有色素颗粒，为色素细胞；内层细胞呈立方形或矮柱状，为非色素细胞，可分泌房水。

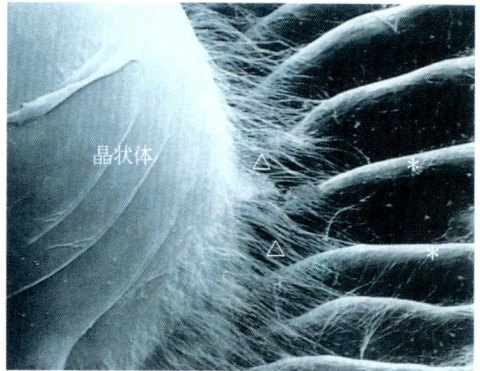

图13-4　睫状小带扫描电镜像
＊示睫状突　△示睫状小带

（3）脉络膜：**脉络膜**（choroid）为血管膜的后2/3部分，衬于巩膜内面，是富含血管和色素细胞的疏松结缔组织。最内一层为均质的薄膜与视网膜相贴，由纤维和基质组成，称玻璃膜。

3. 视网膜　**视网膜**（retina）位于脉络膜的内侧，有感光作用，为神经组织，主要由四层细胞构成，由外向内依次为色素上皮细胞层、视细胞层、双极细胞层和节细胞层（图13-5）。

（1）色素上皮层：由单层立方的**色素上皮细胞**（pigment epithelial cell）构成，上皮基底面紧贴玻璃膜。在细胞基底面的质膜内褶中含有大量线粒体，胞质内含许多粗大的黑素颗粒和吞噬体，黑素颗粒可吸收紫外线，以防止强光对视细胞的损坏；吞噬体为视细胞脱落下来的膜盘。细胞游离面有许多细长的突起，并伸入到视细胞的外节之间，但并不与其连接。色素上皮细胞还具有储存维生素A的功能。

（2）视细胞层：**视细胞**（visual cell）又称**感光细胞**（photoreceptor cell），是视觉的第一级神经元，属于双极神经元。细胞分为胞

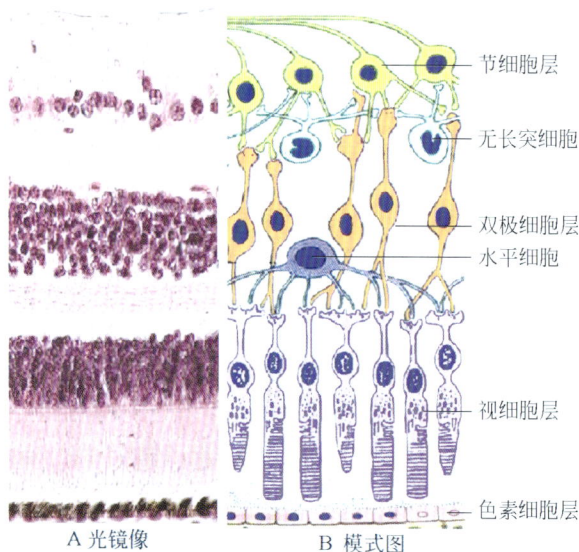

节细胞层
无长突细胞
双极细胞层
水平细胞
视细胞层
色素细胞层

A 光镜像　　　B 模式图

图13-5　视网膜

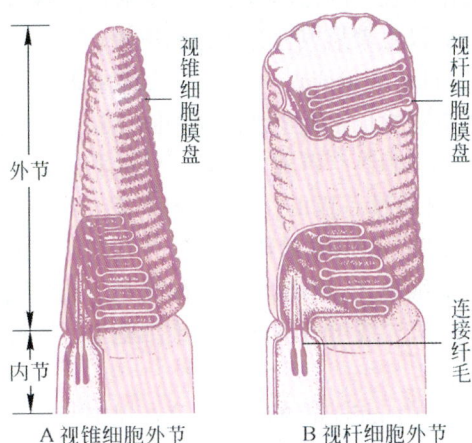

图 13 - 6　视细胞外节超微结构模式图

体、外突（树突）和内突（轴突）三部分。胞体是细胞核所在部位。外突中段有一缩窄将其分为内节和外节，内节是合成蛋白质的部位，有丰富的线粒体、粗面内质网和高尔基复合体。外节为感光部位，含有大量平行排列的扁平状膜盘，它们是由外节基部一侧的胞膜向胞质内陷折叠而成，膜中含有能感光的镶嵌蛋白质；内突末端主要与双极细胞形成突触联系。视细胞分为视杆细胞和视锥细胞两种（图 13 - 6）。

视杆细胞（rod cell）：数量较多，胞体细长，核小、染色深，外突呈杆状，故称视杆，内突末端膨大呈球状。外节中的膜盘与表面细胞膜分离，形成独立的膜盘(图 13 - 6)。膜盘由基部不断产生，并逐渐推移至外节顶端，而顶端衰老的膜盘不断脱落，被色素上皮细胞吞噬。膜盘上镶嵌的感光蛋白称视紫红质，感受弱光。视紫红质由 11 - 顺视黄醛和视蛋白组成。维生素 A 是合成 11 - 顺视黄醛的原料，当人体维生素 A 不足时，视紫红质缺乏，导致弱光视力减退，称夜盲症。

视锥细胞（cone cell）：数量较少，形态与视杆细胞近似，核较大，染色较浅，外突短粗呈圆锥形，故称视锥（图 13 - 6）。内突末端膨大呈足状，可与一个或多个双极细胞形成突触。视锥外节的膜盘大多与细胞膜不分离，顶端膜盘也不脱落，而感光物质则不断更新。其感光物质称视色素，感受强光和颜色。视色素也由 11 - 顺视黄醛和视蛋白构成，只是视蛋白结构与视杆细胞的不同。人类有三种视锥细胞，分别含有红敏色素、绿敏色素、蓝敏色素，感受红、绿、蓝光。色盲患者，是由于缺乏相应的特殊视锥细胞所致，如若缺少红敏色素（或绿敏色素）的视锥细胞，则不能分辨红（或绿）色，为红（或绿）色盲。临床中红色盲和绿色盲患者较为多见，蓝色盲则极少见。

（3）双极细胞层：**双极细胞**（bipolar cell）是视觉的第二级神经元（图 13 - 5），为连接视细胞和节细胞的纵向中间神经元，其树突与视细胞的内突形成突触，轴突与节细胞形成突触。大多数双极细胞可与多个视细胞和节细胞形成突触联系；少数双极细胞只与一个视锥细胞和一个节细胞联系，这种双极细胞称为侏儒双极细胞，它们多位于视网膜中央凹周边。

视网膜内还有横向联系的中间神经元（图 13 - 5），即水平细胞、无长突细胞和网间细胞。它们的胞体与双极细胞相邻，发出的突起和邻近细胞形成突触联系，在视网膜内形成局部环路，对视觉起调节作用。

（4）节细胞层：**节细胞**（ganglion cell）是视觉的第三级神经元（图 13 - 5），为具有长轴突的多极神经元。大多为单层排列，其树突主要与双极细胞形成突触。多数节细胞胞体较大，与多个双极细胞形成突触联系；少数为胞体较小的侏儒节细胞，只和一个侏儒双极细胞形成突触。节细胞的轴突粗细不等，向眼球后极汇聚形成视神经穿出巩膜。

神经胶质细胞：主要是**放射状胶质细胞**（radial neuroglial cell），又称**苗勒细胞**（Muller cell）。细胞呈柱状，其胞核位于双极细胞层，胞体贯穿除色素上皮外的视网膜全层，沿途向侧面发出许多放射状突起，充填于神经元之间。苗勒细胞具有营养、支持、绝缘和保护作用。

黄斑与中央凹：**黄斑**（macula lutea）是视网膜后极的一浅黄色区域，正对视轴处，中央有一浅凹，称**中央凹**（central fovea）。中央凹是视网膜最薄的部分，只有色素上皮细胞和视锥细胞。视锥细胞与侏儒双极细胞、侏儒节细胞之间形成一对一的联系，能精确传导视觉信息。而双极细胞和节细胞均斜向外周排列，故光线可直接落在视锥细胞上。因此，中央凹是视觉最敏锐的部位（图13-1）。

视盘：**视盘**（optic disc）又称**视神经乳头**（papilla of optic nerve），视神经乳头位于黄斑的鼻侧，是视神经穿出眼球的部位，此处缺乏视细胞，故又称盲点。

（二）眼球内容物

眼球内容物包括房水、晶状体和玻璃体，均无色透明，与角膜共同组成眼的屈光装置（图13-1）。

1. 晶状体　**晶状体**（lens）为具有弹性的双凸透明体，借睫状小带悬于睫状体上。晶状体表面包有薄层晶状体囊，囊壁由基膜和胶原原纤维组成。在晶状体囊内侧由一层立方形细胞构成晶状体上皮，上皮细胞在赤道部逐渐变成长柱状，称**晶状体纤维**（lens fiber），构成了晶状体的实质。中心部的纤维衰老变硬，胞核消失，含水量减少，形成晶状体核。晶状体内无血管和神经，靠房水供给营养。老年人晶状体弹性减退，透明度降低，甚至混浊形成老年性白内障。

2. 玻璃体　**玻璃体**（vitreous body）位于晶状体、睫状体与视网膜之间，外为透明的玻璃体膜，内为无色透明的胶体物，水分占99%，还含有胶原原纤维、玻璃蛋白、透明质酸和少量细胞。玻璃体流失不能再生，由房水充填。

3. 房水　**房水**（aqueous humor）为无色透明的液体，充满于眼房内，由睫状体的血管渗出和非色素上皮细胞分泌而成。房水从后房经瞳孔至前房，继而在前房角经小梁间隙进入巩膜静脉窦，最终回流入血循环。房水具有屈光作用，并可营养晶状体和角膜以及维持眼压。房水的产生和回流保持动态平衡，如回流受阻，引起眼压增高，导致青光眼。

（三）眼附属器官

包括眼睑、泪器和眼外肌等。**眼睑**（eyelid）覆盖于眼球的前方，有保护作用。眼睑由前至后分为五层：皮肤、皮下组织、肌层、睑板和睑结膜。

二、耳

耳由外耳、中耳和内耳组成，外耳和中耳传导声波，内耳感受位觉和听觉。

（一）外耳

外耳由耳廓、外耳道和鼓膜构成。耳廓以弹性软骨为支架，外为薄层皮肤。外耳道表面的皮肤内有耵聍腺，结构类似大汗腺，腺体分泌物称耵聍。**鼓膜**（tympanic membrane）为椭圆形的半透明薄膜，分隔外耳道与中耳。鼓膜分为三层：外表面为复层扁平上皮，中间为薄层结缔组织，内表面为单层扁平或立方上皮。

（二）中耳

中耳包括鼓室和咽鼓管（图13-7）。鼓室腔面和三块听小骨表面覆有单层立方上皮和薄层结缔组织构成的薄层黏膜。咽鼓管近鼓室段的黏膜上皮为单层柱状，近鼻咽段为假复层纤毛柱状上皮，固有层内有混合腺。

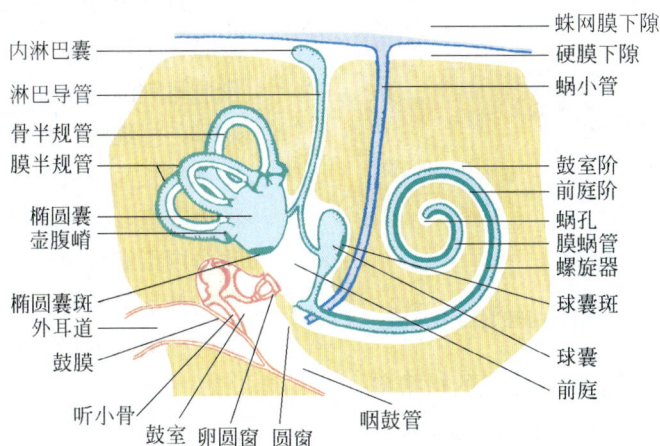

图13-7 内耳中耳模式图

（三）内耳

内耳位于颞骨岩部，由套叠的两组管道组成，走行弯曲称迷路。外部为**骨迷路**（osseous labyrinth），内部为**膜迷路**（membranous labyrinth）（图13-7）。骨迷路由前至后依次分为耳蜗、前庭和半规管，它们互相连通，腔面覆以骨膜。膜迷路悬系在骨迷路内，形态与骨迷路相似，由膜蜗管、膜前庭（椭圆囊、球囊）和膜半规管组成，三者也彼此相通。膜迷路管壁的黏膜由单层扁平上皮和结缔组织构成，某些部位的黏膜增厚，上皮细胞特化形成听觉或位觉感受器，即螺旋器、椭圆囊斑、球囊斑、壶腹嵴（图13-7）。

膜迷路腔内充满内淋巴，膜迷路与骨迷路之间的腔隙充满外淋巴，内、外淋巴互不相通。内淋巴由膜蜗管的血管纹产生，淋巴有营养内耳和传递声波等作用。

1. 膜蜗管及螺旋器 膜蜗管的横切面呈三角形，有上、中、下三个壁（图13-8、9）。上壁为前庭膜与前庭阶相隔；外侧壁为螺旋韧带，由增厚的骨膜形成，表面为复层柱状上皮，上皮内含有毛细血管，故称血管纹，与内淋巴的产生有关；下壁由骨螺旋板和基底膜共同构成，与鼓室阶相邻。骨螺旋板是蜗轴的骨组织向外侧延伸而成；基底膜为薄层结缔组织膜，内侧与骨螺旋板相连，外侧与螺旋韧带相连。基底膜的上皮增厚形成**螺旋器**（spiral organ）。骨螺旋板起始处的骨膜增厚，突入膜蜗管形成螺旋缘，螺

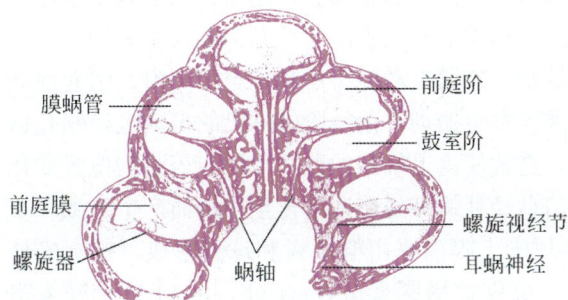

图13-8 耳蜗垂直切面模式图

旋缘向蜗管中伸出一末端游离的胶质性的薄板状结构**盖膜**（tectorial membrane），覆盖于螺旋器上方。

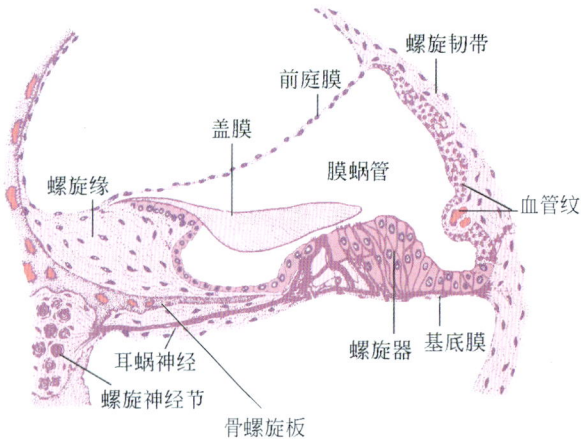

图 13-9　膜蜗管与螺旋器模式图

呈杯状，细胞顶部一侧伸出一细长的指状突起，指状突起抵达螺旋器的游离面呈膜状。指细胞具有支托毛细胞的作用。

（2）毛细胞：**毛细胞**（hair cell）为感觉细胞上皮细胞，与指细胞对应，分别位于内、外指细胞的胞体上。内毛细胞呈烧瓶形，游离面的微绒毛粗长，称**静纤毛**（stereocilium），呈"V"形排列。外毛细胞呈高柱状，细胞顶部的静纤毛呈"W"形排列，外毛细胞中较高的静纤毛插入盖膜的胶质中。毛细胞基底部胞质内有含神经递质的突触小泡，底部与来自耳蜗神经节细胞的树突末端形成突触。螺旋器基底

螺旋器又称**柯蒂氏器**（organ of Corti），是听觉感受器，由支持细胞和毛细胞组成（图 13-10）。

（1）支持细胞：支持细胞形态各异，种类较多，主要有**柱细胞**（pillar cell）和**指细胞**（phalangeal cell）。柱细胞排列为内、外两行，分别称内柱细胞和外柱细胞。柱细胞基部较宽，胞体中部细长而分离，彼此围成一条三角形的内隧道。柱细胞起支持作用。指细胞也分内指细胞和外指细胞。内指细胞位于内柱细胞内侧，有 1 列，外指细胞位于外柱细胞外侧，有 3~5 列。指细胞

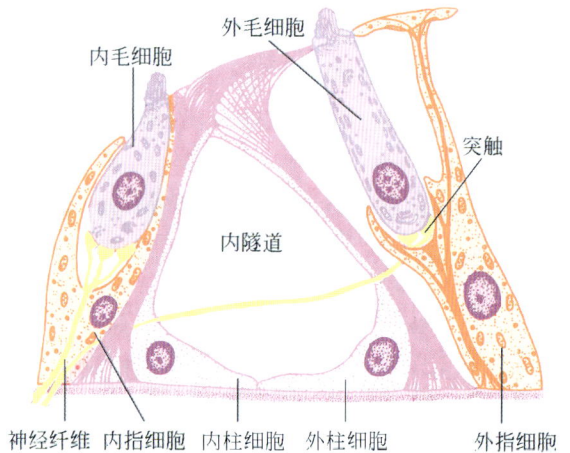

图 13-10　螺旋器毛细胞与支持细胞关系模式图

膜中含有大量的胶原样细丝，称**听弦**（auditory string），听弦从蜗轴向外呈放射状排列，由于基底膜从蜗底至蜗顶逐渐增宽，听弦也随之增长，听弦越长，其直径越粗，振动频率也随之降低，故蜗底的基底膜能与高频振动发生共振，蜗顶的基底膜能与低频振动发生共振。

螺旋器是听觉感受器，声波经外耳道至鼓膜，鼓膜振动经听小骨传至卵圆窗，引起前庭阶外淋巴振动，继而使前庭膜和膜蜗管的内淋巴发生振动，前庭阶外淋巴的振动也经蜗孔传到鼓室阶，使基底膜及其螺旋器也发生振动，这就使得毛细胞的静纤毛因与盖膜的位置变化而弯曲，引起毛细胞兴奋并释放神经递质，信息经耳蜗神经将冲动传至中枢而产生听觉。

2. 膜前庭及位觉斑　前庭连接耳蜗与半规管，膜前庭由椭圆囊和球囊组成。椭圆囊外侧壁和球囊前壁的黏膜局部增厚，呈斑块状，分别称**椭圆囊斑**（macula utriculi）和**球囊斑**（macula sacculi），是位觉感受器，故又称**位觉斑**（maculae acustica）。位觉斑表面平坦，由

支持细胞和毛细胞组成。支持细胞为高柱状，胞质顶部有分泌颗粒，其分泌物在位觉斑表面形成一层胶质膜称**位砂膜**（otolith membrane），内有细小的碳酸钙结晶即位砂（图 13 – 11）。

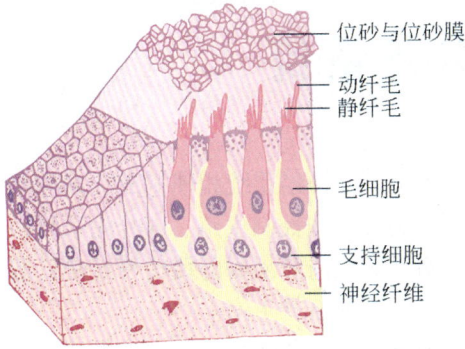

位砂与位砂膜
动纤毛
静纤毛
毛细胞
支持细胞
神经纤维

图 13 – 11 位觉斑模式图

毛细胞位于支持细胞之间，细胞的顶部有许多静纤毛，静纤毛是特殊分化的微绒毛，静纤毛一侧有一根较长的普通纤毛，称为**动纤毛**（kinocilium）。毛细胞的基底部胞质内含有突触小泡，根据与前庭神经末梢形成突触的形态特征不同分为Ⅰ型细胞和Ⅱ型细胞。Ⅰ型细胞呈烧瓶状，细胞的绝大部分被前庭神经末梢包裹，仅露出细胞顶部。神经末梢形似酒杯，故称神经杯。Ⅱ型细胞为圆柱状，细胞基部与前庭神经形成突触时无神经杯形成。

位觉斑感受身体的直线变速运动和静止状态。由于毛细胞的纤毛伸入位砂膜内，位砂的比重远大于内淋巴，在重力或直线变速运动作用下，位砂膜可发生移位，从而使纤毛弯曲，由于球囊斑和椭圆囊斑互成直角，所以，不管身体处在何种位置，都会有毛细胞受到刺激而兴奋。

3. 膜半规管及壶腹嵴 膜半规管壶腹部的一侧黏膜增厚，形成圆嵴状隆起，称**壶腹嵴**（crista ampullaris）。其基本结构和位觉斑相似，上皮由支持细胞和毛细胞组成，毛细胞的动

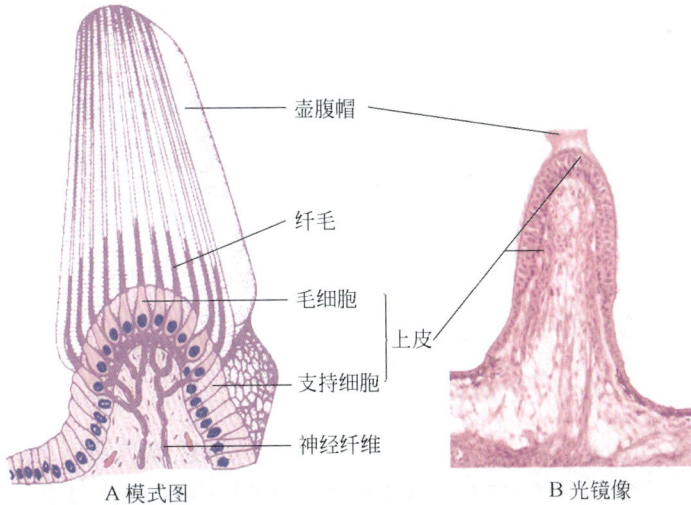

壶腹帽
纤毛
毛细胞
支持细胞
神经纤维
上皮

A 模式图   B 光镜像

图 13 – 12 壶腹嵴

纤毛和静纤毛埋藏于胶质膜内，壶腹嵴的胶质膜较厚，形成圆顶状的壶腹帽（图 13 – 12）。**壶腹帽**（cupula）由支持细胞分泌的糖蛋白形成，浮在毛细胞表面，前庭神经中的传入纤维末梢分布于毛细胞的基部形成突触。壶腹嵴也是位觉感受器，感受身体或头部的旋转变速运动。由于 3 个半规管互相垂直排列，所以不管身体或头部怎样旋转，都会有半规管内淋巴流动使壶腹帽偏斜，从而刺激毛细胞产生兴奋，经前庭神经传入中枢。

（王微微）

第十四章

内分泌系统

内分泌系统（endocrine system）是机体的重要调节系统，与神经系统相辅相成，共同维持内环境的稳定，调节机体的生长发育和各种代谢，并影响行为和控制生殖。内分泌系统由独立的内分泌腺和分布于其他器官的内分泌细胞及细胞团组成。内分泌腺的结构特点是：腺细胞排列成索状、团状或围成泡状，无排送分泌物的导管，毛细血管丰富。

内分泌细胞的分泌物称为**激素**（hormone）。大多数内分泌细胞的激素通过血液循环作用于远处的特定细胞。少部分内分泌细胞的激素经组织液直接作用于邻近的细胞，称为**旁分泌**（paracrine）。内分泌细胞分泌的激素，可按化学性质分为含氮激素和类固醇激素两大类。含氮激素分泌细胞的超微结构特点是，胞质内含有与合成激素有关的粗面内质网和高尔基复合体，以及有膜包被的分泌颗粒等。类固醇激素分泌细胞的超微结构特点是，胞质内含有与合成类固醇激素有关的滑面内质网、脂滴和线粒体，线粒体嵴多呈管泡状，无分泌颗粒。类固醇激素具有脂溶性，可通过胞膜直接扩散出细胞。

每种激素作用于特定的器官或细胞，称为该激素的**靶器官**（target organ）或**靶细胞**（target cell）。靶细胞具有与相应激素相结合的受体，受体与相应激素结合后产生生理效应。含氮激素的受体位于靶细胞的膜上，而类固醇激素的受体一般位于靶细胞的胞质内。

一、甲状腺

甲状腺分左右两叶，中间以峡部相连，呈 H 形。表面包有薄层结缔组织被膜。甲状腺实质由大量甲状腺滤泡和滤泡旁细胞组成，滤泡间有少量结缔组织和丰富的毛细血管（图14 – 1）。

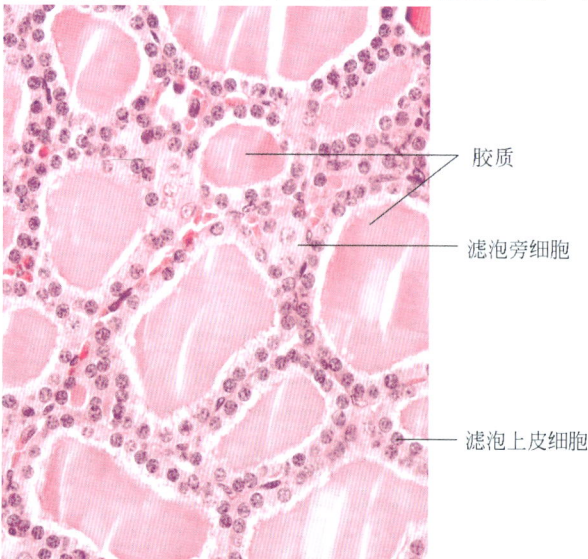

图 14 – 1　甲状腺光镜像（高倍）

胶质

滤泡旁细胞

滤泡上皮细胞

（一）甲状腺滤泡

甲状腺滤泡（thyroid follicle）直径 0.02 ~ 0.9mm，大小不等，呈圆形、椭圆形或不规则形。滤泡由单层立方的**滤泡上皮细胞**（follicular epithelial cell）围成，滤泡腔内充满透明的**胶质**（colloid）。滤泡上皮细胞因功能状态而有形态变化，功能活跃时，细胞增高呈低柱状，腔内胶质减少；反之，细胞变矮呈扁平状，腔内胶质增多。胶质是滤泡上皮细胞的分泌物，即碘化甲状腺球蛋白，在切片上呈均质状，嗜酸性。胶质的边缘常存在不着色的空泡，有人认为是滤泡上皮细胞吞饮胶质所致。

电镜观察，滤泡上皮细胞有较发达的粗面内质网，线粒体和溶酶体也较多，散布于胞质内，高尔基复合体位于核上区。顶部胞质内有电子密度中等、体积很小的分泌颗粒，还有从滤泡腔摄入的低电子密度的胶质小泡。滤泡上皮游离面有微绒毛，基底面有完整的基膜，滤泡周围的结缔组织内富含有孔毛细血管和毛细淋巴管（图 14-2）。

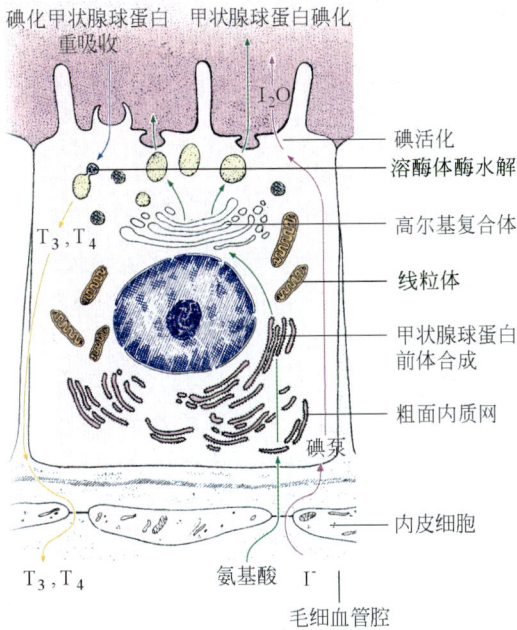

图 14-2 甲状腺激素合成示意图

甲状腺滤泡可合成和分泌**甲状腺激素**（thyroid hormone）。甲状腺激素的合成和分泌过程可概括为合成、贮存、碘化、重吸收、分解和释放几个步骤。滤泡上皮细胞从血中摄取氨基酸，并在粗面内质网合成甲状腺球蛋白的前体，继而在高尔基复合体加糖基并浓缩形成甲状腺球蛋白颗粒，再以胞吐方式排放到滤泡腔内贮存；滤泡上皮细胞还从血中摄取 I^-，I^- 在过氧化物酶的作用下活化，再进入滤泡腔与甲状腺球蛋白结合成碘化的甲状腺球蛋白。在促甲状腺激素的作用下，滤泡上皮细胞以胞饮方式将滤泡腔内的碘化甲状腺球蛋白重吸收入胞质，成为胶质小泡。胶质小泡与溶酶体融合，小泡内的碘化甲状腺球蛋白被水解酶分解形成甲状腺素（T_3 和 T_4），再经滤泡上皮细胞基底部释放入毛细血管内（图 14-2）。

甲状腺素能促进机体的新陈代谢和生长发育，提高神经系统兴奋性。甲状腺素对婴幼儿骨骼和中枢神经系统发育影响很大，小儿甲状腺机能低下，会导致呆小症。患儿不仅身材矮小，而且有智力障碍。

（二）滤泡旁细胞

滤泡旁细胞（parafollicular cell）位于滤泡之间和滤泡上皮细胞之间（图 14-1、14-3）。位于滤泡上皮细胞之间的滤泡旁细胞顶部被邻近的滤泡上皮细胞覆盖。滤泡旁细胞胞体稍大，在 H-E 染色切片中胞质着色较淡，镀银法可见胞质内有嗜银颗粒，颗粒内含降钙素，以胞吐的形式释放。**降钙素**（calcitonin）是一种多肽，能促进成骨细胞的活动，使骨盐沉着于类骨质，并能抑制胃肠道和肾小管吸收 Ca^{2+}，使血钙下降。降钙素水平低下会导致骨质疏松症。

二、甲状旁腺

甲状旁腺有上下两对，扁椭圆形，位于甲状腺左右叶的背面。腺体表面包有薄层结缔组织被膜，被膜下方腺细胞排列成索团状，其间富含有孔毛细血管。腺细胞包括主细胞和嗜酸性细胞两种（图 14-4）。

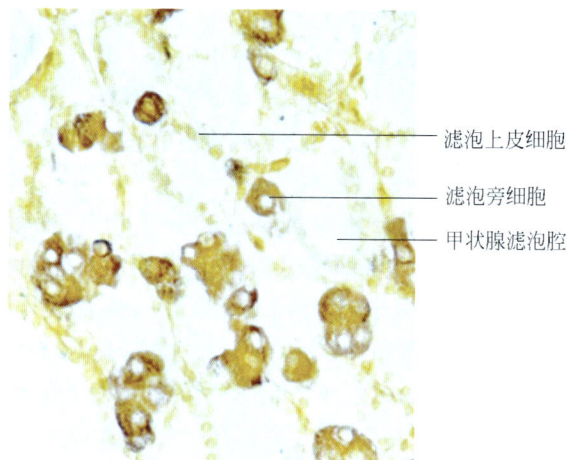

滤泡上皮细胞
滤泡旁细胞
甲状腺滤泡腔

图 14 - 3　滤泡旁细胞（镀银染色，高倍）

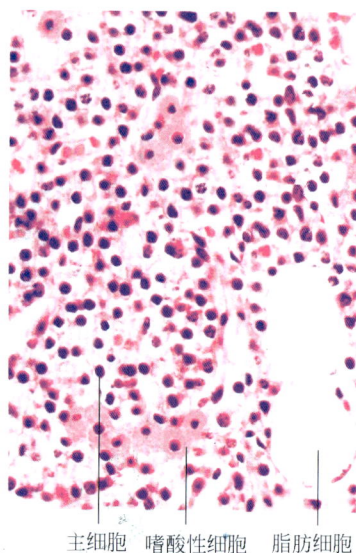

主细胞　嗜酸性细胞　脂肪细胞

图 14 - 4　甲状旁腺光镜像（高倍）

（一）主细胞

主细胞（chief cell）数量最多，呈多边形，核圆，居中，H-E 染色胞质着色浅。主细胞分泌甲状旁腺激素（parathyroid hormone）。甲状旁腺激素属含氮激素，主要作用于骨细胞和破骨细胞，使骨盐溶解，并能促进肠及肾小管吸收钙，从而使血钙升高。甲状旁腺激素和降钙素的共同调节，维持着血钙的稳定。

（二）嗜酸性细胞

嗜酸性细胞（acidophil）常单个或成群存在于主细胞之间。嗜酸性细胞比主细胞大，核较小，染色较深，胞质呈强嗜酸性。此细胞的机能意义不明。

三、肾上腺

肾上腺表面包以结缔组织被膜，少量结缔组织伴随血管和神经伸入腺实质内。肾上腺实质由周边的皮质和中央的髓质两部分构成。

（一）皮质

皮质约占肾上腺体积的 80% ~ 90%，根据皮质细胞的形态结构和排列等特征，可将皮质分为三个带，即球状带、束状带和网状带（图 14 - 5）。

1. **球状带**　球状带（zone glomerulosa）位于被膜下方，较薄。细胞排列成球团状或弓状，细胞较小，呈矮柱状或锥形，核小染色深，胞质较少，含少量脂滴。细胞团之间有窦状毛细血管（图 14 - 5）。球状带细胞分泌**盐皮质激素**（mineralocorticoid），如**醛固酮**（aldosterone），能促进肾远曲小管和集合小管重吸收 Na^+ 及排出 K^+，使血中的 Na^+ 浓度升高，K^+ 浓度降低。球状带细胞受肾素 - 血管紧张素系统的调节。

2. **束状带**　束状带（zone glomerulosa）位于球状带下方，是皮质最厚的一层。束状带

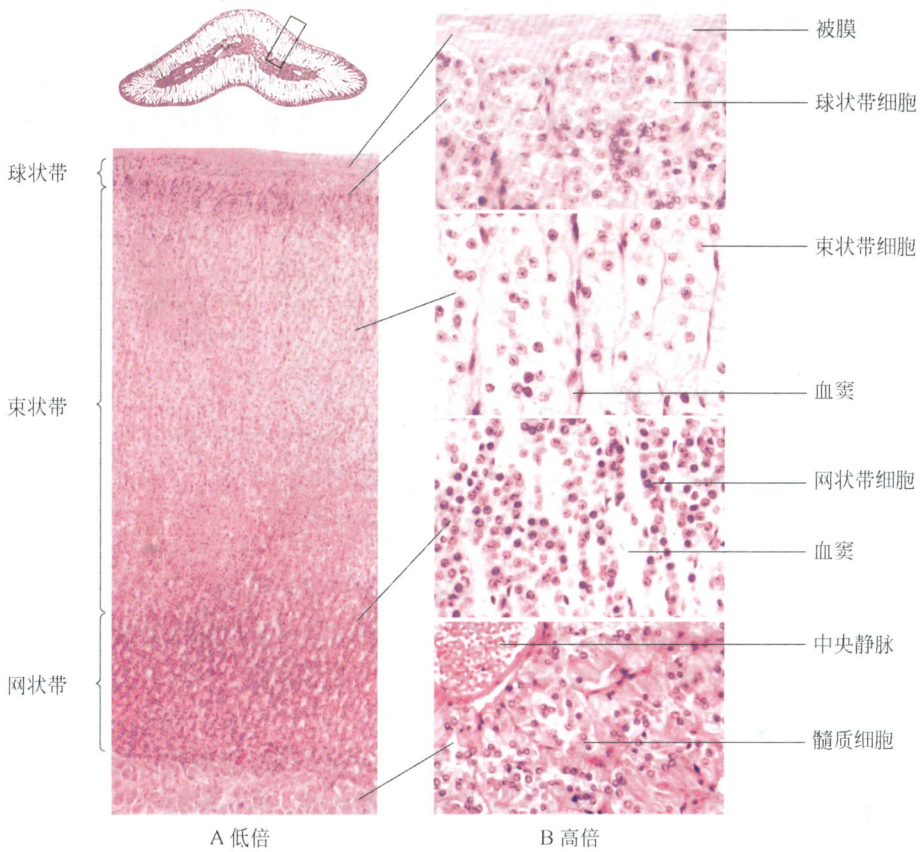

球状带	被膜
	球状带细胞
束状带	束状带细胞
	血窦
	网状带细胞
网状带	血窦
	中央静脉
	髓质细胞

A 低倍　　　　　　　B 高倍

图 14 - 5　肾上腺光镜像

细胞较大，呈多边形，排列成单行或双行细胞索，索间为窦状毛细血管和少量结缔组织。胞核圆形，较大，着色浅。胞质内含有大量的脂滴（图 14 - 6），在常规切片标本中，因脂滴被溶解，故染色浅而呈泡沫状。束状带细胞分泌**糖皮质激素**（glucocorticoid），主要为皮质醇和皮质酮，可促使蛋白质及脂肪分解并转变成糖，还有抑制免疫应答及抗炎症等作用。束状带细胞受垂体前叶分泌的促肾上腺皮质激素的调节。

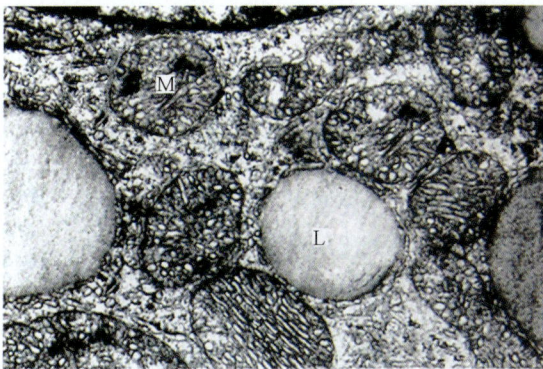

图 14 - 6　肾上腺皮质束状带细胞电镜像

M：线粒体　L：脂滴

3. 网状带　**网状带**（zona reticularis）位于皮质的最内层，细胞索相互吻合成网，网间为窦状毛细血管和少量结缔组织。网状带细胞较小，胞核小而着色较深，胞质嗜酸性，内含较多脂褐素和少量脂滴（图14 - 5）。网状带细胞主要分泌雄激素，也分泌少量糖皮质激素和雌激素。

肾上腺皮质细胞分泌的激素均属类固醇激素，故具有分泌类固醇激素细胞的超微结构特点，尤以束状带细胞最为典型（图14 - 6）。

（二）髓质

肾上腺髓质主要由排列成索或团的髓质细胞组成，其间为窦状毛细血管和少量结缔组织。髓质中央有中央静脉。髓质细胞呈多边形，胞质中含有嗜铬颗粒，故又称为**嗜铬细胞**（chromaffin cell）。另外，还有少量交感神经节细胞，散在分布于髓质内（图14-7）。

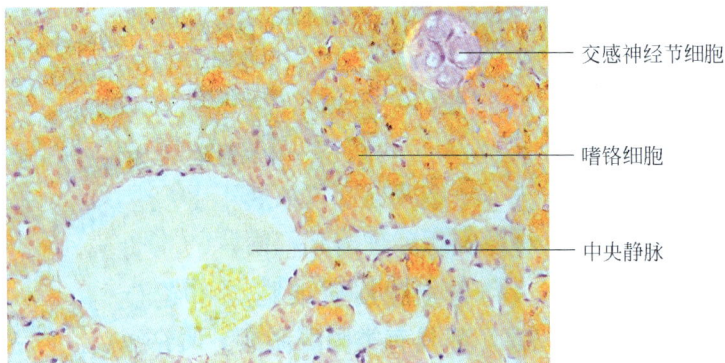

图14-7　肾上腺髓质光镜像（特殊染色，高倍）

电镜下，髓质细胞最显著的特征是，胞质内含有许多电子密度高的膜被分泌颗粒。根据颗粒内含物质的不同，髓质细胞分为两种。一种为肾上腺素细胞，约占人肾上腺髓质细胞的80%以上，颗粒内含**肾上腺素**（adrenaline）。另一种为去甲肾上腺素细胞，颗粒内含**去甲肾上腺素**（noradrenaline）。髓质细胞的分泌活动受交感神经节前纤维调控。肾上腺素使心率加快，心脏和骨骼肌的血管扩张；去甲肾上腺素使小血管收缩，血压增高。

四、垂体

垂体位于蝶鞍垂体窝内，重约0.5g。垂体由腺垂体和神经垂体两部分组成，表面包以结缔组织被膜。腺垂体分为远侧部、中间部及结节部三部分。神经垂体分为神经部和漏斗两部分，漏斗与下丘脑相连。远侧部又称前叶，神经部和中间部合称后叶（图14-8）。

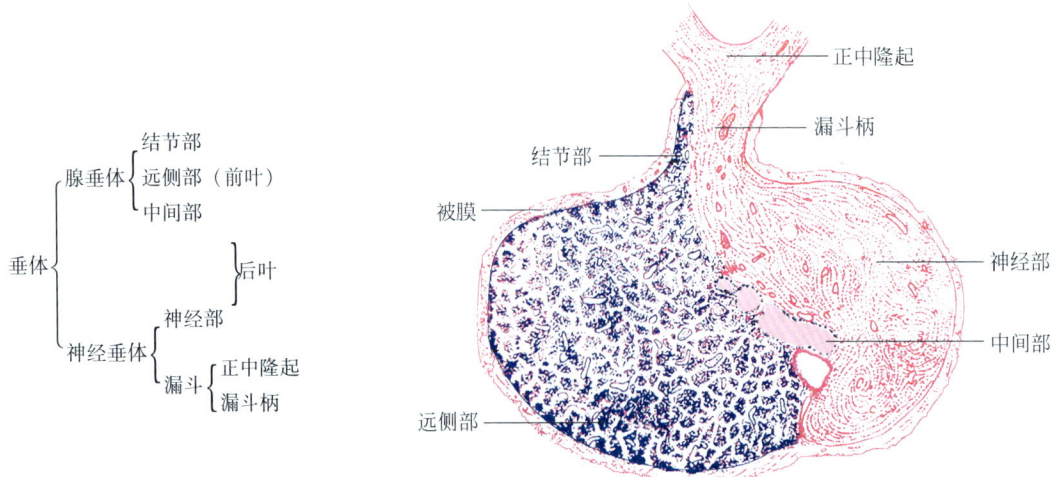

图14-8　垂体模式图（矢状切面）

（一）腺垂体

1. 远侧部　远侧部（pars distalis）的腺细胞排列成团索状，少数围成小滤泡，细胞间具有丰富的窦状毛细血管和少量结缔组织。在 H-E 染色切片中，依据腺细胞着色的差异，可将其分为嗜色细胞和嫌色细胞两大类。**嗜色细胞**（chromophil cell）又分为嗜酸性细胞和嗜碱性细胞两种（图 14 – 9）。

（1）嗜酸性细胞：**嗜酸性细胞**（acidophil）数量较多，呈圆形或椭圆形，胞质内含嗜酸性颗粒。嗜酸性细胞分两种：①**生长激素**（growth hormone，GH）细胞（图 14 – 10），数量较多，能合成和释放生长激素。生长激素能促进体内多种代谢过程，尤能刺激骺软骨生长，使骨增长。在幼年时期，生长激素分泌不足可致垂体侏儒症，分泌过多引起巨人症，成人则发生肢端肥大症。②**催乳激素**（prolactin，PRL）细胞，男女两性的垂体均有此种细胞，但在女性较多。催乳激素能促进乳腺发育和乳汁分泌。

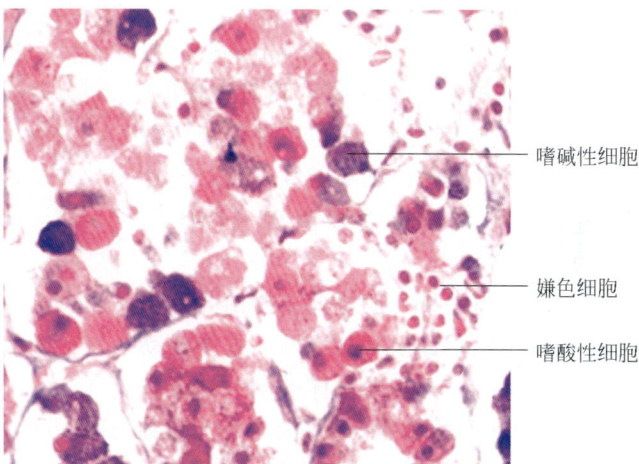

图 14 – 9　垂体远侧部光镜像（高倍）

（2）嗜碱性细胞：**嗜碱性细胞**（basophil）数量较嗜酸性细胞少，呈椭圆形或多边形，胞质嗜碱性（图 14 – 9）。嗜碱性细胞分三种：①**促甲状腺激素细胞**（thyrotroph），可分泌促甲状腺激素（thyroid stimulating hormone，TSH），能促进甲状腺激素的合成和释放。②**促肾上腺皮质激素细胞**（corticotroph），分泌**促肾上腺皮质激素**（adrenocorticotropin，ACTH），可促进肾上腺皮质分泌糖皮质激素。③**促性腺激素细胞**（gonadotroph），分泌**卵泡刺激素**（follicle stimulating hormone，FSH）和**黄体生成素**（luteinizing hormone，LH）。卵泡刺激素在女性促进卵泡的发育，在男性则刺激生精小管的支持细胞合成雄激素结合蛋白，以促进精子的发生。黄体生成素在女性促进排卵和黄体形成，在男性则刺激睾丸间质细胞分泌雄激素，故又称**间质细胞刺激素**（interstitial cell stimulating hormone，ICSH）。

（3）嫌色细胞：**嫌色细胞**（chromophobe cell）数量多，体积小，着色浅，细胞界限不清楚（图

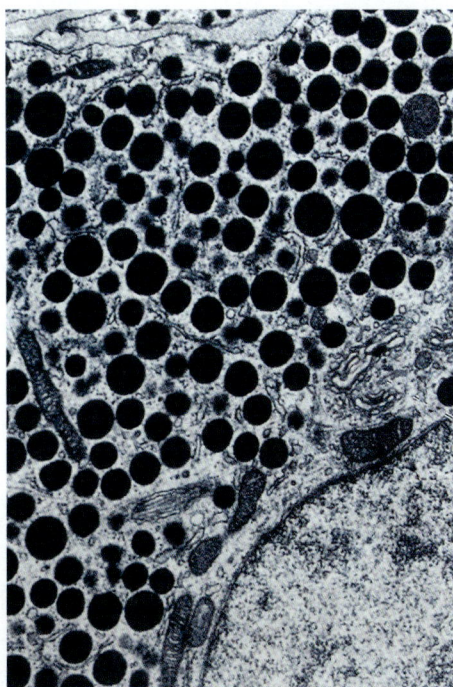

图 14 – 10　垂体生长激素细胞电镜像

14 – 9）。可能是脱颗粒的嗜色细胞，或是处于形成嗜色细胞的初期阶段。

2. **中间部**　由滤泡及周围的嫌色细胞和嗜碱性细胞组成，滤泡由立方上皮细胞围成，腔内含有胶质，功能不详（图 14 – 11）。嗜碱性细胞能分泌**黑素细胞刺激素**（melanocyte stimulating hormone，MSH），可促进黑色素的合成和扩散，使肤色变黑。

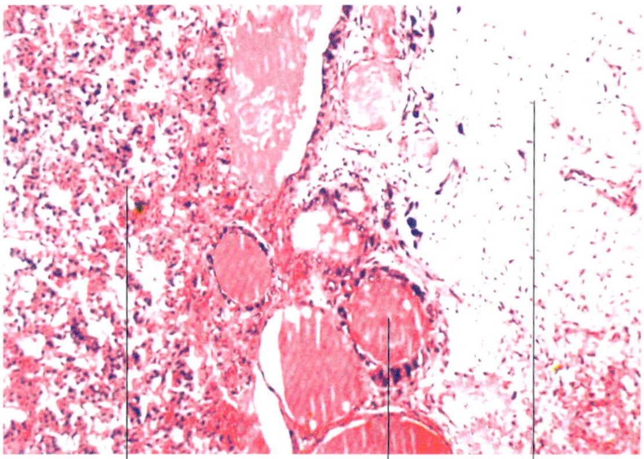

3. **结节部**　**结节部**（pars tuberalis）包围着神经垂体的漏斗，在漏斗的前方较厚，后方较薄或缺如。细胞较小，主要是嫌色细胞，其间有少数嗜酸性和嗜碱性细胞。此处的嗜碱性细胞分泌促性腺激素（FSH 和 LH）。

4. **垂体门脉系统**　腺垂体主要由大脑基底动脉环发出的垂体上动脉供应。垂体上动脉从结节部上端进入神经垂体的漏斗，在该

远侧部　　　　中间部滤泡　　神经部

图 14 – 11　垂体中间部光镜像（低倍）

处分支形成窦状毛细血管网，称第一级毛细血管网。这些毛细血管网下行到结节部汇集形成数条垂体门微静脉，并下行至远侧部，再度形成窦状毛细血管网，称第二级毛细血管网。垂体门微静脉及其两端的毛细血管网共同构成**垂体门脉系统**（hypophyseal portal system）。第二级毛细血管网最后汇集成小静脉注入垂体周围的静脉窦（图 14 – 12）。

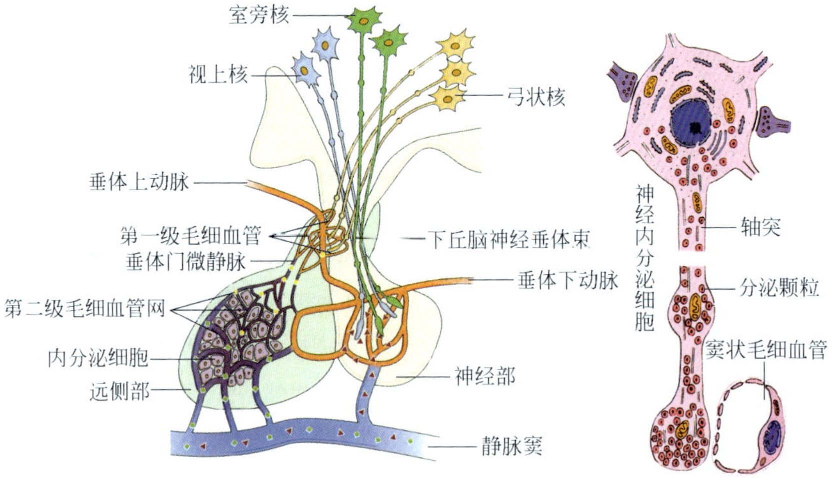

图 14 – 12　垂体血管分布及其与下丘脑关系示意图

5. **下丘脑与腺垂体的关系**　下丘脑的弓状核等核团的一些神经元具有内分泌功能，称为神经内分泌细胞，其轴突伸至垂体漏斗。细胞合成的多种激素经轴突释放入漏斗处的第一级毛细血管网内，继而经垂体门微静脉输至远侧部的第二级毛细血管网，分别调节远侧部各种腺细胞的分泌活动（图 14 – 13）。其中对腺细胞分泌起促进作用的激素，称**释放激素**

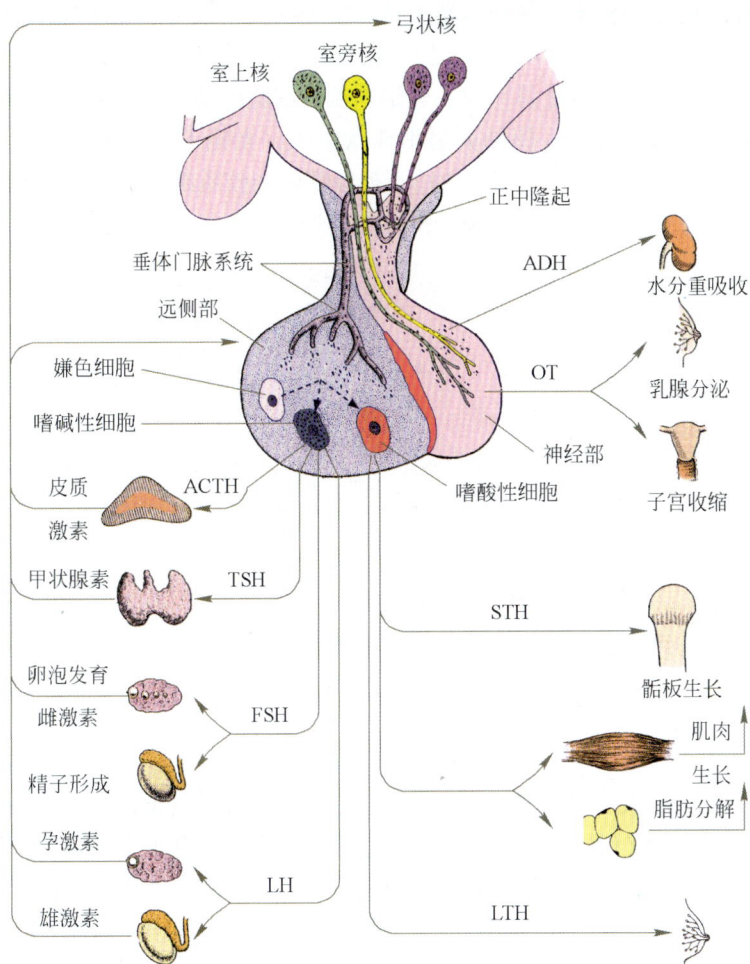

图 14-13 下丘脑与垂体激素对靶器官作用示意图

（releasing hormone，RH）；对腺细胞分泌起抑制作用的激素，则称为**释放抑制激素**（release inhibiting hormone，RIH）。目前已知的释放激素有：生长激素释放激素（GRH）、催乳激素释放激素（PRH）、促甲状腺激素释放激素（TRH）、促性腺激素释放激素（GnRH）、促肾上腺皮质激素释放激素（CRH）及黑素细胞刺激素释放激素（MSRH）等。释放抑制激素有：生长激素释放抑制激素（或称生长抑素，SOM）、催乳激素释放抑制激素（PIH）和黑素细胞刺激素释放抑制激素（MSIH）等。下丘脑神经内分泌细胞分泌的释放激素或释放抑制激素，调节腺垂体相应腺细胞的分泌活动，腺垂体分泌的各种激素又调节相应靶细胞的分泌和其他功能活动。另一方面，靶细胞的分泌物或某种物质（如血糖、血钙等）的浓度变化，反过来又可影响腺垂体和下丘脑的分泌活动，这种调节称为反馈。通过正、负反馈调节以维持机体内环境的相对稳定和正常生理活动。

（二）神经垂体

神经垂体主要由无髓神经纤维和神经胶质细胞组成，并含有丰富的窦状毛细血管。下丘脑前区有两个神经内分泌核团，分别为视上核和室旁核，其轴突经漏斗终止于神经部，是神经部无髓神经纤维的来源（图 14 - 12）。这些核团中的神经内分泌细胞，除具有一般神经元的结构外，胞体内还含有许多分泌颗粒。分泌颗粒沿细胞的轴突运输到神经部，在轴突沿途和终末，分泌颗粒常聚集成团，使轴突呈串珠状膨大，光镜下表现为大小不等的嗜酸性团块，称**赫令体**（Herring body）（图 14 - 14）。神经部内的胶质细胞又称**垂体细胞**（pituicyte），其形状和大小不一，具有支持和营养神经纤维的作用。

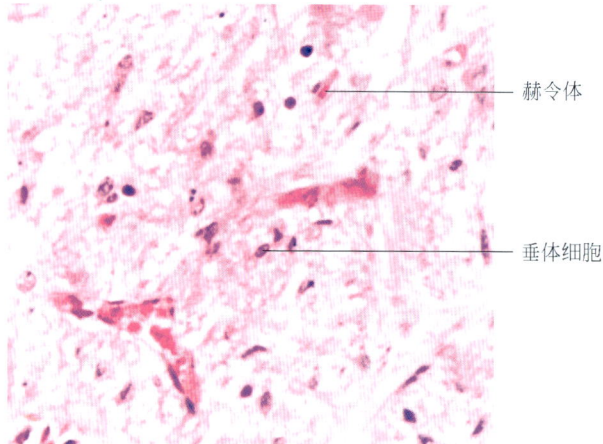

图 14 - 14   垂体神经部光镜像（高倍）

视上核和室旁核的大型神经内分泌细胞合成**抗利尿激素**（antidiuretic hormone，ADH）和**催产素**（oxytocin）。抗利尿激素主要促进肾远曲小管和集合管重吸收水，使尿液浓缩；若超过生理剂量，可导致小动脉平滑肌收缩，血压升高，故又称加压素。催产素可引起子宫平滑肌收缩，有助于孕妇分娩，还可促进乳汁分泌。这些激素在神经内分泌细胞胞体内合成，在垂体神经部储存并释放入窦状毛细血管内（图 14 - 12）。因此，下丘脑与神经垂体在结构和功能上是一个整体。

五、松果体

松果体又称脑上腺，呈扁圆锥形，以细柄连于第三脑室顶。松果体表面包以软膜，软膜结缔组织伴随血管伸入腺实质，将实质分为许多小叶，小叶内主要由松果体细胞、神经胶质细胞和无髓神经纤维等组成。

松果体细胞（pinealocyte）与神经内分泌细胞类似，在 H-E 染色切片中，胞体呈圆形或不规则形，核大，胞质少，弱嗜碱性。在银染色切片中，可见细胞具有突起，短而细的突起终止在邻近细胞之间，长而粗的突起多终止在血管周间隙（图 14 - 15）。松果体细胞可合成褪黑素，褪黑素参与调节机体的昼夜生物节律、睡眠、情绪、性成熟等生理活动。在成人的松果体内常见脑砂，它是松果体细胞分泌物经钙化而成的同心圆结构，其意义不明。

六、弥散神经内分泌系统

除上述内分泌腺外，机体许多其他器官还存在大量散在的内分泌细胞，这些细胞分泌的多种激素在调节机体生理活动中起十分重要的作用。由于这些内分泌细胞可摄取胺前体（氨基酸）脱羧后产生胺，故将这些细胞统称为**摄取胺前体脱羧细胞**（amine precursor uptake and decarboxylation cell，APUD 细胞）。

随着对 APUD 细胞研究的不断深入，发现许多 APUD 细胞不仅产生胺，而且还产生肽，有的细胞则只产生肽；并且发现神经系统内的许多神经元也合成和分泌与 APUD 细胞相同的胺和（或）肽类物质。因此学者们提出，将这些具有分泌功能的神经元（如视上核和室旁核的神经内分泌细胞）和 APUD 细胞统称为**弥散神经内分泌系统**（diffuse neuroendocrine system，DNES）。故而 DNES 是在 APUD 基础上的进一步发展和扩充，至今已知 DNES 有 50 多种细胞，它把神经系统和内分泌系统两大调节系统统一起来构成一个整体，共同调节和控制机体的生理活动。

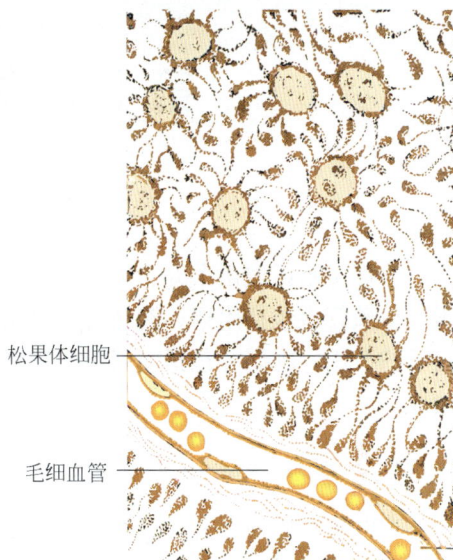

松果体细胞

毛细血管

图 14-15　松果体结构模式图

（许瑞娜）

视窗

减肥与瘦素

减肥是当今人们热衷谈论的话题之一，国内外的减肥产品，名目众多，疗效不一，令人眼花缭乱，目不暇接。直到瘦素的发现，人们才对肥胖的形成有了进一步的认识。

早在 1950 年，以 Ingalls 为首的科学家发现了一株近亲繁殖的、过度肥胖的小鼠，其食欲亢进，并患有糖尿病。由此发现，这种小鼠是因为肥胖基因（Obese Gene，Ob Gene）发生隐性突变引起的。1978 年，美国学者 Coleman 等发现了某种与 Ob 基因有关的血缘性因子，影响肥胖的形成。1990 年，Friedmarl 发现有五种单基因突变，能引起小鼠肥胖，为肥胖的分子机制研究奠定了基础。1994 年，英国学者 Zhang 等首次成功地克隆了遗传性肥胖小鼠（ob/ob 小鼠）的肥胖基因及其人类的同源序列。由 Ob 基因编码的 ob 蛋白被称为 leptin（即瘦素、消脂素、减脂素等）。瘦素是脂肪细胞分泌的蛋白质类激素。人和小鼠瘦素的氨基酸序列 84% 是相同的。ob/ob 小鼠是因为 Ob 基因发生突变，从而产生一种短而无效的 leptin，或根本无 leptin mRNA 的转录，从而导致肥胖的发生。研究表明，重组瘦素可使 ob/ob 小鼠体重下降，血糖恢复正常。这使肥胖研究进入了分子时代。

瘦素可调节进食量及脂肪储存量，并能维持能量平衡，还具有协调机体内分泌变化及免疫调节等作用。另外，瘦素只对由于瘦素基因突变或瘦素缺乏造成的肥胖有明显疗效，对其他因素产生的肥胖，如瘦素受体损伤产生的肥胖几乎无效。因瘦素需与瘦素受体结合才能发挥作用。瘦素的受体主要分布在大脑，在肺、肝、肾等外周组织也有分布。瘦素的发现为肥胖者及喜爱苗条的人士带来希望。

第十五章
男性生殖系统

男性生殖系统由睾丸、生殖管道、附属腺及外生殖器组成。睾丸能产生精子，分泌雄激素。生殖管道包括附睾、输精管、射精管和尿道，它们有促进精子成熟及营养、贮存和运输精子的作用。附属腺包括前列腺、精囊和尿道球腺。附属腺与生殖管道的分泌物参与精液的构成。

一、睾丸

睾丸是实质性器官，表面覆以浆膜，即鞘膜脏层，深部为致密结缔组织构成的白膜。白膜在睾丸后缘增厚形成睾丸纵隔。纵隔的结缔组织呈放射状伸入睾丸实质，将睾丸实质分成250个左右的锥形睾丸小叶（图 15 – 1）。每个小叶内有 1 ~ 4 条弯曲细长的生精小管，生精小管在近睾丸纵隔处变为短而直的直精小管，直精小管进入睾丸纵隔并相互吻合形成睾丸网。白膜内侧，是富含血管的疏松结缔组织，称血管膜，伸入生精小管之间构成睾丸间质，内有散在或成群分布的睾丸间质细胞。

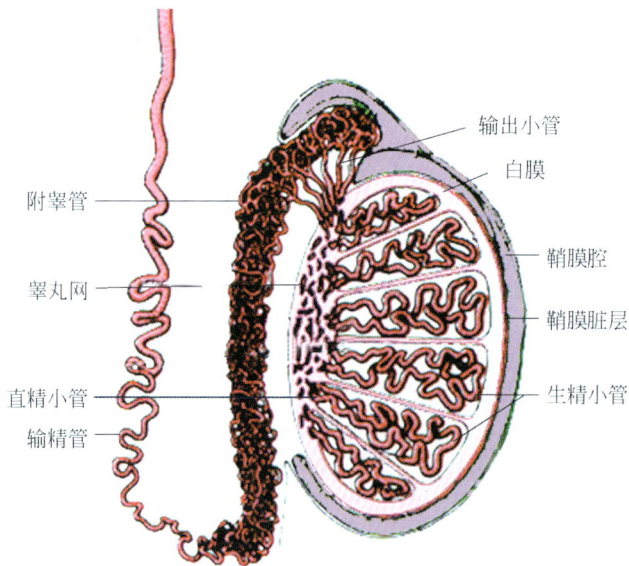

图 15 – 1　睾丸与附睾模式图

（一）生精小管

成人的**生精小管**（seminiferous tubule）长 30 ~ 70cm，直径 150 ~ 250μm，管壁厚 60 ~ 80μm，管壁主要由特殊的复层**生精上皮**（spermatogenic epithelium）构成（图 15 – 2 ~ 4）。

生精上皮由支持细胞和**生精细胞**（spermatogenic cell）组成。上皮下有较厚的界膜，由基膜、能收缩的梭形的**肌样细胞**（myoid cell）和成纤维细胞组成。肌样细胞收缩时有助于精子的排出。

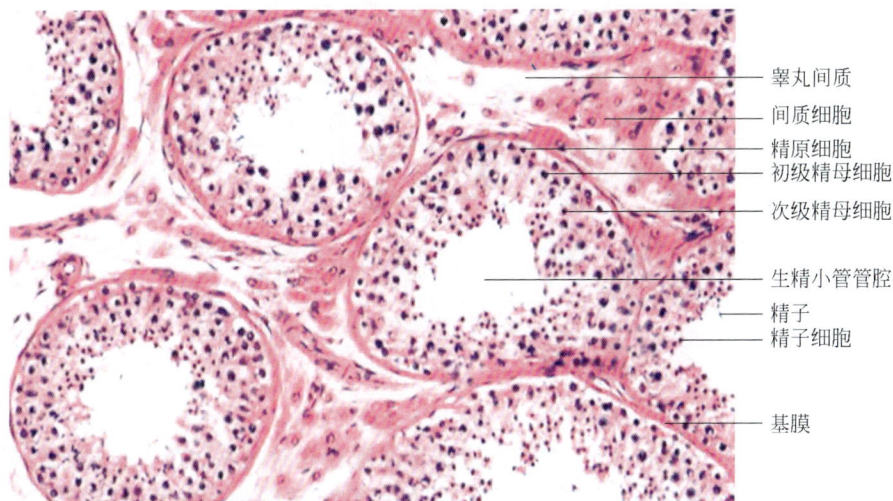

	睾丸间质
	间质细胞
	精原细胞
	初级精母细胞
	次级精母细胞
	生精小管管腔
	精子
	精子细胞
	基膜

图 15 - 2　生精小管与睾丸间质光镜像（低倍）

1. 生精细胞　包括精原细胞、初级精母细胞、次级精母细胞、精子细胞和精子。在青春期前，生精小管管腔很小或缺如，管壁中只有支持细胞和精原细胞。自青春期开始，在垂体促性腺激素的作用下，生精细胞不断增殖分化，形成精子，生精小管壁内可见不同发育阶段的生精细胞（图 15 - 2 ~ 4）。从精原细胞至形成精子的过程称**精子发生**（spermatogenesis）（图 15 - 5）。

（1）精原细胞：**精原细胞**（spermatogonium）紧贴生精上皮基膜，圆形或椭圆形，细胞较小，直径约 $12\mu m$（图 15 - 2、3）。精原细胞分 A、B 两型，A 型精原细胞核呈椭圆形，核染色质深染，核中央常见淡染的小泡；或核染色质细密，有 1 ~ 2 个核仁附在核膜上。A 型精原细胞是生精细胞中的干细胞，经过不断地分裂增殖，一部分 A 型精原细胞继续作为干细胞，另一部分则分化为 B 型精原细胞。B 型精原细胞核圆形，核膜上附有较粗的染色质颗粒，核仁位于中央，B 型精原细胞经过数次分裂后，分化为初级精母细胞。

（2）初级精母细胞：**初级精母细胞**（primary spermatocyte）位于精原细胞内侧，常为几层，体积较大，直径约 $18\mu m$。核大而圆，染色体核型为 46，XY。细胞经过 DNA 复制后（4nDNA），完成第一次减数分裂，形成 2 个次级精母细胞。由于第一次减数分裂的分裂前期历时较长（人类约 22 天），所以在生精小管的切面中常可见到处于不同增殖阶段的初级精母细胞。

（3）次级精母细胞：**次级精母细胞**（secondary spermatocyte）位置靠近管腔，直径约 $12\mu m$。核圆形，染色较深，染色体核型为 23，X 或 23，Y（2nDNA）。每条染色体由 2 条染色单体组成，通过着丝粒相连。次级精母细胞不进行 DNA 复制即进入第二次减数分裂，染色体的着丝粒分开，染色单体分离，移向细胞两极，形成两个精子细胞，精子细胞的染色体

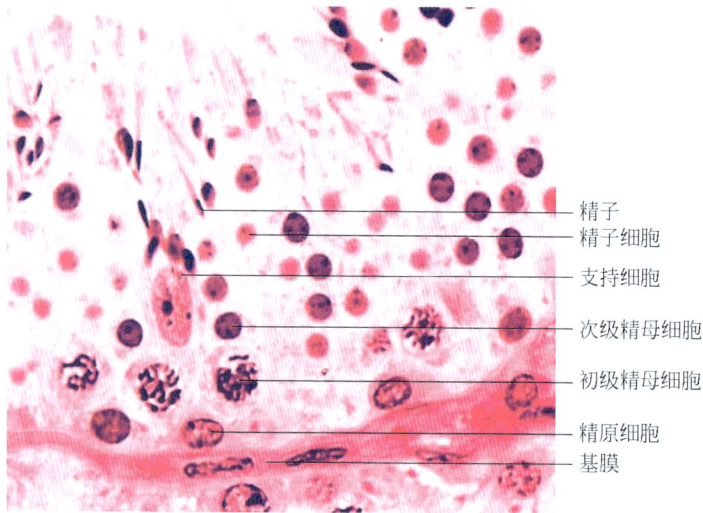

精子
精子细胞
支持细胞
次级精母细胞
初级精母细胞
精原细胞
基膜

图 15-3　生精小管光镜像（高倍）

核型为 23，X 或 23，Y（1nDNA）。由于次级精母细胞存在时间短，故在生精小管切面中不易见到。**减数分裂**（meiosis）又称成熟分裂，只发生在生殖细胞。减数分裂后的生殖细胞，染色体数目及 DNA 量减半。

（4）精子细胞：**精子细胞**（spermatid）靠位近管腔，直径约 $8\mu m$，核圆，染色质致密。精子细胞是单倍体，细胞不再分裂，它经过复杂的变化，由圆形逐渐分化转变为蝌蚪形的精子，这个过程称**精子形成**（spermiogenesis）（图 15-3～5）。精子形成的主要变化是：①细胞核染色质极度浓缩，核变长并移向细胞的一侧，构成精子的头部；②高尔基复合体形成顶体泡，成双层帽状结构覆盖在核的头端，形成**顶体**（acrosome）；③中心粒迁移到细胞核的尾侧（顶体的相对侧），发出轴丝，随着轴丝逐渐增长，精子细胞变长，形成尾部（或称鞭毛）；④线粒体从细胞周边汇聚于轴丝近段的周围，盘绕成螺旋形的线粒体鞘；⑤在细胞核、顶体和轴丝的表面仅覆有细胞膜和薄层细胞质，多余的细胞质逐渐汇集于尾侧，形成残余胞质，最后脱落。

（5）精子：**精子**（spermatozoon）位于管腔面，常成群嵌附于支持细胞顶部。形似蝌蚪，长约 $60\mu m$，分头、尾两部（图 15-5～7）。头部正面观呈卵圆形，侧面观呈梨形，长 $4～5\mu m$。头内主要有一个染色质高度浓缩的细胞核，核的前 2/3 有顶体覆盖。顶体内含多种水解酶，如顶体蛋白酶、透明质酸酶、酸性磷酸酶等，这些酶的释放对受精起重要作用。精子的尾部又称**鞭毛**（flagellum），长约 $55\mu m$，是精子的运动器官。

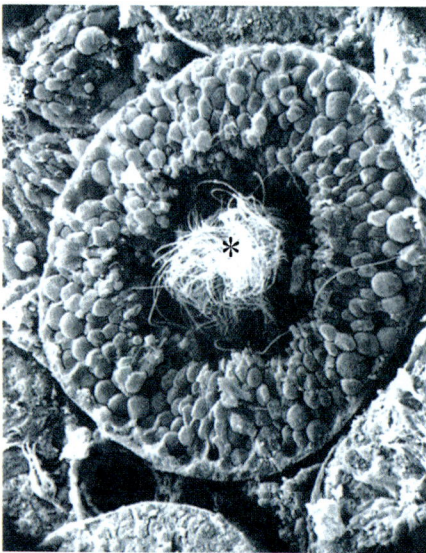

图 15-4　生精小管扫描电镜像
▲示生精上皮　＊示精子

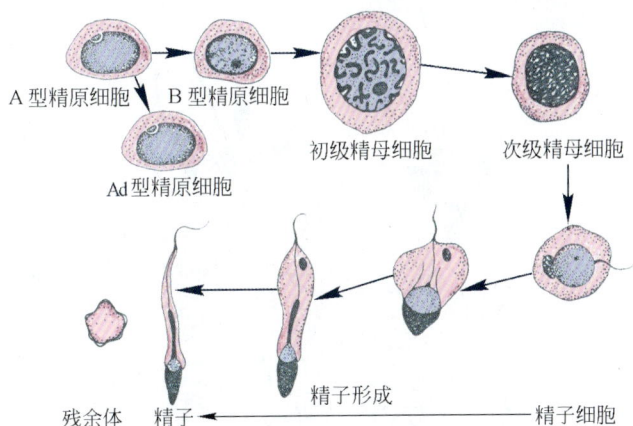

A 型精原细胞　B 型精原细胞　初级精母细胞　次级精母细胞

Ad 型精原细胞

残余体　精子　精子形成　精子细胞

图 15 - 5　精子发生过程示意图

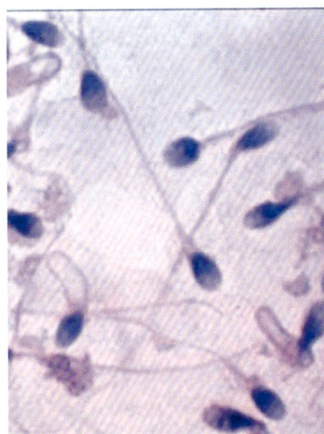
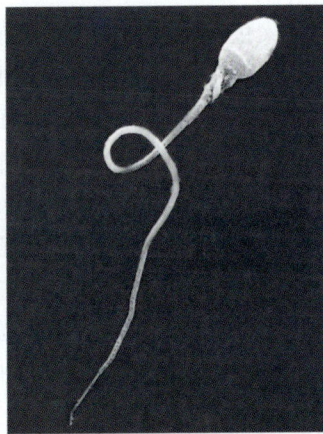

A 精液涂片　　B 扫描电镜像

图 15 - 6　精子

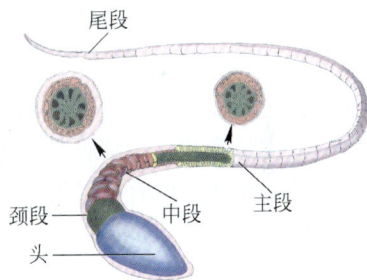

尾段

颈段　中段　主段

头

图 15 - 7　精子超微结构模式图

尾部可分为颈段、中段、主段和末段四部分。颈段短，其内主要是中心粒，由中心粒发出 9 + 2 排列的微管，构成鞭毛中心的轴丝。在中段，轴丝外侧有 9 根纵行外周致密纤维，外侧再包有一圈线粒体鞘，为鞭毛摆动提供能量，使精子得以快速向前运动。主段最长，轴丝外周无线粒体鞘，代之以纤维鞘。末段短，仅有轴丝。

从精原细胞发育为精子，在人约需 64 ± 4.5 天。一个精原细胞增殖分化所产生的各级生精细胞，细胞质并未完全分开，细胞间始终有胞质桥相连，形成一个同步发育的细胞群（图 15 - 8）。

生精细胞易受多种因素的影响。隐睾患者，因腹腔或腹股沟管内温度偏高，影响精子发生。机体感染、创伤、辐射、微波、高温、药物、激素失调等均可增加畸形精子的数量。

2. 支持细胞　**支持细胞**（sustentacular cell）又称 Sertoli 细胞，分布于生精细胞之间。每个生精小管的横断面有 8 ~ 11 个支持细胞（图 15 - 3、8）。在光镜下，支持细胞轮廓不

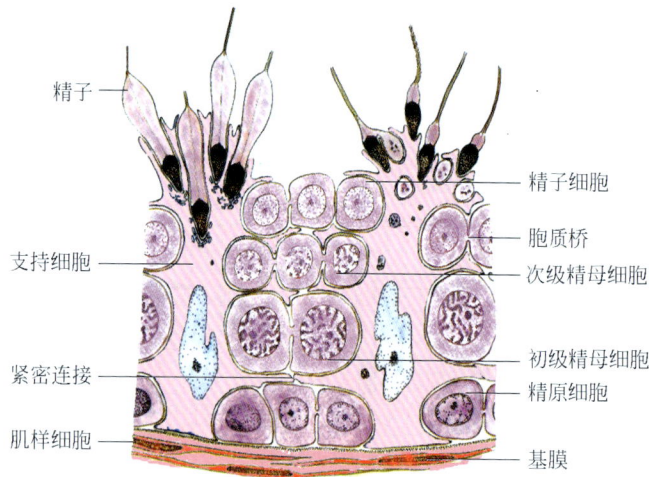

图 15 - 8　生精上皮与支持细胞关系模式图

清，核常呈不规则形，核染色质稀疏，染色浅，核仁明显。电镜观察，支持细胞呈不规则锥体形，基部紧贴基膜，顶部伸达管腔，侧面和腔面有许多不规则凹陷，其内镶嵌着各级生精细胞。胞质内高尔基复合体较发达，有丰富的粗面内质网、滑面内质网、线粒体、溶酶体和糖原颗粒，并有许多微丝和微管。相邻支持细胞侧面近基部的细胞膜形成紧密连接，将生精上皮分成**基底室**（basal compartment）和**近腔室**（adluminal compartment）两部分。基底室位于生精上皮基膜和支持细胞紧密连接之间，内有精原细胞；近腔室位于紧密连接上方，与生精小管管腔相通，内有精母细胞、精子细胞和精子。生精小管与血液之间，存在着**血 – 生精小管屏障**（blood – seminiferous tubule barrier），又称**血 – 睾屏障**（blood – testis barrier），其组成包括血管内皮及其基膜、结缔组织、生精上皮界膜和支持细胞紧密连接。紧密连接是构成血 – 生精小管屏障的主要结构。

支持细胞有多种功能：①支持和营养作用：其微丝和微管的收缩可使不断成熟的生精细胞向腔面移动，并促使精子释放入管腔。②吞噬和消化作用：变性和凋亡的精子及精子形成过程中脱落下来的残余胞质，可被支持细胞吞噬和消化。③分泌功能：在卵泡刺激素和雄激素的作用下，合成和分泌**雄激素结合蛋白**（androgen binding protein，ABP），ABP 可与雄激素结合，以保持生精小管内雄激素的水平，促进精子发生；分泌的**抑制素**（inhibin）可抑制垂体前叶合成和分泌卵泡刺激素。④参与构成血 – 生精小管屏障：细胞紧密连接可阻止某些物质进出生精上皮，不但形成与维持有利于精子发生的微环境，而且还能防止精子抗原物质逸出到生精小管外而发生自体免疫反应。

（二）睾丸间质

睾丸间质为疏松结缔组织，富含血管和淋巴管。间质内除有通常的结缔组织细胞外，还有一种**间质细胞**（interstitial cell），又称 Leydig 细胞（图 15 - 2）。细胞常成群分布，体积较大，圆形或多边形，核圆居中，胞质嗜酸性较强，具有分泌类固醇激素细胞的超微结构特点。间质细胞是一种内分泌细胞，在黄体生成素作用下分泌**雄激素**（androgen），可促进精子发生、促进男性生殖器官的发育与分化以及维持第二性征和性功能。

(三) 直精小管和睾丸网

生精小管近睾丸纵隔处变成短而直的较细管道，称为**直精小管**（tubulus rectus），管壁上皮为单层立方或矮柱状，无生精细胞。直精小管进入睾丸纵隔内分支吻合成网状的管道，为**睾丸网**（rete testis）（图 15 - 1、9），由单层立方上皮组成，管腔大而不规则。生精小管产生的精子经直精小管和睾丸网出睾丸。

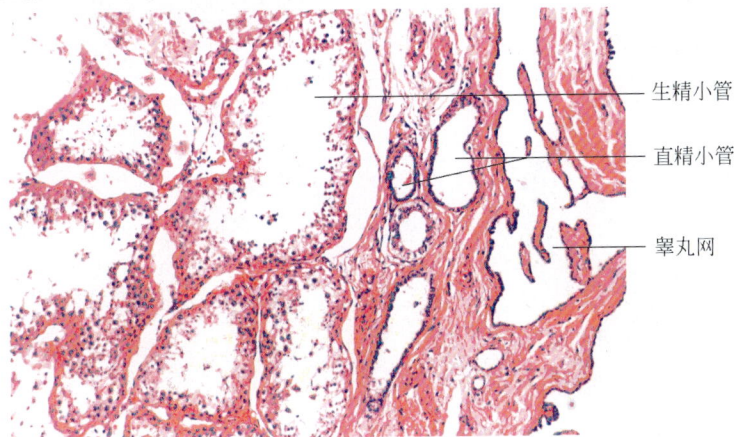

图 15 - 9 睾丸光镜像（低倍）

二、生殖管道

(一) 附睾

附睾分头、体和尾三部分，头部主要由输出小管组成，体部和尾部由附睾管组成。

1. 输出小管 **输出小管**（ductuli efferent）是从睾丸网发出的 8 ~ 12 条弯曲的小管，构成附睾头的大部分，其下与附睾管相连通（图 15 - 1）。管壁上皮由有纤毛的高柱状细胞群和无纤毛的低柱状细胞群相间排列而成，使管腔不规则（图 15 - 10）。纤毛向附睾方向摆动以推动精子运动。低柱状上皮细胞游离面有微绒毛，能吸收管腔内的液体。上皮周围有薄层环行平滑肌，可做节律性收缩，协助精子进入附睾管。

2. 附睾管 **附睾管**（ductus epididymis）是一条长 4 ~ 6m 高度盘曲的小管，近端与输出小管相通，远端与输精管相连。腔面平整，腔内常见大量的精子。管壁为假复层柱状上皮，其中高柱状细胞表面可见成簇的长微绒毛（或称静纤毛），可分泌促进精子成熟的物质，增强精子的运动能力。上皮基膜外有薄层平滑肌。近尾端处出现内、外纵行肌，肌层的蠕动性收缩，协助精子缓慢移动（图 15 - 10、11）。

(二) 输精管

输精管（ductus deferens）是壁厚腔小的肌性管道，管壁由黏膜、肌层和外膜三层组成（图 15 - 12）。黏膜表面为较薄的假复层柱状上皮（图 15 - 13），固有层结缔组织中弹性纤维丰富。肌层厚，由内纵、中环、外纵行排列的平滑肌纤维组成。在射精时，肌层强力收缩，将精子快速排出。外膜为含血管、神经的疏松结缔组织。

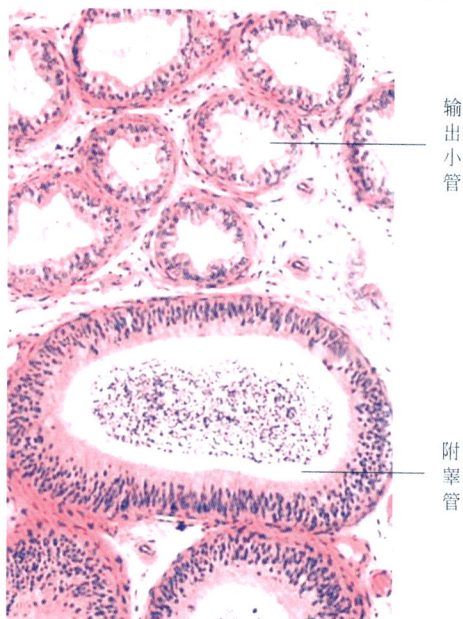

图 15 – 10 输出小管与附睾管光镜像（低倍）

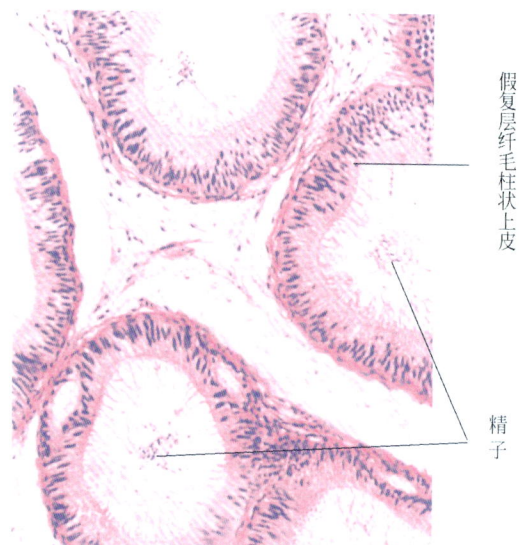

图 15 – 11 附睾管光镜像（低倍）

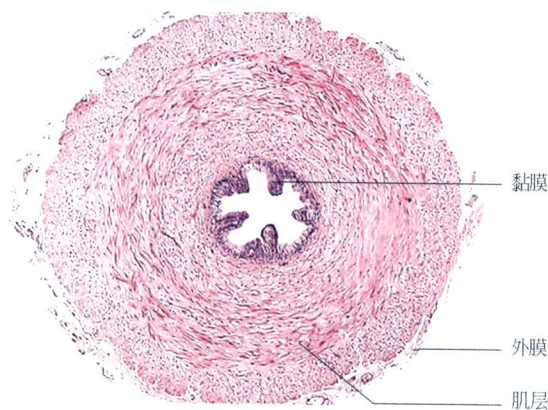

图 15 – 12 输精管光镜像（低倍）

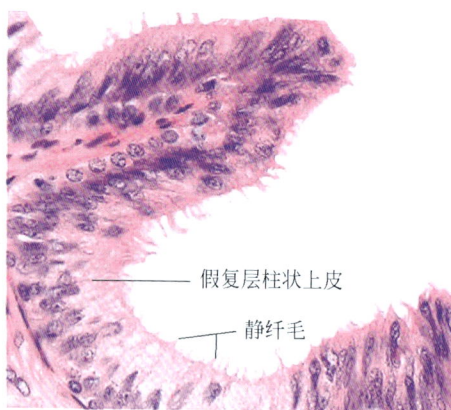

图 15 – 13 输精管光镜像（高倍）

三、附属腺

附属腺包括前列腺、精囊和尿道球腺。附属腺和生殖管道的分泌物以及精子共同组成**精液**（semen）。

1. 前列腺　**前列腺**（prostate）呈栗形，环绕于尿道起始段（图 15 – 14）。腺的被膜与支架组织均由富含弹性纤维和平滑肌的结缔组织组成。腺实质主要由 30 ~ 50 个复管泡腺组成，有 15 ~ 30 条导管开口于尿道精阜的两侧。腺实质可分三个带：尿道周带（又称黏膜腺），最小，位于尿道黏膜内；内带（又称黏膜下腺），位于黏膜下层；外带（又称主腺），构成前列腺的大部。腺分泌部由单层立方、单层柱状及假复层柱状上皮构成，故腺腔很不规则（图 15 – 15、16）。腔内可见分泌物浓缩形成的圆形嗜酸性板层状小体，称**前列腺凝固体（prostatic concretion）**，它随年龄的增长而增多，甚至钙化形成前列腺结石（图 15 – 15）。青春期，前列腺在雄激素的刺激下分泌增强，分泌物为稀薄的乳白色液体，富含酸性磷酸酶和纤维蛋白溶酶，还有柠檬酸和锌等物质。老年时，雄激素分泌减少，腺组织逐渐萎缩。但部分老年人的前列腺增生肥大（多发

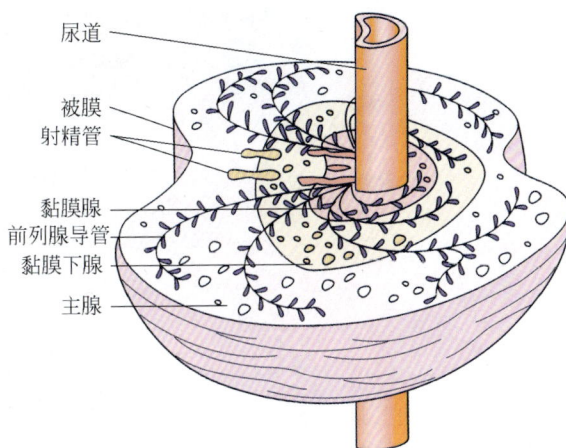

图 15 – 14 前列腺立体结构模式图

生在黏膜腺和黏膜下腺），压迫尿道，造成排尿困难。慢性前列腺炎易出现纤维蛋白溶酶异常继而引起精液不液化，影响精子的运动及受精能力。前列腺癌主要发生在腺的外带，此时分泌物中的酸性磷酸酶含量增多，而锌的含量下降。

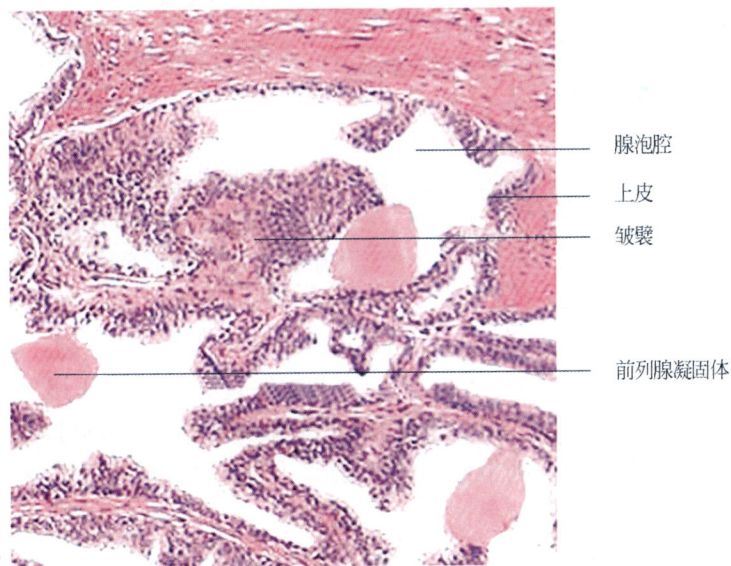

图 15 – 15 前列腺光镜像（低倍）

2. **精囊** 精囊（seminal vesicle）是一对盘曲的囊状器官，管壁由内向外分黏膜、肌层和外膜。黏膜向腔内突起形成高大的皱襞，皱襞又彼此融合，将囊腔分隔为许多彼此连通的小腔，大大增加了黏膜的分泌表面积。黏膜表面是假复层柱状上皮，胞质内含有许多分泌颗粒和黄色的脂色素。黏膜外是薄的平滑肌层和结缔组织外膜。在雄激素刺激下，精囊分泌弱碱性的淡黄色液体，内含果糖、前列腺素等成分。果糖为精子的运动提供能量。

3. **尿道球腺** 尿道球腺（bulbourethral gland）是一对豌豆状的复管泡状腺。上皮为单层

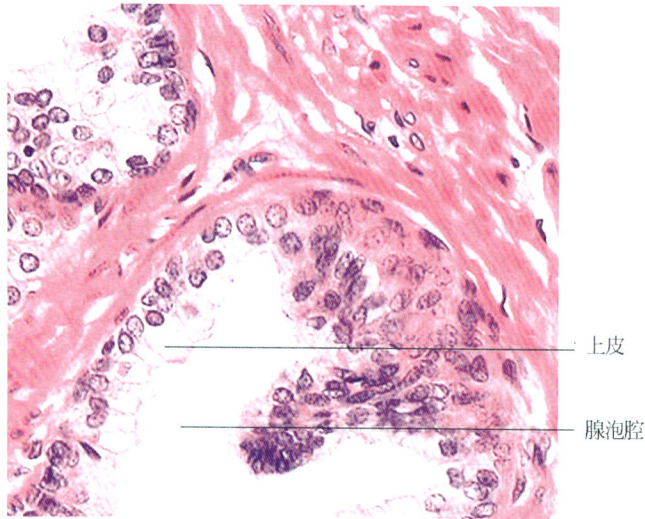

图 15 – 16 前列腺光镜像（高倍）

立方或单层柱状，上皮细胞内富含粘原颗粒。腺体分泌的黏液于射精前排出，以润滑尿道。

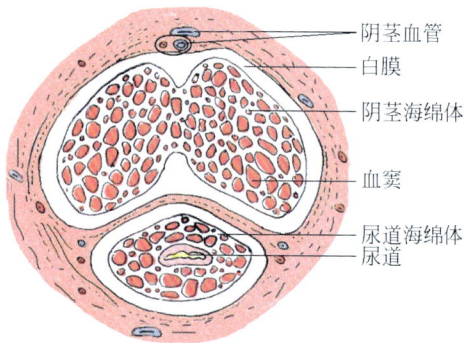

图 15 – 17 阴茎结构模式图（横切面）

四、阴茎

阴茎（penis）主要由两个阴茎海绵体、一个尿道海绵体、白膜和皮肤构成，尿道行于尿道海绵体内。皮肤的活动度较大，白膜是致密结缔组织，**海绵体**（corpus cavernosum）主要由富含平滑肌纤维的结缔组织小梁和大量不规则彼此连通的血窦构成。阴茎深动脉的分支螺旋动脉穿行于小梁中，与血窦连通。静脉多位于海绵体周边部白膜下方。白膜结构坚韧，具有限制海绵体及其内的血窦过分扩张的作用（图15 – 17）。一般情况下，流入血窦的血液很少，血窦呈裂隙状，海绵体软。当大量血液流入血窦，血窦充血而胀大，白膜下的静脉受压，血液回流一时受阻，海绵体变硬，阴茎勃起。

（赵爱明）

第十六章
女性生殖系统

　　女性生殖系统包括卵巢、输卵管、子宫、阴道和外生殖器，是女性重要的生殖和内分泌器官，能够产生性激素、维持内分泌及生成卵细胞。输卵管是输送卵细胞及受精的部位，子宫是产生月经及孕育胎儿的器官。乳腺可分泌乳汁，哺育婴儿，故列入本章叙述。女性生殖器官具有明显的年龄性变化。10 岁前各生殖器官发育迟缓，10 岁后逐渐发育。至青春期（13 ~ 18 岁），生殖器官迅速发育成熟，出现明显的功能活动。性成熟后，具有生育能力。性成熟期一般持续约 30 年，在 45 ~ 55 岁进入更年期，以后进入绝经期，生殖功能逐渐减退，生殖器官逐渐萎缩。

一、卵巢

　　卵巢表面覆以单层扁平或立方上皮，称**表面上皮**（superficial epithelium）。上皮下为薄层致密结缔组织，称白膜。卵巢实质由皮质和髓质构成，皮质位于周边，较厚，主要由不同发育阶段的卵泡、黄体及特殊的结缔组织组成。结缔组织中富含网状纤维及梭形的基质细胞。髓质位于中央，由疏松结缔组织构成，与皮质间无明显分界，内含丰富的血管、淋巴管及神经。近卵巢门处有少量上皮样细胞，称门细胞，可分泌少量雄激素。卵巢的血管和淋巴管及神经由卵巢门出入（图 16 - 1）。

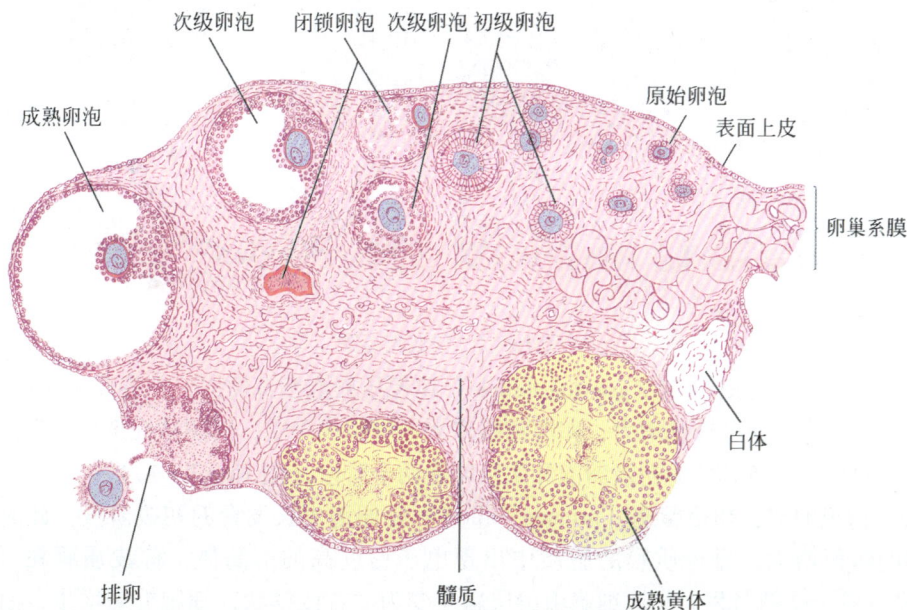

图 16 - 1　卵巢组织结构模式图

（一）卵泡的发育与成熟

卵泡（ovarian follicle）由**卵母细胞**（oocyte）和**卵泡细胞**（follicular cell）构成，出生时双侧卵巢约有 70 万～200 万个原始卵泡，至青春期仅余约 4 万个。自青春期开始，在垂体周期性的促性腺激素的影响下，每 28 天左右约有 5～20 个卵泡生长发育，但通常只有 1 个成熟排卵，左右卵巢交替排卵。女性一生中约排卵 400 余个，其余卵泡均于不同年龄先后退化为闭锁卵泡。绝经期后，卵巢不再排卵。卵泡的发育是一个连续的过程，一般可分为原始卵泡、生长卵泡（初级卵泡和次级卵泡）和成熟卵泡三个阶段。

1. 原始卵泡   **原始卵泡**（primordial follicle）是处于静止状态的卵泡，数量多、体积小，位于皮质浅层，由中央一个**初级卵母细胞**（primary oocyte）和周围一层扁平的卵泡细胞构成（图 16 - 2）。初级卵母细胞体积较大，直径 30～40μm，核大而圆，染色质稀疏，染色浅，核仁明显，胞质嗜酸性。该细胞在胚胎时期由卵原细胞分化而成，随后进行第一次减数分裂，但长期（12～50 年）停滞在分裂前期，至排卵前完成分裂。电镜下，初级卵母细胞的核周有成层排列的滑面内质网，并与核膜相连，称环层板，该结构可能与核和胞质间的物质传递有关。卵泡细胞体积小，扁平形，着色深，与周围结缔组织之间有薄层的基膜。卵泡细胞与卵母细胞之间有较多的缝隙连接，卵泡细胞具有支持和营养卵母细胞的作用。

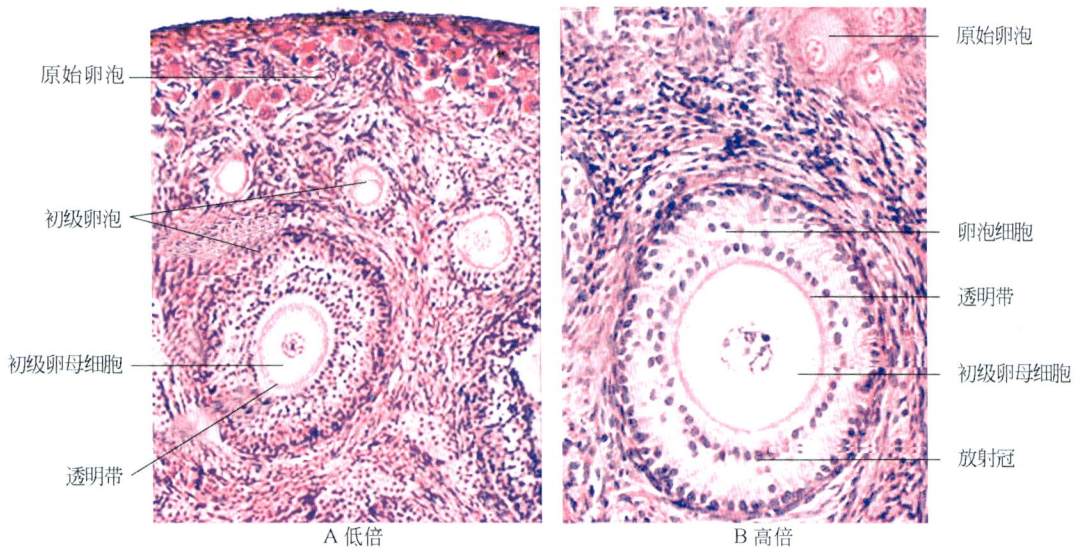

A 低倍　　　　　　　　　　　　B 高倍

图 16 - 2　卵泡光镜像

2. 生长卵泡   **生长卵泡**（growing follicle）由原始卵泡发育而成，并逐渐移向皮质深部。卵泡的主要变化是卵母细胞增大，卵泡细胞变大、增殖成多层，周围结缔组织增生。根据其是否出现卵泡腔，将其分为初级卵泡和次级卵泡两个阶段（图 16 - 2 - 4）：

（1）初级卵泡：**初级卵泡**（primary follicle）是卵泡生长发育的初级阶段，此时初级卵母细胞的体积增大，靠近质膜的胞质中出现电子密度高的溶酶体，称**皮质颗粒**（cortical granule），参与受精过程。卵泡细胞由单层扁平变为立方或柱状，细胞分裂增生，由一层变为多层（5～6 层）。初级卵母细胞与卵泡细胞间出现一层嗜酸性的均质膜，称**透明带**

（zona pellucida）。透明带为凝胶状糖蛋白，由初级卵母细胞和卵泡细胞共同分泌而成，折光性强。电镜下可见初级卵母细胞的微绒毛和卵泡细胞的突起均伸入透明带，卵泡细胞的长突起可穿越透明带与卵母细胞膜接触（图16-3）。在卵泡细胞与卵母细胞之间或卵泡细胞之间有许多缝隙连接。这些结构有利于卵泡细胞将营养物质输送给卵母细胞以及细胞间离子、激素和小分子物质的交换，沟通信息，协调功能。另外，透明带上有糖蛋白分子构成的精子受体，对精子与卵细胞之间的相互识别和特异性结合起着重要作用。紧贴透明带的一层柱状卵泡细胞呈放射状排列，称**放射冠**（corona radiata）（图16-2、3）。与此同时，原始卵泡周围的结缔组织增生，

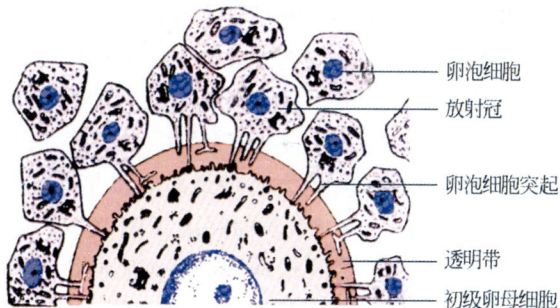

图16-3　卵泡超微结构模式图

包绕卵泡，形成卵泡膜（图16-4），它与卵泡细胞之间隔以基膜。随着初级卵泡的体积增大，卵泡渐向卵巢皮质深部移动。

（2）次级卵泡：**次级卵泡**（secondary follicle）由初级卵泡发育而来。卵泡体积更大，卵泡细胞增至6~12层，细胞间出现一些不规则的腔隙，并逐渐合并成一个半月形的腔，称为**卵泡腔**（follicular antrum），腔内充满卵泡液（图16-4、5、9）。卵泡液是由卵泡细胞分泌和卵泡膜血管渗出液组成，卵泡液除含有一般营养成分外，还有卵泡分泌的类固醇激素和多种生物活性物质，对卵泡的发育成熟有重要影响。随着卵泡液增多及卵泡腔扩大，初级

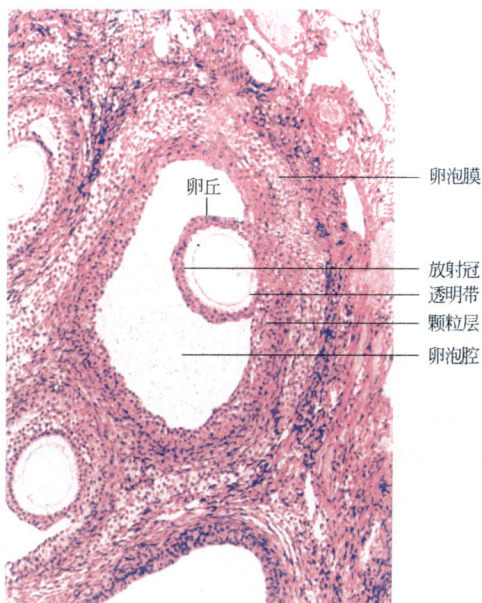

图16-4　生长卵泡光镜像（低倍）

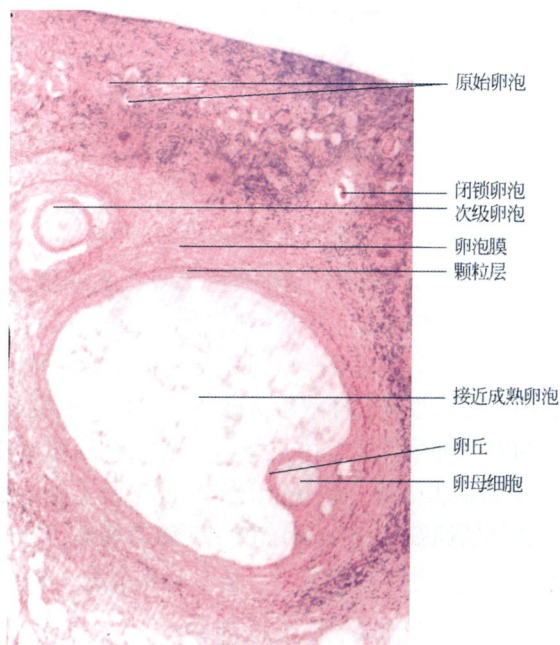

图16-5　卵巢皮质光镜像（低倍）

卵母细胞与其周围的卵泡细胞居于卵泡的一侧，形成一圆形隆起突向卵泡腔，形成**卵丘**（cumulus oophorus）。此时初级卵母细胞直径已增大至 125～150μm。分布在卵泡腔周边的卵泡细胞较小，构成卵泡壁，称为**颗粒层**（stratum granulosum）。在次级卵泡生长过程中，卵泡膜分化为内、外两层。内膜层含有较多的多边形或梭形的**膜细胞**（theca cell）及丰富的毛细血管，膜细胞具有分泌类固醇激素的结构特征。外膜层主要由结缔组织构成，除含有较多的胶原纤维外，还含有平滑肌纤维。具有卵泡腔的次级卵泡和成熟卵泡又称为囊状卵泡或窦卵泡。

（3）成熟卵泡：卵泡发育的最后阶段是**成熟卵泡**（mature follicle），此时的卵泡体积大，直径可达 20mm，并向卵巢表面突出（图 16－1）。成熟卵泡的卵泡腔很大，颗粒层甚薄，颗粒细胞已不再增殖，卵丘根部的卵泡细胞间出现裂隙（图 16－5、6）。该阶段发生的最关键的变化是，初级卵母细胞在排卵前 36～48 小时完成第一次减数分裂，产生一个**次级卵母细胞**（secondary oocyte）和一个很小的**第一极体**（first polar body）。第一极体位于次级卵母细胞和透明带之间的**卵周隙**（perivitelline space）内。次级卵母细胞随即进入第二次减数分裂，并停滞于分裂中期。

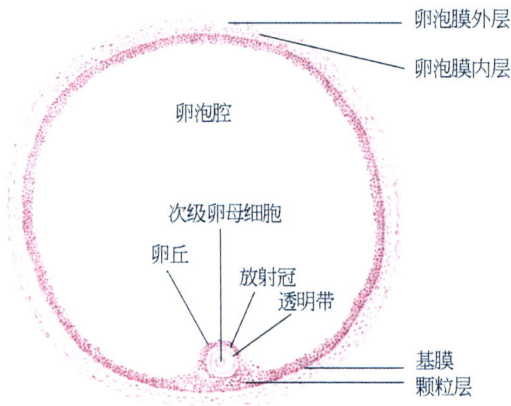

图 16－6　成熟卵泡模式图

对某些动物和人卵泡生长发育的研究揭示，卵泡生长速度较慢，一个原始卵泡发育至成熟排卵，并非在一个月经周期内完成，而是跨几个周期才能完成。在一个周期内，卵巢虽然有若干不同发育阶段的卵泡，但其中只有一个卵泡发育至一定大小时才可在垂体促性腺激素的作用下，于月经周期增生期内迅速生长成熟并排卵。

（二）排卵

生育期妇女，每隔 28 天左右排卵一次，排卵约发生在月经出现前的 14 天。成熟卵泡破裂，次级卵母细胞及其周围结构从卵巢排出的过程称**排卵**（ovulation）（图 16－1）。排卵前，在 LH 的作用下，成熟卵泡的卵泡液剧增，使突出于卵巢表面的卵泡壁、白膜和表面上皮变薄，局部缺血，形成透明的**卵泡小斑**（follicular stigma），排卵时，卵丘与卵泡壁分离，小斑处的结缔组织被胶原酶和透明质酸酶解聚，LH 促进颗粒细胞合成前列腺素使卵泡膜外层的平滑肌收缩，导致小斑破裂。于是，次级卵母细胞及其周围的透明带、放射冠、卵丘颗粒细胞（卵冠丘复合体）与卵泡液一起从卵巢排出，进入输卵管。次级卵母细胞排出后若 24 小时内未受精，即退化消失；若与精子相遇受精，则继续完成第二次减数分裂，产生一个成熟的**卵细胞**（ovum）和一个**第二极体**（secondary polar body）。经过两次减数分裂后的卵细胞，染色体数目减半，从二倍体细胞（46，XX）变为单倍体细胞（23，X）。

（三）黄体的形成与退化

排卵后的卵泡壁塌陷，卵泡膜内的血管和结缔组织伸入颗粒层。在 LH 的作用下，颗粒细胞和卵泡膜内层的膜细胞体积增大，分化为一个体积较大并富含血管的内分泌细胞团，新鲜时呈黄色，故称**黄体**（corpus luteum）。颗粒细胞分化为**粒黄体细胞**（granular lutein cell），膜细胞分化为**膜黄体细胞**（theca lutein cell）。这两种细胞具有分泌类固醇激素细胞的结构特征，粒黄体细胞较大，呈多角形，染色较浅，数量多，分布于黄体的中央，主要分泌孕激素和松弛素；膜黄体细胞较小，圆形或多角形，染色较深，数量少，分布于黄体的周边部，雌激素由粒黄体细胞和膜黄体细胞协同分泌（图16-7）。

黄体转归取决于卵细胞是否受精。卵细胞若未受精，黄体仅维持2周，称**月经黄体**（corpus luteum of menstruation），黄体细胞迅速变小和退化，渐被结缔组织取代，称为**白体**（corpus albicans）。卵细胞若受精，黄体在胎盘分泌的人绒毛膜促性腺激素（HCG）的作用下继续发育增大，直径可达4~5cm，称**妊娠黄体**（corpus luteum of pregnancy）。妊娠黄体可维持6个月，以后也退化为白体（图16-8）。妊娠黄体的粒黄体细胞还分泌**松弛素**（relaxin），它可使妊娠子宫平滑肌松弛，以维持妊娠。

（四）闭锁卵泡与间质腺

退化的卵泡称为**闭锁卵泡**（atresic folli-cle），可发生在卵泡发育的任何阶段，故其形态结构有所不同（图16-1、9）。原始卵泡和初级卵泡退化时，卵母细胞首先出现核固缩，细胞形态不规则。卵泡细胞变小且分散，两种细胞随后均自溶消失，透明带皱缩断裂消失，不留痕迹。较大的生长卵泡和成熟卵泡闭锁

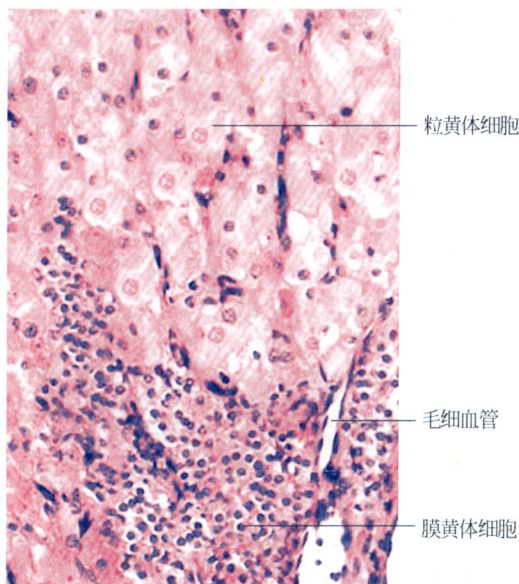

图16-7 黄体光镜像（高倍）

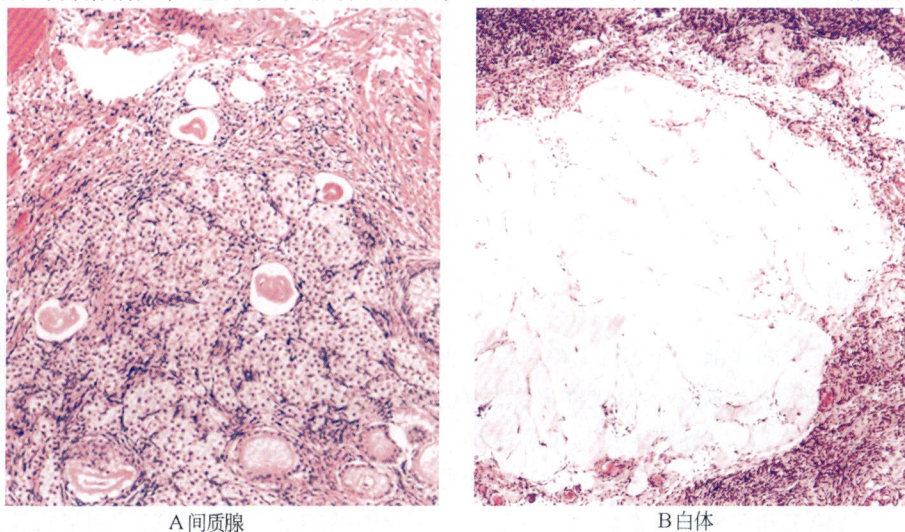

A间质腺　　　B白体

图16-8 间质腺与白体光镜像（低倍）

时，除上述变化外，卵泡塌陷，卵泡膜的血管和结缔组织伸入颗粒层及卵丘，膜细胞一度增大，形成多边形上皮样细胞，胞质中充满脂滴，形似黄体细胞，并被结缔组织和血管分隔成分散的细胞团索，称为**间质腺**（interstitial gland）（图 16 - 8）。成人卵巢间质腺细胞数量少，且散在分布于基质中；猫及啮齿动物卵巢的间质腺较多，有分泌雌激素的功能。

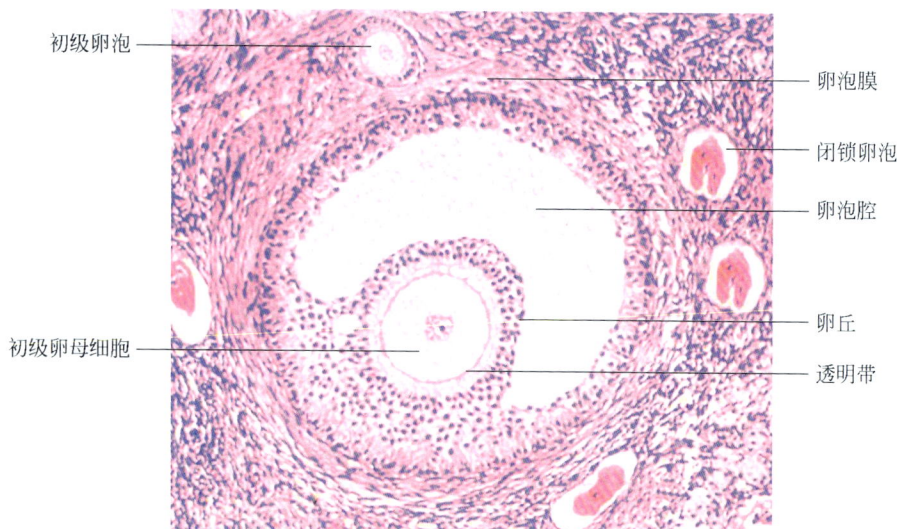

图 16 - 9　次级卵泡和闭锁卵泡光镜像（低倍）

（五）卵巢的内分泌功能

卵巢可分泌雌激素、孕激素、松弛素和雄激素。卵泡发育过程中主要分泌雌激素，其过程为：在脑垂体分泌的 FSH 和 LH 的调节下，颗粒细胞和膜细胞（黄体的粒黄体细胞和膜黄体细胞）协同作用，合成和分泌雌激素。膜细胞合成的雄激素透过基膜进入颗粒细胞，在芳香化酶系的作用下雄激素转变为雌激素，这是雌激素合成的主要方式，称此为"两细胞学说"（图 16 - 10）。合成的雌激素小部分进入卵泡腔，大部分释放入血，调节子宫内膜等靶细胞的生长分化。黄体可分泌雌激素和孕激素，妊娠黄体还可分泌松弛素。位于卵巢近系膜处的卵巢**门细胞**(hilus cell)，有分泌雄激素的功能，细胞结构与睾丸间质细胞类似，倘若门细胞增生或发生肿瘤时，患者常伴有男性化症状。

卵巢既要调节内分泌，又要维持生殖功能，故卵巢的损害会产生包括闭经、月经不调、性欲减退、第二性征不发育、卵巢早衰和不育等严重的临床后果。

二、输卵管

输卵管主要分漏斗部、壶腹部、峡部和子宫部，管壁均由黏膜、肌层和浆膜三层组成。

1. 黏膜　向管腔内突出，形成许多纵行有分支的皱襞，故管腔不规则，至子宫部的皱襞渐减少（图 16 - 11）。黏膜上皮为单层柱状上皮，由分泌细胞和纤毛细胞构成。分泌细胞表面有微绒毛，其分泌物构成输卵管液，可营养卵并辅助卵的运行。纤毛细胞以漏斗部和壶腹部最多，至峡部和子宫部逐渐减少，其纤毛向子宫方向摆动，可将卵运送到子宫并防止病菌进入腹膜腔。输卵管上皮在卵巢雌激素和孕激素的作用下呈现周期性变化。

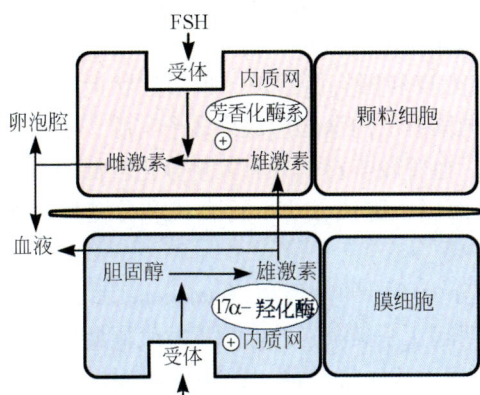

图 16 – 10 雌激素合成示意图

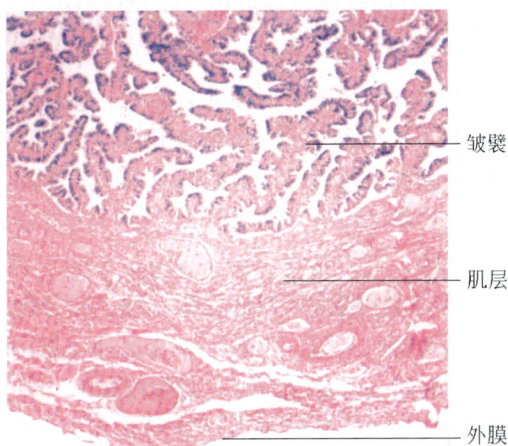

图 16 – 11 输卵管光镜像（低倍）

2. 肌层 以峡部最厚，由内环行和外纵行两层平滑肌组成。壶腹部肌层较薄，环行肌明显，纵行肌散在分布。

3. 浆膜 由间皮和富含血管的疏松结缔组织组成。

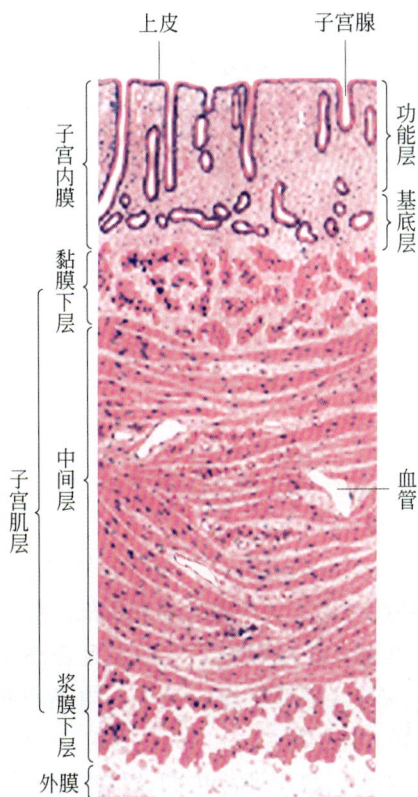

图 16 – 12 子宫壁结构模式图

三、子宫

中医学认为：女子胞又名胞宫、胞脏、子宫、子脏等，为奇恒之腑之一。女子胞具有发生月经和孕育胎儿的生理功能。如张介宾在《类经·藏象类》中说："女子之胞，子宫是也，亦以出纳精气而成胎孕者为奇。"就组织结构而言，子宫为腔小壁厚的肌性器官，分底部、体部、颈部三部分。体部和底部的子宫壁由外向内分为外膜、肌层和内膜（又称黏膜）。

（一）子宫壁的一般结构

子宫壁由外向内分为外膜、肌层和内膜三层（图16 – 12）。

1. 外膜 子宫外膜（perimetrium）底部和体部为浆膜，宫颈部为纤维膜。

2. 肌层 子宫肌层（myometrium）很厚，由成束或成片的平滑肌纤维构成，肌束间以结缔组织分隔，肌纤维互相交错排列，故分层不明显。自内向外大致可分为黏膜下层、中间层和浆膜下层。黏膜下层和浆膜下层主要为纵行平滑肌束，中间层较厚，分内环行和外纵行，富含血管。成年女性子宫平滑肌纤维长约$50\mu m$，妊娠时，在卵巢激素的作用下，肌纤维可长达

500μm，并且肌纤维分裂增生，结缔组织中未分化的间充质细胞也可分化为肌纤维，使肌层增厚。分娩后，肌纤维恢复原状，部分肌纤维退化消失。平滑肌纤维的收缩受激素的调节，其收缩活动有助于精子向输卵管运送、经血排出及胎儿娩出。

3. 内膜　**子宫内膜**（endometrium）由单层柱状上皮和固有层组成。单层柱状上皮主要由分泌细胞和少量纤毛细胞构成。内膜表面的上皮向固有层内深陷形成许多子宫腺，子宫腺为单管腺，其末端近肌层处常有分支。固有层较厚，血管较丰富，并有大量分化较低的梭形或星状细胞，称为**基质细胞**（stroma cell）。其核大而圆，胞质较少，可合成和分泌胶原蛋白，并随子宫内膜的周期性变化而增生和分化。

根据功能的不同，可将子宫底部和体部的内膜分为浅层的**功能层**（functional layer）和深部的**基底层**（basal layer）。功能层较厚，自青春期起在卵巢激素的作用下发生周期性剥脱和出血。妊娠时，胚泡植入功能层并在其中生长发育。基底层较薄，此层无周期性脱落变化，具有修复内膜的功能。

子宫动脉分支经肌层进入内膜之前，每条小动脉分为两支短而直的分支营养内膜基底层，称基底动脉，它不受性激素的影响；其主支从内膜基底层一直延伸至功能层浅部，呈螺旋状走行，称螺旋动脉。螺旋动脉在内膜浅部形成毛细血管网，毛细血管汇入小静脉，穿越肌层，汇合成子宫静脉（图 16 – 13）。螺旋动脉对卵巢激素的作用很敏感。

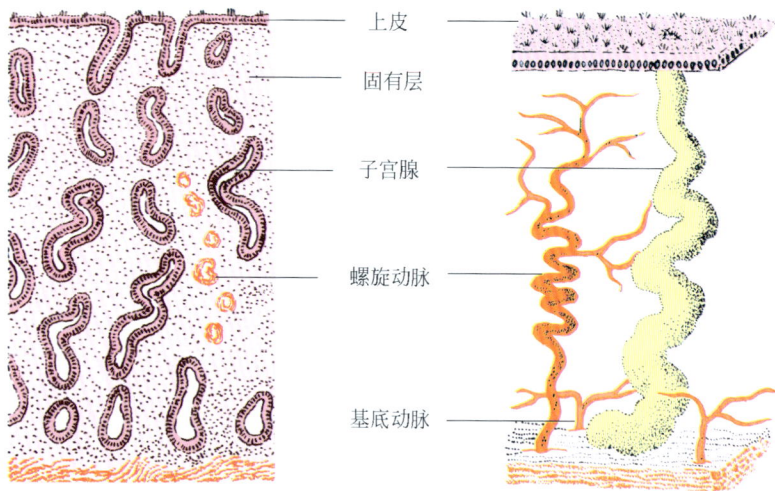

图 16 – 13　子宫内膜血管与腺结构模式图

（二）子宫内膜的周期性变化

自青春期开始，在卵巢分泌的雌激素和孕激素的周期性作用下，子宫底部和体部内膜的功能层出现周期性变化，每 28 天左右发生一次剥脱、出血、修复和增生，称为**月经周期**（menstrual cycle）。每个月经周期是从月经第一天起至下次月经来潮的前一天止。内膜周期性变化一般分为三期，即月经期、增生期和分泌期（图 16 – 14、15）。

1. 月经期　**月经期**（menstrual phase）为周期第 1 ~ 4 天。由于卵巢内的黄体退化，雌激素和孕激素分泌量骤然下降，导致子宫内膜功能层的螺旋动脉发生持续性收缩，内膜缺血，组织坏死。继而在坏死组织的作用下，螺旋动脉又突然短暂地扩张，致使毛细血管破

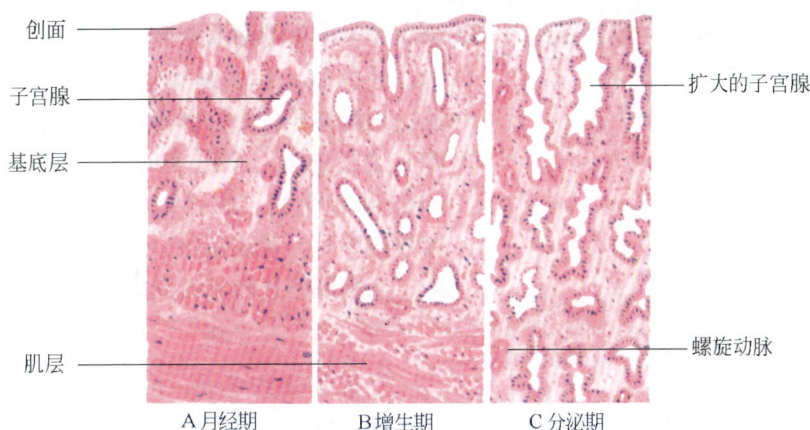

创面
子宫腺
基底层
肌层
扩大的子宫腺
螺旋动脉

A 月经期　　B 增生期　　C 分泌期

图 16 – 14　子宫内膜周期性变化模式图

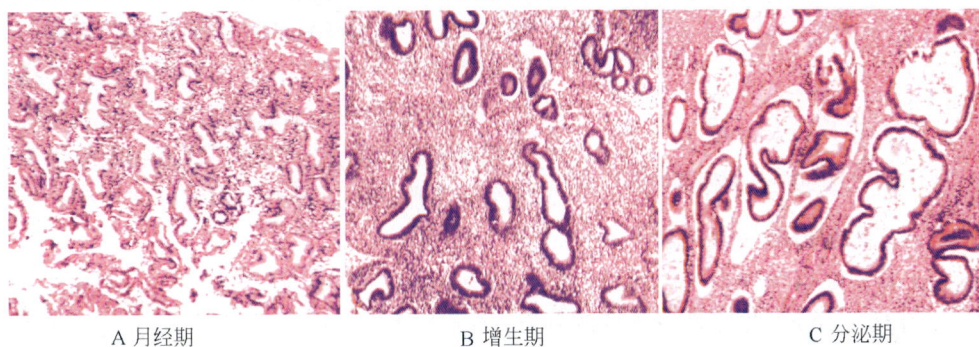

A 月经期　　B 增生期　　C 分泌期

图 16 – 15　子宫内膜周期性变化光镜像（低倍）

裂，血液溢入结缔组织，最终血液与坏死脱落的内膜组织一起经阴道排出，即为月经。月经期的持续时间一般为 3～5 天（图 16 – 14、15）。在月经终止前，内膜基底层子宫腺残端的细胞迅速分裂增生，并铺展在脱落的内膜表面，内膜修复而进入增生期。

2. 增生期　增生期（proliferation phase）为月经周期的第 5～14 天。此期卵巢内有若干卵泡生长发育，故又称卵泡期（follicular phase）。伴随卵泡的发育和成熟，分泌的雌激素逐渐增多，在雌激素的作用下，上皮细胞与基质细胞不断分裂增殖。子宫腺在增生早期短、直、细、少，而至增生晚期（第 11～14 天）时，不但数量增多，且不断增长和弯曲，上皮细胞分化成熟，胞质中糖原积聚于核下区，腺腔扩大。螺旋动脉也增长并弯曲。内膜厚度由增生早期的 1mm 发育至 1～3mm（图 16 – 14、15）。至增生期末，卵巢内的成熟卵泡排卵，子宫内膜由增生期转入分泌期。

3. 分泌期　分泌期（secretory phase）为月经周期的第 15～28 天，此时卵巢已排卵，黄体形成，故又称黄体期（luteal phase）。子宫内膜在黄体分泌的雌激素和孕激素，尤其是孕激素的作用下继续增厚。子宫腺更弯曲，腔也变大，腺细胞核下区糖原渐转移至细胞顶部即核上区，并以顶浆分泌方式排入腺腔，腺腔内可见含糖原的嗜酸性分泌物，腺腔扩大呈锯齿状（图 16 – 14、15）。此时期的固有层内组织液增多，内膜水肿，螺旋动脉增长并更弯曲，伸至内膜表层。于分泌晚期，基质细胞增生并分化形成两种细胞。一种为前蜕膜细胞（predecidual cell），细胞体积大而圆，胞质中含有糖原及脂滴；于妊娠期，前蜕膜细胞在妊

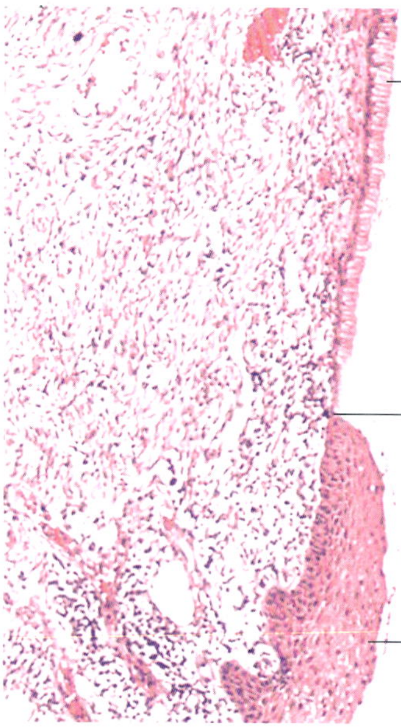

柱状上皮

上皮移行处

复层扁平上皮

图 16-16   子宫颈光镜像（低倍）

娠黄体分泌的孕激素影响下，继续发育增大，成为蜕膜细胞。基质细胞还可分化为内膜颗粒细胞，细胞体积较小，圆形，胞质内含有颗粒，细胞分泌松弛素。至分泌晚期，内膜可厚达5~7 mm。卵若受精，内膜继续增厚；卵若未受精，卵巢内的月经黄体退化，孕激素和雌激素水平下降，内膜脱落又转入月经期。

（三）子宫颈

子宫颈长约3cm，由黏膜、肌层和外膜组成。黏膜较厚，上皮为单层柱状上皮，由分泌细胞、纤毛细胞及储备细胞组成。子宫颈黏膜无周期性剥脱，但分泌性质受卵巢激素的影响。雌激素促使细胞分泌增多，分泌物稀薄，利于精子通过。孕激素使细胞分泌减少，分泌物黏稠，可阻止精子及微生物进入宫腔。纤毛细胞数量少，位于分泌细胞之间，纤毛向阴道方向摆动，协助分

泌物排出。宫颈阴道部为复层扁平上皮，细胞内糖原丰富。在宫颈外口处，两种上皮分界清晰（图 16-16），此处是宫颈癌的好发部位。宫颈对精子的运行和储存起重要作用，若能增加其黏液的黏稠度，即可阻止精子通过，达到避孕的目的。

（四）卵巢与子宫内膜周期性变化的神经内分泌调节

女性生殖器官在神经系统调控下，受下丘脑、脑垂体和卵巢的激素的调节发生周期性变化，称此调节系统为下丘脑-垂体-卵巢轴（图 16-17）。下丘脑弓状核等神经内分泌细胞分泌促性腺激素释放激素（Gn-RH），促使腺垂体分泌 FSH 和 LH，LH 的合成与释放受GnRH的严格控制，FSH 的分泌还受其他因素的影响。

月经来潮时，血液内的 FSH 开始略有升高；FSH 作用于卵巢，可促进卵泡生长、成熟并分泌大量雌激素，在雌激素的作用下，子宫内膜呈增生期变化。当血中雌激素达到一定浓度时，高水平的雌激素和 GnRH 共同

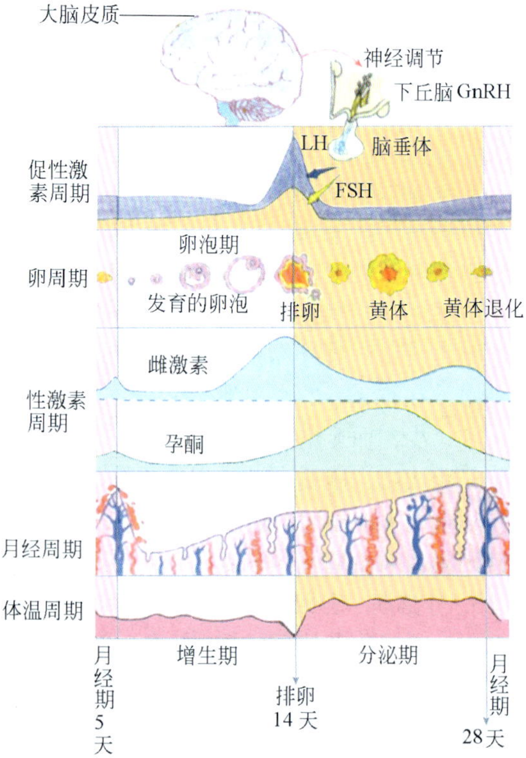

图 16-17   下丘脑、脑垂体、卵巢和子宫内膜关系示意图

作用，促使腺垂体分泌大量 LH，在 FSH 和 LH 的协同作用下，卵巢排卵并形成黄体。排卵常发生于 LH 高峰后 24 小时左右。黄体分泌孕激素和雌激素，促使子宫内膜进入分泌期。血液中高水平的孕激素和雌激素可负反馈地作用于下丘脑和垂体，抑制 GnRH、FSH 和 LH 的分泌，致使黄体退化，血中雌激素和孕激素减少，子宫内膜进入月经期。血中低浓度的孕激素和雌激素又可反馈地作用于下丘脑和垂体，使其释放 FSH，促进卵泡生长发育，使子宫内膜进入下一周期的增生期。如此反馈性地调节，使卵巢和子宫内膜维持正常的周期性变化。目前临床上使用的女用避孕药即基于上述原理，通过抑制下丘脑和脑垂体的活动，使卵泡不能成熟，从而达到避孕的目的。

四、阴道

阴道壁由黏膜、肌层和外膜组成。阴道黏膜形成许多横形皱襞，黏膜上皮为非角化型复层扁平上皮，较厚，一般情况下表层细胞虽含透明角质颗粒，但不出现角化（图 16 – 18）。固有层由结缔组织组成，内含丰富的毛细血管和弹性纤维。阴道上皮的脱落与更新受卵巢激素的影响，雌激素促使阴道上皮增厚，并使细胞合成大量糖原。在月经周期增生晚期阴道上皮最厚。临床可通过阴道上皮脱落细胞的涂片观察，了解卵巢内分泌功能状态。阴道上皮细胞脱落后，细胞内糖原被阴道内的乳酸杆菌分解为乳酸，使阴道分泌物保持酸性，有一定的抗菌作用。绝经后阴道黏膜萎缩，脱落细胞少，阴道液 pH 值上升，细菌易繁殖而导致阴道炎。阴道脱落细胞中还含有宫颈、子宫及输卵管脱落的上皮细胞，故阴道涂片也是诊断各种生殖器官肿瘤的一种辅助方法，对肿瘤的早期发现具有重要意义。

肌层为平滑肌纤维，较薄，由内环外纵两层平滑肌构成，肌束间弹性纤维

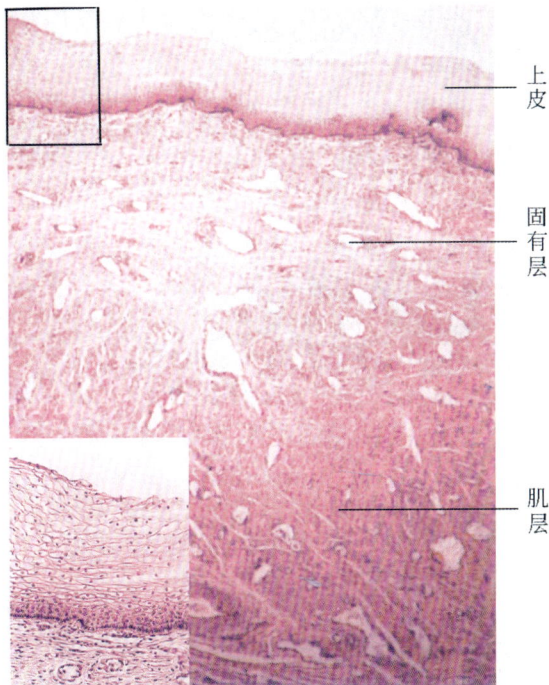

上皮

固有层

肌层

图 16 – 18　阴道壁光镜像（低倍，左下角示高倍）

丰富，使阴道壁易于扩张。阴道外口为环行骨骼肌形成的尿道阴道括约肌。外膜为富含弹性纤维的致密结缔组织。

五、乳腺

乳腺为顶质（顶浆）分泌腺，于青春期开始发育，其结构随年龄和生理状况的变化而异。妊娠期和授乳期的乳腺分泌乳汁，称活动期乳腺。无分泌功能的乳腺，称静止期乳腺。

（一）乳腺的一般结构

乳腺被结缔组织分隔为 15～25 个叶，每个叶又分为若干小叶，每个小叶是一个复管泡状腺。腺泡上皮为单层立方或柱状，在上皮细胞和基膜间有肌上皮细胞。导管包括小叶内导管、小叶间导管和总导管。小叶内导管多为单层柱状或立方上皮，小叶间导管为复层柱状上皮，总导管又称输乳管，开口于乳头，管壁为复层扁平上皮，与乳头表皮相续。妊娠期和哺乳期，乳腺充分发育，可分泌乳汁，称活动期乳腺；无分泌功能的乳腺称静止期乳腺。

（二）静止期乳腺

静止期乳腺是指未孕女性的乳腺，腺体不发达，仅见少量导管和小的腺泡，脂肪组织和结缔组织丰富（图 16－19）。在排卵后，腺泡和导管略有增生。

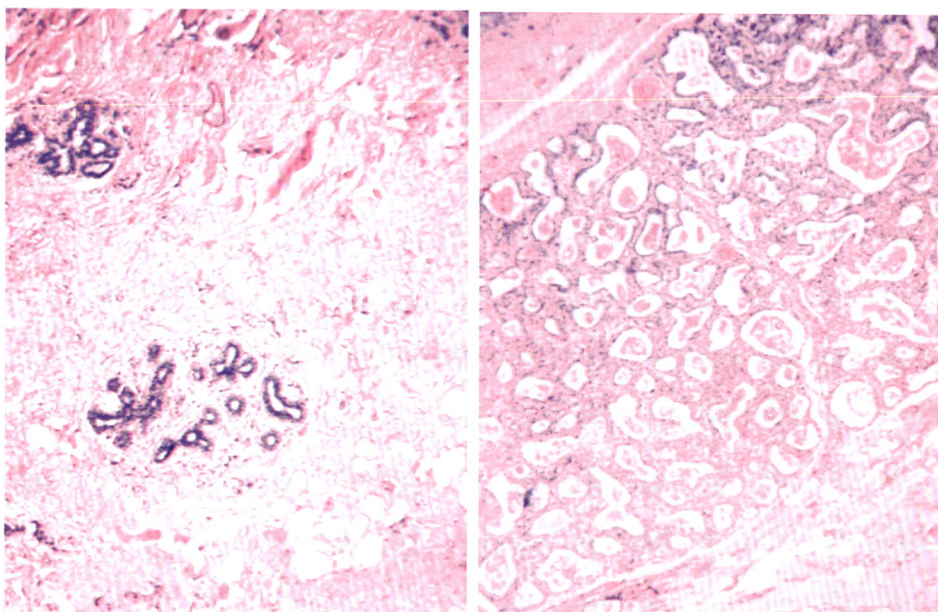

A　静止期乳腺　　　　　　　　　　　　B　活动期乳腺

图 16－19　静止期和活动期乳腺光镜像（高倍）

（三）活动期乳腺

妊娠期在雌激素和孕激素的作用下，乳腺的小导管和腺泡迅速增生，腺泡增大，上皮为单层柱状或立方细胞，结缔组织和脂肪组织相应减少。至妊娠后期，在垂体分泌的催乳激素的影响下，腺泡开始分泌。分泌物中含有脂滴、乳蛋白、富含抗体等，称为初乳。初乳内还有吞噬脂肪的巨噬细胞，称初乳小体。哺乳期乳腺与妊娠期乳腺结构相似，但腺体更发达，腺泡腔扩大，腺泡处于不同分泌时期，脂肪组织和结缔组织更少（图 16－19B）。断乳后，催乳激素水平下降，乳腺停止分泌，腺组织逐渐萎缩，结缔组织和脂肪组织增多，乳腺又恢复静止期的结构。

绝经后，体内雌激素和孕激素水平下降，乳腺组织萎缩退化，脂肪也减少。

（王燕蓉　沈新生）

下 篇

胚 胎 学

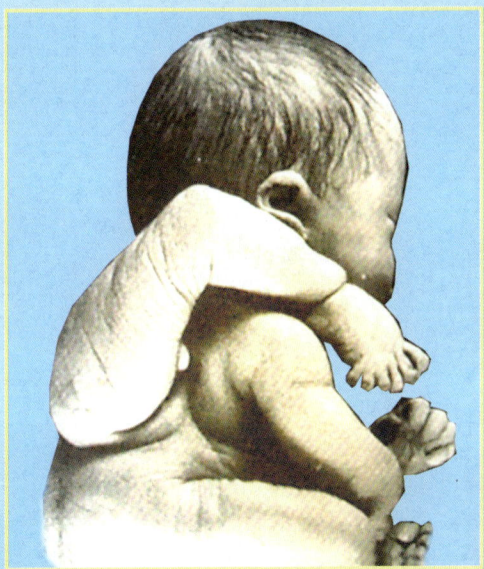

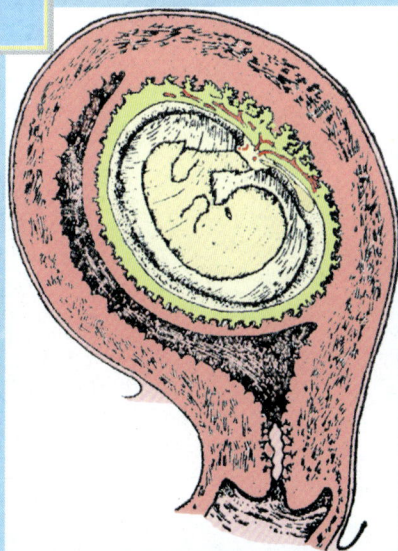

第十七章

绪　　论

一、人体发生概述

　　经过漫长的生物进化，在已知地球生物中，人类成为结构及功能最复杂、进化程度最高的有机体。物种历经几十亿年的生物进化演变成现代人，人类的这一进化发生过程，称**系统发生**（phylogenesis）。人体由 230 多种形态结构各异、生理功能不同的细胞按一定规律排列组合而成，这一复杂的生命体则起源于一个细胞——受精卵。受精卵的基因组按一定的时 - 空程序选择性表达，调控人体发生发育过程。受精卵经细胞分裂与分化、增殖与凋亡等复杂的生物学过程，最终发育为由 1800 万亿个细胞组成的新个体，人体胚胎的这一发生过程，称**个体发生**（ontogenesis）。

　　研究生物个体发生和发育规律的科学，称**胚胎学**（embryology）。在个体发生过程中，可出现人类系统发生过程中的某些现象和结构，如卵黄囊、尿囊、脊索、鳃弓、尾等结构，它们或有或无生理功能，在发育过程中，有的及时退化消失，有的则演变或留有遗迹，是生物进化过程在胚胎发育中的重演。阐述这一重演现象发生规律的理论称为重演论。

二、胚胎学的研究内容及意义

　　人体胚胎学（human embryology）是研究人体出生前发生、发育过程及其规律的科学。在胚胎发育过程中，若受某些遗传因素、环境因素的干扰，可影响胚胎的正常发育，出现各种先天性畸形；先天性畸形的发生及防治措施是胚胎学的研究内容之一。通常，人体胚胎学的研究内容包括生殖细胞发生、受精、卵裂、植入、胚层形成与分化、胚胎发育、胚胎与母体之间的关系、器官与系统的发生及其功能建立、先天性畸形等。

　　人体胚胎的发生发育是一连续复杂的动态发育过程，历时 38 周左右（约 266 天）。为了便于学习和研究，通常将人体胚胎发育分为三个时期：①**胚前期**（preembryonic stage）指受精卵形成到胚胎发育的第 2 周末。②**胚期**（embryonic stage）指胚胎发育的第 3 周到第 8 周末。这两个时期包括受精卵形成、卵裂、胚泡形成、植入、三胚层形成与分化、胎盘与胎膜形成等过程。人体由一个细胞（受精卵）开始，经迅速分裂分化发育为各器官系统与外形都初具人体雏形的"袖珍人"，此发育阶段统称为**胚**（embryo）。③**胎期**（fetal stage）指胚胎发育的第 9 周至胎儿出生。此期内的胎儿（fetus）各器官与系统在胚的基础上进一步发育完善，并逐渐出现不同程度的功能活动；体积、重量均明显增加。因此，胚胎发育是一个复杂、有序的动态变化过程，胚前期和胚期以质变为主，胎期以量变为主。胚期为各器官原基形成时期，是胚胎发育的关键时期，对内、外环境因素的变化十分敏感，因而，胚期决定着胚胎的分化发育方向，是胚胎学研究和学习的重点。

人体生命过程可分为出生前和出生后两个阶段，即出生前在母体内生长发育阶段和出生后生长发育、成熟直至衰老死亡阶段。出生后阶段包括婴儿期、儿童期、少年期、青年期、成年期和老年期六个时期。研究人体出生前和出生后生命全过程的科学，称**人体发育学**（development of human）。

随着生命科学的腾飞，胚胎学的研究逐步深入，并衍生出以下分支学科。

1. 描述胚胎学　**描述胚胎学**（descriptive embryology）主要用组织学与解剖学等技术方法，如光镜技术、电镜技术，研究胚胎发育过程中的形态发生和演变过程及其演变规律，是胚胎学的基本研究内容，是重要的分支学科。

2. 比较胚胎学　**比较胚胎学**（comparative embryology）研究比较不同种系（包括人类）的胚胎发育，了解生物演变及生物进化过程及规律，有助于理解人类胚胎的发生发育过程。

3. 实验胚胎学　**实验胚胎学**（experimental embryology）将化学或物理因素的作用、基因剔除或基因导入等显微手术，施加于胚胎或体外培养的胚胎组织、细胞，观察了解其对胚胎发育的影响及调控。

4. 化学胚胎学　**化学胚胎学**（chemical embryology）使用化学及生物化学的技术方法，观察了解各种化学物质在胚胎发育过程中的变化及其代谢过程。

5. 分子胚胎学　**分子胚胎学**（molecular embryology）利用分子生物学的技术和方法（包括基因剔除或基因导入等），观察了解胚胎发生发育过程中基因选择性表达（如时间顺序、空间分布、调控等）程序，研究基因表达产物在胚胎发生发育过程中的作用，阐明胚胎发育的分子机制。分子胚胎学是胚胎学研究的前沿领域和热点内容。

6. 畸形学　**畸形学**（teratology）是研究先天性畸形的发生原因、形成机制和预防措施的科学。在胚胎发育过程中，可因遗传因素、有害环境因素的不利影响，导致胚胎发育异常，出现各种先天性畸形。因此，为提高生存质量，了解先天性畸形的发生及防治措施是十分必要的。

7. 生殖工程学　**生殖工程学**（reproductive engineering）指采用人工方法介入早期生殖过程，影响新个体的产生，以获得人们所期望的新生命体。与生殖工程学相关的辅助生育技术主要有人工授精、早期胚胎培养与胚胎移植、配子和胚胎的低温冷冻保存、卵质内单精子注射等。生殖工程学是胚胎学中又一新兴学科，属应用研究领域。而试管婴儿、克隆动物（如克隆羊、猴、牛）均为该领域引起轰动的研究成果。随着人体发育过程中各种作用机制的逐步揭晓，胚胎学正在拓展形成一门新的医学基础学科——**发育生物学**（developmental biology）。

三、胚胎学的发展史

人类对胚胎发生发育过程的认识是从迷信、种种臆测逐渐转向对实物的观察和研究。科学技术的发展，尤其是17世纪显微镜的问世，使肉眼看不到的结构呈现在人们眼前，扩大了人们的视野，推动了胚胎学的发展。随着胚胎学的研究手段和技术方法不断改进，从20世纪50年代开始，现代胚胎学逐渐发展起来。

(一) 国外医学

早在公元前 4 世纪，古希腊学者亚里士多德（Aristotle）通过对胚胎发育的观察，对鸡胚的发育作出了某些正确的描述，并推测人体胚胎起源于精液与月经血的混合物。1651 年，英国学者哈维（Harvey）在《论动物的生殖》中提出假设：一切生命皆来自卵。

17 世纪，荷兰学者列文虎克（Leeuwenhoek）与格拉夫（Graaf）在显微镜下，分别发现了精子和卵泡；意大利学者马尔比基（Malpighi）观察到鸡胚的体节、神经管及卵黄血管，并将精子和卵子与生殖和胚胎发育联系在一起，臆测精子或卵子内生存有一微小的胚胎个体，并逐渐生长成为胎儿，此即为胚胎学发展史上的"精原论"和"卵原论"。虽然两种观点之间存在分歧，但均认为精子或卵子内生存有一微小的胚胎雏形（图 17 – 1），后人将其归属于"预成论"或"先成论"。以后又提出了"套装论"，认为精子或卵子内生存的微小个体中，还套存有下一代更微小的个体，如此代代相套，层出不穷。

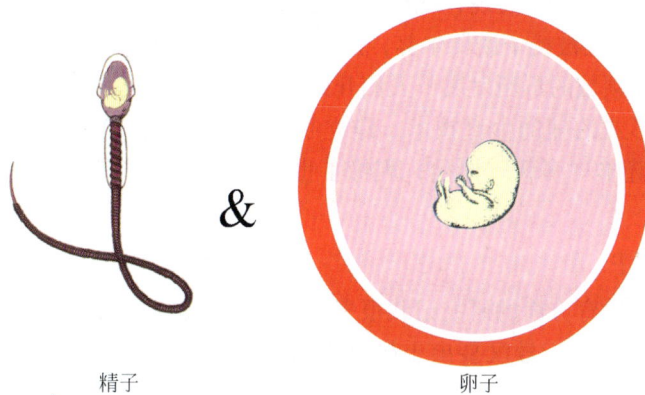

精子   卵子

图 17 – 1 "预成论"示意图

18 世纪中期，德国学者沃尔夫（Wolff）提出了"渐成论"，认为精子与卵子中没有预先形成的胚胎结构，胚胎的四肢及其他各器官结构均经历了从无到有、从简单到复杂的渐变过程。"渐成论"是胚胎学发展史上的一个里程碑。

19 世纪初期，爱沙尼亚学者贝尔（Baer）在《论动物的发育》中提出了"胚层学说"（Germ layer theory），指出人和各种脊椎动物的早期胚胎发育十分相似，随着胚胎的进一步发育才逐渐出现纲、目、科、属、种的特征（即贝尔定律），认为对不同动物的胚胎发育进行比较，较成体的比较更能说明动物间的亲缘关系。贝尔的"胚层学说"彻底推翻了"预成论"，创立了比较胚胎学，被人们称为"近代胚胎学之父"。

19 世纪中期，德国学者雷马克（Remark）在沃尔夫和贝尔的研究基础上结合自己的观察，提出了胚胎发育的"三胚层学说"（1855 年），标志着描述胚胎学的开端。1859 年英国学者达尔文在《物种起源》中指出，不同动物的胚胎早期发育相似，表明物种起源的共同性；后期发育相异，则由各种动物所处环境的不同引起。达尔文强力地支持了贝尔定律，并首次将胚胎学与进化论联系在一起。到 60 年代，德国学者穆勒（Muller）和海尔克（Haeckel）提出"个体发生是种系发生的重演"的学说，简称"重演论"。该学说基本符合事实，但鉴于胚胎发育时期短暂，无法全部重演祖先的进化过程。

19 世纪末期，开始了对胚胎发育机理的探讨。德国学者斯佩曼（Spemann）采用显微操作技术，对两栖动物胚进行了分离、切割、移植、重建等实验研究，并提出了"诱导学说"，认为胚胎的某些组织（诱导者）能对邻近组织（反应者）的分化起诱导作用，由此建立了实验胚胎学，并因此荣获诺贝尔生理学与医学奖（1935 年）。其后著名的学说有：细胞分化决定、胚区定位、胚胎场与梯度等。另外，某些学者还研究了胚胎发育过程中组织细胞内化学物质的变化及其与胚胎形态演变的关系，由此形成化学胚胎学。英国学者李约瑟（Needham）1931 年整理出版了《化学胚胎学》。

20 世纪 50 年代，现代胚胎学逐渐发展起来，分子胚胎学和生殖工程学为其理论和技术方法进步的两大标志。DNA 结构的阐明及中心法则的确立，诞生了分子生物学。用其观点和方法研究胚胎发育过程，便产生了分子胚胎学。分子胚胎学研究胚胎发育的遗传程序，主要选用生命周期短、便于操作的果蝇；现已发现一些重要的调节基因群，其中同源异形基因已在人及多种脊椎动物胚胎中发现，统称同源框基因。1995 年，因对果蝇发育基因的研究，Nüsslein – Volhard 等三人被授予诺贝尔奖，这是胚胎学研究领域的又一次辉煌。

随着胚胎学研究领域的不断发展，人们开始利用其理论和技术去改善和调控人类的生殖过程，形成了各种形式的辅助生育技术，建立了生殖工程学。1978 年第一例"试管婴儿"诞生了，1997 年克隆羊"多莉"诞生，震惊了世界，成为该领域引以为荣的轰动性研究成果。

（二）祖国医学

祖国医学对胚胎发育方面的研究记载很多，其观察之细微，描述之生动，足以与现代人体胚胎学相媲美。马王堆三号汉墓出土帛书中的《胎产书》，著成于两千多年前的先秦时期，较详细地记录了胎儿在母体中的发育情况；北齐时代（公元 550 ~ 577 年）医家徐之才记载了胚胎逐月生长发育的情况，隋代之《诸病源候论》、唐代之《千金要方》皆循此说，如：唐代大医家孙思邈在《千金要方》中云："一月始胚，二月始膏，三月始胞，四月形体成，五月能动，六月诸骨具，七月毛发生，八月脏腑具，九月谷气入胃，十月百神备则生矣。"孙思邈尚有"妊娠三月为定形"之论。藏医学中的《罗本口哈汤》对人体胚胎发育就有了更进一步的认识。1704 年在桑吉嘉措主持下绘制的成套藏医彩色挂图中，就非常形象地画出了人体胚胎发育过程中，有重演生物进化过程（如鱼类、两栖类、哺乳类）的现象出现。

进入 20 世纪 20 年代，朱洗（1899 ~ 1962）在受精方面，童第周（1902 ~ 1979）在卵质与核的关系、胚胎轴性、胚层间的相互作用方面，张汇泉（1899 ~ 1986）在畸形学领域，均作出了贡献。张觉民等学者在辅助生育技术方面有深入研究。20 世纪 80 年代出版了第一部描述中国人胚胎生长、发育及形态变化的专著《中国人胚胎发育时序与畸形预防》。

四、胚胎学的意义及在医学中的地位

胚胎学是重要的医学基础课程，具有深奥的理论知识和重要的临床应用价值。

人体胚胎学阐明了人体如何由一个简单的细胞（受精卵）发育演变为复杂的新个体。它告知我们：在受精卵基因严格有序的表达及调控下，胚胎发育按照精密的时间顺序，呈现精确的三维结构变化规律。胚胎的发生过程是各种发育相关基因程序性时－空表达的结果；而基因的程序性表达又受调节基因的调控及环境因素的影响。学习胚胎学有助于训练和培养学习者的立体构象和空间思维能力。

学习胚胎学可使人们运用辩证唯物论的观点去认识人体胚胎的发生发育过程，了解人胚的外形及各系统、器官、组织、细胞的发生演化过程；帮助医生正确诊断和治疗疾病。掌握人体出生前的演变规律，对今后的学习和研究工作大有裨益。

胚胎学与解剖学、组织学、病理学、生理学、遗传学、细胞生物学、分子生物学等密切相关，具有重要的理论意义。通过学习可进一步深刻理解解剖学中器官的形态结构、位置、毗邻关系等的建立，理解组织学中干细胞的特性，理解各器官的发生来源（不同胚层），理解病理学中恶性肿瘤为何要依据其细胞的胚层来源进行分类等。胚胎学同时又为妇产科学、儿科学、小儿外科学、矫形外科学、男科学、生殖工程学、肿瘤学等学科的某些疾病诊断和治疗提供依据，具有重要的临床意义和应用价值。

五、胚胎学的学习方法

胚胎学与解剖学、组织学同属于形态学范畴，但胚胎学的每一部分研究内容均在短暂的瞬间发生剧烈而复杂的变化，即始终处于动态变化中，这是胚胎学的显著特征。因而在学习时，既要了解胚胎在某一时期的形态结构（三维结构）变化，又要掌握这些结构在胚胎不同时期的演变规律及来龙去脉。掌握胚胎发育的时间概念与空间概念（时－空关系），是胚胎学学习的要点。

学习胚胎学应注意：①平面结构与立体结构的关系。②静态结构与动态变化的关系。③时间与空间的关系。④发生发展与进化的关系。⑤结构与功能的关系。⑥各学科间知识的相互渗透与融合。要善于思考、善于比较、善于分析、善于综合；要结合教材的内容观察图谱、胚胎标本、模型、切片等，启动形象思维，将二维结构图、三维结构图还原为人胚的动态发育过程，深刻理解、融会贯通。

先天性畸形是人体胚胎学的重要研究内容，学习时一方面要了解其发生原因和防治措施，另一方面要对照正常胚胎的发育，剖析异常发育所导致的先天性畸形。

（刘黎青）

视窗

祖国医学对胚与胎的认识

中外古人，曾对新生命的诞生有着种种臆测。如"预成论"或"先成论"、"套装论"、上帝造人、天仙投胎、魂魄在世等等。祖国医学针对胚胎发育、胎儿生长及胎教等方面有诸多论述。国外医学研究胚胎学虽然比较早，但最初是在动物胚胎（如鸡胚）上进行研究的。

北齐时代（公元550～577年）医家徐之才，针对胚胎逐月生长发育的情况记载道："一月名始胚，二月名始膏，三月名胎，四月成血脉，五月成其气……十月五脏俱备，六腑齐通，纳天地气于丹田，故使关节、人神皆备，但俟时而生。"古代医家认为，胚者坯也，未成器，不成形者谓之坯；初具人形者谓之胎。经过始胚、始膏等过程，至第三个月初具胎形才称为胎。这与现代人体胚胎学描述的"第八周末，胚胎初具人形"，以及"前八周的胚体，通称为胚；八周之后即称之谓胎"相吻合。《校注妇人良方》（陈自明著·宋）（第四卷）注释中引"五脏论"曰："一月如露珠，二月如桃花，三月男女分，四月形象具，五月筋骨成，六月毛发生，七月并其魂，八月游其魄，九月三动身，十月受气足"。此描述生动地记载了胚胎逐月的发育生长（大小、外形）情况。在中医学的概念里，人胚是由一团简单的物质，逐步分化、发展起来的，是由简单到复杂、由小而大地逐步发育起来的；气与血在胚胎中是先后形成的，气血是人胚中重要的构成部分；胚与胎是胎儿发育中的两个不同阶段。而某些外国学者曾认为，人体胚胎从一出现就是个微缩个体，逐月增长体积增大而形成胎儿。可见祖国医学千百年前对胚和胎、对胎儿在母体中的发育情况即有深刻的认识，也再现了我们祖先对人体胚胎发育的朴素的唯物主义世界观。

孪生趣闻

　　尼日利亚西南部的伊博－奥拉是一个"孪生宝地"，几乎家家都有双胞胎！全球各地双胞胎的概率约为0.5%，而这里双胞胎的出生率是全球平均水平的十倍，比欧洲国家及日本还高。特别是双卵双胞胎的出生率，其中男孩双胞胎和龙凤胎尤其高。

　　英国双胞胎姐妹贝蒂和贝利摩尔激动地等待着2008年1月1日的到来，因为新年的第一天是她们100岁的生日。在百年的时间里，姐妹俩经历了两次世界大战和英国5任郡主。而这种事情的发生率仅为七亿分之一。

勇敢的"姐妹花"

　　伊朗的连体姐妹拉丹和拉蕾形影不离、血脉相连共度29个寒暑。尽管手足情深，但她们最大的共同愿望是能够独立生活，追求各自不同的梦想。拉丹和拉蕾拥有各自独立的身体、四肢和大脑，但共用一个颅腔，颅内2个大脑共用一条血管供血。这非同寻常的残障给姐妹俩的生活带来了极大的不便。29年的零距离接触，使她们更加渴望独立生活。

　　为头部相连的成人分体，是史无前例的高难度手术，为姐妹俩做分离手术的是来自国际上的28位专家和100多位医护人员，预计手术将进行4天。2003年7月6日上午，笑容可掬、眉宇间流露出勇敢与不屈精神的连体姐妹被推进手术室，分离脑组织比预期的10小时延长许多。7日医生们为姐妹俩共用的一条血管成功改道，完成了手术中的关键一步。8日连体姐妹的头被分开。但8日下午2时30分，在新加坡莱佛士医院的手术室内拉丹因大出血死亡，下午4时许，拉蕾也因失血过多死亡。分颅后的90分钟内两姐妹相继死亡，她们生命的最后一跃，未能冲破樊篱，为用生命换取独立生活的悲壮一幕画上了句号。

　　经过52个小时的马拉松手术，伊朗连体姐妹拉丹和拉蕾终于如愿以偿地实现她们生前最大的愿望——拥有独自的个体，但这个愿望只实现了90分钟，她们就因失血过多撒手人寰。这对勇敢的"姐妹花"的凋落，令人痛惜。但她们热爱生命，渴望"单飞"，勇于向极限与未知挑战，面对难以逾越的医学沟壑，义无反顾、无怨无悔的精神，将永存于世。

拉丹和拉蕾

第十八章

总　论

人体胚胎发生发育过程起始于两性生殖细胞的结合，终止于胎儿出生。在胚胎发育过程中，受精是胚胎发生的前提，胚胎发生和早期发育是胚胎发育的关键，胚胎各期的外形特征及胚胎龄的推算具有重要的临床意义，另外胎膜和胎盘是胚胎发育中形成的附属结构，双胎、多胎和联体双胎是胚胎发生中的特殊事件，而生殖医学技术则具有广阔的应用前景。

一、生殖细胞和受精

（一）生殖细胞的发生和成熟

生殖细胞（germ cell）包括男性生殖细胞（精子）和女性生殖细胞（卵子）。两性生殖细胞的发生和成熟是人体胚胎发生的必备条件。

1. 精子的发生、成熟和获能

（1）精子的发生：睾丸生精小管的精原细胞（二倍体细胞）经分裂、生长、发育，成为体积较大的初级精母细胞，初级精母细胞通过减数分裂形成次级精母细胞及精子细胞，精子细胞再经过一系列复杂的形态变化，最终形成精子（核型23，X或23，Y），其染色体数目减少一半（图18-1），精子发生约需64天完成。

（2）精子的成熟：睾丸生精小管形成的精子，形态上基本发育成熟，但在功能上尚未成熟。此时的精子既没有定向运动能力，也没有使卵子受精的能力，需到附睾中进一步发育完善。精子在附睾中受附睾管上皮分泌的肉毒碱和甘油磷酸胆碱等物质的影响，逐步发育完善，代谢也发生了改变，其积累的cAMP为精子的活动提供充足的能量。附睾分泌物使精子表面的分子结构发生变化，如唾液酸附在精子表面，可遮盖精子抗原，防止免疫细胞攻击和精子凝集；糖蛋白可诱导精子运动等。精子在附睾分泌物及雄激素构成的微环境中停留约2周的时间，具备了定向运动能力以及使卵子受精的潜力。

（3）精子的获能：在附睾中继续发育成熟的精子，尚不具备释放顶体酶、穿越卵子周围的放射冠和透明带的能力。因精液中的糖蛋白覆盖于精子质膜表面，抑制顶体酶释放。当精子通过女性生殖管道时，在管道上皮尤其是输卵管上皮分泌物的作用下，精子获得了释放顶体酶的能力，从而具备受精能力，此过程称为**获能**（capacitation）。在正常生理条件下，精子的获能过程开始于子宫，完成于输卵管。获能后的精子，尾部的摆动幅度及频率明显增大，膜的流动性增强，精子的活动呈高度激活型，有利于受精。精子在女性生殖管道内的受精能力可维持1天。

研究发现哺乳类精子的获能并没有严格的器官专一性和种族专一性；人的精子可以在较简单的人工培养液中获能，这为人类体外受精实验提供了方便。

2. 卵子的发生和成熟　卵子发生于卵巢中的卵泡，成熟于受精过程。由卵巢排出的卵

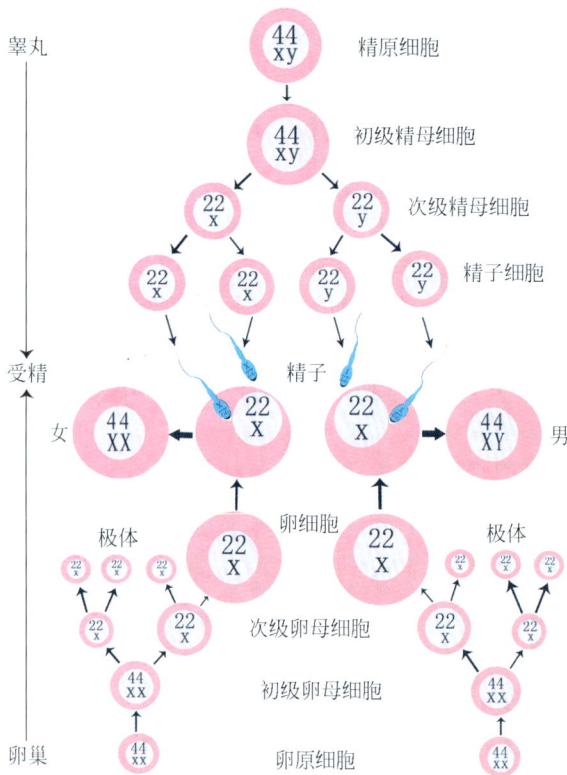

图 18-1 精子与卵子发生示意图

子，若未受精，则在排卵后 12~24 小时退化；若受精，则继续完成第二次减数分裂，形成成熟的卵子。

（1）卵子的发生：女性生殖细胞在胎儿时期即开始发育，但一生只有 400~500 个卵泡发育成熟并排卵。出生前，卵巢中的卵原细胞已发育形成初级卵母细胞并停滞在第一次减数分裂的前期；进入青春期，在促性腺激素的作用下，卵泡开始发育，成熟卵泡中的初级卵母细胞于排卵前完成第一次减数分裂，形成一个体积大的次级卵母细胞和一个小的第一极体；次级卵母细胞迅即进行第二次减数分裂，并停滞在分裂的中期，直到受精时才完成第二次减数分裂，形成一个成熟的卵子和一个小的第二极体（图 18-1）。

（2）卵子的成熟：卵子的成熟包括细胞核的成熟与细胞质的成熟，主要表现在：次级卵母细胞在输卵管壶腹部与精子相遇，在精子穿入的激发下，快速放出第二极体，完成第二次减数分裂，形成成熟的卵子；同时，卵子细胞质储备的核糖体、mRNA 被激活，细胞的代谢率增高，蛋白质合成加快，为细胞分裂做好充分准备。

（二）受精

精子与卵子融合形成受精卵的过程，称为**受精**（fertilization）。受精多发生在排卵后 12~24 小时内，常见于输卵管壶腹部。受精包括一系列形态、生化和生理方面的变化过程，并受多种因素的影响。

1. 受精过程　正常成年男子一次排精可射出 3 亿~5 亿个精子，运动到达输卵管壶腹部的精子只有 300~500 个。这些优势精子竞相与卵子结合，经优胜劣汰，最终只有一个精子能与卵子结合形成受精卵。受精过程可分三个阶段（图 18-2、3）：

（1）穿越卵丘及放射冠：获能的精子到达输卵管壶腹部，与卵子相遇，开始释放顶体酶，分解卵丘细胞间的透明质酸，促使卵丘细胞解离；同时，卵丘细胞还可激活精子的活力，有利于精子释放顶体酶（如透明质酸酶、顶体素、酸性磷酸酶等多种水解酶），分解卵子周围的放射冠，便于精子穿越放射冠，使部分尚未释放顶体酶的精子与透明带直接接触（图 18-2）。

（2）顶体反应：精子与透明带的结合具有种属特异性和饱和性，表明两者的结合有受

释放顶体酶 第一阶段

精子顶体

放射冠

分裂中的极体

卵周隙

透明带

释放顶体酶

第二次成熟
分裂的次级
卵母细胞

第三阶段 第二阶段

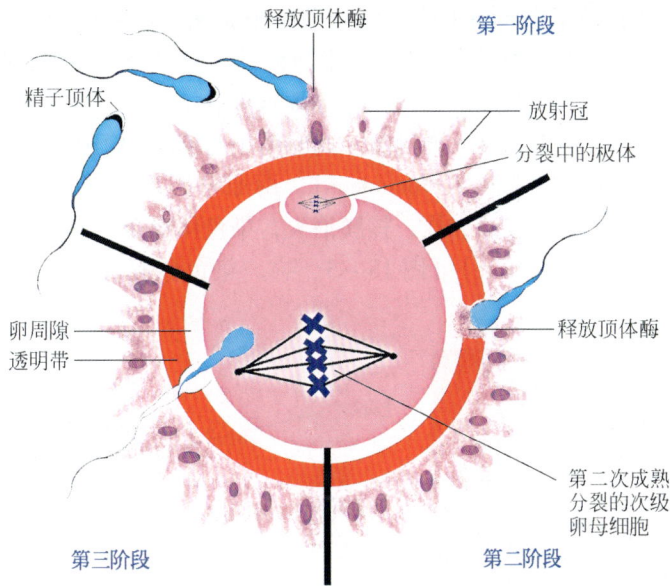

图 18-2 顶体反应示意图

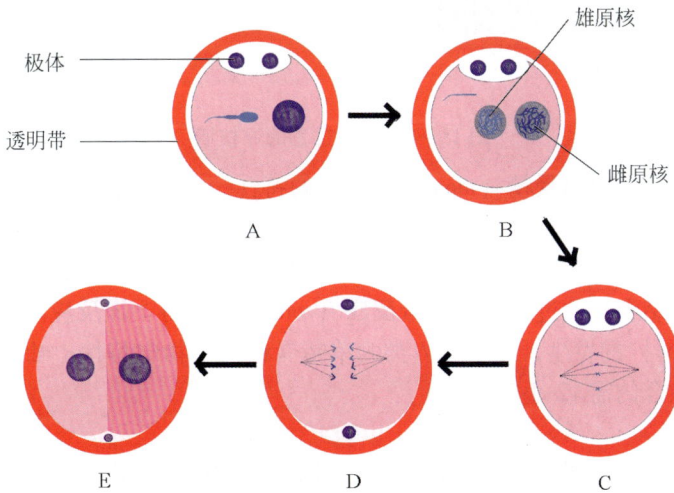

极体

雄原核

透明带

雌原核

A B C

E D

图 18-3 受精过程示意图

A 精子入卵，启动卵的第二次减数分裂 B 雄原核、雌原核形成
C 核膜消失，受精卵形成 D 进行第一次卵裂 E 二细胞期

体参与。精子表面存在抗原，其与透明带上的精子受体（糖蛋白分子）ZP3 相互识别，并特异性结合。在顶体素的消化作用下，精子分解、穿越透明带进入卵周隙，精子头部与卵细胞膜相接触（图 18-2）。精子因其顶体膜结构改变而释放顶体酶，溶蚀、穿越卵丘、放射冠和透明带的过程称**顶体反应**（acrosome reaction）（图 18-2）。精子穿越卵丘和放射冠为自发顶体反应；而精子穿越透明带引起的顶体反应，是由透明带 ZP3 上的多肽链参与而引发，故为诱导顶体反应。

（3）受精卵形成：精子头部细胞膜与卵子细胞膜紧贴并相互融合，精子的细胞核及胞质进入卵内，精子与卵子的细胞膜合二为一（图18-2、3）。精、卵细胞膜的融合没有严格的种属特异性。在精子穿入的激发下，次级卵母细胞完成了第二次减数分裂，形成一个成熟的卵子和一个第二极体，后者则进入卵周隙。此时精子与卵子的细胞核分别膨大形成**雄原核**（male pronucleus）和**雌原核**（female pronucleus），两原核同步发育，DNA开始复制。在细胞骨架的作用下，雌、雄原核逐渐靠拢，核膜消失，染色体融合，形成二倍体细胞即**受精卵**（fertilized ovum）又称**合子**（zygote）（图18-3、4）。染色体混合标志着精卵结合，受精过程完成。

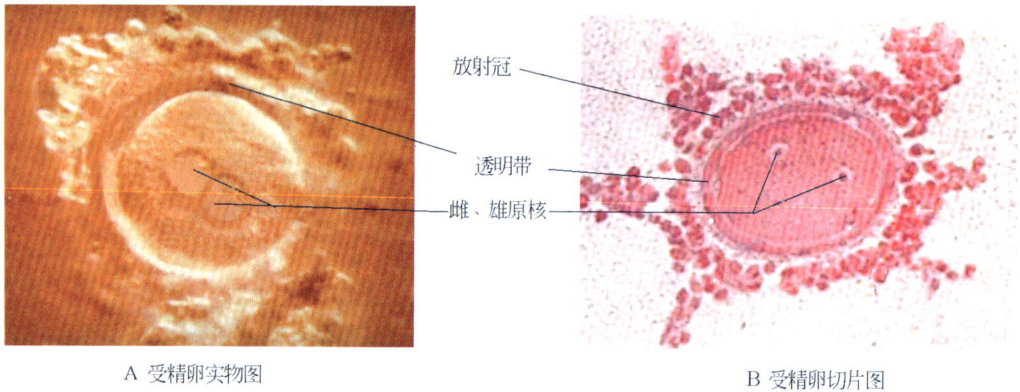

A 受精卵实物图   B 受精卵切片图

图18-4 受精过程的原核期

人类受精过程遵循**单精受精**（monospermy）的特性，单精受精通过皮质反应和透明带反应来实现。精、卵细胞膜融合，可激发卵细胞胞质外层的皮质颗粒释放其内容物入卵周隙，称**皮质反应**（cortical reaction）。释入卵周隙的酶水解ZP3，使透明带上的ZP3结构发生改变，不能再与精子结合，此过程称**透明带反应**（zona reaction）。该反应阻止了多精入卵和**多精受精**（polyspermy）的发生，保证了人类为单精受精的生物学特性。哺乳类动物由精卵开始结合到染色体融合约需12小时。

2. 受精的意义

（1）形成新个体：受精是新生命的开端，使代谢缓慢的卵子转入代谢旺盛的受精卵阶段，细胞的合成及代谢加快，受精卵不断分裂、分化，形成新个体。

（2）恢复二倍体核型：受精可保证染色体数目的稳定性和遗传的延续性。受精卵恢复二倍体核型；并因双亲遗传基因的重新组合，使新个体既具有双亲的遗传特性又具有与亲代不同的遗传特性，保证了物种的繁衍。

（3）决定遗传性别：精子带有的性染色体决定了新个体的遗传性别（图18-1）。当带有Y染色体的精子与卵子结合，则发育形成男性（46，XY）。反之，发育为女性（46，XX）。

3. 受精的条件

（1）精液的质量：精液由精子和精浆共同组成，呈乳白色，不透明。精液中含大量的果糖、酸性磷酸酶、前列腺素等物质，对精子的生存和活动起重要作用。酸性磷酸酶常作为法医鉴定精液的敏感指标。

正常成年男性每次射出的精液量通常为 2 ~ 6ml 左右。每毫升精液内，精子数量少于 2000 万个者，可造成不育；少于 500 万个者几乎不可能受精；若精子质量差，如死精子或活动力差的精子超过 30%，小头、大头、双尾、双头等畸形精子的数量超过 20% ~ 30%，卵细胞发育不正常或不排卵，均可影响受精，甚至导致不育或畸形。

（2）受精的时限：精子与卵子必须在一定时限内相遇。精子在女性生殖管道内的受精能力可维持 24 小时；而卵子与精子的结合能力仅为 12 小时，以后丧失受精能力而退化。

（3）生殖管道的畅通：若生殖管道受阻（输卵管炎、输卵管粘连等），即使有高质量的生殖细胞，也不可能相遇而实现受精。

（4）激素水平：性激素不仅对生殖细胞的发生、发育起重要作用，而且对其在生殖管道中的运输，起重要的调节和维持作用。

临床上依上述受精条件为理论根据，设计多种避孕方法，均可达到避孕或绝育的目的。如避孕药、“安全期”避孕、避孕工具（子宫帽、子宫隔膜、避孕套等）、输卵管与输精管粘堵或结扎等。

二、人胚早期发生

受精卵在受精第 1 ~ 8 周内的发育、分化及演变过程称人胚早期发生。人胚早期发生是胚胎发育的关键时期，也是各器官原基形成时期。人胚早期发生包括卵裂、胚泡形成、植入、三胚层形成与分化等过程。

（一）卵裂与胚泡形成

1. 卵裂　卵裂（cleavage）指受精卵早期的有丝分裂。受精卵经输卵管向子宫方向运行的同时迅速进行卵裂（图 18 - 5）。受精后 30 小时，开始第一次卵裂，这是受精成功的最重要标志。卵裂形成的子细胞称卵裂球（blastomere），为球形，呈晶莹半透明状态。早期卵裂球具有全能发育的潜能。

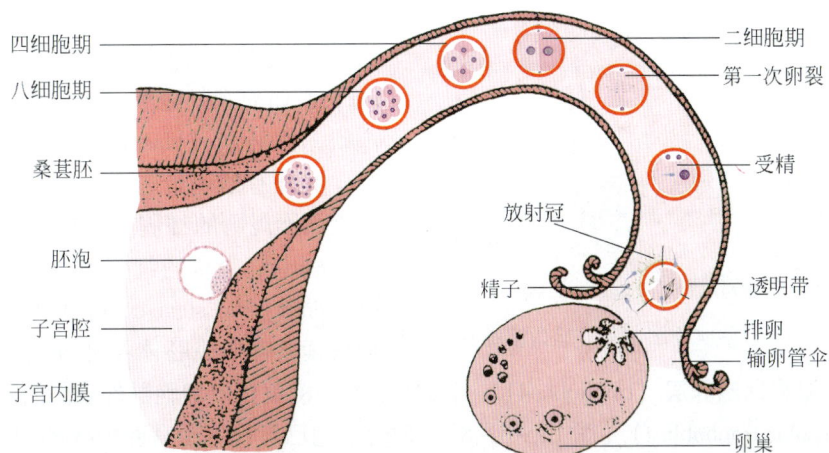

图 18 - 5　排卵、受精与卵裂过程示意图

（1）卵裂的过程：卵裂开始于第一次有丝分裂，完成于胚泡形成。第一次卵裂形成的两个卵裂球，形态相似，大小不等，称为二细胞期。其中大卵裂球首先分裂，形成三细胞期；继而小卵裂球分裂，形成四细胞期，依此类推。受精第3天，卵裂球数目达12～16个，其外观似桑葚，故称桑葚胚（morula），并由输卵管运行到子宫与输卵管交界处的子宫腔侧。此时的桑葚胚为实心胚（图18-5、6）。卵裂始终在透明带中进行，随着卵裂次数及卵裂球数目的增加，卵裂球的体积越来越小，各卵裂球间胞质成分差异越来越大，这种分化差异对胚胎的早期发育分化有很大的影响，也是卵裂与一般有丝分裂的不同之处。

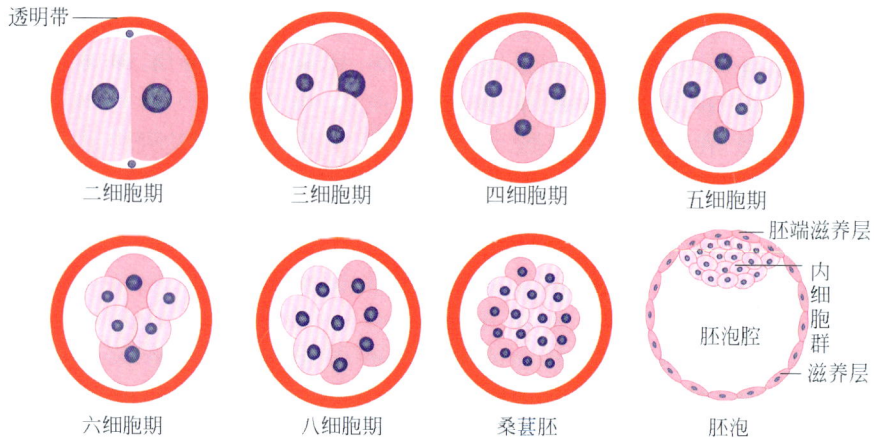

图18-6 卵裂及胚泡形成示意图

（2）卵裂异常：若卵裂的速率和卵裂球的结构出现异常，则影响胚胎的正常发育过程，甚至引起流产或胚胎夭折。卵裂的异常多发生在体外培养的过程中。

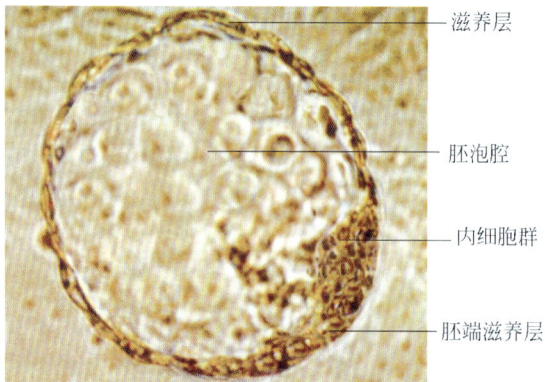

图18-7 人胚泡实物图（相差显微镜观察）

2.胚泡形成 受精第4～5天时，卵裂球数目已增至100个左右，细胞分化更加明显，细胞间出现一些间隙，且渐汇合为一个大腔，称胚泡腔（blastocyst cavity），腔内充满胚泡液，此期的胚外观呈囊泡状，称胚泡（blastocyst）（图18-5～7），其外有透明带包绕。胚泡腔一侧有一群大而不规则的细胞，称内细胞群（inner cell mass），又称内细胞团，属于胚胎干细胞（embryonic stem cells，ESCs）；内细胞群继续发育形成胚体及部分胎膜。构成胚泡壁的单层细胞称滋养层（trophoblast），可吸收营养。覆盖在内细胞群外表面的滋养层称胚端滋养层（polar trophoblast）（图18-6～8）。此时胚泡已运行到子宫腔中（图18-5）。

（二）植入

胚泡侵入子宫内膜的过程称植入（implantation）又称着床（imbed）（图18-8）。植入开始于受精第 5 ~ 6 天，完成于第 11 ~ 12 天，植入部位常发生在子宫体部或底部，最常见于子宫后壁中上部（图 18 - 9）。

1. 植入过程 植入过程是在机体神经 - 内分泌的调节下，依靠胚泡与母体子宫内膜的相互协同作用而完成的。

（1）胚胎方面：随着胚泡体积的增大，透明带渐变薄，到植入时，透明带已完全溶解消失。

胚泡侵入子宫内膜的过程包括：①黏附：胚端滋养层与子宫内膜首先接触，胚泡产生的层粘连蛋白及子宫内膜上的受体蛋白促使胚泡黏附于子宫内膜，并在黏附处形成桥粒等连接结构（图 18 - 8A）。②溶解：滋养层细胞分泌蛋白水解酶，将接触处的子宫内膜上皮溶解，形成缺口，胚泡由此侵入子宫内膜（图 18 - 8B）。③侵入：由缺口处侵入子宫内膜的胚泡，至第 9 天末已全部埋于子宫内膜功能层内（图 18 - 8C）。④修复：植入口由其周围的子宫内膜组织增生修复，约第 12 天植入完成（图 18 - 8D）。

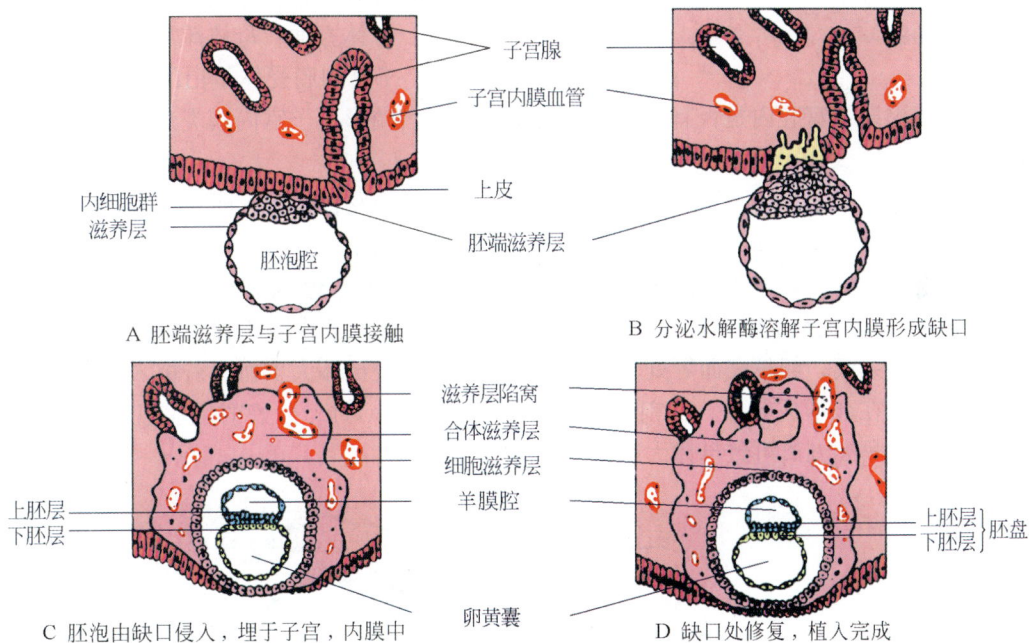

图 18 - 8 胚泡植入过程示意图

植入的同时伴随着滋养层分化，由胚端滋养层细胞开始迅速增生、分化为两层（图 18 - 8C）。外层为**合体滋养层**（syncytiotrophoblast），较厚，其细胞相互融合，无分裂能力；内层为**细胞滋养层**（cytotrophoblast），细胞界限清晰，细胞分裂旺盛，并不断有细胞融入合体滋养层。植入结束时，滋养层全部分化为细胞滋养层和合体滋养层并增厚。合体滋养层内出现了一些小腔隙，称**滋养层陷窝**（trophoblastic lucuna），内含母体血液（图 18 - 8C、D）。

（2）母体方面：处于分泌期的子宫内膜，植入后进一步增厚，腺体分泌更旺盛，血液供应更丰富，基质细胞体积更大，子宫内膜的这一系列变化称**蜕膜反应**（decidual reaction），此时的子宫内膜改称**蜕膜**（decidua）。蜕膜中的基质细胞改称**蜕膜细胞**（decidual cell），可营养早期胚胎，并可阻止滋养层细胞对子宫内膜的过度溶蚀。

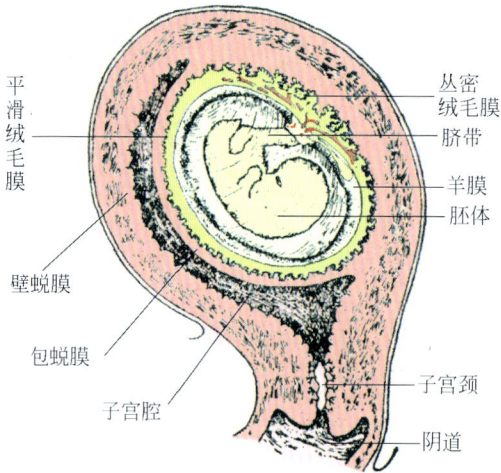

图 18-9　胚胎与子宫蜕膜的关系

依据蜕膜与胚泡的位置关系，通常将蜕膜分为三部分（图 18-9）：①**包蜕膜**（decidua capsularis）指覆盖在胚泡表面的蜕膜。②**底蜕膜**（decidua basalis）又称基蜕膜，指胚泡植入处底部的蜕膜，将来发育为胎盘的母体部分。③**壁蜕膜**（decidua parietalis）指子宫其余部分的蜕膜。随着胚胎体积的增大，子宫腔渐消失，包蜕膜与壁蜕膜渐融合为一层，且退化变薄。

2. 植入的条件　植入受多种因素的影响和调控，其复杂的形成机制至今尚不完全清楚，但胚泡与子宫内膜的同步发育、子宫腔正常内环境的维持等是植入所必备的条件。

（1）母体方面：母体雌激素与孕激素的分泌水平、子宫内膜受体蛋白的情况、子宫内膜是否处于分泌期、宫腔内是否有异物或药物干扰、子宫畸形、子宫内膜炎症等均可影响胚泡的植入。

（2）胚胎方面：桑葚胚是否及时进入子宫腔、胚胎发育情况、透明带能否及时消失、层粘连蛋白和蛋白水解酶的分泌及活性等均可影响胚泡的植入。

3. 异常植入　**宫外孕**（ectopic pregnancy）是指胚泡植入在子宫以外的部位（图 18-10），约占妊娠数的 1/500～1/300。最常见于输卵管，又称输卵管妊娠；也可发生于子宫阔韧带、肠系膜、卵巢表面等处，易致胚胎早期死亡或母体大出血。若植入发生在近子宫颈内口处，并在此形成胎盘，称**前置胎盘**（placenta praevia），分娩时因胎盘堵塞产道可致难产；若胎盘早期剥离可致母体大出血，甚至危及生命。

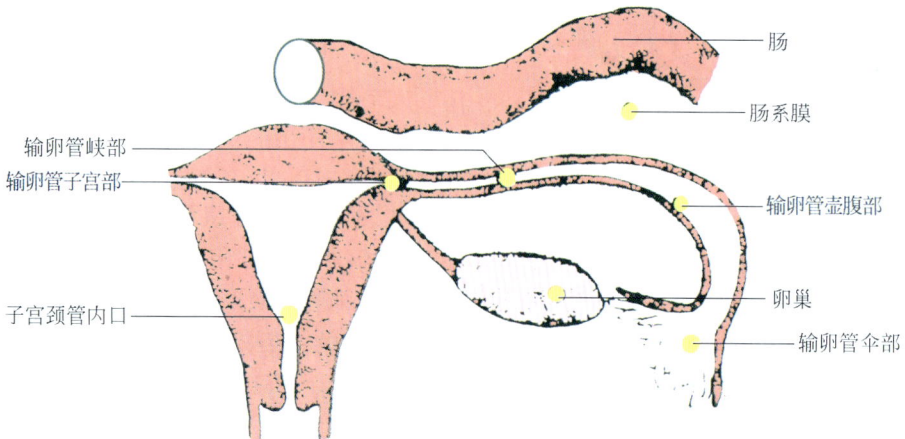

图 18-10　异常植入

（三）胚层的形成

二胚层胚盘形成于胚胎发育的第 2 周，是由上胚层和下胚层构成的圆盘状细胞盘，又称**胚盘**（embryonic disc）（图 18-11）；三胚层胚盘形成于胚胎发育的第 3 周，由内胚层、中胚层和外胚层共同构成，呈鞋底状（图 18-12）。

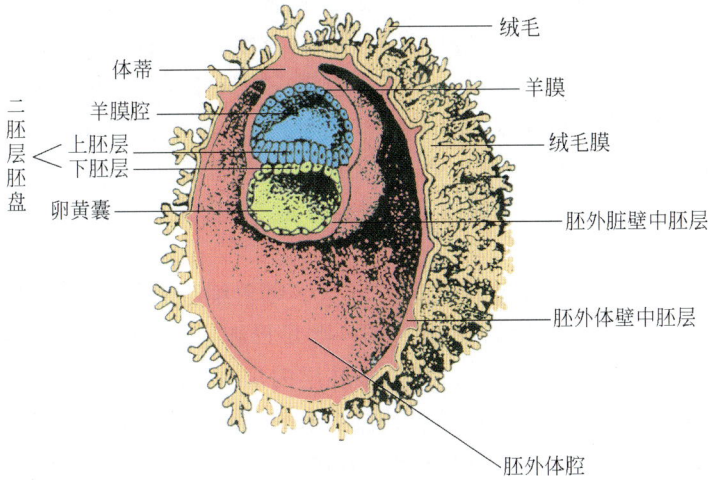

图 18-11　第 2 周胚的立体模式图

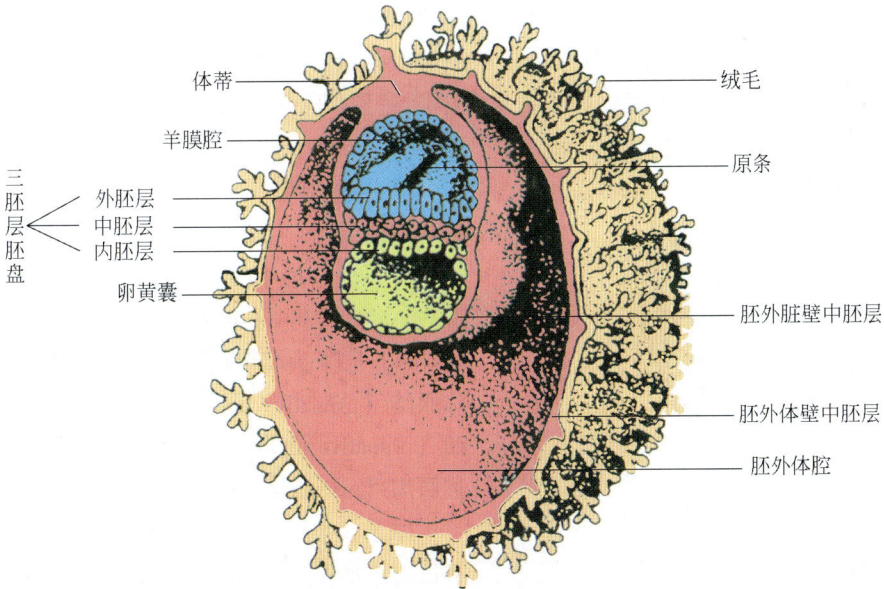

图 18-12　第 3 周初胚的立体模式图

1. 二胚层胚盘及相关结构的形成

（1）二胚层胚盘的形成：胚胎发育的第 2 周初，内细胞群细胞不断增殖分化，近胚泡腔侧的内细胞群细胞，形成一层较小的立方形细胞，称**下胚层**（hypoblast）又称**初级内胚层**（primary endoderm）；近胚端滋养层侧的细胞，则演变成一层较大的柱状细胞，称**上胚层**

（epiblast）又称**初级外胚层**（primary ectoderm）（图 18 - 8C、D）。现认为上胚层来源于内细胞群中央的非极性细胞，下胚层来源于内细胞群外周的极性细胞。第 2 周末，由上、下胚层紧密相贴，中间隔有基膜，形成圆形的胚盘称**二胚层胚盘**（bilaminar germ disc）（图 18 - 11）。二胚层胚盘为胚胎发育的原基，决定了胚胎的背、腹面，上胚层侧为背面，下胚层侧为腹面。

（2）羊膜囊的形成：受精后第 8 天，上胚层细胞之间出现腔隙并渐扩大，形成**羊膜腔**（amniotic cavity）（图 18 - 8、11），腔内充满液体称**羊水**（amniotic fluid）。羊膜腔底部由上胚层构成，周围及顶部由一层扁平的羊膜细胞包绕，构成**羊膜**（amniotic membrane）；两者环绕羊膜腔形成的囊，称**羊膜囊**（amnion）。

（3）卵黄囊的形成：受精后第 9 天，下胚层细胞迅速增殖，周边部分的细胞向腹侧延伸，形成由单一层扁平上皮围绕形成的另一封闭的囊，称**卵黄囊**（yolk sac），其顶部由下胚层构成（图 18 - 8、11）。

（4）胚外中胚层的形成：受精后第 10 ~ 11 天，随着细胞滋养层的增殖，在羊膜囊、卵黄囊与细胞滋养层之间的胚泡腔内，渐填充有一些星形细胞，形成**胚外中胚层**（extraembryonic mesoderm）。受精后第 12 ~ 13 天，胚外中胚层内出现一些腔隙，并渐融合形成一个大腔，**称胚外体腔**（extraembryonic cavity），其发生来源至今无定论。胚外体腔将胚外中胚层分成内、外两层，内层贴附于卵黄囊外表面，称胚外脏壁中胚层；外层覆盖于细胞滋养层内表面和羊膜囊的外表面，称胚外体壁中胚层（图 18 - 11、12）。

（5）体蒂的形成：由于胚外体腔的扩大，第 2 周末，羊膜与滋养层连接处的胚外中胚层渐缩窄至胚盘尾侧，缩窄的胚外中胚层组织形似蒂状，称**体蒂**（body stalk）（图 18 - 11、12、14A）。体蒂将二胚层胚盘及其卵黄囊和羊膜囊悬吊于胚外体腔内，是连接胚体和绒毛膜的唯一系带，将参与脐带的形成。

2. 三胚层胚盘及相关结构的形成

（1）原条、原结、原沟的形成：第 3 周初，二胚层胚盘一端中线处的上胚层细胞迅速增殖，形成一条纵行的细胞索，称**原条**（primative streak）；原条头端细胞增生膨大，密集呈结节状，称**原结**（primative node），原结中央凹陷，称**原凹**（primative pit）；原条的背侧中线出现一浅沟，称**原沟**（primative groove）（图18 - 13、14）。

原条是胚盘分化的核心组织，原条的出现不仅对内胚层、中胚层的形成有重要意义，而且决定了胚盘的头、尾端和左、右侧，原条形成的一端即胚盘（胚体）的尾端。随着胚体的生长发育，原条渐向尾侧退缩；受精后第 13 天，原条长度约为胚体长度的 1/2，到第 22 天时，原条缩短为胚体长度的 1/10 ~ 1/5，直至第 26 天时，原条全部退化、消失。**畸胎瘤**（teratoma）

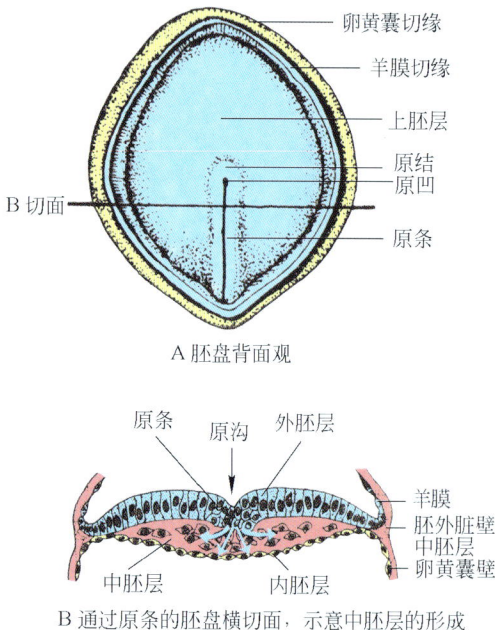

A 胚盘背面观

B 通过原条的胚盘横切面，示意中胚层的形成

图 18 - 13　原条及中胚层形成示意图

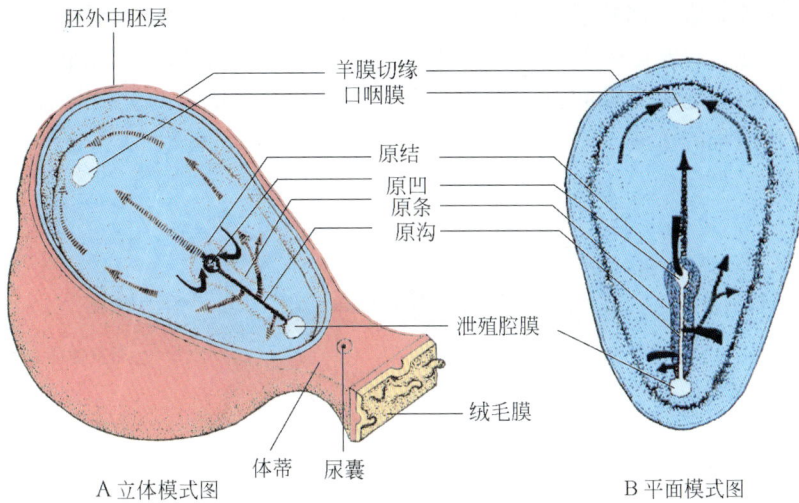

图中标注（从上到下、从左到右）：
胚外中胚层　羊膜切缘　口咽膜　原结　原凹　原条　原沟　泄殖腔膜　绒毛膜　体蒂　尿囊

A 立体模式图　　　　　B 平面模式图

图 18-14　原条、脊索及胚内中胚层细胞迁移示意图（背面观）

即为残留的原条细胞分化形成的囊性肿瘤，由多种组织构成，多生长在人体的骶尾部、生殖腺等部位。

（2）三胚层胚盘的形成：上胚层细胞继续增殖，并向原沟迁移，从原沟下嵌入原条深部的上、下胚层之间向周边迁移（图 18-13B、14）；其中一部分细胞在上、下胚层之间形成一层新的细胞层，称**胚内中胚层**（intraembryonic mesoderm），即**中胚层**（mesoderm）；另一部分细胞迁移到下胚层并逐渐替换了其内全部的细胞，形成一全新的细胞层称**内胚层**（endoderm）。

中胚层向周边延伸达胚盘边缘，与胚外中胚层相延续（图 18-13B）。内胚层和中胚层形成后，上胚层细胞改称**外胚层**（ectoderm）（图 18-12、13、15）。至第 3 周末，均起源于上胚层的内、中、外三个胚层共同构成**三胚层胚盘**（trilaminar germ disc）（图 18-12）。人体的各种细胞、组织、器官均由此演变而来。因胚盘头尾生长速度比左右快，且头端又快于尾端，故三胚层胚盘外形呈前宽后窄的鞋底形（图 18-15）。

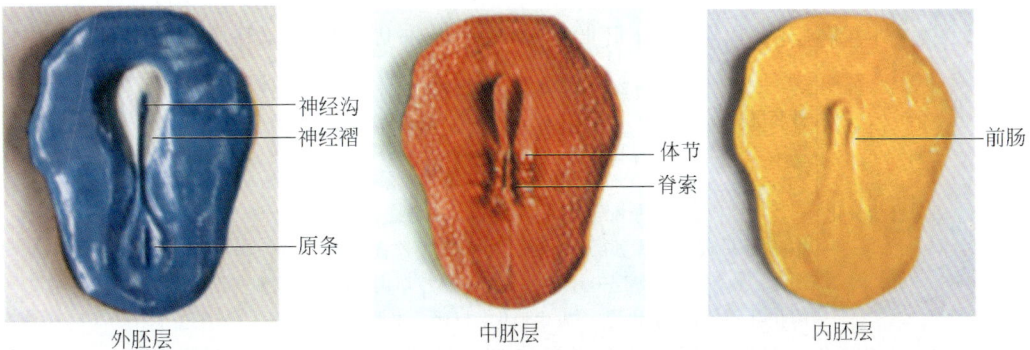

图中标注：神经沟　神经褶　原条（外胚层）；体节　脊索（中胚层）；前肠（内胚层）

图 18-15　三胚层胚盘模式图

（3）脊索的形成：原结细胞经原凹内卷向头端迁移，在内、外胚层间增生形成一个细胞柱，称**头突**（head process），又称脊索突，以后发育为一纵行细胞管称脊索管，最终在其背侧壁形成一条细胞索，称**脊索**（notochord）（图18－16～18）。随着胚体的生长和脊索向头端延伸生长迅速，脊索逐渐占据胚盘中轴的大部分，而原条相对向尾端缩短。脊索为暂时性中轴器官，虽以后退化为椎间盘的髓核，但它对神经管和椎体的发生起着重要的诱导作用，是生物进化过程的重演。

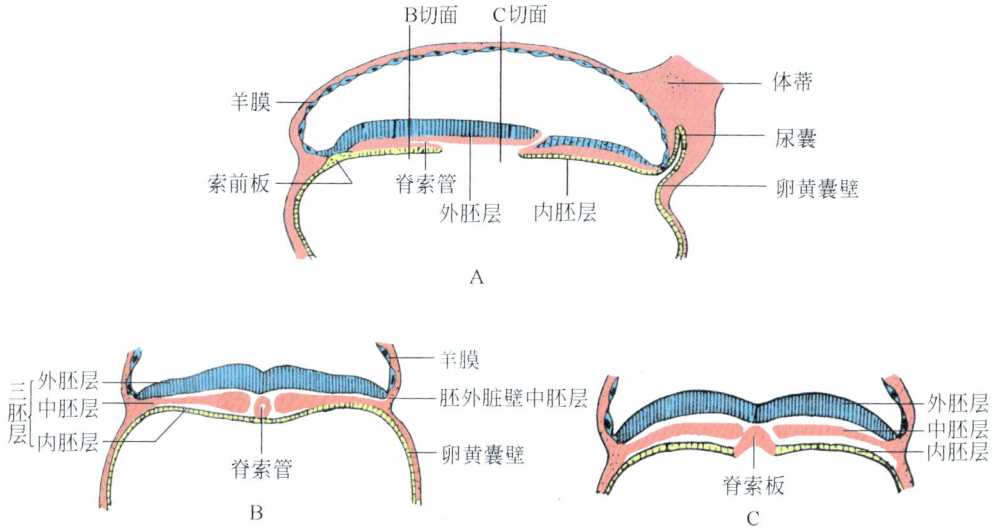

图18－16　脊索形成模式图

A 胚体纵切面　B、C 胚体横切面

（4）口咽膜、泄殖腔膜的形成：胚内中胚层在迁移中，于脊索头侧和原条尾侧端，各留下一个无中胚层的圆形区域，此处内胚层细胞增高且排列紧密与外胚层直接相贴呈膜状，位于脊索头侧的称**口咽膜**（buccopharyngeal membrane）；位于原条尾侧的称**泄殖腔膜**（cloacal membrane）（图18－14、17）。位于口咽膜头侧的中胚层，称**生心区**（cardiogenic area）或**生心板**（cardiogenic plate），将来发生为心脏。

（四）三胚层的分化

内、中、外三胚层的分化发生于胚胎发育的第4～8周，三胚层分化过程表示如下：

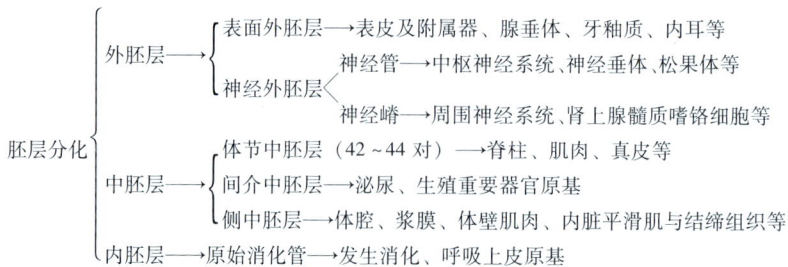

$$
\text{胚层分化}\begin{cases}
\text{外胚层}\longrightarrow\begin{cases}\text{表面外胚层}\longrightarrow\text{表皮及附属器、腺垂体、牙釉质、内耳等}\\\text{神经外胚层}\begin{cases}\text{神经管}\longrightarrow\text{中枢神经系统、神经垂体、松果体等}\\\text{神经嵴}\longrightarrow\text{周围神经系统、肾上腺髓质嗜铬细胞等}\end{cases}\end{cases}\\
\text{中胚层}\longrightarrow\begin{cases}\text{体节中胚层（42～44对）}\longrightarrow\text{脊柱、肌肉、真皮等}\\\text{间介中胚层}\longrightarrow\text{泌尿、生殖重要器官原基}\\\text{侧中胚层}\longrightarrow\text{体腔、浆膜、体壁肌肉、内脏平滑肌与结缔组织等}\end{cases}\\
\text{内胚层}\longrightarrow\text{原始消化管}\longrightarrow\text{发生消化、呼吸上皮原基}
\end{cases}
$$

1. 外胚层的分化　外胚层的分化包括神经管、神经嵴和表面外胚层的形成。

（1）神经管的形成：胚发育到第3周，在头突和脊索的诱导下，脊索背侧中线处的外胚层细胞增生呈板状，称**神经板**（neural plate）（图18－17）。构成神经板的外胚层细胞为假复层柱状，称**神经外胚层**（neural ectoderm），又称**神经上皮**（neural epithelium）。神经板沿长轴中线向中胚

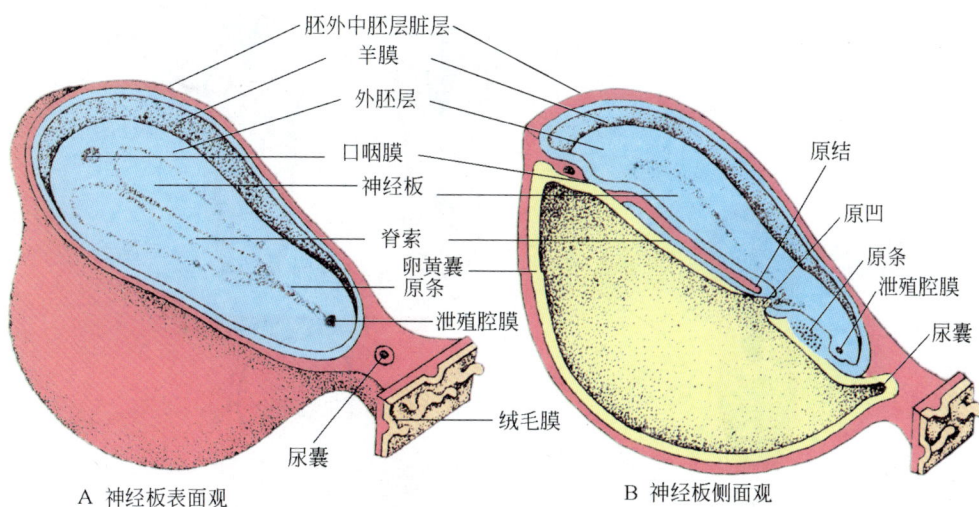

A 神经板表面观　　　　　　　　　　B 神经板侧面观

图 18 – 17　神经板形成模式图

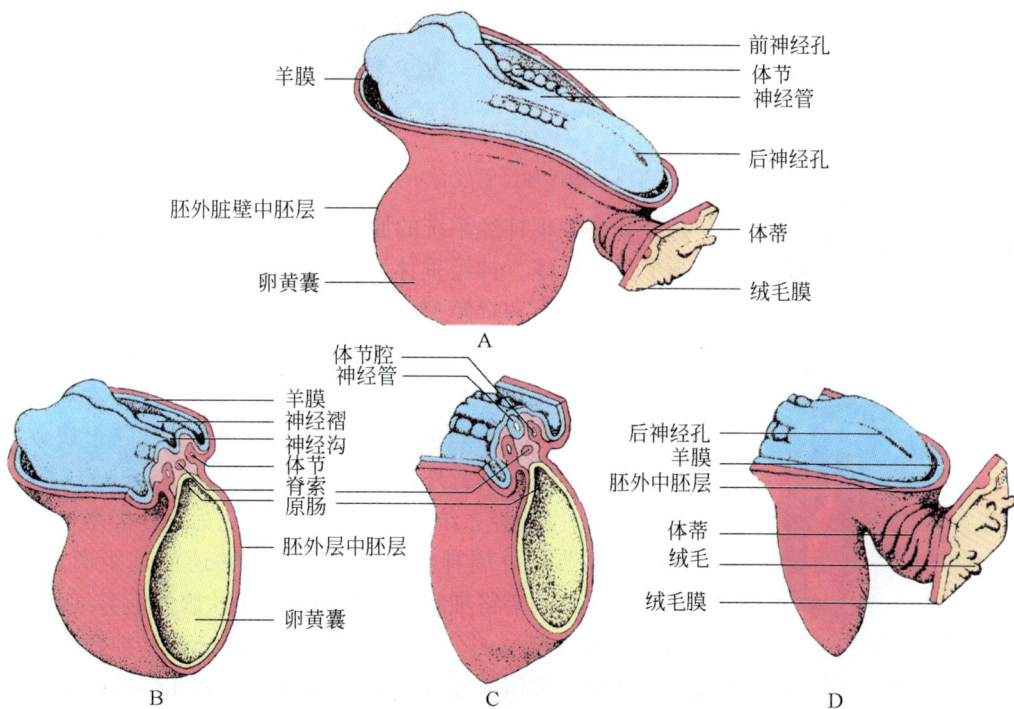

A

图 18 – 18　神经管、体节及与原肠形成模式图

A 表面观　B、C、D 剖面观

层方向下陷，形成**神经沟**（neural groove），沟两侧隆起处称**神经褶**（neural fold）（图 18 – 18B、19）。随之，神经沟在中段（约第 4 体节平面）开始闭合，且向头、尾两段延续，逐渐形成了**神经管**（neural tube）（图 18 – 18 ~ 22）。神经管头、尾端未闭合处，分别称**前神经孔**（anterior neuropore）和**后神经孔**（posterior neuropore），至胚胎发育第 4 周末，前、后神经孔封闭。

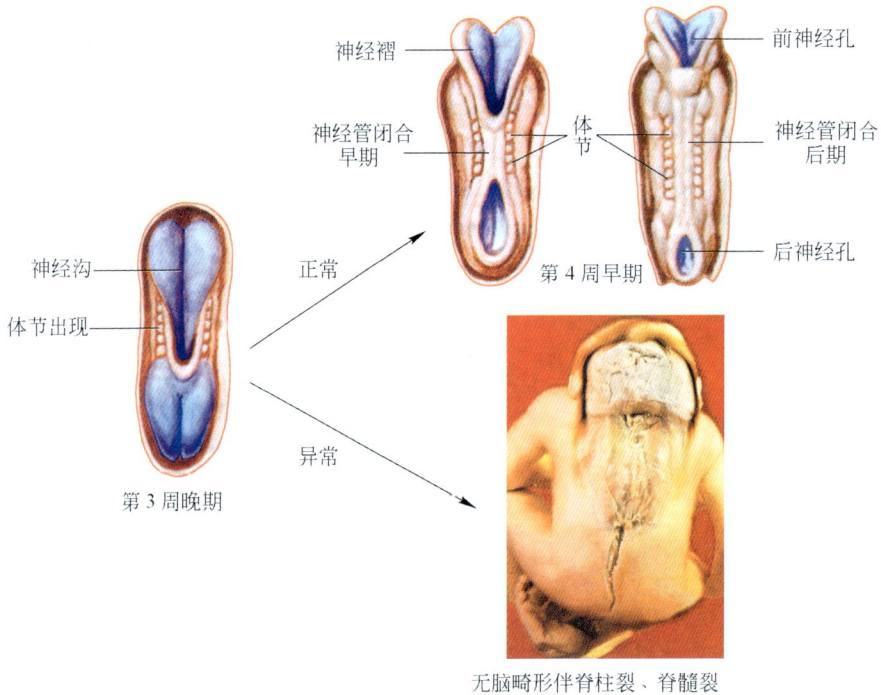

神经褶

神经管闭合早期

正常

第4周早期

前神经孔

神经管闭合后期

后神经孔

神经沟

体节出现

异常

第3周晚期

体节

无脑畸形伴脊柱裂、脊髓裂

图18-19　神经管发育示意图

神经管是中枢神经系统的原基。其头端膨大，形成脑的原基，并参与形成松果体、神经垂体和视网膜等；其尾端较细，为脊髓的原基。无脑畸形和脊髓裂的形成，即为前、后神经孔未闭合的缘故（图18-19）。

（2）神经嵴的形成：在神经沟闭合过程中，神经板外侧缘的部分细胞迁移至神经管背侧，形成一纵行细胞索，并很快分为左右两条分列于神经管的背外侧，称**神经嵴**（neural crest）（图18-20、21），是周围神经系统的原基。此后分化为脑神经节、脊神经节、植物神经节和外周神经。此外，神经嵴还可远距离地迁移，形成肾上腺髓质的嗜铬细胞、黑素细胞、甲状腺滤泡旁细胞等。

（3）表面外胚层的分化：神经沟完全闭合后，神经管及神经嵴脱离外胚层，位居于表面外胚层的深面（图18-21、22）。表面外胚层将分化为表皮、毛发、指（趾）甲、汗腺、皮脂腺、口腔、肛门、鼻腔、乳腺的上皮及嗅上皮、味觉上皮、牙釉质、晶状体、内耳等（表18-1）。

2. 中胚层的分化　中胚层细胞增殖速度较快，在中轴线两侧由内向外依次分化成轴旁中胚层、间介中胚层、侧中胚层和间充质（图18-22～26）。

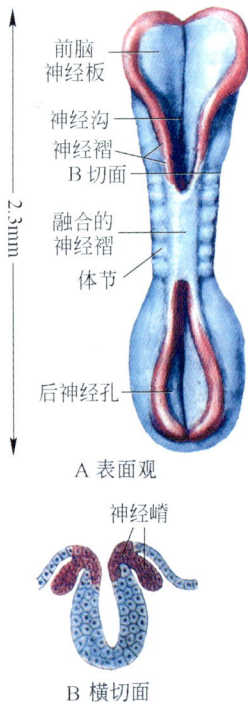

前脑神经板

神经沟

神经褶

B切面

融合的神经褶

体节

后神经孔

2.3mm

A　表面观

神经嵴

B　横切面

图18-20　神经嵴发生模式图

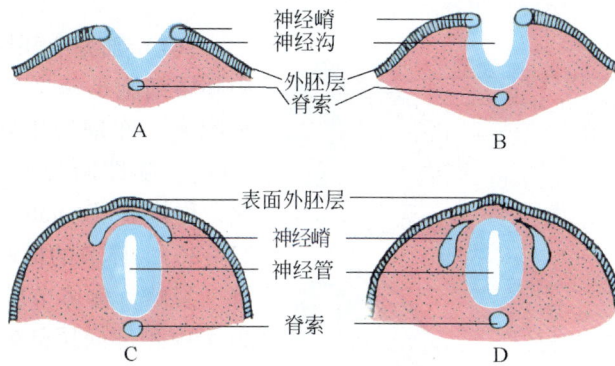

图 18 - 21　神经嵴发生示意图

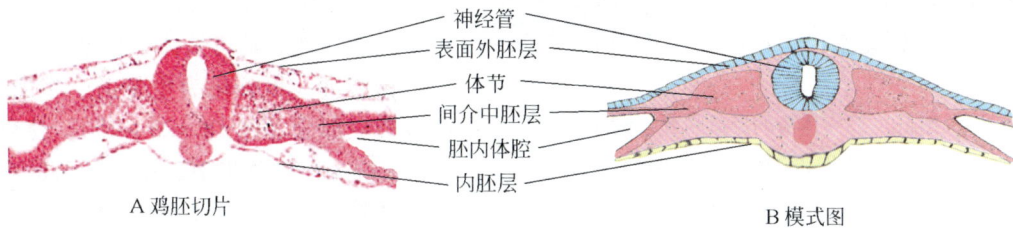

图 18 - 22　三胚层分化

表 18 - 1　三胚层分化的各种组织和器官一览表

外胚层	表皮、毛发、指甲、皮脂腺、汗腺上皮
	口腔黏膜、鼻腔和鼻旁窦黏膜上皮、牙釉质、味蕾、唾液腺、肛门上皮
	外耳道、鼓膜外层上皮、内耳膜迷路上皮、结合膜上皮、角膜、视网膜、晶体、瞳孔括约肌与开大肌、肌上皮细胞
	腺垂体、神经垂体、肾上腺髓质
	男性尿道末端上皮
	神经系统
	中胚层内胚层
中胚层	结缔组织、真皮、软骨、骨、骨膜、关节囊、肌腱
	骨骼肌、心肌、平滑肌
	血液、心脏、血管骨髓、脾、淋巴结、胸膜、腹膜、心包膜
	眼球纤维膜、血管膜、脑脊髓膜
	肾单位、集合小管、输尿管与膀胱三角区上皮
	睾丸、附睾、输精管、精囊腺的上皮
	卵巢、输卵管、子宫
	肾上腺皮质
内胚层	咽至直肠消化管各段的上皮、肝、胰、胆囊的上皮
	喉至肺各段的上皮
	中耳鼓室与咽鼓管的上皮、鼓膜内层上皮
	甲状腺、甲状旁腺、胸腺、扁桃体上皮
	女性尿道、男性尿道近端与膀胱的上皮
	前列腺与尿道球腺上皮
	阴道前庭及阴道上皮

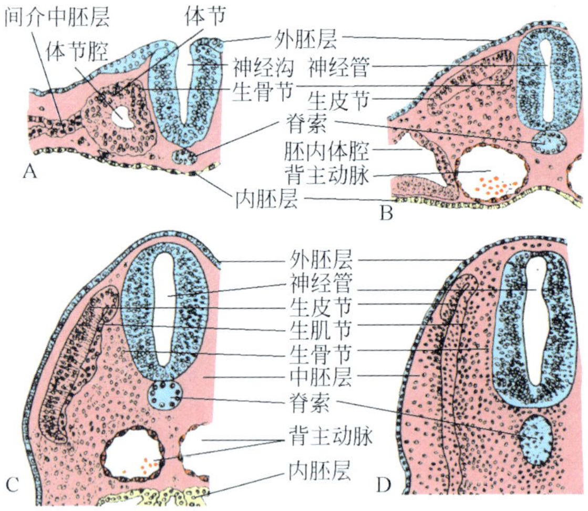

图 18 – 23 体节的形成和分化模式图
A、B、C、D 示分化过程

（1）轴旁中胚层：邻近脊索两侧的中胚层细胞迅速增殖，形成两条增厚的细胞索，称**轴旁中胚层**（paraxial meso-derm），随即断裂为左右对称的细胞团块，称**体节**（somite）（图 18 – 19、20、22 ~ 26）。体节的横断面呈三角形，中央有一裂隙，称体节腔。第一对体节于第 20 天由颈部向尾部依次出现，且胚的表面形成明显隆起。体节大约每天出现 3 对，至第 5 周末，体节全部形成，共 42 ~ 44对。因体节数目依胚龄的增长而增多，故早期胚龄可依体节数推测。

体节进一步分化为生骨节、生肌节、生皮节三部分（图 18 – 23、25）。**生骨节**（sclerotome）又称巩节，位于体节的内侧和腹侧部分，将分化为骨、软骨和纤维性结缔组织。**生皮节**（dermatome）位于体节的外侧，当分化出生肌节后，生皮节便迁出体节，分布于表面外胚层下方，形成真皮及皮下结缔组织。**生肌节**（myotome）位于生皮节的内侧，将分化为骨骼肌。

（2）间介中胚层：**间介中胚层**（intermediate mesoderm）位于轴旁中胚层外侧，呈条索状，将分化为泌尿系统和生殖系统的大部分器官和结构（图 18 – 22 ~ 25）。（详见第十九章泌尿系统、生殖系统发生）

（3）侧中胚层：**侧中胚层**（lateral mesoderm）位于间介中胚层外侧、胚盘的边缘，呈板状。侧中胚层内先出现许多小的腔隙，后融合为一个大腔，称**胚内体腔**（intraembryonic coe-lomic cavity），且与胚外体腔相通（图 18 – 24 ~ 26）。胚内体腔由头端至尾端依次分化为心包腔、胸膜腔和腹膜腔。胚内体腔将侧中胚层分隔成背侧的**体壁中胚层**（somatic mesoderm）和腹侧的**脏壁中胚层**（splanchnic mesoderm）；前者与外胚层相贴，与覆盖在羊膜囊上的胚外体壁中胚层相延续，参与体壁的形成；后者与内胚层相贴，与卵黄囊表面的胚外脏壁中胚层相延续，参与消化与呼吸系统的构成。

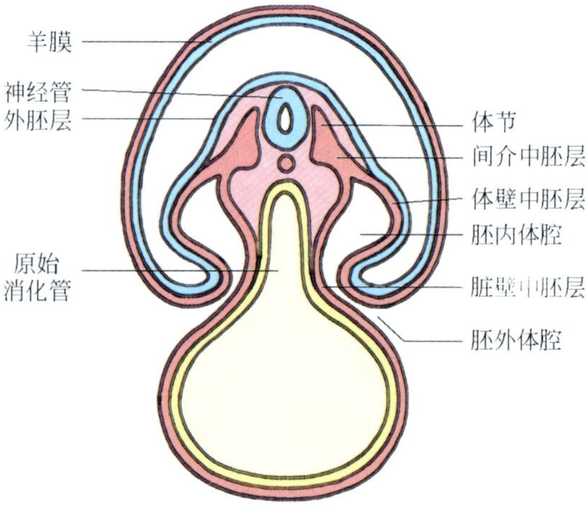

（4）间充质：其他散在分布的中胚层细胞，形成**间充质**（mesenchyme），分化为部分结缔组织、肌细胞、心、血管、淋巴管等（表 18 – 1）。

图 18 – 24 中胚层分化模式图（胚体横切面）

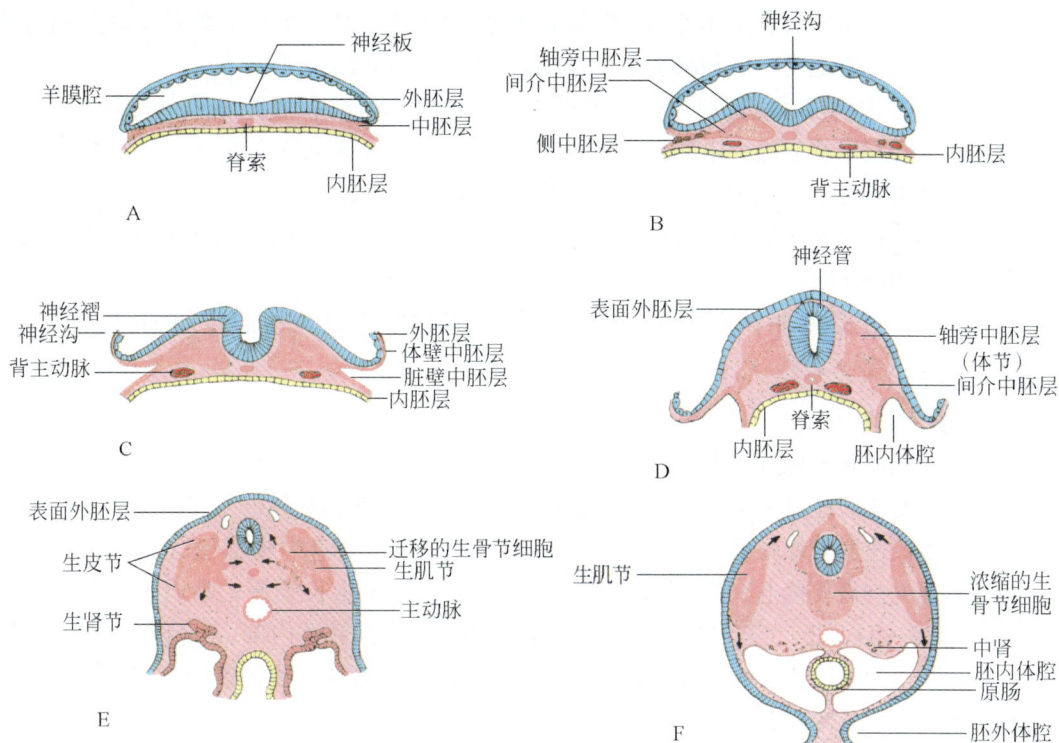

图 18 – 25　三胚层的分化及胚体外形变化模式图（胚体横切面）

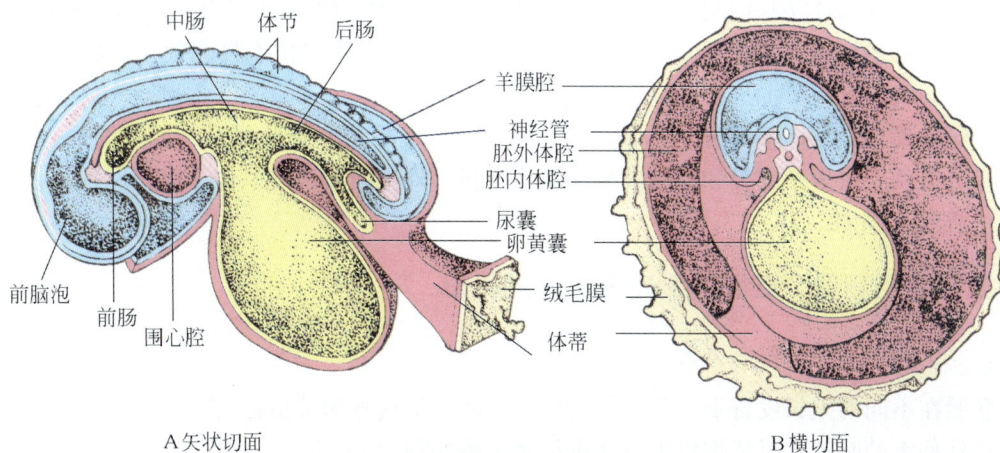

图 18 – 26　胚体外形及胚体内变化模式图

3. 内胚层的分化　内胚层分化为原始消化管、咽囊、尿囊和泄殖腔膜。

（1）原始消化管：由于胚盘由扁平状渐向腹侧卷折成圆柱状胚体，内胚层随之被卷入胚体内，呈长管状结构，称**原始消化管**（primitive gut）或称原肠（图 18 – 24 ~ 26）。原始消化管由头端到尾端依次分为前肠、中肠、后肠。前肠头端由口咽膜封闭，后肠尾端由泄殖腔膜封闭；中肠经卵黄蒂与卷出体外的卵黄囊相连通（图 18 - 24、26A）。原始消化管将分化为咽到直肠的消化管上皮、肝和胰的上皮及喉以下呼吸道和肺的上皮。

（2）咽囊：内胚层在咽部向两侧突出形成的五对囊状结构称**咽囊**（pharyngeal pouch），分别分化成中耳及甲状旁腺、甲状腺、胸腺等器官的上皮。（详见第十九章）

（3）尿囊和泄殖腔：膀胱、尿道、前列腺、尿道球腺等器官的结构均为尿生殖窦的衍化物，而尿生殖窦又是泄殖腔和尿囊的一部分（详见第十九章），因而这些器官的上皮均来自内胚层（表 18 - 1）。

三胚层的分化是胚胎发育的关键时期，将形成胚胎各组织和器官的主要结构（图 18 - 27）。

（五）胚体的形成

在三胚层形成和分化过程中，由于胚盘各部分器官系统的组建及生长速度不同，胚体外形也随之发生变化。胚盘由头大尾小的盘状逐渐卷折为圆柱状的胚体。

三胚层生长速度为外胚层生长最快，内胚层生长最慢；胚盘中轴部位（神经管和体节等）生长迅速并向背侧隆起，渐突向羊膜腔，胚盘边缘部位生长较慢，渐向腹侧包卷，形成侧褶（图 18 - 24 ~ 26）。三胚层胚盘的侧褶，使内胚层卷到胚体内部，外胚层包在胚体最外层，胚盘渐变为圆柱体。另外胚盘头尾方向的生长较左右侧快，使胚盘的头尾端向腹侧方向弯曲，形成头褶、尾褶，而且头端的脑和颜面部的形成速度又快于尾端，故形成头大尾小的"C"字形圆柱体（图 18 - 28）。

头褶使胚盘头端的生心区、口咽膜折到腹侧，生心区渐向口咽膜尾侧移动。尾褶使胚盘尾端的泄殖腔膜和体蒂移向腹侧（图 18 - 26A）。随着胚体的进一步发育，胚体腹侧的头褶、尾褶及左右两侧褶缘（即外胚层的边缘）渐靠拢，最终汇聚于胚体腹侧处，形成**原始脐带**（primitive umbilical cord）。

至第 8 周末，胚体颜面发生，眼、耳、鼻的原基已形成，眼睑张开，四肢明显，手指、足趾呈分节状，尿生殖窦膜和肛膜破裂，脐疝明显，外生殖器出现，但不能辨性别，胚体初具人的雏形（图 18 - 28）。

三、胚胎测量、胚胎龄测定及预产期推算

（一）胚胎测量方法及胎儿外形变化特征

胚胎在不同的生长发育期，其外形特征、长度、重量等测量指标均有区别。对流产、早产及意外伤害的胚胎，可依据以下方法进行胚胎龄的测定。

1. 胚胎各期测量方法　测量胚胎长度的常用指标有最大长度、坐高、立高、足长等（图 18 - 29）。

（1）最大长度：**最大长度**（greatest length，GL）又称全长，适用于测量 3 周之前的盘状胚，是早期胚的测量方法。

（2）顶臀长：**顶臀长**（crown - rump length，CRL）又称**坐高**（sitting height，CR），适用于测量 4 ~ 8 周的胚。由头部最高点量至臀部最低点；对颈曲明显的胚胎，可从颈部最高

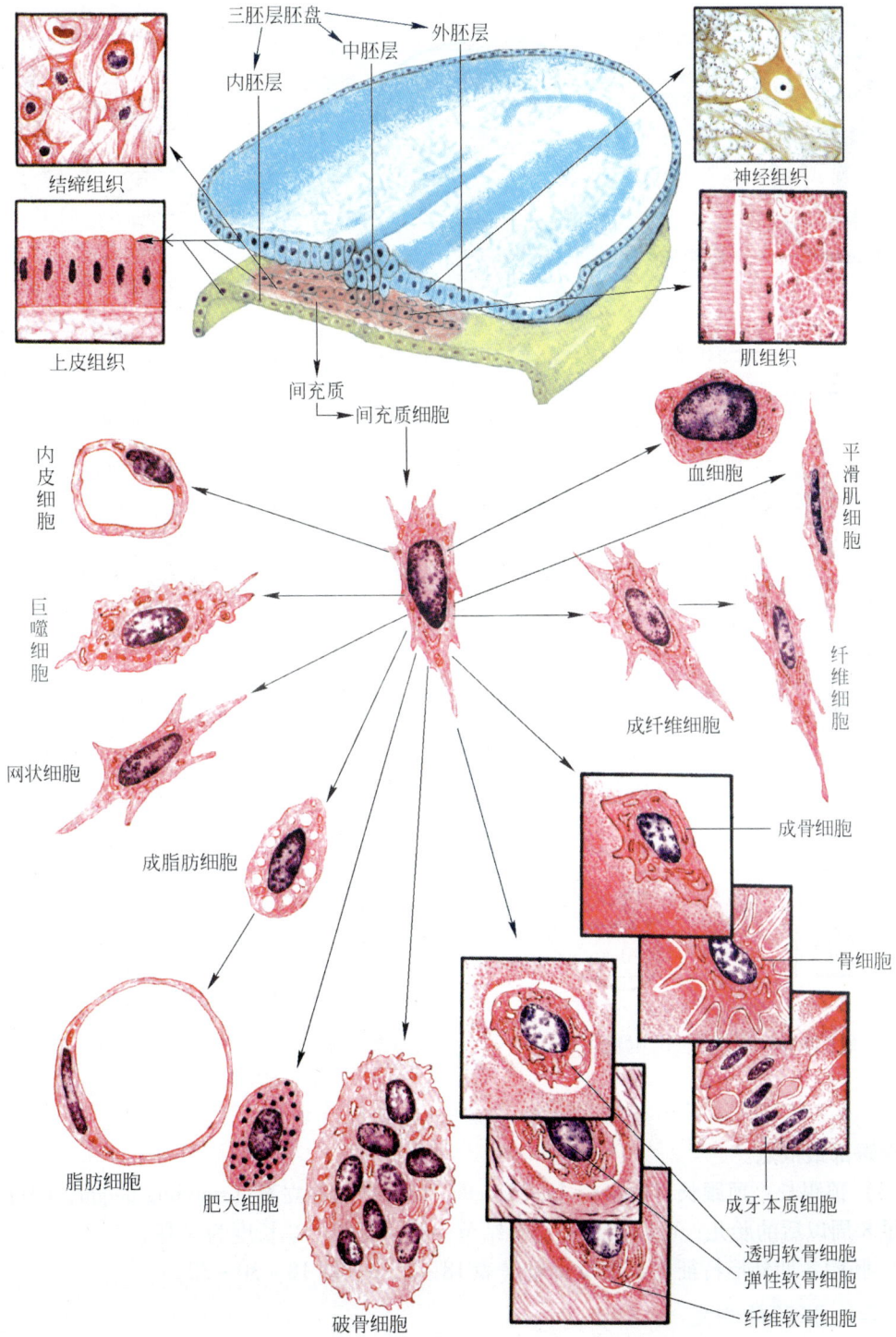

图 18-27　三胚层的分化模式图（3~5周）

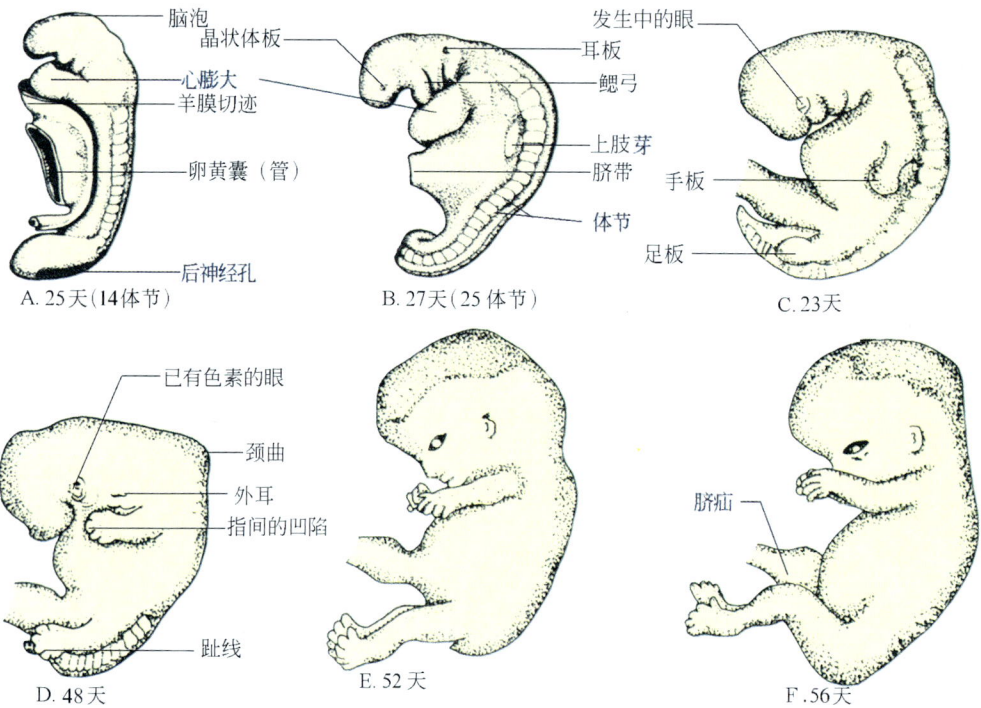

图 18 - 28 胚体外形的演变

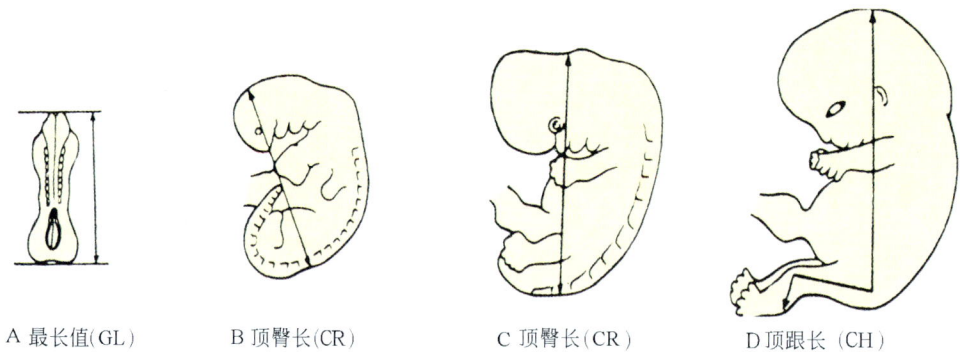

图 18 - 29 胚胎长度测量法示意图

点量至臀部最低点。

（3）顶跟长：**顶跟长**（crown - heel length，CHL）又称**立高**（standing height，CH），适于测量 8 周以后的胎儿；可以头顶→坐骨结节→膝→足跟的总长度为立高。

2. 胚胎各期外形特征、长度及重量（表 18 - 2、3，图 18 - 30 ~ 32）

（二）胚胎龄测定

关于胚胎龄的测定，通常以胚胎的外形特征、长度及重量作参照（表 18 - 2、3）。表中数据是观察、测量大量不同时期的胚胎标本归纳总结而来的。

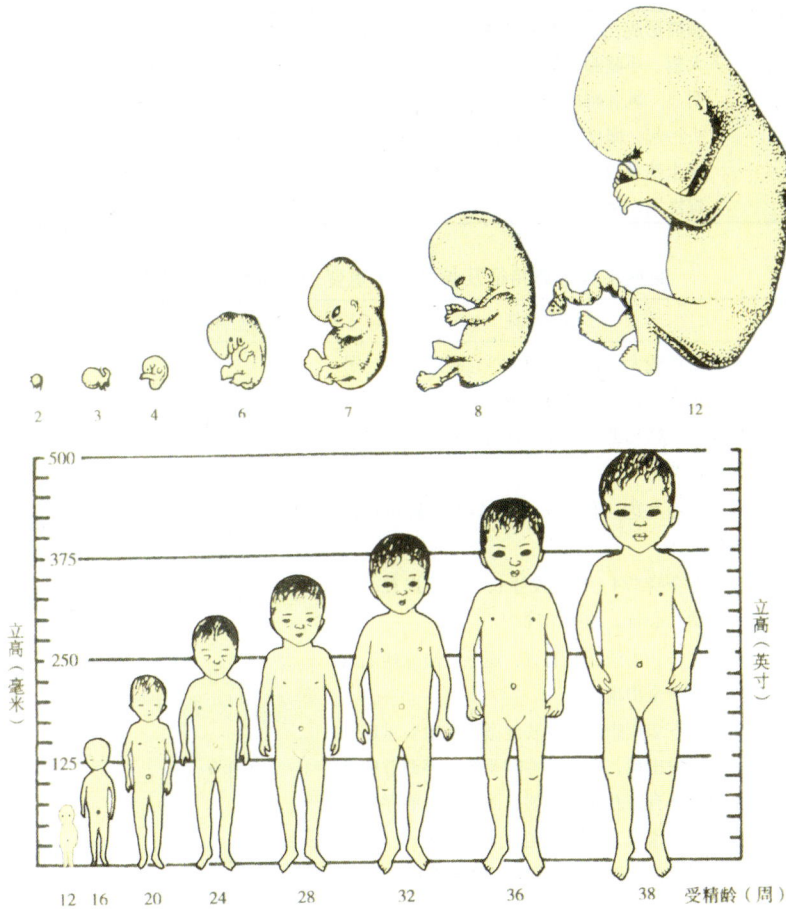

图 18-30 胚胎不同时期长度比例变化示意图

表 18-2　　　　　胚的体节、主要形态特征及长度变化与胚胎龄的对应关系

胚胎年龄（周）	形态特征	长度（mm）	体节（对）
第一周（卵裂期）	受精、卵裂、胚泡形成，植入开始		0
第二周（两胚层期）	植入完成，圆形两胚层胚盘形成，滋养层发育为绒毛膜	0.1~0.4　GL	0
第三周（三胚层期）	原条出现，鞋底形三胚层形成，脊索形成，神经板和神经嵴出现，体节出现	0.5~1.5　GL	1~4
第四周（体节期）	神经管形成，鳃弓1~3对，胚体为圆柱形，胚内原始循环系统建立，脐带、胎盘形成，视泡、听板出现	1.5~5.0　CR	4~29
第五周	胚体可分头（大）、尾，腹部、心、肝、中肾显出，肢芽明显，鳃弓5对，听泡、桨状上肢出现	4.0~8.0　CR	30~40
第六周	头部比例很大，前胸向左右扩大，眼泡发育成眼杯，上肢较下肢发达，耳廓突、脐疝出现	7.0~12.0　CR	

| 第七周 | 颜面形成，眼睑形成，视网膜色素明显，下肢开始分化出大腿、小腿和足等，上肢开始出现手指，体节消失，脐疝明显，乳腺嵴出现 | 10.0～21.0　CR |
| 第八周 | 头抬起，眼已形成，眼睑开放，耳廓出现，颜面具人形，尿生殖窦膜和肛膜破裂，脐疝仍存，外生殖器出现，尚难辨性别，尾消失 | 19.0～35.0　CR |

表 18 – 3　　　　　　胎期主要形态特征及长度、体重变化与胎龄的对应关系

胚胎年龄（月）	形态特征	坐高（mm）	立高（mm）	体重（g）
第三月	胎儿头部较大，约占全身 1/3，眼睑闭合，外阴可辨性别，骨化中心出现，颈明显，指甲开始发生，脐疝消失，神经反射出现，眼耳基本到位，性别可辨	87.0	101.0	45.0
第四月	肌肉神经发达，有胎动，耳竖起，/趾甲开始发生	140.0	167.0	200.0
第五月	头部占全身 1/4，有毛发生长，胎毛出现，可听到胎儿心音，胎脂出现	190.0	229.0	460
第六月	胎体瘦小，皮肤红有皱纹，眉毛、睑缘睫毛发生，指甲全出现	230.0	280.0	820
第七月	胎儿皮下积累脂肪，皮肤红微皱，眼睑重新打开，头发出现，呼吸、吞咽及体温等调节中枢已建立，有瞳孔对光反射，此时出生能存活	270.0	329.0	1300.0
第八月	皮下脂肪增厚，皮肤浅红光滑，趾甲全出现，胎儿睾丸由腹腔下降至阴囊，乳腺分化完成	300.0	368.0	2100.0
第九月	皮肤皱纹消失，趾甲平齐指趾尖，味、嗅觉发育，肢体弯曲	340.0	419.0	2900.0
第十月	胎体丰满，表面有胎脂，胸部发育好，胎毛基本脱落，颅骨未完全闭合，有囟门，指甲超过指尖	360.0	443.0	3400.0

胚胎龄（embryonic age）的测定方法有月经龄和受精龄两种。

1. 月经龄　**月经龄**（menstrual age）是从孕妇末次月经来潮的第一天算起，到胎儿娩出为止，共 280 天左右，约 40 周，因月经周期有个体差异，且易受环境因素的影响，故月经龄亦可出现误差。月经龄常用于临床孕妇预产期的推算，并不是胚胎的真实年龄。

2. 受精龄　**受精龄**（fertilization age）是从受精之日算起，到胎儿娩出为止，共 266 天左右，约 38 周。受精一般发生在末次月经的第 14 天左右。受精龄为胚胎发育的确切时间，常用于科学研究。

（三）预产期的推算

参照胚胎发育时限及胚胎月经龄的测算，临床上计算预产期常用的推导公式是：孕妇末次月经来潮的年份加 1，月份减 3（不够减则加 9），日加 7。简化为：年加 1，月减 3，日加

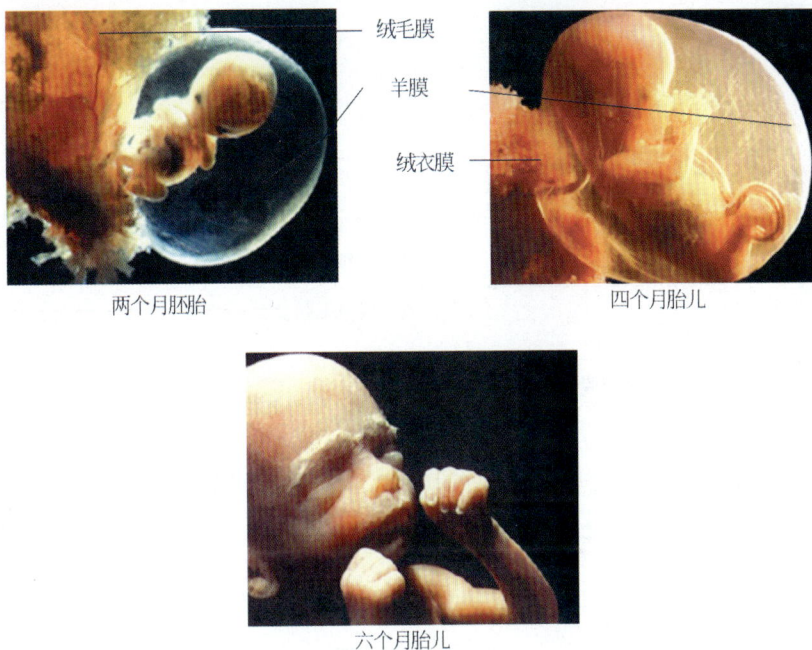

两个月胚胎

四个月胎儿

六个月胎儿

图 18-31 不同发育阶段的胎儿实物图

7。例：某孕妇末次月经为 2007 年 6 月 3 日，其预产期是 2008 年 3 月 10 日。另一孕妇末次月经第一天为 2007 年 1 月 20 日，其预产期是 2007 年 10 月 27 日。大多数胎儿在预产期前后 10~15 天内出生。

四、胎膜和胎盘

胎膜和胎盘不参与胚体的形成，是胚胎发育过程中形成的附属结构，对胚胎的发育起到保护、营养、呼吸、排泄等作用。早期发育的胚体经滋养层从子宫蜕膜中吸收营养；继之，由绒毛膜从绒毛间隙中吸取营养；以后，通过脐带从胎盘中吸取营养。胎儿娩出后，胎膜、胎盘即与子体和母体子宫分离，并被排出体外，总称为**衣胞**（afterbirth）或胞衣。衣胞形成如下页所示。

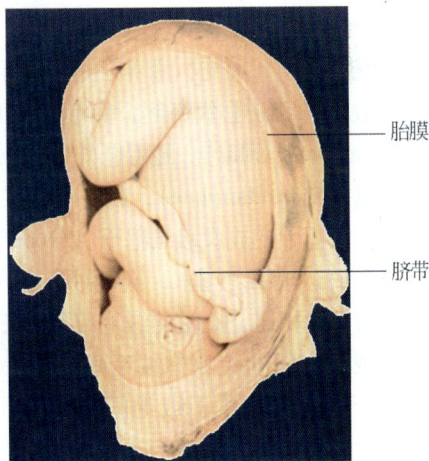

图 18-32 十个月胎儿实物图

胎膜（fetal membrane）是来自胚泡的部分附属结构，主要包括绒毛膜、羊膜囊、卵黄囊、尿囊和脐带（图 18-33）。

（一）绒毛膜

1. 绒毛膜的形成及结构　绒毛膜由滋养层和胚外体壁中胚层共同构成，位于胚胎及其附属结构的最外层，直接与子宫内膜接触（图 18-33）。

母体的变化
↓
子宫内膜(分泌期) → 蜕膜
　　壁蜕膜 ┐
　　包蜕膜 ┘→ 两膜相贴
　　基(底)蜕膜 → 胎盘

植入

胚泡 → 滋养层 → 与胚外中胚层 → 绒毛膜
　　　　从密绒毛膜
　　　　平滑绒毛膜

胚泡腔 → 随羊膜腔扩大 → 消失 ← 胚外体腔 ← 相贴

内细胞群 → 分化 → 三胚层
　　内胚层
　　中胚层
　　外胚层

卵黄囊、尿囊 → 退化、闭锁

羊膜囊 → 羊膜

随羊膜腔扩大，卵黄囊、尿囊、体蒂等被包向腹侧形成 → 脐带

衣胞

胚体的变化

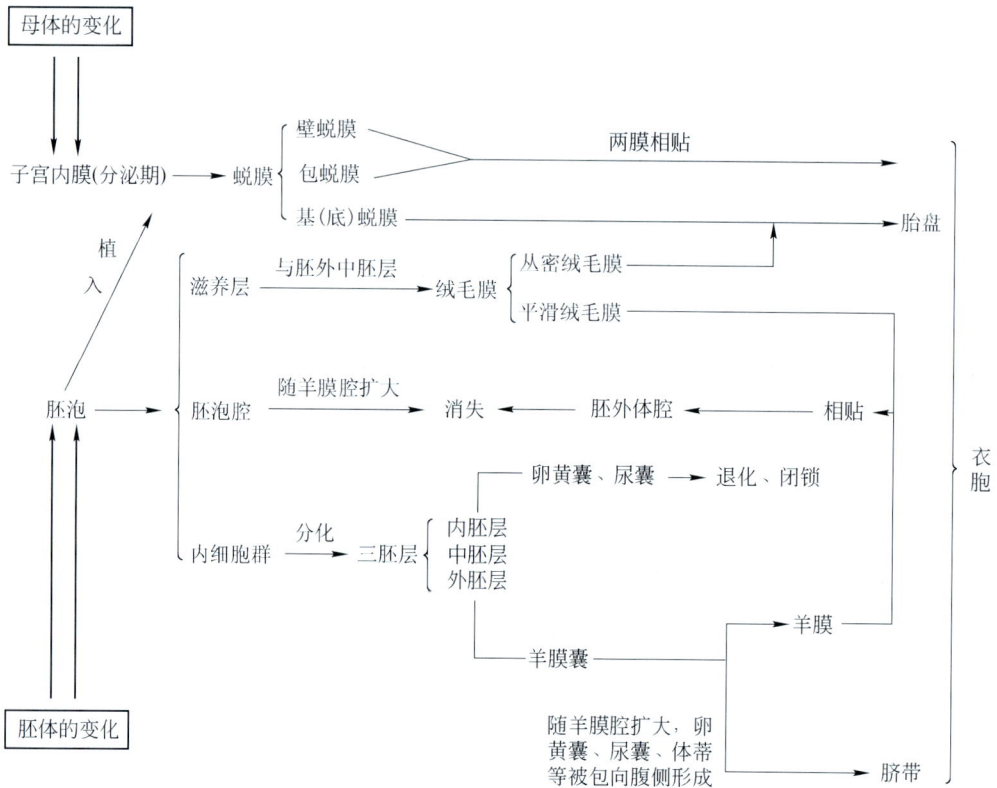

受精后第3周初，滋养层迅速增生分化为细胞滋养层和合体滋养层，两者共同向胚泡表面突出形成许多绒毛状突起，突起的表面为合体滋养层，中轴为细胞滋养层，形成**初级绒毛干**（primary stem villus）。随着胚外中胚层及胚外体腔的出现，胚外中胚层与滋养层紧密相贴构成**绒毛膜板**（chorionic plate），胚外中胚层由此伸入到绒毛膜板表面的初级绒毛干中，形成其中轴，使初级绒毛干变成**次级绒毛干**（secondary stem villus）。次级绒毛干与绒毛膜板共同构成**绒毛膜**（chorion）。至第3周末，次级绒毛干内的胚外中胚层进一步分化为血管网和结缔组织，并与胚体内的血管相通，此时的绒毛改称为**三级绒毛干**（tertiary stem villus）（图18-33、34）。

绒毛之间的腔隙称**绒毛间隙**（intervillous space），内含母体血液。由三级绒毛干发出的一些分支绒毛游离于绒毛间隙内的母血中，称**游离绒毛**（free villus）。三级绒毛干的主干（绒毛干）末端则直接与子宫蜕膜相连接，称**固定绒毛**（archoring villus）（图18-33、34），其内的细胞滋养层增生，穿过合体滋养层，连接于底蜕膜，形成细胞滋养层柱。细胞滋养层柱的细胞继续增生，在合体滋养层与底蜕膜之间延伸，形成一层完整的细胞滋养层称**细胞滋养层壳**（cytotrophoblastic shell），使绒毛膜与子宫蜕膜牢固结合，同时可隔离合体滋养层和蜕膜，防止合体滋养层细胞过度融蚀蜕膜（图18-34、41）。

2. 绒毛膜的发育　在胚胎发育的前6周，绒毛膜表面的绒毛生长发育均衡。发育到第3个月，随着胚体外形的变化及体积的增大，与包蜕膜接触的绒毛因受压，血供匮乏而萎缩退化，使该处绒毛膜变光滑、平坦，称**平滑绒毛膜**（chorion laeve），平滑绒毛膜和包蜕膜随胚体的增大，渐与壁蜕膜融合，子宫腔消失。而底蜕膜中的绒毛，因有充足的血液供给而生长

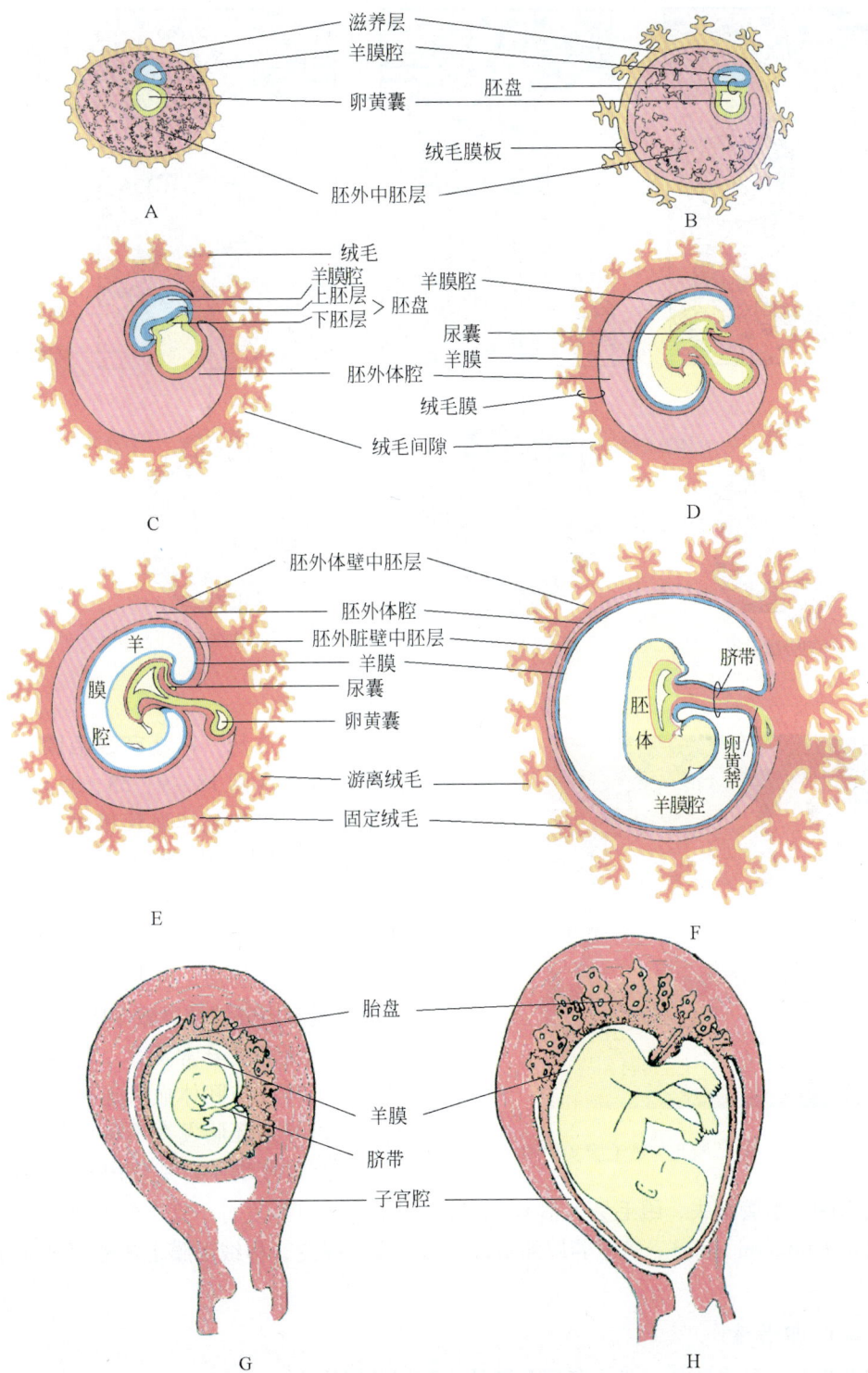

图 18-33 胎膜的形成及演变过程示意图

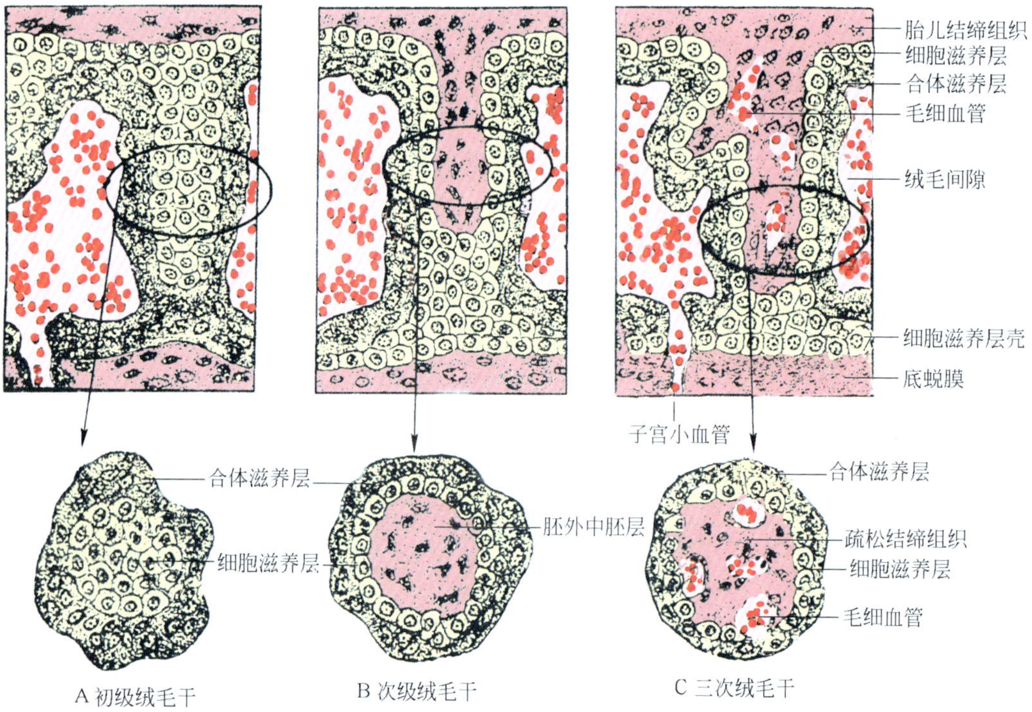

图中标注：胎儿结缔组织、细胞滋养层、合体滋养层、毛细血管、绒毛间隙、细胞滋养层壳、底蜕膜、子宫小血管

A 初级绒毛干（合体滋养层、细胞滋养层）
B 次级绒毛干（胚外中胚层）
C 三次绒毛干（合体滋养层、疏松结缔组织、细胞滋养层、毛细血管）

图 18-34　绒毛发育过程示意图

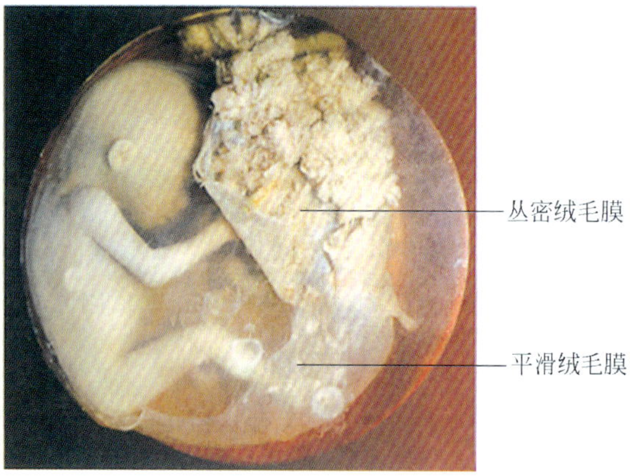

图 18-35　胎儿与绒毛膜实物图（丛密绒毛膜、平滑绒毛膜）

茂盛，密集成丛，称**丛密绒毛膜**（chorion frondosum）（图 18-9、33、35），其绒毛内血管经脐带与胚体血管相通。丛密绒毛膜与底蜕膜共同构成胎盘。

绒毛膜的功能：绒毛浸泡在绒毛间隙的母血中，胚体通过绒毛从母体血液中吸收氧气和营养物质，并排出代谢废物。绒毛膜还具有内分泌及屏障作用。

3. 绒毛膜的异常发育　若绒毛膜的血管发育不佳或与胚体血管连接受阻，可因营养缺乏导致胚胎发育不良或死亡。若滋养层细胞过度增生，绒毛内疏松结缔组织变性、水肿，血管消失，绒毛呈大小不等的水泡状，整个胚胎发育不良，外形似葡萄串称**葡萄胎**（hydatidiform mole）。若滋养层细胞过度增生发生癌变，称**绒毛膜上皮癌**（chorion carcinoma）。

（二）卵黄囊

卵黄囊位于胚盘腹侧，由内胚层和胚外中胚层共同构成。

1. 卵黄囊的形成及演变　胚第 4 周，由于卵黄囊顶部内胚层向腹侧卷折，卵黄囊被包入脐带，渐缩小，以卵黄蒂与原始消化道相连（图18－33）；在第5～6周，卵黄蒂闭锁，卵黄囊也随之退化。若卵黄蒂未闭锁，可致脐粪瘘。若卵黄蒂根部未退化，则在成人回肠壁上形成麦克尔（或回肠）憩室。

2. 卵黄囊的作用　人胚卵黄囊内无卵黄物质，已失去提供营养的作用，并很快退化，所以人胚卵黄囊的出现是生物进化过程的重演。在胚胎发育的第16天左右，卵黄囊壁上的胚外中胚层细胞增殖，形成许多细胞团，称**血岛**（blood island），其中央的细胞逐渐分化为造血干细胞；而周围的细胞分化为内皮细胞，形成原始血管（图18－36）。血岛是最早发生造血干细胞和原始血管的部位。此外，由卵黄囊顶部尾侧的内胚层迁移出部分细胞进入生殖嵴后，分化发育成原始生殖细胞，并诱导生殖腺的发生。

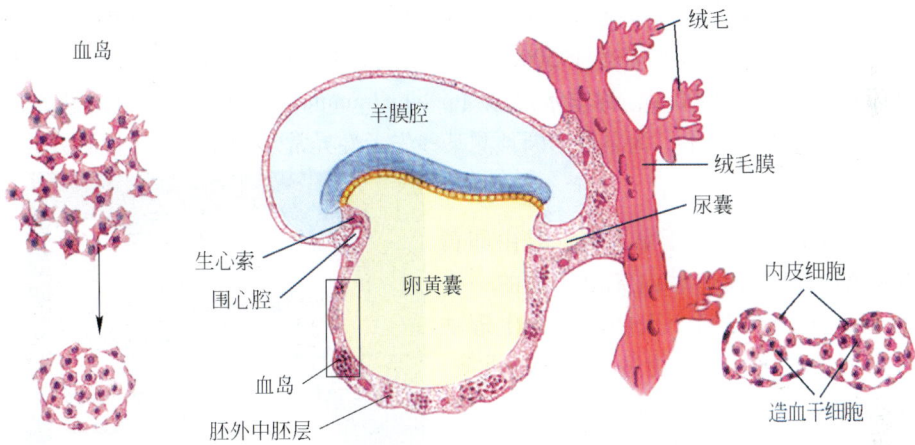

图18－36　卵黄囊与血岛及血管的形成示意图

（三）羊膜囊

羊膜囊指羊膜等包绕羊膜腔形成的囊状结构，由羊膜、羊膜腔、羊水共同构成。最初羊膜囊位于胚盘的背侧；随着胚胎发育，胚盘向腹侧包卷，羊膜囊渐扩大，胚体陷入羊膜腔内，当胚盘变为圆柱状胚时，整个胚胎被羊膜囊包裹在羊水中生长发育（图18－33、37、38）。

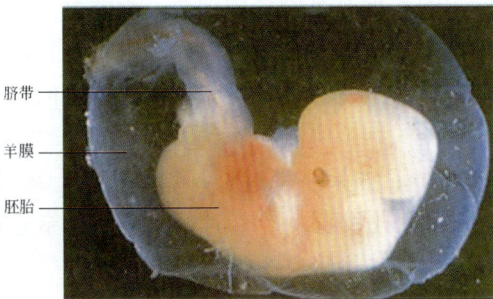

图18－37　羊膜与胚胎实物图

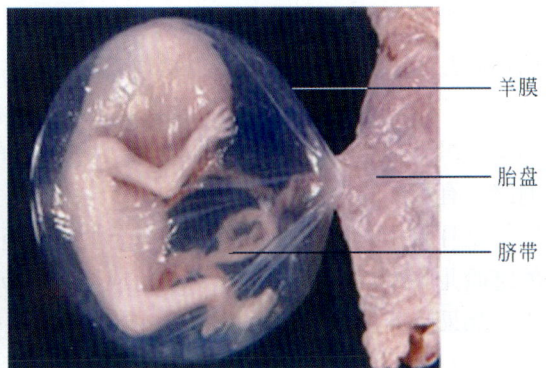

图18－38　胎儿羊膜、脐带与胎盘实物图

1. **羊膜**　薄而透明，由一层羊膜上皮和薄层胚外中胚层构成。早期羊膜与外胚层相连，附着于胚盘周边部分；随着胚体的形成与发育，羊膜向胚胎的腹侧包绕至体蒂，形成原始脐带；以后，小部分羊膜包在脐带表面，大部分羊膜与绒毛膜相贴，胚外体腔消失（图18-33）。

2. **羊水**　妊娠早期，羊水主要由羊膜上皮分泌，羊水澄清透明，呈弱碱性；妊娠中、晚期，羊水较混浊，其内含有胎儿的分泌物、排泄物及脱落上皮。羊水由羊膜不断分泌产生，同时又被胎儿吞饮或被羊膜、胎盘胎儿面和脐带表面吸收，以保持新陈代谢和动态循环。胚胎在羊水中生长发育，是种系发生重演的特征之一。

羊水给胚胎提供了自由活动的舒适环境，可防止胎儿与羊膜粘连，同时可保持恒定的环境温度，并可缓冲外来压力与振荡等。临产时，还具有扩张宫颈、冲洗产道的作用。足月时，羊水含量可达 1000～1500ml。若少于 500ml，称**羊水过少**（oligohydramnios），可见于胎儿无肾或尿道闭锁。若多于 2000ml，称**羊水过多**（polyhydramnios），常因消化道闭锁或神经管封闭不全而致。穿刺抽取羊水，为早期诊断预测某些先天性异常及胎儿性别的检测方法之一。

（四）尿囊

尿囊（allantois）发生于第 3 周，是由卵黄囊顶部尾侧的内胚层向体蒂内突出形成的一个内胚层盲管（图18-33）。人胚尿囊无生理功能，存在数周即退化，是生物进化过程的重演。但其壁上的胚外中胚层形成的一对尿囊动脉和一对尿囊静脉，随后可演变成一对脐动脉和一条脐静脉（右侧的退化）。随着大部分尿囊的退化，尿囊根部演化为膀胱的一部分；尿囊成为由膀胱顶部伸到脐内的一条细管，称脐尿管或尿囊管，以后完全闭锁形成脐中韧带；出生时，若脐尿管未闭，称脐尿瘘。

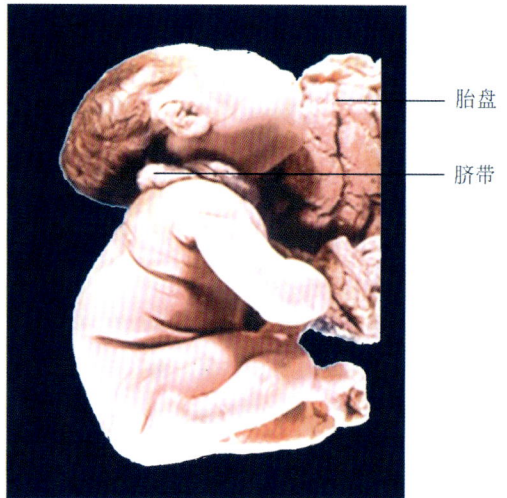

胎盘

脐带

图18-39　胎儿脐带绕颈实物图

（五）脐带

脐带（umbilical cord）是连于胚胎脐部与胎盘胎儿面中心处的圆索状结构（图18-33、38～40）。脐带外有羊膜覆盖，内有黏液性结缔组织、体蒂、卵黄囊、尿囊及其血管等，随着尿囊、卵黄囊的闭锁，脐带内仅留有黏液性结缔组织、脐动脉、脐静脉以及卵黄囊和尿囊的遗迹。脐带是胎儿与胎盘间物质运输的唯一通路，有重要的生理功能。

足月胎儿的脐带长约 40～60cm，直径 1.5～2.0cm；如果脐带过长（120cm 以上），易缠绕胎儿肢体、颈部（图18-39）或形成结节，影响胎儿发育，严重时可引起胎儿窒息死亡。如果脐带过短（30cm 以下），易造成胎盘早剥等异常情况的发生。

（六）胎盘

胎盘（placenta）是胎儿与母体进行物质交换的重要结构，具有重要的屏障和内分泌作用，是由胎儿的丛密绒毛膜与母体的底蜕膜共同构成的圆盘状结构。

1. 胎盘的形态　胎盘呈圆盘状，足月胎盘重约500g，直径15~20cm，平均厚度2.5cm，其中央厚、边缘薄，由胎儿面和母体面两部分构成。胎盘的胎儿面表面光滑，覆盖有羊膜，中央或近中央处有脐带附着；透过羊膜，可见脐带周围有呈放射状走行的脐血管分支；母体面较粗糙，为剥离后的底蜕膜，由15~30个稍突起的胎盘小叶构成（图18-40）。

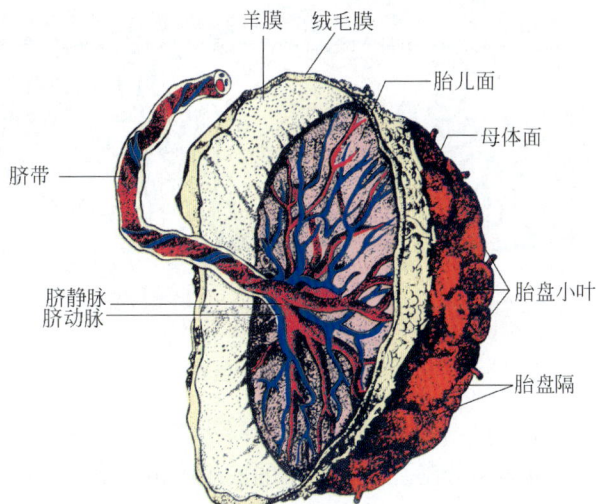

A 胎盘外形模式图

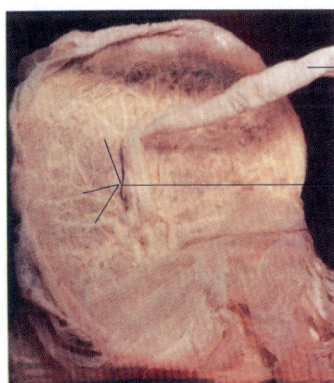

B 足月胎盘实物图（胎儿面）　　　　C 足月胎盘实物图（母体面）

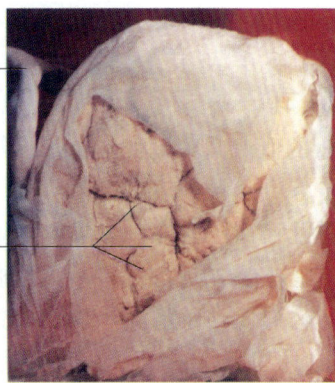

图18-40　胎盘

2. 胎盘的结构　由胎盘的胎儿面向母体面做垂直切面，可观察到胎盘由三层结构构成：①胎儿面的绒毛膜板。②中间层的绒毛和绒毛间隙内的母体血液。③母体面的细胞滋养层壳及蜕膜构成的**基板**（basal plate）（图18-41）。

胎儿面表面平滑，其深层为绒毛膜结缔组织构成的绒毛膜板，并分布有脐血管的分支。绒毛膜板上发出约40~60个绒毛干，通过细胞滋养层壳，固着于底蜕膜上；每个绒毛干又分支形成许多末端呈游离状态的游离绒毛，脐血管的分支经绒毛干到达游离绒毛内形成毛细

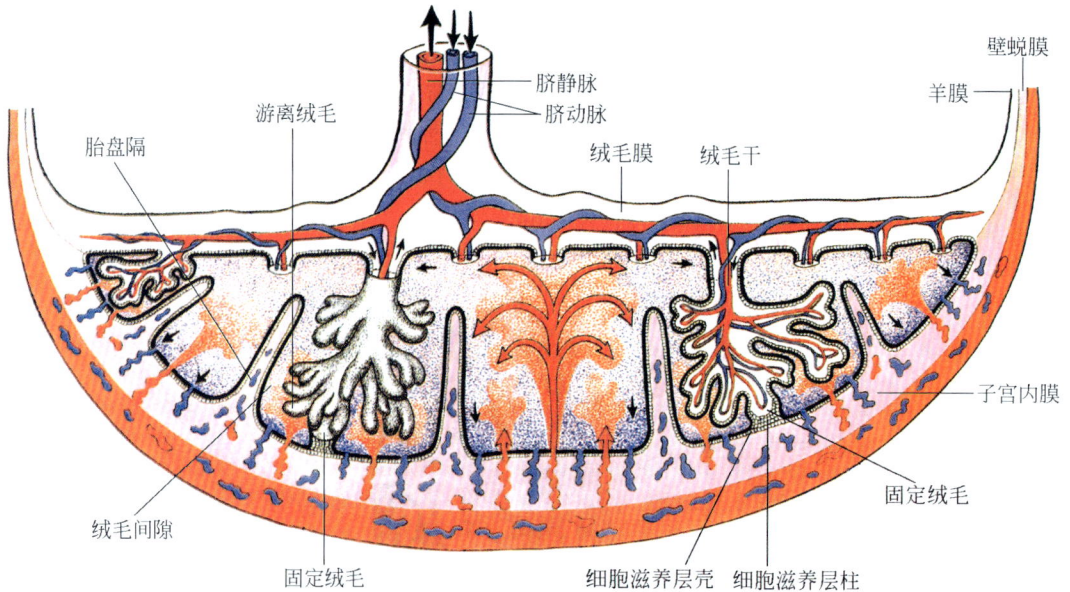

图 18 - 41   胎盘结构与血循环示意图

血管。由于绒毛表面的合体滋养层分泌、溶蚀周围的底蜕膜组织形成一些腔隙，渐汇集成相互连通的绒毛间隙，螺旋动脉及静脉即开口于此，使绒毛浸浴在含有母体血液的绒毛间隙中，有利于物质交换的进行。从底蜕膜发出若干楔形小隔，伸入到绒毛间隙内，称**胎盘隔**（placental septum），将胎盘分隔为 15～30 个小区称**胎盘小叶**（cotyledon）。每个胎盘小叶内有 1～4 个绒毛干及其分支。因胎盘隔远端呈游离状态，故绒毛间隙相互连通（图 18 - 40、41）。

3. 胎盘的血液循环   胎盘内有胎儿和母体两套各自封闭的循环通道，通过胎盘屏障进行物质交换。

（1）胎儿血循环通路：该循环使胎儿脐动脉所含的静脉血，经绒毛毛细血管与绒毛间隙内的母体血进行物质交换，将静脉血变成动脉血，再沿脐静脉返回到胎儿体内。

（2）母体血循环通路：母体动脉血经底蜕膜的螺旋动脉到达绒毛间隙，与绒毛毛细血管内的胎儿血经胎盘屏障进行物质交换后，经底蜕膜小静脉返回母体子宫静脉。

（3）胎盘屏障：**胎盘屏障**（placental barrier）指胎盘内胎儿血与母体血之间进行物质交换所经过的结构，又称**胎盘膜**（placental membrane）。胎盘屏障（图 18 - 41、42）由①绒毛合体滋养层、细胞滋养层上皮及基膜；②绒毛内薄层结缔组织；③绒毛毛细血管的基膜及内皮三部分组成。胎儿血与母体血经胎盘屏障进行选择性通透，完成物质交换的功能。妊娠晚期，胎盘屏障逐渐变薄，只由绒毛毛细血管内皮、基膜和薄层合体滋养层构成，更有利于物质交换的进行。

4. 胎盘的功能

（1）物质交换：胎盘是胎儿与母体间物质交换的唯一途径。胎儿发育所需的氧气、营养物质等经胎盘从母体中摄取，其代谢废物、二氧化碳等经胎盘排到母体血中。胎儿与母体

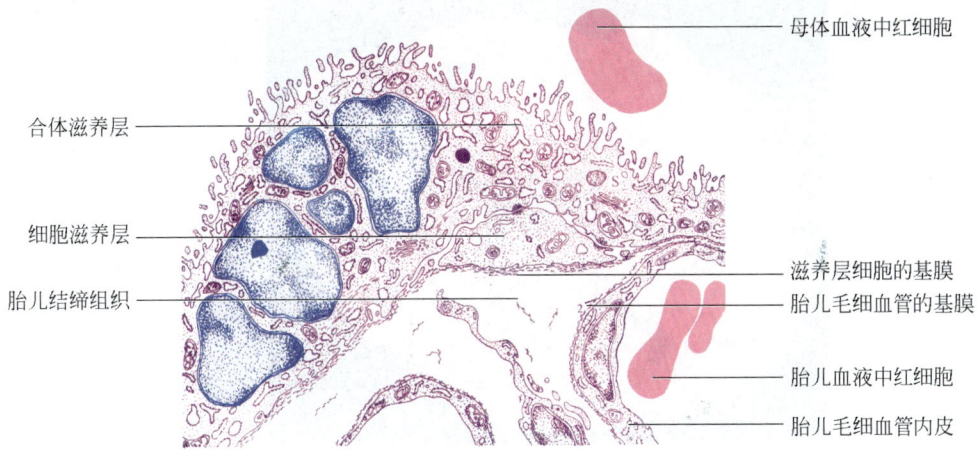

图 18-42 胎盘屏障超微结构模式图

之间的物质交换需通过胎盘屏障。成熟的胎盘组织内含有极为丰富的酶，能合成、分解包括激素在内的多种物质。胎盘既是胎儿的营养器官，又是胎儿的呼吸和排泄器官。

（2）保护作用：胎盘屏障可有效阻止母体血液内的某些大分子物质、多数致病微生物、有害物质等侵入胎儿体内。母体血液中的 IgG 可经合体滋养层细胞的吞饮作用进入到胎儿体内，使胎儿获得免疫能力。但某些药物、病毒，甚至细菌、螺旋体等也可通过胎盘屏障进入胚胎体内，影响胚胎的正常发育，甚至导致畸形。

（3）合成分泌作用：胎盘可分泌多种类固醇激素、肽类激素和蛋白类激素，还能合成前列腺素、多种神经递质和细胞因子等，对妊娠及胚胎生长均起重要作用，是胎儿和母体共同拥有的一个内分泌器官。

胎盘分泌的主要激素：①**人绒毛膜促性腺激素**（human chorionic gonadotropin，HCG）属于糖蛋白类激素，受精后第 2 周末即可从孕妇尿中测出，第 9~11 周达高峰，以后下降约维持至第 20 周。人绒毛膜促性腺激素能促进卵巢内黄体生长发育，维持妊娠。尿中 HCG 的检测，常作为早孕诊断的指标之一。②**人绒毛膜催乳素**（human chorionic somatomammototropin，HCS）即**人胎盘催乳素**（human placental lactogen，HPL），在妊娠两个月开始出现，第 8 个月达高峰，一直维持到分娩。HCS 可促进母体乳腺的发育及胎儿的生长。③**人胎盘孕激素**（human placental progesterone，HPP）和**人胎盘雌激素**（human placental estropen，HPE）在妊娠第 4 个月开始分泌，以后分泌量逐渐增多，并逐渐替代了母体卵巢分泌的孕激素和雌激素的功能，以维持妊娠过程机体对女性激素的需求。

五、孪生、多胎和联体双胎

（一）孪生

孪生又称**双胎**（twins），是指一次妊娠有两个胎儿同时发育成熟。孪生的发生率约占新生儿的 1%（图 18-43）。孪生可分为单卵孪生和双卵孪生两种。

1. 单卵孪生　**单卵孪生**（monozygotic twins）又称**真孪生**（maternal twins），指由一个受

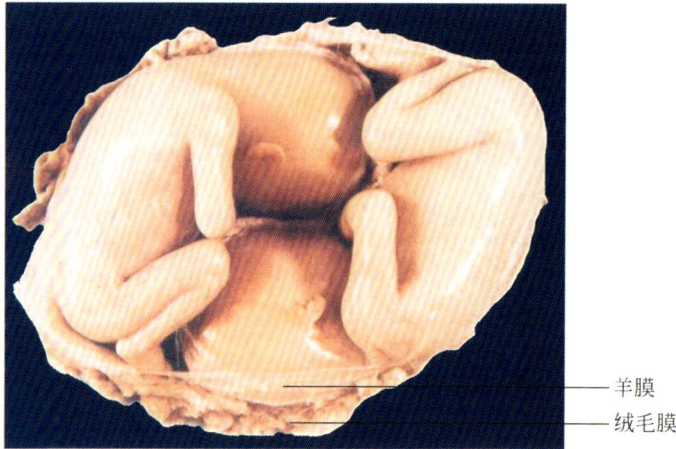

羊膜
绒毛膜

图 18-43　足月双胎

精卵分化发育形成两个胎儿。单卵孪生的发生率约为孪生数的 33%，且与遗传及环境因素无明显的相关性。

单卵孪生的孪生儿性别相同，相貌酷似，血型、组织相容性抗原、细胞酶类、血清蛋白等均相同，体态、脾气、性格、基因活动的变化规律也相仿。因两者的组织相容性抗原相同，故相互进行器官移植时不会发生排斥反应。

单卵孪生的形成机制（图 18-44）：①由一个受精卵发育为两个胚泡，最终形成两个拥有各自独立胎膜及胎盘的胎儿。②一个胚泡内形成两个内细胞群，由此发育形成两个分别位于各自羊膜囊内的胚胎，但共享一个绒毛膜和胎盘。③一个胚盘形成两个原条与脊索，每一个原条各自诱导形成一个独立的新个体，两者共享一个羊膜囊、绒毛膜和胎盘，但有两条脐带。此种情况易导致联体畸形。

2. 双卵孪生　双卵孪生（dizygotic twins）又称假孪生（fraternal twins），指卵巢一次排出两个或多个卵，其中两个同时形成两个受精卵，并发育形成两个胎儿（图 18-44）。双卵孪生占孪生总数的 67%，与种族、家族及地区等有一定的相关性。两个胎儿拥有各自的羊膜囊、绒毛膜和胎盘，他们的性别、相貌及免疫学特性等方面可有一定的差异，犹如普通同胞兄弟姐妹。

（二）多胎

多胎（multiple brith）指一次娩出两个以上新生儿。多胎发生率很低，三胎的发生率约万分之一，四胎的发生率约百万分之一，五胎的发生率约亿万分之一，五胎以上极为罕见，且不易存活。多胎的形成原因似孪生：①单卵多胎即多胎来自一个受精卵；②多卵多胎即多胎来自多个受精卵；③混合性多胎指单卵多胎与多卵多胎的混合。

由于内分泌激素在促孕及其他治疗中的应用，使多胎的发生率增高。胎儿数目越多，导致胎儿体重越轻，发育越差。同时，胎儿的畸形率、流产率、死亡率随之增高，可见多胎并非幸事。

（三）联体双胎

联体双胎（conjoined twins）指两个未能完全分离的单卵孪生儿，因两个胚体的某一部

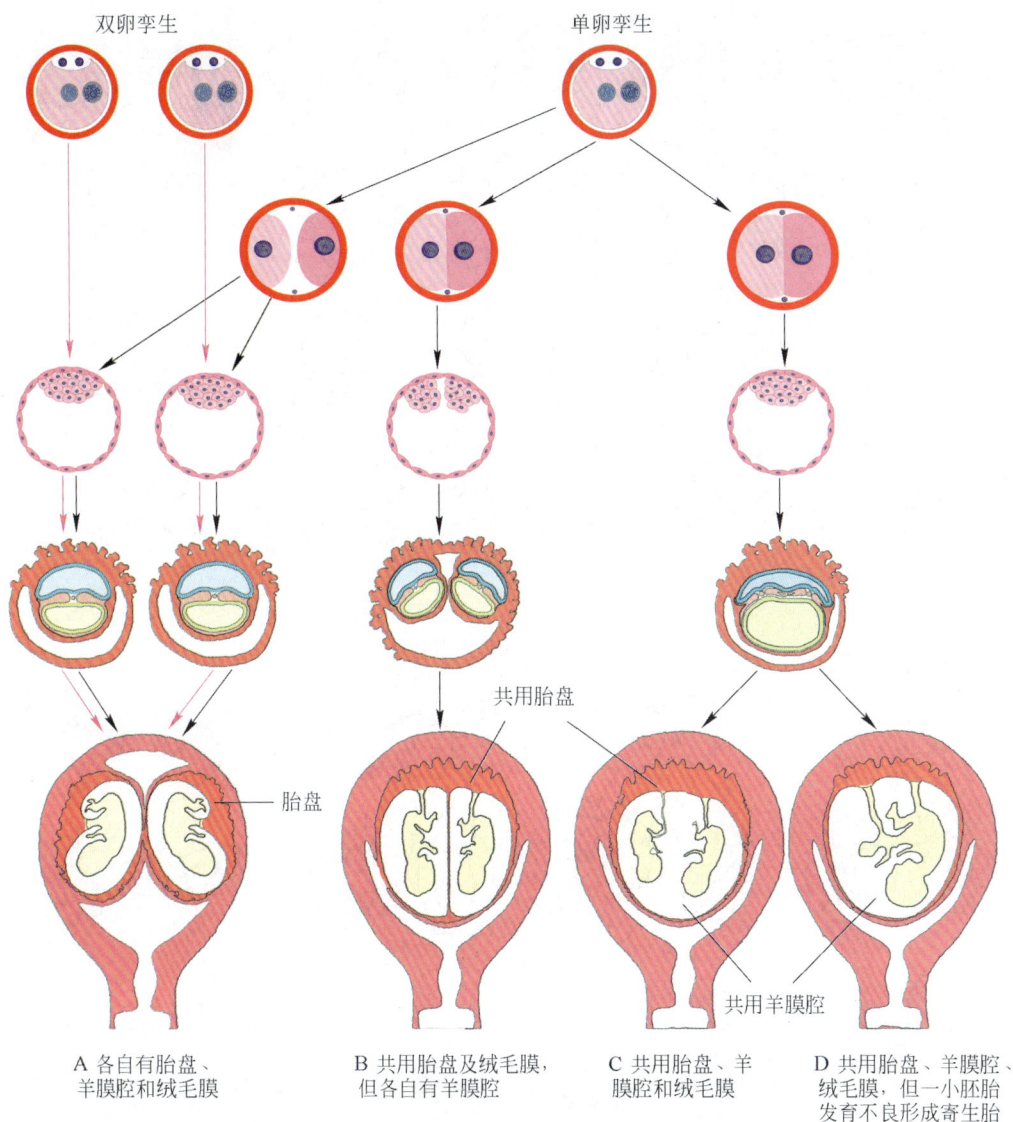

双卵孪生　　　　　　　　　　　单卵孪生

共用胎盘

共用羊膜腔

A 各自有胎盘、
羊膜腔和绒毛膜

B 共用胎盘及绒毛膜，
但各自有羊膜腔

C 共用胎盘、羊
膜腔和绒毛膜

D 共用胎盘、羊膜腔、
绒毛膜，但一小胚胎
发育不良形成寄生胎

胎盘

图 18 - 44　孪生形成示意图

位或几个部位相联而致。联胎常见的类型有：

1. 对称性联体双胎　**对称性联体双胎**（symmetric conjoined twins）指两个胚胎的分化发育程度相近，大小相仿，结构对称。依联结部位的不同，分为头联双胎、胸联双胎、腹联双胎、胸腹联双胎、臀联双胎等（图 18 - 45、46、47）。

2. 不对称联体双胎　**不对称联体双胎**（unsymmetric conjoined twins）指两胚胎分化发育不同步，大小悬殊。若发育不完全的小胚胎如同寄生物，附着在发育正常的主胎体上则称为**寄生胎**（parasitic fetal）（图 18 - 44D、46、48）；若小胚胎被挤压成似纸样的薄片则称为**纸样胎**（fetus papyraceous）。若大胎体内包裹有一个小而发育不全的胚胎则称为**胎内胎**（fetus in fetus）。

图 18 – 45　对称性联体双胎示意图

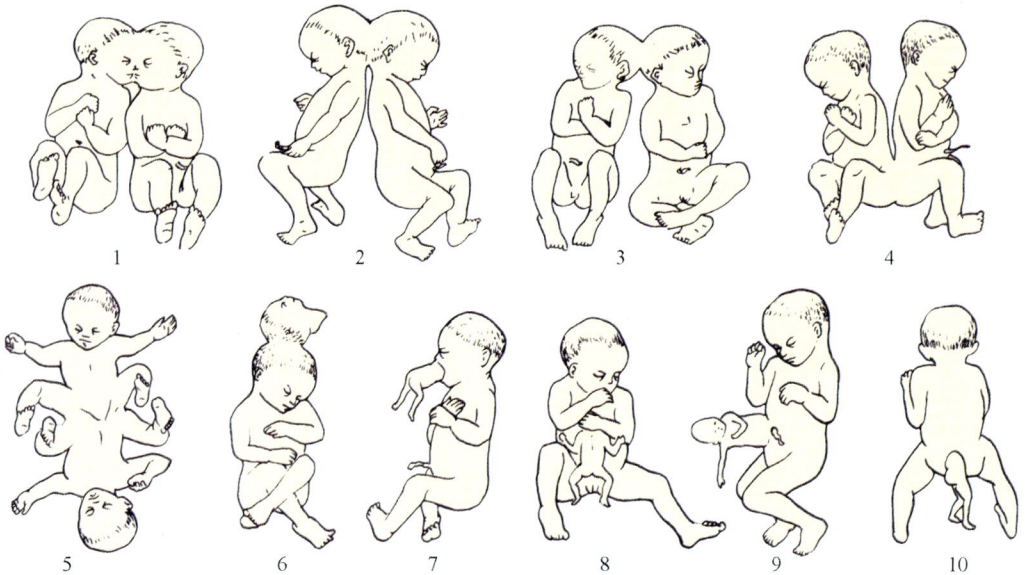

图 18 – 46　联胎示意图

1~6 为对称性联胎　7~10 为不对称性联胎

六、生殖医学技术

生殖医学是指与生殖相关的医学研究方法和手段,对繁衍后代、延续生命和人类的优生优育等都具有重要意义。生殖工程学指在受精到植入过程中的某个或多个环节采用人工方法指导新个体的产生,是胚胎

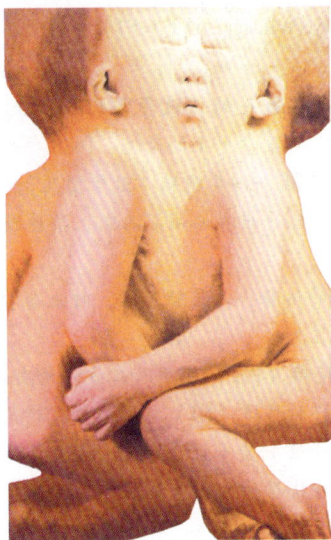

图 18-47 联体双胎

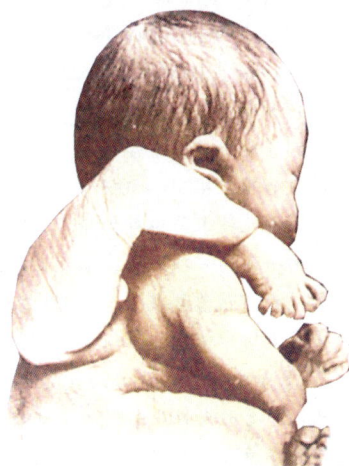

图 18-48 寄生胎

学中又一新兴学科。生殖医学技术可完善人类自身的生育过程，筛选优质胚胎，给不孕症及有遗传性疾病而不宜生育的夫妇和家庭带来福音。生殖医学技术近几年取得了举世瞩目的成绩，绵羊"多莉"（Dolly）的诞生在世界各国科学界、政界乃至宗教界都引起了强烈反响。生殖医学的研究领域主要涉及辅助生殖技术、生殖相关的临床、遗传、免疫及分子基础研究技术、不育的遗传学基础研究、避孕技术及药物研究技术、卵子冷冻技术、胚胎转移技术、人类胚胎干细胞和性激素等相关内容，以及与此相关的伦理、法律和社会学等研究。不容忽视的是该新技术在带给人们喜悦的同时，也给社会带来了许多风险及伦理、法律和遗传学等方面的问题。

下面仅简介与生殖医学密切相关的人工授精、试管婴儿、克隆技术等。

（一）人工授精

人工授精（artificial insemination）指将丈夫或供精者的精子，采用人工方法注入女性生殖道内，以达到受孕目的的一种技术。人工授精应用于临床已有近二百年历史，适用于男性精液量少、精子活动力低、精子不液化和女性子宫颈疾患，以及因自身免疫或不明原因的不孕症等。

人工授精的类型主要有：夫精人工授精（AIH）和供精者人工授精（AID）。前者是用丈夫的精液，后者使用的是自愿献精者的精液。

人工授精的方式主要有：①宫颈人工授精；②宫颈管内人工授精；③宫颈帽内授精等。

人工授精的成功与否，不仅与方法有关，而且还与授精时间的确定及精子的质量、不孕的原因等多种因素有关。目前，确定排卵期的最可靠而直观的方法是 B 型超声波检查，同时可根据基础体温的测量、了解月经周期史、宫颈评分及血液中黄体生成素和雌二醇峰值的测定来综合确定最佳授精时间。授精的最佳时间是女方排卵期前后约 3~4 天左右。

由于人工授精尤其是供精者人工授精涉及道德、法律、伦理等社会问题及遗传病、传染病的发生等一系列问题，因此必须严格掌握适应证，切莫滥用。

（二）试管婴儿

人类卵子在体外受精后，经人工培育到早期胚的一定阶段，随即将其移植到母体子宫内发育至诞生，此过程称**体外授精 – 胚胎移植**（in vitro fertilization – embryo transfer，IVF – ET），由此诞生的婴儿通常称**试管婴儿**（test tube baby）。

英国学者 Steptoe 和 Edwrds 经过近 20 年的努力，使世界第一例"试管婴儿"（女）路易斯·布朗（Lourise Brown）1978 年 7 月 25 日诞生于英国，并被称为人类医学史上的奇迹。1988 年我国张丽珠研制的第一例"试管婴儿"诞生于北京；1993 年在布达佩斯诞生了第一例 4 胞胎"试管婴儿"；1989 年北京诞生了第一例 3 胞胎"试管婴儿"；如今我国"试管婴儿"技术已达世界水准。目前，条件较好的实验室试管婴儿的妊娠率在 40% ~ 50% 左右。

试管婴儿技术是体外授精 – 胚胎移植等人工助孕技术的俗称，是集胚胎学、内分泌学、遗传学以及显微操作为一体的一项综合技术。目前，试管婴儿的发展进程为：

第一代"试管婴儿"：即体外授精 – 胚胎移植。体外授精（IVF）指人工方法诱发超排卵，取卵后，在试管或者培养皿中使其与精子结合成为受精卵的过程。胚胎移植（ET）指将体外授精获取的受精卵，培养至 2~8 细胞期（现认为最好是 2~4 细胞期）时，移入子宫，使女性受孕并分娩。该技术主要应用于非子宫原因不孕的女性。若女方不宜妊娠者，可选择代孕，即将母体的卵细胞经体外受精后移植入另一名妇女的子宫内孕育，称异体"试管婴儿"。

第二代"试管婴儿"：指卵质内单精注射（ICSI）和胚胎移植，即借助于显微操作器，用精子微量注射法在体外直接将精子注入卵子的细胞质内，受精后进行胚胎移植。该技术可精选精子，提高受精率；同时又使试管婴儿技术的适应证得以扩大，尤适于少精、弱精、无精、畸形精子过多等男性不育及女性不孕不育症。该技术使世界各地诞生的试管婴儿迅速增多，每年仅在美国出生的试管婴儿约 5 万名。

若用精子微量注射法和冷冻卵子相结合授精，经胚胎移植，则发育形成"冷冻卵子试管婴儿"。冷冻卵子技术比精子冷冻技术复杂，成功率也相对低。世界首例冷冻卵子试管双胞胎于 2003 年诞生。

第三代"试管婴儿"：即早胚精选和胚胎移植。指在人工助孕与显微操作的基础上，开展胚胎着床前遗传病诊断（PGD）。即在早胚时期，对其细胞进行遗传学检测，精选出无遗传缺陷的早期胚进行移植。通过检测、筛选，可获得较理想的新个体。PGD 尤其适用于有遗传病的夫妇。1990 年世界上首例经 PGD 后的健康女婴诞生。我国首例经 PGD 的女婴诞生于 1998 年。

第四代"试管婴儿"：主要针对那些虽有排卵功能，但年龄较大或身体状况不佳等原因导致卵子质量不高的女性。其核心技术是将不孕妇女卵子中的细胞核抽取出来，移植到年轻、健康的捐献者卵子细胞质（去核卵）中，组成一新的优质卵子，而它仍能表达供核妇女的遗传特征。将这个新"组装"的卵子与其丈夫的精子在试管中结合成受精卵，重新植入该供核妇女的子宫内，可生出属于自己的健康子女，而不是捐献者的后代。

华裔胚胎学家张进因攻克卵子不孕的难题，被医学界誉为把试管婴儿科技带入新纪元的人。胚胎学家及生殖医学专家设想、规划并企盼着能在体外完成人类胚胎的全部发育过程。利用人工方法，使精子和卵子在体外授精和发育的生殖方法称**体外发生**（ectogenesis）。

（三）克隆技术

经两性生殖细胞融合而产生后代的繁殖方法称"有性繁殖"。

"无性繁殖"指不经两性生殖细胞结合而生成的新个体，即生物靠自身的一分为二或自身的一小部分的扩大来繁衍后代。凡是由同一祖先，经无性繁殖形成基因型完全相同的后代个体种群者，称"无性繁殖系"，简称无性系或视为"克隆"。英文"Clone"起源于希腊文"Klone"，原意是用"嫩枝"或"插条"繁殖。

1. 克隆技术的发展　在 20 世纪 80 年代后期，英国、中国等先后利用胚胎细胞作为供体，"克隆"出了哺乳动物。到 90 年代中期，我国已用此种方法"克隆"了老鼠、兔子、山羊、牛、猪 5 种哺乳动物。

"多莉"（Dolly）使世界舆论为之哗然的原因是其生命的诞生没有精子的参与，而是由"换核卵"发育形成的"克隆羊"。它难得之处在于换进去的不是胚胎细胞核，而是体细胞的细胞核。

"多莉"羊的形成过程是：Wilmut等研究人员先将A绵羊卵细胞中的细胞核吸出，使其变成只有细胞膜和细胞质的"空壳"；然后从一只6岁的B母羊身体中取出一个乳腺细胞，并将该乳腺细胞核注入A绵羊的"空壳"卵细胞中；从而得到一个含有新的遗传物质但却没有受精的卵细胞。这一经过换核改造的卵细胞（换核卵）通过体外诱导，分裂增殖、分化形成的胚胎再被植入到C母羊子宫内继续生长发育，随着C母羊的成功分娩，克隆羊"多莉"成功诞生（图18-49）。其遗传基因与供体B母羊完全相同。"多莉"的诞生证明：动物体内高度分化的体细胞核，经去分化后即可成为有全能分化的细胞核，进而启动胚胎发育的全过程，表明体细胞与受精卵一样也具备发育成完整个体的潜在能力。提示人类可以利用哺乳动物的某个组织细胞（体细胞），像复印文件或翻录磁带一样，批量生产出相同的生命体（克隆动物），这是该研究领域的一大突破。

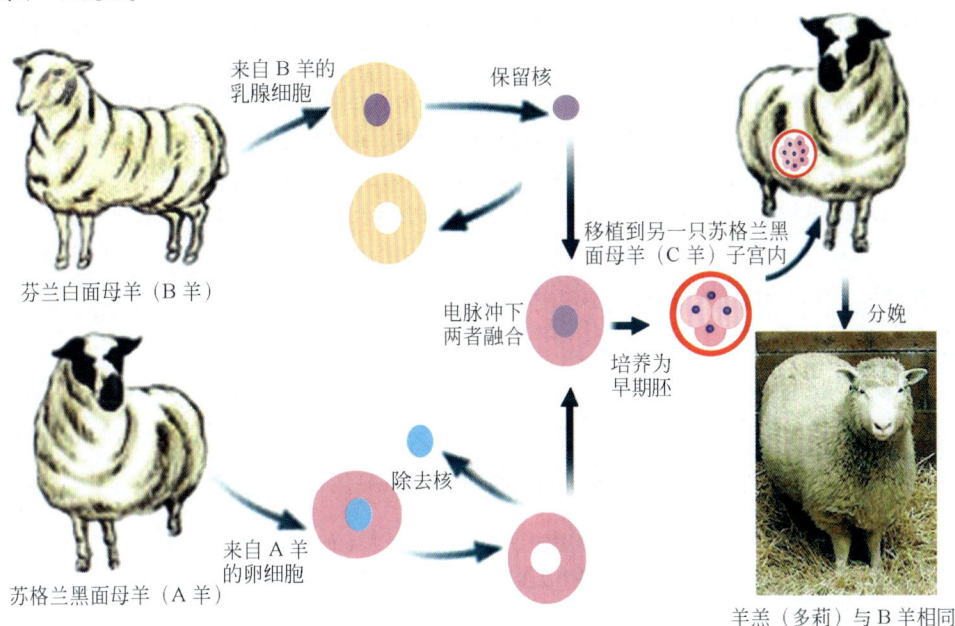

图18-49 "多莉"羊形成示意图

克隆技术发展至今大致经历了以下三个发展阶段：①20世纪60年代诞生的胚胎切割技术，它将4~8细胞期的胚胎在显微镜下切割（一分为二），经移植最终发育为两个完全相同的生命体。②20世纪80年代诞生的胚胎细胞核移植技术，它将早期胚胎的细胞核移植到已去除细胞核的卵细胞中，经分化、发育、演变为生命体。③20世纪末的体细胞核移植术，它将已分化成熟的成年体细胞核移植到去除细胞核的卵细胞中，经分化、发育、演变为生命体。

2. 生殖性克隆和治疗性克隆 国际上通常将人类自身的克隆分为两种，即生殖性克隆和治疗性克隆。

生殖性克隆指个人的整体复制。其过程是：从被克隆人的机体中获取体细胞核后，将其植入到已去除细胞核的卵细胞中，通过诱导使卵细胞（换核卵）分化并形成胚胎，之后将胚胎植入到母体的子宫里孕育，如此形成的克隆婴儿具有与供核者相同的遗传特征及免疫学特性，即所谓的"克隆人"。

治疗性克隆通常指通过干细胞，复制人类的某些组织或器官。胚胎干细胞具有形成机体所有细胞类型潜力的全能干细胞。干细胞是胚胎发育和克隆技术的重要物质基础,通过对干细胞的诱导、调控,使之定向分化为特定的组织类型,以取代患者体内病变、坏死的某种细胞、组织、器官,达到医治多种疑难病的目的,即利用克隆技术为人类自身提供"配件"。

克隆技术对于癌生物学、免疫学、人类寿命等领域的研究都有不可低估的作用。克隆技术同样为研究受精卵和胚胎发生、细胞和组织分化、基因表达调控、核质的相互作用等,提供了新的途径和思路。

3. 克隆技术的应用前景　哺乳类动物成熟体细胞生殖克隆的成功,在推广培养优良家畜、保护和拯救濒临绝迹的珍稀动物等方面前景广阔。国外已培育出可分泌人乳铁蛋白的牛及生产血清白蛋白的羊。2000年6月,我国用成年山羊体细胞克隆出"克隆羊",表明我国已掌握了体细胞克隆的尖端技术。2007年6月我国"克隆驴"成功。克隆技术为大规模复制动物优良品种和生产转基因动物提供了一条新途径,展示了巨大的应用价值。

2007年3月美国科学家研究培育出世界上第一只人兽混种绵羊,它体内含15%的人类细胞,其最终目标是在绵羊体内培育出病人需要的各种可移植器官,同时也可用于药物实验。2007年11月美国科学家成功克隆出猴子胚胎。

克隆技术目前在理论和技术上都还很不成熟,克隆动物的成功率很低,部分个体表现出生理或免疫缺陷。在培育"多莉"的实验中,融合了277枚核移植的卵细胞,最终只得到一只雌性活羔羊,成功率只有0.36%;"多莉"羊出生后也随之出现早衰迹象及某些异常变化,并于2003年2月14日死亡。随着科学技术的发展,以及社会道德、法规的完善,生殖克隆技术必将会对人类作出它应有的贡献。

(刘黎青)

视窗

美国7胞胎喜庆10岁生日

　　1997年11月19日在美国爱荷华州,经剖腹产手术波比比预产期提前9周生下了4男3女7个婴儿,这是有史记载的世界第一例全部存活的7胞胎。"奇迹7胞胎"的降生轰动了全世界,美国《时代周刊》为他们做了一个特别专题,当时的美国总统克林顿亲自打电话表示祝贺。该州政府表示给7胞胎提供全额大学奖学金,并可到该州的任何大学免费上学。

　　7胞胎的诞生让波比和丈夫肯尼成了世界上最忙碌的人之一。尽管7个孩子同日出生,但性格各异,有的调皮;有的拘谨;有的爱开玩笑;有的则善解人意……生多胞胎是有健康风险的,纳森和亚历克西丝先天脑瘫,而纳塔莉和亚历克西丝在出生头几年则只能通过管道进食。现在纳森只需要少量协助就能四处活动,亚历克西丝使用助步器,只在上楼时需要帮助。现在,这些孩子基本上都恢复了健康,已成了父母的好帮手。

　　2007年7胞胎迎来了隆重的10岁生日庆祝派对,波比为每个孩子都准备了一份生日礼物,七胞胎同时吹灭10支蜡烛的场面着实欢腾热闹。NBC(美国国家广播公司)每年都来拍摄他们的生日。从他们以后,全世界又有另外两组7胞胎全都存活,其中一组出生于美国,另一组则出生于沙特阿拉伯。

第十九章

各　论

一、颜面发生

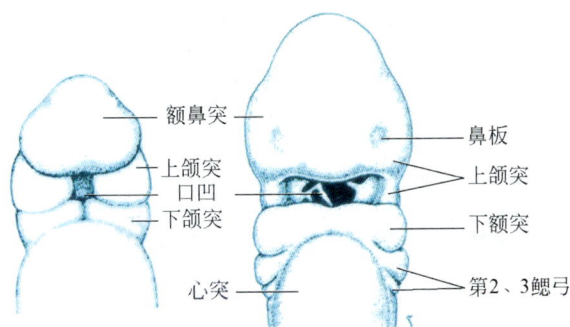

图 19-1　第 4 周人胚头部

人胚第 4 周时，胚盘由扁平状向腹侧卷折成为圆柱形。神经管头端迅速膨大形成脑泡（脑的原基）。脑泡腹侧间充质增生，胚体头部外观呈较大的圆形突起，称**额鼻突**（frontonasal process），位于口咽膜上方。同时，口咽膜下方的原始心脏发育长大并突起，称**心突**（heart process）（图 19-1）。

（一）鳃弓的发生和颜面的形成

1. 鳃弓的发生　在第 4 至第 5 周，约 22～29 天，头颈部两侧的间充质增生，形成背腹方向排列的柱状突起，左右对称，共有 6 对，**称鳃弓**（bronchial arch）。鳃弓外表面为表面外胚层，内表面为咽壁内胚层，中轴为间充质。相邻鳃弓之间的凹沟称为**鳃沟**（bronchial groove），共有 5 对。人的前 4 对鳃弓明显，第 5 对出现不久即消失，第 6 对很小，不明显。在鳃弓发生的同时，原始消化管头段（原始咽）两侧壁内胚层向外膨出，形成左右 5 对囊状结构，称**咽囊**（pharyngeal pouch），它们分别与 5 对鳃沟相对应，二者之间隔以薄层的**鳃膜**（bronchial membrane）（图 19-2）。鳃膜由鳃沟外胚层、咽囊内胚层及其之间的少量间充质构成。

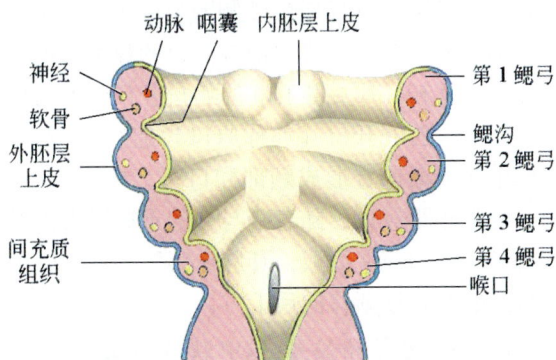

图 19-2　咽囊和鳃弓

鳃弓、鳃沟、鳃膜与咽囊统称为**鳃器**（bronchial apparatus）。人胚的鳃器存在时间短暂，是人胚种系发生的重演现象，其中鳃弓参与颜面与颈的形成，其间充质分化为肌组织、软骨和骨；咽囊内胚层则是多种重要器官的发生原基（后述）。

2. 颜面的形成　第一鳃弓出现后，其腹侧部分迅速分叉成为上下两支，分别称为**上颌突**（maxillary process）与**下颌突**（mandibular process）。左、右两侧下颌突很快在腹侧中线愈合，将口咽膜与心突分隔开。此时的胚体颜面由额鼻突、左右上颌突及左右已愈合的下颌突5个突起组成，这5个突起围起来，中央有一宽大的浅凹，称为**口凹**（stomodeum）（图19-1），即原始口腔，它的底部是**口咽膜**（buccopharyngeal membrane），将口凹与原始消化管隔开。口咽膜约在胚第24天破裂，原始口腔便与原始咽相通。

胚4周末，在额鼻突的下缘两侧，局部外胚层组织增厚形成左、右一对椭圆形的**鼻板**（nasal placode），第六周鼻板中央区凹陷形成**鼻窝**（nasal pit），其下方以一细沟与口凹相通。鼻窝的内、外侧缘隆起，分别形成**内侧鼻突**（median nasal process）和**外侧鼻突**（lateral nasal process）（图19-3）。外侧鼻突与上颌突之间有一浅沟，称**鼻泪沟**（nasolacrimal groove），是鼻泪管和泪囊的原基。

颜面的演化是从两侧向正中方

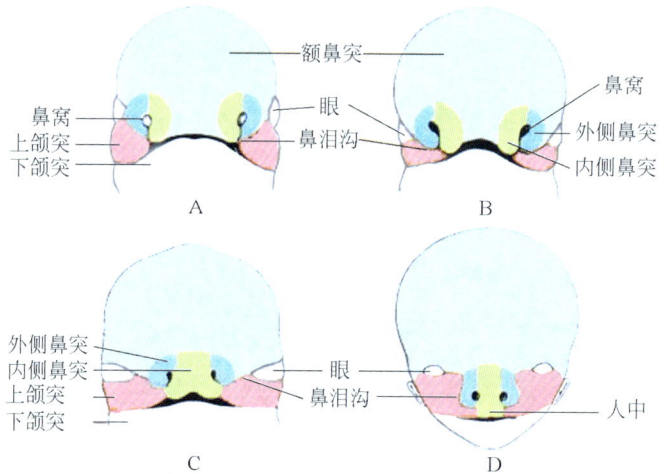

图19-3　颜面形成过程

向发展的。胚5周，左右下颌突向中线生长并融合，发育形成下颌与下唇。胚6周，左右内侧鼻突向中线生长并相互愈合，形成鼻梁、人中和上唇的正中部分。左右上颌突也向中线生长，并先后与外侧鼻突和内侧鼻突愈合，鼻窝与口凹间的细沟被填平，二者被分隔开。上颌突发育形成上颌以及上唇的外侧部分，内侧鼻突在中线合并形成包括人中在内的上唇正中部分，外侧鼻突发育形成鼻外侧壁与鼻翼。额鼻突发育形成前额和鼻根、鼻梁和鼻尖。随着鼻外部结构的形成，原来向前方开口的鼻窝转向下方，即为外鼻孔。鼻窝向深部扩大，形成原始鼻腔。起初，原始鼻腔和原始口腔仅隔菲薄的口鼻膜，该膜第7周破裂后二腔相通。

原始口腔的开口（亦称原口）起初很宽大，胚第2个月，随着同侧上、下颌突从外侧部向中线逐渐愈合形成颊部和口角，口裂变小，口凹加深。眼的发生最初是在额鼻突的外侧，两眼相距较远，随着脑与颅的迅速增大以及上颌与鼻的形成，两眼渐向中线靠拢。外耳道由第一鳃沟演变而成，耳廓由第一鳃沟周围的间充质形成。外耳的位置原本很低，随着下颌与颈的发育逐渐移向后上方。至第2个月末，胚胎颜面已初具人貌。

（二）咽囊的演变和甲状腺的发生

1. 咽囊的演变　原始咽由消化管头端的膨大部发育而成，为一左右较宽、背腹略扁、头宽尾细的漏斗状结构，其头端有口咽膜封闭，胚第4周口咽膜破裂，咽与原始口腔和原始鼻腔相通。在原始咽的侧壁有5对囊状突起称**咽囊**（pharyngeal pouch），分别与其外侧的鳃沟相对。随着胚胎的发育，咽囊演化出一些重要的器官（图19-4）。

第1对咽囊：内侧份向第一鳃沟伸长形成咽鼓管，外侧份膨大演化为中耳鼓室，第1鳃膜分化为鼓膜，第1鳃沟形成外耳道。

第2对咽囊：外侧份退化，内侧份及上皮下的间充质一起分化为腭扁桃体，其内胚层主

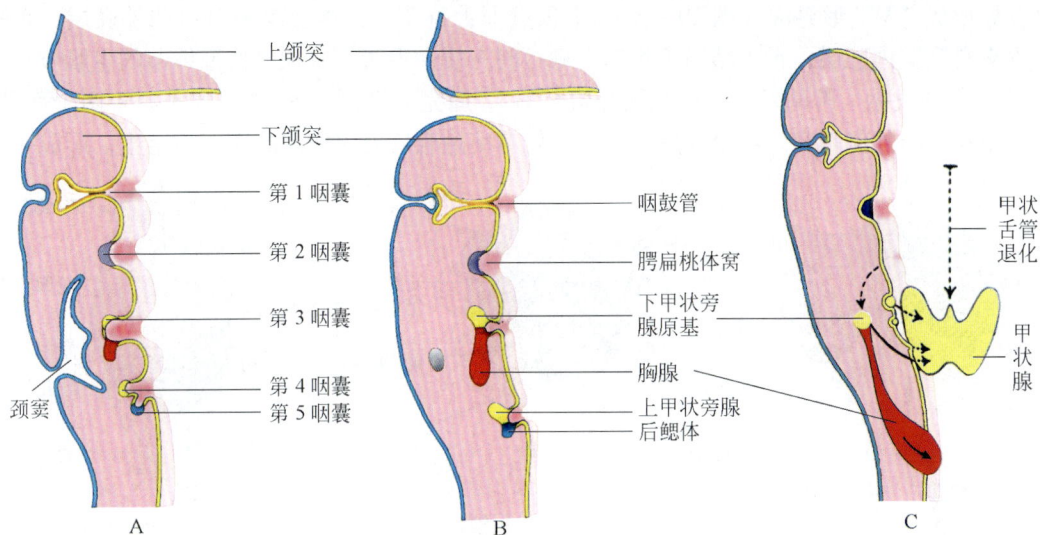

图 19 - 4　咽囊的演变和甲状腺的发生

A、B、C 示演变过程

要分化为扁桃体表面上皮，周围的间充质分化为扁桃体的淋巴组织。

第 3 对咽囊：腹侧份上皮细胞增生，形成左右两条细胞索，向尾侧延伸，在胸骨柄后方合并形成胸腺原基，以后细胞索根部退化而与咽囊脱离，若不退化，可形成副胸腺。胸腺原基的上皮细胞分化为胸腺上皮细胞；背侧份上皮细胞增生，下移至甲状腺原基背侧，形成下一对甲状旁腺。

第 4 对咽囊：腹侧份细胞退化，背侧份上皮细胞增生，迁移至甲状腺原基背侧，分化成上一对甲状旁腺。

第 5 对咽囊很小，形成一细胞团，称后鳃体，其部分细胞迁入甲状腺内，分化为滤泡旁细胞。也有人认为，滤泡旁细胞由迁移来的神经嵴细胞分化而来。原始咽的其余部分形成咽，其尾端移行于食管。

2. 甲状腺的发生　胚 4 周初，在原始咽底壁正中线（相当于第 1 对咽囊平面），内胚层上皮细胞增生，向间充质内下陷形成一盲管，称**甲状舌管**（thyroglossal duct），即甲状腺原基。它沿颈部正中向尾侧延伸、下降，末端向两侧膨大生长，形成甲状腺的侧叶。第 7 周时，甲状舌管的上段退化消失，最后仅在起始处残留一浅凹，称**舌盲孔**（foramen caecum）。第 11 周时，甲状腺滤泡出现，不久即开始分泌甲状腺素。

（三）舌、腭的发生

1. 舌的发生　第 4 周末，第 1 对鳃弓内侧面间充质细胞增生，于咽底后方正中形成一个较小的突起为**奇结节**（tuberculum impar），或称为正中舌芽。第 5 周初，在奇结节前方两侧各形成 1 个较大的突起，称为**外侧舌突**（lateral lingual swelling），或称远侧舌芽。两个外侧舌突膨大生长迅速，越过奇结节并在中线愈合形成舌体的大部分（舌体的前 2/3），奇结节仅形成舌盲孔前方舌体的很小部分。由第 2、3、4 鳃弓腹内咽底中部间充质增生，凸向咽腔，形成联合突。联合突前部发育为舌根（舌体的后 1/3），后部形成会厌。舌体与舌根的愈合处形成"V"形界沟（图19-5），沟顶点即舌盲孔。舌体上皮来自口凹外胚层，舌根上皮来自咽壁内胚层，舌内结缔组织来自鳃弓间充质，舌肌主要来自枕部体节的生肌节。

2. 腭的发生　腭的发生从第5周开始至第12周完成（图19-6）。腭来源于两个部分，即正中腭突与外侧腭突。约第6周，左右内侧鼻突融合后处内侧面的间充质增生，形成一个

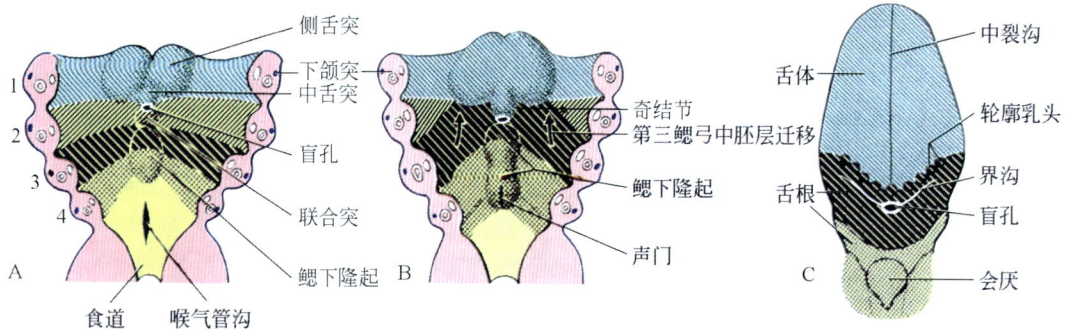

图19-5　舌的发生

突向原始口腔的小三角形突起，称**正中腭突**（median palatine process）或称原发腭，将形成

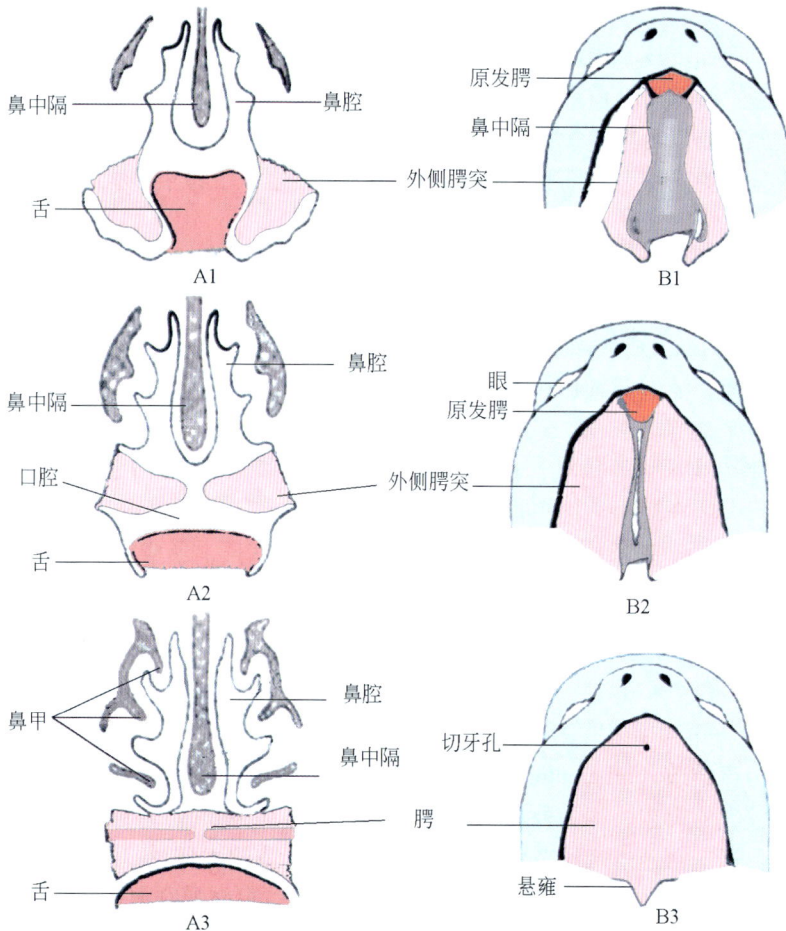

图19-6　腭的发生和鼻腔的分隔

腭前部的小部分。约在第6~7周，左、右上颌突内侧面间充质增生，向原始口腔内长出一对扁平突起，称**外侧腭突**（lateral palatine process）或称继发腭，它们在中线愈合，演变为腭的大部分，左、右上颌突的前缘与正中腭突汇拢愈合，其连接处残留一小孔，即**切齿孔**（incisive forman）。以后，腭前部骨化为**硬腭**（hard palate），后部则为**软腭**（soft palate）。软腭后缘正中部组织增生并向后方突出，形成悬雍垂。

（四）鼻腔的发生

腭的形成将原始口腔与原始鼻腔再次分隔开，形成永久的口腔与鼻腔。鼻腔在腭的后缘与咽相通，即为后鼻孔。伴随腭的形成，额鼻突和内侧鼻突的外胚层、中胚层组织增生，在形成鼻梁和鼻尖的同时，并向原始鼻腔正中形成鼻中隔，向下垂直生长，其下缘与腭在中线愈合，形成左右鼻腔。与此同时，每一鼻腔侧壁还形成三个嵴状皱襞，分别构成上、中、下三个鼻甲（图19-6A1~A3）。

（五）颜面和口腔的常见畸形

1. 唇裂　**唇裂**（cleft lip）是最常见的颜面畸形（图19-7），多见上唇，可见位于人中外侧的垂直裂隙，多因上颌突与同侧内侧鼻突未愈合所致。唇裂多为单侧，也可见双侧者。正中唇裂较少见，如果内侧鼻突发育不良，可致人中缺损，则见正中宽度唇裂；如果左、右内侧鼻突未愈合或两侧下颌突未愈合，可分别形成上唇或下唇的正中唇裂。唇裂可伴有腭裂和牙槽突裂。

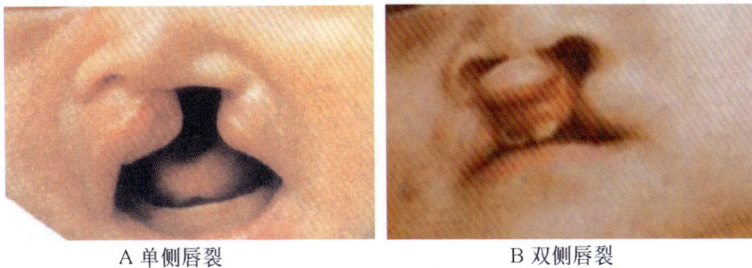

A 单侧唇裂　　　　　　　　　　B 双侧唇裂

图19-7　唇裂（A 单侧唇裂　B 双侧唇裂）

2. 面斜裂　**面斜裂**（oblique facial cleft）裂隙多位于下睑内眦与上唇口角之间，系因上颌突与同侧外侧鼻突未愈合所致。

3. 腭裂　**腭裂**（cleft palate）较常见，有多种类型（图19-8）。正中腭裂是由左、右外侧腭突未愈合所致；前腭裂为正中腭突与外侧腭突未愈合而形成（单侧或双侧，常伴发

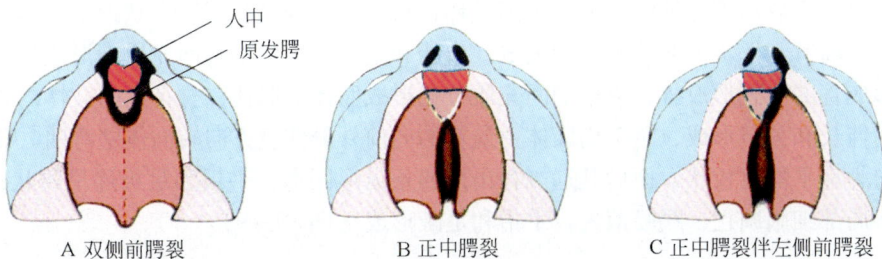

人中
原发腭

A 双侧前腭裂　　　　　　　　B 正中腭裂　　　　　　　　C 正中腭裂伴左侧前腭裂

图19-8　腭裂

唇裂）；两者复合存在为全腭裂，多伴有唇裂。

二、颈的形成和四肢的发生

（一）颈部的发生

颈部由第2、3、4和第6对鳃弓发育而成。第5周时，第二对鳃弓生长迅速，向尾侧延伸并越过第3、4、6对鳃弓，与下方心突的上缘隆起即心上嵴融合（图19-4）。心上嵴是心突上缘的间充质增生向头端长出的嵴状突起。当二者愈合后，它们与第2、3、4鳃沟之间出现了一个封闭的间隙称**颈窦**（cervical sinus）（图19-4）。颈窦很快闭锁消失。由于鳃弓与心上嵴的生长、食管和气管的伸长、心脏位置的下降，颈逐渐延长成形。

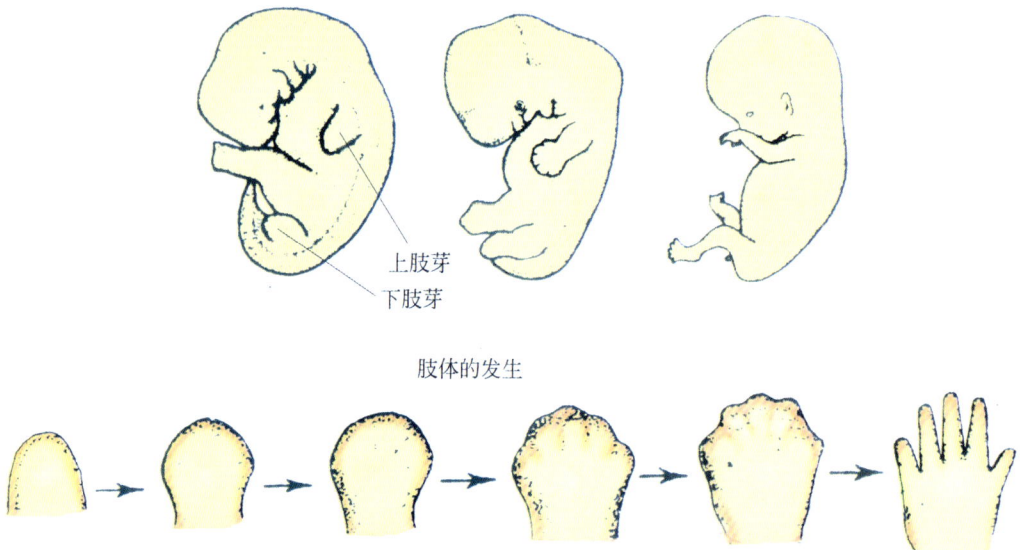

上肢芽
下肢芽

肢体的发生

手的形态演变

图19-9　四肢发生

（二）四肢的发生

第4周末，于胚体左右外侧体壁先后出现上下两对小突起，即**上肢芽与下肢芽**（upper and lower limb buds），它们由深部增殖的中胚层组织和表面外胚层构成（图19-9）。肢芽逐渐增长变粗，先后出现近端和远端两个缩窄环，将每一肢芽分为三段。从近端至远端，上肢芽分为臂、前臂和手，下肢芽被分为大腿、小腿和足。肢体中轴的间充质先形成软骨，继而以软骨形成骨的方式形成骨；周围的间充质分化形成肢体的肌群，脊神经向肢体内长入，随着肢体的伸长和关节形成，第7周肢体由最初的向前外侧伸直方向转向体壁弯曲。肢体的手和足起初为扁平的浆板状，而后其远端各出现四条纵形凹沟，手板和足板逐呈蹼状；至第8周，由于局部细胞凋亡，蹼膜消失，手指和足趾形成（图19-9）。

（三）颈、四肢的常见畸形

1. 颈的常见畸形　颈囊肿和颈鳃瘘：颈窦若未完全闭锁消失，就会在胸锁乳突肌前缘处留有封闭的**颈囊肿**（cervical cyst）；若颈囊肿有开口与咽腔（内口）或体表（外口）相通，则形成**颈鳃瘘**（cervical fistula）。

2. 四肢常见畸形　常见有三种类型：①无肢畸形，表现为肢体缺如，或局部缺如，如无肢体，或无前臂，或无手等，下肢亦然。②短肢畸形，如海豹肢，表现为四肢短小，手或足直接长在肢体或躯干上。③四肢发育障碍，如并肢、并指（趾）、多指（趾）、单块肌肉或肌群的缺如、关节发育不良、骨畸形、马蹄内翻足等等（图 19 - 10，20 - 1）。

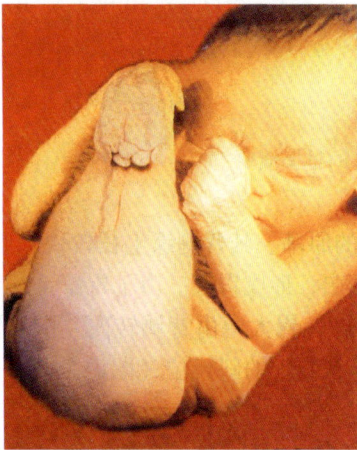 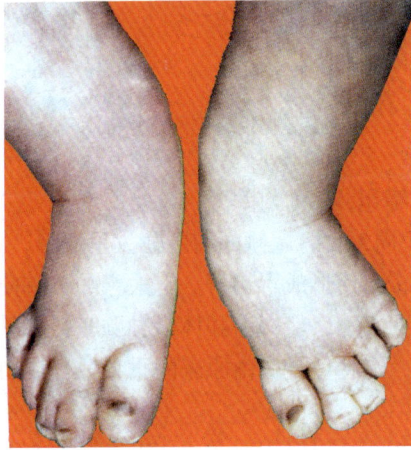

A 并肢　　　　　　　　　　　　　B 并趾

图 19 - 10　四肢畸形

三、消化系统和呼吸系统的发生

第 3 周末，由于三个胚层发育速度不均衡状，扁平的胚盘逐渐形成了圆柱体，卵黄囊顶部的内胚层被卷入胚体内，形成一条头尾方向纵行的封闭管道，称为**原始消化管**（primitive gut）或叫原肠，将演变为消化系统及呼吸系统的原基。原肠的头、尾端有口咽膜和泄殖腔膜封闭，两膜分别在第 4 周和第 8 周破裂消失。原始消化管从头至尾端分为三段，即**前肠**（foregut）、**中肠**（midgut）和**后肠**（hindgut）（图 19 - 11）。前肠主要分化为咽、食管、胃、十二指肠上段、肝、胆、胰以及喉及其以下的呼吸道、肺、胸腺、甲状腺及甲状旁腺等器官；中肠腹侧与卵黄囊相通，以后卵黄囊逐渐变细成卵黄蒂于第 6 周闭锁消失。中肠主要分化为十二指肠中段至横结肠右 2/3 部的肠管；后肠主要分化为从横结肠左 1/3 部至肛管上段的肠管。消化管、呼吸道以及腺体的上皮大多来自内胚层，结缔组织和肌组织则来自脏壁中胚层。

（一）原始消化管的发生及演变

1. 食管和胃的发生　食管由原始咽尾端至胃之间的一段前肠分化而成。第 4 周时，食管为一短管，以后随着颈部的形成和肺部器官的发育而下降并迅速伸长。其上皮由单层增生为复层，致使管腔一度闭锁，第 8 周增生的上皮退化，管腔重现。周围的脏壁中胚层分化为

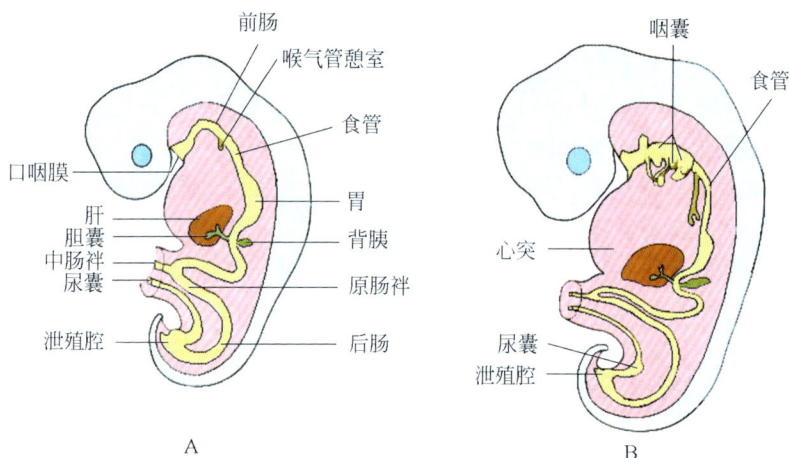

图 19 – 11　原始消化管的早期演变

食管壁的结缔组织、肌组织。

　　第 4~5 周，食管尾侧的前肠膨大呈梭形，为胃的原基。其背侧缘生长较快，形成胃大弯，腹侧缘生长较慢，形成胃小弯。胃大弯的头端向上膨出，形成胃底。由于胃背系膜发育快并突向左侧形成网膜囊，使胃沿胚体纵轴顺时针旋转了 90°，胃大弯由背侧转向左侧，胃小弯由腹侧转向右侧，胃的位置也由原来的垂直位变成由左上至右下的斜行位（图19 – 12）。

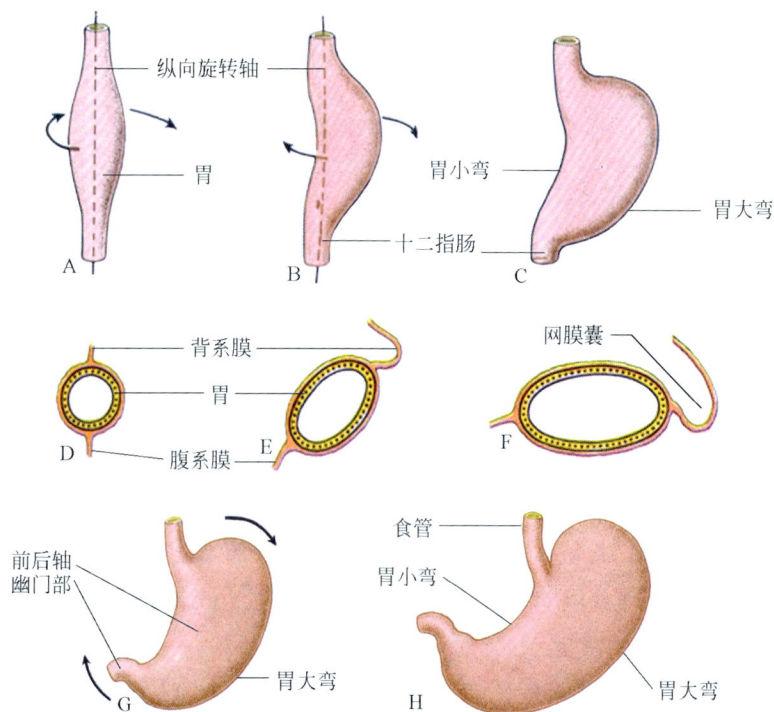

图 19 – 12　胃的形成和旋转

2. 肠的发生　肠是由胃以下的原始消化管分化而成，各段肠管的形成与中肠的演变、旋转和固定密切相关。肠起始为一直管，以背系膜连于腹后壁。第 5 周后，由于其增长速度较快，致使肠管向腹部弯曲形成"U"字形袢，称**中肠袢**（midgut loop）。肠系膜上动脉行于中肠袢背系膜的中轴部分。中肠袢顶端连于卵黄蒂，并以此为界分为头、尾两支。尾支近卵黄蒂处有一囊状突起，称**盲肠突**（caecal bud），是盲肠和阑尾的原基，亦是大肠与小肠的分界线。

肠袢生长迅速，至第 6 周时，由于肝、肾的发育，腹腔容积相对较小，致使肠袢突入脐带中的胚外体腔，即**脐腔**（umbilical coelom），形成生理性脐疝。肠袢在脐腔中生长的同时，以肠系膜上动脉为轴发生 90° 逆时针旋转（从腹面观），从原来的矢状位变成了水平位（图 19 - 13），故肠袢的头支转至右侧，尾支转至左侧。

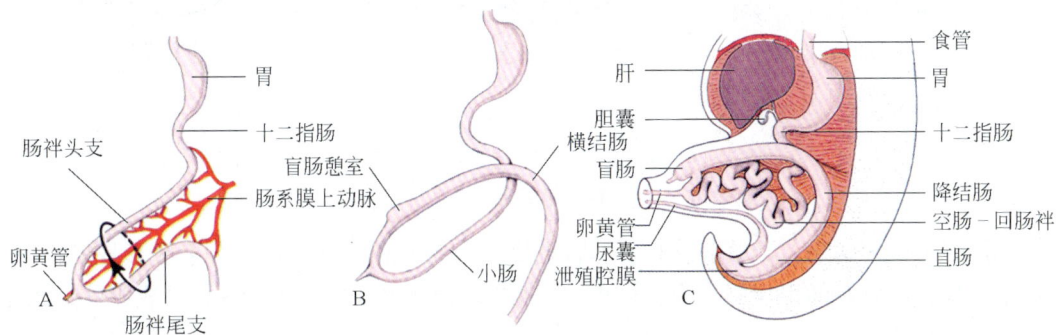

图 19 - 13　中肠的旋转（左侧观）

第 10 周，腹腔容积增大，肠袢从脐腔退回腹腔，脐腔闭锁。在肠袢返回腹腔的过程中，头支在先，尾支继后，逆时针方向再旋转 180°，使头支转至左侧，尾支转至右侧。头支演变为空肠和回肠的大部分，位居腹腔的中部；尾支主要演化为结肠，位居腹腔的周边。盲肠突憩室最初位于肝下，以后下降到右髂窝，其近侧段形成盲肠，远侧段形成阑尾。随之形成升结肠、横结肠、降结肠，其尾端移向中线形成乙状结肠。

3. 直肠的发生与泄殖腔的分隔　后肠的末段膨大部称**泄殖腔**（cloaca），其腹侧与尿囊相连，末端有泄殖腔膜封闭。第 6 ～ 7 周，后肠与尿囊之间的间充质增生，形成**尿直肠隔**（urorectal septum）。它向尾端生长并与泄殖腔膜愈合，将泄殖腔纵隔成背侧的原始直肠和腹侧的**尿生殖窦**（urogenital sinus）。泄殖腔膜也被相应的分为腹侧的**尿生殖膜**（urogenital membrane）和背侧的**肛膜**（anal membrane）（图 19 - 14）。尿生殖窦将参与泌尿生殖管道的形成，原始直肠将分化为直肠和肛管上段。肛管上段的上皮来源于内胚层，肛膜外方外胚层内陷形成**肛凹**（anal pit），第 8 周时，肛膜破裂，肛凹加深演化为肛管下段。肛管上、下段的分界线为齿状线。

(二) 消化腺的发生及演变

1. 肝与胆的发生　第 4 周初，前肠末端腹侧壁的内胚层上皮增生，形成一囊状突起，称**肝憩室**（hepatic diverticulum），其生长迅速并伸入到原始横膈内演变为肝和胆。憩室的末端膨大，分头、尾两支（图 19 - 15A）。头支是形成肝的原基，该支细胞迅速增生，形成树枝样的分支，近端分化为肝板和肝内胆管上皮，末端分支旺盛形成肝细胞索，并吻合成肝板

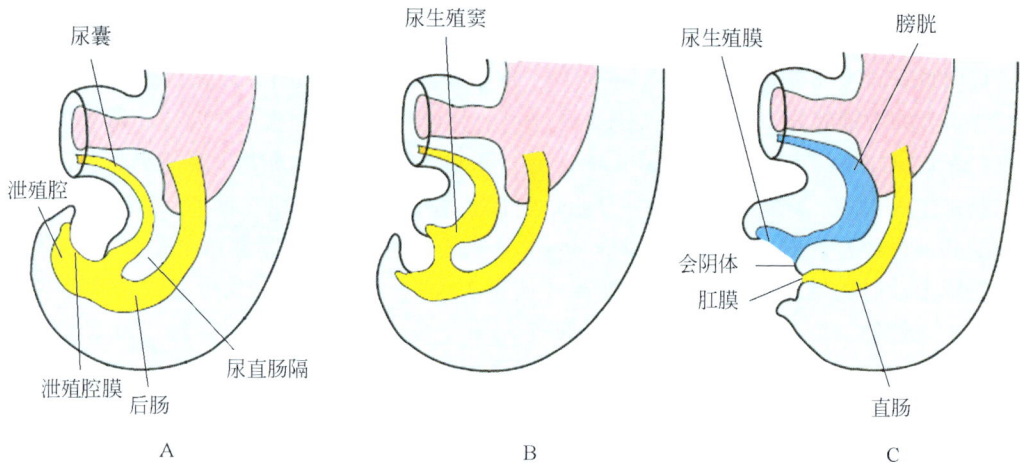

图 19 - 14　泄殖腔的分隔
A→C 示演变过程

网，网间隙形成肝血窦。卵黄静脉和脐静脉也反复分支并相互吻合，在肝索间形成肝血窦。大约第 6 周，肝细胞间出现胆小管，第 9 ~ 10 周出现肝小叶，第 3 个月开始合成胆汁，胚胎肝还有造血功能。

　　肝憩室的尾支较小，形成胆囊及胆道的原基。其近端伸长形成胆囊管，远端扩大形成胆囊。肝憩室的基部伸长发育为胆总管，并与胰腺导管合并，开口于十二指肠（图 19 - 15）。

　　2. 胰的发生　第 4 周末，前肠末端近肝憩室处，内胚层细胞增生，形成两个突起，一个位于腹侧称**腹胰芽**（ventral pancreas bud），另一个位置稍高、较大，位于背侧称**背胰芽**（dorsal pancreas bud），它们分别是腹胰和背胰的原基（图 19 - 15）。两个胰芽的上皮细胞增生并反复分支，形成各级导管及其末端的腺泡。一部分上皮细胞游离进入间充质，分化为胰岛。由于胃和十二指肠的旋转及肠壁的不均等生长，致使腹胰由腹侧转向右侧，背胰从背侧转向左侧，进而腹胰移至背胰的下方并与之融合，形成胰头下半部，背胰形成胰头上半部、胰体和胰尾。腹胰和背胰的导管远侧段构成主胰管，主胰管和胆总管汇合开口于十二指肠大乳头。背胰导管近侧段退化消失，若不退化则形成副胰管。

（三）喉、气管、支气管及肺的发生

　　呼吸系统仅有鼻腔上皮由表面外胚层构成，其他器官的上皮均来自原始消化管的内胚层。

　　第 4 周，原始咽尾端底壁正中出现一纵行浅沟，称为**喉气管沟**（laryngotracheal groove），此沟逐渐加深，从尾端向头端愈合，形成一长形盲囊，称**喉气管憩室**（laryngotracheal diverticulum）。喉气管憩室位于食管的腹侧，与食管间有间充质增生形成的气管食管隔。喉气管憩室的上端开口于咽，此端发育为喉，中段发育为气管，末端膨大并分为左、右两支，称肺芽，是支气管和肺的原基。肺芽呈树枝状反复分支，第 24 周时已达 17 级，分别形成了肺叶、肺段支气管以及呼吸性细支气管、肺泡管和肺泡囊（图 19 - 16）。第 28 周时，肺泡数量增多，肺泡上皮除 I 型肺泡细胞外，还出现了 II 型肺泡细胞，并开始分泌表面活性物质。

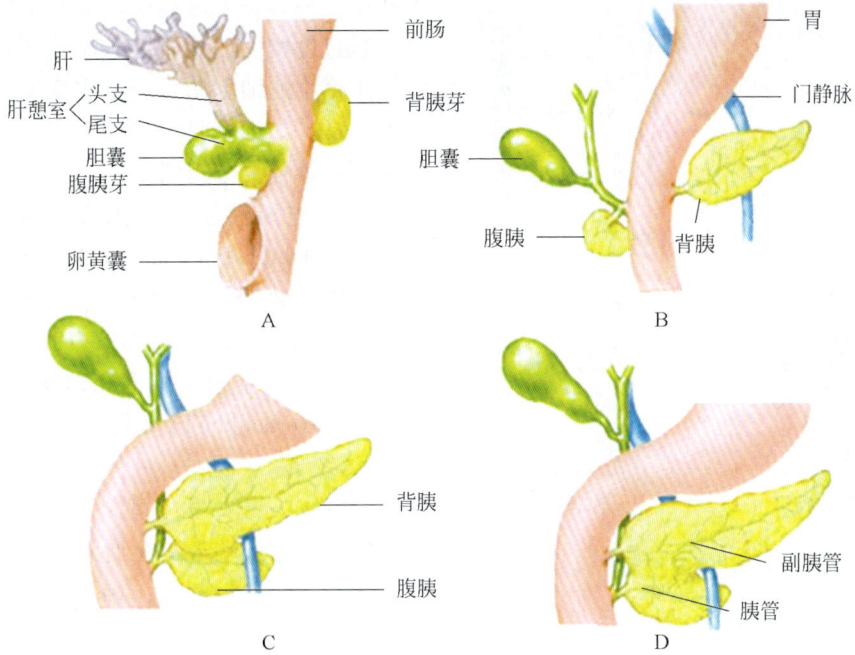

图 19-15　消化腺的发生及演变

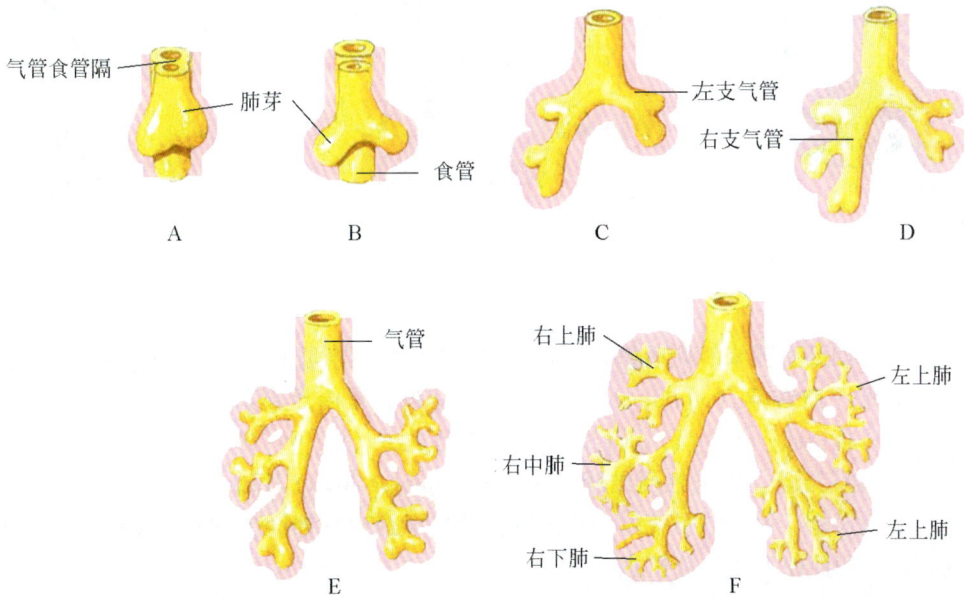

图 19-16　呼吸系统的发生
A→F 示发生过程

此时肺内血液循环完善，胎儿出生可进行呼吸，故妊娠 7 个月的胎儿出生后能够存活。

（四）消化系统和呼吸系统的常见畸形

1. 消化管狭窄或闭锁　**消化管狭窄或闭锁**（gut stenosis or atresia）主要见于食管和十二

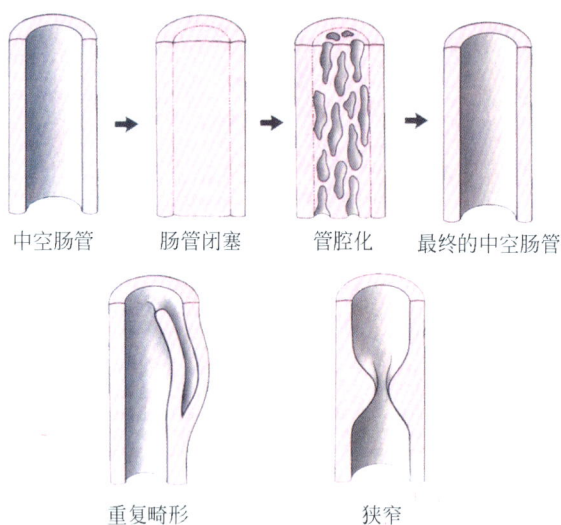

中空肠管　　肠管闭塞　　管腔化　　最终的中空肠管

重复畸形　　　　　狭窄

图 19-17　消化管狭窄及重复畸形发生示意图

指肠，在其发生过程中，上皮细胞曾一度出现过度增生而使管腔狭窄或闭锁。随后过度增生的细胞凋亡，上皮变薄，管腔恢复正常。如细胞凋亡过程没有发生，则引起消化管狭窄或闭锁。

2. 先天性脐疝　**先天性脐疝**（congenital umbilical hernia）由于肠袢未从脐腔返回腹腔或脐腔未闭锁，当腹压增高时，肠管可从脐部膨出（图19-18A。）

3. 麦克尔憩室　**麦克尔憩室**（Meckel's diverticulum）又称回肠憩室，为消化系统最常见的一种畸形，发生率2%~4%，男女发生率之比为3:1，是由于卵黄蒂的近端未退化所致。典型的麦克尔憩室呈囊状突起，多位于距回盲部

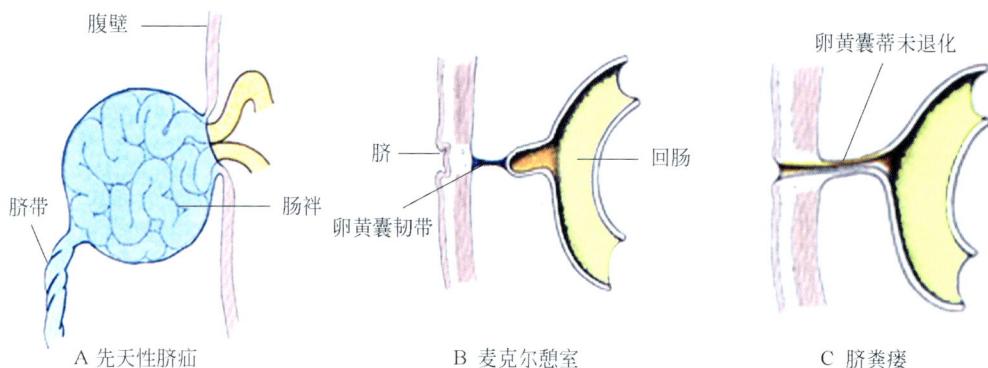

腹壁

脐带　　　　　　　　　肠袢

A 先天性脐疝

脐　　　　　　　回肠

卵黄囊韧带

B 麦克尔憩室

卵黄囊蒂未退化

C 脐粪瘘

图 19-18　肠管先天畸形

40~50cm处的回肠系膜缘对侧肠壁上。其顶端可有纤维索与脐相连（图19-18B）。

4. 脐粪瘘　**脐粪瘘**（umbilical fistula）又称脐瘘，是由于卵黄蒂未退化而成为一条细管，使肠管与脐相通，出生后，肠管内容物可由此溢出（图19-18C）。

5. 先天性巨结肠　**先天性巨结肠**（congenital megacolon or Hisschsprung's disease）是由于神经嵴细胞未能迁移至结肠壁内，使该段肠壁缺少副交感神经节细胞，肠壁失去收缩力，肠腔内容物淤积而使上段肠管扩张。

6. 肛门闭锁与直肠闭锁　**肛门闭锁**（imperforate anus）又称不通肛，多发生于男胎，是由于肛膜未破或肛凹与直肠末端未相通所致（图19-19）。尿直肠隔向背侧的偏移可导致直肠闭锁，常伴有各种直肠瘘。如直肠尿道瘘、直肠阴道瘘、直肠膀胱瘘、直肠会阴瘘（图19-20）。

7. 肠袢转位异常　**肠袢转位异常**（abnormal rotation of the midgut loop）中肠袢从脐腔退回腹腔时，应逆时针方向旋转180°。如果未发生旋转、转位不全或反向转位，就会形成各

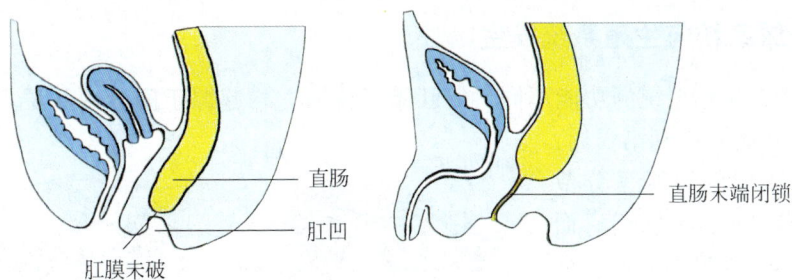

图 19 – 19 肛门闭锁

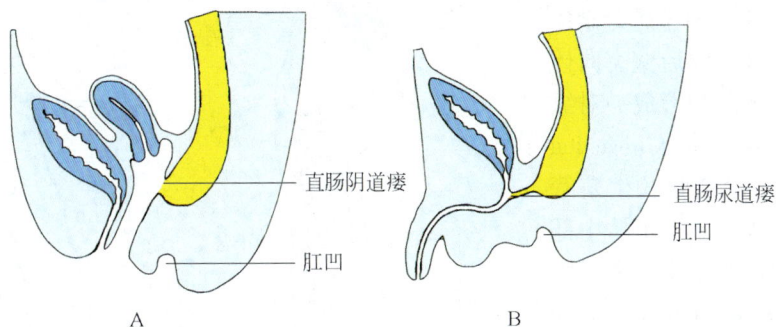

图 19 – 20 直肠瘘

种各样的消化管异位，并常伴有心、肝、脾、肺等器官的异位。

8. 气管食管瘘 **气管食管瘘**（tracheoesophageal fistula）因气管食管隔发育不良，导致气管与食管分隔不完全，两者间有瘘管相通，常伴有食管闭锁（图 19 – 21）。

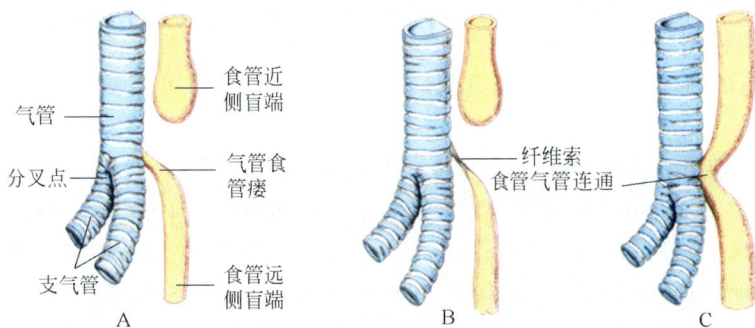

图 19 – 21 气管食管瘘

9. 透明膜病 **透明膜病**（hyaline membrane disease）多见于早产儿。由于 II 型肺泡细胞分化不良，不能分泌表面活性物质，致使肺泡表面张力增大，不能随呼吸运动而扩张。镜下可见肺泡萎缩塌陷，间质水肿，肺泡上皮表面覆盖一层从血管渗出的透明状血浆蛋白膜，故称透明膜病。

（郑邦英）

四、泌尿系统与生殖系统发生

泌尿系统与生殖系统的功能不同，但胚胎发生时，均起源于**间介中胚层**（intermediate mesoderm）。胚胎发生到第 3 周，颈部间介中胚层的组织呈分节状，称**生肾节**（nephrotome），而其余部分在体节外侧形成两条纵行的索状结构，称**生肾索**（nephrogenic cord）（图 19 - 22A）。第 4 周末，由于生肾索体积不断增大，从胚体后壁突向体腔，在背主动脉两侧形成一对纵行隆起，称**尿生殖嵴**（urogenital ridge），是肾、生殖腺及生殖管道的原基。不久，尿生殖嵴中部出现一条纵沟，将尿生殖嵴分为外侧的**中肾嵴**（mesonephric ridge）和内侧的**生殖腺嵴**（gonadal ridge）（图 19 - 22B）。

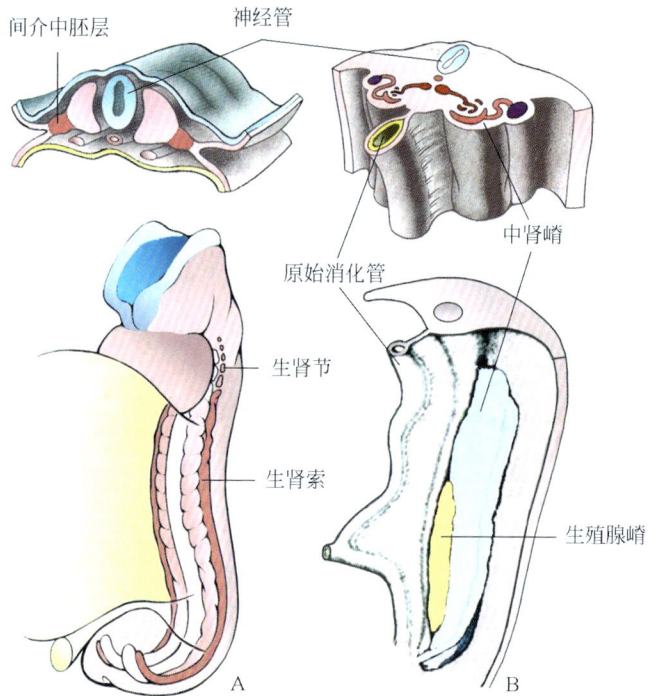

图 19 - 22   泌尿系统与生殖系统发生的原基
A 胚胎发生第 23 天   B 胚胎发生第 26 天

（一）泌尿系统的发生

1. 肾和输尿管的发生   胚胎发生中，先后出现三套排泄器官，即前肾、中肾和后肾。由前肾经中肾到后肾的演化，重演了种系进化的过程，结构也由简单到复杂，最终后肾保留下来，形成永久肾。

（1）前肾：**前肾**（pronephros）发生于胚胎第 4 周初，在第 7～14 对体节外侧的生肾节处先后共发生 7～8 对小管，称**前肾小管**（pronephric tubule）。前肾小管一端通向胚内体腔，另一端弯向尾侧，与相邻的前肾小管连通，形成一条纵行管道，称**前肾管**（pronephric duct）。前肾小管的发生不同步，尾端的一对新生小管出现时，头端的小管已开始退化。人胚胎前肾存在时间很短，第 4 周末，最后发生的前肾小管也将退化，但前肾管的大部分保留，并继续向胚体尾端延伸，成为中肾管（图 19 - 23）。人类前肾无功能意义。

（2）中肾：**中肾**（mesonephros）发生于胚胎第 4 周，当前肾小管尚未完全消失时，中肾小管已开始发生。中肾小管首先于第 14 对体节外侧的生肾索内形成许多单层立方上皮构成的横行小管，称**中肾小管**（mesonephric tubule）。中肾小管向胚体尾端发展增多，总数可达 80 对左右。

中肾小管呈"S"形弯曲，内侧端膨大并凹陷形成肾小囊，囊内有从背主动脉分支而来的毛细血管球，即肾小球，两者共同构成肾小体。外侧端与向尾侧延伸的前肾管相吻合。当中肾小管通入前肾管时，前肾管改称**中肾管**（mesonephric duct）或称**吴夫氏管**（Wolffian duct），中肾管向胚体尾端继续延伸，直至通入泄殖腔（图 19 – 23 ~ 24）。

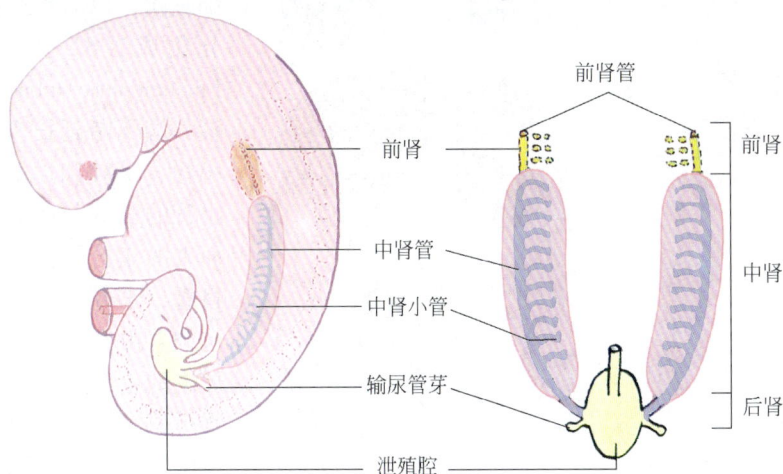

图 19 – 23 前肾、中肾、后肾发生示意图

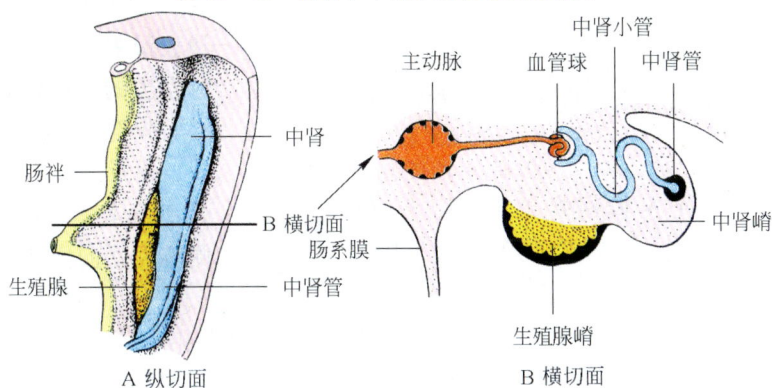

图 19 – 24 中肾的发生

胚胎发育到第 8 周，头端的中肾小管开始退化，而尾端则仍继续发生，到第 9 周大部分都退化，仅留中肾管及尾端的中肾小管。中肾小管在男性形成生殖管道的一部分，在女性仅残留一小部分，成为附件。中肾在胚胎早期已具有一定的排泄功能。

（3）后肾：**后肾**（metanephros）发育为成体的永久肾。胚胎发育到第 4 周末，当中肾还在发育中时，后肾即开始形成。后肾起源于中胚层的输尿管芽和生后肾原基（图 19 – 25A）。

输尿管芽：在中肾管末段通入泄殖腔处，其管壁向外突出形成一个小盲管，称**输尿管芽**（ureteric bud）。输尿管芽向胚体颅、背侧方向迅速延伸，并长入胚体尾部生肾索的中胚层组织中。输尿管芽经反复分支，逐渐演变为输尿管、肾盂、肾盏和集合小管（图 19 – 25B）。

生后肾原基：在输尿管芽的诱导下，胚体尾端生肾索的细胞密集，呈帽状包围在输尿管芽的末端，形成后肾组织帽，称**生后肾原基**（metanephrogenic blastema）。生后肾原基的外周

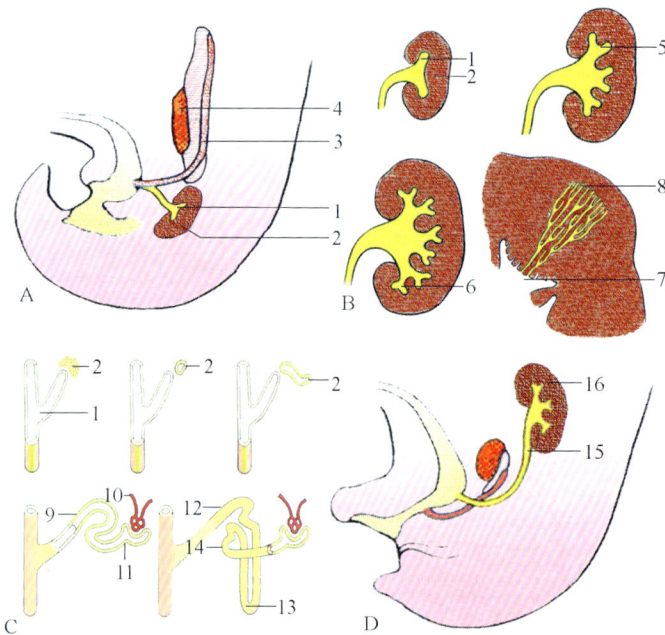

图 19-25　后肾的发生

A 生后肾原基—输尿管芽和生后肾组织　B 输尿管芽的演变
C 肾单位的发生　D 肾脏的上升

1. 输尿管芽　2. 生后肾组织　3. 中肾管　4. 生殖腺嵴　5. 肾盂
6. 肾大盏　7. 肾小盏　8. 集合小管　9. 肾小管　10. 肾小球 11. 肾
小囊　12. 远端小管　13. 髓袢　14. 近端小管　15. 输尿管　16. 肾

部分形成肾的被膜及肾内结缔组织，内部开始是一些实体的细胞团，以后每个细胞团逐渐分化成"S"形的**后肾小管**（metanephric tubule），后肾小管一端不断延长弯曲形成近端小管、髓袢和远端小管。远端小管的末端与由输尿管芽分化而来的集合管接通，另一端为盲囊，末端凹陷形成肾小囊，包绕着由肾动脉的细小分支所形成的毛细血管球，共同构成肾单位（图 19-25C）。近髓肾单位发生较早，随着集合小管末端不断向皮质浅层生长并分支，继续诱导生后肾原基形成浅表肾单位（图 19-26）。后肾发生的原始位置较低，随着胚胎腹部生长和输尿管芽的伸展，后肾约从第 28 对体节处上升 4 个体节，肾门也由朝向腹侧转为朝向内侧，固定为永久位置（图 19-25D）。

2. 膀胱和尿道的发生　膀胱和尿道起源于泄殖腔，人胚胎第 4~7 周时，由于**尿直肠隔**（urorectal septum）向尾侧延伸，将泄殖腔分隔成背侧的直肠和腹侧的尿生殖窦。泄殖腔被分隔后，泄殖腔膜也被分成背侧的肛膜和腹侧的**尿生殖窦膜**（urogenital sinus membrane）。

膀胱和尿道由尿生殖窦演变而来。尿生殖窦可分三段：①上段：发育为膀胱，其顶端与尿囊相接，两侧有中肾管的开口，随着膀胱的扩大，输尿管起始部以下的一段中肾管逐渐并入膀胱，成为膀胱后壁的一部分，并导致输尿管与中肾管分别开口于膀胱。并入膀胱的中肾管在膀胱壁上形成一个三角区，称膀胱三角（图 19-27）。从膀胱顶到脐之间的一段尿囊称**脐尿管**（urachus），在胎儿出生前退化成纤维索，称脐中韧带。②中段：保持管状，在女性形成尿道，在男性成为尿道的前列腺部和膜部。由于肾向颅侧迁移等因素的影响，使输尿管开口移向外上方，而中肾管的开口在男性下移至尿道前列腺部。在女性，其通入尿道的部位退化。③下段：在男性形成尿道海绵体的大部，女性则扩大成阴道前庭。

（二）泌尿系统常见畸形

泌尿系统的畸形较多见，约有 3%~4% 的人有肾或输尿管的先天性畸形

1. 肾脏发育异常

（1）**多囊肾**（polycystic kidney）：一种常见畸形。由于生后肾原基发生的肾单位未与集合小管接通，尿液不能排出。肾单位因尿液积聚而胀大成囊状，故称多囊肾。多囊肾的囊泡多少与大小存在着很大的差异，其中的大囊泡是由数个小囊融合而成（图 19 – 28A）。多囊肾的成因有两种说法：一种认为由于集合小管发育异常，管腔阻塞；另一种认为由于集合小管与远端小管未接通，但两种说法的共同结果都是使尿液积聚在肾小管内。多囊肾对机体的危害与管腔阻塞的数量成正相关。

（2）**异位肾**（ectopic kidney）：胚胎发育时，肾脏上升的程度和方向发生异常所致。在异位生长的肾统称异位肾，但其位置与形态有很大的差异，故可根据结果进行分类：①**骨盆肾**（pelvic kidney）：后肾未上升停留在盆腔内（图 19 – 28B1）。这类畸形的患者肾功能可完全正常，无任何症状。②**马蹄肾**（horse - shoe kidney）：较常见的一种异位肾，发生的原因是两肾下端异常融合，形成一个马蹄形的大肾，由此造成肾的上升受肠系膜下动脉根部的阻拦，导致肾的最终位置较正常低（图19 – 28B2）。③**单侧两肾**（unilateral double kidney）：后肾发生时，一侧的输尿管芽伸向对侧的生后肾原基的下端，诱导对侧的生后肾原基又形成一个肾脏。

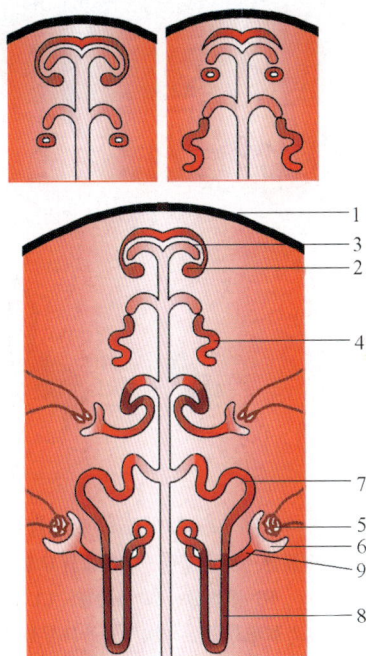

图 19 – 26　肾单位的发生

1. 肾被膜　2. 生后肾组织　3. 集合小管 4. 后肾小管　5. 肾小球　6. 肾小囊 7. 远端小管　8. 髓袢　9. 近端小管

（3）**肾阙如**（agenesis of kidney）：中肾管未长出输尿管芽，或输尿管芽未能诱导生后肾原基分化形成后肾。两侧肾阙如者少见，但单侧肾缺如的发生率却占出生婴儿的1/1000，由于功能上的代偿可无任何症状，因此决不能凭猜测判断任何一个人有两个肾。

2. 输尿管发育异常　常见的是双输尿管和双肾盂，由于同侧发生两个输尿管芽，或输尿管在增殖过程中发生分支，形成两条输尿管和两个肾盂，但它们的肾脏多半相连（图19 – 28C）。

3. 膀胱发育异常

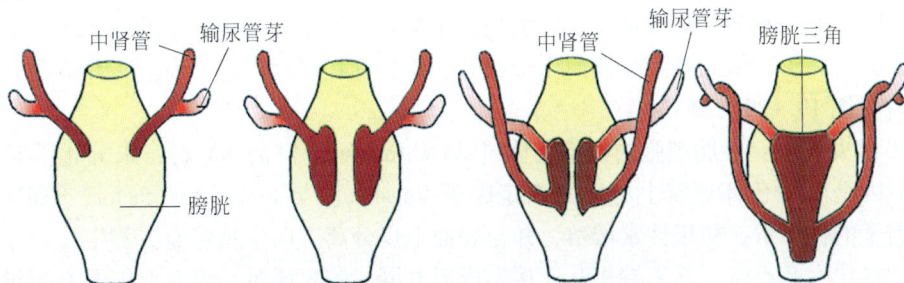

图 19 – 27　膀胱三角形成与输尿管位置的改变

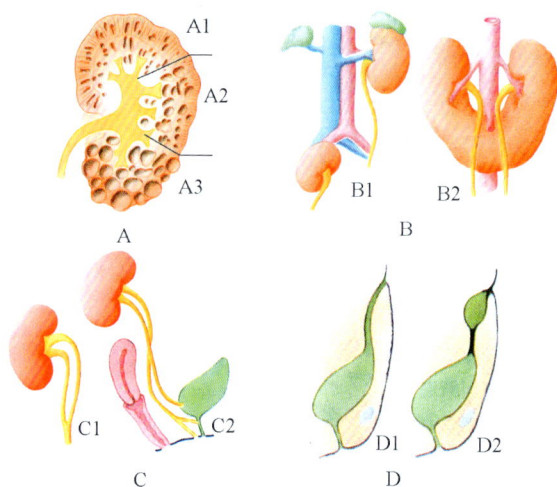

图 19 - 28　泌尿系统常见畸形

A 多囊肾　B 异位肾　C 输尿管异常　D 脐尿管畸形
B1 骨盆肾　B2 马蹄肾　C1 双输尿管
C2 双输尿管合并输尿管开口异位　D1 脐尿瘘
D2 脐尿管囊肿

（1）**膀胱直肠瘘**（vesicorectal fistula）：直肠与膀胱分隔时，尿直肠隔发育不全导致。这种畸形常伴有**肛门闭锁**（anal atresia）。

（2）**膀胱外翻**（extrophy of bladder）：膀胱前方的腹壁发育不全，无基层，使膀胱前壁破裂，黏膜外翻，并可见输尿管开口。

4. 脐尿管畸形

（1）**脐尿管瘘**（urachal fistula）：由于脐尿管完全未闭锁，胎儿出生后膀胱内的尿液经脐尿管从脐部流出（图 19 - 28D1）。

（2）**脐尿管囊肿**（urachal cyst）：脐尿管中段未闭锁，囊内上皮分泌的液体在局部形成囊肿（图 19 - 28D2）。

（3）**脐尿管窦**（urachal sinus）：脐尿管一端未闭锁，在近膀胱端膨大形成脐尿管窦，开口于膀胱。

（三）生殖系统发生

胚胎的**遗传性别**（genetic sex）虽在受精时就已决定，但在生殖腺开始分化前，男性和女性的生殖系统是相似的，故称生殖器官未分化期。第 7 周，性腺开始分化，而外生殖器的性别特征则要到第 9 周才能辨认。因此，生殖系统包括生殖腺、生殖管道和外生殖器的发生过程均可分为**性未分化**（sexual undifferentiation）和**性分化**（sexual differentiation）两个阶段。

1. 生殖腺发生和分化　生殖腺由表面上皮、生殖腺嵴的间充质及原始生殖细胞共同构成。胚胎发育到第 5 周时，尿生殖腺嵴出现体腔上皮的增厚区，称表面上皮或**生殖上皮**（germinal epithelium）。

（1）未分化性腺的发生：胚胎第 5 周，表面上皮向生殖腺嵴下方的间充质中生出许多不规则的上皮细胞索，称**初级性索**（primary sex cord）。胚胎第 4 周时，位于卵黄囊后壁近尿囊处有许多源于内胚层的大而圆的细胞，称**原始生殖细胞**（primordial germ cell，PGC）。胚胎卷褶时，卵黄囊的一部分被卷入胚胎内，于第 6 周开始卵黄囊壁上的原始生殖细胞以变形运动的方式，沿背侧肠系膜陆续向生殖腺嵴迁移，约在 1 周内迁移完成，并散在分布于初级性索内（图 19 - 29、30A）。

（2）睾丸发生：胚胎细胞的**性染色体**（sex chromosome）为 XY 时，未分化性腺发育成睾丸，原因是 Y 染色体短臂上有**睾丸决定因子**（testicular determinative factor，TDF），在睾丸决定因子的作用下，初级性索增殖，并与表面上皮分离，向生殖腺嵴深部生长，分化为细长弯曲的袢状生精小管，其末端相互连接形成睾丸网。第 8 周时，表面上皮下方的间充质形成一层白膜，白膜的形成是生殖腺分化为睾丸的指征。分散在生精小管之间的间充质细胞分

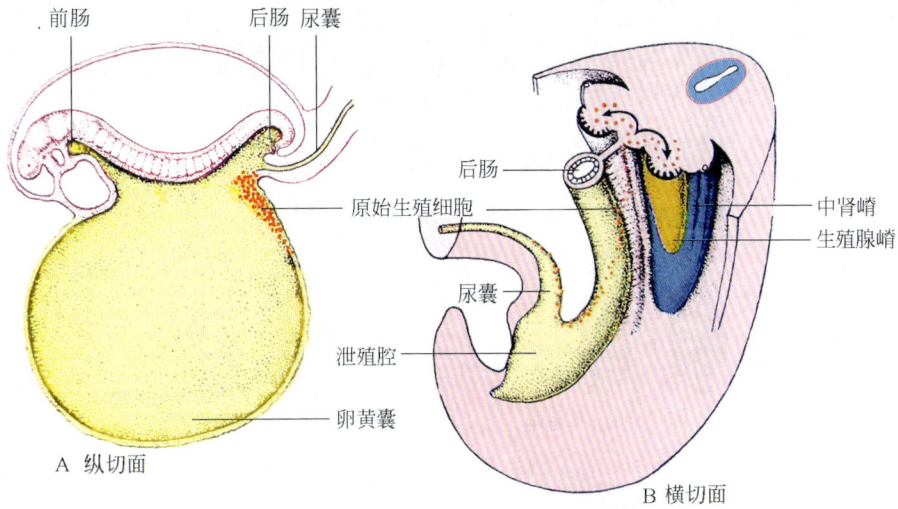

图 19 – 29　原始生殖细胞的发生与迁移

化为睾丸间质细胞，并分泌雄激素。胚胎时期的生精小管为实心细胞索，内含两类细胞：由初级性索分化形成的支持细胞和原始生殖细胞分化形成的精原细胞。在胚胎的生精小管中大部分是支持细胞，这种结构状态持续至青春期前（图 19 – 30B、30D）。

　　关于性别决定因子的研究认为睾丸决定因子是位于 Y 染色体短臂 1A1 区的 DNA 片段，又称为**性别决定区**（sex-determinative region of Y，SRY）。

　　（3）卵巢发生：胚胎细胞的性染色体为 XX 时，未分化性腺自然分化成卵巢。卵巢的形成比睾丸晚，人胚胎第 10 周后，初级性索向深部生长，在该处形成卵巢网。随后初级性索与卵巢网都退化，被血管和基质所替代，成为卵巢髓质。此后，生殖腺表面上皮又一次向深层间充质内长出许多含有原始生殖细胞的增厚的上皮索，称**次级性索**（secondary sex cord）。随着次级性索的生长发育，皮质部分逐渐增大，在次级性索中的原始生殖细胞分化为卵原细胞，卵原细胞进一步分裂增殖，分化为初级卵母细胞。约在第 16 周，次级性索开始断裂，形成许多孤立的细胞团，成为原始卵泡。原始卵泡中央是一个初级卵母细胞，周围是一层由次级性索细胞分化形成的小而扁平的卵泡细胞。卵泡之间的间充质构成卵巢基质（图 19 – 30C、30E）。足月胎儿的卵巢内约有 100 ~ 400 万个原始卵泡，在母体促性腺激素的刺激下，少部分原始卵泡可在出生前生长发育成初级卵泡，但很快就退化了，大多数的原始卵泡一直持续至青春期前仍保持着静止状态。

　　（4）睾丸和卵巢下降：生殖腺最初位于后腹壁的上方，随着生殖腺的增大，逐渐突向腹腔，与后腹壁之间的联系变成了系膜，以睾丸系膜和卵巢系膜悬在腹腔中。自生殖腺的尾侧到阴囊或大阴唇之间，有一条由中胚层形成的索状结构，称**引带**（gubernaculum），它的末端与阴唇阴囊隆起（见后）相连，随着胚体迅速增长，引带相对缩短，导致生殖腺随之逐渐下降。第 18 周时，生殖腺的位置已移至骨盆边缘，卵巢停留在骨盆缘稍下方，而睾丸则继续下移，第 6 个月时到达腹股沟管上口。第 7 个月开始，当睾丸通过腹股沟管下降时，腹膜沿腹股沟管向阴囊方向突出形成一个盲囊，称**睾丸鞘突**（testicular vaginal process）。鞘

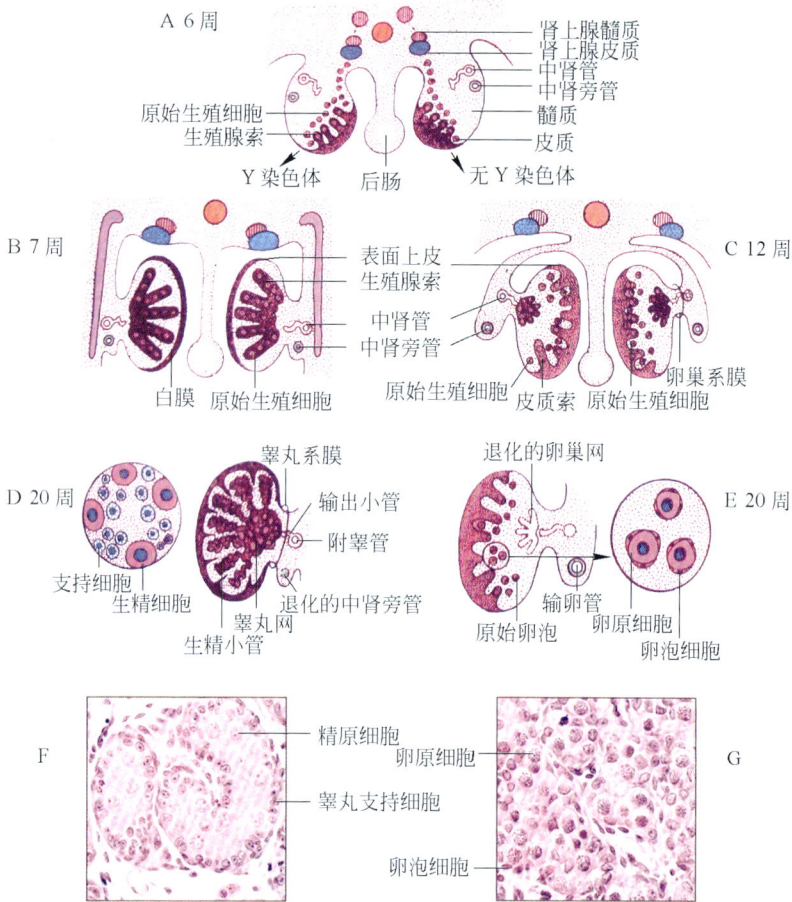

图 19 - 30　性腺发育示意图

A 未分化性腺　B、D 睾丸的发生　C、E 卵巢的发生　F、G 切片图

突包在睾丸的周围，并随同睾丸进入阴囊，形成鞘膜腔。第 8 个月时睾丸降入阴囊后，鞘膜腔与腹膜腔之间的通道逐渐封闭（图 19 - 31）。关于睾丸下降的过程多数学者认为是机械力量（包括睾丸引带的牵拉、腹腔内压力及头侧悬韧带退化）和激素（促性腺激素和雄激素）共同作用的结果。其中，睾丸引带起着关键性的作用。

2. 生殖管道的发生和演变

（1）未分化期：人胚胎第 6 周时，男女两性胚胎都发生一对中肾管和一对**中肾旁管**（paramesonephric duct），又称**苗勒氏管**（Muller ducts），这两对管道将分别发育成男、女性的生殖管边。中肾旁管由中肾嵴的体腔上皮内陷卷褶而成，上段位于中肾管的外侧，两侧相互平行；中段弯向

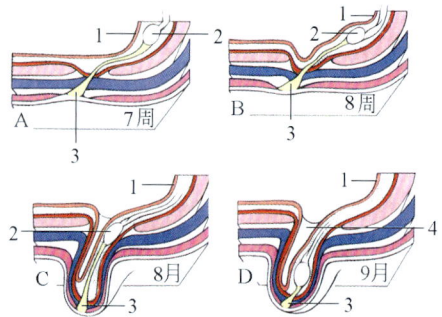

图 19 - 31　睾丸的下降

1. 腹膜　2. 睾丸　3. 引带　4. 睾丸鞘突

内侧，从中肾管的腹面越过，到达中肾管的内侧；下段的左、右中肾旁管在中线合并。中肾旁管上端呈漏斗形开口于腹腔，下端是盲端，突入尿生殖窦的背侧壁，其末端的中胚层组织增生，在窦腔内形成一隆起，称**窦结节**（sinus tubercle）或称**苗勒氏结节**（Muller's tubercle）。中肾管开口于窦结节的两侧（图19－32A）。

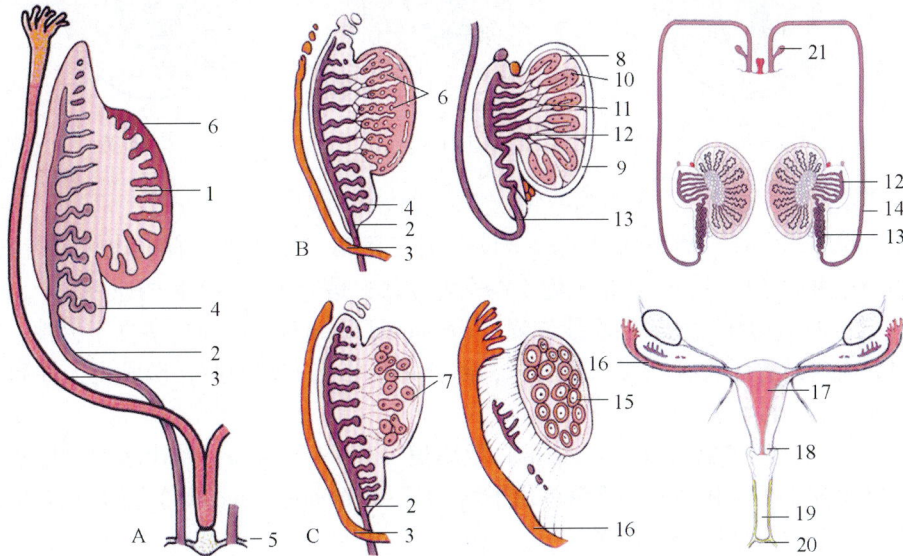

图19－32　生殖管道的发生与演变
A 未分化期的生殖管道　B 男性生殖管道的分化　C 女性生殖管道的分化
1. 未分化性腺　2. 中肾管　3. 中肾旁管　4. 中肾小管　5. 窦结节　6. 初级性索　7. 次级性索
8. 睾丸　9. 白膜　10. 生精小管　11. 睾丸网　12. 输出小管　13. 附睾管　14. 输精管
15. 原始卵泡　16. 输卵管　17. 子宫腔　18. 子宫颈　19. 阴道　20. 处女膜　21. 精囊腺

（2）男性生殖管道的分化：如生殖腺分化为睾丸，睾丸间质细胞分泌的雄激素促进中肾管发育，同时睾丸支持细胞产生的**抗中肾旁管激素**（Anti－Mullerian duct hormone），抑制中肾旁管的发育，并使其逐渐退化，仅存留与睾丸相邻的十几条中肾小管，在雄激素的作用下，发育形成附睾的输出小管，中肾管头端增长弯曲成附睾管，中段变直形成输精管，尾端成为射精管和精囊（图19－32B）。

（3）女性生殖管道的分化：如生殖腺分化为卵巢，因缺乏睾丸间质细胞分泌的雄激素的作用，中肾管逐渐退化，同时因缺乏睾丸支持细胞分泌的抗中肾旁管激素的抑制，中肾旁管则继续发育。中肾旁管上段和中段演变成输卵管，左右中肾旁管的下段在中线合并形成子宫。尾段形成子宫颈和阴道穹隆部。突到尿殖窦背侧壁的窦结节处的内胚层组织增生形成**阴道板**（vaginal plate），阴道板起初为实心结构，在胚胎第5个月时，演变成管道，内端与子宫相通，外端形成一薄膜，附着在阴道口，以后薄膜的中心穿孔，残留组织在阴道口的周边形成一层膜，称**处女膜**（hymen）（图19－32C、33）。如生后处女膜中心仍不穿孔，称**处女膜闭锁**（atresia of hymen）。

（四）生殖系统常见畸形

1. 隐睾　足月儿在生后的6周内，早产儿在生后3个月内，如睾丸未下降至阴囊而停

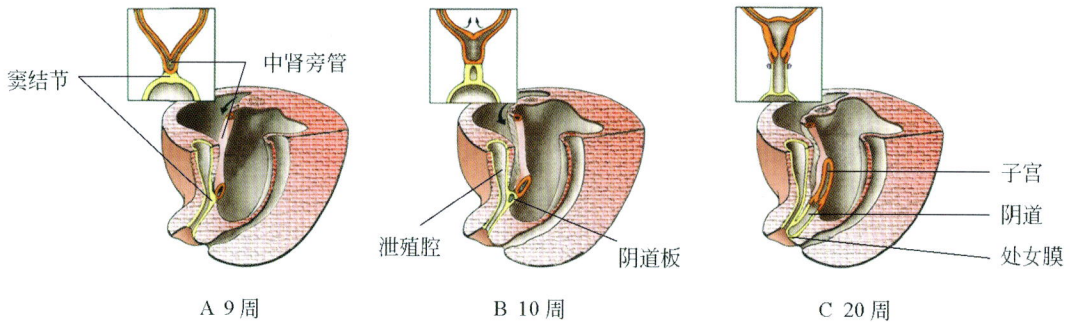

图 19 - 33　子宫与阴道的形成

留在腹腔或腹股沟等处，称**隐睾**（cryptorchidism）。隐睾可发生在一侧，也可发生在两侧。双侧隐睾由于腹腔温度较高，生精细胞不能发育成熟，是造成男性不育的原因之一。

2. 先天性腹股沟疝　**先天性腹股沟疝**（congenital inguinal hernia）多见于男性。如腹腔与鞘突间的通道没有闭合，当腹压增大时，部分小肠可突入鞘膜腔，形成先天性腹股沟疝（图 19 - 34）。

3. 异常子宫　**双子宫**（double uterus）**双阴道**（double vagina）是由于两侧中肾旁管未合并，各自发育成子宫和阴道。**双角单颈子宫**（uterus bicornis unicollis）是因左右中肾旁管中段的上部未全愈合（图 19 - 35）。

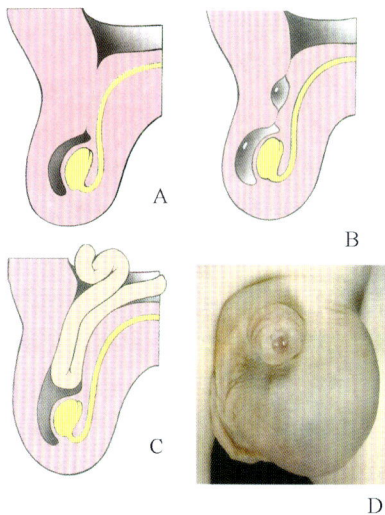

图 19 - 34　先天性腹股沟疝

A 正常腹股沟　B 鞘膜积液
C 腹股沟疝　D 鞘膜积液的儿童照片

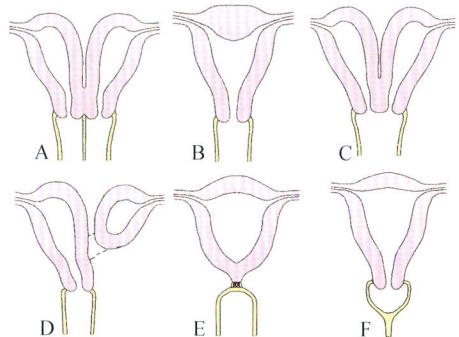

图 19 - 35　异常子宫

A 双子宫双阴道　B 双角子宫（弓形子宫）
C 双子宫单阴道　D 单角子宫
E 宫颈闭锁　F 阴道闭锁

4. 阴道闭锁　由于窦结节未形成阴道板，或因阴道板未形成管腔，即上皮增生将管腔阻塞后未开通，造成**阴道闭锁**（vaginal atresia）。有的为处女膜未穿通，外观不见阴道。

5. 两性畸形　**两性畸形**（hermaphrodism）是由于性分化异常导致的性别畸形。患者外生殖器介于男女两性之间，称间性。根据生殖腺性别可分为两种。①**真两性畸形**（true her-maphroditism）：患者体内同时有睾丸和卵巢，染色体有46，XX/46，XY嵌合体。原因不明，现认为可能是受精时，两个核型不同的精子进入卵子；并在第一次卵裂时，极其偶然地形成了一个二倍体细胞，则发育成活。②**假两性畸形**（pseudo hermaphroditism）：体内只有一种性腺，如有睾丸，核型为46，XY，而因雄激素分泌不足，导致外生殖器呈间性者称**男性假两性畸形**（Male pseudohermaphroditism）；如有卵巢，核型为23，XX，由于肾上腺分泌过多的雄激素，导致外生殖器呈间性者称**女性假两性畸形**（Female pseudohermaphroditism）。

6. 雄激素不敏感综合征　**雄激素不敏感综合征**（testicular feminization syndrome）又称睾丸女性化综合征。患者生殖腺为睾丸，核型为46，XY，能产生正常量的雄激素，但因靶细胞缺乏雄激素受体，雄激素不能产生效应。同时睾丸支持细胞产生的中肾旁管抑制激素，使女性生殖管道也不发育。因此患者既无健全的男性生殖管道，亦无子宫和输卵管，外阴则呈女性，并具女性第二性征。

7. 畸胎瘤　**畸胎瘤**（teratoma）又称**皮样囊肿**（dermoid cyst），是一种囊性肿瘤，囊内可有皮肤、毛发、皮脂腺、牙、软骨等，有时也可见有其他组织或器官。这种囊肿可发生在身体的任何部位，但最常见的是在卵巢或睾丸内。

五、心血管系统的发生

心血管系统是胚胎发生中最早进行功能活动的系统，约在第3周末开始血液循环，使胚胎既能获得充足氧气和营养物质，又能排出二氧化碳和代谢废物，保证了胚胎在子宫内正常的生长与发育。心血管系统由中胚层分化而来，首先形成原始心血管系统，再经过复杂的生长、合并、新生和萎缩等改建过程，使结构逐渐完善，最终形成成体的心血管系统。

（一）原始心血管系统的建立

胚胎发育第15～16天，卵黄囊壁胚外中胚层的间充质细胞聚集并增殖形成许多细胞团，称之为**血岛**（blood island）。随后，在血岛内出现裂隙，裂隙周边的细胞逐渐变扁，分化为内皮细胞，内皮细胞围成内皮管，即原始血管。血岛中央的游离细胞变圆，分化为**原始血细胞**（haemocytoblast），即**造血干细胞**（haemopoietic stem cell，HSC）。内皮管向外以出芽方式不断延伸，与相邻血岛形成的内皮管相互融合连通，逐渐形成一个丛状分布的内皮管网。与此同时，在体蒂和绒毛膜的胚外中胚层内也以同样方式形成内皮管网，内皮管网间的融合连通逐渐构建成胚外原始血管网（图19－36）。

胚胎发育第18～20天，胚内各处的间充质也出现裂隙，裂隙周围的间充质细胞变扁，分化为内皮细胞，并围成内皮管。胚内的内皮管也以出芽的方式相互融合连通，逐渐形成胚内原始血管网。

第3周末，胚内外的原始血管网在体蒂处彼此逐渐沟通，形成**原始心血管系统**（primitive cardiovascular system），并开始血液循环。原始血管在结构上无动脉与静脉之分，根据它们的归属和与发育中心脏的关系而命名。随着胚胎的不断发育，原始血管周围的间充质细胞分化为平滑肌和结缔组织，形成血管的中膜和外膜，逐渐显示出动脉和静脉的结构。

原始心血管系统包括：①心管：1对，位于前肠腹侧。第4周，左右心管合并为1条。

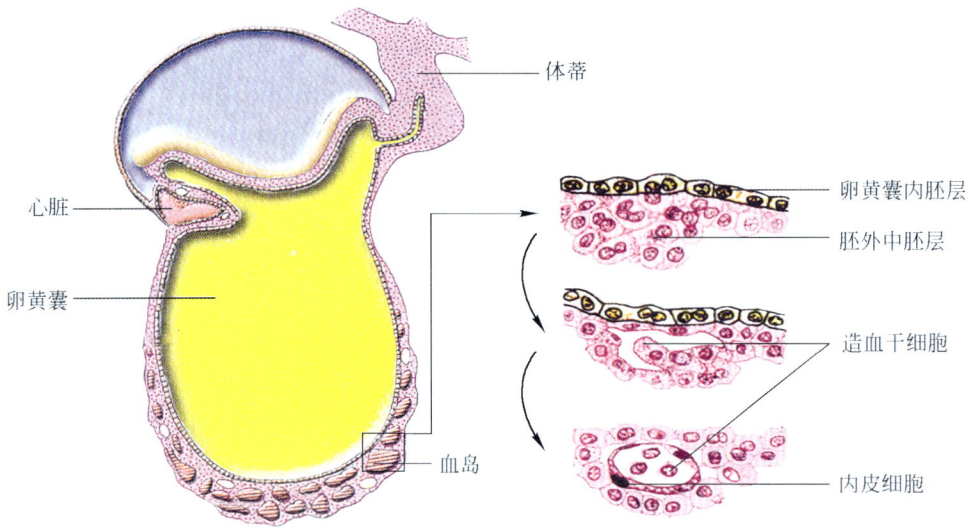

图 19 - 36　血岛与血管形成模式图

②动脉：腹主动脉 1 对，与心管头端相连。当 1 对心管合并为 1 条心管时，1 对腹主动脉也融合成 1 条动脉囊。胚胎头端有 6 对弓动脉，分别穿行于相应的鳃弓内，连接背主动脉与心管头端膨大的动脉囊。1 对背主动脉，位于原始消化管的背侧，以后从咽至尾端的左、右背主动脉合并成为 1 条，沿途发出许多分支。从腹侧发出数对卵黄动脉，分布于卵黄囊。1 对脐动脉，经体蒂分布于绒毛膜。从背侧发出许多成对（约 30 对）的节间动脉，从两侧还发出其他一些分支。③静脉：1 对前主静脉，收集上半身的血液。1 对后主静脉，收集下半身的血液。两侧的前、后主静脉分别汇合成左、右总主静脉，分别开口于心管尾端静脉窦的左、右角。卵黄静脉和脐静脉各 1 对，分别来自卵黄囊和绒毛膜，均回流于静脉窦。随着胚胎的发育，在

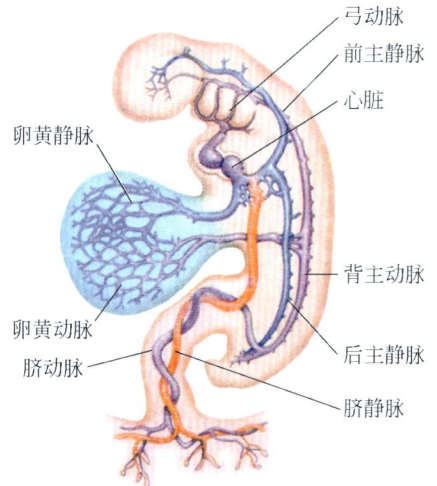

图 19 - 37　原始心血管系统模式图

胚体内外逐渐形成三套循环通路，即胚体循环、卵黄囊循环和脐循环（图19 - 37）。

（二）心脏发生

心脏发生于胚盘头端、口咽膜前方脏壁中胚层的**生心区**（cardiogenic area）。生心区前方的中胚层为原始横隔（图 19 - 38）。

1. 心管发生　胚胎发育第 18～19 天，生心区的中胚层内出现**围心腔**（cardiocoelom），围心腔腹侧的脏壁中胚层细胞密集，形成头尾纵行、左右并列的 1 对细胞索，称**生心索**（cardiogenic cord），生心索内逐渐出现腔隙，形成 2 条纵行并列的内皮管道，称**心管**（cardiac tube）。最初心管位于胚体的头端，随着头褶的形成，胚体头端向腹侧卷褶，使位于口咽

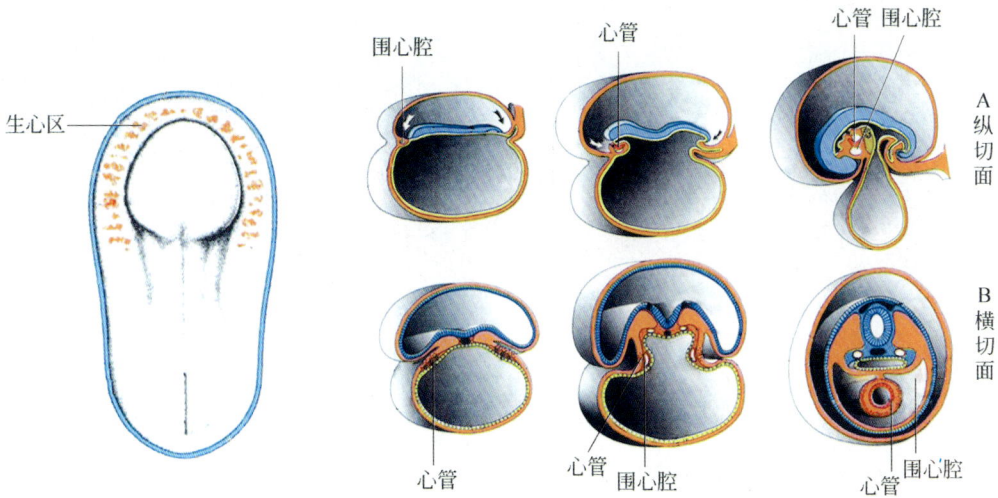

图 19 - 38 围心腔和心管的发生

膜头侧的心管和围心腔转到了咽的腹侧、口咽膜的尾端。原来在围心腔腹侧的心管则转至围心腔的背侧。同时随着胚体左右侧褶的发生，1 对并列的心管逐渐向中线靠拢，并于胚胎第 22 天左右从头端向尾端融合成 1 条心管。与此同时围心腔不断扩大，向心管背侧扩展，使心管背侧与前肠腹侧之间的间充质由宽变窄，结果形成**心背系膜**（doralmesocardium）。围心腔发育为心包腔，心管借心背系膜连于心包腔的背侧壁。心背系膜仅在心管的头、尾端存留，中部很快退化消失，形成一个左右交通的孔道，即**心包横窦**（sinus pericardii）。当心管融合并陷入心包腔时，心管周围的间充质逐渐密集，将发育为心肌外套层，为心肌膜和心外膜的原基。内皮和心肌膜之间的胶样结缔组织，称**心胶质**（cardiacjelly），将分化为心内膜的内皮下层和心内膜下层。

2. 心脏外形的建立　心管头端与动脉相连，尾端与静脉相接，头、尾两端相对固定。由于心管各段生长速度不同，由头端向尾端首先出现三个膨大，依次为**心球**（bulbus cordis）又称**动脉球**（arterial gland）、原始心室和原始心房。随后在心球头侧出现**动脉干**（arteriosus truncus）。动脉干头端与动脉囊相连。后来，心房尾侧又出现一个膨大部，称**静脉窦**（venous sinuses），窦的末端分为左、右角，两角分别与同侧脐静脉、总主静脉和卵黄静脉相连，于是原始心管形成了 5 个膨大，即动脉干、心球、原始心室、原始心房和静脉窦（图 19 - 39）。

由于心管的发育较心包腔快，而心管两端固定于心包上，心球和心室的生长速度又较心管其余部分快，因此心球和心室间形成了"U"形弯曲，称为**球室袢**（bulboventricular loop），凸面向右、腹和尾侧。不久，心房逐渐离开原始横膈，移至心室头端背侧，并稍偏左。相继静脉窦也从原始横膈内游离出来，位于心房的背面尾侧，以窦房孔和心房通连。此时心脏外形呈"S"形弯曲，心房由于受腹侧的心球和背侧的食管限制，而向左右扩展膨出于动脉干的两侧。心房扩大，房室沟加深，房室之间逐渐形成狭窄的房室管。心球的尾段变得膨大，融入心室，并演变为原始右心室。原来的心室成为原始左心室。左右心室的表面出

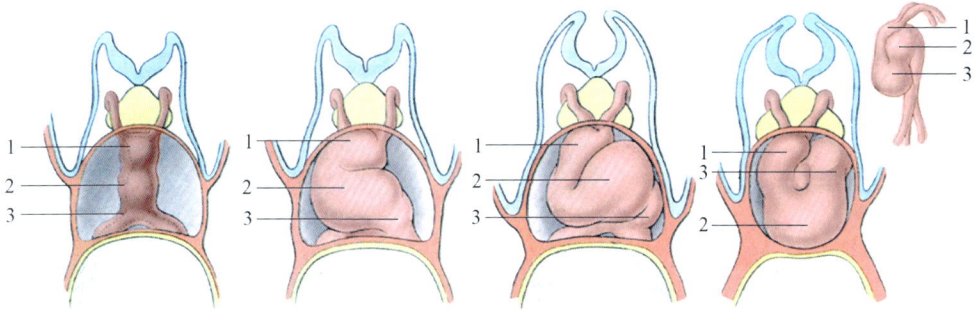

图 19 - 39　心脏外形的建立
1. 心球　2. 心室　3. 心房

现**室间沟**（interventricular groove）。至此，心脏已初具成体心脏的外形，但内部仍未完全分隔（图 19 - 39）。

3. 心脏内部的分隔　心脏内部分隔始于胚胎发育的第 4 周，第 8 周末基本完成。心脏各部的分隔是同时进行。

（1）房室管分隔：心房与心室间的狭窄通道为**房室管**（atrioventricular canal，AVC）。胚胎发育第 4 周末，房室管背侧壁和腹侧壁的心内膜下组织增生，各形成一个隆起，称为背侧和腹侧**心内膜垫**（endocardial cushion），两个心内膜垫对向生长，互相融合，将房室管分隔为左、右**房室孔**（atrioventricular orifice，AVO）（图 19 - 40）。围绕房室孔的间充质局部增生并向腔内隆起，逐渐形成**房室瓣**（atrioventricular valve，AVV），左侧为二尖瓣，右侧为三尖瓣。

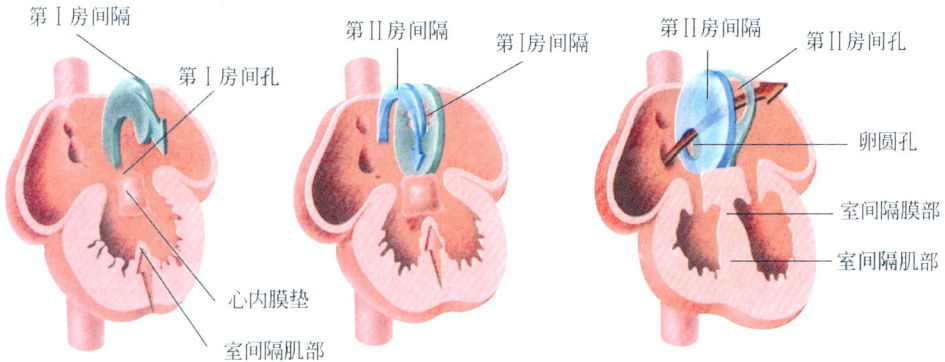

图 19 - 40　心脏内部的分隔

（2）原始心房分隔：第 4 周末，在心内膜垫发生的同时，原始心房顶部背侧壁的中央出现一个薄的半月形矢状隔，称第 I 房间隔或**原发隔**（septum primum）。此隔沿心房背侧壁和腹侧壁向心内膜垫方向生长，在其游离缘和心内膜垫间暂留一孔，称第 I 房间孔或**原发孔**（foramen primum）。此孔逐渐变小，最后由心内膜垫组织向上凸起，并与第 I 房间隔游离缘融合而封闭。在第 I 房间孔闭合之前，第 I 房间隔的上部中央变薄并出现小孔，多个小孔融合形成一个大孔，称第Ⅱ房间孔或**继发孔**（foramen secundum）。由于原发隔的形成，将原始心房分隔为左、右心房，两心房间以第Ⅱ房间孔相交通。第5周末，在第Ⅰ房间隔的右侧，从心房顶端腹侧壁又长出一个较厚的半月形隔，称第Ⅱ房间隔或**继发隔**（septum secundum）。此隔渐向心内膜垫方向生长，并遮盖继发孔。继发隔下缘呈弧形，当其腹、背缘与心内膜垫接触时，下方留有一个卵圆形的孔，称**卵圆孔**（foramenovale）。第Ⅰ房间隔恰好在第Ⅱ房间隔的左侧覆盖于卵圆孔，称**卵圆孔瓣**（valve of foramen ovale）。出生前，由于肺循环不行使功能，右心房的压力大于左心房，从下腔静脉进入右心房的血液可推开卵圆孔瓣流入左心房，左心房的血液由于卵圆孔瓣的存在不能流入右心房（图19-40）。出生后，肺循环开始，左心房压力增大，致使两个隔紧贴并逐渐愈合，形成一个完整的房间隔，卵圆孔关闭，形成卵圆窝，左、右心房完全分隔。

（3）原始心室分隔：人胚胎第4周末，心室底壁近心尖处组织向心内膜垫方向生长，形成一个较厚的半月形肌性隔膜，称**室间隔肌部**（muscular part of interventricular septum），此隔不断向心内膜垫方向生长，其上缘凹陷，与心内膜垫之间留有一孔，称**室间孔**（interventricular foramen），使左、右心室相通。胚胎发育第7周末，分隔心球的左、右心球嵴相对生长融合，并向下延伸，分别与室间隔肌部的腹背缘融合，心内膜垫也向室间孔延伸，分别和左右心球嵴、肌性室间隔游离缘融合，形成**室间隔膜部**（membranous part of interventricular septum），封闭了室间孔（图19-40）。室间孔封闭后，肺动脉干与右心室相通，主动脉与左心室相通。

（4）动脉干和心球分隔：胚胎发育第5周，心球远段的动脉干和心球内膜下组织局部增生，形成2条相对的纵嵴，上段称**动脉干嵴**（truncus arteriosus ridge），下段称左、右**心球嵴**（bulbar ridge）。两条嵴向下延伸呈螺旋状走行，并在中线愈合，形成螺旋状走行的隔，称**主肺动脉隔**（aorticopulmonary septum），将动脉干和心球分隔为肺动脉干和升主动脉（图19-41）。因主肺动脉隔呈螺旋状走行，故肺动脉干成扭曲状围绕升主动脉。当主动脉和肺动脉分隔完成时，主动脉连通第4对弓动脉，肺动脉干连通第6对弓动脉。主动脉和肺动脉起始处的内膜下组织增厚，各形成3个隆起，逐渐发育为薄的半月瓣。

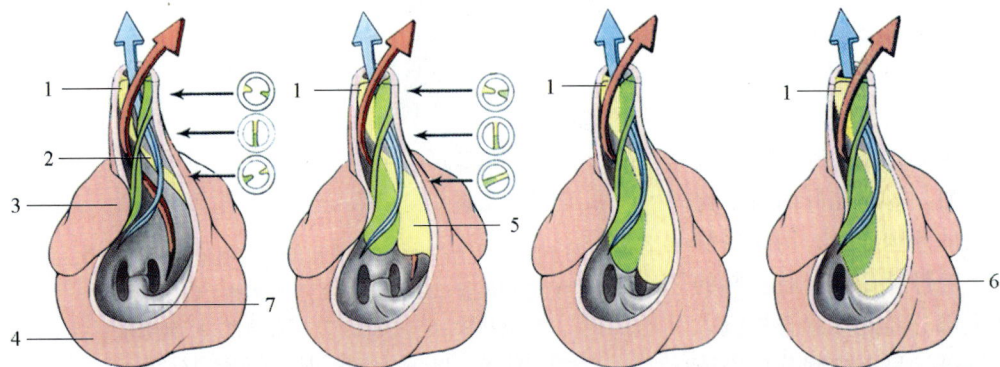

图19-41 动脉干和心球的分隔
1.动脉干嵴 2.心球嵴 3.心房 4.心室 5.主肺动脉隔 6.室间隔膜部 7.室间隔肌部

（三）胎儿血液循环和出生后血液循环的变化

1. 胎儿血液循环

（1）胎儿血液循环途径：来自胎盘的脐静脉的血，富含氧和营养物质，由脐静脉经脐带至胎儿肝脏后，部分血液经**静脉导管**（ductus venosus）直接注入下腔静脉，部分经肝血窦后再入下腔静脉。下腔静脉还收集由下肢和盆、腹腔器官来的静脉血，下腔静脉将含氧和营养物质相对较高的混合血送入右心房。从下腔静脉导入右心房的血液，少量与上腔静脉来的血液混合，注入右心室，大部分血液通过卵圆孔进入左心房，与由肺静脉来的少量血液混合后进入左心室。左心室的血液大部分经主动脉弓及其三大分支分布到头、颈和上肢，以充分供应胎儿头部发育所需的氧和营养；小部分血液流入降主动脉。从头、颈和上肢回流的静脉血经上腔静脉进入右心房，与下腔静脉来的小部分血液混合后经右心室进入肺动脉。由于胎儿肺无呼吸功能，血管阻力较大，故仅5%～10%肺动脉血液进入发育中的肺脏，再由肺静脉回流到左心房，90%以上通过动脉导管注入降主动脉。部分降主动脉的血液经分支分布到盆、腹腔器官和下肢，部分经脐动脉回流入胎盘，在胎盘内和母体血液进行气体和物质交换后，再由脐静脉送往胎儿体内。脐动脉、脐静脉的存在，静脉导管和动脉导管的存在以及心房内血液分流作用是胎儿血循环的特点（图19－42）。

（2）胎儿血液循环系统的结构特点：①胎儿心脏的特点：胎儿心脏的房间隔上有一卵圆孔，孔上有瓣膜，右心房的血液可通过卵圆孔进入左心房。在右心房的下腔静脉入口处有一瓣膜样结构，可将来自下腔静脉的血液导向卵圆孔，致使下腔静脉的血液大部分经卵圆孔进入左心房。②胎儿的肺处于不张状态，无气体交换功能，因而肺循环很不发达，但脐循环发达。脐动脉中的血液为静脉血，脐静脉中的血液为动脉血。③胎儿肝内有一比较粗大的静脉导管，沟通脐静脉与下腔静脉。来自脐静脉的血液大部分经此导管直接流入下腔静脉，只有少部分血液流

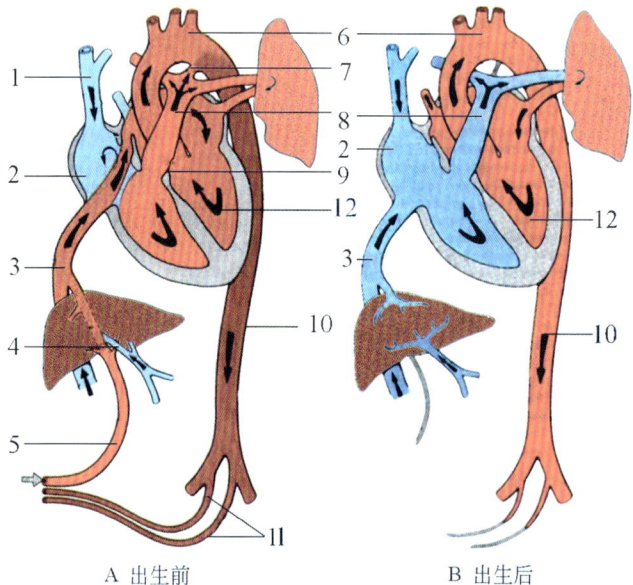

A 出生前   B 出生后

图19－42　胎儿血液循环和出生后血液循环的变化

1. 上腔静脉　2. 右心房　3. 下腔静脉　4. 静脉导管
5. 脐静脉　6. 主动脉　7. 动脉导管　8. 肺动脉
9. 卵圆孔　10. 降主动脉　11. 脐动脉　12. 左心室

入肝窦。④胎儿的主动脉弓上分出3个供应胎头和上肢血液的大动脉，即头臂干、左颈总和左锁骨下动脉，在这3个分支动脉下方的一段主动脉缩窄，称动脉峡。⑤胎儿的肺动脉干分叉处与降主动脉之间有一条动脉导管，来自右心室的肺动脉中的血液大部分通过这一导管流

入降主动脉，只有少部分血液流入肺。

（3）胎儿血液循环的功能特点：①胎儿的肺循环和胃肠肝循环很不发达，但有一个成体没有且特别发达的脐循环，后者替代了前者的大部分功能。②胎儿血液循环中，动脉血与静脉血有部分相混，但不影响功能。③供应胎儿头颈和上肢的血液丰富，含氧量最高，因而胎儿头颈和上肢发育最快，而躯干、下肢和腹盆脏器的血液含氧量低，发育也较慢。

2. 胎儿出生后血液循环的变化　胎儿出生后脐循环停止，肺功能启动，肺循环增强。血液循环的功能变化引起了血液循环的结构变化（图 19 - 42）。

（1）静脉闭锁，成为由脐部至肝的肝圆韧带；脐动脉大部分闭锁成为脐外侧韧带，仅近侧段保留为膀胱上动脉。

（2）肝的静脉导管闭锁成为静脉韧带。

（3）出生后脐静脉闭锁，从下腔静脉注入右心房的血液减少，右心房压力降低，同时肺开始呼吸，大量血液由肺静脉回流入左心房，左心房压力增高，卵圆孔瓣紧贴于第 Ⅱ 房间隔，使卵圆孔关闭。出生后约 1 年左右，卵圆孔瓣与第 Ⅱ 房间隔完全融合，形成卵圆窝。

（4）出生后肺开始呼吸，动脉导管因平滑肌收缩达到功能闭锁，出生后 2 ~ 3 个月由于内膜增生，动脉导管完全闭锁，成为动脉韧带。

（四）心血管系统常见畸形

心血管系统的发生较为复杂，故先天性畸形的发生也较多见，最常见的有以下几种：

1. 房间隔缺损　最常见的**房间隔缺损**（atrialseptaldefect）是由于**卵圆孔未闭**（patentforamenovale），可因下列原因产生（图 19 - 43）：

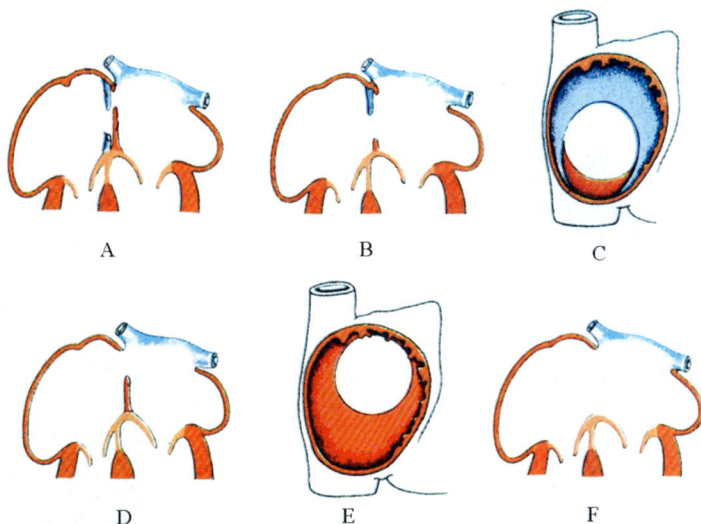

图 19 - 43　房间隔缺损

A 正常心房分隔　B 第 Ⅰ 房间隔过度吸收，同时第 Ⅱ 房间隔又形成大的卵圆孔
C 是 B 的侧面观　D 第 Ⅱ 房间隔未发生　E 是 D 的侧面观　F 第 Ⅰ、Ⅱ 房间隔未发生

（1）第 Ⅰ 房间隔在形成第 Ⅱ 房间孔时过度吸收，导致卵圆孔瓣过小，不能完全遮盖卵

圆孔。

（2）第Ⅱ房间隔发育不全，形成的卵圆孔过大，第Ⅰ房间隔形成的卵圆孔瓣不能完全关闭卵圆孔。

（3）第Ⅰ房间隔过度吸收，同时第Ⅱ房间隔又形成大的卵圆孔。此外，心内膜垫发育不全，第Ⅰ房间隔不能与其融合，也可造成房间隔缺损。

2. 室间隔缺损　**室间隔缺损**（ventricular septal defect）分室间隔膜部缺损和室间隔肌部缺损两种情况。以室间隔膜部缺损较为常见，是由于心内膜垫或心球嵴发育不良，在室间隔膜部形成时不能和室间隔肌部融合所致。室间隔肌部缺损较为少见，是由于室间隔肌部形成时心肌膜组织过度吸收所致，过度吸收形成的孔可见于室间隔任何部位，使左、右心室相通。

3. 动脉干和心球分隔异常

（1）主动脉和肺动脉错位：主要是由于动脉干和心球分隔时，形成的主肺动脉隔不呈螺旋方向走行，而成直行的隔，导致主动脉和肺动脉相互错位，主动脉位于肺动脉的腹面，从右心室发出，肺动脉干则从左心室发出。常伴有室间隔缺损或动脉导管未闭，使肺循环和体循环之间出现直接交通（图19-44）。

（2）主动脉或肺动脉狭窄：由于主、肺动脉隔偏位，使动脉干和心球分隔不均等，造成一侧动脉粗大，另一侧动脉狭小，即主动脉或肺动脉狭窄。偏位的主、肺动脉隔常不能与室间隔正确融合，导致室间隔缺损，较大的主动脉或肺动脉骑跨在缺损部。

（3）法洛四联症：**法洛四联症**（Fallot tetrad）包括肺动脉狭窄、主动脉骑跨、室间隔膜部缺损和右心室肥大四种畸形（图19-45），这种畸形发生的主要原因是动脉干分隔不均，致使肺动脉狭窄和室间隔缺损，粗大的主动脉向右侧偏移，骑跨在室间隔缺损处。肺动脉狭窄造成右心室压力增高，引起右心室代偿性肥大。

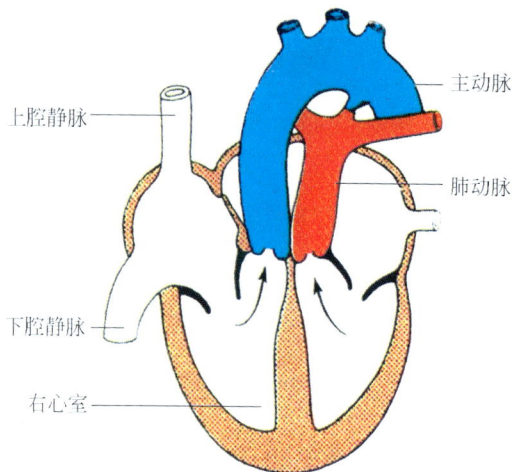

图19-44　主动脉和肺动脉错位

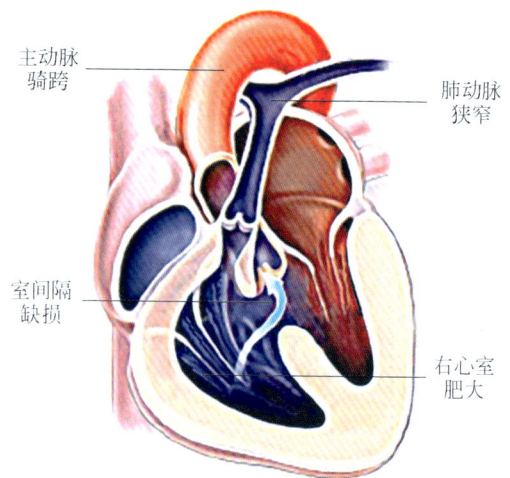

图19-45　法洛四联症

4. 动脉导管未闭　**动脉导管未闭**（patent ductus arteriosus）畸形多见于女性。发生的原因可能是由于出生后的动脉导管壁肌组织不能收缩，使肺动脉和主动脉保持相通。主动脉的血液分流入肺动脉，肺循环血量增加，体循环血量减少，引起肺动脉高压、右心室肥大等，影响患儿生长发育。

（史小林）

六、中枢神经系统的发生

神经系统来源于神经外胚层，由神经管和神经嵴分化而成。神经管分化为脑、脊髓、神经垂体、松果体等；神经嵴分化为神经节、周围神经、肾上腺髓质等（见第十八章）。

（一）神经管的早期分化

胚胎第3周末，胚体背部中轴的外胚层在脊索的诱导下形成神经管，至第4周，神经管的头段膨大，发育为脑，其余部分仍保持管状，发育为脊髓。早期神经管的管壁是由单层柱状上

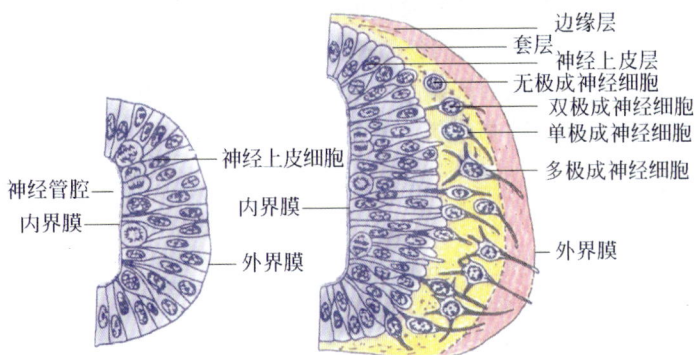

图 19-46 神经管上皮的早期分化

皮变为假复层柱状上皮，称**神经上皮**（neural epithelium），神经上皮细胞不断分裂增殖，部分细胞迁至神经上皮的外周，分化为**成神经细胞**（neuroblast）和**成神经胶质细胞**（glioblast）。成神经细胞和成神经胶质细胞在神经上皮细胞外周构成一新的细胞层，称**套层**（mantle layer），此层的两种细胞能继续分化形成神经元和神经胶质细胞。原来的神经上皮停止分化，变成一立方形或矮柱状细胞层，称**室管膜层**（ependymal layer）。套层的神经细胞长出突起，并伸至套层的外周，与随之迁出的神经胶质细胞一起形成一层新的结构，称**边缘层**（marginal layer）（图 19-46）。神经细胞的存活及其突起的发生主要受靶细胞产生的神经营养因子的调控，如神经生长因子、成纤维细胞生长因子、表皮生长因子等。

（二）脊髓的发生

脊髓由神经管的尾段分化而成。神经管的管腔演化为脊髓的中央管，套层分化为脊髓的灰质，边缘层分化为白质。神经管的管壁发育不平均，其顶部及底部的细胞较薄而窄，分别形成顶板及底板。两侧部的神经上皮细胞迅速增殖，向套层迁移，分化为成神经细胞和成胶质细胞。由于套层中成神经细胞和成胶质细胞的增生，使其两侧部迅速增厚，形成腹侧的左右两个基板及背侧的左右两个翼板，两者的分界在神经管内表现为两条纵行的界沟。基板形成脊髓灰质的前角，其中成神经细胞主要分化为躯体运动神经元。翼板形成脊髓灰质的后角，其中的成神经细胞分化为感觉神经元。另有一部分成神经细胞聚集于基板和翼板之间，形成脊髓侧角，分化为内脏传出神经元。神经管外的间充质分化成脊膜（图 19-47）。

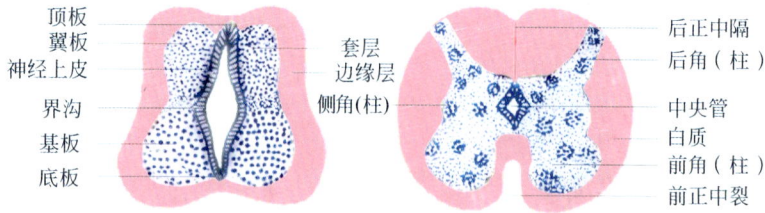

图 19-47　脊髓的发生

胚胎第 3 个月时，脊髓与脊柱等长，此后脊柱的生长比脊髓快，脊髓的位置相对地上移，至出生前，脊髓下端与第 3 腰椎平齐。

(三) 脑的发生

神经管的头段分化为脑。第 4 周末，神经管的头段形成三个膨大的**脑泡**（brian vesicle），分别称前脑泡、中脑泡和菱脑泡。到第 5 周，前脑泡的头端发育成左右两个端脑，端脑向两侧膨大，以后演变为大脑半球；而前脑泡的尾端则形成间脑。中脑泡演化为中脑。菱脑泡演变为后脑和末脑，以后，后脑演变为桥脑和小脑，末脑演变为延髓（图 19-48）。

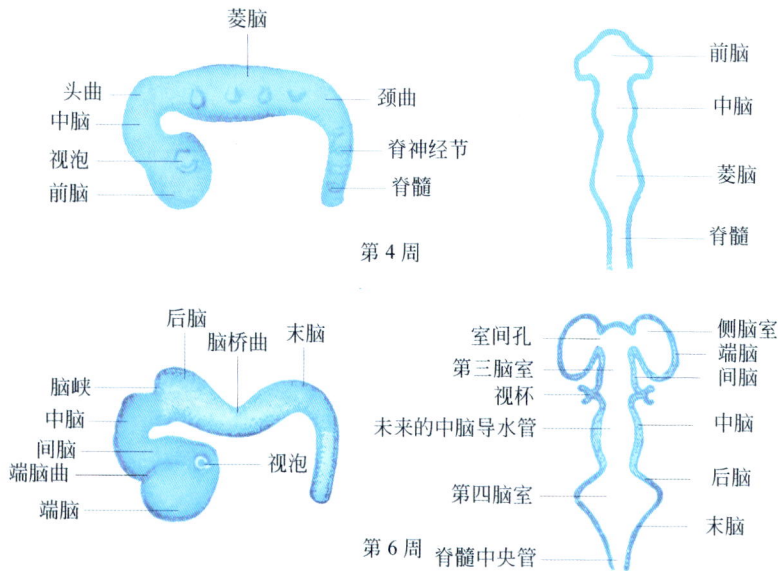

图 19-48　脑泡的发生及演变（侧面观及冠状切面观）

在脑泡演变的同时，神经管的管腔也演变为各部位的脑室。前脑泡的腔演变为侧脑室和第三脑室；中脑泡的腔形成狭窄的中脑导水管；菱脑泡的腔演变为第四脑室。

神经管头段管壁的演变与尾端相似，但更为复杂。脑两侧壁的套层亦增厚形成背部的翼板和腹部的基板。间脑和端脑的套层大部分形成翼板，基板甚小。端脑套层中的大部分细胞迁至外表面，形成大脑皮质；少部分形成神经核。中脑、后脑和末脑中的套层细胞多聚集成细胞团或柱，形成各种神经核，翼板中的神经核多为感觉核，基板中的神经核多为运动核。

（四）神经系统的先天性畸形

1. **无脑畸形**（anencephaly） 由于前神经孔未闭，端脑或神经管的头端脑部不发育所致。表现为颅骨发育不全，头颅顶部只盖有薄层脑膜组织，常伴有颈区的脊柱裂（图 18－19，图 20－1）。

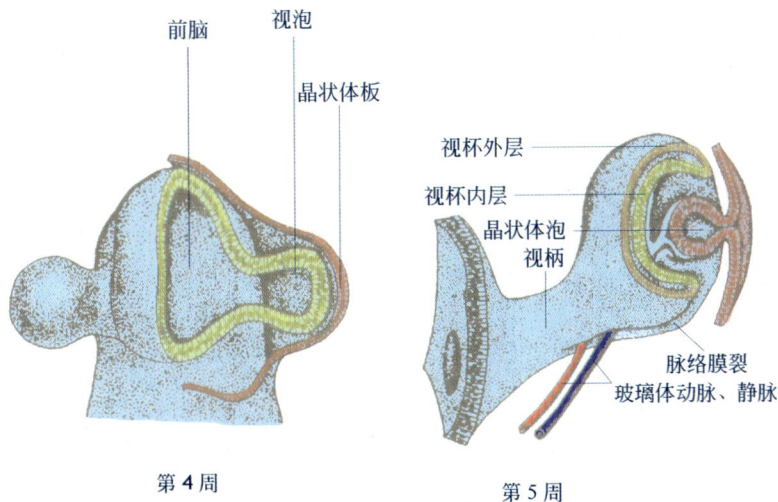

图 19－49 视杯与晶状体的发生

2. **脊髓裂**（myeloschisis） 因后神经孔未闭导致，常伴有相应节段的脊柱裂。**脊柱裂**（spina bifida）由于脊髓和椎骨缺损，在背部出现裂沟，多发生于腰骶区。

3. **脊膜膨出及脑膜膨出** 由于椎骨缺损，脊膜自缺损处突出，在体表形成有皮肤覆盖的囊袋，称脊膜膨出（图 20－1）；若颅骨发育不全，也可出现脑膜膨出和脑膜脑膨出，多见于枕部。

4. **脑积水**（hydroce phalus） 较多见，由于脑室系统发育障碍，脑脊液生成和吸收平衡失调所致。因脑室积液过多，脑压加大，临床常见胎儿脑颅特别大，脑壁变薄，颅缝变宽。（图 20－1）

七、眼与耳的发生

（一）眼的发生

眼的发生始于胚胎第 4 周，当神经管前端闭合形成前脑时，向外膨出左、右一对囊泡，称**视泡**（optic vesicle），视泡远端膨大凹陷形成一双层杯状结构，称为**视杯**（optic cup）。视泡近端变细，称**视柄**（optic stalk），与前脑分化成的间脑相连。在视泡发生的同时，与视泡相对的外胚层在视泡的诱导下增生变厚，形成**晶状体板**（lens placode）。随后，晶状体板内陷入视杯内，与表面的外胚层脱离，形成**晶状体泡**（lens vesicle）。眼的各部分就是由视杯、视柄、晶状体泡及其周围的间充质分化形成的（图 19－49）。

1. **视网膜的发生** 由双层视杯发育而成。视杯的外层分化为视网膜的色素上皮层，其内层增厚，逐渐分化形成视网膜的神经层，含有视杆细胞、视锥细胞、双极细胞和节细胞等。节细胞的轴突集合成视神经，走行于视柄中。

2. **晶状体的发生** 由晶状体泡演变而成。晶状体泡前壁为立方形上皮，分化为晶状体上皮；后壁细胞呈高柱状，并逐渐向前壁方向伸长，形成晶状体纤维。泡腔逐渐缩小，直至消失，使晶状体变为实体结构。

3. **角膜、巩膜和脉络膜的发生** 在晶状体泡的诱导下，其表面的外胚层分化形成角膜上皮。角膜上皮后面的间充质分化为角膜其余各层。视杯周围的间充质外层较致密，分化为巩膜；内层较疏松，富含血管和色素细胞，以后形成脉络膜。

（二）耳的发生

1. **内耳的发生** 第4周初，菱脑两侧的表面外胚层在菱脑的诱导下增厚，称**听板**（otic placode）。听板凹陷，并与外胚层分离，形成**听泡**（otic vesicle）。听泡初为梨形，以后向背、腹方向延伸生长，形成前庭囊和耳蜗囊，前庭囊形成三个半规管和椭圆囊的上皮；耳蜗囊形成球囊和耳蜗管的上皮。这样，听泡就发育成了膜迷路的上皮部分。听泡外方的间充质形成膜迷路的结缔组织及骨迷路（图19-50）。

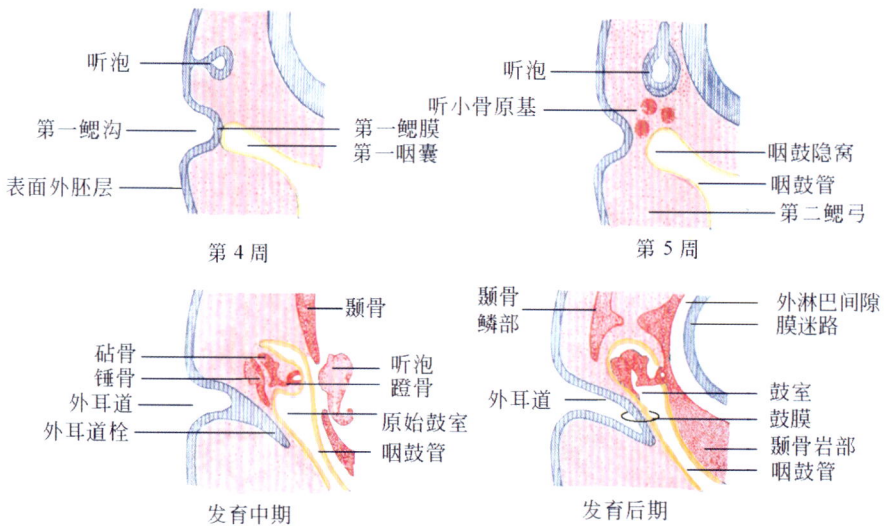

图19-50 耳的发生

2. **中耳的发生** 第一咽囊向外伸长，末端膨大形成鼓室，近端形成咽鼓管。鼓室的外壁与第一鳃沟外胚层相贴构成鼓膜。鼓室周围的间充质分化为三块听小骨（图19-50）。

3. **外耳的发生** 第一鳃沟凹陷形成外耳道。第一鳃沟周围的间充质增生，在外耳道口两侧形成6个结节状隆起，称为耳丘。后来耳丘生长，围绕外耳道口并相互融合形成耳廓。

（三）眼、耳的先天性畸形

1. **先天性无虹膜** 多为双侧性，属常染色体显性遗传，可能是视杯前缘生长和分化障碍所致。虹膜不能发育，因而无虹膜，瞳孔特别大。

2. **瞳孔膜残留** 瞳孔膜未全部退化所致。在瞳孔处有薄膜或蛛网状细丝遮盖在晶状体前面。轻度残留者通常不影响视力及瞳孔活动。

3. 先天性白内障　**先天性白内障**（congenital cataract）指晶状体混浊不透明，呈灰白色，属于常染色体显性遗传，也可因妊娠早期感染风疹病毒、母体甲状腺机能低下、营养不良及维生素缺乏等引起。

4. 先天性青光眼　**先天性青光眼**（congenital glaucoma）属常染色体隐性遗传，发病机制尚不十分明确。患儿因房水排出受阻，眼内压增高。常表现为眼球膨胀，角膜突出，俗称牛眼。

5. **先天性耳聋早期**（congenital deafness）　有遗传性和非遗传性两类。遗传性耳聋属常染色体隐性遗传，主要由内耳发育不全、听小骨发育缺陷、耳蜗神经发育不良或外耳道闭锁等原因所致；非遗传性耳聋与妊娠早期感染风疹病毒、使用大量链霉素或新生儿溶血性黄疸等原因有关。患儿由于听不到语言，不能进行语言学习与锻炼，故常伴有哑。

（刘黎青）

视窗

基因与性格

有学者认为，有些人之所以不能循规蹈矩，动辄惹是生非，有暴力倾向甚至犯罪，是与遗传基因有关的。以色列和美国的科学家们分别研究发现，人体第 11 号染色体上有称为 D4DR 的遗传基因，该基因可影响人的性格。7 号染色体上的 SPCH1 基因与语言能力的发展密切相关。人类遗传性智力低下症，与 X 染色体上的 PAK3 基因的变异有关。

美国明尼苏达大学的研究表明：基因塑造了人类的心灵。研究者对 8000 多对孪生子，包括 130 多对出生后不久就被分在不同家庭中长大的单卵孪生子，了解其生活环境，对社会、宗教、哲学问题的看法，其职业兴趣、思维能力和性格倾向。结果表明，单卵孪生子的性格相似程度明显大于双卵孪生子。对分开抚养的单卵孪生子的研究发现，约 50% 的性格差异是由于遗传差异导致的。单卵孪生子的性格相关程度，与他们是否在相同环境长大无关。两人的遗传差异越大，环境差异越大，性格差异也就会越大。而现实生活中，遗传因素和环境因素是无法截然分开的，遗传、环境及易被忽视的随机因素，都对人性有重要的影响。

北京双胞胎文化节

2004 年起，每年一度的北京双胞胎文化节均在北京红领巾公园进行。2005 年 10 月 2 日，近 600 对双胞胎齐聚北京第二届双胞胎文化节，其中 88 岁高龄的陈思诚、陈思谦两位老人为年龄最大的一对双胞胎，年龄最小的刚满月。2007 年近 700 对双胞胎通过铺有红地毯的"双星大道"走进公园，欢聚于第四届北京双胞胎文化节。红地毯两侧集中展示了历届双胞胎文化节活动的精彩照片，双胞胎们劲歌热舞，尽情展现自己的风采。

第二十章
先天性畸形

先天性畸形（congenital malformation）是由胚胎发育紊乱而导致的、以形态结构异常为主要特征的先天性疾病（图 20 - 1），是一类最常见的**出生缺陷**（birth defect）。出生缺陷还包括功能、代谢、精神、行为及遗传等方面的异常。研究先天畸形的科学称为**畸形学**（teratology），是胚胎学的一个重要分支。随着现代工业的快速发展及环境污染的日益严重，先天性畸形的发生率呈上升趋势，严重影响了人类的生存质量。

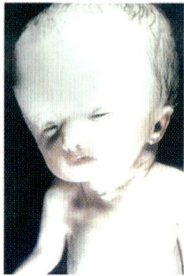
脑积水

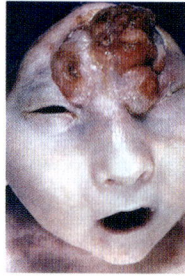
无脑儿

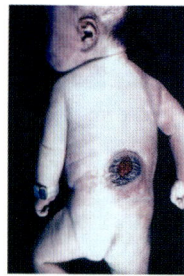
脊膜膨出

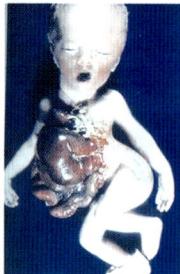
腹裂合并内脏外翻

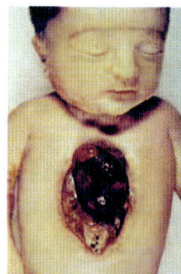
心脏易位

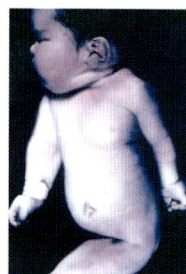
并肢

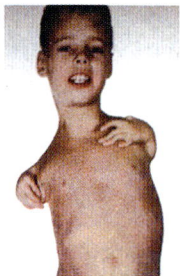
上肢畸形

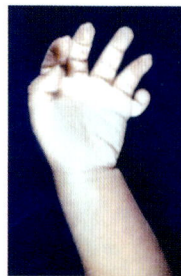
多指

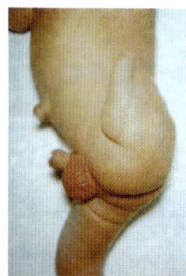
下肢畸形

图 20 - 1   先天性畸形

一、先天性畸形的发生原因

在人类的各种先天畸形中，约有 25% 为遗传因素所致，10% 为环境因素所致，65% 为环境和遗传因素相互作用或原因不明。

（一）遗传因素

引起先天畸形的遗传因素有两种，一是染色体数目与结构的异常，即**染色体畸变**（chromosome aberration）；二是基因的异常，即**基因突变**（gene mutation）。

1. 染色体数目异常　表现为染色体数目的增加或减少，可发生在常染色体，也可发生在性染色体。一对同源染色体中的一条缺失称**单体型**（monosomy）。常染色体单体型的胚胎几乎不能存活；性染色体单体型的胚胎成活率很低，约为 3%，并伴有严重畸形，如一条 X 染色体缺失引起的先天性卵巢发育不全，即 Turner 综合征（45，XO）。一对同源染色体增多为三条，称**三体型**（trisomy）。常染色体的三体型最常发生于 21 号染色体（47，XY，+21），引起**先天性愚型**（Down syndrome）；性染色体的三体型（47，XXY）可引起先天性睾丸发育不全，即 Klinefelter 综合征。

2. 染色体结构异常　多为染色体断裂，其断片发生缺失、易位、倒置、重复等。如 5 号染色体短臂末端断裂缺失导致的先天畸形，患儿头小、智力低下并伴先天性心脏病，其哭声微弱（喉软骨不全），似猫叫，故又称**猫叫综合征**（cat's cry syndrome）；22 号染色体长臂断裂，其断片易位至 9 号染色体，引起慢性粒细胞白血病。

3. 基因突变　指 DNA 分子中碱基的组成或排列顺序发生变化，而染色体外形未见异常。基因突变所致的遗传病主要表现在微观结构或功能方面，如苯丙酮酸尿症、镰刀状细胞贫血、软骨发育不全、小头畸形、多囊肾、肾上腺肥大、睾丸女性化综合征等。

（二）环境因素

尽管胚胎在整个发育过程中都受着胎盘屏障的保护，但环境中的某些因子仍会直接或间接地干扰胚胎的正常发育，引起先天畸形，甚至胚胎死亡。影响胚胎发育的环境包括胚胎微环境、母体内环境和母体外环境。能引起先天畸形的环境因素统称为**致畸因子**（teratogen）。致畸因子对胚胎的损伤程度取决于致畸因子、母体及胎儿的整体相互作用。通常，一种致畸因子可引起多种畸形，而同种畸形也可以由多种致畸因子引起。致畸因子主要包括五大方面：

1. 生物性致畸因子　目前已明确的生物性致畸因子有风疹病毒、巨细胞病毒、单纯疱疹病毒、弓形体、梅毒螺旋体等。这些生物性致畸因子，有的可穿过胎盘屏障直接影响胚胎发育，有的通过影响母体正常代谢（发热、酸中毒、缺氧等）或干扰胎盘的转运功能，损伤胎盘屏障，间接地影响胚胎发育，引起多种畸形（见表 20-1）。

2. 物理性致畸因子　主要包括电离辐射（X 线、α、β、γ 射线）及机械性压迫和损伤（羊水过少引起的粘连，脐带缠绕等）。高温、严寒、微波等对人类有无致畸作用，尚需进一步证实。

表 20 – 1　　　　　　　　　　　几种常见生物性致畸因子的致畸类型

致　畸　因　子	所　致　畸　形
风疹病毒	心脏畸形、先天性白内障、先天性耳聋
巨细胞病毒	小头、小眼、脑积水、发育迟缓、先天性耳聋、智力低下
单纯疱疹病毒	小头、小眼、短指（趾）、心脏畸形、晶状体浑浊、脑积水、脑发育不全
弓形体	小头、小眼、脑积水
梅毒螺旋体	脑积水、牙齿畸形、先天性耳聋、脑膜炎、智力低下

3. 化学性致畸因子　随着现代化程度的提高，化学污染日益加剧，工业"三废"、农药、某些食品添加剂和防腐剂中，均含有致畸因子。如汞、铅、镉、砷等重金属，某些含磷的农药，某些多环芳香碳氢化合物、亚硝基化合物、烷基和苯类化合物等。

4. 致畸性药物　20 世纪 60 年代的"反应停"事件后，药物的致畸作用引起了人们的广泛重视，并开始对药物进行严格的致畸检测。反应停（又称酞胺派啶酮）在 20 世纪 60 年代曾广泛用于治疗妊娠呕吐，结果导致大批短肢、无肢的畸形儿出生，酿成了所谓的"反应停"事件。现已证实多种药物具有致畸作用，包括抗肿瘤药（氨基蝶呤、5 – 氟尿嘧啶、环磷酰胺等）、抗惊厥药（三双酮、帕拉美莎酮等）、抗生素（四环素、链霉素、新生霉素等）、抗凝血剂（华法林等）、激素（性激素、肾上腺皮质激素等）及抗甲状腺药（甲苯磺丁脲、氯丙脲、碘化钾等）。

5. 其他致畸因子　吸烟、酗酒、缺氧甚至严重营养不良均可影响胎儿发育而致畸。流行病学的调查结果显示，吸烟者的吸烟量与胚胎畸形发生率成正比，与新生儿体重成反比。酒精及香烟中的尼古丁不仅能经孕妇体内直接影响胚胎的正常发育，而且能因父亲精子异常而影响胚胎神经系统的发育。过量饮酒也可引起胎儿多种畸形，称**胎儿酒精综合征**（fetal alcohol syndrome），表现为发育迟缓、小头、小眼等。

（三）遗传因素与环境因素共同作用

在先天畸形的发生中，遗传因素与环境因素的相互作用是十分明显的。一方面，环境致畸因子可引起基因突变或染色体畸变，进而导致胚胎发育异常；另一方面，胚胎的基因型（遗传因素）可决定并影响胚胎对环境致畸因子的易感程度。流行病学调查发现，在相同环境条件下，同期怀孕的妇女，同时感染了同型风疹病毒，结果有的新生儿出现先天性畸形，有的则完全正常。由此可见，每个胚胎的遗传特性，即基因型可决定并影响胚胎对环境致畸因子的易感程度。对致畸因子敏感性的种间差异更是如此，如反应停可导致人类和其他灵长类动物发生残肢畸形，而对灵长类动物以外的其他哺乳动物几乎无任何致畸作用；可的松对小白鼠有较明显的致畸作用，引起腭裂，但对猪、猴等几乎无影响。

在遗传因素与环境因素相互作用中，衡量遗传因素所起作用大小的指标称遗传度，用百分率表示。遗传度越高，说明遗传因素在畸形发生中的作用越大。如无脑儿的遗传度为60%，先天性心脏畸形的遗传度为35%，先天性幽门狭窄的遗传度为75%，先天性巨结肠遗传度为80%，脊柱裂的遗传度为60%。

二、致畸敏感期

胚胎发育是连续的过程，但也有一定的阶段性。发育中的胚胎受到致畸因子作用后，是否发生畸形，不仅与致畸因子的作用强度及胚胎的遗传特性有关，而且与该发育阶段胚胎细胞的分裂速度、分化程度密切相关。处于不同发育阶段的胚胎对致畸因子作用的敏感程度不同，最易发生畸形的发育时期称**致畸敏感期**（susceptible period）。

胚前期细胞分化程度低，胚胎受致畸因子作用后很少发生畸形。如果致畸因子作用强，可导致胚胎死亡；如果致畸因子作用弱，少量受损或死亡的细胞则可以由周围正常细胞代偿调整，发育仍然正常。

胚期细胞分裂、分化活跃，代谢旺盛，极易受到致畸因子的干扰，是胚胎发育过程中的致畸敏感期。由于各器官原基的发生和分化时间不同步，致畸敏感期也有一定的差别。各器官的致畸敏感期与其发生期大致相同（图20-2）。

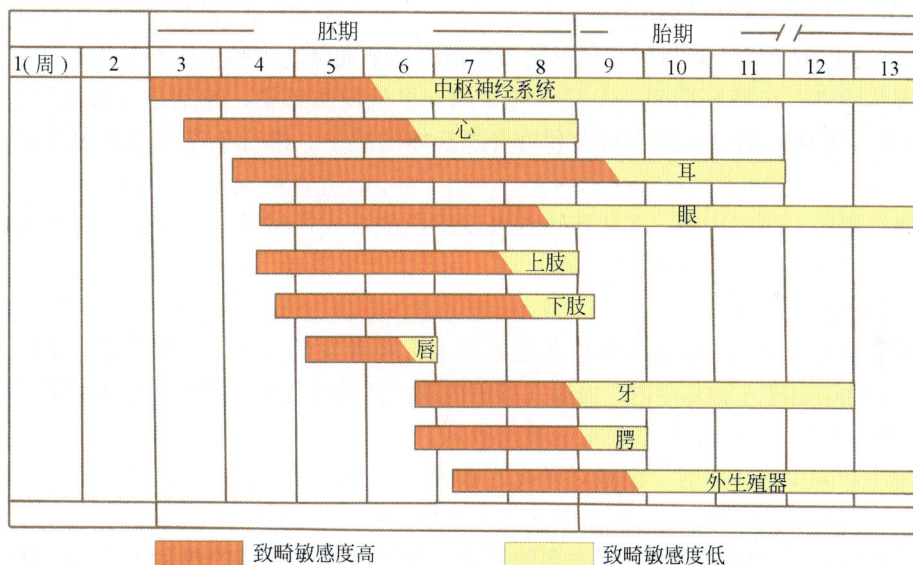

图20-2　人胚胎主要器官的致畸敏感期

胎儿期对致畸因子的敏感性降低，致畸因子多影响组织结构和功能，一般无器官水平的畸形。所以，胎儿期不属于致畸敏感期。但外生殖器、耳、腭、神经系统等器官发育较晚或持续时间长，仍可有畸形发生。

另外，不同致畸因子对胚胎作用的致畸敏感期也不同。例如，反应停的致畸敏感期为胚胎发育的第21~40天。风疹病毒的致畸敏感期为受精后第一个月，致畸率为50%，第3个月仅为6%~8%。

三、先天性畸形的预防

随着社会的发展，人口素质的提高，预防先天性畸形的发生已成为当今世界人口控制中一项极为重要的课题。

（一）遗传咨询

遗传咨询是防止由遗传因素所致先天性畸形发生的重要措施。凡出现过遗传性先天畸形患者的家族、多次出现过同样疾患的家族和先天性智力发育不全的家族，均应该进行遗传咨询。医务人员对先天性畸形的患者及其家属等相关人员提出的有关遗传病的各种问题应进行耐心解答，提出防治方法和应采取的措施，供患者在婚姻、生育等问题上做出正确选择，对不适宜结婚或生育的人们，应明确告知。

（二）避免近亲结婚

血缘关系越近，相同的基因也越多，因此近亲结婚所生子女纯合型基因对的几率越多。如果一个家族中有一个隐性致畸基因，近亲结婚所生子女就有很大的可能出现畸形。除避免近亲结婚外，双方的双亲中都有人患有严重的相同隐性遗传病，如先天性聋哑、精神分裂症、克汀病等，也不宜婚配。

（三）加强孕期保健

做好孕期保健是防止环境因素致畸的重要措施。孕期保健主要包括以下几方面：

1. 预防感染　在妊娠期间，尤其在前 8 周，尽量预防感染，特别是要防止风疹病毒、弓形体、单纯疱疹病毒、巨细胞病毒和梅毒螺旋体的感染。进行免疫注射是很好的预防方法。

2. 谨慎用药　研究表明，多数药物均可以不同的方式通过胎盘，有些药物的致畸作用已得到充分证明。因此，孕期尤其在孕早期，用药需严格选择，若必须应用有致畸作用的药物治疗，应中止妊娠。

3. 戒除烟酒　孕期大量吸烟对胎儿危害极大，轻者发育迟缓，重者引起严重畸形。酒精可通过胎盘迅速进入胎儿体内，而胎儿肝脏内缺少酒精脱氢酶，因此孕期酗酒可引起胎儿酒精综合征或死胎。另外，要注意避免被动吸烟。

4. 避免和减少射线照射　细胞对射线的敏感度与细胞的增殖能力成正比，因此胚体细胞对射线敏感度比成体细胞高，对母体无害的照射剂量却可能影响胚胎发育。

5. 合理营养　是保证胚胎正常发育的基础。孕期除保证足够的热量供应外，还应注意饮食搭配。

（四）产前诊断

如果说防止畸形的发生是一级预防，通过产前诊断，防止严重畸形儿的出生就是二级预防。对有遗传病家族史的夫妇、生过畸形儿或有多次自然流产、死胎的孕妇以及孕期接触各种环境致畸因子的孕妇，产前诊断是十分必要的。常用的产前检查方法有：

1. 羊水检查　一般在妊娠 15 周以后进行。羊水含有胎儿的分泌物、排泄物和脱落上皮，行羊膜穿刺抽取羊水，可进行羊水细胞染色体分析和生化分析。羊水细胞的染色体组型检查和 DNA 分析可反映胚胎的遗传状况，检测出由染色体异常而引起的先天性畸形，如 Down 综合征及 Turner 综合征等。羊水的化学成分分析，可以反映胎儿的代谢状况，有助于判断某些发育异常。如开放性神经管畸形时，羊水中可检测出乙酰胆碱同工酶，甲胎蛋白含量明显增高（高于正常值数十倍）；测定 17 - 羟孕酮在羊水中的含量，可作为肾上腺性征综合征的诊断标准。

2. 绒毛膜活检　在妊娠第 8 周即可进行。由于绒毛膜细胞与胚体细胞具有相同的染色体组型，因此有助于胚胎染色体异常的早期诊断。

3. 仪器检查　B 型超声波是一种安全、简便的常规产前检查方法，可发现胎儿外部及某些内脏的畸形，已经成为产前检查的常规方法。胎儿镜是用光导纤维制成的内窥镜，是一种较直观的检查方法，一般在妊娠 15～29 周可进行此项检查，它可集观察胎儿外形、采取胎儿血样或皮肤、给胎儿注射药物等为一体。

（张丽红）

视窗　"海豹胎"

　　1959 年 12 月，西德儿科医生 Weidenbach 报告了一例罕见的畸形，以后陆续有医生分别报告发现很多婴儿有类似的畸形。此类畸形儿没有臂和腿，手和脚直接连在躯干上，似海豹的肢体称为"海豹胎"。除此之外，可有无耳畸形与颅神经的畸形、心脏与血管的畸形等。

　　"海豹胎"是因妇女怀孕初期服用"反应停"（酞胺哌啶酮）所致。反应停于 1956 年在市场试销，1957 年获西德专利。该药物在早孕期间服用，有很好的止吐作用，对孕妇无明显毒副作用，因而陆续在 51 个国家获准销售。反应停从 1956 年进入市场至 1962 年撤药，六年的时间内，就有 30 多个国家和地区，陆续报告了 1 万余例"海豹胎"，而且各国畸形儿的发生率与同期反应停的销售量呈正相关。如畸胎在西德至少出生 6000 例，英国 5500 例，日本约 1000 多例，台湾省至少有 69 例。反应停是第一个被确定为对人类致畸的药物，成为 20 世纪药物致畸导致的最大的灾难性事件，为人类敲响了药物致畸的警钟。

　　反应停对人与动物的一般毒性极低，但可选择性地作用于胚胎，有强烈致畸作用。反应停对胎儿的致畸作用可高达 50%～80%，且有明显的致畸敏感期。若在妊娠第 3～8 周服用，其胎儿畸形率可高达 100%；但在停经 50 余天后服药，一般不会引起畸形。反应停的致畸作用还具有明显的种属差异。小鼠和大鼠的大部分种系对反应停不敏感，而家兔的几个种系和绝大部分灵长类动物则较敏感，并可出现与人相似的无肢或短肢畸形。在敏感期给母猴一次剂量反应停，可使其胎儿 100% 发生海豹肢畸形儿。

附录一 主要参考文献

1. 郭顺根. 组织学与胚胎学. 北京：中国中医药出版社，2006.

2. 蔡玉文. 组织学与胚胎学. 第2版. 北京：中国中医药出版社，2007.

3. 牛建昭主编. 组织学与胚胎学（21世纪课程教材）. 北京：人民卫生出版社，2001.

4. 高英茂. 组织学与胚胎学. 北京：人民卫生出版社，2005.

5. 邹仲之. 组织学与胚胎学. 第6版. 北京：人民卫生出版社，2005.

6. 成令忠，钟翠平，蔡文琴. 现代组织学. 上海：上海科学技术文献出版社，2003.

7. 成令忠，王一飞，钟翠平. 组织胚胎学（人体发育和功能组织学）. 上海：上海科学技术文献出版社，2003.

8. 成令忠. 组织学彩色图鉴. 北京：人民卫生出版社，2000.

9. 刘斌. 组织学与胚胎学. 北京：北京大学医学出版社，2005.

10. 唐军民，李英，卫兰，等. 组织学与胚胎学彩色图谱（实习用书）. 北京：北京大学医学出版社，2003.

11. 郭志坤，郭萍，王开荣. 组织学彩色图谱. 北京：人民军医出版社，1999.

12. 韩秋生，徐国成. 组织胚胎学彩色图谱. 辽宁科学出版社，2000.

附录二 英汉索引

D

N

O

T

附录三　汉英索引

呼吸部　respiratory region　133

呼吸性细支气管　respiratory bronchiole　140

壶腹帽　cupula　169

化学突触　chemical synapse　62

环层小体　lamellar corpuscle　70

环骨板　circumferential lamella　36

黄斑　macula lutea　166

黄体　corpus luteum　193

黄体生成素　luteinizing hormone,LH　175

灰质　gray matter　75

混合腺　mixed gland　22

混合型突触　mixed synapse　63

获能　capacitation　209

J

肌层　muscularis　108

肌浆网　sacroplasmic reticulum　53

肌节　sacromere　52

肌膜　sacrolemma　51

肌上皮细胞　myoepithelial cell　159

肌梭　muscle spindle　70

肌纤维　muscle fiber　51

肌性动脉　muscular artery　89

肌样上皮　myoepithelium　22

肌样细胞　myoid cell　181

肌原纤维　myofibril　51

肌组织　muscle tissue　51

姬姆萨　Giemsa　41

基板　basal plate　237

基本组织　primary tissue　3

基底层　basal layer　196

基底层　stratum basale　153

基底颗粒细胞　basal granular cell　22,121

基底室　basal compartment　184

基底细胞　basal cell　15,153

基膜　basement membrane,BM　20

基质　ground substance　29

基质细胞　stroma cell　196

畸胎瘤　teratoma　218,269

畸形学　teratology　204,282

激光共聚焦扫描显微镜　confocal laser scanning mi-

croscope,CLSM　6

激素　hormone　170

极垫细胞　polar cushion cell　150

极性　polarity　12

棘层　stratum spinosum　153

集合小管　collecting tubule　149

脊索　notochord　220

脊柱裂　spina bifida　279

记忆细胞　memory cell　97

继发隔　septum secundum　273

继发孔　foramen secundum　273

寄生胎　parasitic fetal　241

甲状舌管　thyroglossal duct　249

甲状腺滤泡　thyroid follicle　170

假单极神经元　pseudounipolar neuron　61

假复层纤毛柱状上皮　pseudostratified ciliated columnar epithelium　14

假两性畸形　pseudo hermaphroditism　269

假孪生　fraternal twins　240

间充质　mesenchyme　25,224

间骨板　interstitial lamella　37

间介中胚层　intermediate mesoderm　224,260

间皮　mesothelium　13

间质细胞　interstitial cell　184

间质腺　interstitial gland　194

减数分裂　meiosis　182

浆膜　serosa　108

浆细胞　plasma cell　28

浆液腺　serous gland　22

交错突细胞　interdigitating cell　97

胶原纤维　collagenous fiber　29

胶质　colloid　170

胶质界膜　glial limitans　64

角膜　cornea　162

角膜内皮　corneal endothelium　163

角膜上皮　corneal epithelium　162

角质层　stratum corneum　154

角质细胞　horny cell　154

角质形成细胞　keratinocyte　153

节细胞　ganglion cell　165

结缔组织　connective tissue　25

K

L

M

X

Y

教材与教学配套用书

新世纪全国高等中医药院校规划教材

注：凡标〇号者为"普通高等教育'十五'国家级规划教材"；凡标★号者为"普通高等教育'十一五'国家级规划教材"

（一）中医学类专业

1	中国医学史（常存库主编）〇★	19	中医急诊学（姜良铎主编）〇★
2	医古文（段逸山主编）〇★	20	针灸学（石学敏主编）〇★
3	中医各家学说（严世芸主编）〇★	21	推拿学（严隽陶主编）〇★
4	中医基础理论（孙广仁主编）〇★	22	正常人体解剖学（严振国 杨茂有主编）★
5	中医诊断学（朱文锋主编）〇★	23	组织学与胚胎学（蔡玉文主编）〇★
6	内经选读（王庆其主编）〇★	24	生理学（施雪筠主编）
7	伤寒学（熊曼琪主编）〇★		生理学实验指导（施雪筠主编）
8	金匮要略（范永升主编）★	25	病理学（黄玉芳主编）
9	温病学（林培政主编）		病理学实验指导（黄玉芳主编）
10	中药学（高学敏主编）	26	药理学（吕圭源主编）
11	方剂学（邓中甲主编）	27	生物化学（王继峰主编）〇★
12	中医内科学（周仲瑛主编）〇★	28	免疫学基础与病原生物学（杨黎青主编）〇★
13	中医外科学（李曰庆主编）★		免疫学基础与病原生物学实验指导（杨黎青主编）
14	中医妇科学（张玉珍主编）〇★	29	诊断学基础（戴万亨主编）★
15	中医儿科学（汪受传主编）〇★		诊断学基础实习指导（戴万亨主编）
16	中医骨伤科学（王和鸣主编）〇★	30	西医外科学（李乃卿主编）★
17	中医耳鼻咽喉科学（王士贞主编）〇★	31	内科学（徐蓉娟主编）〇
18	中医眼科学（曾庆华主编）〇★		

（二）针灸推拿学专业（与中医学专业相同的课程未列）

1	经络腧穴学（沈雪勇主编）〇★	5	推拿手法学（王国才主编）〇★
2	刺法灸法学（陆寿康主编）★	6	针灸医籍选读（吴富东主编）★
3	针灸治疗学（王启才主编）	7	推拿治疗学（王国才）
4	实验针灸学（李忠仁主编）〇★		

（三）中药学类专业

1	药用植物学（姚振生主编）〇★	9	中药制药工程原理与设备（刘落宪主编）★
	药用植物学实验指导（姚振生主编）	10	高等数学（周喆主编）
2	中医学基础（张登本主编）	11	中医药统计学（周仁郁主编）
3	中药药理学（侯家玉 方泰惠主编）〇★	12	物理学（余国建主编）
4	中药化学（匡海学主编）〇★	13	无机化学（铁步荣 贾桂芝主编）★
5	中药炮制学（龚千锋主编）〇★		无机化学实验（铁步荣 贾桂芝主编）
	中药炮制学实验（龚千锋主编）	14	有机化学（洪筱坤主编）★
6	中药鉴定学（康廷国主编）★		有机化学实验（彭松 林辉主编）
	中药鉴定学实验指导（吴德康主编）	15	物理化学（刘幸平主编）
7	中药药剂学（张兆旺主编）〇★	16	分析化学（黄世德 梁生旺主编）
	中药药剂学实验		分析化学实验（黄世德 梁生旺主编）
8	中药制剂分析（梁生旺主编）〇	17	医用物理学（余国建主编）

（四）中西医结合专业

1. 中外医学史（张大庆　和中浚主编）
2. 中西医结合医学导论（陈士奎主编）★
3. 中西医结合内科学（蔡光先　赵玉庸主编）★
4. 中西医结合外科学（李乃卿主编）★
5. 中西医结合儿科学（王雪峰主编）★
6. 中西医结合耳鼻咽喉科学（田道法主编）★
7. 中西医结合口腔科学（李元聪主编）
8. 中西医结合眼科学（段俊国主编）★
9. 中西医结合传染病学（刘金星主编）
10. 中西医结合肿瘤病学（刘亚娴主编）
11. 中西医结合皮肤性病学（陈德宇主编）
12. 中西医结合精神病学（张宏耕主编）★
13. 中西医结合妇科学（尤昭玲主编）★
14. 中西医结合骨伤科学（石印玉主编）★
15. 中西医结合危重病学（熊旭东主编）★
16. 中西医结合肛肠病学（陆金根主编）★
17. 系统解剖学（杨茂有主编）
18. 组织学与胚胎学（刘黎青主编）
19. 生理学（张志雄主编）
20. 生物化学（温进坤主编）
21. 免疫学与病原生物学（刘燕明主编）
22. 病理学（唐建武主编）
23. 病理生理学（张立克主编）
24. 医学生物学（王望九主编）
25. 药理学（苏云明主编）
26. 诊断学（戴万亨主编）
27. 局部解剖学（聂绪发主编）
28. 中医基础理论（王键主编）
29. 中医诊断学（陈家旭主编）
30. 中药学（陈蔚文主编）
31. 方剂学（谢鸣主编）
32. 针灸推拿学（梁繁荣主编）
33. 中医经典选读（周安方主编）

（五）护理专业

1. 护理学导论（韩丽沙　吴瑛主编）★
2. 护理学基础（吕淑琴　尚少梅主编）
3. 中医护理学基础（刘虹主编）★
4. 健康评估（吕探云　王琦主编）
5. 护理科研（肖顺贞　申杰主编）
6. 护理心理学（胡永年　刘晓虹主编）
7. 护理管理学（关永杰　宫玉花主编）
8. 护理教育（孙宏玉　简福爱主编）
9. 护理美学（林俊华　刘宇主编）★
10. 内科护理学（徐桂华主编）上册★
11. 内科护理学（姚景鹏主编）下册★
12. 外科护理学（张燕生　路潜主编）
13. 妇产科护理学（郑修霞　李京枝主编）
14. 儿科护理学（汪受传　洪黛玲主编）★
15. 骨伤科护理学（陆静波主编）
16. 五官科护理学（丁淑华　席淑新主编）
17. 急救护理学（牛德群主编）
18. 养生康复学（马烈光　李英华主编）★
19. 社区护理学（冯正仪　王珏主编）
20. 营养与食疗学（吴翠珍主编）★
21. 护理专业英语（黄嘉陵主编）
22. 护理伦理学（马家忠　张晨主编）★

（六）七年制

1. 中医儿科学（汪受传主编）★
2. 临床中药学（张廷模主编）○★
3. 中医诊断学（王忆勤主编）○★
4. 内经学（王洪图主编）○★
5. 中医妇科学（马宝璋主编）○★
6. 温病学（杨进主编）★
7. 金匮要略（张家礼主编）○★
8. 中医基础理论（曹洪欣主编）○★
9. 伤寒论（姜建国主编）★
10. 中医养生康复学（王旭东主编）
11. 中医哲学基础（张其成主编）★
12. 中医古汉语基础（邵冠勇主编）★
13. 针灸学（梁繁荣主编）○★
14. 中医骨伤科学（施杞主编）○★
15. 中医医家学说及学术思想史（严世芸主编）○★
16. 中医外科学（陈红风主编）○★
17. 中医内科学（田德禄主编）○★
18. 方剂学（李冀主编）○★

（七）计算机教材

1. SAS统计软件（周仁郁主编）
2. SPSS统计软件（刘仁权主编）
3. 多媒体技术与应用（蔡逸仪主编）
4. 计算机基础教程（陈素主编）
5. 计算机技术在医疗仪器中的应用（潘礼庆主编）
6. 计算机网络基础与应用（鲍剑洋主编）
7. 计算机医学信息检索（李永强主编）
8. 计算机应用教程（李玲娟主编）

9　网页制作（李书珍主编）
10　医学数据仓库与数据挖掘（张承江主编）
11　医学图形图像处理（章新友主编）
12　医院信息系统教程（施诚主编）

新世纪全国高等中医药院校创新教材（含五、七年制）

1　中医文献学（严季澜主编）★
2　中医临床基础学（熊曼琪主编）
3　中医内科急症学（周仲瑛　金妙文主编）★
4　中医临床护理学（杨少雄主编）★
5　中医临床概论（金国梁主编）
6　中医食疗学（倪世美主编）
7　中医药膳学（谭兴贵主编）
8　中医统计诊断（张启明主编）★
9　中医医院管理学（赵丽娟主编）
10　针刀医学（朱汉章主编）
11　杵针学（钟枢才主编）
12　解剖生理学（严振国　施雪筠主编）★
13　神经解剖学（白丽敏主编）
14　医学免疫学与微生物学（顾立刚主编）
15　人体形态学（李伊为主编）★
　　人体形态学实验指导（李伊为主编）
16　细胞生物学（赵宗江主编）★
17　神经系统疾病定位诊断学（高玲主编）
18　西医诊断学基础（凌锡森主编）
19　医学分子生物学（唐炳华　王继峰主编）★
20　中西医结合康复医学（高根德主编）
21　人体机能学（张克纯主编）
　　人体机能学实验指导（李斌主编）
22　病原生物学（伍参荣主编）
　　病原生物学实验指导（伍参荣主编）
23　生命科学基础（王曼莹主编）
　　生命科学基础实验指导（洪振丰主编）
24　应用药理学（田育望主编）
25　药事管理学（江海燕主编）
26　卫生管理学（景　琳主编）
27　卫生法学概论（郭进玉主编）
28　中药成分分析（郭　玫主编）
29　中药材鉴定学（李成义主编）
30　中药材加工学（龙全江主编）★
31　中药调剂与养护学（杨梓懿主编）
32　中药药效质量学（张秋菊主编）
33　中药拉丁语（刘春生主编）
34　针灸处方学（李志道主编）
35　中医气功学（刘天君主编）
36　微生物学（袁嘉丽　罗　晶主编）★
37　络病学（吴以岭主编）
38　中医美容学（王海棠主编）
39　线性代数（周仁郁主编）
40　伤寒论思维与辨析（张国骏主编）
41　药用植物生态学（王德群主编）
42　方剂学（顿宝生　周永学主编）
43　中医药统计学与软件应用（刘明芝　周仁郁主编）
44　局部解剖学（严振国主编）
45　中医药数学模型（周仁郁主编）
46　药用植物栽培学（徐　良主编）★
47　中西医学比较概论（张明雪主编）★
48　中药资源学（王文全主编）★
49　中医学概论（樊巧玲主编）★
50　中药化学成分波谱学（张宏桂主编）★
51　中药炮制学（蔡宝昌主编）★
52　人体解剖学（严振国主编）（英文教材）
53　中医内科学（高天舒主编）（英文教材）
54　方剂学（都广礼主编）（英文教材）
55　中医基础理论（张庆荣主编）（英文教材）
56　中医诊断学（张庆宏主编）（英文教材）
57　中药学（赵爱秋主编）（英文教材）
58　组织细胞分子学实验原理与方法
　　（赵宗江主编）★
59　药理学实验教程（洪　缨主编）
60　医学美学教程（李红阳主编）
61　中医美容学（刘　宁主编）
62　中药化妆品学（刘华钢主编）
63　中药养护学（张西玲主编）
64　医学遗传学（王望九主编）

新世纪全国高等中医药院校规划教材配套教学用书

（一）习题集

1　医古文习题集（许敬生主编）
2　中医基础理论习题集（孙广仁主编）
3　中医诊断学习题集（朱文锋主编）
4　中药学习题集（高学敏主编）

（二）易学助考口袋丛书

中医执业医师资格考试用书